经世济民 青春同行

2015年教育部“国家经济学基础人才培养基地”优秀论文集

北京大学经济学院“国家经济学基础人才培养基地”/编

北京大学出版社
PEKING UNIVERSITY PRESS

图书在版编目(CIP)数据

经世济民　青春同行:2015年教育部"国家经济学基础人才培养基地"优秀论文集/北京大学经济学院"国家经济学基础人才培养基地"编.—北京:北京大学出版社,2017.3

ISBN 978-7-301-28106-2

Ⅰ.①经…　Ⅱ.①北…　Ⅲ.①经济学—文集　Ⅳ.①F0-53

中国版本图书馆CIP数据核字(2017)第026497号

书　　名	经世济民　青春同行:2015年教育部"国家经济学基础人才培养基地"优秀论文集 JINGSHI JIMIN QINGCHUN TONGXING
著作责任者	北京大学经济学院"国家经济学基础人才培养基地"编
责任编辑	李鸣岳　刘　京
标准书号	ISBN 978-7-301-28106-2
出版发行	北京大学出版社
地　　址	北京市海淀区成府路205号　100871
网　　址	http://www.pup.cn
新浪微博	@北京大学出版社　　@北京大学出版社经管图书
电子信箱	em@pup.cn　　QQ:552063295
电　　话	邮购部62752015　发行部62750672　编辑部62752926
印 刷 者	北京京华虎彩印刷有限公司
经 销 者	新华书店
	787毫米×1092毫米　16开本　30.25印张　732千字
	2017年3月第1版　　2017年3月第1次印刷
定　　价	78.00元

前　言

由教育部经济学教学指导委员会主办、北京大学经济学院承办的 2015 年全国高校“国家经济学基础人才培养基地”（以下简称“基地”）建设工作会议暨第十四届学生学术交流会议于 2015 年 10 月在北京大学经济学院举行。来自教育部和经济学教学指导委员会的领导以及北京大学、福建师范大学、复旦大学、吉林大学、辽宁大学、南京大学、南开大学、上海财经大学、武汉大学、厦门大学、西北大学、西南财经大学、中国人民大学等十三所高校的上百名师生代表参加了会议。

在会议开幕式上，时任北京大学常务副校长刘伟教授、北京大学经济学院院长孙祁祥教授分别代表北京大学和经济学院致辞。他们表示北京大学经济学系作为“基地”的直接载体，17 年来在上级部门的领导和历任院长的带领下、在全院师生共同努力和兄弟院校的大力帮助下，在人才培养和制度建设方面做了大量富有成效的工作。他们希望会议就经济学科的课程体系、教学方法和人才培养模式等问题展开深耕细作的讨论，为进一步加强“基地”的平台建设、资源共享和协同创新谋划切实可行的实施方案。教育部高教司财经政法处吴燕处长和教育部经济学教学指导委员会主任委员、中央财经大学校长王广谦教授在发言中表示，“基地”是展示我国高等经济学教育教学成果的重要窗口，在教学优秀、质量一流、为高层次人才培养提供生源等方面起到了引领作用。他们希望“基地”始终坚持正确的育人方向，大力推动协同创新和教育资源共享，在深化高教改革中发挥示范作用。

在“基地”建设工作会议上，十三所高校“基地”的负责人代表分别介绍了各自在学科建设、课程体系、人才培养、制度创新、政策支持等方面采取的措施和取得的成效，并围绕队伍建设、评价体系、鼓励大学生创业创新等方面存在的困难和挑战展开了充分交流和深入讨论，达成了诸多共识。

与“基地”建设工作会议同时举行的第十四届全国高校“基地”学生学术交流会是专门为“基地”本科生进行面对面学术交流而开辟的平台。本届学术交流会共收到十三所高校“基地”推荐的 33 篇优秀本科生论文，其中 27 篇论文的作者代表在会上宣读了论文，并在北京大学经济学系教师的指导下进行了分组讨论，达到了提升理论认识、增进学术交流的目的。

自 1998 年教育部在全国十三所高校设立“国家经济学基础人才培养基地”以来，“基地”始终坚持马克思主义经济学的指导地位和政治经济学的思想传承。“基地”的制度建设与创新对高校人才培养模式起到了引领和示范的作用。“基地”不仅是一块招牌，也是一份积淀，更是一份责任。为了展示十三所高校“基地”的人才培养成果，鼓励在“基地”辛勤耕耘的教师和奋发努力的学生，我们将此次会议推选的 33 篇论文结集出版，作为“基地”建设的一份宝贵记录。

北京大学经济学院“国家经济学基础人才培养基地”

2016 年 7 月

2015年全国高校“国家经济学基础人才培养基地”建设工作会议暨第十四届学生学术交流会总结发言

（代 序）

尊敬的孙祁祥院长、李青总裁、蒋文红市长、董志勇部长和崔建华院长：

今天不仅是来自全国13个经济学基础人才培养基地同仁汇聚一堂的时刻，也是北京大学经济学院东旭学术报告厅命名的重大时刻，孙祁祥院长选择这个时间节点可谓别具匠心。

在这个黄金时间段里，我受会议的委托，代表13个“基地”做一下关于这次会议的总结发言。我想讲这么几点：

一、会议的基本情况

本次会议共收到全国13个“基地”推荐的论文33篇，参加交流会的学生代表有27位，会议代表是53人，学生的交流部分分成三个小组，由北京大学经济系六位青年教师主持，并负责论文的点评。学生提交论文的选题是比较丰富的，围绕着中国问题展开了比较充分和深入的理论探讨、实证研究，以及经济史、经济思想史方面的分析，主题包括劳动力市场、新型城镇化、收入分配、农地流转制度、非正规金融、环境问题等等。每位同学都进行了充分的陈述，并得到了点评人的认真点评，引发了其他参会学生的热烈讨论，达到了会议的预期目的。

与此同时，“基地”的建设工作会议也在北京大学经济学院、经济系的大力支持下井然有序地召开，13个“基地”的教师代表一直在进行着热烈的讨论。直到最后，大家仍然言犹未尽，讨论得比较充分，比较深入。

二、“基地”17年工作的简单回顾

今天我们在北京大学召开这次会议非常有意义。刚才我听到李青总裁介绍，东旭集团是1997年成立的，我们这个“基地”是1998年成立的，集团成立是18年，我们“基地”也已经成立17年，几乎是同龄人。总的来说，经过17年的建设，取得了很大的成就。我简单总结了一下，可以归纳为“四个坚持”：

（1）始终坚持“基地”建设的宗旨。根据教育部关于“基地”人才培养“厚基础、宽口径、高素质、创新型”的总体目标，13个“基地”的主要负责人都做到了“三个不动摇”“三个不能”。其中“三个不动摇”，一是坚持马克思主义政治经济学的主导地位不动摇，二是为国家和地方培养一批具有较高理论素质的经济学基础人才的目标不动摇，三是积极探索中国特色的社会主义经济理论的人才培养模式不动摇；“三个不能”，一是旗帜不能倒，二是阵地不能丢，三是队伍不能散。实践证明，我们始终坚持了马克思主义政治经济学的这面大旗，我们的主阵地不仅坚守住了，而且在不断发展，队伍在不断扩大，人员越来越年轻化。在这个队伍里面，我属于“60后”，还有一些“70后”“80后”在不断地成长，这就是我们的事业蓬勃发展的希望所在。

（2）始终坚持内涵发展，质量提升，突出人才培养模式的创新。今天上午吴燕处长也总结了，我们根据“基地”的情况总结了以下五个方面：一是强调基础性，主要是夯实三个基础，理论基础、工具基础和写作基础；二是突出创新性，注重三个创新，理念创新、教学改革创新、学生的活动和管理方式创新；三是加强创业创新教育，主要是增强理论型和应用型人才的培养；四是增强实践性，今天在讨论当中大家都讲到了这个问题，就是要做到“看天气、接地气、聚人气”；五是扩大开放性，就是要注重培养国际化人才，走国际化道路。

（3）始终坚持协同育人。通过对13个“基地”的自觉维护、协同配合，使“基地”建设这个品牌越来越响亮，学术积淀越来越深厚：一是我们定期召开“基地”的建设工作会议和学生优秀论文的交流会和研讨会。17年来，我们已经进行了14次，除中间有个别年份因某种原因没有召开，总体上是一直坚持下来了。二是协同攻关取得了很大的收获。两届国家级教学成果的一等奖，即“政治经济学（教材）”和“经济学基础创新人才培养模式的理论与实践探索”，都是我们协同攻关的成果。三是13个“基地”院校的推免工作取得了很大的成效。其中，像北京大学、中国人民大学这些985院校，对其他的院校给予了很大的支持，从而使13个“基地”的交流和学生的交流越来越紧密，我们也在此表示衷心的感谢。四是及时地总结了“基地”的建设经验，每年出版学生的优秀论文集。我们每次会议都会出版一本论文集，虽然没有一个公开的学术刊物，但论文集是我们最好的学术结晶。五是13个“基地”团结一致，结成了深厚的友谊。尽管“基地”的负责人换了一茬又一茬，但是联系越来越紧密，友谊越来越牢固。

这里我说一下，在下午的讨论当中有人提出来，这中间也曾有过一些不和谐的声音。但是我想，这些不和谐的声音，或者说个别人的某些言论，并不能代表我们整个的“基地”，支流代替不了主流，某些方面改变不了大方向。总体来说我们13个“基地”是坚持当代中国马克思主义政治经济学的“国家队”，中国特色社会主义政治经济学这个主阵地我们是牢牢地占领住了，而且已成为中国经济学的主流。

（4）始终注意处理好以下关系：一是马克思主义政治经济学和西方经济学的关系；二是理论经济学和应用经济学的关系；三是吸收借鉴和本土化的关系；四是学术研究和实践能力培养的关系；五是引进人才和培养人才的关系；六是“请进来”与“走出去”的关系；等等。在这些方面，应该说这17年来，我们一直处理得比较好。当然，我们“基地”建设取得的成就还有很多方面，因为时间关系不能一一道来。

三、2015年的“基地”工作

从上一次的“基地”工作会议举行以后，形势发生了越来越好的变化：一是在习总书记“学好用好政治经济学”的重要指示下，全国都在高度重视和积极推进当代中国马克思主义经济学的建设与发展。特别是13个“基地”在打造坚持和发展马克思主义经济学的“国家队”，制定基础或者理论经济学学科建设的“国家标准”，掌握中国主流经济学的话语权和话语体系等方面取得了重要的进展。

二是“基地”建设工作不断迈上新台阶。我们在国家特色专业建设点、国家人才培养模式创新实验区、国家级教学团队、国家级实验教育实验中心、地方高校第一批本科专业综合改革试点建设等方面取得了重要的进展。

三是在“十二五”国家级的规划教材、国家精品教材建设方面也取得了新的突破。

四是各个“基地”在上午的讨论当中都强调了高度重视学生刊物的建设，而且具有各自的特点。像北京大学的《小经济学家》，以及很多学校的刊物都非常有特点，虽然不是正式的刊物，但是起到了非常大的促进作用。

五是在国际化人才培养方面进行了积极的探索。包括到哈佛大学的夏令营、到剑桥大学的冬令营，以及参加国外名校暑期课程和师资队伍建设方面都开展得有声有色。

六是注意大力加强师资队伍建设。一方面注意引进海归，另一方面注重本土化人才的作用，做到“引育结合”。

七是在社会调研、创新创业等方面都取得了很大的进展。总之，13 个“基地”各有特色，相映成辉。

四、关于 2016 年的“基地”工作

集中大家的发言，我归纳了一下，主要有“九个要”：

一是要加强领导特别是要争取得到主管部门的大力支持。比如，我们要主动征得教育部高教司、尤其是财经政法处领导的大力支持，同时我们要主动向教育部经济学类教学指导委员会汇报工作，争取每次的“基地”会议都有教育部或者是教学指导委员会的现任领导参加。主要是加强我们和教指委的联系，通过这个桥梁和渠道，争取教指委对我们的大力支持。不仅是现任领导，我们也要主动邀请原来的教指委的主任、副主任参加我们的活动，指导我们的工作，因为他们一直对我们“基地”十分关心。

二是要主动融入中国特色社会主义经济协同创新中心的活动。这个我们已经经过讨论，希望能得到中心的大力支持，得到相关的资金支助。

三是我们已经达成协议，要建立 13 个“基地”的网站，地点就设在南开大学，由何自力教授负责。希望各个“基地”主动提供信息，自觉维护网站建设。

四是刚才我参加“东旭学术报告厅”的命名仪式也受到了很大启发。我认为我们这个会议不仅要在各个“基地”之间进行联系，还要主动同社会积极结合。我这里也建议李青总裁在 13 个“基地”建立“东旭奖学金”，这样可使学生得到实质性的物质奖励。我们的这些学生的确都非常优秀，做的论文非常好，但是我们现在只能给他们提供一个奖状，如果能够得到“东旭奖学金”的支持，那就更好了。

五是要主动对接教育部的“十三五”规划。争取在专业改革的示范点、优质在线开放课程、案例库、数据库、专业认证试点、基础学科的拔尖人才的实验计划等等项目当中取得重大的进展。

六是要使联盟实质化。大家在讨论中也提出，“基地”经过 17 年的建设，已形成了良好的学术和教学的联系，如何使联盟更加实质化，更好地开展联合攻关、协同创新、协同育人，在教学改革、人才培养和师资交流方面取得更大进展，可以进行更深入的讨论和取得实质性的进展。

七是要开展经济学创新创业教育的试点工作。主要是探索理论基础人才培养和应用人才培养相互衔接，更好地为国家和地方经济建设服务。

八是要培养国际化人才。为此，不仅要使我们的教师走出去，还要创造条件让更多的学生走出去，开拓视野、增长才干，就是要培养一流的国际人才。

九是要加强经济史、经济思想史的师资培训、教材建设，这方面许多学校都感到有很大的压力。

总之，我们这次会议虽然时间很短，但在短短的一天之内得到了各个方面的大力支持。在这里，我要代表与会的老师和同学，对北京大学、北京大学教务部、北京大学经济学院、经济系，特别是叶静怡老师的团队表示衷心的感谢，还要特别感谢孙祁祥院长对这个会议的高度重视。

同时，对北京大学的学生志愿者，对北京大学经济学院六位青年教师主持人对大会做出的大量充分细致的工作；也对北京大学经济学院章政书记、北京大学教务部董志勇部长、北京大学校长助理黄桂田教授对与会者浓厚的人文情怀和深厚的兄弟般情谊表示衷心的感谢！

我也要向参加此次会议的石家庄市蒋文红副市长、东旭集团的李青总裁表示我们深深的敬意，既代表老师，更代表同学，谢谢！

林木西

2015 年 10 月 25 日

目　录 contents

海上丝绸之路繁盛的思想史线索
——以泉州港为例

董明志
（北京大学经济学院）

［摘要］海上丝绸之路是中国古代开辟的一条地跨亚非欧三洲的海上贸易和文化交流通道。随着改革开放后对海洋的重视尤其是“一带一路”战略的提出，国内学界对海上丝绸之路的研究也日益丰富。本文试图以唐宋变革为大背景，着重研究以泉州为代表的海商思想的发展变化和历史沿革，考证由唐转入宋元时期，经济、社会、思想、法律等方面的社会条件转变对海外贸易的促进作用，详细探究这一时期诗歌、著作和法律条文中海商思想和政策的转变。研究发现，以务实重利为核心的海商功利主义思想是海上丝绸之路发展至鼎盛的重要思想基础。

［关键词］丝绸之路，泉州港，海商思想

一、引　言

丝绸之路是中国古代对外进行商业和文化交流的最重要的渠道。自古以来丝绸之路就分为海陆两条：陆路从中国经西域到敦煌，分南北两道一路西行，沟通阿拉伯乃至欧洲；海路则以南海为中心，形成了沟通近至朝鲜、日本、印度，远达希腊、罗马、埃及等世界数十个国家的亚非欧海上通道。相比之下，海上丝绸之路的时间跨度更大，沟通范围更广，对近代以来中外文明和商业的影响力也更大。

由于研究方向和资料局限等原因，对海上丝绸之路的研究相较陆路起步更晚，广度和深度也存在较多空白。已有研究集中在经济史领域，对思想史的考察较为匮乏①。目前的相关研究也主要以研究制度政策和法律为主，涉及海外贸易部分较少，例如：关于政策和法律的相关研究包括《论宋代蕃商法律制度》②、《宋朝涉外法律初探》③、《北宋海外贸易法律制度研究》④等，另外如《从经济思想史的角度看宋代士人的海外贸易观》⑤、《元代

① 林文勋：“宋代商业观念的变化”，《中州学刊》，1990 年第 1 期。

② 杜巧静：《论宋代蕃商法律制度》，西南政法大学硕士论文，2010 年。

③ 吕英亭：《宋朝涉外法律初探》，山东大学博士论文，2006 年。

④ 王萌：《北宋海外贸易法律制度研究》，山东大学硕士论文，2013 年。

⑤ 陈衍德：“从经济思想史的角度看宋代士人的海外贸易观”，《国家航海》，2015 年第 1 期。

海外贸易体制研究》等①。总体而言,从思想史角度探究宋元思想转型对海外贸易发展的促进作用的研究不足,且对经济思想的研究多局限于个体思想家的研究,包括《叶适经济思想研究》②、《吕惠卿与王安石变法》③、《蒲寿庚事迹考》④等,这些研究大多以人物为出发点而非研究时代思潮。综上,作为宋元商业思想研究的重要组成部分,对宋元海上丝绸之路的思想研究成果尚存欠缺之处,对整体思潮的研究很少,特别是有关泉州地区海商思想的研究更是存在诸多空白。

海上丝绸之路起始于秦汉,发展于魏晋,繁荣于隋唐,极盛于宋元,又随着明清的闭关锁国逐渐衰落。重温海上丝绸之路的发展史,古为今用,仍有现实意义:对外交流是国家发展的重要组成部分,海商重利务实的观念是发展经济的重要思想基础。从这个意义上来说,传统理学对沿海功利主义思想的批判是中国明清以后故步自封、逐渐落后的原因之一。

本文首先对宋元时期海上丝绸之路和泉州港发展的研究史料进行整理和综述,之后从时人的诗词、论著及当时的法律制度变化等方面,以思想史的角度研究宋元时期由于商品经济和市民阶层的发展壮大而带来的思想解放,包括世人对商业和海外贸易的逐渐重视及沿海地区务实重利的海商思想的诞生与发展,从而将经济史和思想史的脉络相结合,探究宋元时期海上丝绸之路空前繁荣的原因,由此寻找发展海外贸易和国家经济的有益启示。

二、海上丝绸之路的思想印记

无论文人、士人还是思想家,时人的记述与思考都脱不开时代的背景。随着产业结构和社会阶层的变化,工商业的规模不断扩大,从业人数不断增加。这种现象引起了社会各方的关注,也影响着传统的重农抑商思想。同时,海外贸易也受到社会各界的关注,尤其是在沿海港口地区。无论是诗词还是人物著述,都在这一时期显示出社会思潮的变动和对商业及海外贸易的关注与重视。

(一)文学作品中的重商倾向与海上丝路记载

文人墨客的诗词记载也是反映历史情况的组成部分。当时的诗词侧面反映了商业和海外贸易的发展情况以及人们对工商业和海外贸易的态度转变。

首先是对工商业态度的变化。从汉初“高祖乃令贾人不得衣丝乘车,重租税以困辱之”⑤到董仲舒提倡“正其谊不谋其利,明其道不计其功”⑥,汉代以来,重农抑商一直是政策和思想的主流。直到唐代,“贾雄则农伤”的传统思想在《贾客词》《野老歌》等唐诗中仍然比比皆是,对商业和商人的偏见也随处可见,“有财不行商,有丁不入军。家家守村业,

---

① 沈自强:《元代海外贸易体制研究》,山东师范大学硕士论文,2009年。

② 欧阳华英:《叶适经济思想研究》,兰州大学硕士论文,2010年。

③ 吕一燃:“吕惠卿与王安石变法”,《史学月刊》,2003年第2期。

④ 毛佳佳:“蒲寿庚事迹考”,《海交史研究》,2012年第1期。

⑤ 《史记·平准书》。

⑥ 《汉书》卷56《董仲舒传》。

头白不出门。"①、"门前冷落鞍马稀，老大嫁作商人妇。商人重利轻别离，前月浮梁买茶去。"②、"西江贾客珠百斛，船中养犬长食肉。"③等等。但到了宋代，涉商诗的走向出现了明显的分化，除了"民多逐末少重本，神岂护短仍凭愚"④、"盐民没利家海隅，奔走末业田园芜"⑤等代表的一贯重农抑商思想和"无端欲作商人妇，更枉方寻海畔夫"⑥等歧视商人的守旧观念外，随着商业的发展壮大，诗词中开始出现了承认乃至赞赏商业的态度，"农工商贾皆同气，草木虫鱼是一家"⑦、"所宜畜锐保城壁，转馈先在通行商"⑧、"业无高卑志当坚，男儿有求安得闲"⑨等诗句，开始公开宣传行业平等和工商业的作用。范仲淹更是在《四民诗·商》中写出"上以利吾国，下以藩吾身……商则何罪，君子耻为邻。"⑩的感叹为商业辩护，可见时人对商业的态度在逐渐转变。思潮的变迁减轻了从商的顾虑和阻力，使社会出现了"四民士为先，今乃媿工贩"⑪的变化。

其次，诗词中还对海外贸易进行了描述，主要体现在对商业发展、城市面貌和外国商旅的关注。诗人们对当时由于海外贸易而长期居留于泉州的外国商旅有许多描述，比如唐代诗人包何在诗中提到"云山百越路，市井十洲人"⑫，晚唐诗人薛能在《送福建李大夫》一诗中描述泉州"秋来海有幽都雁，船到城添外国人"。随着海上丝绸之路的继续发展，来往泉州的海外商人不断增加。宋代的泉州已然是"苍官影里三洲路，涨海声中万国商"⑬的繁华都市。这些诗句记载了宋元时期海外贸易中的泉州港外商云集的场面，侧面反映了时人对海外贸易的关注和重视。

再次，诗词还记录了产业转型和商业地区的发展情况。宋代记载"庆元之前，未为难者，是时本(泉)州田赋登足，舶货充美，称为富州。"⑭将曾经蛮荒的福建称为"乐郊""乐土"。时人的诗词也记载了泉州的转型和发展过程。《泉南歌》记述了福建从农业转向工商业的发展历程："泉州人稠山谷瘠，虽欲就耕无处辟。州南有海浩无穷，每岁造舟通异域。"⑮南宋诗人刘克庄也曾在诗中提到泉州经济的转型和发展："惟有刺桐南廓外，朝为原宪暮陶朱。"⑯这些诗词都记录了福建和泉州逐渐开发和转型的过程。

最后，唐宋诗人还为当时商业和港口城市的繁荣景象留下了大量的记载，包括詹敦仁的"当年巧匠制茅亭，台馆翚飞匝郡城。万灶貔貅戈甲散，千家罗绮管弦鸣"⑰、苏颂的"泉

① 白居易：《朱陈村》。
② 白居易：《琵琶行》。
③ 张籍：《野老歌》。
④ 《后村先生大全集》卷43《三和》。
⑤ 《两宋名贤小集》卷26《伐檀集》。
⑥ 《墨庄漫录》卷5《题汝坟驿壁三首》。
⑦ 《横塘集》卷5《送商霖兼简共叔》。
⑧ 《宛陵集》卷7《寄永兴招讨夏太尉》。
⑨ 张耒：《示秬秸》。
⑩ 《范文正公文集》卷1。
⑪ 赵蕃：《留别成父弟以贫贱亲戚离为韵五首》。
⑫ 张循之：《送泉州李使君之任》。
⑬ 李邴：《咏宋代泉州海外交通贸易》。
⑭ 真德秀：《西山文集》。
⑮ 王象之：《舆地纪胜》。
⑯ 刘克庄：《泉州南郭二首》。
⑰ 《全唐诗》卷761。

山南望海之滨，家乐文儒里富仁。弦诵多于邹鲁俗，绮罗不减蜀吴春。”①等。同时，由于泉州是外国商旅来华的最重要通道，当时的许多著名国际旅行家也对泉州港进行过记述，如阿拉伯地理学家伊本·考尔大贝、意大利旅行家马可·波罗、摩洛哥旅行家伊本·拔都等。他们的游历记录也有提到，泉州当时的贸易规模超过了西方重要港口埃及的亚历山大港，为世界之首，奠定了泉州当时世界第一大港的地位。时人的诗词为还原泉州港的发展历史和海上丝绸之路的盛况留下了有力的辅证。

（二）海上丝绸之路的思想史背景

商业和海外贸易在宋朝的经济和生活中逐渐占据了越来越重要的位置，自然也就会引起当时思想家的关注和思考。以泉州为代表的沿海地区思想家对商业与海外贸易的态度总体偏向缓和；同时宋代开始诞生了一批以重利务实为核心思想的士人和思想家，这种典型的功利主义思想是商业繁荣和经济发展的重要思想基础。

1. 泉州人士的务实功利思想

泉州素有“海滨邹鲁”之称，唐建中初，“常公衮亦相继为闽中观察，俗学校以教闽人”②。后来泉州欧阳詹首中进士，更是激发了泉州人向学的热情。北宋泉州共有进士494名，其中正奏名343人，特奏名151人，进士数居福建各州府第四。南宋时进士人数更是跃升到福建第二③。福建尤其是泉州的士人活跃在唐宋以来的历代朝廷之中。加之泉州独特商业环境的影响，宋代以后的泉州士人在重教传统和重商现实的双重影响下，形成了沿海特有的功利主义思想。

吕惠卿（1032—1111）是泉州南安人，北宋熙宁变法中继王安石之后的二号人物，官至参知政事，其思想以深谙商贸、重利务实为核心。史书记载，变法时期“事无大小安石必与惠卿谋之，凡所建请章奏皆惠卿笔也”④，青苗、保甲、均输、市易等法令皆出自吕惠卿之手。作为北宋时期泉州士人的代表，吕惠卿的功利主义思想主要体现在人才选拔和市易、均输法的制定上。王安石、吕惠卿等人深感传统科举项目无法选拔变法人才，因此“时议学校贡举，惠卿乞选通经术晓政事之人主判太学。令侍从举有学术行艺者为教授，自京师至诸州皆建学，取以经义策以时务，殿试专以策问”⑤。可见吕惠卿反对当时以诗赋经纶取官的制度，希望人们关注事实的务实精神。对群臣的质疑，他回应说“制科止于记诵，非义理之学也”⑥，即他认为传统义理之学以实用为目的，而不应空谈。他还根据当时沿海贸易和城市商业发展的需要制定了市易法和均输法。市易法规定“遇客人贩到物货出卖不行愿卖人官者，官为勾行牙人与客人，两平商量其价……其三司诸司库务年计物，若比在外科买得省公利烦费，亦就务收买”⑦。吕惠卿深知海商急于销售、富商大贾趁机压价的贸易问题，希望政府平价收售，保护包括海商在内的中等商人阶层的利益，在抑制富商大贾的同时增加财政收入。均输法则是根据“徙贵就贱，用近易远”的原则，试图通过完

---

① 《苏魏公集》卷7。
② 《操斋集》卷十文部。
③ 陈笃彬、苏黎明：《泉州古代科举》。
④ 《续资治通鉴》卷66。
⑤ 《东都事略》卷83列传六十六。
⑥ 《太平治迹统类》卷26。
⑦ 《宋会要辑稿》食货55。

善的全国性市场和商业运输网，调节局部的供需，在平抑价格波动的同时节省财政开支。吕惠卿的思想和政策措施体现了务实的原则和重商重利的市场思维，是北宋时期泉州孕育的思想代表。

另一位重要的泉州籍人物是梁克家。梁克家（1128—1187）为泉州晋江人，南宋孝宗时期丞相，其思想和政策具有重财务实的特点。他在淳熙六年（1179）到淳熙九年（1182）年任福建知州，“在镇有治绩，不以贵显自泰……尝修三山志四十卷”[①]。由于《中兴会要》和《梁文靖集》在历史中散失，《三山志》又是纪实类地方志，梁克家的思想政策体现较少。但梁克家作为泉州士人重财用的精神在其他史书中得以部分保留。《八闽通志》记载，梁克家曾与朱熹面谈社仓一事，“仓之庶事，细大有程，可久而不坏。予惟成周之制县都皆有委积，以待凶荒，而隋唐所谓社仓者，亦近古之良法也，今皆废矣，独常平义仓，尚有古法之遗意”[②]，希望通过官府社仓的方式平抑粮价、稳定市场、救助饥民。他还曾力陈孝宗“用兵以财用为先，今用度不足，何以集事”[③]。梁克家重市场、重财用的思想也是泉州沿海思想中务实重商精神的体现。

2. 朱熹（1130—1200）基于理学框架的商业思想

宋代传统儒学和理学的代表朱熹是福建南剑州人，因此其思想也受到沿海重商思潮的较大影响。儒家自孔孟以来就讲求“君子喻于义，小人喻于利”，到汉代逐步发展为“重农抑商”的思想教条。朱熹的商业思想在传统儒学轻商贱商的态度与商业繁荣的现实状况间抉择、融合，形成了既肯定又警惕的涉商思想，是秉承传统儒学思想的时人思想家的代表。

首先，朱熹基本传承了儒学贵义贱利的思想，其涉商思想也秉承他“存天理，灭人欲”的理论核心，因此他对当时兴起的永嘉、永康学派重利的思想加以批判，提出“正其谊不谋其利，明其道不计其功，春秋大法正是如此。今人卻不正其谊而谋其利，不明其道而计其功”[④]，同时宣扬“循天理则不求利而自无不利，殉人欲则求利未得而已随之”[⑤]，认为商人重义才能得利，而逐利却会一无所得，因此经商要“以仁义为先而不以功利为急”[⑥]。可以说，朱熹对商业的认识仍未突破传统义利观的框架，在商业义利观上与新兴的永嘉、永康学派站在了对立面。

但朱熹对当时商业兴旺的现象也进行了深入的考察，在本末观上突破了轻商贱商的传统思想。他不仅提出了“今不论精粗使之同价，是使天下之人皆不肯为其精者，而竞为滥恶之物以相欺”[⑦]、“如淮人要过江买卖，江南须自有人停榻交子，便能换钱。又不若朝廷捐数万贯钱在江南收买交子，却发过淮南，自可流通”[⑧]等在商品定价、货币兑换等领域颇有建树的意见，还在《朱子家训》中明确表示“人皆迁之，我独不移，士其业者必至于登名，农其业者必至于积粟，工其业者必至于作巧，商其业者必至于盈赀。若是则于身不弃

① 《福建府志》卷 47。
② 《八闽通志》卷 82。
③ 《八闽通志》卷 66。
④ 《朱子语类》卷第 83。
⑤ 《孟子集注》卷 1。
⑥ 《晦庵先生朱文公文集》。
⑦ 《四书章句集注·孟子卷第五》。
⑧ 《朱子语类》卷 111。

于人无愧祖父”[①],教育子孙无论士农工商,干每一行都要尽力而为。这侧面反映出朱熹已经不再歧视商业,相较于陆游的家书“宦不可常,不仕则农,无可憾也。但切不可迫于衣食,为市井小人事耳,戒之戒之”[②]而言算是有很大的突破了,可见朱熹的思想还是受到了沿海重商思潮的影响。后来,朱熹本人还曾亲自开设书坊印书售卖,也参与了商业活动的实践。

朱熹的思想是传统士人儒生在唐宋之交的思潮变动中思想变动的代表,反映出这一时期社会经济的发展和转型向思想领域的渗透和影响。由于朱熹无可替代的历史地位,在其之后的时代中,轻商思想逐渐向重商思想转变,促进了元明清时期东南沿海地区商业的进一步繁荣,也间接促进了海上丝绸之路的延伸和发展。

3. 蒲寿庚(1205—1290)的重利轻义

泉州港的历史发展到南宋后期,不得不提到的人物是蒲寿庚。蒲寿庚是宋元之际泉州著名海商、政客,原名蒲受畊,号海云,阿拉伯商人后裔,宋元时期“蕃客回回”的代表人物[③]。

据日本学者桑原骘藏考证,蒲氏祖先“富甲两广,总理诸蕃互市”。南宋以降,泉州港的规模和地位超越广州,蒲氏“家资益落”,因而蒲寿庚之父蒲开宗举家迁徙至泉州定居,继续从事海外贸易。《宋史·瀛国公本纪》景炎元年(1276年)十二月记载:“蒲寿庚提举泉州舶司,擅番舶利者三十年。”

蒲寿庚没有经过中原传统儒家文化的熏陶或束缚,因而其思想和行为都体现出了典型的海商功利主义和重利轻义思想。咸淳十年(1274年),蒲寿庚因“击海寇有功”[④]而入仕,凭借丰厚的经济家底、精良的私人武装和庞大的地方势力“擅市舶利者三十年,官招抚使”[⑤]。垄断泉州海外贸易给蒲氏家族带来了巨额利益,《桐江集》记载,“泉之诸蒲,为贩舶作三十年,岁一千万而五其息,每以胡椒八百斛为不足道”“以善贾往来海上,致产巨万,家僮数千”[⑥]。他还广交地方官员权贵,集聚泉州富商大贾,形成了一个势力巨大的海商集团。[⑦]

从某种意义上说,蒲寿庚后期叛宋降元的行为同样是功利主义和实用主义思想的延续。史书和后世论断对蒲寿庚何时叛宋降元尚存较大争议,但蒲寿庚与夏璟、田真子等人据守泉州而投降元朝并追缴宋朝余部则是不争的事实。至1276年,元军攻入福建,南宋王室从福州撤往泉州,宋元之战大局已定。《宋史》记载,“昰舟至泉,寿庚来谒,请驻跸,张世杰不可”[⑧];《倘湖樵书》则记载,“宋幼主过泉州,宋宗室欲应之,守郡者蒲寿庚,闭门

① 《朱子家训》。

② 《放翁家训》。

③ (元)脱脱等,《宋史》记载:“寿庚,西域人也。”

④ 《泉州府志》卷75。

⑤ 《读史方舆纪要·福建读史方舆纪要叙》。

⑥ 《桐江集》卷6。

⑦ 《剑桥欧洲经济史》(第二卷)第380页记,罗君庞认为宋朝与元朝时期中国穆斯林商人的私人动机对中国海上贸易的成功做出了重大贡献。而且,这些穆斯林不再是新的来客,而是土生土长的中国穆斯林,是唐朝和宋朝时期定居者的后代,而不是新的血统。这些商人不再向西方寻找商业关系,也不仅仅是印度洋贸易或丝绸之路贸易的专家;他们还是本地、中国海及贸易的主人。

⑧ 《宋史》卷47。

不纳"①。笔者认为,无论蒲寿庚此时是否已经降元,他都没准备为风雨飘摇的宋王朝陪葬。他在当时泉州海商和部分军官权贵的支持下,选择降元以避战祸、保泉州一方,由此与泉州的宋宗室和士大夫集团产生强烈冲突,在景炎元年和二年两次屠杀宗室、浙兵及士大夫数千人。可见其为保自身家产无所不为,极端功利主义的态度显露无遗。

当然,也正是由于蒲寿庚等人不战而降,且表示"及降,愿与子男、家人保护东南一隅"②,因此保住了泉州港未受战火侵扰。且由于追缴宋室有功,元政府准许其长期统领泉州,因此泉州港在战后次年率先恢复通商,使其在宋元之际再度领先诸港率先发展,蒲寿庚家族也因此兴盛半世纪有余。

蒲寿庚这种重利轻义的做法保全和发展了泉州,却加速了宋朝的灭亡,其功过自有评说。联系泉州港崛起的历史不难发现,蒲寿庚与五代时期王氏兄弟、留从效和陈洪进等人的做法如出一辙:保境安民,适时而变。这种做法使泉州避过多次战乱,逐渐崛起直至鼎盛;也正是这种行为,使得海上丝绸之路历经战乱而未衰,最终选择了泉州作为起始港口。可见泉州港的崛起和海上丝绸之路的兴盛背后,有着沿海特殊环境造就的一以贯之的功利主义思想,这种思想是海外贸易发展不可或缺的基石。欧洲海洋文明孕育的功利主义海商思想延续千年直至发展为资本主义萌芽和原始积累过程,而中国重利轻义思想从沿海诞生起就受到传统儒学和理学思想的阻击难以深入内地,这也许是中国资本主义萌芽发展缓慢的因素之一。

三、海外贸易法律与政策的演变发展

市舶使到市舶司的转变和市舶司的发展是唐宋海外贸易政策变化最重要的内容。据《旧唐书》记载,"(开元二年十二月)时石威卫中郎将周庆立为安南市舶使,与波斯僧广造奇巧,将以进内。监选使,殿中侍御史柳泽上书谏,上嘉纳之"③,因此开元二年(714)前已经设立了市舶使为不争事实。

据《宋史》记载,宋代市舶司的作用是"掌蕃货、海舶、征榷、贸易之事,以来远人,通远物"④。随着海上丝绸之路日益繁荣,宋廷政府于开宝四年(971)最先在广州设提举市舶司,后端拱二年(989)在杭州设司,咸平二年(999)再在明州(宁波)设司。但到10世纪末,宋廷在广州、杭州和明州都设立了市舶司,却未在泉州设司。由此可见,泉州此时海外贸易的规模和地位还未达到广州、杭州和明州的水平。

直到11世纪后期,泉州才被提议设置市舶司。《宋史》记载:"熙宁五年诏发运使薛向曰:东南之利,舶商居其一。比言者请置司泉州,其创法讲求之。"最终泉州市舶司得以建立则是在1087年,《宋史》记载,"元祐初,诏福建路于泉州置(市舶)司"。《舆地纪胜》和《建安以来朝野杂记》亦有关于哲宗二年始建泉州市舶司的说法。而后据史书记载福建市舶司又经历了废而复立、立而复废的波折,"建炎初,李伯纪为相省,其事归转运司,明年复复闽浙二司"⑤、"二月绍兴二年秋,废闽司,七月甲子,寻並广浙提举官。皆八月,已

① 《倘湖樵书》卷9。
② 《藁城令董文炳遗爱碑》。
③ 《旧唐书》卷8《玄宗上》。
④ 《宋史》卷167职官志,清乾隆武英殿刻本。
⑤ 《建炎以来朝野杂记》甲集卷15。

而闽广复置”①、“建炎时政记云，建炎中兴诏罢福建市舶司，归之转运司。中兴小历云，建炎二年复置福建市舶。系年録云，绍兴二年罢福建市舶，令宪臣兼领。又云二年诏福建市舶，令提举兼领。十月诏福建市舶，仍移司泉州”②。在市舶司频繁的反复变迁中，泉州港的海外贸易不断发展，最终泉州市舶司得以设立并存在三百余年。

从规范和监管海外贸易的角度讲，宋代较之唐朝除了市舶使改司、市舶司多处设立外，最典型的进步在于市舶司职能的细化和明文规定。从唐代市舶使发展到宋代市舶司，政府监管部门的职能也从开始的收购珍异增加到“掌蕃货、海舶、征榷、贸易之事，以来远人，通远物”。宋代市舶司有查缴违禁品进口、保管进口货物、征收关税、买入朝廷所需、查验出口走私、保护外商权益等多项职责。同时，宋代官员私吞、官商勾结、敲诈商旅等问题日益严重，其“惟所欲，刮取之。命曰和买，实不给一钱”③的行为严重影响了海外贸易的正常发展。朝廷根据这一问题颁布了一系列法令，如“三月诏广州市舶司曰，朝廷绥抚远俗，禁止末游比来，食禄之家不许与民争利……文武官僚敢遣亲信于化外贩鬻者，所在以姓名闻”“六月诏，市舶司监官及知州通判等，今后不得收买蕃商杂货及违禁物色，如违当重置之法”④、“诏如至道之法，凡知州、通判官吏并舶司使臣等，毋得市蕃商香药禁物”“违法抑买者，许蕃商越诉，计赃罪之”⑤，且惩处了一批扰乱贸易秩序以谋求私利的官员，规范和完善了市舶司对海外贸易的促进作用，在一定程度上限制了政府管制带来的以权谋利的行为。

另外，宋代开始有了明确的鼓励舶商和蕃商扩大海外贸易的记载。海外贸易不仅带来了大量珍异奢侈品，还为朝廷带来了大量税收，因此宋朝政府有动力鼓励和支持海外贸易。绍兴六年，知泉州连南夫奏请“纲首能招诱舶舟抽解物货累价及五万贯十万贯者，补官有差”⑥，朝廷授大食蕃客啰辛和纲首蔡景芳为“诚信郎”。这种因商获官的例子证明了宋代扶植海外贸易的态度，也侧面印证了当时商人在现实生活和人们思想中政治地位的提高。宋朝政府还考虑到海商路途艰辛、风险很大，规定“蕃舶为风飘着沿海州界，若损败及船主不在，官为拯救，录物货，许其亲属召保认还”⑦、“广南、两浙市舶司所发舟还，因风水不便，舶破樯坏者，不得抽解”⑧等减少海上意外损失的政策条例。地方政府也有激励贯彻利商措施，争取更多海外贸易。据朱彧记载，“余在广州，尝因犒设，蕃人大集府中”⑨。可见，由于海外贸易的巨额利润及税收，朝廷从上到下都开始明确扶植和发展海外贸易的政策思路。

朝廷鼓励发展海外贸易的最重要目的无非是获得更多的政府收入，由于宋代较之前代疆域狭小、偏居南方，加上商业发达，因此宋代更加重视政府直接参与海外贸易以谋求厚利。宋高宗曾言：“市舶之利最厚，若措置合宜，所得支以百万计，岂不胜取之于民？朕

① 《建炎以来朝野杂记》甲集卷15。
② 《舆地纪胜》卷130福建路泉州府。
③ 《真西山集》。
④ 《宋会要辑稿·职官四十四》。
⑤ 《宋会要辑稿·食货三十八》。
⑥ 《宋史卷一百八十六·食货志》。
⑦ 《宋会要辑稿·职官四十四》。
⑧ 《宋会要辑稿·职官四十四》。
⑨ 朱彧：《萍洲可谈》卷2。

所以留意于此，庶几可以少宽民力尔。”①因此宋朝廷进行了抽解、博买、禁榷等一系列干预海外贸易以获利的行为。开始时，政府试图垄断所有的海外贸易过程，通过类似当今双垄断的手段获取巨额差价，“太宗时，置榷署于京师，诏诸蕃香药宝货至广州、交阯、两浙、泉州，非出官库者，无得私相贸易”②；并辅之以严刑峻法，“太平兴国元年(976)五月诏，敢与蕃客贸易，计其直满一百文以上，量科其罪，过十五千以上，黥面配海岛，过此数者押送赴阙。妇人犯者，配充针工”③。然而，如此严苛的政策不断受到各界的冲击和质疑。因此政府逐渐放开了大多数贸易商品为“通行物”，仅保留需求大、利润丰厚的玳瑁、牙、犀、宾铁、鼊皮、珊瑚、玛瑙、乳香等八种商品作为禁榷物；同时，以抽取货物的方式征收关税，“凡舶至，帅(安抚使)、漕(转运使)与市舶监官莅阅其货而征之，谓之抽解”；关税收取后还要以强制购买的形式买走30%—60%④，谓之“博买”。时人记载：“凡官市价微，又准他货与之，多折阅，故商人病之。”⑤可见，宋代朝廷通过关税、垄断、强制交易等一系列措施强行分走了海外贸易的大量利润，这些行为阻碍了海外贸易的发展。这些政策与前面的鼓励商业和海外贸易的政策的矛盾体现了封建王朝发展商业的矛盾：既希望商业发展带来更多收入，又希望不惜以抑制商业为代价来攫取商业利润。这也是整个宋元乃至后期封建朝廷的涉商法律和政策的特点。

四、结　论

自百年之前内藤湖南提出唐宋变革论以来，中国在唐宋之交经历了政治、经济、社会各个层面的巨大变革成为学界研究的共识，宋代也被认为是中国走向近世的跨时代时期。从经济的角度看，尽管农业技术的飞跃、田亩制度的变化以及手工业的发展都是经济繁荣的表现，但商业的飞速发展和涉商思想的重大转变无疑是中国经济走向近世最显著的标志。舶货充美的泉州港是一个窗口，标志着海上丝绸之路自宋代走向鼎盛；通达万里的海上丝绸之路是一个窗口，标志着宋代商业开始加速向近代化发展。

福兮祸之所伏，祸兮福之所倚。宋代是自秦汉以来中国版图最小的朝代，是节节败退、偏居一隅的朝代。但从海上丝绸之路的繁盛追溯到宋代手工业商业的繁荣就会发现，正是这段特殊的历史造就了这一巨大的变革：在稳定的小农经济下，向商品化过渡是一个缓慢的过程；但当万千人民离开战乱频仍的前线迁到荒蛮的南方，却在短期内在高产的南方土地上实现了农业的大幅增产。陌生的环境逼迫人们放弃了传统的作物和生产方式，开发出因地制宜的经济作物。农业生产力的提高和经济作物的开发为地域分工奠定了基础，从而也为产业转型和商业贩运奠定了基础。新的经济模式在宋代狭小的土地上持续发展，通过唯一的对外渠道——海上丝绸之路延展开去，将茶、丝、瓷、钱流向世界各个角落。泉州港与海上丝绸之路繁荣的背后是社会经济结构转变的有力支撑。

工商业的空前发展影响了社会经济结构，也影响了上层建筑：从上至下的社会各界都逐渐感受到工商业的日益崛起和巨大影响，商业已经突破了身份束缚，用丰厚的利润吸引

---

① 《宋会要辑稿·职官四十四》。
② 《宋史·食货志下》。
③ 《宋会要辑稿·职官四十四》。
④ 程皓、周跃雪：“宋代海外贸易法律制度研究”，载《理论月刊》，2009年第10期。
⑤ 朱彧：《萍洲可谈》卷2。

了官、士、绅、民等各个阶层的加入,工商业收入已经成为朝廷、地主、知识分子的重要收入来源。在这样的环境下,传统的重农抑商思想和法律逐渐得以扭转。无论诗词、著述还是法律政策,思想史的各个角度都出现了涉商看法的转变。功利主义的永嘉学派成为与理学、心学相鼎立的社会思潮,传统儒学发展到理学后产生合利于义而不是以义抑利的转变,都说明中国经济思想史中的重农抑商和贵义贱利的教条被日渐强大的商业力量撬动,人们的商业思想更加开放,沿海务实重利的海商思想不断发展,成为当时和后世商业发展和经济繁荣的重要思想基础。

因此,经济史和思想史对海上丝绸之路繁盛的解释都指向了各个因素带来的商业繁荣和涉商思想的转变。在这样的社会大环境下,海外贸易供需两盛,上下各界重视支持,共同创造了这条近连东亚圈、远达阿拉伯的贸易航线。

参考文献

古籍类:

(唐)杜佑.通典[M].清乾隆武英殿刻本.

(唐)李肇.唐国史补[M].明津逮秘书本.

(宋)范仲淹.范文正公文集[M].四部丛刊景明翻元刊本.

(宋)乐史.太平寰宇记[M].清文渊阁四库全书补配古逸丛书景宋本.

(宋)黎靖德.朱子语类[M].明成化九年陈炜刻本.

(宋)李觏.直讲李先生文集[M].四部丛刊景明成化本.

(宋)李心传.建炎以来朝野杂记[M].清武英殿聚珍版丛书本.

(宋)李心传.建炎以来系年要录[M].清文渊阁四库全书本.

(宋)陆游.放翁家训[M].清知不足斋丛书本.

(宋)彭百川.太平治迹统类[M].清文渊阁四库全书本.

(宋)苏颂.苏魏公集[M].清文渊阁四库全书补配清文津阁四库全书本.

(宋)王称.东都事略[M].清文渊阁四库全书本.

(宋)王存.元丰九域志[M].清文渊阁四库全书本.

(宋)王象之.舆地纪胜[M].清影宋钞本.

(宋)叶梦得.石林奏议[M].清光绪陆心源皕宋楼景宋刻本.

(宋)叶适.贤良进卷[M].清嘉庆宛委别藏本.

(宋)赵汝适.诸藩志[M].清学津讨原本.

(宋)赵与秘.仙溪志[M].清抄本.

(宋)真德秀.西山文集[M].四部丛刊景明正德刊本.

(宋)朱熹.四书章句集注[M].宋刻本.

(宋)朱彧.萍洲可谈[M].宋百川学海本.

(五代)刘昫.旧唐书[M].清乾隆武英殿刻本.

(元)方回.桐江集[M].清嘉庆宛委别藏本.

(元)马端临.文献通考[M].清浙江书局本.

(元)脱脱.宋史[M].清乾隆武英殿刻本.

(明)陈道.八闽通志[M].明弘治刻本.

(明)李贽.焚书[M].明刻本.

(清)毕沅.续资治通鉴[M].清嘉庆六年递刻本.

(清)董诰等.全唐文[M].清嘉庆内府刻本.

(清)徐松.宋会要辑稿[M].稿本.

专著类：

〔日〕斯波义信.宋代江南经济史研究[M].江苏人民出版社,2012.

陈笃彬,苏黎明.泉州古代科举[M].齐鲁书社,2004.

苏基朗.刺桐梦华录[M].浙江大学出版社,2012.

期刊论文类：

陈书录.中唐至明中叶诗歌中农商观念的转变及其意义[J].南京师范大学文学院学报,2006,1:114—120.

陈园园.宋元明泉州港海外贸易研究述评[D].厦门大学,2014.

程皓,周跃雪.宋代海外贸易法律制度研究[J].理论月刊,2009,10:119—121.

傅宗文.宋代泉州港的崛起与港口分布[J].厦门大学学报(哲学社会科学版),1985,S1:87—96.

戴显群.唐宋时期我国第一贸易大港地位的转换[J].海交史研究,2004,2:49—57.

胡晓伟.关于泉州蕃商蒲寿庚的三个问题[J].海交史研究,2015,1:38—43.

黄富元.浅谈宋元时期的泉州市舶课税[J].福建税务,1998,S1:107—108.

黄楠,张守慧.宋代的海外贸易法[J].科教文汇(上旬刊),2011,4:198+206.

李晓.论均输法[J].山东大学学报(哲学社会科学版),2001,1:78—83.

李玉昆.20世纪蒲寿庚研究述评[J].中国史研究动态,2001,8:15—22.

廖大珂.北宋熙宁、元丰年间的市舶制度改革[J].南洋问题研究,1992,1:89—97.

林文勋.宋代商业观念的变化[J].中州学刊,1990,1:125—129.

林振礼.朱熹与梁克家的关系及其游历潮州考辨[J].厦门大学学报(哲学社会科学版),2008,4:85—92.

刘玉峰.试论唐代海外贸易的管理[J].山东大学学报(哲学社会科学版),2000,6:52—56.

吕荣哲.杰出的政治变革家吕惠卿——王安石变法的副帅[J].黑龙江社会科学,1999,2:63—66.

吕一燃.吕惠卿与王安石变法[J].史学月刊,2003,2:36—44.

马珺.试析两宋法律中的重海商色彩[J].中州学刊,2005,6:181—183.

马黎.中国古代抑商法律政策研究[D].内蒙古大学,2014.

毛佳佳.蒲寿庚事迹考[J].海交史研究,2012,1:29—42.

闵宗殿.宋明清时期太湖地区水稻亩产量的探讨[J].中国农史,1984,3:37—52.

沈玉水.宋元明的泉州港[J].历史教学,1983,5:36—41.

王四达.宋元泉州港繁荣原因新探[J].华侨大学学报(哲学社会科学版),1989,2:63—71+46.

徐晓望.关于泉州蕃商蒲寿庚的几个问题[J].福建论坛(人文社会科学版),2013,4:99—105.

许兵.宋代市舶制度述论[D].河北师范大学,2002.

杨文新.宋代市舶司研究[D].陕西师范大学,2004.

杨文新.宋代状元宰相梁克家述评[A].福建省闽学研究会、晋江市历史文化研究总会.朱熹理学与晋江文化学术研讨会论文集[C].福建省闽学研究会、晋江市历史文化研究总会,2007:5.

于浴贤.李贽经济思想管窥[J].泉州师范学院学报,2009,3:1—6.

袁冰凌.海上贸易与宋元泉州农业经济特色[J].中国社会经济史研究,1992,3:43—49.

张栋斌.宋代福建农业经济地理研究[D].福建师范大学,2009.

张金花.宋诗与宋代商业[D].河北大学,2005.

章深.北宋"元丰市舶条"试析——兼论中国古代的商品经济[J].广东社会科学,1995,5:95—100.

郑学檬.宋代福建沿海对外贸易的发展对社会经济结构变化的影响[J].中国社会经济史研究,1996,2:45—50.

周梦江.宋代义利之辩与叶适对朱熹的批评——兼论温州商业社会与永嘉学派的关系[J].温州师范学院学报(哲学社会科学版),2004,1:1—7.

周筱赟,陈志广.解析王安石变法中的市易法[J].江汉论坛,2004,3:61—64.

清代“摊丁入亩”政策对人口增长的影响

袁直毅　刘晟亚　江曜民

（北京大学经济学院）

［摘要］康雍乾时期，中国的人口发生了前所未有的激增。康熙后期提出的“永不加赋”圣谕和雍正时期正式推行的“摊丁入亩”政策通常被认为是人口增长的一个重要原因。本文在广泛查阅文献史料，统计细至府县一级人口及政策情况数据的基础上，对人口密度增长进行了回归分析，并进行了必要的稳健性检验。发现在控制住玉米引入、战争频率等因素后，“摊丁入亩”政策的实施对人口增长有显著的正效应，并且该政策的瞬时影响较大。这说明除了玉米的种植之外，“摊丁入亩”政策对人口增长的贡献是不容忽视的。

［关键词］清代，人口增长，摊丁入亩

一、引　言

在中国人口发展史中，清代是一个十分突出的时期。它的人口再生产所呈现出的持续近两个世纪的高速增长，在历史上是空前的——与中国封建社会长期以来人口增长的缓慢停滞形成鲜明对照。而在康雍乾盛世时期，由于社会稳定、经济恢复和持续发展，人口增长的速度之高尤为突出。

始于康熙五十一年，正式实行于雍正元年的“摊丁入亩”作为中国古代历史上一次极其重要的税收改革制度，其中对人口有影响的方面主要可以概括为把人头税改为地税。从理论上来讲，增加了人口却不需要交税；但是多一个劳动力却能增加产出。因此，导致家庭生育后代的激励比原来更强了，所以会导致人口增加。

但是这仅仅是理论分析，能否实证其正确性始终是经济学界和历史学界面临的一个难题。毕竟，除了“摊丁入亩”政策以外，玉米引入也被认为对清代人口增长有解释力，因此需要把这两者的影响分离开。以往的研究多集中于人口增长因素的文字表述，或是利用微观的不完整数据来简单统计人口增长的变动情况，我们认为多是不甚严谨的。本文在广泛搜寻大量“摊丁入亩”实施进度数据和其他影响人口的因素，如战争、玉米的引入时间等数据的基础上，对人口密度的变化进行回归分析，对“摊丁入亩”政策对人口的影响做出了实证检验，以图对解决这一历史谜题做出贡献。

本文的结构安排如下：第二部分是文献综述，对清朝“摊丁入亩”政策的背景、实施过程、其对人口增长的影响等的国内外研究进行了梳理；第三部分是历史背景，运用直接和间接获得的历史资料对“摊丁入亩”政策的实施概况、客观特点等进行了陈述；第四部分明确了实证分析中待检验的命题，介绍了分析的大概思路；第五部分运用搜集的大量资料对人口增长原因进行实证检验，根据回归结果得出了初步结论，并针对人口密度和旱涝灾害进行了稳健性检验；第六部分作为总结和展望，总结全文，归纳出基本结论，并对进一步研究的空间做出展望。

二、文献综述

关于清朝“摊丁入亩”政策的背景、实施过程及其影响和意义，国内史学界已经有不少研究。

许多学者认为，“摊丁入亩”是对唐代“两税法”、明代“一条鞭法”的继承与发展，是统治者为了避免阶级矛盾激化影响统治根基，从而采取的赋役政策改革，是封建社会经济发展的必然结果（彭云鹤，1979；李三谋，2001；常隆等，2010）。它也是招抚流亡、恢复经济和社会发展、改变清初赋役制度本身混乱和严重不均状况的需要（彭云鹤，1979）。

“摊丁入亩”通过将丁役并入田赋为地丁税的方式，促进了国家赋税制度的统一。其影响和意义主要可以归为以下几点：由于固定了丁数，对新增人丁不再征收丁银，一定程度上减轻了人民的赋役负担；同时，采取“地丁合一”的方式，使得徭役负担更加均平，缓和了社会各阶层之间的矛盾（彭云鹤，1979；冯元魁，1984；李三谋，2001；张朝阳，2003）。这就减少了百姓因负担过重而被迫流亡的现象，安定了百姓的生活，使得人口总数快速增长，保障了税基；原额丁银不失，又使所谓“户绝人亡”者的丁税也有了征收的保证（李三谋，2001），再加上简化了税收程序，可以在某种程度上防止官吏的贪污舞弊，也进一步保证了国家的财政收入（吕建中，2003；张朝阳，2003）。此外，“摊丁入亩”的推广导致与古代赋役制度相联系的人丁编审制度失去意义，减少了封建人身依附关系，减弱了政府对无地少地之农民和手工业者施加的经济压力。农民不再被强制束缚在土地上，大量剩余劳动力可以流动，佣工、经商、从事手工业等，刺激了农民和手工业者的生产积极性，使得工商业发展的环境得以改善，“民弃本逐末，耕者不能半”，富人往往不多置田地，而兼事“末业”，这就促进了资本主义萌芽的增长和商品经济的繁荣（彭云鹤，1979；冯元魁，1984；李三谋，2001；张朝阳，2003）。“摊丁入亩”还基本上取消了缙绅地主优免丁银的特权。在实行初期局部地限制和压抑了大地主的土地兼并，但由于该政策是地主阶级利益的体现，使得这种作用在后期逐渐消失，清政府对地主阶级向农民转嫁地丁负担的行为采取了包庇怂恿和公开支持的态度（彭云鹤，1979；常隆等，2010）。

有学者结合地方志等资料考察了“摊丁入亩”在不同地方的实施情况。王丽（2004）考察了山西的情况，认为山西存在富商大都不种地，部分地区地理条件恶劣，为了供应驻军粮饷，赋税皆征“本色”，虚额人丁累增，丁亡也不减税赋等情况，使得百姓的负担偏重，为“摊丁入亩”的实行增加了难度。清政府为了实现丁随地征，采取了不对荒地和缺丁征收赋税、免征部分特困县丁银、分期实施“摊丁入亩”等变通举措，确保了“摊丁入亩”的实行。刘亚中和张秀红（2011）则通过《颍州府志》来考察清前期颍州府各州县的情况，肯定了“摊丁入亩”在简化税收程序、防止堵塞贪污之弊、保证财政收入、松弛人身隶属关系、均平赋税、减轻人民负担等方面的作用。各地“摊丁入亩”之后的负担变化也不尽相同：直隶是通省计摊，即每田赋银摊入丁银若干，因而地多丁少的州县负担加重，而丁多地少的州县负担减轻(彭云鹤,1979)。而如果各州县自行摊派,则丁多地少的县由于需要摊派的丁银较多,负担会比较重。以颍州为例,所辖的阜阳县、颍上县、亳州、蒙城县赋税明显减轻,受益很大;而太和、霍邱二县不仅没有受益,赋税反而是增加了,其中最主要的原因是该二县丁多地少(刘亚中和张秀红,2011)。

也有学者认为,“摊丁入亩”的意义可能被高估,其局限性也不容忽视。戴辉(2007)认为,“摊丁入亩”没有处理好均匀分摊赋税的问题,因而非但无法使贫民享受优惠,反而使其负担更加沉重,从而激发了多地人民的抗粮行动,再加上一些地主阶级的反对,使得“摊丁入亩”的实施面临巨大困难,赋税的顺利征收也得不到保障。同时,“永不加赋”的政策事实上也没有落实,大部分省份的丁银出现增额。而且,政府加在土地上的丁银实际上是由贫苦的佃农和雇工承担的。由于人民的负担并没有减轻,流亡的问题也没有得到改善。

在此基础上,国内有学者专门考察了“摊丁入亩”对人口增长的影响。方地(1986)和王瑞平(2001)认为,“摊丁入亩”对清代人口发展的作用是很有限的。“摊丁入亩”政策是封建的赋税制度,是为封建统治服务的,因此,有其阶级局限性与欺骗性。如果说“摊丁入亩”对人口发展有影响的话,那就是开始时期的口号作用和取消丁税后大量隐匿人口的查出,从而使人口的表面数字猛增。王瑞平(2001)将清代人口激增的主要原因归结为三点:中国人口增长与世界人口增长的趋势相连;医学的发展使人口死亡率下降;农作物新品种的增加与人类食物结构的变化。而国外一些学者的研究证实了上述部分观点:Chen and Kung(2013)利用双重差分分析,认为玉米的引入可以解释中国1776—1910年间18%的人口增长。方光禄(2002)从徽州现存的族谱资料入手,发现“摊丁入亩”实施前后徽州家庭平均每户生育子女数十分接近,因而无法得出“摊丁入亩”对人口增长有促进作用的结论。

结合上述文献不难发现,关于“摊丁入亩”对清代人口增长影响的考察,从方法上看,大多数停留在对史料的归纳,一些文章提供了数据,但也只是简单的列举,并没有进行深入的分析。从结论上看,仅仅凭借已有研究,也无法得知“摊丁入亩”对清代人口增长究竟有多大的作用。

三、历史背景

“滋生人丁永不加赋”和“摊丁入亩”,是清代赋役制度改革的两个重大步骤。若要探究“摊丁入亩”对人口增长的影响,不得不从“永不加赋”圣谕开始讲起。

康熙五十一年(1712)二月,玄烨颁发了谕旨:“今海宇承平已久,户口日繁,若按见(现)在人丁加征钱粮,实有不可。人丁虽增,地亩并未加广,应令直省督、抚,将见(现)今钱粮册内有名丁数,勿增勿减,永为定额。其自后所生人丁,不必征收钱粮,编审时止将增出实数察明,另造清册题报。朕故欲知人丁之实数,不在加征钱粮也。今国帑充裕,屡岁蠲免,辄至千万,而国用所需,并无遗误不足之虞。故将直隶各省见(现)今征收钱粮册内有名人丁,永为定数。嗣后所生人丁,免其加增钱粮,但将实数另造清册具报。”①“其征收办粮,但据五十年丁册定为常额,续生人丁永不加赋。”这就是所谓“盛世滋生人丁永

① 《清圣祖实录》卷249。

不加赋"①谕,意思是将康熙五十年(1711)政府所掌握的全国二千四百六十二万一千三百二十四名人丁应征的三百三十五万余两丁银,基本加以固定,作为今后每年征收丁银的常额依据,以后新增成丁被称为"盛世滋生人丁",永远不再征税。康熙五十五年(1716),户部针对已固定的人丁因死亡、开除等缘故而出现的缺额,又制定了具体的抵补办法,即"按人丁派者,一户之内开除与新添互抵;不足,以亲族丁粮多者抵补;又不足,以同甲丁粮多者顶补"②。从而将历来变动频繁、最难控制的丁额和丁银,基本上固定了下来。

这一措施,虽未取消丁税,但把全国丁税总额基本固定,不再随人丁增长而加重,对于少地或无地的广大农民和手工业者来说,还是有一定好处的。因为他们实际上承担着全国丁税的绝大部分,丁税不增,其负担相对稳定,有可能安心生产;其次,滋生人丁永不加赋,清政府放松了对户丁的编审要求,对于那些苦于增丁的州县地方官来说,也可稍得喘息。康熙五十六年(1717),清政府宣布废除对"增丁州县官员议叙"的制度,便从反面说明了这点。滋生人丁永不加赋不仅易于查清户口,保证了赋役来源,而且也在某种程度上吸引了流民的附籍,稳定了社会秩序。不过,滋生人丁永不加赋的最重要的意义还在于,推动了"摊丁入亩"制度的实行,使其迅速成为全国统一的赋役征收制度。因为只有经过此次丁银的基本固定,才能使之更易于全部转归土地,即"自续生之赋罢,丁有定数,征乃可摊者"③。

然而,滋生人丁永不加赋,仍未能解决赋役负担偏枯不均的问题。这主要是由于按户征收的人丁税,常因生育死亡发生变动,而除、补之丁额又很难恰好相当。长此下去,很快便会出现"额丁子孙多寡不同,或数十百丁承纳一丁;其故绝者,或一丁承一、二十丁;或无其户,势难完纳"④的情况,造成新的不均。同时,在编审过程中,一切费用均归纳户负担,各级官吏乘机敲诈,无所不用其极。正如直隶总督李绂所言:"民间派费甚多,有里书及州县书吏造册之费,有里长候审饭食之费,有黄绫、纸张、夹板、绳索、棕包之费"⑤等等,常高达正赋之数倍。"各省皆然,直隶尤甚。"他们置朝廷之谕旨于不顾,肆意放富差贫,胡作非为,所谓"无田无地赤手穷民,则现丁当丁;而田连阡陌之家,粮册在手,公然脱漏,浸淫成习"。对贫苦百姓则"复于丁银之外,今年加一、二分,明年又加二、三分,年复一年,递增不觉。户无毫厘田产,每丁竟有完至二、三钱,四、五钱者"⑥。在这种情况下,其赋役负担仍无法做到公平合理,出于对朝廷诏令的疑虑,普通民众继续"携家远徙",四处流亡,造成了"丁倒累户,户倒累甲"的结果,使得清廷的赋役收入难以得到保证。由此,实行"摊丁入亩"政策的想法开始萌芽。因为土地是固定不动的,有地便会有人耕种,赋税征收相对有保证。清政府迅即采纳了这个建议,在不放弃丁银原额的前提下,将康熙五十年已固定的全国二千四百六十二万余人丁应交纳的三百三十五万余两丁役银总额,平均摊入到全国各省之诸州县的田赋银中,按每田赋银一两均摊丁银若干计算,然后一起输纳征解。这就是"摊丁入亩"制度,又称"丁随地起",或简称"地丁"制度。这是清代赋役制度改革的第二个重大步骤,也是中国封建社会内最后的一次赋役制度改革。

---

① 嘉庆《大清会典事例》卷133《户部・户口编审》。
② 王庆云:《石渠余记》卷3。
③ 嘉庆《无为州志》卷7《食货志・户口》。
④ 吴振棫:《养吉斋余录》卷1。
⑤ 李绂:《穆堂初稿》卷39下《清通融编审之法疏》。
⑥ 戴兆佳:《天台治略》卷2。

正式的“摊丁入亩”,始自雍正初年。雍正元年(1723),直隶巡抚李维钧鉴于本省“无地穷丁”甚多,而“北五府(顺天、保定、河间、永平和宣化)丁浮于地,尤为苦累,故条奏摊丁(入亩)”。后经户部及九卿各方议准:直隶省“于雍正二年为始,将丁银摊入地银之内,造册征收”。李维钧又根据“北五府地少丁多,难就本州县之丁银摊入本州县地银之内”的实际情况,“为苏民困”,决定通省计摊,“统为核算”,即将全省“四十二万零八百两之丁银,均摊于(全省)二百零三万四千七百余两地银之内,仍照上、中、下三则之田,各计其纳粮轻重之数,而分摊其丁银,永无偏累”①。大体上每田赋银一两均摊丁银 2.07 钱许。接着,福建、山东、河南、浙江、陕西、甘肃、四川、云南、江苏、安徽、江西、湖南、广西、湖北等省相继推行。至雍正七年(1729)基本上普及到全国的绝大部分省区。尽管奉天、台湾和贵州等地,直至乾隆年间才开始实行,山西更“以富人田少,贫民种地代纳丁银不服”拖到光绪五、六年间(1879—1880);但是,此时“摊丁入亩”制度已基本上成为全国统一的赋役征收制度。另外,与此同时,清政府又陆续将匠班银、盐钞银、渔课钞等其他赋役也合并到田赋银中征收,“地丁银”便成为其主要的财政收入。

清代“摊丁入亩”制度具有以下三个鲜明的特点。首先,在各省单位平均摊入的丁役银中,除湖南因系“以粮石计摊”,其数额显得最多外,实际最多的还是直隶,其次是山西、陕西和甘肃等省,而江苏、安徽和浙江诸省则最少。凡摊入丁银多者,必为原来丁役负担重者,反之,凡摊入丁银少者,则必为原来丁役负担轻者。这一方面说明,清前期“东南诸省,赋重而役轻,西北赋轻而役重”②的大致趋势;另一方面,北方的田亩负担因摊丁银而加重的程度必定会比南方大,故大地主阶级及知识分子反对“摊丁入亩”制度的情绪较南方更为强烈。

其次,各省在“摊丁入亩”时的具体做法很不一致。有按田亩计摊的,有按粮石计摊的,但大多数则还是按每田赋银一两为单位计摊;主要是通省统一核算计摊,但个别省份也有以州县计摊者。这些又说明了“摊丁入亩”制度本身的多样化和复杂性。

最后,从各省“摊丁入亩”开始的时间看,大都集中在雍正二年至七年(1724—1729)之间。“摊丁入亩”制度经过前期长期酝酿,推行之时便较为迅速。

事实上,“摊丁入亩”这种征收方式,早在明末清初便已散见于全国不少地区。明天启元年(1621),给事中甄淑因“小民所最苦者,无田之粮,无米之丁,田鬻富室,产去粮存,而犹输丁赋”太不合理,提出“以米带丁”的倡议,即“取额丁额米,两衡而定其数,米若干即带丁若干,买田者收米便收丁”,以使“县册不失丁额,贫民不致赔累”。③ 据说在当时曾经实行过,因“其时政荒赋重,故不久辄罢”④。崇祯八年(1635),陕西城固县有“丁随粮行之法”⑤;顺治时,陕西南部、浙江嵊县等地曾试行过“丁随粮行”的办法。有的地方将逃亡、故绝人丁的丁银摊入田亩中征收,以田补丁。清康熙六年(1667),河南太康知县胡三祐也推行了“丁随地派”法,规定“每地三十三亩三分,准入一丁”⑥;九年(1670),广东四会有“以丁随粮”之法;二十三年(1684),四川雅安所属的芦山县,更实行了“按亩均丁”

---

① 《雍正硃批谕旨》第 5 册,《李维钧奏折》。
② 《抚豫宣化录》卷 2。
③ 《明史》卷 78《食货二》。
④ 王庆云:《石渠余纪》卷 3《纪丁随地起》。
⑤ 《皇朝经世文编》卷 30《户政》,曾王孙《勘明沔县丁银宜随粮行疏》。
⑥ 道光《太康县志》卷 2《田赋 · 人丁》。

法；与此几乎同时，直隶乐亭知县于成龙察觉到“田与丁分”是产生赋役负担严重不均的根源，因而在该县推行了一种能使“富户正供之外所增无几，而贫者永得息肩”的“按田均丁”①法；五十二年（1713），御史董之燧则提出在全国推行“统计丁粮，按亩均派”的建议，只是由于被户部议为“（旧册）相沿已久，未便更张，而止”②。五十五年（1716），户部议准，“广东所属丁银，就各州县地亩摊征，每地银一两，摊丁银一钱六厘四毫不等。”四川省实行“丁随地起”，“田载丁而输纳，丁随田而买卖”③。其他尚有多处。以上种种，实质上均属“摊丁入亩”，且有的已取得显著成效，故当雍正初年清朝廷一声令下，便得以在全国各地迅速而集中地普及起来。

四、待检验命题

本文选取清代五个时点的人口密度、各地玉米引入时间、“摊丁入亩”实行时间和战争频率，运用回归方程，试图检验以下命题：第一，在控制各地战争对人口增长的消极影响和玉米引入对人口增长的积极影响之后，清代的人口增长在多大程度上受到“摊丁入亩”政策实施。第二，该政策对人口增长的瞬时和长期影响具体有多大，在两个时间长度上的程度是否有所差异。第三，考虑到人口密度本身过高过低的效应，以及旱涝灾害可能对回归结果的影响之后，进行稳健性检验，检验此二者是否会否定之前的结论。

五、实证检验

（一）宏观层面的检验

1. 数据和描述统计④

为了进行实证研究，我们从很多资料中寻找数据，建立了一个面板数据。其中有五个时间点：1776 年、1820 年、1851 年、1880 年、1910 年。我们的数据包含 18 个省的 185 个府（全国共 317 个府）。我们选择府作为单位是因为中国幅员辽阔，每个省的面积都很大（和大多数其他国家相比），一省内部的异质性比较强。

（1）数据及其说明

a.人口密度

我们的解释变量是 1776 年、1820 年、1851 年、1880 年、1910 年五个时点的人口密度。数据来自曹树基（2000）编写的《中国人口史·第五卷·清时期》，这本书是第一部尝试系统地基于 3 000 多种地方志建立清朝府一级的人口数据的著作。这套人口数据也曾被 Chen and Kung（2016）使用过，并且他们还将这套数据与 He（1959），赵文林和谢淑君

---

① 乾隆《乐亭县志》卷 4《田赋·户口前序》。

② 《松江府志》卷 21《田赋》下。

③ 《熙朝纪政》卷 3。

④ 虽然这些数据被别的学者引用过，但是他们都没有公开他们的数据库，我们也曾和其中的一些作者取得联系，希望能分享他们的数据库，但是均遭到拒绝。所以本文中的所有数据都是我们通过查阅大量的相关的史料、学术著作整理出的。我们也曾向中国气象局中国气象科学数据共享服务网提交网上申请，希望使用他们的清代各地天气指数数据库和旱涝分布数据库作为工具变量和控制变量，但是截至论文提交期限前几天还未收到回复。

(1988),Skinner(1977),杨子慧(1996),梁方仲(1962)进行对比,发现这几套数据的相关性在1%的显著性水平上显著,而且相关系数都很高。

中国人口在空间上分布不均,省和省之间、一省之内均有一定的异质性。如江苏省在这五个时点的人口密度都在280人/平方千米以上,而甘肃省在这五个时点的人口密度都小于40人/平方千米;而在甘肃省内秦州的人口密度一直都在40人/平方千米以上,而安西州的人口密度在这五个时点都不超过1人/平方千米。

b.摊丁入亩

"摊丁入亩"一般被认为是从康熙五十一年(1712)二月二十九日的上谕开始的,但是这项政策在全国普遍推行是在清朝的雍正年间。康熙五十五年户部在研究编审新增人丁补足旧缺额时,除照地派丁外,仍实行按人派丁,即一户之内,如果减少一丁,又新添一丁,以新添抵补减少;倘若减少的有二三丁,新添的不够抵补,则以亲族中丁多人户抵补;如果还不够,以同甲同图中粮多人户顶补,抵补之后的余丁才归入滋生人丁册内造报。所以滋生人丁永不加赋办法施行后,又出现了新增人丁不征税,旧额人丁不减税的矛盾;而且,新增人丁很多,用谁来补充旧丁缺额,也很难做到苦乐平均。

因此雍正时期"摊丁入亩"对研究人口增长更有意义。各省实行这项政策的时间各不相同,而一个省之内则缺乏异质性,一般是由巡抚上报朝廷,朝廷准许"摊丁入亩",全省统一实行,仅少数地方有例外①。数据来自彭云鹤(1979),作者查阅多种正史资料,相互比对,找出各省正式"摊丁入亩"的时间、倡议者、丁银、特点等。最早实行"摊丁入亩"的是广东省,1716年;最晚为贵州省,1777年,跨度达61年。

c.玉米种植②

研究玉米引入对人口增长的影响最好的方法是收集每一个府的玉米引入的具体年份,而我们收集的是当地地方志首次出现玉米的时间,这也不失为一条好的途径。因为中国的地方政府有定期修订地方志的传统,其中会详细记载当地的政治(如政府机构、行政长官)、经济(如土地、田赋、收成)和社会、文化方面的内容。因此,地方志中首次记载玉米的时间有一定的及时性。并且玉米何时"引入"通常有个过程,即使我们生在当时,也很难明确地界定什么时候某个地方引入玉米,比如一户试种是否算"引入"?一村呢?而能被记录到地方志中,说明玉米在当地已经有一定的影响力,被当作一种正式的食物并且出现规模种植。而这对于我们研究玉米引入对人口增长的影响是有意义的。

在这165个府③中又下辖很多州县,它们也有地方志,而每个府的各个州县志中首次出现玉米的时间不尽相同。考虑到前文所讲的原因,玉米被写入地方志说明已经有一定影响力了,那么可以推测它已经能对人口增长有所影响,而某一州县的人口增长也会导致所在府的人口增长。因此我们取一府的府志和下辖州县的州县志中玉米出现最早的年份作为该府的玉米引入时间。

其中,最早引入的是开封府(1535),最晚引入的是福州府(1849年),平均年份是1762年,大部分府引入玉米的时间都在1700年之后。

---

① 每个省有极个别州县提前或者延后才实行"摊丁入亩",但是所占范围不大,并且这些数据除了地方志以外还没有其他可用的来源。所以我们用每个省统一实行的时间作为全省的时间,偏差应该很小。

② 玉米引入的数据主要来自郭松义(1986)。

③ 由于时间关系,我们只收集到165个府的数据。十八省中每个省都有几个府被包含在样本中。从地理位置上看,它们的分布也相当随机。

“摊丁入亩”和引入玉米的时间之差也有足够的异质性，玉米引入比“摊丁入亩”晚的最多相差 191 年，玉米引入比“摊丁入亩”早的最多相差 132 年，两者之差的绝对值最小为 2 年。两者之差的绝对值大多数在 100 年内。

d.战争

战争通常会造成人口密度显著降低，并且很可能破坏生产，对此后人口密度的增长造成影响。我们的战争数据来自《中国历代战争年表》（傅仲侠，2003）。这本著作列出了从传说时代——五帝到 1911 年间有史可查的所有战争/战役，包括内战和外战。本书对于每次战役都会按照年份列出发生地、交战双方及其统帅、主要战役和战斗的过程和发生地点、波及范围等。这套数据被多位学者使用过，例如 Zhang *et al.*（2007）、Bai and Kung（2011）、Jia（2013）、Chen and Kung（2016）等。本文使用所有战争/战役的数据。

美中不足的是这部著作并没有给出每场战役的规模，所以我们只能考虑在一个时间段内发生在某府的战役次数。另外，有时在一场战役中交战双方在一个比较大的范围内形成拉锯战，某城可能在几个月内数次易手，在这种情况下，我们只将在此次此地发生战役次数记为一次。而在一年中某地也可能发生多次战役或战争，这时我们分开统计次数。

我们统计了 1680—1911 年的样本中的府的所有战役数据。“摊丁入亩”最早的是 1716 年，最晚的是 1777 年。玉米引入最早的是 1535 年，最晚的是 1849 年。实际上，从内地十八省来看，1776 年（人口密度数据的第一个时间点）之前的战役频率远远低于之后，很大程度上是因为 19 世纪的太平天国战争，捻军、号军、苗民、回民等大规模起义和越来越多的对华侵略战争。我们取玉米引入年份的下 10%分位数 1680 年作为统计战争次数的起始年份。

（2）描述统计量说明

描述统计量汇总见表 1。

表 1　描述统计量汇总

变量	观测数	均值	标准差	最小值	最大值
摊丁入亩时间	1 501	1 729.242	12.45341	1 716	1 777
玉米引入时间	910	1 762.742	66.22705	1 535	1 849
战争频率	910	0.010202	0.027467	0	0.233333

2. 估计方法和结论

（1）估计方法

由于我们有玉米引入时间的府级数据、战争的省级数据，本文采用面板数据的固定效应模型去估计“摊丁入亩”对于人口的影响。

估计的方程为：

$$\text{popden} = \alpha\, M_{it} + \beta\, T_{it} + \text{pref}_i + \theta \text{warfreq} + \gamma_t + \varepsilon_{it} \quad (1)$$

$$\text{popden} = \alpha\, M_{it} + \beta\, T_{it} + \gamma\, M_{it} \times \text{YM}_{it} + \delta\, T_{it} \times \text{YT}_{it} + \text{pref}_i + \theta \text{warfreq} + \gamma_t + \varepsilon_{it} \quad (2)$$

其中 i 是府（pref）的编号，t 是时间点，popden（对数值）是在 1776 年、1820 年、1851 年、1880 年、1910 年五个时点府 i 的人口密度（对数值）。我们无法查到每个府某个时点种植玉米的规模、产量，所以只能用一个虚拟变量 M_{it} 来估计玉米引入对人口密度的影响，该值取 1 表示府 i 在时点 t 之前已经种植玉米,0 表示还没有。同样,“摊丁入亩”也是逐步推行的,但是我们无法确切知道某个府某个时点“摊丁入亩”实行的范围,而且一般来说某地推行“摊丁入亩”的延续时间不会很久,我们也用一个虚拟变量T_{it}来估计玉米引入对人口密度的影响,它取值的意义与M_{it}类似。warfreq 是一个控制变量,表示战争频率,用该时间段内该府发生战争的次数除以时间间隔得到。$pref_i$表示府的固定效应。y_t 表示时间的固定效应。ε_{it}表示随机扰动项,代表其他因素的影响。

在两个方程中,α 都衡量玉米引入对人口密度增长率瞬时的影响,即造成人口密度增长率出现拐点,增长率增加,但是此后人口密度以这个新的增长率继续增长。β 衡量“摊丁入亩”对人口增长的瞬时影响,即人口密度此后开始在一个新的水平上增长。我们还想探究玉米引入和“摊丁入亩”对于人口密度的增长有没有长期的影响,因此,在方程(2)中,我们加入了玉米的时间长度YM_{it}和“摊丁入亩”实施时间长度YT_{it}和引入玉米或“摊丁入亩”的虚拟变量的交互项。用交互项是因为只有引入了玉米或实施了政策,这个时间才有意义。γ 和 δ 分别衡量玉米引入和“摊丁入亩”对人口密度增长的长期性影响,即玉米引入或“摊丁入亩”每多一年,对人口密度增长率有怎样的影响。在两个方程中,我们都预期玉米引入和“摊丁入亩”对人口密度增长率有一个正的瞬时影响。而方程(2)中,两者对于人口密度增长率是否有长期的影响不能确定。

(2) 结 论

回归结果如表 2 所示。

在表 2 第(1)列中,没有控制玉米引入的虚拟变量,得到“摊丁入亩”的政策效果对人口增长有正的显著影响($p<0.01$)。在第(2)列中,控制了玉米引入的虚拟变量,得到的“摊丁入亩”的虚拟变量的估计系数仍显著($p<0.01$),并且相比第(1)列变化不大,说明玉米引入的虚拟变量对“摊丁入亩”虚拟变量的估计结果影响不大。当控制住玉米引入和战争频率的影响后,实施“摊丁入亩”使得人口密度增长率在约 30 年内增加 20.7%。

表 2 回归结果

	被解释变量:人口密度(对数)	
	(1)	(2)
摊丁入亩	0.204***	0.207***
	(0.060)	(0.061)
玉米引入		0.022
		(0.055)
战争频率	-1.445***	-1.432***
	(0.546)	(0.547)
常数项	4.339***	4.314***
	(0.073)	(0.101)
府固定效应	有	有
时间固定效应	有	有
R^2	0.195	0.195
Adj.R^2	0.189	0.188
样本量	825	825

注:括号内为稳健估计的标准差;*、**、***表述 10%、5%、1%的显著性水平。

3. 稳健性检验

(1) 人口密度

为避免人口密度过高和过低可能造成的影响，我们算出每个省五个时点的人口密度的平均值，去掉最大的江苏省和最小的云南省和甘肃省（人口密度均在30人/平方千米以下），再进行估计，结果如表3所示，可以发现结论基本不变。

表3 回归结果

	popden			
	(1)	(2)	(3)	(4)
M	0.280***		0.266***	0.0871**
	(0.000)		(0.000)	(0.044)
T		0.488***	0.425***	0.221***
		(0.000)	(0.000)	(0.002)
YM				0.00143*
				(0.061)
YT				0.00127
				(0.147)
warfreq	−0.046**	−0.037*	−0.048**	−0.067***
	(0.023)	(0.063)	(0.016)	(0.000)
constant	4.295***	4.054***	3.888***	3.992***
	(0.000)	(0.000)	(0.000)	(0.000)
府固定效应	是	是	是	是
时间固定效应	是	是	是	是
R^2	0.0801	0.0368	0.103	0.185

注：括号内为 *p* 值；* $p<0.1$，** $p<0.05$，*** $p<0.01$。

(2) 旱涝灾害

我们没有五个时间段府一级的旱涝灾害的数据，但是有一个1800—1900年各个省的旱涝灾害统计。这个数据过于粗略，所以我们无法直接将其放入回归方程作为控制变量。为验证可能造成的后果，我们用这些数据除以各个省的面积，得到灾害密度（单位是次/平方千米）。分别将旱灾和水灾高于和低于0.0001次/平方千米的样本挑出，对方程(2)进行估计，得到如下结果（见表4）。可以看到，大多数结果仍然没有改变。有所改变的是第一列和第三列的玉米引入的时间长度一项的系数不显著，而第一列的"摊丁入亩"的实施时间长度一项的系数变得显著。据此下结论还为时尚早，有待于我们拿到各个府五个时间段的旱涝灾害统计数据进行重新估计。

表4 回归结果

样本	干旱密度 <0.0001	干旱密度 >0.0001	洪涝密度 <0.0001	洪涝密度 >0.0001
解释变量	popden	popden	popden	popden
M	0.0256*	0.172**	0.0282*	0.123**
	(0.067)	(0.019)	(0.0706)	(0.012)

（续表）

样本	干旱密度 **<0.0001**	干旱密度 **>0.0001**	洪涝密度 **<0.0001**	洪涝密度 **>0.0001**
YM	0.000530	0.00109 **	0.000826	0.00199 **
	(0.620)	(0.028)	(0.501)	(0.018)
T	0.218 ***	5.005 ***	0.176 **	4.779 ***
	(0.002)	(0.000)	(0.037)	(0.000)
YT	0.00207 *	0.000178	0.00227	−0.000575
	(0.075)	(0.888)	(0.101)	(0.561)
warfreq	−0.0628 ***	−0.0888 ***	−0.064 **	−0.082 ***
	(0.002)	(0.004)	(0.012)	(0.000)
constant	3.503 ***	3.526 ***	3.330 ***	3.586 ***
	(0.000)	(0.000)	(0.000)	(0.000)
府固定效应	是	是	是	是
时间固定效应	是	是	是	是
R^2	0.138	0.0943	0.150	0.0925

注：括号内为 p 值；* $p<0.1$，** $p<0.05$，*** $p<0.01$。

（二）微观层面检验

为了对上文结论进行微观层面的检验，我们查阅族谱，收集了莆田浮山东阳陈氏从1635 年到 1662 年的新增人口数量，运用省级玉米引入时长和省级“摊丁入亩”实施与否作为控制变量来观察人口增长原因。

估计的方程为：

$$\text{birth}_t=\theta+\alpha\ \text{corn}_t+\beta\ \text{tanding}_t+\varepsilon_t$$

其中birth_t为陈氏家族 t 年的新增人口数量，corn_t为玉米引入的时长，tanding_t为虚拟变量，在已经实行摊丁入亩政策的年份，该值取 1，否则便取 0。ε_t表示随时间改变的随机扰动项。方程中的 α 表示玉米的引入对于新生人口数量的长期影响，β 则衡量“摊丁入亩”政策的实行对于出生人口数的瞬时影响。我们预计两个参数的估计值均为正。

结果如表 4 所示：

表 4 回归结果

变量	系数	标准差	t 值	p 值
C	−2.250854	1.050035	−2.143600	0.0355
corn	0.071292	0.012647	5.637093	0.0000
tanding	0.474745	0.759369	0.625183	0.5339
R^2	0.453269	Mean dependent var		3.986486
Adj. R^2	0.437868	S.D. dependent var		2.441049
S.E. of regression	1.830187	Akaike info criterion		4.086410

（续表）

变量	系数	标准差	t 值	p 值
Sum squared resid	237.8206	Schwarz criterion	4.179818	
Log likelihood	-148.1972	Hannan-Quinn criter.	4.123671	
F-statistic	29.43139	Durbin-Watson stat	2.459632	
Prob(F-statistic)	0.000000			

“摊丁入亩”实施与否对人口增长的影响十分不显著，t 值只有 0.625，相比之下玉米引入时长对人口新增数量的影响较为显著，t 值为 5.64，但估计参数只有 0.071，影响程度并不大。

微观层面的族谱数据没能很好地印证我们上文所得出的结论。考虑原因主要有三：第一，族谱信息庞杂难阅，在有限时间内找到的样本量比较小；第二，能够有族谱留存的家庭很可能是地主阶级，“摊丁入亩”政策对他们生育激励的改变微乎其微；第三，清前期具有“东南诸省，赋重而役轻，西北赋轻而役重”的特点，故“摊丁入亩”对于北方诸省的影响势必更大一些，我们选取的族谱数据属东南地区，故其影响会比较小。

六、总结和展望

（一）总　结

本文在广泛查阅文献史料，了解基本史实后，从不同的来源获取了统计数据：一套是府一级的宏观人口数据，并在此基础上建立了五个时点和府的面板数据；一套是来自族谱的微观人口数据。

首先，我们用宏观人口数据，采用固定效应模型对人口密度（对数值）进行了分析。分别来看玉米引入和“摊丁入亩”政策，它们对人口密度增长率都有显著的正影响。同时，将表示玉米引入和“摊丁入亩”的虚拟变量加入，发现两者同时对人口密度增长率有显著的正影响。最后，为了探究它们对人口密度增长率的影响是否会随着时间而变，我们加入了两者到面板数据的五个时点的持续时间，发现两者对于人口密度增长率的瞬时效应仍然存在，并且“摊丁入亩”政策的瞬时影响比玉米引入更大。但是“摊丁入亩”的长期性的影响（时间趋势项）却不显著，而玉米引入的长期性影响（时间趋势项）显著为正。由于“摊丁入亩”之前收人头税，之后按粮或按地收税，生育激励更大了（需要人种地，但不用交更多的税）。因此，我们认为这个激励的变化并不会随着时间的增加而变得更大。

为了避免人口密度的异常值和由于时间关系没有收集到府一级的旱涝灾害数据可能造成的影响，我们又进行了稳健性检验。将人口密度过大或过小的省份剔除后再进行估计，并没有改变上述基本结论。而将样本按照 19 世纪省级单位面积旱涝灾害数据划分的等级分开的数据重新估计，发现大部分结论仍然没有改变。但是干旱密度小于 0.0001 的组玉米引入的时间趋势项变得不显著，而“摊丁入亩”的时间趋势项变得显著。洪涝密度小于 0.0001 的组玉米引入的时间趋势项也变得不显著。暂时还无法据此作出解释，需要范围更大、更细致的数据进一步探究。

在解决内生性方面，Chen and Kung(2016)研究玉米引入和人口增长时用天气指数作为工具变量解决内生性问题。在本文中由于数据原因，我们没能进行内生性的检验和排除。而对于“摊丁入亩”，如果税收总量更大是巡抚奏请朝廷实施“摊丁入亩”的激励之一，那么应该是人口越多、增长率越高的地方，地方官员越希望收人头税而非“摊丁入亩”，反之亦然。而我们的结论与此恰好相反。所以，这个机制导致的内生性可以被排除。但是隐匿人口和人口迁移影响税收进而影响当地政府“摊丁入亩”的激励导致的内生性需要依靠更多的数据去探究。

最后，我们采用微观数据做普通最小二乘回归，对宏观层面结果做检验。发现玉米的引入对样本的人口增长有显著的正效应；但同时实施“摊丁入亩”的政策对于样本内人口增长没有显著影响。我们认为很有可能是因为我们收集的这一族人所在的家庭是富家大户，属于拥有大量土地的地主，“摊丁入亩”对他们的生育决策不会产生太大的影响。相反，此项政策一般对于在温饱线上徘徊的家庭来说，最能影响其生育决策。此外，考虑到南北方政策影响差异和样本量不大的因素，虽然没能很好地验证，但我们认为不能改变“摊丁入亩”对人口增加作用的结论。

（二）展　望

首先是数据方面的问题。微观数据方面，亟需更大的样本进一步探究（我们的样本中只有一个家族）。使用微观数据的好处是可以排除藏匿人口的问题和人口迁移的问题。而且可以清晰地看到家庭生育决策的变化。宏观数据方面。对于“摊丁入亩”对人口增长的影响，可能还存在另一种机制。在“摊丁入亩”实施之前，政府收人头税对于人口的影响可能有两个方面，相对于按粮收税或者是按地收税，按人头收税下百姓生育的激励相对更小。但同时，百姓有藏匿人口的激励，但是成本就是要躲避官府的检查和一旦被查出面临的刑罚。而“摊丁入亩”的实施很可能同时改变了这两种激励，生孩子的激励更高，同时不用再隐匿人口了。这两种激励的改变只有生育激励的改变可能有长期效应。所以，在我们的样本中，根据我们的结论，生孩子的激励变化并不会随着时间而变得更大。当然还有一种可能是隐匿人口的激励改变是人口密度增长率变化的主要原因。而这需要范围更大（内地全部府）的数据。

控制变量方面，如果能收集到旱涝等各种灾害的数据，做出来的结果将会更好。为了解决玉米引入和人口增长的内生性问题，需要用到天气数据。人口迁移也会造成人口变化，而且很有可能与玉米引入、“摊丁入亩”有关，因为各地玉米引入、“摊丁入亩”并不是同步的，所以就会产生人口流动的动力。藏匿人口和人口迁徙会导致赋税较重的地方户口流失严重，从而降低税收总量，因此当地政府实施“摊丁入亩”会导致税收增加。由此带来的内生性也是需要新的数据去解决的。

在查阅史料和著作的过程中，我们发现各地“摊丁入亩”的情况有差异。时间上，有的州县由于以前已经实行过“摊丁入亩”，所以不再摊；有的州县由于地主的抵制，政策实施延后了几年。这方面更精确的数据能做出更精确的结果。明代实施过“摊丁入亩”的地方清代再实施还是否有效也值得研究。在标准方面，省和省之间、一省之内的税收标准都存在差异，并且和以前相比有的地方更轻了，有的地方更重了，那么这与人口增长、人口的区域间流动有什么影响？在“摊丁入亩”的方式方面，有的地方采取按粮收税，有的地方采取按地收税;其中按地收税的又有“折实田”的办法、给田分等的办法、单纯按照面积收税的办法。这之间的差异对于人口的影响是不是也不同?在统筹层次上,有的省采取“通省计摊”,有的在府一级统筹,也有的在各州县层面上统筹。那么,地区和地区之间很可能存在差异,这个差异对于人口流动带来的动力大吗?对于这些问题的解决还需要更细致的资料、数据收集整理,值得进一步探究。

参考文献

Bai Y, Kung J. Climate Shocks and Sino-Nomadic Conflict [J]. Review of Economics and Statistics, 2011, 93: 970-98.

Chen S, Kung J K. Of Maize and Men: The Effect of a New World Crop on Population and Economic Growth in China[J]. Journal of Economic Growth, 2016, 21(1): 71-99.

He B. Studies on the Population of China, 1368-1953[M]. Harvard University Press, 1959.

Jia R. Weather Shocks, Sweet Potatoes and Peasant Revolts in Historical China [J]. Economic Journal. doi: 10.1111/ecoj.12037, 2013.

Skinner G W, Baker H D R. The City in Late Imperial China[M]. Stanford University Press, 1977.

Zhang D D, Zhang J, Lee H F, et al. Climate Change and War Frequency in Eastern China over the Last Millennium[J].Human Ecology, 2007, 35(4): 403-414.

曹树基. 中国人口史(清时期)[M].复旦大学出版社,2000.

常隆, 陆小明, 王江明. 论清代“摊丁入亩”赋役制度改革[J]. 法制与社会: 旬刊, 2010, 20: 295-295.

戴辉. 清代“摊丁入亩”政策研究[J]. 广西社会科学, 2007, 2: 118-121.

方地. 清代丁税对人口作用我见——兼论清代人口大增长原因[J]. 中山大学学报: 社会科学版, 1986, 2: 120-129.

方光禄. 再谈“摊丁入亩”对人口增长的促进作用——以徽州族谱资料为中心[J]. 黄山高等专科学校学报, 2002, 4(3):25-31

冯元魁. 论清代前期的赋役制度[J]. 上海师范大学学报(哲学社会科学版), 1984, 4:18.

傅仲侠. 中国历代战争年表[M], 中国传统军事系列编. 解放军出版社,2003.

郭松义. 玉米、番薯在中国传播中的一些问题[J].清史论丛,1986(第七辑).

李三谋. 清代“摊丁入亩”制度[J]. 古今农业, 2001, 3: 51-55.

梁方仲. 中国历代户口、田地、田赋统计原论[J]. 学术研究, 1962, 1:12-23.

林国平. 地丁合一制度对我国人口增长的影响[J]. 人口研究, 1987, 11(3): 48-49.

刘亚中, 张秀红. 由乾隆《颍州府志》看摊丁入亩税制改革[J]. 中国地方志, 2011, 9: 48-52.

吕建中. 试论清代的“摊丁入亩”和“耗羡归公”[J]. 青海民族学院学报: 社会科学版, 2003, 29(2): 41-43.

彭云鹤. 试论清代的“摊丁入亩”制度[J]. 首都师范大学学报: 社会科学版, 1979, 3:38-51.

王丽. 山西清代摊丁入亩政策初探[J]. 晋阳学刊, 2004, 3: 14-16.

王瑞平. “摊丁入亩”是清代人口激增的主要原因吗[J]. 河南师范大学学报: 哲学社会科学版, 2001, 28(3): 63-66.

谢淑君,赵文林. 中国人口史[M].人民出版社,1988.

杨子慧. 中国历代人口统计资料研究[M]. 改革出版社,1996.

张朝阳. 两税法、一条鞭法和摊丁入亩[J]. 历史学习, 2003, 3: 6-7.

非中央银行的货币体系如何运行

——来自1932—1936年中国银行业微观表现的证据

赵宇恒

（北京大学元培学院）

［**摘要**］本文利用1932—1936年中国银行业的微观数据，检验了非中央银行控制下的货币体系的运行，将银行的经营行为扩展到货币发行以外的领域。与部分学者主张的商誉单纯通过约束银行货币发行的结论不同，本文认为商誉机制起着两方面的作用，在发行权普遍赋予的情况下，它使得商誉较低的银行维持稳定的货币发行，商誉较高的银行保持一个较高的低风险资产持有率；在发行权有限赋予的情况下，商誉更高的银行具有发行权，其币值相对稳定，而商誉更低的银行非自愿地选择提高低风险资产比。

［**关键词**］非中央银行的货币体系，商誉，货币自由发行

一、引　言

与多数经济学命题不同，货币的发行权在长久以来并没有引起经济学家的激烈争论。即使不出于政治与安全的考量，研究者似乎也有充足的理由论证货币天然应由国家发行：私人银行出于利润最大化的需求有动机超发货币造成恶性通货膨胀；即使银行的货币发行动机本身不存在问题，劣币驱逐良币的格雷欣法则也会导致货币市场的紊乱。主张新经济自由主义的货币主义学派代表弗里德曼也曾对央行控制货币的重要性进行过如下表述："货币是不能拿来开玩笑的，所以要交给中央银行"。然而以哈耶克为代表的主张货币非国家化的学者则提出了针锋相对的观点，认为与其他市场相同，商誉会对市场竞争者产生充分的约束，银行为了获得长期收益，不会选择降低信誉的滥发货币策略；而在信息充分和不存在固定比价的条件下，消费者在货币间的自由选择会导致良币驱逐劣币的反格雷欣法则发挥作用。

哈耶克的货币非国家理论本质上是一种非中央银行的货币体系①，对于该理论的理解不应仅仅停留在货币发行的表象上，更要关注其背后对货币市场以及更大的银行市场的国家垄断权利的一种挑战。在非中央银行的货币体系下，私人银行不再受到央行在准

---

① 非中央银行货币体系在本文中的概念大于货币的自由发行，它包括货币的自由竞争、银行资产和准备金的自由调整等一系列银行业的自由竞争行为，在一定的语境下两者可以替换，本文下面着重分析的是非中央银行货币体系下货币的自由发行与银行资产组合的自由调整。

备金、存贷利率、资产组合等多方面的限制,而是自己扮演风险控制者的角色。

主流经济学家对于货币非国家化的最大担忧源于货币的特殊商品地位,抛开政治等因素不谈,在经济上表现为货币发行者拥有潜在的额外利润①,这种利润与国家征收的铸币税是同性质的,但没有了国家的政治目的作为保证,因此主流经济学家认为其更可能偏离稳定的发钞路径。

仅从理论上讲,这种担忧是多余的,货币市场与传统商品市场并没有本质的不同,私人银行牺牲企业商誉而追逐发钞利润的前提在于发钞利润足够大以至于可以超过长期的稳定经营收益,而发钞利润的大小取决于两个要素:消费者意识到货币比价变动的快慢和该行货币发行量的大小。与金属货币时期不同,如今的货币市场信息已经相对充分,外汇市场上投机资本的快速流动充分反映了这一点,我们有理由相信如果在一国内的货币市场引入相同的竞争机制,在信息充分的情况下,理论上消费者也能通过货币币值之间的比例做出及时的调整。

回到经济的实际运行中,要考虑的情况复杂得多,由于货币是经济中至关重要的一环,哪怕是微小的波动都可能导致实体经济的剧烈震荡,在衡量竞争货币市场的稳定性上必须慎之又慎。其中最重要的莫过于银行之间不同的特质会对自由竞争的货币体系带来什么样的影响。业务利润相对较低的银行是否有动力追寻短期的超发货币带来的利润,外部市场冲击下私人银行市场上的均衡是否是脆弱的,这些都是必须考量的。

遗憾的是,人类漫长的历史中能够提供给货币非国家化的自然实验相当有限,诸如White(1995)对1727—1845年苏格兰的竞争货币体系,Rockoff(1989)对1851—1860年美国历史上的货币竞争的分析是当中相对有限的几例。而有关中国经济史上的货币竞争体系则有刘愿(2011)对抗战期间陕甘宁边区国共政权边法币竞争的个案分析,刘愿(2014)对白银风潮中中国银行的微观表现的分析和管汉晖(2013)对西汉文景时期使民放铸政策的考察。对于现有文献的归纳评述将会放在第三部分文献综述具体展开。

本文利用1932—1936年中国银行业的微观数据,对民国时期非央行货币体系下银行的自由竞争和市场表现做出实证检验。与刘愿(2014)的研究相比,本文拥有一个较长时间段内的银行微观数据,可以观察在经济运行的一般情况下(而不是"白银风潮"的特殊时期)长期内竞争性货币市场的稳定是否是可能的;另一方面由于对银行的竞争行为给出了货币发行以外的定义——资产组合选择,可以将研究拓展到拥有发行权以外的更为广泛的银行全体,更具有一般性。

本文余下内容安排如下:第二部分介绍战前中国的银行业与货币体系,提供基本的历史背景;第三部分是文献综述,对围绕货币竞争体系和外生冲击下的银行微观表现的理论和实证研究做了梳理;第四部分是简单的非中央银行货币体系运行机制,并给出与实证相关额基本理论模型;第五部分简单介绍所用数据及其描述统计;第六部分应用上述数据对哈耶克的货币非国家化主张进行实证检验;第七部分是结语,对全文做出总结并提出有关货币非国家化命题的修正。

① 这种通过滥发货币制造通胀获得的超额利润下文统称为发钞利润。

二、战前中国的银行业与货币体系

近代中国发展的滞后，不仅表现在工业生产技术上，也体现在为整个社会经济提供资金支持的金融体系上。与其他区别于欧美的亚非拉国家相同，中国传统以钱庄、票号为核心的金融体系难以提供充分的货币供应和金融服务。

近代以来，与同时期其他的非工业化国家一样，中国有限的货币供应和金融服务限制了经济的发展，然而这一情况到了20世纪的上半叶(1937年以前)有了较为明显的改观，近代金融中介数量和服务的大大增加、货币供给的稳定增长、整个金融系统实力的不断上升使得市场一体化水平得到了明显的提升。

与同一时期工业与交通发展带来的影响相比，新的货币与金融方式给中国经济带来的影响更为广泛、更为深入。新的货币方式渗入到除最偏僻地区以外的所有地区，并影响到经济的各个部门①。

从上海和沿海开放城市兴起的现代货币体系逐步取代了传统的金融方式，货币存量也从早期的银铜逐渐发展到以存款和债券为主。更为重要的是，在这个过程中扮演主要角色的是民间的力量，政治上的相对分裂和中央权威的式微使得政府政策对银行业的干预长期内几乎不起作用，这为我们研究非中央银行的货币体系提供了一个特殊的视角。

在19世纪中叶外国银行入驻中国之前，中国内部有着规模庞大、结构复杂的金融体系，这一体系建立在山西票号和地方钱庄的基础上，山西票号作为准官方的金融体系，其业务相当程度地介入了政府的财政，而钱庄作为地方性机构，通过代理关系和小型分支网络展开业务。钱庄不受政府监督，但行业协会起到中央银行的调节监管功能。

中国传统的金融体系随着西方现代金融机构和服务的出现而逐渐瓦解，1847年第一家外国银行——英国东方银行在上海成立，随后随着资本主义经济在中国的渗透而得到了迅速的发展。

到20世纪30年代，外国银行的数量(包括总部在海外的分支银行)已经升到了53家，办事处超过150个。②

中国的近代商业银行始于盛宣怀于1897年创立的中国通商银行，1902年中英签订《马凯条约》并在此计划下兴办户部银行(后来的中国银行)和交通银行，这三家银行的创立被视作中国近代商业银行的肇始。在此之后中国的商业银行业得到了快速发展，到1911年已经出现了17家银行，并且这一速度在不断加快，1912—1921年间有109家银行新成立，下一个十年这个数字变成了138家，1932—1937年战前又出现了76家③。总的来看，在1936年以前中国至少成立了309家近代商业银行，但这些银行的存活率并不高，到1936年时，只有164家还维持经营④。

尽管中国商业银行存在“高死亡率”，但随着银行系统的不断发展，中国商业银行还是在与外国银行、传统钱庄的竞争中占据了一席之地，并且在20世纪上半叶的几十年间不断得到发展，截至战前已经成为中国金融体系中最为重要的一部分。表1和表2摘自

① 〔美〕托马斯·罗斯基著:《战前中国经济的增长》，唐巧天等译，浙江大学出版社，2009年，第128页。

② 同上书，第135页。

③ 同上。

④ 沈云龙:《全国银行年鉴》(上)(下)，1937年，第7—8页。

托马斯·罗斯基的著作,分别描述的是1912—1936年间不同金融机构在中国存款和纸币发行中所占的比重,以及1936年中国银行办事处在各省的分布,从金融服务和地域上反映了战前中国商业银行的发展。

表1 各金融机构在存款和纸币发行中所占的比重(1912—1936)

年份	所有银行存款			纸币发行		
	近代银行		钱庄	国内银行		外国银行
	中国	外国		中国本部	东北	
1912	64	29	8	34	20	46
1915	56	34	11	40	20	40
1920	43	32	24	46	28	26
1925	42	25	33	50	28	23
1930	51	26	22	56	20	24
1936	75	14	11	81	10	9
1936年总额(1912年为100)	962	402	1 120	3 751	796	291

表2 1936年中国商业银行办事处在各省的分布

省(城市)*	办事处数目	地点数目
江苏	487	63
(上海)	(181)	
(南京)	(58)	
河北	199	51
(天津)	(68)	
(北京)	(57)	
浙江	175	52
(杭州)	(27)	
四川	125	32
(重庆)	(29)	
江西	82	36
安徽	80	37
福建	74	52
河南	73	31
湖北	72	18
(汉口)	(30)	
山东	62	17
(青岛)	(23)	
广东	59	13
(广州)	(35)	

（续表）

省（城市）*	办事处数目	地点数目
山西	50	27
广西	44	32
湖南	44	15
山西	23	17
其他	46	33
中国本部总数	1 695	526

注：* 凡报告有办事处 20 家或以上的省或城市都分别列举。

资料来源：沈云龙，《全国银行年鉴》（上）（下），1937 年，第 601—741 页。

三、文献综述

在哈耶克之前，Klein（1974）最早系统性地研究了货币竞争的可行性，指出在完全信息条件下，银行的货币发行行为被消费者预知，货币超发带来的贬值将实时地、完全地反映在价格（汇率）上，企业的发钞利润将因为其货币汇率的下降而被完全抵消；在不完全信息条件下，消费者依靠市场上的信号（如品牌）识别不同银行的信誉，并在此基础上决定对不同货币的需求，企业的过度发行行为将在较短的时间内为市场识别，随着银行商业资本的下降、货币的价值也会下降。该理论的基本观点在于，尽管不同信息条件下识别企业超发行为的时间长短不同，但一旦意识到，消费者必将对其做出反应。因而货币非国家化的一个必要条件就是市场信息的完全性。

Tulock（1975）则为货币非国家化加上了一个新的条件：预期的货币贬值大于资产转换的交易成本。认为在消费者拥有自由的货币选择权的条件下，当货币超发带来的贬值损失超过调整资产的成本时，消费者会选择减少本国货币购买，导致预期的通货膨胀的货币逐渐退出流通。进一步地，他指出这个替代的速度与替代资产的可获得性和社会习惯等因素有关。Tulock 的理论相较于 Klein 考虑了更多的现实因素，并且受到了科斯交易成本的很重要影响，但在这里隐含着的一个重要问题是如果资产转换的交易成本存在，那么银行总是可以尝试超发货币，直至贬值程度接近于这个转换成本，这实际上是另一种“铸币税”。这一理论实际上给了哈耶克的货币非国家化主张一个沉重打击，因为它根本上否定了哈耶克认为的货币的私人发行能够彻底消除长期的通货膨胀。当然这并不能否定货币的非国家化理论的巨大意义，因为哈耶克的理论主张本质上是在银行领域和货币领域打破政府垄断的重要尝试，而这一可能性的潜在优势并没有被上述推论所推翻。

与之争锋相对，Bryant（1981）利用萨缪尔森迭代模型论证了纸币的竞争性供给出现稳态均衡需要满足的苛刻条件，除非发行不兑现纸币的附加成本正好与其价值相抵，否则竞争性货币供给将是无效率或不可行的。Taub（1985）具体分析了无反馈机制和反馈机制下的企业发钞行为，认为企业对其发行只能做出暂时的承诺，货币的真实余额将会趋近于零，而竞争无法克服动态一致控制结构的无效率问题，货币的竞争发行难以实现物价稳定。Dowd and Greenaway（1993）针对 Tulock 的理论本身，提出货币竞争的存在无法实现有效的货币替代，因为货币的网络效应和转化成本极大地制约了货币替代的速度，而通货膨胀导致的有限货币替代带来的影响会在市场份额显著下降前被清除,简言之,自由的货币选择无法完全约束银行的货币发行。

哈耶克的后继者试图通过对货币市场施加诸如钞票赎回机制、交易历史公开等约束条件证明货币竞争是可行的。但实际上围绕这个话题争论的核心问题在于,银行为什么愿意维持货币发行的稳定而不选择超发货币赚取短期收益。纳什的博弈论通过惩罚机制从短期博弈和长期博弈给了这个问题一个较好的研究方法,很多研究者由此出发,分析商誉对于银行发钞行为的约束。在这种理解下,银行面临的不是具体的货币发行问题,而是一个重复博弈。如果银行维持货币稳定带来的经营收益足够大,贴现率足够大(市场对未来是有信心的),消费者对于违约银行的惩罚足够严酷,我们就有理由相信银行会选择相对稳健的货币发行策略。

上述研究从理论上探讨了货币竞争发行的可行性,与之相比,相关的实证研究显得更为稀少。引言部分曾经提及了 White,Rockoff,刘愿和管汉晖等学者对于美国、苏格兰和中国历史上有限的货币竞争时期的研究。对中国货币非国家化历史的研究目前集中于两个方面,一是对金属货币时期自由铸币政策下的货币质量稳定的研究,代表如管汉晖研究的文景时期使民放铸的铸币质量高于武帝时期公铸的货币质量;二是对特定时期近代纸币发行竞争的研究,代表如刘愿对抗战时期陕甘宁边区边法币竞争的研究。刘愿(2014)对上海白银风潮时期的银行微观数据的研究是该领域具有代表性的文章,但由于数据跨度的局限,无法衡量非中央银行体系下金融市场在一般时期的表现,同时由于其对银行竞争性行为的局限定义,只适用于发行兑换券①的非常有限的银行。因此对于中国货币非国家化经验分析还需要一个更一般的实证检验。

四、简单的非中央银行货币体系运行机制

本文的核心命题在于,非央行货币体系下,商誉资本能否约束银行的市场行为,这个行为包括货币(兑换券)的发行和资产组合的调整。为了检验这个命题,首先要定义的便是银行的商誉资本。商誉是能在未来为企业经营带来超额利润的潜在经济价值,是企业整体价值的组成部分。Hendrickson 提出商誉的“三元论”,即好感价值论、超额收益论和总计价账户论。好感价值论认为,商誉产生于企业的良好形象及顾客对企业的好感,这种好感可能起源于企业所拥有的优越的地理位置、良好的口碑、有利的商业地位、良好的劳资关系、独占特权和管理有方等方面。其中能够为现有历史记录较为完整观察的信息多数为口碑、商业地位和独占特权。

刘愿(2014)从银行的存活时间和成立的先后顺序两个维度的银行生存历史来衡量其商誉资本,并利用银行是否具备上海银行公会会员身份进行稳健性检验。本文认同这种划分思路,然而在银行范围遍布全国各省的条件下,再采用上海银行公会会员作为区分不再合适。更进一步说,商誉的根本特征是顾客在资产、利润考虑之外对企业的信心,对于银行业来说有两种,一是银行发行货币币值的稳定,二是储存在银行的资产的安全性。在当时的银行行为上,这两者分别表现为兑换券的发行量和稳定资产的比例。

---

① 兑换券严格来说是一种票权,不同于粮票、布票,可以兑换流通货币亦可以兑换物品,凭券可向发行行处换取现金,与纸币发行有着近似的作用。

哈耶克及其追随者认定非中央银行货币体系下，银行业能够内生地维持一个稳定的条件，反对者则认定货币的私人发行必然导致货币超发和整个金融系统的危机。两者争论的焦点在于银行会对消费者反应做出什么样的“再反应”，这一逻辑有两个步骤，首先是消费者所观察到的市场信息并做出的反应，其次是银行针对消费的选择做的二次反应。

在信息不对称条件下，如果将货币发行权和资产组合选择权都交由私人银行，则在资产规模和经营能力①不同的银行共同竞争所导致的这两个指标的变化不一定是同向的。理论上讲，币值的稳定相对于潜在的破产风险而言更加容易为市场观测到，因此在市场不直接面临危机的条件下规模较小或经营能力较差的私人银行更愿意维持币值的稳定换取长期的经营收益，而在资产持有上则倾向于维持较高的风险资产。与此相反，规模较大的私人银行由于其经营利润与经济的宏观表现有着直接的关系，出于刺激经济增长的需要，在经济运行稳定的时候倾向于实行轻微的通货膨胀，但由于同时担负有维持社会经济稳定运行的外部性任务，银行应倾向于持有风险系数较低的资产。如果我们的上述假设成立，则应该可以在数据观测中发现：拥有较多商誉资本的银行在资产持有比例中倾向于持有更多的低风险资产，而商誉资本较少的银行倾向于保持兑换券发行的稳定。

此外，非中央银行下的货币体系中，银行运行条件的任意一条改变都可能导致银行改变其对两个指标的倾向：其一，如果货币市场的信息是完全的，银行币值的稳定和潜在的破产风险都很容易被市场观测到，且消费者会及时做出调整，则银行业倾向于加强币值稳定、降低破产风险来换取更多的商誉资本；其二，如果发行权只对部分银行放开，则更多的银行无法通过币值稳定展现其信誉，银行更可能寻求降低（能被市场观察到的）经营风险来赢得商誉资本。显然，对于我们的研究而言，区分上述两者是有必要的，它决定了货币市场将放开到何种程度，银行业的稳健表现（如果存在）是否是由于部分的管制——如货币发行权的限定——所决定的。更为重要的是，这种区分为我们提供了一个理解非央行货币体系稳定性的一个新视角。在后文的实证分析中，我们将对上述货币运行机制进行具体的讨论。

五、数据及描述统计

本文选用的数据来自台湾“中国银行经济研究室”1987 年出版的《全国银行年鉴》（第四版），以及对应的之前的第二版和第三版。记录了从 1932—1936 年（民国二十一年至民国二十五年）中国银行有关资产总额、实收资本、库存现金、公积金、有价证券、兑换券、利润的相关数据②。其中 1932 年度记录了 147 家银行，1933 年度记录了 159 家银行，1934—1936 年度记录了 173 家银行。

以 1936 年度的数据为例，对银行进行简单的描述统计③如表 3 所示：

① 资产规模和经营能力并没有必然的正相关关系，但在信息不对称的情况下，消费者会倾向于将两者等同，因为通常资产规模越大意味着银行倒闭对银行股东的损失越大，股东越愿意银行有着良好的长期表现。

② 1934—1936 年度的银行数据还包括设立年度、分支行数、员工总数、所属类别等更加详细的数据。

③ 下文表格中如无特殊说明，均保留 2 位小数。

表 3 民国二十五年(1936)银行经营统计情况

变量	观测数	均值	标准差	变异系数	最小值	最大值
经营时长(年)	164	9.73	7.93	0.81	0	41
资产总额(元)	144	5.04E7	1.99E8	3.95	42 077	1.80E9
实收资本(元)	143	2.58E6	9.28E6	3.60	20 588	1.00E8
公积金(元)	129	9.57E5	2.82E6	2.95	30	2.39E7
库存现金(元)	145	7.39E6	3.67E7	4.97	152	3.08E8
各项存款(元)	144	3.16E7	1.29E8	4.08	9 427	1.21E9
储蓄存款(元)	79	5.27E6	1.44E7	2.73	307	8.66E7
各项放款(元)	145	2.39E7	9.46E7	3.96	32 033	9.10E8
有价证券(元)	121	4.14E6	9.50E6	2.29	199	6.42E7
发行兑换券(元)	29	5.63E7	1.20E8	2.13	839	4.66E8
房地产器具(元)	138	1.09E6	2.55E6	2.34	58	1.74E7
总益(元)	144	8.25E5	2.64E6	3.20	1 959	2.60E7
总支(元)	143	4.88E5	1.42E6	2.91	1 795	1.14E7
纯益(元)	143	3.39E5	1.50E6	4.42	−6.79E5	1.71E7

从表 3 中可以看出,164 家记录了成立年数的银行平均经营时长不足 10 年,相当一部分是南京国民政府统治时期新成立的。不同银行在各项指标上都存在巨大差距,其中资产总额、库存现金、存放款、纯益上的变异系数明显高于其他指标。拥有储蓄存款和兑换券发行权的银行数量明显较低。其中拥有储蓄存款的银行为 79 家,这可能是由于规模较小的银行不对各项存款和储蓄存款加以区分。而发行兑换券的银行只有 29 家,是否拥有发行权则更是和银行的资产总额、实收资本等经济实力紧密相关。

我们将是否有兑换券发行权作为区分,观察两类银行在经营时长、资产总额、公积金、有价证券、纯益五个方面的表现。

如表 4 显示,拥有兑换券发行权的银行在资产总额、公积金、纯益上都比没有发行权的银行高出一个数量级,有价证券拥有量上也高出近 3 倍。而在经营时长上,拥有兑换券发行权的银行较没有发行权的银行长约 2 年,但这一差距并不特别明显。此外,分组之后两个部分银行在各项指标上的变异系数都明显下降了,说明这两个小组的组内差距是要小于组间差距。

表 4 拥有兑换券发行权与无发行权银行的对比(1936)

变量	观测数	均值	变异系数	最小值	最大值
经营时长	29	11.34	0.67	2	30
	(135)	(9.37)	(0.85)	(0)	(41)
资产总额	28	1.88E8	2.26	6.95E5	1.80E9
	(116)	(1.73E7)	(2.29)	(42077)	(2.59E8)
公积金	26	2.60E6	2.10	9773	2.39E7
	(103)	(5.42E5)	(2.51)	(30)	(8.91E6)

（续表）

变量	观测数	均值	变异系数	最小值	最大值
有价证券	28	8.04E6	1.97	200	6.42E7
	(93)	(2.97E6)	(2.08)	(199)	(3.39E7)
纯益	29	1.18E6	2.70	-6.79E5	1.71E7
	(114)	(1.24E5)	(2.07)	(-1.45E5)	(1.41E6)

注：没有括号的是拥有兑换券发行权的银行数据，括号中是没有发行权的银行数据。

正如第四部分理论假设所说，评价银行信誉很重要的两个指标在于其低风险资产持有的比例和兑换券发行的速度。但实际经济运行中，由于规模较大的公有银行的资产保险不仅来源于自身，在面临经济危机时，各级政府会通过各种渠道加以支持，往往能做到大而不倒（too big to fail）。因此实际上观察到的公有银行低风险资产持有比较私人银行反而明显偏低。以 1936 年的静态银行数据（表 5）为例：

表 5　公、私银行的低风险资产比和兑换券发行比（1936）

变量	银行类型	观测数	均值	变异系数	最小值	最大值
低风险资产比	国有银行	4	0.0395	0.71	0.0133	0.0788
	省市立银行	16	0.1140	1.00	0.0052	0.4028
	私人银行（大）	25	0.1973	0.62	0.0472	0.6815
	私人银行（小）	66	0.1480	0.65	0.0210	0.4453
兑换券发行比	国有银行	4	2.0278	1.38	0.4773	6.2112
	省市立银行	13	0.7160	1.09	0.0161	2.3209
	私人银行（大）	6	0.2302	0.72	0.0001	0.4610
	私人银行（小）	4	0.2057	0.98	0.0013	0.4701

注：(1) 因为统计指标为比例，所以除变异系数外均保留小数点后四位；

(2) 低风险资产比 = 有价证券/资产总额；兑换券发行比 = 发行兑换券/资产总额。

六、实证检验

本部分实证检验由三个部分构成，首先我们检验非央行的货币机制下，银行的信誉本身能否为银行创造足够的利润。在现有数据中，我们使用银行的生存时间（lifetime）作为信誉的一个替代。做这一替代所暗含的假设是：一方面生存时间越久的银行越注重品牌所带来的长期经营的收益，另一方面在市场信息不对称条件下消费者通过生存时间建立对银行信誉的直观映像。我们建立基本的回归模型如下：

$$\log NP_{n,t}=\alpha\ lifetime_{n,t}+\beta\ TAGR_{n,t}+\gamma\ IR_{n,t}+\delta\ OS_{n,t}+\theta\ year^{*}+c+\varepsilon$$

其中，NP（net profit）纯利润，等于总收益减去总成本；TAGR（total asset growth rate），资产总额增长率；IR（issue right）兑换券发行权；OS（ownership）所有制，指银行是否属于公有银行（中央或省市立）；$year^{*}$（year dummy），年份的虚拟变量。

从表 6 中显然可以看出，以生存年份度量的商誉资本对于银行经营绩效的影响。在考虑解释变量最为充分的初始回归方程（1）中，银行的生存年份对于银行的纯利润有显著的正影响。生存年份每增加 1 年，纯利润增加 0.401%，而其余的变量，包括资产总额增长率、兑换券发行权、年份和常数项等都不显著。银行生存年份对利润的影响在其他 6 个回归方程中依然保持显著,系数差别很小,并且多数都在 0.05 的水平上显著,说明这一结果是稳健的。更长的生命周期,在本文中意味着更高的商誉资本,确实对于银行的利润有额外的提升,这为后文我们分析商誉对银行的货币发行和资产选择行为的影响奠定了必要的条件。

表 6 银行商誉对其经营绩效的影响

变量	logNP					
	(1)	(2)	(3)	(4)	(5)	(6)
lifetime	0.00401**	0.00391**	0.00392**	0.00357*	0.00400**	0.00379**
	(0.00186)	(0.00190)	(0.00191)	(0.00199)	(0.00187)	(0.00190)
TAGR	0.00705				0.00663	0.0103
	(0.0351)				(0.0351)	(0.0353)
IR	0.476*	0.534**				0.820***
	(0.258)	(0.212)				(0.237)
OS	1.391***	1.136***	1.460***		1.726***	
	(0.431)	(0.384)	(0.363)		(0.393)	
Year*	0.00811	0.0186	0.0230	0.0236	0.00784	0.00716
	(0.0305)	(0.0225)	(0.0226)	(0.0226)	(0.0306)	(0.0307)
Constant	-5.138	-25.47	-33.85	-34.83	-4.559	-3.153
	(59.02)	(43.54)	(43.63)	(43.68)	(59.15)	(59.44)
Observations	417	564	564	564	417	417
Number of num	138	154	154	154	138	138

注:括号内标准差;***$p<0.01$,**$p<0.05$,*$p<0.1$。

特别的,在方程(1)中,所有制对于银行利润也有明显的正相关,控制其他变量后公有银行平均比私人银行多获得 139.1%的纯利润,并且这一数字也是稳健的,说明银行的所有权性质对于其经营绩效有着明显影响,即使在 1932—1936 年这样一个特殊的民国时期,货币市场也并非是完全竞争的,银行的先赋地位有着明显差别。这也提醒我们在接下来的回归中不能忽视所有制对于银行行为的影响。

其次我们检验银行的商誉是否会影响其在货币发行上的选择,也即是否银行对商誉资本的考量会约束其货币发行量的增加速度。我们建立如下基本回归方程:

$$\log CC_{n,t}=\alpha\ \text{lifetime}_{n,t}+\beta\ NPGR_{n,t-1}+\delta\ OS_{n,t}+\theta\ \text{year}^{*}+c+\varepsilon$$

其中,logCC(log coincertificate)兑换券发行的增长率;$NPGR_{n,t-1}$(net profit growth rate),滞后一期的纯利的增长率;OS(ownership),所有制,指银行是否属于公有银行(中央或省市立);*year**(year dummy),年份的虚拟变量。

类似商誉对银行利润的影响,我们很容易发现,在表 7 回归方程及其变式中,生存年份对于银行的货币发行有显著的正向作用。在基本方程(1)中,生存年份每增加一年,银行兑换券的发行量将增加 13.4%,这一数字虽然在方程(2)、(3)中有一定的波动,但总体差距不大,并且都是在 0.05 甚至更高的水平上显著,因此商誉对于银行货币发行行为是有着正向的促进作用的,商誉越高的银行倾向于加速提高兑换券的发行量。

表 7 银行商誉对兑换券发行稳健性的影响

变量	logCC		
	(1)	(2)	(3)
lifetime	0.134***	0.150***	0.0887**
	(0.0454)	(0.0388)	(0.0386)
NPGR	-0.0227		
	(0.0204)		
OS	1.979**	2.508***	
	(0.850)	(0.713)	
Year*	0.0566	0.101	0.158**
	(0.180)	(0.0721)	(0.0730)
Constant	-96.81	-184.3	-292.4**
	(347.6)	(139.2)	(141.1)
Observations	70	143	143
Number of num	31	39	39

注:括号内标准差;***$p<0.01$,**$p<0.05$,* $p<0.1$。

同样的,这组回归也反映出所有制在银行货币发行中的重要作用,公有制银行倾向于比私有制银行发行更多的货币。这一现象可能是两个因素导致的,一方面公有银行的性质使得该银行的资产和货币得到额外的政治权力的支持,币值的稳定能够得到保障①,兑换券有更大的市场需求;另一方面公有银行同时还担负着其他重要的社会角色,包括促进社会经济发展、维持政府各项支出、筹措军费等,有着主动增发甚至超发货币的动力。

仅从上文有关银行商誉对兑换券发行稳健性影响的回归来看,我们无法断定货币的非国家化相对于中央银行体系的优越性。回归方程传递了这样一个信息:所有银行,不论私人或是公有,商誉越高的银行越倾向于超发货币,这意味着非中央银行下的货币体系也可能会面临着货币贬值的困境。尽管公有银行表现出比私人银行更明显的超发倾向,但这可能是由于政治动机、社会因素等原因造成的,仅从经济学的视角推断难免欠妥。

但是银行的经营行为不仅局限于货币的发行,还有一个重要的因素在于银行资产的选择。由表 5 看出,整体而言公有银行倾向于持有较低的稳定资产(低风险资产)和维持较高的兑换券发行增长速度,并且等级越高的公有银行这一趋势越明显;但对私人银行而言,这两个指标却是同向变化的,规模较大的私人银行有较高的兑换券发行增长率的同时,也持有了更高比例的低风险资产。为了进一步了解商誉与银行资产持有比之间的动态关系,本文做了第三组回归。

在具体介绍回归结果之前,首先要对该组回归与之前回归所采取的不同方法做一个交代。前两组回归的被解释变量分别是利润和兑换券发行量的增加值,这两个增加值都是有着很强的时间趋势的,今年的绝对量能够滚动进入下一年或者明显影响下一年的结果,因而适用于 year dummy。而接下来要讨论的稳定资产比(低风险资产比)则没有明显的时间趋势,正如我们都承认一般情况下一国的经济总量总是持续攀升的,但该国的经济结构却不一定随着时间持续上升。稳定资产比更多地体现出经理人的经营理念,因此更

① 公众对公有银行的信任是与当时战争和分裂的大背景相关的,如果在和平时期,并且私人银行有着长期良好的表现,则公众对两者的信任程度可能与此相反。

适用于固定效应分析。

用低风险资产的比例来衡量银行潜在的破产危险,并以有价证券代表低风险资产①,我们建立回归方程如下:

$$SR=\alpha\ lifetime_{n,t}+\beta\ NPGR_{n,t-1}+c+\varepsilon$$

其中,SR(security ratio)有价证券持有比例;$NPGR_{n,t-1}$(net profit growth rate),滞后一期的纯利的增长率。

由于采用了固定效应模型,回归方程大为简化,但这并不妨碍我们得出想要的结论。如表8所示,明显可以看出在全样本回归(1)和(2)中,生存年份对于低风险资产持有的比例有着显著的正向作用,生存年份每增加一年,低风险资产持有比将增加1.17%,与前两组回归一样,这个结果也是稳健的。

表8 银行声誉对低风险资产持有比的影响

变量	(1) SR	(2) SR	(3) SR(1)	(4) SR(2)	(5) SR(A)	(6) SR(B)
lifetime	0.0117**	0.0107***	0.00262	0.0143***	0.00580	0.0132**
	(0.00462)	(0.00187)	(0.0123)	(0.00485)	(0.0116)	(0.00516)
NPGR	0.000392		0.000606	0.000427	0.000675	-3.90e-05
	(0.000913)		(0.00155)	(0.00127)	(0.00128)	(0.00188)
Constant	-0.156	-0.106***	0.0463	-0.252**	-0.000871	-0.225*
	(0.102)	(0.0348)	(0.119)	(0.123)	(0.137)	(0.134)
Observations	249	502	52	197	63	182
R^2	0.046	0.081	0.008	0.075	0.020	0.061
Number of num	106	132	20	86	27	79

注:括号内标准差;*** $p<0.01$, ** $p<0.05$, * $p<0.1$。

特别地,为了讨论第四部分最后提及的有关发行权的限制导致的稳定资产持有比例的变化,我们将全样本以两种标准进行二分。其一是按照所有制,划分为SR(1)和SR(2);其二是按照是否拥有发行权,划分为SR(A)和SR(B),分别对上述四组子样本做回归,得到如表8所示结论。

显然,刨除所有制的影响,私人银行更倾向于随着商誉的增加而提高稳定资产的持有比,与增加兑换券发行量做一个对冲,而公有银行则没有这个倾向。这说明私有银行在自我风险控制上是较公有银行更加优秀的。公有银行一方面大幅度增加了兑换券发行量的增速,另一方面却没有相应地提高低风险资产比的持有,实际上将各级政府的信用作为风险资产的一种担保纳入了决策中。这种行为暗含了潜在的风险,并且这种风险将不断积累而难以得到反向的抑制,因此从经济安全的角度上看,私人银行的运行体系是更加稳健的。

另一组对比回归则给了我们新的启示:如果兑换券的发行有一个准入门槛,则没有发行权的银行会选择增加稳定资产的持有比。这一倾向很可能是因为这类银行无法通过提供币值稳定的货币来提升自身的信誉,退而求其次选择了通过调整消费者相对不容易直

① 之所以采用有价证券是因为民国时期有价证券的主要形式是国债,稳定性相对较高,并且与房地产器具等同样低风险资产相比,对银行有着更多的可操作性。

接观察到的资产比例来积累商誉。如果这一推断属实,则又为私人银行体系运营的稳定性提供了另一重保障。要理解这一保障,我们需要回到兑换券发行权的假设上。

我们曾得出结论:拥有较多商誉资本的银行在资产持有比例中倾向于持有更多的低风险资产,而商誉资本较少的银行倾向于保持兑换券发行的稳定。这一结论是建立在每个银行都拥有货币发行权的基础上的。如果考虑发行权有限地赋予,则由上文得知,商誉更高的银行具有兑换券发行权,其币值相对稳定,而商誉更低的银行非自愿地选择提高稳定资产比,这一分工同样使得私人银行体系运作的稳定性得到了充分的保证。

七、小　结

本文利用1932—1936年中国银行业的微观数据,检验了非中央银行控制下的货币体系的运行,将银行的经营行为扩展到货币发行以外的领域。与部分学者主张的商誉单纯通过约束银行货币发行的结论不同,本文认为商誉机制起着两方面的作用,在发行权普遍赋予的情况下,它使得商誉较低的银行维持稳定的货币发行,商誉较高的银行保持一个较高的低风险资产持有率;在发行权有限赋予的情况下,商誉更高的银行具有兑换券发行权,其币值相对稳定,而商誉更低的银行非自愿地选择提高低风险资产比。

兑换券(货币)币值和低风险资产比的持续稳定是银行体系运行的重要支柱,在现有的经济条件下,尽管效果参差不齐,但几乎所有经济体都通过国家干预的手段来实现这两个目标。本文利用银行微观数据实证检验了非中央银行的货币体系的两种可能的稳定机制:在拥有货币发行权的银行内部,通过银行自身资产的风险对冲来实现,即银行在增加兑换券发行的同时提高低风险资产持有比;在同时考虑有发行权和没有发行权的银行时,则通过银行之间的风险对冲来实现,即高商誉银行发行货币,而低商誉银行则增加低风险资产持有比。

由此可见,货币天然由国家垄断并不是必然成立的。实际上,随着越来越多原本由国家主导的行业如消防、公共交通的放开,人们已经意识到这些原先的"国家职能"由私人提供的可能性。货币和公共品一样,实现由私人供给所需要的只是一定的社会条件,这些条件包括市场信息的完全性和个人选择的自主性等。也许货币的非国家化在今天尚不可行,但考虑到大多数产品私人供给相对于国家供给的有效性,从理论上探讨非央行货币体系的可行性无疑能够为我们今后的发展提供重要方向。

参考文献

Boyd J H, De Nicolo G. The Theory of Bank Risk Taking and Competition Revisited[J]. The Journal of Finance, 2005, 60(3): 1329-1343.

Boyd J H, Runkle D E. Size and Performance of Banking Firms: Testing the Predictions of Theory[J]. Journal of Monetary Economics, 1993, 31(1): 47-67.

Bryant J. The Competitive Provision of Fiat Money[J]. Journal of Banking & Finance, 1981, 5(4): 587-593.

Dowd K, Greenaway D. Currency Competition, Network Externalities and Switching Costs: Towards an Alternative View of Optimum Currency Areas[J]. The Economic Journal, 1993, 103(420): 1180-1189.

Hendriksen E S. Accounting Theory[M]. McGraw-Hill/Irwin, 1977.

Klein B. The Competitive Supply of Money[J]. Journal of Money, Credit and Banking, 1974, 6(4):

423-453.

Ramos A M. Capital Structures and Portfolio Composition During Banking Crisis-lessons from Argentina 1995[M]. International Monetary Fund, 1998.

Rockoff H. Lessons from the American Experience with Free Banking[M]. Unregulated Banking. Palgrave Macmillan UK, 1991: 73-129.

Taub B. Private Fiat Money with Many Suppliers[J]. Journal of Monetary Economics, 1985, 16(2): 195-208.

Tullock G. Competing Monies[J]. Journal of Money, Credit and Banking, 1975, 7(4): 491-497.

White L H. Free Banking In Britain: Theory, Experience, and Debate, 1800-1845[M]. Cambridge University Press, 1984.

管汉晖. 货币的非国家化:中国汉代的经历[C]. 首届北京大学经济史学论坛, 2013.9.

哈耶克. 货币的非国家化[M]. 姚中秋译.新星出版社, 2007.

兰日旭. 近代中国银行业资金运作变迁及其绩效探析[J]. 福建师范大学学报: 哲学社会科学版, 2007, 3: 68-72.

刘愿.看不见的手如何治理货币:声誉机制的作用及来自中国白银风潮中银行微观数据的证据[C]. 清华大学第二届量化历史研究国际研讨会, 2014,7.

托马斯·罗斯基. 战前中国经济的增长[M]. 唐巧天等译.浙江大学出版社, 2009.

米尔顿· 弗里德曼. 货币的祸害——货币史片段[M]. 安佳译.商务印书馆, 2007.

彭信威. 中国货币史[M]. 上海人民出版社, 2007.

沈云龙. 全国银行年鉴(上)(下)(1937年)[D]., 1987.

石毓符. 中国货币金融史略[M]. 天津人民出版社, 1984.

吴敏超. 1934—1935 年白银问题大讨论与法币改革[J]. 江苏社会科学, 2007, 6: 183-191.

谢菊曾. 一九三五年上海白银风潮概述[J]. 历史研究, 1965, 2.

徐锋华. 近二十年来法币改革研究综述[J]. 民国档案, 2007, 3: 130-138.

郑会欣. 试论 1935 年白银风潮的原因及其后果[J]. 历史档案, 1984, 2: 113-119.

社会资本视角下工业园区企业可持续发展研究
——以长乐空港工业园区为例

丁中贤
（福建师范大学经济学院）

[**摘要**] 工业园区是区域经济发展的新焦点，园区的数量与日俱增。但工业园区的发展良莠不齐，甚至有的园区由于内部企业的破产已是名存实亡。因此研究工业园区内企业的可持续发展成为了一个必要性问题。本文在总结以往有关社会资本的研究基础上，探讨了社会资本与各企业可持续发展的关系，考察了社会资本对资源筹措能力和市场导向影响的程度，并建立了长乐空港工业园区企业可持续发展的关于资源与市场的模型，并对资源筹措能力和市场导向程度与长乐空港工业园区企业的可持续发展关系进行探讨。通过调研长乐空港工业园区企业，访问相关企业的负责人，获得园区企业的整体发展情况和相关数据，为长乐空港工业园区企业的可持续发展提供了一些建议和对策。

[**关键词**] 企业社会资本，可持续发展，长乐空港工业园区

一、绪　论

（一）研究领域及背景

工业园区是区域经济发展的新焦点，园区的数量与日俱增。不少工业园取得了经济效益，甚至成为区域形象工程。① 福建省是全国最早开放的省份之一，20 世纪 80 年代中后期即开始工业园区的规划建设工作，经过二十多年的发展，目前几乎各市各县都有了自己的工业园区。2005 年 3 月 10 号，随着福州市"东扩南进"战略的实施，福州城市拓展方向——"跨江面海"迈出重要一步。福州市相关部门将目光投向长乐市空港工业园的建设，并于 2005 年 5 月动建，目前已初具规模，成为福州市工业发展的一个良好平台。② 福州市经委提供的数据显示，2013 年该市工业完成总产值 7 254 亿元，工业增加值占全市 GDP 比重 35.4%。其中全市 23 个重点工业园区完成工业总产值 5 600 亿元，占全市工业总产值 77.2%。

工业园区企业为福州市发展特别是工业发展注入了巨大的活力。但在我们走访调研

---

① "福建工业园区发展情况调查分析"，http://www.fjso.cn/show.asp? id=1263。

② "23 个重点工业园区建设快马加鞭　发展特色产业园"，http://news.fznews.com.cn/fuzhou/2014-2-15/2014215tobzodtFlk204057.shtml。

的过程中,发现大量工业园区企业因为忽视市场导向、没有科学的发展战略、缺乏产业集聚的必要条件以及不具行之有效的招聘方法等,导致发展速度缓慢。甚至有的工业园区由于内部企业的破产已是名存实亡,空区一座。因此研究工业园区企业的可持续发展成为一个必要性问题。

资源是稀缺有限的,我们认为企业若要实现可持续发展,就必须要具有强大的资源获取和转化能力。而社会资本是行动主体与社会的联系以及通过这种联系摄取稀缺资源的能力……能够通过这些联系而摄取稀缺资源是企业的一种能力,这种能力就是企业的社会资本(边燕杰和丘海峰,2000)。为了使研究具体化,本文以长乐空港工业园区企业为研究对象,基于社会资本,通过对市场(市场导向程度)、资源(资源筹措能力)两大要素的分析,来研究这个问题。

(二)研究意义

实践意义:本文通过比较资源筹措能力和市场导向程度对工业园区企业可持续发展的影响,让工业园区的管理层和企业充分意识到资源筹措能力及市场导向对园区企业可持续发展的重要性。同时,本文基于社会资本,对相关问题的研究可以使企业深入了解自身的社会资本,进而有效利用,实现园区企业的可持续发展。

理论意义:通过对长乐空港工业园区企业的可持续发展研究,充分了解影响区域发展、城镇化、工业化进程中的相关因素,丰富区域经济理论,对福州乃至福建省的工业园区的进一步建设和区域经济的进一步发展提供具有现实基础的可操作模板。同时也能够丰富社会资本理论,弥补相关理论的不足。

(三)研究目的

通过探索社会资本分别对企业的市场导向程度以及资源筹措能力的影响,探讨市场导向程度以及资源筹措能力对企业可持续发展的作用,来为工业园区企业的可持续发展提供相关的对策与建议。

二、相关理论及文献述评

(一)社会资本理论

1. 社会资本基本概念界定

最早提出“社会资本”概念的是经济学家洛瑞(Glen Loury,1977),但他并没有对其展开研究。法国学者皮埃尔·布迪厄(Bourdieu,1986)是当代第一个对社会资本进行相对系统研究的学者,他指出:“社会资本是实际的或潜在的资源的集合,这些资源是对一个相互熟识和认可的、具有制度化关系的持久网络的拥有。”也就是说布迪厄认为,社会资本的多少取决于联系规模和这些联系中所蕴含的资本的容量与数量。

美国学者科尔曼(Coleman,1990)是第一个提出社会资本理论框架并提升其影响力的学者。他认为社会资本之所以被称为资本,是因为它和其他资本一样,具有生产性。某些目的因为社会资本的存在可以由不可能转变为可能。

Putnam(1993)将社会资本提升到了精神层面,他指出:“与物质资本和人力资本相比，社会资本指的是社会组织的特征，例如信任、规范和网络，它们能够通过推动协调和行动来提高社会效率。”①他认为是信任等提高了生产的效率。

Ports(1998)提出社会资本是“个人通过他们的成员身份在网络中或者在更宽泛的社会结构中获取稀缺资源的能力。”②根据这个定义，社会资本由嵌入在社会关系和社会结构中的资源组成，当行动者要提高目的性行动的可行性时，他们可以动用社会资本。这一点和本文研究的重点“资源筹措能力”有很大的相关性。

Lin(1999)认为“社会资本可被定义为嵌入于一种社会结构中的可以在有目的的行动中摄取或动员的资源。”根据这个定义，我们大致可以将其分成三个成分。分别是嵌入于社会结构、行动的目的性以及摄取和动员资源的能力。其中行动的目的性对应本文分析的“市场导向能力”，摄取和动员资源的能力对应本文的“资源筹措能力”。

2. Nahapiet 和 Ghoshal 的社会资本三维度

Nahapiet and Ghoshal(1997)对社会资本的定义是：“镶嵌在个人或社会个体占有的关系网络中、通过关系网络可获取的、来自关系网络的实际或者潜在资源的总和。”并且区分了社会资本三个基本维度，即结构维度(structural dimension)、关系维度(relation dimension)和认知维度(cognitive dimension)。结构维度是指行动者之间是否存在联系、联系的强弱以及在联系中所处的位置等；关系维度是指行动者的人际关系如何，包括相互信任、义务、期望、声誉和规范等；认知维度指的是不同行动者间是否具有共享的资源，如语言、符号、愿望和默认知识等。

3. 企业社会资本理论

社会资本理论经过多年的发展研究，逐渐由单一的个人层次上升到组织层次、组织间层次和国家层次。Burt(1992)首次将社会资本扩展到了企业层次。他指出：“企业内部和企业之间的关系是社会资本……它是竞争成功的最后决定者。”③之所以社会资本的研究可以上升至企业层次，是因为“社会资本是社会行为者从社会关系网络中所获得的一种资源，企业作为有目的的社会行为者，社会资本的逻辑不可避免地要被一些学者扩展到企业层次……企业之间的关系就代表着社会资本”(Koka and Proscott, 2000)④。Leenders and Gabby(1999)进一步扩宽社会资本的内涵，指出：“企业社会资本是企业通过社会关系网络所获得的能够促进其目标实现的有形或无形资源。”⑤不但包含信任、规范等促进合作的无形资源，还要包括企业从关系网络中获取的有形或无形资源。

本文研究采用 Nahapiet 和 Ghoshal 对企业社会资本的定义，立足于这些实际或者潜在资源，通过对市场导向以及资源筹措能力的影响来分析工业园区企业的可持续发展问题。

(二) 可持续发展理论研究

1. 可持续发展基本理论

第一个提出可持续发展概念的学者是世界环境与发展委员会主席布伦特兰夫人，她

① 转引自朱全景：“中国经济转型的社会资本分析”，《经济社会体制比较》，2011 年第 5 期，第 192—198 页。

② 转引自李志青：《社会资本技术扩散和可持续发展》，复旦大学出版社，2005 年，第 157—166 页。

③ 转引自乔俊杰、买忆媛：“社会资本的科学测量方法”，《武汉科技学院学报》，2003 年第 5 期，第 89—92 页。

④ 转引自韦影：“企业社会资本的测量研究”，《科学学研究》，2007 年第 3 期，第 518—522 页。

⑤ 权锡鉴：“论企业可持续发展能力”，《中国海洋大学学报》，2006 年第 5 期，第 23—27 页。

将可持续发展定义为“满足当前需要而无须以削减子孙后代满足自身需要的能力为代价”。① 这一概念是目前最为广泛接受和认可的概念。学者们对于可持续发展理论的研究主要分为两大学派，分别是自然资本学派和社会资本学派。社会资本学派是自然资本学派对于可持续发展理论的再理解和升华。Roseland(2000)指出通过增大社会资本，可以充分动员公民与政府，从而减少自然资源的使用以及充分利用有限的资源。可持续发展理论一般分为三个层面：第一，生态环境的可持续发展，这是可持续发展的基础；第二，经济效率的可持续发展，这是可持续发展的条件；第三，人文社会的可持续发展，这是可持续发展的目的。

2. 企业可持续发展理论

胡锦涛同志把“坚持以人为本，树立全面、协调、可持续的发展观，促进经济社会与人的全面发展”称为“科学发展观”，并将其作为我国发展的总体指导方针。马秋玲(2007)认为：企业的可持续发展能力是企业在可预见的未来，通过保持创新活力，适应市场变化，在追求经济效益的同时兼顾生态保护与社会责任，从而使企业各利益相关者的需要持续获得满足的能力。本文的可持续发展研究主要参考巴伯的从发展的经济属性考虑的定义：“在保护自然资源质量和其所提供服务的前提下，使经济发展的净利益增加到最大限度。”②也就是说，本文研究的企业的可持续发展能力主要从企业的经济可持续发展能力指标入手，而设定企业的生态可持续发展能力和社会可持续发展能力相当。马秋玲(2007)从企业的定义以及发展要求入手，认为测量企业的经济可持续发展能力需要从经营业绩、科技与创新能力、安全经营能力和平衡发展能力等四个指标入手。

(三) 工业园区发展模式的相关研究

工业园区的发展主要经历三个模式。初始模式为传统工业园区，包括纺织、煤炭、钢铁、机械、化工等传统工业产业。比如20世纪70年代的经济危机背景下衰败的德国鲁尔工业区。园区的特点是人力密集，污染严重、资源浪费严重，现已无法适应时代的发展，急需脱胎换骨。除此之外，园区的配套设施很不健全，仅仅只有部分比较注重人文关怀的企业会配备比较有限的娱乐设施。随着近些年技术的不断发展，产业革命的催生，产生了生态工业园、高新技术科技园、电子产业园、IT产业园、创意产业园等新型工业园区。这类工业园区是以高新技术为主导的第三产业和高端制造业为主导产业的工业园。人才、技术、资本高度密集，配套有生活休闲娱乐区域，园区职能也更加完善。唐山曹妃甸、海尔工业园等是新型工业园区的典型代表。最后，在多种产业形式形成产业集群效应的推动下，产业新城的时代便到来了。产业新城除了具有新型工业园区人才、技术、资本高度密集的特点以外，还开发了创新的产业模式：工业旅游。之所以其能够开发新的产业模式，是因为产业新城配套设施完善，是一个集聚居住、办公、商业、休闲娱乐为一体的都市综合体。其中最为成功的当数新加坡最大的现代化工业基地，集科技工业、居住、办公、商业为一体的配套完整的综合工业区——新加坡裕廊工业园。

---

① 转引自刘林平：“企业的社会资本——概念反思和测量途径”，《社会学研究》，2006年第2期，第204—216页。

② 转引自胡东宁：“我国工业园区可持续发展的内涵、特征与制度安排”，《科技管理研究》，2011年第7期，第31—34页。

（四）社会资本与企业可持续发展的关系研究

社会资本对企业可持续发展的影响包含以下几个方面：

1. 降低企业运作的成本

降低企业运作成本有两个作用机制，一是企业的内部社会资本，即企业内部员工的信任与合作，通常表现为企业管理层与基层员工之间的社会联系。对于事物的相同或相似的认知有利于推动和促进各部门的沟通协作，增加企业内部凝聚力以及从成员人际关系网络中获取潜在资源的能力。二是企业的外部社会资本，即指企业与上级机关、政府部门、下属企业以及金融、中介机构、社会团体、其他企业、科研院校等的联系，主要是管理层人员在经济领域以外的社会上的交往和联系。企业的外部社会资本水平越高，其捕捉市场机遇、摄取稀缺资源的能力就越强，企业的技术创新能力也就水涨船高，从而能够更好地降低企业运作的成本。

2. 降低企业交易的风险

通过企业的社会资本，可构建一个低成本但效果较好的长期信任网络。通过这种基于信任的社会网络进行交易，可有效降低企业交易的风险。企业约束交易的办法一般有两种，一种是契约，一种就是关系网络。但实际交易过程中，往往会碰到契约无法解决的问题，或者成本过高。在这种状况下，企业经常通过构建基于信任的长期存在的社会关系网络来有效降低交易风险。此外，企业的社会资本还可以降低价格波动幅度从而稳定企业的经营。价格由于市场的调整时时波动，但是如果具有固定的信任程度高的关系网络，那么从长期来看，能有效地规避价格波动带来的风险。

3. 提高企业生产的绩效

企业社会资本对企业绩效的提高有非常重要的作用。比如企业通过与政府机构的联系，可以了解到最新的关于本行业的宏观调控措施和产业技术导向政策，结合企业实际的发展状况，制定或者调整自身的市场发展战略。通过社会网络，进行技术革新和新技术开发，从而抢占未开发的市场，进一步增强企业的竞争能力。此外，企业还可以通过社会网络进行资源配置，提高配置效率，提高企业绩效。

4. 可能具有的消极影响

美国现代社会学家 A.波特斯等人通过一系列研究分析认为：集体社会资本不能简单地归纳为个人社会资本的总和，如果社会资本是一批因社会网络而联系起来的有效资源，那么某些个人索取这些资源的同时就会损害他人的利益；同时，他们还认为，社会资本在某些情况下会制造水平下滑的压力。虽然社会资本有利于强化成员间的关系网络，但也往往会排除外人，比如在有些具有强大社会关系的企业中，新来的员工尽管努力工作却很难与老员工竞争。当今社会中，个人或企业往往通过权钱交易建立起自己的社会资本，然后利用这种社会资本从掌权者手中获取想要的稀缺社会资源，使资源无法通过完全的市场竞争得到充分有效的配置，在一定程度上制约了企业经济的可持续发展。

（五）现有研究述评

对于社会资本和企业社会资本的研究，数量众多，但众说纷纭，暂无统一的、普遍接受的定义。归纳总结一下，不难发现：社会资本理论分为两大派别。一类是强调“资源说”，认为社会资本就是通过各种途径获得的一类社会资源;另一类则强调"能力说",认为社会资本是一种摄取稀缺资源的能力。在企业可持续发展的研究方面,边燕杰和邱海峰(2000)通过企业的横向联系、纵向联系以及社会联系三个方面对企业的稀缺资源获取的能力即社会资本进行测量。在实证分析的基础上,提出了自己的理解与建议。但刘林平(2006)认为边燕杰和邱海峰的研究没有分清联系本身和能力的区别。他认为联系不一定对稀缺资源的获取就会有正向的作用。有些联系不会有作用甚至对资源获取有反作用。权锡鉴(2006)认为,企业的可持续发展取决于企业的可持续发展能力,这一能力具体就是能够不断地通过变革和创新,不断巩固、保持和提升企业核心能力的能力。但是其研究只有理论,缺乏实证研究,说服力不强。郭蕊(2006)则建立起了企业可持续发展的五维度模型,从社会环境、产业、技术、制度和财务五个方面研究企业的可持续发展,并创新地运用了企业的生命周期理论,使企业的可持续发展理论上升到了一个新的高度。但还是缺少实证分析,这也是美中不足的地方。马秋玲(2007)以企业可持续发展能力的内涵理论为指导,分析并考察了企业可持续发展的影响因素,并且设计和选择了一些评价指标,从而构建了一个经济、生态、社会全方面可持续发展能力的指标体系,有关理论佐以实证分析,可信度高。在研究对象与思路方面,许玲娇(2003)从各类资本入手,研究了其对于工业园区企业的市场、资源与创新的影响,分析得到了各工业园区企业的可持续发展对策。范晓屏(2007)则基于社会资本,研究了社会资本三个维度对工业园区企业的资源筹措能力的影响,探讨了资源筹措能力对工业园区企业发展的影响,并以此为理论依据,提出自己的对策建议。

三、社会资本与工业园区企业可持续发展关系的耦合分析

(一)研究假设

基于以上分析,本文将通过实证分析验证社会资本对企业的市场导向程度和资源筹措能力的影响,并在此基础之上,研究企业的市场导向程度和资源筹措能力对企业可持续发展的作用。

1. 社会资本通过市场导向对企业可持续发展的影响

由科尔曼(Coleman,1990)、波茨(Ports,1998)、林南(Lin,1999)等对"社会资本"概念的界定可知,社会资本是为了某种目的(包括市场目的)而存在的。"以市场为导向,以质量求生存,以效益求发展"是企业的生存发展之道,其中市场导向在企业生存发展中起着十分重要的作用,市场导向决定了企业应该采购什么、怎样采购、生产什么、怎么生产、生产多少、什么时间生产等等关键问题,市场导向决定着企业的生产经营效益甚至生存和命运。因此正确及时的市场导向对企业的可持续发展起到了至关重要的作用。结合以上理论分析,我们提出以下假设:

假设1:社会资本与企业的市场导向程度正相关。

假设2:市场导向程度与企业的可持续发展正相关。

假设3:市场导向程度在社会资本与企业可持续发展之间存在显著的中介效应。

2. 社会资本通过资源筹措对企业可持续发展的影响

Bourdieu(1986)指出社会资本是实际的或潜在的资源的集合,Ports(1998)提出社会

资本是获取稀缺资源的能力,Lin(1999)认为社会资本是摄取或动员的资源。因此范晓屏(2007)提出"企业社会资本的增强是指企业具有的社会关系与社会网络的强化,它将提升企业从社会关系与社会网络中获取和整合资源的能力。"同时,他在阅读国外有些学者的研究成果基础上,总结出:"资源筹措能力是工业园区和企业发展的重要内在因素……是一种可以在本地区或者本企业资源要素不充实或者不能充分地满足企业发展要求的情况下,以经济有效的方式从别处筹措获取,确保生产和经营需要的能力。"结合以上理论分析,我们提出以下假设:

假设 4:社会资本与企业的资源筹措能力正相关。

假设 5:资源筹措能力与企业的可持续发展正相关。

假设 6:资源筹措能力在社会资本与企业可持续发展之间存在显著的中介效应。

(二)研究模型

基于以上假设,本文提出的研究模型如图 1 所示:

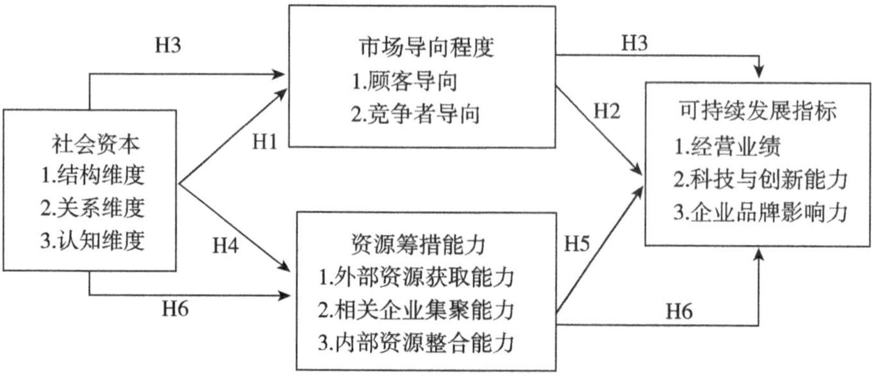

图 1 研究模型

通过对以上理论的理解和其他相关文献的回顾,本研究将社会资本分为结构维度、关系维度和认知维度三个方面。市场导向程度要充分考虑到生产和消费的影响,并参考许玲娇(2003)等的研究,因此决定由顾客导向和竞争者导向两大指标进行测量。资源筹措能力则分为外部资源获取能力、相关企业集聚能力和内部资源整合能力。其中,外部资源获取能力指稀缺资源的获取能力,它决定获取资源的基数大小。内部资源整合能力指相关资源在企业中的转换整合能力,它决定获取的有效资源多少。相关企业集聚能力指相关配套企业以及能够高度依赖或者说具有高度联系的企业的集聚程度。由于工业园中企业众多,行业丰富,因此该能力是工业园区企业具有的一大优势。可持续发展指标采用的依据是马秋玲(2007)等学者使用的经营业绩、科技与创新能力、安全经营能力和平衡发展能力四大指标,结合许玲娇(2003)等学者的研究,特增加"企业品牌影响力"指标。由于"平衡发展能力"指标不宜度量,偏差较大,因此本文放弃"平衡发展能力"指标。考虑到有些企业属于非出口型企业,删除大部分学者在度量"安全经营能力"时使用的"产品出口率"指标。其中"经营业绩"指标使用"企业利税率"进行度量,"科技与创新能力"使用"R&D 人员占比"以及"科技成果转换率"进行度量。

四、关于长乐空港工业园区企业可持续发展指标的数据分析

（一）长乐空港工业园区发展历程及园区企业整体发展分析

在2011年9月福州市规划设计研究院编制的《长乐市航空港工业集中区四期控制性详细规划》中明确提出：工业园区的产业定位是以发展纺织化纤为主，适度发展机械加工、食品加工，配套完善、生态优美的现代航空港工业区。对机场安全性存在影响，有微波电磁干扰的、高污染、高耗能的产业要限制发展。规划总体功能分区以规划道路划分机械加工区和纺织化纤区。

临空经济区的迅猛发展绝不仅仅局限于纺织化纤等传统产业，高新科技、商贸物流、装备制造等新兴产业也开始崭露头角。据统计，2014年，临空经济区规模以上工业项目达208家，完成工业总产值687.92亿元，同比增长14.04%；完成税收10.48亿元，同比增长6.99%。

目前长乐空港工业园区包含飞机制造产业园、空港综合保税区、机械装备产业园、空港服务核片区和不锈钢产业园。据介绍，临空经济区的规划将按照“国际空港城、福州新引擎”的定位，布局为“两核三带”，即“两核”：空港服务核、综合商贸居住服务核；“三带”：空港配套产业带、临空制造业产业带、滨海生态休闲文化产业带。这“两核三带”将被“一环六纵六横、两客两轻轨一地铁、一货一支线”的交通网络连接起来。此外，在大力推进基础路网建设的同时，园区还不断完善供电、供水、雨污、通信、燃气等配套管网建设，启动渡桥、仙富2个110KV变电站、潭头污水处理厂、201省道管线工程及航空港四期污水提升泵站等项目的建设，加快牛山职工公寓和金峰生活配套区建设步伐，不断提高园区的发展承载力和产业支撑力。

根据目前长乐空港工业园区的发展状况，结合工业园区发展的三个模式，不难发现其属于以高新技术为指导的特色产业的传统工业园，是传统工业园的升级版。升级版体现在该园区有关产业具备一定的高新技术，比如高新科技、商贸物流、装备制造等产业。同时，园区也在积极地打造配套的生活休闲娱乐区域。但即便如此，我们依然可以看出，长乐空港工业园区的发展阶段比较初级，若要实现企业的可持续发展，就必须进行升级和转型。因此，本文基于企业社会资本视角的对策建议对于仍需转型升级的第一、第二阶段工业园区尤其是特色工业园具有很重要的意义。

（二）实证研究设计

1. 问卷设计

为了使实证研究更具说服力，本文采用的问卷问题皆是大量学者采用并且具有一定影响力的易清楚分辨和解答的问题。其中度量社会资本的问卷，问题主要来自Landry *et al.*（2002）、Yli-Renko *et al.*（2002）以及Liao and Welsch（2003）等学者。度量市场导向程度的问卷，问题来源于Kohli *et al.*（1993）。度量资源筹措能力的问卷，问题来源于Yli-Renko *et al.*（2002）。度量企业可持续发展能力的问卷，问题来源于马秋玲（2007）。测量量表使用Likert 5点打分法，受访者根据公司实际情况从“强烈反对”到“完全同意”做出评价。

2. 研究样本

本文主要探讨社会资本视角下工业园区企业可持续发展问题。因此本文的研究母体是工业园区的企业,调查对象主要是工业园区内的纺织服装、医药化工、五金机械、动漫文化、烟酒食品等类型的企业,调查范围是长乐市空港工业园区。本研究共发放问卷79份,共回收有效问卷53份。

被调查的长乐空港工业园区的相关企业基本情况:

企业行业分布包括纺织服装、医药化工、五金机械、动漫文化、烟酒食品。

从图2可以看出,纺织服装类企业占比高达39.62%。烟酒食品、五金机械和医药化工分布较为均衡。动漫文化产业相对薄弱,只占到了总量的5.66%。符合长乐空港工业园区特色产业(纺织产业)集聚,各行业均衡分布的实际情况。

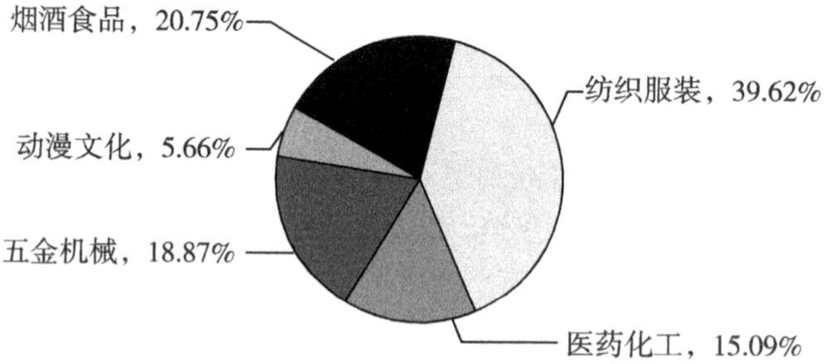

图2 调查园区行业分布比例

3. 因子与信度分析

考虑到通过问卷等形式获取的数据可能会出现可信度较低的情况,为了使论文更具说服力,我们首先对数据进行因子与信度分析。

根据问卷的第二、第三、第四部分,使用Likert表的统计方法,分别对社会资本三个维度、中间变量和园区企业可持续发展指标进行因子与信度分析。此次分析共提取到9个主因子,我们分别将主因子F1,F2,F3,F4,F5,F6,F7,F8,F9分别命名为:社会资本结构维度、社会资本关系维度、社会资本认知维度、相关企业集聚能力、内部资源整合能力、外部资源获取能力、顾客导向程度、竞争者导向程度和园区企业品牌影响力。分析得到的结果如表1所示:

表1 社会资本、中间变量和园区企业可持续发展各指标因子分析结果

因素		题目编号	α系数
社会资本	F1 结构维度	2.1、2.2、2.3	0.829
	F2 关系维度	2.4、2.5、2.6、2.7	0.829
	F3 认知维度	2.8、2.9、2.10	0.747
中间变量	F4 相关企业集聚能力	3.5、3.6、3.7、3.8、3.9	0.793
	F5 内部资源整合能力	3.10、3.11、3.12、3.13	0.839
	F6 外部资源获取能力	3.1、3.2、3.3、3.4	0.706
	F7 顾客导向程度	3.14、3.15、3.16	0.848
	F8 竞争者导向程度	3.17、3.18、3.19	0.591
可持续发展指标	F9 园区企业品牌影响力	4.1、4.2、4.3	0.890

从表1中数据可以看出,在企业社会资本方面,各维度的统计指标的信度系数α值均

大于 0.7。在资源筹措能力和市场导向程度等中间变量方面，除了竞争者导向程度的信度系数 α 值仅有 0.591，小于 0.7 之外，其他统计指标的信度系数 α 值也均大于 0.7。在园区企业可持续发展方面，按照我们的模型设计，园区企业可持续发展指标包含园区企业品牌影响力、科技与创新能力以及经营业绩。由于企业利税率、R&D 人员占比以及科技成果转换率是根据统计到的各个不同企业的数据整理而得，统计的口径和方法不一致，因此本文只对园区企业品牌影响力一个指标进行可信度分析。在园区企业品牌影响力方面，其信度系数 α 值更是高达 0.890。综合以上，说明各统计指标具有较强的可靠性，可以进行分析。

4. 描述统计

通过信度分析，我们发现各数据的可信度较高。但是仅仅依靠信度分析并不能够充分了解到园区各指标的实际情况，以下是我们统计得到的数据描述折线图和描述表（见图 3、图 4 和表 2）：

图 3 主要体现企业对社会资本三个维度的重视程度。由图中数据可知，企业尤为重视社会资本关系维度，其次是社会资本认知维度。社会资本结构维度方面的平均数最低，且标准差较大，说明各企业在对社会资本结构维度的拥有上存在较大差别，也突出了相关企业在社会资本结构维度方面的丧失。由图 4 可以看到，在市场导向方面，企业的顾客导向程度要远大于竞争者导向程度；在资源筹措能力方面，企业的内部资源整合能力远远大于相关企业集聚能力和外部资源获取能力。一方面这与客观事实联系紧密。因为传统企业并不是非常重视外部资源的获取和配置，而是把有限的精力放在内部资源的管理和整合上。同样，企业相对于竞争者的行为动态更加注重顾客的需求。另一方面，也间接地反应出了长乐空港工业园区企业存在的相关问题。从表 2 中可以看到企业非常认同园区品牌影响力，平均值达到了 4.208。至于企业利税率和企业科技与创新力，由于统计方法不一致，不能够有效地进行分析，在此暂不加以描述。

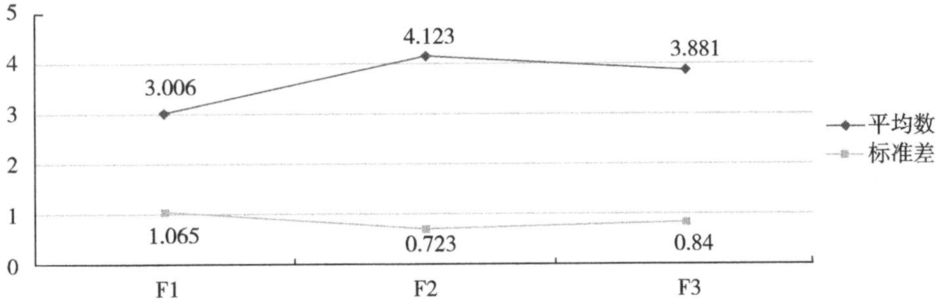

图 3 社会资本三维度描述统计折线图

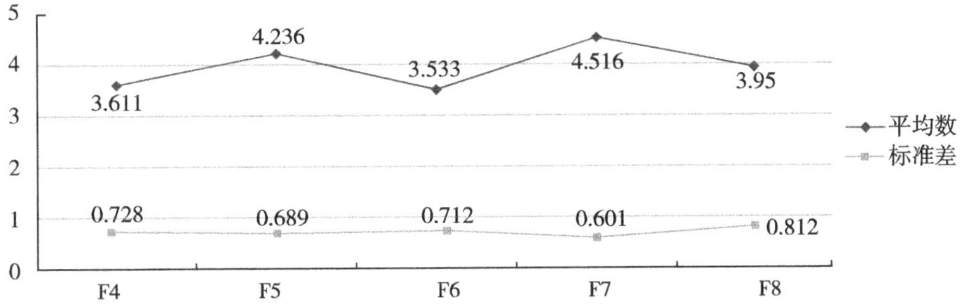

图 4 中间变量各因素描述统计折线图

表 2 可持续发展指标的描述统计值

因素	项目数	平均数	标准差
F9 企业品牌影响力	3	4.208	0.799
F10 企业利税率	1	3.217	1.023
F11 科技与创新力	2	1.856	1.142

注:企业利税率=企业利税总额/企业销售总收入。

5. 相关性分析

本文采用 Pearson 相关分析法,旨在定量地描述各变量间可能存在的线性相关程度大小。为下文我们将要提出的线性相关方程模型以及可持续发展对策提供必要的数据基础。

(1) 社会资本与资源筹措能力和市场导向程度的相关性分析

根据表 3 可以看出:社会资本的三个维度和内部资源整合能力都有很大的正相关性。而社会资本结构维度和相关企业集聚能力,社会资本认知维度和外部资源获取能力则呈现了负相关性。社会资本结构维度和社会资本认知维度与顾客导向程度则存在显著的正相关性。其余变量均呈现不显著的正相关性。为了简化分析结果,我们只提取出在 0.05 水平以上的显著相关数据,其余的我们认为没有相关性(下同)。根据以上数据,假设 1(社会资本与企业的市场导向程度正相关)与假设 4(社会资本与企业的资源筹措能力正相关)得到了验证。

表 3 社会资本各种因素与资源筹措能力和市场导向程度的相关分析表

初始变量	相关企业集聚能力	内部资源整合能力	外部资源获取能力	顾客导向程度	竞争者导向程度
社会资本结构维度	-0.017	0.334*	0.002	0.295*	0.060
社会资本关系维度	0.122	0.351**	0.027	0.261	0.204
社会资本认知维度	0.023	0.435**	-0.074	0.344*	0.110

注:*、**分别表示在 10%、5%的水平上显著。

(2) 资源筹措能力和市场导向程度对园区企业可持续发展的相关性分析

从表 4 可以看出,只有外部获取能力与园区品牌影响力没有显著的相关关系,其他的资源筹措能力与市场导向程度的中间变量与园区的品牌影响力均存在强正相关。内部整合能力与企业利税率和企业科技与创新力均没有显著的相关关系。外部资源获取能力与企业平均利税率和企业科技与创新力均存在显著的负相关关系。竞争者导向程度与企业平均利税率存在显著的负相关关系,与企业科技与创新力存在不显著的负相关关系。根据以上数据,假设 2(市场导向程度与企业的可持续发展正相关)与假设 5(资源筹措能力与企业的可持续发展正相关)得到了部分验证。其中,外部资源获取能力对园区企业的可持续发展表现为显著的负相关关系,我们认为一部分原因是外部获取能力会引起有关企业忽视产品核心技术的开发,另一部分原因是相关问题直接是从国外学者的问题翻译过来的,没有进行周密的汉语化,可能会导致有歧义,干扰研究。至于竞争者导向程度对企业利税率显著负相关,一方面是因为前文中有提到的竞争者导向程度数据可信度较低,另一方面是因为过度地以竞争者为中心来决策自己的行动,导致企业缺乏目的性,不知道要走向何方。

表 4 资源筹措能力和市场导向程度对园区企业可持续发展的相关性分析结果

初始变量	园区企业品牌影响力	企业利税率	企业科技与创新力
相关企业集聚能力	0.486**	0.384**	0.491*
内部资源整合能力	0.451**	0.109	0.022
外部资源获取能力	0.216	-0.185*	-0.198*
顾客导向程度	0.414**	0.299*	0.388*
竞争者导向程度	0.385**	-0.173*	-0.121

注：*、**分别表示在 10%、5%的水平上显著。

通过以上分析可以看出，社会资本各维度分别通过市场导向程度和资源筹措能力各指标要素，通过不同路径对企业可持续发展起到正向作用。因此我们认为假设 3（市场导向程度在社会资本与企业可持续发展之间存在显著的中介效应）和假设 6（资源筹措能力在社会资本与企业可持续发展之间存在显著的中介效应）得到了有效支持。

6. 回归分析

回归分析是为了进一步明确关系的方向，从而确定变量间的线性相关数学模型。本文采用的是多元逐步回归分析。

（1）品牌影响力与资源筹措能力及市场导向程度的回归分析

表 5 逐步回归的回归系数、显著性系数及模型的总体效果表

系数 a					
模型	非标准化系数		标准系数	调整 R 方	Sig.
	B	标准误差	试用版		
（常量）	3.187	0.089			0.347
相关企业集聚能力	0.486	0.089	0.486		0.005
内部资源整合能力	0.451	0.089	0.451	0.412	0.008
顾客导向程度	0.414	0.089	0.414		0.009
竞争者导向程度	0.385	0.089	0.385		0.015
因变量：园区企业品牌影响力					

本次多元回归分析共建立了 4 个数学模型，由于前三个数学模型的误差较大，不能有效地描述变量间的线性相关关系，本文已删减（下同）。从表 5 中可以看出，回归方程能解释总变异的 41.2%，达到了较高水平。最终留在模型中的变量有 4 个，分别是相关企业集聚能力、内部资源整合能力、顾客导向程度和竞争者导向程度，系数分别为 0.486、0.451、0.414 和 0.385。Sig 值分别为 0.005、0.008、0.009 和 0.015，显著性达到了很高水平。得到的标准回归方程如下：

F9＝3.187+0.486×F4＋0.451×F5＋0.414×F7＋0.385×F8（园区企业品牌影响力＝3.187+0.486×相关企业集聚能力＋0.451×内部资源整合能力＋0.414×顾客导向程度＋0.385×竞争者导向程度）。

（2）企业利税率与资源筹措能力和市场导向程度的回归分析

从表 6 中可以看出，回归方程能解释总变异的 51.3%，达到了较高水平。最终留在模型中的变量有四个，分别是相关企业集聚能力、外部资源获取能力、顾客导向程度和竞争者导向程度。系数分别为0.384、-0.185、0.299和-0.173。Sig值分别为0.005、0.009、0.008、和0.015，显著性达到了较高水平。得到的标准回归方程如下：

F10＝2.561+0.384×F4－0.185×F6+0.299×F7－0.173×F8（企业销售利税率＝2.561+0.384×相关企业集聚能力-0.185×外部资源获取能力+0.299×顾客导向程度-0.173×竞争者导向程度）。

表6 逐步回归的回归系数、显著性系数及模型的总体效果表

系数 a					
模型	非标准化系数		标准系数	调整 R 方	Sig.
	B	标准误差	试用版		
（常量）	2.561	0.089		0.513	0.314
相关企业集聚能力	0.384	0.089	0.384		0.005
外部资源获取能力	-0.185	0.089	-0.185		0.009
顾客导向程度	0.299	0.089	0.299		0.008
竞争者导向程度	-0.173	0.089	-0.173		0.015
因变量：企业利税率					

（3）企业科技与创新力、资源筹措能力和市场导向程度的回归分析

从表7中可以看出，回归方程能解释总变异的44.6%，达到了很高水平。最终留在模型中的变量有三个，分别是相关企业集聚能力、外部资源获取能力和顾客导向程度。系数分别为0.491、-0.198和0.388。Sig值分别为0.003、0.011和0.006，显著性达到了较高水平。得到的标准回归方程如下：

F11＝0.759+0.491×F4-0.198×F6+0.388×F7（企业科技与创新力＝0.759+0.491×相关企业集聚能力-0.198×外部资源获取能力+0.388×顾客导向程度）。

表7 逐步回归的回归系数与显著性系数检验表

系数 a					
模型	非标准化系数		标准系数	调整 R 方	Sig.
	B	标准误差	试用版		
（常量）	0.759	0.068		0.446	0.221
相关企业集聚能力	0.491	0.068	0.491		0.003
外部资源获取能力	-0.198	0.068	-0.198		0.011
顾客导向程度	0.388	0.068	0.388		0.006
因变量：企业科技与创新力					

五、结论及建议

（一）主要结论

本文以"资源-市场"模型、社会资本三维度理论、三维度理论与中间变量、中间变量和可持续发展各指标的关系等为基础，查阅了大量的文献资料，运用了相关性分析和多元

逐步回归分析。统计分析结果证明了园区企业可持续发展指标与资源筹措能力、市场导向程度的关系，而企业资源筹措能力和市场导向程度与社会资本拥有情况有很大的相关性。得出以下结论：

（1）得到了企业可持续发展各指标的标准回归方程，认识到园区企业的可持续发展因素主要有资源筹措能力及市场导向程度。

$F9=3.187+0.486\times F4+0.451\times F5+0.414\times F7+0.385\times F8$

$F10=2.561+0.384\times F4-0.185\times F6+0.299\times F7-0.173\times F8$

$F11=0.759+0.491\times F4-0.198\times F6+0.388\times F7$

（2）社会资本拥有情况对资源筹措能力强弱有较强的正相关性，对市场导向程度有较弱的正相关性。

根据第四部分相关性分析中的表 4 分析得出表 8。

表 8　企业资本与资源筹措能力和市场导向程度的相关性

社会资本	资源筹措能力	市场导向程度
社会资本结构维度	+	+
社会资本关系维度	++	N
社会资本认知维度	++	+

注：++较强正相关，+较弱正相关，N 不相关。

从表 8 中可以看出社会资本对企业资源筹措能力的影响程度较大，对企业的市场导向程度的影响则相对较弱。

（3）企业可持续发展受资源筹措能力及市场导向程度尤其是其中的相关企业集聚能力和顾客导向程度的影响较大。一般工业园区会形成产业聚集，推动区域企业集群建立联系，提升品牌影响力、销售税率和科技与创新力，提高企业的资源筹措能力。同时，充分考虑顾客导向，可以提高企业决策的正确性，减少企业在市场上的盲目性，以规避企业不必要的风险。

（二）对策建议

1. 增强企业内部的关联性，提高企业的社会资本利用效率和资源筹措能力

研究发现工业园区在不到十年取得较好业绩的同时，也出现了盲目扩张、乱批项目，造成土地、资金等的浪费现象。同时企业内部单纯扩大厂房，购置机器等生产设备，而未形成有效的关联性，造成企业内部关联性不足，社会资本浪费严重，单位产出效率低下。我们已经论证社会资本、资源筹措能力、工业园区企业可持续发展三者之间的关系，企业内部资源整合的不合理在很大程度上导致了园区企业内部“社会资本的缺失”，这种资本缺失严重影响资源筹措能力的提高。公司内部信息传播和执行高效显得尤为重要，提高部门协作程度能充分发挥企业内部效率，增加产品竞争力。

2. 通过群聚效应，提升特色产业的话语权和品牌影响力

长乐空港工业园区纺织业比重很大，但企业间的产业群聚效应低，园区企业品牌影响力小，特色产业品牌竞争力不突出。通过企业的群聚突出园区的特色产业，集中力量办“大事”。空港工业园区位于沿海，海陆交通便利；背靠福州市，经济腹地广。在这样的自然环境和社会环境下，纺织业是具有前景的可群聚的特色产业。

3. 重视顾客导向,发挥市场优势

在狠抓成效的情况下,企业规划时没有做好准确的市场定位,在短期利益的驱使下什么项目经济效益好就一哄而上,结果很快就出现商品过剩,为了与竞争者竞争,单纯扩大产量,而产品质量、服务却得不到保障,不利于可持续发展。企业是市场主体,重视顾客导向性可以提高园区品牌影响力和企业的科技与创新力。重视顾客导向,有利于商品的流通与企业的可持续发展。

参考文献

Bourdieu P. The Forms of Social Capital[M]. Handbook of Theory and Research for the Sociology of Education, 1986.

Coleman J. The Foundations of Social Theory[M]. Cambridge, MA: Belknap Press, Harvard University Press, 1990.

Kohli A, Jaworski B, Kumar A. MARKOR: A Measure of Marketing Orientation[J]. Journal of Marketing Research, 1993(30): 467-477.

Landry R, Amara N, Lamari M. Does Social Capital Determine Innovation? To What Extent? [J]. Technological Forecasting and Social Change, 2002, 69: 681-701.

Liao J, Welsch H, Stoica M. Organizational Absorptive Capacity and Responsiveness: An Empirical Investigation of Growth-oriented SMEs[J]. Entrepreneurship Theory and Practice, 2003, 28(1), 63-85.

Loury G. A Dynamic Theory of Racial IncomeDifferences[M]. Lexington: Lexington Books, 1977.

Nahapiet J, Ghosbal S. Social Capital, Intellectual Capital and the Creation of Value in Firms[J]. Academy of Management Best Paper Proceedings, 1997, 35-39.

Portes A. Social Capital: Its Origins and Applications in ModernSociology [J]. Annual Review of Sociology, 1998(24).

Roseland M. Sustainable Community Development: Integrating Environment, Economic, and Social Objective[J]. Progress in Planning, 2000(54): 73-132.

Yli-Renko H, Autio E, Tontti V. Social Capital, Knowledge, and the International Growth of Technology-based New Firms[J]. International Business Review, 2002, 11(3): 279-304.

边燕杰,邱海峰.企业的社会资本及其功效[J].中国社会科学,2000,2:87-99.

范晓屏.社会资本、资源筹措能力与工业园区发展[J].经济管理,2007,3:108-111.

郭蕊.企业可持续发展能力的五维度模型[J].科技进步与对策,2006,23(2):149-152.

胡东宁.我国工业园区可持续发展的内涵、特征与制度安排[J].科技管理研究,2011,7:31-34.

李志青.社会资本技术扩散和可持续发展[M].上海:复旦大学出版社,2005.

林南.社会资本——关于社会结构与行动的理论[M].上海:上海人民出版社,2005.

刘林平.企业的社会资本——概念反思和测量途径[J].社会学研究,2006,2:204-216.

马秋玲.企业可持续发展能力评价研究[D].西安建筑科技大学,2007.

乔俊杰,买忆媛.社会资本的科学测量方法[J].武汉科技学院学报,2003,16(5):89-92.

权锡鉴.论企业可持续发展能力[J].中国海洋大学学报,2006,5:23-27.

韦影.企业社会资本的测量研究[J].科学学研究,2007,25(3):518-522.

许玲娇.基于产业集聚的特色工业园区可持续发展研究[D].浙江大学,2003.

赵延东.社会资本理论的新进展[J].国外社会科学,2003,3:54-59.

朱全景.中国经济转型的社会资本分析[J].经济社会体制比较,2011,157(5):192-198.

合作社自由退出权的一种影响

——基于复杂激励计划

黄天培

（福建师范大学经济学院）

［**摘要**］林毅夫教授在20世纪90年代初提出了合作社失败的“退出权”假说，在学界引起了很大的争论，然而，这些争论在分析中多局限于使用“冷酷策略”（grim strategy）。本文通过对合作社有无退出权两种状态下的激励计划的比较，得出合作社中的自由退出权将带来另一种影响：复杂激励计划缺失带来的损失。要平衡这种损失，必须在设计退出成本时加以考虑。

［**关键词**］合作社，自由退出权，博弈论

一、问题的提出

1990年，林毅夫在他发表在美国政治经济学杂志（*The Journal of Political Economy*）上的论文“集体化与中国1959—1961年的农业危机”［“Collectivization and China's Agricultural Crisis in 1959-1961”（Lin，1990）］中提出了一个对于中国的农业合作社在三年困难时期农业危机的解释，即对合作社中社员的退出权的剥夺所导致的激励问题最终引起了合作社的生产率下降。这一假说包含两个层次的内容：一是退出权的剥夺将会导致合作社的激励问题，二是我国合作社中后期的生产效率下降源于退出权剥夺所导致的激励问题。在本文中，由于主要内容的原因，会对第一个层次着重叙述，第二个层次的争论仅作简要介绍。

在该论文中，林毅夫通过对经验数据的分析与一系列的论证，否定了传统上对我国1959—1961年农业危机的三种解释，即自然灾害，合作社管理上的政策失误，以及合作社规模不当引起的激励问题，进而提出了一个全新的解释并做了论证：由于农业生产的分散性、灵活性（个体劳动者常常需要对多变的环境因素做出迅速决策），以及多样性（农业生产往往会在多种类型的农活之间转变），所以对劳动的监督成本极高。合作社接近于无监督状态。所以社员是否提供如在家庭农作中一样的劳动量，就取决于一个社员间自愿实现的协议，即所有社员自愿表示即便没有监督也不会偷懒。而维持这一协议实现的关键在于社员是否拥有自由退出权。当社员拥有自由退出权时，如果在某个劳动时期有部分人偷懒，以至于公社的规模经济的效果被抵消，社员分到的收成甚至不如自己家庭劳作的时候，社员就会纷纷退出，公社解散。正因为有这样的可能，潜在的偷懒者会为了维持公

社存在以获得长期的好处,而不是只顾当期偷懒的利益。因此,退出权可以等价于一种威胁手段以保持社员诚实劳动。而当退出权不存在时,这种威胁手段也就不存在了,合作社的激励问题将会体现出来。这个假说可以用博弈论的观点表述如下,合作社退出权的剥夺将使合作社由一个重复博弈(repeated game)转变为一次性博弈(one-time game),自我实现的协议将不再有效,合作社会陷入囚徒困境之中。

直观上看,林毅夫提出的退出权有利于合作社的劳动激励的观点是与之前 Macleod(1988)认为退出权不利于合作组织的观点相悖的,而事实上,其后从理论上对林毅夫的退出权假说的反驳也主要是基于麦克洛伊德的观点。当然从实证上来说,也有很多质疑的声音,如 Kung(1993)提出疑问,既然退社的威胁足以促成高效率的合作,为什么 1958 年之前合作社之中还存在监督行为?以及,1958 年之前社员是否真的拥有自由退出权。关于这部分的争论在此不展开叙述。

Dong and Dow(1993)在 Macleod(1988)的观点基础上,建立了一个合作社生产的博弈模型,并论证了在没有退出权的情况下,合作社依然是一个重复博弈,并且报复性的偷懒可以作为一种可信威胁,进一步从理论上提出了这种报复性偷懒的威胁比退出导致合作社解散的威胁更加有效的两个普遍化的条件。林毅夫(Lin,1993)回应了这一质疑,认为合作社中总是有两类劳动者,第一类为勤奋的劳动者(个体耕作的收益大于集体偷懒时的收益),第二类为懒惰的劳动者(个体耕作的收益甚至不如集体偷懒时的收益),认为林毅夫的观点是在考虑第二类劳动者存在的前提下适用的,而 Dong and Dow(1993)的理论仅适用于合作社中只存在第一类劳动者的情况,并且,对于 Dong and Dow(1993)的两个普遍化条件以及他们认为第二类劳动者不可能存在的观点也进行了否定。

对于理论基础的直接、集中的争论基本上在此时结束。最后的一致意见可以总结为,当退出合作社可以作为一种逃避社员间共同偷懒的惩罚的途径时,退出权就不利于对社员的劳动激励,同时,当合作社解散对于一个社员是更大的威胁时,退出权是有利于劳动激励的。①

之后的时期,国内也存在对这一问题的广泛讨论。如张进选(2003)认为退出权理论低估了国家指令政策的影响[其他部分的质疑与 Kung(1993)的观点没有明显差别]。朱富强(2012)认为靠退出权维系社员的勤劳过于消极,强调呼吁机制的作用,实际上是在强调民主管理体制的重要性。曹阳和姚仁伦(2008)对具体的经济组织中退出权规划如何制定进行了讨论,尤其是他们分析了退出权对于合作组织中长期的经营计划造成的负面作用。程婷婷(2009)试图分析针锋相对策略的作用,尽管她的分析过程和结论都有较大的错误,但是不失为一种有益的尝试。当然,随着时代的变迁,关于合作社退出权的分析更多地转向了基于新时期农民专业合作社、土地股份合作社等合作社形式的研究。

可以看到,关于理论基础的争论热度已逐渐冷却,文献的关注点转向了具体的政策制定的建议等方面。然而,本文通将过对这一问题理论基础的争论的分析(主要来源于林毅夫与 Dong 和 Dow 的争论)表明,关于合作社退出权的利弊得失的讨论中,仍有很重要的一部分被忽视了——自由退出权存在的情况下复杂激励计划缺失带来的损失。本文在接下来的各部分中将逐步揭示、讨论并举例说明这种损失。

---

① 这里笔者没有找到董晓媛的直接回应,但是在其 1988 年的论文(Dong,1987)中提到“他(林毅夫)在否认退出权是有害于农业生产的争论中是正确的”,应当可以算作一种认同。

二、两种传统的激励计划的实质

正如在本文第一部分介绍到的一样，在林毅夫提出了退出权可以作为一种避免部分社员偷懒的威胁后，Dong 和 Dow 提出了另一种在没有退出权时的威胁方式“报复性地偷懒”。这些通过威胁促进社员保持勤劳的方案，可以看作激励劳动的一种计划（对偷懒的惩罚，即是对劳动的激励，所以“激励计划”与“惩罚策略”在本文中的意指是相同的）。在本文这一部分中，笔者将对两种激励计划做尽可能简明的阐述（更加数理化的模型将在第四部分展现），并分析它们的实质。

前提条件如下：合作社中没有劳动监督；劳动产出与劳动投入正相关；劳动投入是社员的一种损失；劳动产品平均分配。

表 1 是一个简化了的有退出权情况下的合作社博弈矩阵，博弈的参与人只有社员 1 与社员 2，每个参与人有三种纯策略：偷懒、勤劳、退出。表 1 中第一项是社员 1 在相应策略组合下的收益，第二项则为社员 2 的。假定，$c>d>a>b$、$d>e$ 且 $b+c<2d$。这个模型表示了：①合作社是规模经济的；②当偷懒是单方的行为时是有利可图的；③部分人的退出行为也可以导致合作社解散。

表 1 有退出权时的合作社博弈矩阵

		社员 2		
		偷懒	勤劳	退出
	偷懒	a，a	c，b	e，e
社员 1	勤劳	b，c	d，d	e，e
	退出	e，e	e，e	e，e

同理，可以构建没有退出权时的合作社博弈矩阵如表 2 所示。

表 2 没有退出权时的合作社博弈矩阵

		社员 2	
		偷懒	勤劳
社员 1	偷懒	a，a	c，b
	勤劳	b，c	d，d

观察以上两种情况，显而易见的，当博弈是单次的时候，有退出权的情况下纳什均衡为（偷懒，偷懒）或（退出，退出）（视 a 与 e 的大小而定），没有退出权的情况下纳什均衡为（偷懒，偷懒）。社员陷入了典型的囚徒困境中。然而在博弈是重复的时候，事情将会发生转机。假设这种单次博弈重复无数次，则社员不再仅仅考虑当期的利益，还需要考虑未来的收益，这使得威胁手段得以使用。在此引入贴现因子 δ 表示社员对于未来收益的重视程度，也可以说是耐心程度（事实上，δ 还包括了对于博弈进行到某一阶段的可能性，但是考虑这个因素时，合作社因为外生因素解散与个体耕作由于外生因素终止的可能性明显是不同的，也就是说同一社员计算不同情况的预期收益时可能会使用不同的贴现值，由于会平添模型的复杂程度，在此不考虑这个问题）。

考虑林毅夫的激励计划——基于退出威胁：在有退出权的情况下，社员在一开始都选择勤劳，直到 t 期时社员发现自己得到了比个体劳动时的收益（e）更低的收益（b），则在 $t+1$ 期选择退出，合作社解散。由此策略可知，社员在 t 期选择勤劳的预期收益为 $1/(1-\delta)\times d$，选择偷懒的预期收益为 $c+\delta/(1-\delta)\times e$。要使得社员自觉地辛勤劳动，则社员长期保持勤劳的收益必须不小于单期偷懒而后合作社解散的收益，即 $1/(1-\delta)\times d\geqslant c+\delta/(1-\delta)\times e$，化简之后得到在退出威胁下的合作条件为 $\delta\geqslant(c-d)/(c-e)$。

考虑 Dong 和 Dow 的激励计划——基于偷懒威胁：在没有退出权的情况下，社员一开始都选择勤劳，直到 t 期时社员发现自己没有得到预期中共同勤劳应当获得的收益，则在 $t+1$ 期开始，永久地选择偷懒的方式进行惩罚。由此策略可知，社员在 t 期选择勤劳的预期收益为 $1/(1-\delta)\times d$，选择偷懒的预期收益为 $c+\delta/(1-\delta)\times a$。要使得社员自觉地辛勤劳动，则社员长期保持勤劳的收益必须不小于单期偷懒而后持续受到共同偷懒惩罚的收益，即，$1/(1-\delta)\times d\geqslant c+\delta/(1-\delta)\times a$，化简之后得到在偷懒威胁下的合作条件为 $\delta\geqslant(c-d)/(c-a)$。

观察上述两个计划可知，当个体耕作比合作社中共同偷懒收益更高时（$e>a$）则偷懒威胁更为有效，退出权将会导致合作社中部分成员通过退出来逃避惩罚；当共同偷懒收益比个体耕作更高时，退出将是一种更为有效的威胁。

不过，更值得关注的是以下的问题。两个看上去十分相似（都类似于冷酷策略）的激励计划实际上在本质上却有着很大的差别。首先，从惩罚的时期上看，退出导致的合作社解散是一次性的，不可逆的，一旦社员退出，导致的是合作社永久的解散；而偷懒与否则是可以在每一期选择的（尽管在 Dong 和 Dow 的策略中选择了永久偷懒）。其次，从惩罚的程度上来看，退出导致的个体生产的收益是外生决定的，不由策略左右；而偷懒作为一种惩罚，实际上可以选择很多不同的劳动投入量（尽管按照 Dong 和 Dow 的策略，偷懒的劳动投入量由单次博弈中的纳什均衡劳动投入量决定，然而其他策略并不以此为限，这在第四部分中会具体展示）。

总而言之，以退出为基础的惩罚策略天生就是冷酷策略的形式，而以偷懒为基础的惩罚策略却并不一定如此，丰富的可选择的激励计划实际上是一种优势。

三、复杂的激励计划的优势

复杂的激励计划在本文中的含义即是除冷酷策略之外的其他激励计划，与冷酷策略相比，它们的优势至少可以体现在两个方面。

（一）可以在更复杂的情况下一定程度上维护合作社的运行

尽管在第二部分我使用了一个尽可能简化的模型来表述观点，但是现实明显是更加复杂的（事实上现实比任何一个模型都更加复杂）。在某些时候，冷酷策略会让你失去一些本来可以挽回的社员。

考虑如下情况，如果合作社博弈是处在社员不完全理性的状况下会如何发展。为了说明的简便，把这种不完全理性定义为社员在每一期选择是否努力工作时并不总是能选择符合他利益的决定［在博弈论中被形容为颤抖的手（trembling hand）］，一个本应该勤奋工作的社员［在第二部分的例子中即是当 $\delta\geqslant(c-d)/(c-a)$］，他仍然有可能因为一时冲动选择偷懒。如在这个合作社中奉行的是冷酷战略，情况会如何呢？显然这个一时失足的社员会引起合作社中的永久性的惩罚，而且他也没有任何动力去改变自己的行为（因为这种改变首先不符合当期的利益，并且也不会对未来造成任何正面的影响）。

不过当合作社执行的是其他的激励计划时，情况或许会出现转机。比如当合作社实行的针锋相对战略（tit-for-tat）（总是在当期采取对方上期的选择的策略）的时候，如果一个社员在某一期因冲动选择了偷懒，那么如果他对未来足够重视[他宁愿选择在别人用偷懒惩罚他时用勤劳来弥补过错，以求将来的合作，在第二部分的例子中即是当 $\delta \geq (a-b)/(d-b)$ 时]，就有可能换回自己的过失，维护合作社的运行。

（二）可以实现更大的激励效果

即便是在原有的框架下，只考虑激励效果的好坏，冷酷策略也并非总是最优的。因为一个激励计划的激励效果总是由两方面构成，一个是惩罚的时间，惩罚期越长，威慑越大，激励效果越好；另一个是惩罚的量，每一期惩罚的量越大，威慑也就越大，激励的效果也越好。从时间上来讲，冷酷策略的惩罚期是无限期的，已经是最严厉的了。但是从惩罚的量上来讲，冷酷策略所使用的惩罚是以单次博弈的纳什均衡为限的，是从互相威胁的有计划状态向无序的囚徒困境的状态的转化，社员进入无限期的报复后提供的劳动量是由他对劳动的偏好、社员数量、合作社规模经济的程度等外生变量固定下来的，与此相比多或少都不符合他在每一期决策时的利益需求（也就是说不是一个精炼纳什均衡）。

然而，单期纳什均衡的劳动投入量，就是最大的惩罚吗？无名氏定理（folk theorem）告诉我们，某个参与人可能受到的最大的惩罚为他的保留效用，也就是当其他参与人试图给予他最大的惩罚时他可以保证的最大的收益[更详细的定义可见 Fudenberg and Tirole（1991）]。保留效用总是不大于纳什均衡时的效用，也就是说最大惩罚是大于等于纳什均衡的劳动投入量的惩罚的。那些使用最大惩罚的激励计划，就有可能获得比冷酷战略更高的激励效果。

上述两方面的优势，前一点由于需要重新构建一个不完全理性时的模型加以分析，本文仅作上述的简要分析；而对于第二点，笔者将在接下来的第四部分中，通过胡萝卜加大棒战略（carrot and stick punishment）进行说明。

四、复杂激励计划可实现更优的激励效果的一个例证

（一）引入 Dong and Dow（1993）[4]构建的合作社博弈模型

合作社中有 n 人

$$u_i(y_i, e_i) = y_i - v_i(e_i),\ i = 1, \cdots, n \tag{1}$$

$$E = \sum_{1}^{n} e_i \tag{2}$$

$$q = \theta E - F,\ E > F/\theta \tag{3}$$

$$y_i = q/n \tag{4}$$

其中，u_i：第 i 人的效用函数；y_i：第 i 人的收益，$y \geq 0$；e_i：第 i 人的努力水平，$e \geq 0$；$v_i(e_i)$：第 i 人的努力引致的效用损失，$v' > 0, v'' > 0$；E：劳动总量；q：产量；F：成本；θ：外生参数，表示劳动转化为产出的比率。

在个体耕作的情况下：

$$u_i=\theta e_i-F-v_i(e_i) \tag{5}$$

$$y_i=\theta \mathrm{e}_\mathrm{i}-F \tag{6}$$

个体耕作情况下最优的劳动投入量 e^*，即使得收益最大时的劳动投入量

$$\max\left[\theta e_i-F-v_i(e_i)\right] \tag{7}$$

$$\theta=V_i{}'(e_i^*) \tag{8}$$

在合作社生产的情况下：

$$y_i=\frac{1}{n}(\theta\sum_{j=1}^{n}e_j-F) \tag{9}$$

同理，可求得合作社生产情况下的个人理性的劳动投入量 e_i^N

$$\frac{\theta}{n}=v_i{}'(e_i^N) \tag{10}$$

$$u_i=\frac{1}{n}(\theta e_i+\theta\sum_{j\neq i}e_j-F)-v_i(e_i) \tag{11}$$

再考虑合作社生产情况下，要达到集体最优应投入的劳动量

$$\max_{e_1\cdots\cdots e_n}\sum_{j=1}^{n}\left[\theta e_j-v_j(e_j)\right]-F \tag{12}$$

因为规模经济不影响努力的规模报酬，此时集体最优的劳动量与个体劳动时相同，为 e^*。①

计算不同情况下社员的收益：

合作社生产：合作

$$u_i^C=\frac{1}{n}\left[\theta\sum_{j=1}^{n}e_j^*-F\right]-v_i(e_i^*) \tag{13a}$$

合作社生产：不合作

$$u_i^N=\frac{1}{n}\left[\theta\sum_{j=1}^{n}e_j^N-F\right]-v_i(e_i^N) \tag{13b}$$

合作社中单方面偷懒

$$u_i^s=\frac{1}{n}\left[\theta e_i^N+\theta\sum_{j\neq i}e_j^*-F\right]-v_i(e_i^N) \tag{13c}$$

个体耕作

$$u_i^P=\theta e_i^*-F-v_i(e_i^*) \tag{13d}$$

合作社中单方面努力（这种情况通常不会实际出现，但在后文中会作为一种化简形式出现）

$$u_i^{\mathrm{PN}}=\frac{1}{n}\left[\theta e_i^*+\theta\sum_{j\neq i}e_j^N-F\right]-v_i(e_i^*) \tag{13e}$$

重复博弈的情况：

假设博弈会重复无限期，并用贴现因子 $\delta_\mathrm{i}^{\in(0,1)}$ 表示社员 i 对未来收益的评价。

① 对比可知当 $n>1$ 时，$e_i^N<e_i^*$（即，在合作社生产中当一个人只考虑自身的利益时，是不会投入足够的劳动量的，也就是说，社员在自然状态下就有偷懒的动机）。

社员使用触发策略,并定义如下:

① 在第一期选择 e^*;

② 如果没有人偏离 e^*,则继续选择 e^*;

③ 如果之前有人偏离 e^*,则立即并永久地转向选择惩罚战略①。

基于偷懒惩罚:

偷懒惩罚下社员保持勤劳的条件:

$$\frac{1}{1-\delta_i}u_i^C \geqslant u_i^S + \frac{\delta_i}{1-\delta_i}u_i^N, i=1,\dots,n \tag{14}$$

记 δ^N 为冷酷战略偷懒惩罚下的最低合作贴现因子

$$\delta^N = \frac{u^S - u^C}{u^S - u^N} \tag{15}$$

基于退出惩罚:

退出惩罚下社员保持勤劳的条件:

$$\frac{1}{1-\delta_i}u_i^C \geqslant u_i^S + \frac{\delta_i}{1-\delta_i}u_i^P, i=1,\dots,n \tag{16}$$

记 δ^P 为退出惩罚下的最低合作贴现因子②

$$\delta^P = \frac{u^S - u^C}{u^S - u^P} \tag{17}$$

(二) 复杂激励计划的一个例子:胡萝卜加大棒战略

胡萝卜加大棒战略(carrot and stick punishment)是 Abreu(1986)在分析寡头垄断博弈的过程中提出的一个战略。

此战略在合作社博弈中可以表述如下:在第一期选择集体最优的劳动量,在其他时期,如果前一期其他社员都选择集体最优的劳动量或都选择最大惩罚的劳动量,则当期选择集体最优的劳动量,否则选择最大惩罚劳动量。

可以理解为在这个战略中存在两个周期:惩罚期与合作期。博弈从合作期开始,大家都勤奋工作,一旦某期有人偷懒,下一期就进入惩罚期,在惩罚期所有人都必须选择给予每个人最大惩罚的劳动量,如果有任何人不进行这种惩罚,惩罚期就会重新开始,否则重新进入合作期。

在这个战略中惩罚期最大惩罚的劳动量就是"大棒",威胁社员不要偷懒;而转入合作期中的集体最优的劳动量就是"胡萝卜",鼓励社员对偷懒行为做出惩罚(正因为这种鼓励存在,才使得低于合作社中个人最优劳动量的最大惩罚劳动量得以使用)。

1. 将胡萝卜加大棒战略引入模型

首先,需要定义最大惩罚的收益和劳动量。

在第三部分的末尾已经提到,最大惩罚的收益取决于参与人的保留支付,在合作社博弈中,个人最优的劳动量恒为 e_i^N,其他社员要使其收益最小,则投入零单位的劳动量。

---

① 此处惩罚战略有两个,一是基于偷懒惩罚,即选择 e_i^N;二是基于退出惩罚,即选择退出。

② 最低合作贴现因子越低,表示此种激励计划可以在越多的情况下适用,也就是激励效果越好。

所以，可以定义最大惩罚时的收益为

$$u_i^{OP}=\frac{1}{n}(\theta e_i^N-F)-v_i(e_i^N) \tag{18}$$

而最大惩罚的劳动量 e^{OP} 必须使社员共同提供这个劳动量时的收益与最大惩罚收益相同

即：

$$\frac{1}{n}(n\theta e^{OP}-F)-v_i(e^{OP})=u^{OP} \tag{19}$$

下面，证明 e^{OP} 存在。

$\because u_i^{OP}=\frac{1}{n}(\theta e_i^N-F)-v_i(e_i^N)$，且 e_i^N 恒为个人最优的劳动量

$\therefore$ 当 $e_i=e_j=0$ 时

$-\frac{F}{n}-V_i(0)\leqslant u^{OP}$

又 $\because u_i$ 在 $e_{i=j}\in[0,e^N]$ 上单调递增

$\therefore \exists e^{OP}\in[0,e^N]$ 使得 $\frac{1}{n}(n\theta e^{OP}-F)-v_i(e^{OP})=u^{OP}$

然后，讨论胡萝卜加大棒战略能够使社员保持勤劳的条件：由于此战略由惩罚期和合作期构成，在无限重复的博弈中包含惩罚子博弈和合作子博弈，所以如果该战略是一个子博弈完美均衡，必须同时在两种子博弈上都构成纳什均衡。

合作期：

社员必须更偏向于勤劳而非偷懒，即他偏向于在当期和下一期都获得 u^C，而非当期获得 u^S 在下一期获得 u^{OP}

即：

$$u^C+\delta u^C\geqslant u^S+\delta u^{OP} \tag{20}$$

整理后得合作期均衡条件：

$$\delta\geqslant\frac{u^S-u^C}{u^C-u^{OP}} \tag{21}$$

惩罚期：

社员必须更偏向于惩罚，而非选择偷懒。

这里首先要定义社员在惩罚期选择偷懒的收益：

$$u^{NOP}=\frac{1}{n}\left[\theta e_i^N+\theta\sum_{j\neq i}e_j^{OP}-F\right]-v_i(e_i^N) \tag{22}$$

在惩罚期，社员必须偏向于在当期获得 u^{OP} 在下一期获得 u^C，而不是在当期获得 u^{NOP} 在下期获得 u^{OP}。

即：

$$u^{OP}+\delta u^C\geqslant u^{NOP}+\delta u^{OP} \tag{23}$$

整理后得惩罚期均衡条件：

$$\delta\geqslant\frac{u^{NOP}-u^{OP}}{u^C-u^{OP}} \tag{24}$$

最后,可以定义胡萝卜加大棒战略的最低合作贴现因子:

$$\delta^{OP}=\max\left[\frac{u^S-u^C}{u^C-u^{OP}},\frac{u^{NOP}-u^{OP}}{u^C-u^{OP}}\right] \tag{25}$$

讨论何时胡萝卜加大棒战略的激励效果是优于冷酷战略的:之前已经提到过,战略的激励效果可以通过最低合作贴现值来比较,最低合作贴现值越小,战略的激励效果越好。

要使得 $\delta^{OP}\leqslant\delta^N$,则应该同时满足(26a)与(26b)

$$\frac{u^S-u^C}{u^C-u^{OP}}\leqslant\frac{u^S-u^C}{u^S-u^N} \tag{26a}$$

$$\frac{u^{NOP}-u^{OP}}{u^C-u^{OP}}\leqslant\frac{u^S-u^C}{u^S-u^N} \tag{26b}$$

经过计算可以得以下条件

$$\theta\frac{n-1}{n}(2e^*+e^N-e^{OP})\geqslant u^{PN}-u^{OP}\geqslant 0 \tag{27}$$

此时,$\delta^{OP}\leqslant\delta^N$,也就是胡萝卜加大棒战略激励效果更好。

2. 一个具体的例子

将 Dong 和 Dow 的模型具体化,在 $\theta=12$,$n=10$,$F=4$,$v(e)=e^3$ 时

经计算得

$$\delta^{OP}=0.394085$$

$$\delta^N=0.4131418$$

$$\delta^P=0.6299094$$

此时,自由退出权带来的总激励效果损失为 $\delta^{OP}-\delta^P$,其中惩罚途径转变带来的损失为 $\delta^N-\delta^P$,复杂激励计划缺失导致的损失为 $\delta^{OP}-\delta^N$。

五、结论与建议

本文在第二部分比较了两种传统的激励计划之间形式上和实质上的异同,指出了基于退出权的惩罚由于其本身特质,是固化于冷酷战略的,这种对于复杂激励计划的排斥,可能带来某种损失。

在本文第三部分,从理论上分析了复杂激励计划可能带来的两种优势,即,复杂激励计划可以在更复杂的情况下一定程度上维护合作社的运行,同时即便在简化了的情况(Dong 和 Dow 的模型描述的情况)中也实现更大的激励效果。这两种优势中,前一种优势是基于不完全理性的情况,本文仅做了简单的理论上的说明,而对于后一种优势,本文在第四部分进行了举例论证。

在本文第四部分,通过一个构建在 Dong 和 Dow 的合作社博弈框架之内的例证,即胡萝卜加大棒战略,具体分析了复杂激励计划如何实现更优的激励效果,复杂激励计划更优的条件是什么,并在第五部分的末尾,通过将传统的惩罚途径转变带来的损失与复杂激励计划缺失导致的损失在总激励效果损失中所占份额的划分,对这种效果进行了具体的界定。

这里我想要强调的是,本文分析合作社自由退出权带来的复杂激励计划缺失的损失,

并非提倡合作社要禁止社员退出。而是,在设计合作社退出成本的时候,本文所分析的这种损失,应当被考虑进去,只有当退出成本被合理地设计,能够恰如其分地在自由退出带来的合作社崩溃与禁止退出带来的合作社低效之间找到一个平衡时,才能最好地维持合作社的良好发展。

在新时期,随着土地股份合作社、农民专业合作社、社区股份合作社等合作社的新形式的出现,在实施初期,政府都对退出权的保证体现了足够的重视,例如 2006 年颁布的《农民专业合作社法》突出强调了"入社自愿,退社自由",2008 年《中共中央关于推进农村改革发展若干重大问题的决定》中,进一步总结为"进退自由、权利平等"。然而随着新时期合作社的发展、新型合作社组织日趋完善,退出成本将成为一个需要精细考量的问题。如果说前期对合作社进入退出的自由更多的是在宣传上让人们放心,调动参与积极性,而今后对退出成本的设置则更多是对合作社组织运行效率的实际考量。这个问题直接关系到合作社的效率与稳定,是合作社建设中的重大问题。而退出成本设置的初衷就在于平衡退出权带来的负面影响,如果对退出权的负面影响存在低估,必然不能正确地设置退出成本。无论最终的结论是自然的退出成本过大,应对社员的退社行为提供额外的保障,或是由于自然的退出成本过小,应附加额外的限制,都需要依靠具体的分析得出。而在设计退出成本时,实践中的反馈以及试错当然是重要而且直接可靠的标准,然而在前期对该问题理论上的了解越清晰,在试错过程中所付出的成本就越小,这也是本文分析的意义所在,希望本文所分析的这种退出权导致的复杂激励计划缺失带来的损失,能够成为设置退出成本时的一个参考。

参考文献

Abreu D. Extremal Equilibria of Oligopolistic Supergames[J]. Journal of Economic Theory, 1986, 39(1): 191-225.

Chinn D L. Cooperative Farming in North China[J]. Quarterly Journal of Economics, 1980, 94(2): 279-297.

Dong X Y, Dow G K. Does Free Exit Reduce Shirking in Production Teams? [J]. Journal of Comparative Economics, 1993, 17(2): 472-484.

Dong X Y. Trigger Strategies in Chinese Agricultural Teams[J]. Canadian Journal of Economics, 1998, 31(2): 465-490.

Kung J K. Transaction Costs and Peasants' Choice of Institutions: Did the Right to Exit Really Solve the Free Rider Problem in Chinese Collective Agriculture? [J]. Journal of Comparative Economics, 1993, 17(2): 485-503.

Lin J Y. Collectivization and China's Agricultural Crisis in 1959-1961[J]. Journal of Political Economy, 1990, 98(6): 1228-1252.

Lin J Y. Exit Rights, Exit Costs, and Shirking in Agricultural Cooperatives: A Reply[J]. Journal of Comparative Economics, 1993, 17(2): 504-520.

Macleod W B. Equity, Efficiency and Incentives in Co-operative Teams[J]. Advances in the Economic Analysis of Participatory & Labor Managed Firms, 1988.

曹阳,姚仁伦. 自由退出权、组织稳定、组织效率——兼论合作社为什么难以成为我国当前农村经济的主流组织形态[J]. 华中师范大学学报(人文社会科学版),2008, 4:46—50.

程婷婷. 试析针锋相对策略及自由退出权对合作博弈的影响[D]. 复旦大学,2009.

林毅夫. 再论制度、技术与中国农业发展[M]. 北京大学出版社, 2000.

林毅夫. 制度、技术与中国农业发展[M]. 上海人民出版社, 2005.

张进选. “退出权”能解释一切吗？——对林毅夫关于中国农业制度变迁理论的几点质疑[J]. 中州学刊,2003,4:45—49.

张维迎. 博弈论与信息经济学[M]. 上海人民出版社, 2004.

朱·弗登博格,让·梯若尔. 博弈论:第1版[M]. 黄涛等译. 中国人民大学出版社,2002.

朱富强. 再造农业合作社——林毅夫的合作社失败命题之重审[J]. 社会科学研究,2012,2:20—26.

中国地区经济平滑机制研究

林乔慧　罗长远

（复旦大学经济学院）

［**摘要**］中国国内地区间经济发展的不平衡广受关注。为研究各地区间经济平滑渠道和经济平滑效果，本文在 Asdrubali *et al.*（1996）美国各州经济平滑机制经典模型的基础上，结合中国具体国情，进行模型拓展和实证研究。从跨省投资、财政转移、金融市场和劳动力市场四个方面来探讨中国地区间经济平滑渠道。通过与 20 年来西方各国运用此模型的研究结果进行比较，本文探讨了中国地区发展不平衡的程度和中国在地区经济平滑渠道上的特色。

［**关键词**］地区经济，平滑渠道，平滑效果

一、引　言

20 世纪 90 年代以来，中国地区间经济发展差异受到广泛关注，达成了一个共识：1990 年以后中国各地区经济发展呈现发散的特性（林毅夫和刘明杰，2003；潘文卿，2010；World Bank，1997；魏后凯，1997）。然而考察这种发散性的方法是多种多样的。过往的研究主要从两方面入手：一是从人均 GDP 水平来考察经济发展的发散，例如，林毅夫和刘明杰（2003）、潘文卿（2010）通过人均 GDP 的标准差检验出地区经济 σ 收敛不存在。二是从人均 GDP 的增长率差异来考虑地区经济收敛，例如，World Bank（1997）、魏后凯（1997）、林毅夫和刘明杰（2003）。

这里有一个值得关注的地方：正如潘文卿（2010）所总结，在以上多种方法中，每个地区被当成一个独立的个体进行分析，而地区间潜在的相互影响被忽略了。用人均 GDP 的标准差和增速差异诚然可以捕捉地区发展的不同步，却不能捕捉地区间的相互作用，即地区间经济的平滑。地区间经济的平滑体现为地区间的风险共担①，即地区的产出波动是否可以被全国其他地区分担。

如果一个地区的产出波动可在与其他地区的相互作用中被吸收，最终被完全平滑掉，则地区消费应当不受地区自身产出变动的影响，而只受国家整体产出变动的影响。换言之，各地区消费在相对水平上是较为稳定的。

---

① 在本文中，地区经济平滑、风险共担两词交替使用，意义不做区分。

然而,1993—2012 年间,我国各省人均消费和人均 GDP 的实际发展状况如图 1—图 3 所示:

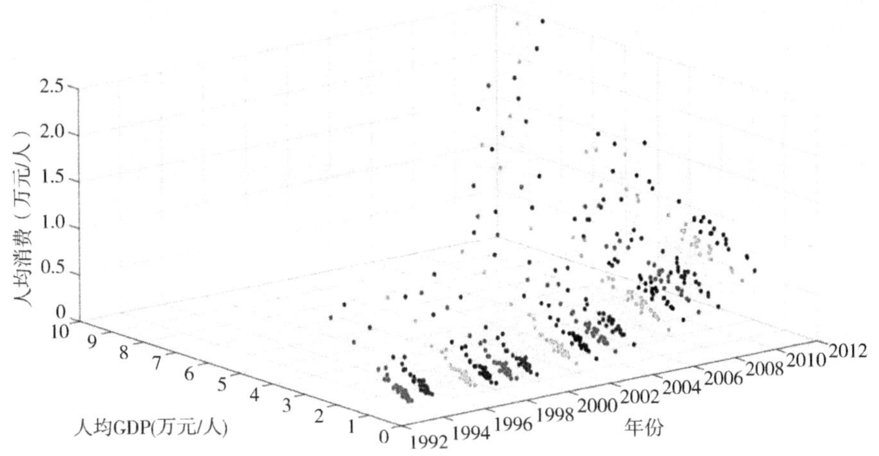

图 1 1993—2012 中国各省人均消费与人均产值三维散点图

注:图中每一个散点代表每一年一个省份的人均消费和人均产出值,每一个散点束为这一年份各省的人均消费和人均产出值。

资料来源:由作者根据 CEIC 提供数据绘制。

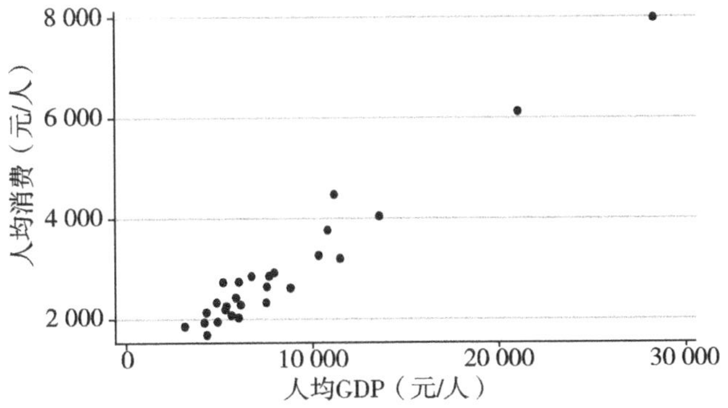

图 2 1993 年中国各省人均消费与人均产值散点图

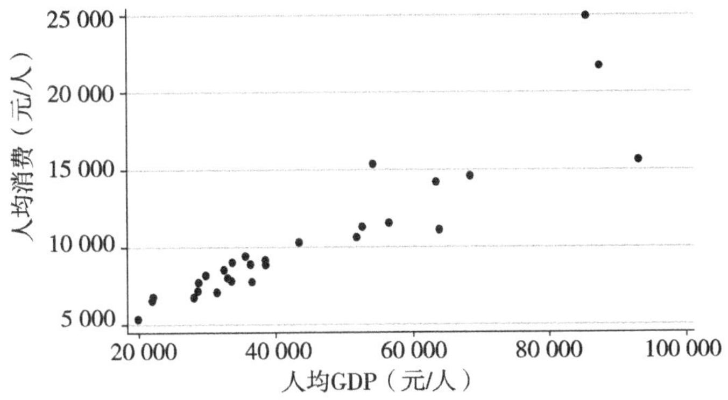

图 3 2012 年中国各省人均消费与人均产值散点图

注:图 2、图 3 为图 1 在 1993 年与 2012 年的截面图。

资料来源:由作者根据 CEIC 提供数据绘制。

从图 1 中我们可以看出，消费-产出散点束呈现逐年发散的形状：

(1) 各省的消费和产出水平在 20 年内均有提升，但是一些省的提升速度更快。

(2) 2012 年各省产出之间的差异较 1993 年更大，各省消费之间的差异也更大。

(3) 如果各省消费不受地区产出只受全国产出的影响，那么各省消费在相对水平上应当不变，而在图 1 中各省消费（各点纵坐标）的相对位置却发生了较大变化。

这与地区经济完全平滑的结果显然是不一致的。那么，针对地区间的不平滑，我们提出的问题是：如何度量地区间不平滑的程度？如何描述地区间经济平滑的渠道？这些渠道的模式和效果是否有改进的空间？

国内经济平衡是世界各国普遍面临的问题，对此，Asdrubali *et al.*（1996）首先在美国提出了各州之间的经济平滑机制，度量各州之间的平滑效果和作用渠道。随着超主权政府的发展和统一货币联盟的兴起，各国之间的经济平滑也逐渐受到瞩目，这种度量机制在欧盟国家间备受推广。然而目前在中国国内这一经典方法关注较少，对经济平滑水平及平滑渠道的探讨也较少。

因此，本文借鉴了 Asdrubali *et al.*（1996）模型，结合中国的实际情况加以修改，衡量了 1994—2012 中国平滑省际经济的作用渠道：跨省投资、财政转移、金融市场以及劳动力市场。

首先，基于 29 个省份 1993—2012 年省际面板数据，我们衡量了每一年份省际平滑效果和平滑渠道，并将此结果在横向上与西方国家进行对比，分析中国的特殊性；纵向上我们重点关注中国平滑效果和平滑渠道的变化和发展趋势。最后，我们将模型运用到时间维度上，对每一个省进行了跨时期波动的平滑研究。我们发现了各省不同的平滑效果和模式，归纳分析地区间差异及其来源。

本文的贡献主要有四个方面：首先，我们率先在中国大陆各省份之间运用西方经典的 Asdrubali *et al.*（1996）经济平滑模型进行实证分析，并且得出了与其他国家可比的中国数据结果。其次，由于我国近 20 年来经济快速发展，我们逐年分析模型结果，结合具体事件，深入考量省际平滑水平和渠道的变化及趋势。再次，针对中国人口流动的重要性，我们开创性地加入了对劳动力流动因素的考量。最后，根据这个经典模型的数学原理，我们把它拓展到了中国各省的时间维度上，讨论各个省份跨时波动上的平滑。

文章余下的内容依次是：第二部分基于相关文献的梳理，引出和介绍地区间经济平滑机制；第三部分为具体模型和数据构建；第四、五、六部分分别是经典模型、加入劳动力因素的模型、时间维度拓展模型的实证研究报告，考察中国省际经济平滑效果和平滑渠道，分别就结果与西方国家进行对比，并结合中国具体国情对实证结果的原因和影响展开讨论；最后是结论和政策建议。

二、地区经济平滑介绍与文献综述

当一国地区之间存在非对称的产出冲击时，整体层面存在一套平滑的渠道来减小甚至消除地区的产出冲击，达到地区间的平衡发展。

Asdrubali *et al.*（1996），最先在美国的各州之间提出了这样一套地区间经济平滑机制。首先，一个地区的政府和居民可以通过跨地区的投资实现地区收入来源多元化，造成地区收入和产出之间的差异。多元化的收入可以使地区收入波动小于产出波动，是平滑地区产出波动的第一步。其次,中央政府的财政转移造成了地区收入和地区可支配收入的差异,平滑掉收入波动对可支配收入波动的影响,对平滑产出波动做出第二步贡献。最后,金融市场和地区间的借贷进一步平滑掉可支配收入波动对最终消费波动的影响,作为经济平滑的最后一步。如图4所示。

于是,地区间的经济平滑的最终表现为,地区的产出波动被地区间种种平滑渠道吸收,使得该地区的最终消费不受该地区产出波动的影响。地区间的完全平滑体现为一个地区的消费与地区产出相互独立。

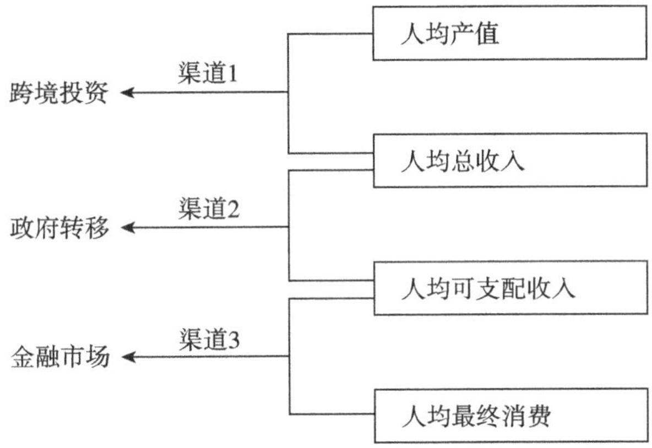

图4　经典模型下地区经济平滑渠道流程图

资料来源:作者根据 Asdrubali *et al.*(1996)提炼绘制。

这一套机制因其简单创新性被西方经济学家广泛应用,以达到分析国内经济平滑性、与其他国家进行比较的目的。Buettner(2002)和 Balli *et al.*(2012)分别对德国和加拿大各省产出波动的平滑渠道和平滑程度进行了度量和分析。Buettner(2002)发现尽管德国和美国政府体制存在巨大差异,政府财政转移在德国各地区间的平滑作用却与美国接近。Balli *et al.*(2012)发现加拿大虽然跨地区投资渠道的平滑作用较美国低,但总体上各省被平滑的效果较美国好。Asdrubali and Alberola(1997)对西班牙各省之间的经济平滑进行分析时,将这个模型从居民部门入手,从居民的产出、收入和消费角度讨论地区间的经济平滑,并首次发现了劳动力流动在西班牙的重要作用,是对原模型的补充。

在EMU国家之间,这个模型更加受到关注,用以讨论EMU国家金融一体化的效果以及金融一体化的必要性。Artis and Hoffmann(2006)认为地区间的资本流动对平滑经济起到了重要作用,Artis and Hoffmann(2009)又特别讨论了最近20年间EMU国家间投资本土偏好的降低与地区间经济平滑程度上升之间的关联性。而 Balli and Sorensen(2007)用 Asdrubali *et al.*(1996)模型计算得出结论,由于欧元的作用,在1971—2003年间EU、EMU国家的经济平滑程度有所上升,但这样的上升并没有出现在非欧盟国的OECD国家。他们由此强调了统一货币联盟的重要性,并提出跨地区投资应是经济平滑的首要关注点。

在国内,关于经济平滑渠道的研究并不多见。关于中国的讨论主要来源于香港学者,Ma(2006)主要从贸易和投资渠道分析了中国内地与香港之间的经济平滑程度,通过短期内平滑渠道效果不佳来论证内地和香港成为统一通货区仍不成熟。

与此不同,本文选择使用上文简述(在下面进一步展开)的 Asdrubali(1996)的经典方法。我们选择这个方法的原因主要在于我们希望从跨省投资、财政转移、金融市场三个宏观方面来考察各渠道对平滑的贡献程度，并且从时间上考察这三个主要平滑渠道和未平滑部分的变化特征。另一个重要方面在于，我们选用 Asdrubali(1996)的方法，可以得出与其他国家近二十年来的相同指标进行比较，从而分析中国省际平滑的作用特点。

我们从居民部门研究中国的实际情况，考虑和分析了中国劳动力流动和市场分割的特质。我们在使用经典模型的基础上，借鉴 Asdrubali(1997)对西班牙的研究方法，在国内加入了劳动力流动的平滑渠道，并对此进行了度量(改进以后的流程图见图 5)。其次，我们不仅讨论了地区间每一时间截面上的平滑，并且第一次把它拓展到了一个地区随时间变化上的平滑。

考虑劳动力市场后模型的拓展：

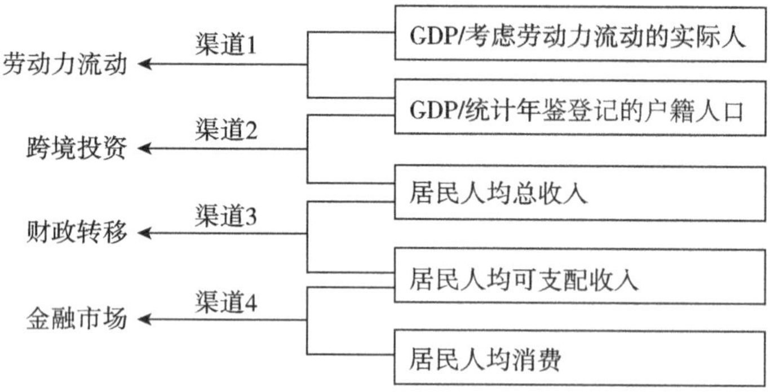

图 5 考虑劳动力流动的地区经济平滑流程图[①]

资料来源：作者参考 Asdrubali and Alberola(1997)修改绘制。

三、模型、变量和数据

(一) 方法综述：模型及其拓展

1. 经典模型

根据 Asdrubali *et al.*(1996)，国家间(省份间)可以通过跨境投资、财政转移和金融市场三个渠道来达到最终平滑经济的目的。他们通过对国民产出进行方差分解来度量这三个渠道作用的大小。

$$pcGDP_{i,t}=\frac{pcGDP_{i,t}}{pcRI_{i,t}}\times\frac{pcRI_{i,t}}{pcDI_{i,t}}\times\frac{pcDI_{i,t}}{pcC_{i,t}}\times pcC_{i,t} \tag{1}$$

其中 pcGDP 为 i 地区 t 时刻的人均产出；pcRI 为 i 地区 t 时刻的居民人均总收入；pcDI 为 i 地区 t 时刻的居民人均可支配收入；pc$C$ 为 i 地区 t 时刻的居民人均消费。

对(1)式取对数，

$pcgdp_{i,t}=pcgdp_{i,t}-pcri_{i,t}+pcri_{i,t}-pcdi_{i,t}+pcdi_{i,t}-pcc_{i,t}+pcc_{i,t}$ 两边减去 $\overline{gdp_{i,t}}$(时刻 t 的跨区域均值)， (2)

$pcgdp_{i,t}-\overline{pcgdp_{i,t}}=(pcgdp_{i,t}-\overline{pcgdp_{i,t}})-(pcri_{i,t}-\overline{pcri_{i,t}})+(pcri_{i,t}-\overline{pcri_{i,t}})-(pcdi_{i,t}-$

① 图 5 中 GDP/考虑劳动力流动的实际人口即为 GDP/该地区常住人口，GDP/统计年鉴登记的户籍人口即为 GDP/中国统计年鉴分地区年末人口数。居民人均总收入、人均可支配收入、人均消费的人口总数均为中国统计年鉴分地区年末人口数。具体数据构建与解释详见第三部分模型、变量与数据。

$$\overline{pcdi_{i,t}})+(pcdi_{i,t}-\overline{pcdi_{i,t}})-(pcc_{i,t}-\overline{pcc_{i,t}})+pcc_{i,t}-\overline{pcc_{i,t}} \tag{3}$$

取一阶差分，

$$\Delta pcgdp_{i,t}-\overline{\Delta pcgdp_{i,t}}=[(\Delta pcgdp_{i,t}-\overline{\Delta pcgdp_{i,t}})-(\Delta pcri_{i,t}-\overline{\Delta pcri_{i,t}})]+[(\Delta pcri_{i,t}-\overline{\Delta pcri_{i,t}})-(\Delta pcdi_{i,t}-\overline{\Delta pcdi_{i,t}})]+[(\Delta pcdi_{i,t}-\overline{\Delta pcdi_{i,t}})-(\Delta pcc_{i,t}-\overline{\Delta pcc_{i,t}})]+\Delta pcc_{i,t}-\overline{\Delta pcc_{i,t}} \tag{4}$$

两边乘上 $\Delta gdp_{i,t}-\overline{\Delta gdp_{i,t}}$，取期望 E，即得

$$var(\Delta pcgdp)=cov(\Delta pcgdp-\Delta pcri,\Delta pcgdp)+cov(\Delta pcri-\Delta pcdi,\Delta pcgdp)+cov(\Delta pcdi-\Delta pcc,\Delta pcgdp)+cov(\Delta pcc,\Delta pcgdp) \tag{5}$$

两边除以 var(Δpcgdp)

$$1=\frac{cov(\Delta pcgdp-\Delta pcri,\Delta pcgdp)}{var(\Delta pcgdp)}+\frac{cov(\Delta pcri-\Delta pcdi,\Delta pcgdp)}{var(\Delta pcgdp)}+\frac{cov(\Delta pcdi-\Delta pcc,\Delta pcgdp)}{var(\Delta pcgdp)}+\frac{cov(\Delta pcc,\Delta pcgdp)}{var(\Delta pcgdp)} \tag{6}$$

即，

$$1=\beta_K+\beta_F+\beta_C+\beta_U \tag{7}$$

其中，β 可以通过以下 OLS 得到，

$$\Delta pcgdp_{i,t}-\Delta pcri_{i,t}=\alpha_K+\beta_K\times\Delta pcgdp_{i,t}+u_K \tag{8}$$

$$\Delta pcri_{i,t}-\Delta pcdi_{i,t}=\alpha_F+\beta_F\times\Delta pcgdp_{i,t}+u_F \tag{9}$$

$$\Delta pcdi_{i,t}-\Delta pcc_{i,t}=\alpha_C+\beta_C\times\Delta pcgdp_{i,t}+u_C \tag{10}$$

$$\Delta pcc_{i,t}=\alpha_U+\beta_U\times\Delta pcgdp_{i,t}+u_U \tag{11}$$

所以，通过 OLS 我们得到的各个 β，

$$\beta_K=\frac{cov(\Delta pcgdp-\Delta pcri,\Delta pcgdp)}{var(\Delta pcgdp)} \tag{12}$$

度量了跨地区投资的平滑作用。跨地区投资造成了各地收入与产出之间的差异（Δpcgdp-Δpcri）。给定地区间产出波动 var(Δpcgdp)，β_K越大，各地收入与产出之间的差异与 GDP 的共同波动 cov(Δpcgdp-Δpcri,Δpcgdp)越大，说明跨地区投资吸收掉了更多的 GDP 的波动，实体投资资本流动对经济的平滑作用越大。

$$\beta_F=\frac{cov(\Delta pcri-\Delta pcdi,\Delta pcgdp)}{var(\Delta pcgdp)} \tag{13}$$

度量了财政转移的平滑作用。税收、缴纳的社会保障支出（如养老保险、医疗保险、失业保险、住房公积金）和其他的转移性收入与支出造成了总收入和可支配收入之间的差异。给定产出波动 var(Δpcgdp)，β_F的值越大，各地居民收入与可支配收入之间的差异与产出的共同波动 cov(Δpcri-Δpcdi,Δpcgdp)越大，说明转移支付吸收掉了更多的 GDP 波动，政府起到的平滑作用更大。

$$\beta_C=\frac{cov(\Delta pcdi-\Delta c,\Delta pcgdp)}{var(\Delta pcgdp)} \tag{14}$$

度量了金融市场的平滑作用。居民的储蓄、借贷造成了可支配收入与最终消费之间的差异。同理，β_C越大，说明金融市场吸收掉的 GDP 波动越大，金融市场在各地区之间的平滑作用越大。

$$\beta_u=\frac{cov(\Delta pcc,\Delta pcgdp)}{var(\Delta pcgdp)} \tag{15}$$

衡量了在经过三道防线削弱消费随产出的波动以后，仍未被平滑掉的部分。这一部分地区消费随地区产出的波动性，是经济体各地区之间未被分担掉的风险。

本文在对中国运用经典模型时，把关注重点放在居民部门，使用了居民收入（resident income）和私人消费（private consumption）。我们使用各省份各年的价格指数把所有指标换算成为不变价格下的水平，排除了各省份通胀速度不同、价格衡量水平不一致造成的影响。

2. 加入劳动力流动因素的模型

在分析中国省际平滑渠道时，根据中国的发展特色，我们在经典模型的基础上，对模型做了进一步改进：

由于国内地区间存在市场分割，跨省资金流动受到阻碍，在中国，人口本身的流动，即劳动力的流动在地区间的经济平滑可能起着更加重要的作用。近二十年来城镇化的迅速发展，以及东南沿海制造业崛起引发的民工潮，使得人口迁徙在中国区域经济发展中的作用不容忽视。

为了度量劳动力的平滑作用，我们对模型做出了如下改进：

$$pcGDP'_{i,t}=\frac{pcGDP'_{i,t}}{pcGDP_{i,t}}\times\frac{pcGDP_{i,t}}{pcRI_{i,t}}\times\frac{pcRI_{i,t}}{pcDI_{i,t}}\times\frac{pcDI_{i,t}}{pcC_{i,t}}\times pcC_{i,t} \tag{16}$$

这里 pcGDP’ 表示的是考虑了人口流动因素下的人均 GDP，即 GDP/常住人口，其中常住人口为户籍人口-户口地在本地但现居住地不在本地人口+户口地不在本地但现居住在本地的人口。

pcGDP 表示的是地区户籍人口下的人均 GDP，人均 GDP = GDP/分地区年末人口数①，分地区年末人口数是一般人口普查（统计年鉴及常用数据）数据，也即上文经典模型所用数据。

pcRI，pcDI，pc$C$ 同以分地区年末总人口计算，即上文经典模型所用数据。

因而，我们可以得到

$$\begin{aligned}var(\Delta pcgdp')=&cov(\Delta pcgdp'-\Delta pcgdp,\Delta pcgdp')+cov(\Delta pcgdp-\Delta pcri,\Delta pcgdp')\\&+cov(\Delta pcri-\Delta pcdi,\Delta pcgdp')+cov(\Delta pcdi-\Delta pcc,\Delta pcgdp')\\&+cov(\Delta pcc,\Delta pcgdp')\end{aligned} \tag{17}$$

$$\begin{aligned}1=&\frac{cov(\Delta pcgdp'-\Delta pcgdp,\Delta pcgdp')}{var(\Delta pcgdp')}+\frac{cov(\Delta pcgdp-\Delta pcri,\Delta pcgdp')}{var(\Delta pcgdp')}\\&+\frac{cov(\Delta pcri-\Delta pcdi,\Delta pcgdp')}{var(\Delta pcgdp')}+\frac{cov(\Delta pcdi-\Delta pcc,\Delta pcgdp')}{var(\Delta pcgdp')}\\&+\frac{cov(\Delta pcc,\Delta pcgdp')}{var(\Delta pcgdp')}\end{aligned} \tag{18}$$

即 $1-\beta_L+\beta_K+\beta_F+\beta_C+\beta_U$

① 本文中分地区年末人口数，来源于《中国统计年鉴》，即为户籍人口数。《中国统计年鉴》中分地区年末人口数包括四个部分：户口在本省现居住在本省的人口，户口在本省居住在本省但目前离开外出半年以上人口，户口在本省目前在港澳台及国外的人口，户口不明（没有登记在任何地方）目前居住在本省的人口。因此，除去户口不明的人口外，主要构成为户口在本省的人口。因而并没有考虑主要的劳动力流动人口，即户口登记在外省、现在居住在本地的人口。

其中，$\beta_L=\dfrac{cov(\Delta pcgdp'-\Delta pcgdp,\Delta pcgdp')}{var(\Delta pcgdp')}$。

度量了劳动力市场的平滑作用。给定地区产出波动 var(Δpcgdp')，βL 越大，劳动力流动造成的 GDP 差异与 GDP 本身的共同波动 cov(Δpcgdp'-Δpcgdp，Δpcgdp')越大，劳动力市场吸收了越多的 GDP 冲击，劳动力市场的平滑作用越大。

3. 模型拓展——从时间维度考虑

这种方差分解方法不仅可以用于同一时点各个地区间的平滑效果，也可以用于同一地区随时间变化的分析。各个 β 所代表的经济平滑渠道的含义并没有改变，只是在运用到一个地区的时间序列上时，考察的是各个渠道对单一地区经济冲击的平滑作用。我们对 29 个省份 20 年间的平滑渠道进行了分析，得到各个省份的 β_F、β_K、β_C、β_U、β_L 值。我们对各省的比较分析结果见本文第六部分。

（二）变量与数据构建

1. 经典模型数据构建

用原始的 GDP 方差分解模型，考量跨地区投资、财政转移和金融市场三个西方经典渠道在中国居民部门的平滑作用以及平滑总效果。

$$1=\frac{cov(\Delta pcgdp-\Delta pcri,\Delta pcgdp)}{var(\Delta pcgdp)}+\frac{cov(\Delta pcri-\Delta pcdi,\Delta pcgdp)}{var(\Delta pcgdp)}+\frac{cov(\Delta pcdi-\Delta pcc,\Delta pcgdp)}{var(\Delta pcgdp)}+\frac{cov(\Delta pcc,\Delta pcgdp)}{var(\Delta pcgdp)} \tag{19}$$

即

$$1=\beta_K+\beta_F+\beta_C+\beta_U \tag{20}$$

在这里，

pcgdp 为支出法计算的地区人均总产值的对数，

$$pcgdp=\ln\frac{地区\ GDP}{分地区年末人口数} \tag{21}$$

为了考察居民收入 pcri 项，由于居民总收入统计值的欠缺，我们使用收入法 GDP 扣除固定资产折旧和生产税净值两项，作为居民总收入（即劳动者报酬和营业盈余）的总值，再除以地区人口，取对数。

$$pcri=\ln\frac{收入法\ GDP-固定资产折旧-生产税净额(同劳动者报酬+营业盈余)}{分地区年末人口数} \tag{22}$$

pcdi 为居民人均可支配收入的对数，居民人均可支配收入由城镇居民人均可支配收入与农村居民人均纯收入按照各地区城镇人口和农村人口加权平均而得：

$$pcdi=\ln(城镇居民人均可支配收入\times城镇人口占比+农村居民人均纯收入\times农村人口占比) \tag{23}$$

许宪春(2013)对城镇居民人均可支配收入和农村居民纯收入的区别与区分处理做过详细的解释说明。2005 年前由于城镇、农村人口数据缺失，使用中国农业与非农业人口替代进行加权平均。

pcc 为居民人均消费的对数，居民人均消费使用城镇居民人均消费与农村人均消费按城镇人口和农村人口加权平均得到，

$$pcc=\ln(\text{城镇居民人均消费}\times\text{城镇人口占比}+\text{农村居民人均生活支出}\times\text{农村人口占比}) \quad (24)$$

对于支出法下居民消费的进一步分析可见许宪春(2013)。2005年前用中国农业人口与非农业人口替代城镇人口与农村人口进行加权平均。

2. 加入劳动力流动因素模型数据构建

在中国,人口的流动,或者劳动力的流动,是地区间经济平滑不可忽略的因素。从经济意义上看,劳动力的流动会带来各地区产出和消费总量的变动,外出打工者为打工地贡献GDP,但把收入寄回家乡进行消费。这条路径造成了地区产出与消费的分离,增强了地区间经济的平滑。从统计的数值上看,劳动力的流动会导致我们前面使用的地方产出和收入数据出现变化。对于北京、上海这样的劳动力流入地区,基于户口计算的人口可能导致人均GDP出现高估,而对于安徽、河南这样劳动力流出地区则出现低估。为了在我们的模型中体现这一点我们进行了这样的构建:

$$1=\frac{cov(\Delta pcgdp'-\Delta pcgdp,\Delta pcgdp')}{var(\Delta pcgdp')}+\frac{cov(\Delta pcgdp-\Delta pcri,\Delta pcgdp')}{var(\Delta pcgdp')}+\frac{cov(\Delta pcri-\Delta pcdi,\Delta pcgdp')}{var(\Delta pcgdp')}+\frac{cov(\Delta pcdi-\Delta pcc,\Delta pcgdp')}{var(\Delta pcgdp')}+\frac{cov(\Delta pcc,\Delta pcgdp')}{var(\Delta pcgdp')}$$

即

$$1=\beta_L+\beta_K+\beta_F+\beta_C+\beta_U$$

此处其他数据 (gdp,ri,di,c)的构造方法与上文相同,不再赘述,只解释β_L与gdp'。

通过2000年、2010年的人口普查数据长表"全国按现住地分的户口登记在外省的人口",我们得到了现居住在某省而户口登记在另一省份的流动人口,把其净值作为流动人口调整值(例如现居住在北京、户口登记在外省市的人口作为北京的流入人口,现居住在外省市、户口登记在北京的作为北京的流出人口,两者之差作为北京人口调整的净值)。由于此数据为人口普查数据,在2001—2009年我们使用2000年与2010年间等差数列填充,即假设人口流动的变化速度在此十年间是相同的。

由于在第五次人口普查前此数据缺失,我们使用第四次人口普查(1990年)的"全国按现居地与五年前居住地分的人口"作为1990年的调整人口(例如现居住在北京、五年前居住在外省市的人口作为北京的流入人口,现居住在外省市、五年前居住在北京的人口作为北京的流出人口,两者之差为北京人口的调整值)。同理,我们使用第五次人口普查的此表构建出1995年的人口调整值。同样,在1990年、1995年、2000年间我们假设人口流动匀速增长,得到各年的人口流动调整值。

根据调整值和原各地区年末总人口登记人口,我们得到了含有劳动人口流动的各地区真实总人口,用总产出GDP的总值与之相除,并取对数,得到了gdp'。

$$pcgdp'=\ln\frac{\text{地区 GDP}}{\text{地区含有劳动流动人口的总人口}} \quad (25)$$

下面观察pcgdp'如何被各渠道逐渐平滑,

由此,

$$\beta_L=\frac{cov(\Delta pcgdp'-\Delta pcgdp,\Delta pcgdp')}{var(\Delta pcgdp')}$$

度量了劳动力市场的平滑作用。β_L越大,劳动力市场吸收越多的GDP冲击,劳动力市场的平滑作用越大。

其余各 β 值的含义与构建方法与上文经典模型类似，不再赘述。

四、经典模型报告分析

（一）经典模型报告结果

用以上方法计算 1994—2012 年每年 29 省间的平滑指标值，我们得到了 1994—2012 年各年的 β 值如表 1，1994—2012 年面板回归结果及其与各国的结果比较如表 2。

表 1　1994—2012 年经典模型各年 β 值

	β_K	β_F	β_C	β_U
1994	-0.045	0.625***	-0.064	0.484***
	(0.102)	(0.184)	(0.163)	(0.166)
1995	0.028	0.491**	0.015	0.465**
	(0.164)	(0.216)	(0.185)	(0.201)
1996	-0.085	0.414**	0.436**	0.234
	(0.165)	(0.174)	(0.178)	(0.188)
1997	-0.512	0.922*	0.071	0.519**
	(0.484)	(0.519)	(0.265)	(0.254)
1998	0.281*	0.111	0.129	0.480**
	(0.139)	(0.206)	(0.307)	(0.222)
1999	0.081	0.246	-0.066	0.738**
	(0.134)	(0.334)	(0.257)	(0.294)
2000	-0.090	0.771**	-0.002	0.320
	(0.291)	(0.351)	(0.270)	(0.278)
2001	-0.081	0.794**	-0.299*	0.586**
	(0.281)	(0.321)	(0.169)	(0.261)
2002	-0.110	0.473	-0.100	0.737*
	(0.129)	(0.317)	(0.223)	(0.336)
2003	0.007	0.336	0.071	0.586*
	(0.153)	(0.226)	(0.157)	(0.244)
2004	-0.350	1.292****	0.023	0.035
	(0.269)	(0.349)	(0.117)	(0.198)
2005	-0.058	0.740***	-0.022	0.340**
	(0.209)	(0.246)	(0.138)	(0.135)
2006	-0.222	1.206****	0.067	-0.051
	(0.196)	(0.270)	(0.226)	(0.289)
2007	-0.126	0.808****	0.179	0.140
	(0.120)	(0.193)	(0.127)	(0.158)
2008	0.151	0.663****	-0.049	0.234**
	(0.158)	(0.137)	(0.083)	(0.100)
2009	0.223*	0.484***	-0.118	0.411***
	(0.119)	(0.136)	(0.131)	(0.145)

（续表）

	β_K	β_F	β_C	β_U
2010	−0.231	1.142****	0.173	−0.084
	(0.154)	(0.206)	(0.134)	(0.157)
2011	0.256**	0.558****	−0.249**	0.435****
	(0.115)	(0.133)	(0.110)	(0.101)
2012	0.029	0.467**	−0.169	0.673****
	(0.130)	(0.174)	(0.115)	(0.170)

注：括号内为标准误；* 表示 $p<0.1$，** 表示 $p<0.05$，*** 表示 $p<0.01$，**** 表示 $p<0.001$。

表 2 1994—2012 年经典模型年平均 β 值、面板 β 值与各国其他文献数据比较

	中国（1994—2012）年均值	面板回归	美国（1964—1990）	EU（1971—2003）	EMU（1971—2003）	OECD-EU（1971—2003）
β_K	−0.045	0.015	0.390	−0.050	−0.030	−0.080
β_F	0.660	0.405	0.130	0.010	0.010	0.000
β_C	0.001	−0.035	0.230	0.360	0.410	0.530
β_U	0.383	0.613	0.250	0.680	0.610	0.560
	中国（1994—2012）年均值	**面板回归**	**美国（1964—1990）**	**EU（1999—2003）**	**EMU（1999—2003）**	**OECD-EU（1999—2003）**
β_K	−0.045	0.015	0.015	0.390	0.190	−0.080
β_F	0.660	0.405	0.405	0.130	0.030	−0.010
β_C	0.001	−0.035	−0.035	0.230	0.120	0.810
β_U	0.383	0.613	0.613	0.250	0.670	0.280

从中我们可以发现：

（1）显著性。从显著性来看，平滑结果上存在显著的未平滑部分；平滑渠道上，政府财政转移（β_F）起到了持续、显著的作用。自 2009 年以来，跨省投资（β_K）与金融市场（β_C）的显著性逐步显现，但从目前看仍然不及财政转移显著性强。

（2）未平滑部分大小。在此模型下我国省际未平滑程度 β_U 较美国各州高，但低于 EMU 各国。可以认为我们的省际经济之间并没有出现严重的不平滑，即各个平滑渠道在我国总体上起到了较好的作用。我国作为主权国家，未平滑程度（0.38）相比其他主权国家（美国 0.25，加拿大 0.20，德国 0.22）较高，但是相比超主权政府（如欧盟），我国的平滑效果仍然略好。

（3）各平滑渠道作用大小。β_K，β_F，β_C 的具体值体现了我国的特殊情况。其中 β_F 的高值表现出财政转移在我国的地区经济中的重要平滑作用，可见在我国政府经济仍然占据非常重要的位置。由于我国金融市场相对封闭落后，β_C 的值较低，即省际居民部门在金融市场上的借贷并不在地区经济间起到平滑作用。

而引起我们关注的是，在西方起到了主要作用的跨地区投资渠道 β_K，在我国，从面板结果来看，作用微弱且不显著。而从各年均值来看，β_K 在我国出现了长期的平均的负值，也就是说跨省投资加剧了地区经济间的非平滑性。

为了清晰直观地看出各作用渠道与未平滑部分随时间的变化，我们以时间为横轴作图，如图 6 所示：

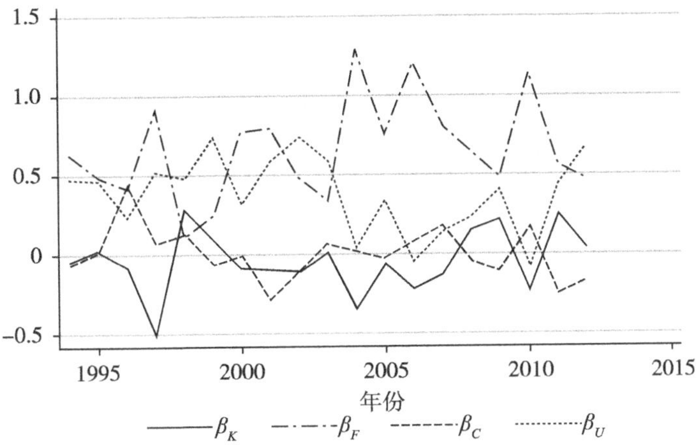

图 6　1994—2012 年经典模型各 β 值随年份变化图

资料来源：本图由作者根据第四部分经典模型回归结果表 1 绘制。

由于各 β 随时间波动较大，我们取 4 年移动平均（见图 7）：

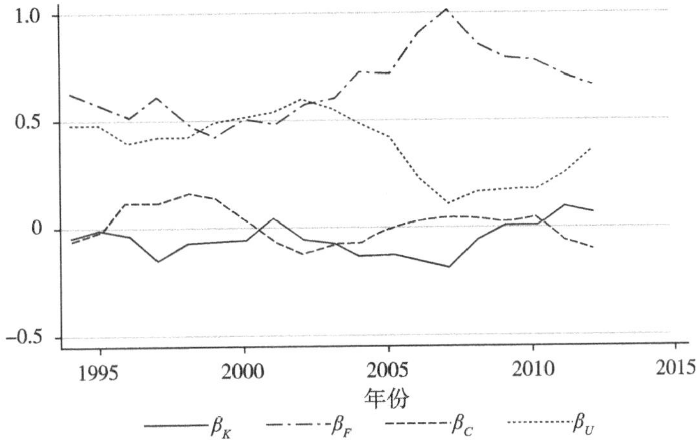

图 7　1994—2012 年经典模型各 β 值随年份变化 4 年移动平均图

资料来源：本图由作者根据第四部分经典模型回归结果表 1 做移动平均处理绘制。

我们从图 7 中可以看到：

（1）未平滑部分的变动趋势。从平滑效果看，2003 年以后，我国未平滑部分出现了显著的、逐步的降低。由于财政转移在我国的平滑中起到主要作用，2003—2008 年间 β_F（财政转移）的强势上升与这期间未平滑部分 β_U 的下降密不可分。

（2）各作用渠道的变化趋势。从各个作用渠道上看，β_F（财政转移）在 2008 年出现极大值，此后逐步下降；β_K（跨省投资）在 2008 年出现极小值，此后逐渐上升。

（二）经典模型结果分析

从以上结果我们主要关注点聚焦在以下两点：

第一，我国财政转移在平滑中起到的作用最为主要，而跨省投资起到的作用微弱甚至为负，与其他国家形成鲜明对比。针对跨省投资加剧了区域之间的非平滑性，我们有两点解释。

首先，我国资金高度集中在投资回报率较高的沿海地区，即资本不断从较为贫乏的内陆地区涌向资本更为丰裕的沿海地区。从全国的平滑结果看，如上文所述，在市场力量驱动下，这种单向资金流动加剧了地区间的不平滑。为什么会造成这样的结果呢？在单个省份层面，资金外流使内陆地区的收入部分来自沿海，内陆省份收入与产出相关性弱，市场平滑效果较好。而沿海地区由于投资集中在本地区，地区收入与地区产出相关性强，市场平滑效果较差。总的来说，由于沿海占全国GDP比重更大，加权平均下，这种单向的资金流动加剧了全国层面上的不平滑。

其次，我们认为跨省投资的负平滑作用与目前广受关注的国内市场分割、地区间投资壁垒密切相关。地方政府在中国式分权的允许下，为最大化本地区利益，限制了资源的跨省自由流动和合理配置，导致资本市场的国内分割。在这种情况下，为了避免省与省之间陷入囚徒困境，中央政府的协调以及对居民部门经济的引导是必要的（陆铭和陈钊2009），这一点可以部分地解释我国目前 β_K 的低值与 β_F 的相应高值（如表3、表4，β_K 和 β_F 存在显著负相关）。

表3 1994—2012年经典模型各 β 值相关系数

Corr 相关系数	β_K	β_F	β_C	β_U
β_K	1	−0.738	−0.313	0.349
β_F	−0.738	1	0.063	−0.734
β_C	−0.313	0.063	1	−0.500
β_U	0.349	−0.734①	−0.500	1

表4 1994—2012年经典模型 β_K 与 β_F 回归系数负相关

corr(β_K,β_F)	−0.738					
	coef	std Err	t	$P>\|t\|$	0.95 conf Interval	
regress β_K on β_F	−0.465	0.103	−4.50	0.000	−0.681	−0.247
regress β_F on β_K	−1.171	0.26	−4.50	0.000	−1.72	−0.622
Number of obs	19					
$F(1,17)$	20.28					
Prob>F	0.000					
R-squared	0.544					

第二，未平滑部分2003年以后逐步下降。对此我们认为，2003年以后中央的西部大开发战略开始逐步落实，向西部地区的转移支付力度加大，β_F 在地区间的平滑作用更加突出。这种转移支付使各地的GDP出现收敛，从结果（β_U）来看，这一举动显著地平滑了省际经济。

而在作用渠道上，β_F 和 β_K 均在2008年出现了极值，此后 β_F 财政转移的平滑力度逐渐下降，而 β_K 跨省投资的平滑力度逐渐上升。我们认为这与中央政府在2008年金融危机后的几大举措是分不开的：

首先，2008年中央政府用于基础设施建设的4万亿投资主要是为解沿海地区受金融危机影响的燃眉之急。这与过往向西部地区转移支付方向截然相反。向沿海地区的转移支付在全国层面不仅本身不能起到平滑作用，反而抵消了西部大开发 β_F 的平滑作用。

① 未平滑与财政转移呈负相关；由于平滑主要是由财政贡献的。

其次，2008年以后沿海地区资金高回报率的优势明显削弱，资金集中流向沿海的趋势也出现减弱。沿海地区开始关注产业升级，提倡"保先"逐步淘汰落后产业。在把落后产能转移到内地的过程中，资本也随之流向了内地。这种由沿海向内陆的资金流动方向与前文相反，增强了 β_K 的平滑作用。

总体来说，近年来，虽然 β_F 值仍然处于高位，但已出现逐渐下降的趋势，而同期 β_K 值虽然较低但却逐步上升。这在我们的模型中意味着，在地区间经济平滑中市场的弱作用在逐步增强，而政府转移的强作用正在逐步削弱。当然单单这点并不能说明市场分割的程度在逐步减弱，但国内市场的整合确实可能是这个现象的一个可能解释。

五、加入劳动力因素的模型报告分析

根据前文模型，

$$1=\frac{\operatorname{cov}(\Delta pcgdp'-\Delta pcgdp,\Delta pcgdp')}{\operatorname{var}(\Delta pcgdp')}+\frac{\operatorname{cov}(\Delta pcgdp-\Delta pcri,\Delta pcgdp')}{\operatorname{var}(\Delta pcgdp')}+$$

$$\frac{\operatorname{cov}(\Delta pcri-\Delta pcdi,\Delta pcgdp')}{\operatorname{var}(\Delta pcgdp')}+\frac{\operatorname{cov}(\Delta pcdi-\Delta pcc,\Delta pcgdp')}{\operatorname{var}(\Delta pcgdp')}+\frac{\operatorname{cov}(\Delta pcc,\Delta pcgdp')}{\operatorname{var}(\Delta pcgdp')}$$

$$1=\beta_L+\beta_K+\beta_F+\beta_C+\beta_U$$

利用第三部分的数据构建方法，我们得到1994—2012年每年各个 β 值（包括 β_L）的数值如表5，面板数据结果及其与其他国家的比较如表6。

表5　1994—2012年加入劳动力因素模型各年 β 值

	β_L	β_K	β_F	β_C	β_U
1994	0.022	−0.072	0.604***	−0.085	0.531***
	(0.045)	(0.102)	(0.188)	(0.164)	(0.162)
1995	0.097	−0.102	0.514**	−0.009	0.500**
	(0.069)	(0.159)	(0.201)	(0.180)	(0.197)
1996	0.103*	−0.147	0.410**	0.410**	0.224
	(0.054)	(0.153)	(0.161)	(0.167)	(0.177)
1997	0.862****	−0.804****	0.779****	0.071	0.091
	(0.061)	(0.074)	(0.117)	(0.091)	(0.093)
1998	0.118	0.134	0.055	0.220	0.473
	(0.158)	(0.178)	(0.249)	(0.368)	(0.275)
1999	0.170	0.194	0.192	0.046	0.398
	(0.106)	(0.129)	(0.334)	(0.257)	(0.317)
2000	0.628****	−0.667***	0.935****	−0.145	0.248
	(0.133)	(0.190)	(0.239)	(0.210)	(0.219)
2001	0.614***	−0.131	0.362	−0.246	0.401
	(0.135)	(0.223)	(0.275)	(0.135)	(0.214)
2002	0.368****	−0.075	0.167	−0.003	0.542**
	(0.087)	(0.101)	(0.255)	(0.175)	(0.264)
2003	0.187**	−0.010	0.210	0.032	0.580**
	(0.082)	(0.140)	(0.212)	(0.144)	(0.220)
2004	0.278****	−0.254	0.960***	0.028	−0.013
	(0.071)	(0.219)	(0.295)	(0.095)	(0.161)

（续表）

	β_L	β_K	β_F	β_C	β_U
2005	0.302***	−0.216	0.743****	−0.110	0.281**
	(0.094)	(0.173)	(0.196)	(0.116)	(0.116)
2006	0.557****	−0.001	0.539**	−0.059	−0.037
	(0.102)	(0.134)	(0.222)	(0.155)	(0.199)
2007	0.239*	−0.058	0.480**	0.198	0.141
	(0.120)	(0.120)	(0.226)	(0.124)	(0.156)
2008	−0.057	0.060	0.776****	−0.030	0.251**
	(0.077)	(0.181)	(0.150)	(0.094)	(0.115)
2009	0.036	0.227*	0.434***	−0.161	0.464***
	(0.076)	(0.124)	(0.150)	(0.135)	(0.147)
2010	0.862****	−0.038	0.208****	−0.025	−0.007
	(0.035)	(0.036)	(0.056)	(0.031)	(0.036)
2011	0.129	0.024	0.677***	−0.229	0.399***
	(0.118)	(0.132)	(0.127)	(0.120)	(0.116)
2012	0.147	−0.075	0.498***	−0.129	0.558***
	(0.089)	(0.125)	(0.164)	(0.113)	(0.177)

注：括号内为标准误；* 表示 $p<0.1$，** 表示 $p<0.05$，*** 表示 $p<0.01$，**** 表示 $p<0.001$。

表 6 1994—2012 年加入劳动力模型年平均 β 值、面板 β 值与其他国家文献数据比较

	中国（1994—2012）		西班牙（1973—1993）
	年均值	面板回归	
β_L	0.298	0.382	0.023
β_K	−0.106	−0.042	0.225
β_F	0.502	0.295	0.025
β_C	−0.012	−0.005	0.233
β_U	0.317	0.371	0.492

这两张表格体现了以下三个方面：

（1）显著性。从显著性上看，加入了劳动力流动因素以后我们发现，平滑结果上仍然存在显著的未平滑；平滑渠道上，劳动力流动渠道（β_L）和财政转移（β_F）作用显著，跨省投资（β_K）和金融市场（β_C）的作用仍然不显著。

（2）未平滑部分大小。与 1997 年的西班牙相比，在考虑了劳动力因素后，我国的未平滑部分（β_U）的趋势没有改变，但是面板结果上未平滑部分大小从 61.3%下降到 37.1%，下降了 24.2 个百分点。劳动力流动显著地、大幅度地减轻了省际的不平滑。并且，在考虑了劳动力因素后，同样作为转型经济体，与 1973—1993 年间的西班牙相比，我国的平滑效果较好。

（3）各平滑渠道作用大小。同时我们注意到，从作用力大小上看，财政转移（β_F）和劳动力流动（β_L）作用力最大，两者起到了显著的正平滑作用。我国 β_L 值为 0.382，远高于西班牙 0.023，劳动力流动是我国地区间经济平滑不可忽视的重要因素。金融市场和跨境投资的结果与上一节大致吻合：地区间金融市场（β_C）几乎不起到平滑作用，而跨省投资

(β_K)加剧了地区间的不平滑。

类似地,为清晰观察各 β 值的变化,以年份为横轴作图如图 8:

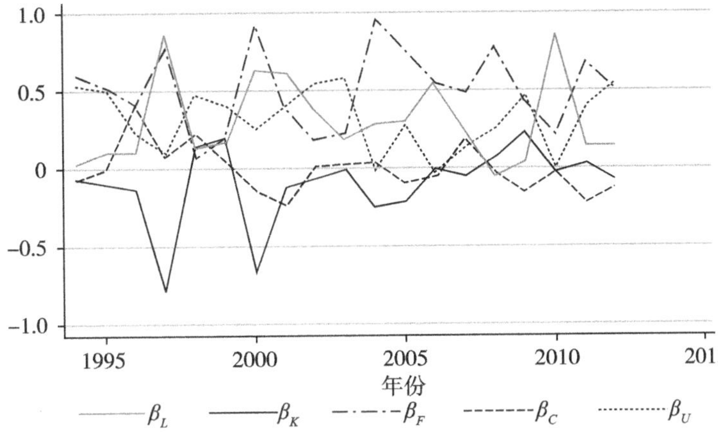

图 8 1994—2012 年加入劳动力因素模型各 β 值随年份变化图

资料来源:本图由作者根据第五部分加入劳动力模型回归结果表 5 绘制。

同样,鉴于 β 值的不稳定性,我们取 4 年移动平均如图 9:

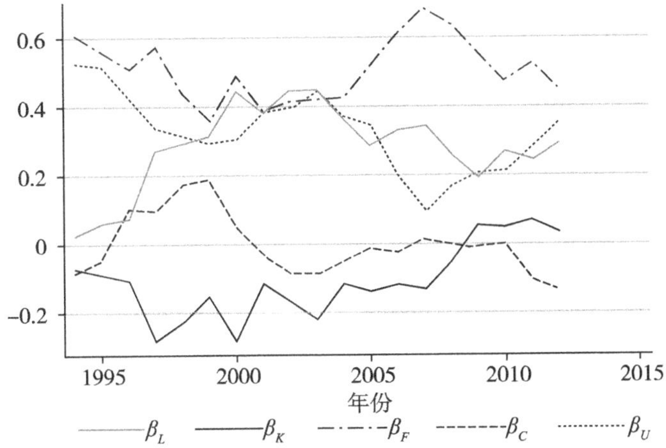

图 9 1994—2012 年加入劳动力流动模型各 β 值随年份变化 4 年移动平均图

资料来源:本图由作者根据第五部分加入劳动力模型回归结果表 5 做移动平均处理绘制。

从各个渠道的变化趋势看,单从劳动力流动这个渠道,β_L(移动平均后)呈现倒 U 形,在 2002 年达到峰值。2002 年前劳动力流动的正平滑作用越来越强,主要来自 20 世纪 90 年代的自西向东的民工潮。而对于 2002 年后的 β_L 下降我们是这样理解的:

首先,2001 年中国加入 WTO 后,沿海地区在对外的贸易驱动下 GDP 迅猛增长,农民工大量向沿海迁徙。这些农民工诚然促进了地区收入和消费的分离,平滑了地区经济(如前文所述),但是他们也给沿海地区带来了巨大的 GDP 增长,进一步拉开了沿海和内陆地区的经济实力。也就是说,在 2002 年及以后,沿海产出增长更快的不平滑逐步抵消了收入消费分离的正平滑,从劳动力流动的平滑作用综合来看逐步下降。

其次,2003 年以后政府出台了各项惠农政策,包括税收减免和农业补贴,推升了留在农村的农民收入,提高了农民工外出打工的保留工资,降低了东部地区的劳动力流入。这一举措也导致了劳动力流动的平滑作用在 2003 年以后逐渐下降。

这一现象与陆铭和向宽虎(2014)关于区域效率与平衡的冲突中所谈到的相似,近十年来劳动力的流动存在限制且处于不完全的状态。

总的来说,β_L 和 β_F 强作用正在逐步削弱,也即劳动力和财政转移在地区间经济平滑的重要性正在减弱。而原先持续为负值的跨省投资在 2008 年后逐渐上升,可见资本市场的平滑作用正在增强。劳动力流动和资本流动都由市场力量驱使,这两者彼此之间是否存在替代关系?作为市场力量,它们两者是否共同对政府资源转移形成替代?对此我们的进一步发现如下。

考虑了劳动力因素后,与此前经典模型相同,跨省投资(β_K)与财政转移(β_F)前低后高,彼此负相关(见第四部分),表现了分割状态下中央协调和市场整合之间的替代关系,如表 7 和表 8 所示。

表 7 1994—2012 年加入劳动力模型各 β 值相关系数

Corr 相关系数	β_L	β_K	β_F	β_C	β_U
β_L	1				
β_K	−0.618	1			
β_F	0.076	−0.600	1		
β_C	−0.151	0.007	−0.295	1	
β_U	−0.561	0.361	−0.415	−0.205	1

表 8 1994—2012 年加入劳动力模型 β_K 与 β_F 回归系数负相关

corr(β_K,β_F)	**−0.600**					
	coef	std Err	t	$P>\|t\|$	0.95 conf Interval	
regressβ_K onβ_F	−0.578	0.187	−3.1	0.007	−0.973	−0.184
regressβ_F onβ_K	−0.623	0.207	−3.1	0.007	−0.105	−0.198
Number of obs	19					
F(1,17)	9.58					
Prob>F	0.007					
R-squared	0.361					

但有趣的是,加入劳动力流动后,β_K 与 β_F 负相关的显著性和相关性水平与经典模型(表 4)相比有所下降,这是因为我们新考虑的 β_L 本身和 β_K 之间存在显著的负相关,如表 9 所示:

表 9 1994—2012 年加入劳动力模型 β_L 与 β_K 回归系数负相关

corr(β_K,β_L)	**−0.618**					
	coef	std Err	t	$P>\|t\|$	0.95 conf Interval	
regressβ_K onβ_L	−0.671	0.207	−3.24	0.005	−1.108	−0.234
regressβ_L onβ_K	−0.569	0.176	−3.24	0.005	−0.939	−0.199
Number of obs	19					
F(1,17)	10.5					
Prob>F	0.005					
R-squared	0.382					

也就是说，劳动力的流动分享了资本市场分割给中央财政转移带来的负担。劳动力的流动本身对资本的流动具有替代作用。这至少说明，我国目前在资本流动的平滑效果较差的情况下，仍然需要劳动力流动作为地区间经济平滑的有力保障。

六、模型拓展——对于各个地区随时间平滑机制的分析

（一）经典情况

对于每一个省份我们使用第三部分中构建的数据进行回归，得到每一个省份在这20年里的平滑机制情况（即对每个省份求 $1=\beta_K+\beta_F+\beta_C+\beta_U$）。

表10　1994—2012年各省份经典模型下 β 值

	β_K	β_F	β_C	β_U
北京	0.092	0.257	0.101	0.550***
	(0.100)	(0.200)	(0.136)	(0.162)
天津	0.093	0.401**	-0.012	0.518***
	(0.133)	(0.172)	(0.080)	(0.144)
河北	0.163*	0.299	-0.211	0.748***
	(0.082)	(0.212)	(0.209)	(0.218)
山西	0.201**	0.335***	-0.011	0.475***
	(0.086)	(0.106)	(0.107)	(0.148)
内蒙古	0.099	0.436****	-0.038	0.504****
	(0.060)	(0.097)	(0.113)	(0.094)
辽宁	0.083	0.334***	-0.030	0.613****
	(0.072)	(0.113)	(0.102)	(0.140)
吉林	0.027	0.424**	0.058	0.491**
	(0.127)	(0.197)	(0.235)	(0.214)
黑龙江	0.067	0.280*	-0.076	0.729****
	(0.114)	(0.156)	(0.154)	(0.182)
上海	-0.135	0.291	-0.029	0.873****
	(0.106)	(0.249)	(0.168)	(0.210)
江苏	0.040	0.293***	-0.093	0.760****
	(0.052)	(0.100)	(0.088)	(0.142)
浙江	0.038	0.315**	-0.158	0.805****
	(0.096)	(0.124)	(0.121)	(0.141)
安徽	0.050	0.283	-0.042	0.709**
	(0.231)	(0.183)	(0.167)	(0.248)
福建	-0.049	0.586***	-0.289**	0.753****
	(0.048)	(0.159)	(0.119)	(0.185)
江西	-0.171	0.507*	-0.001	0.664****
	(0.201)	(0.253)	(0.077)	(0.160)
山东	-0.124	0.368*	-0.050	0.807****
	(0.167)	(0.216)	(0.075)	(0.128)

（续表）

	β_K	β_F	β_C	β_U
河南	-0.071	0.493***	-0.141	0.718****
	(0.109)	(0.154)	(0.129)	(0.137)
湖北	-0.158	0.690***	-0.019	0.486**
	(0.109)	(0.189)	(0.113)	(0.190)
湖南	0.072	0.255	0.082	0.591****
	(0.136)	(0.200)	(0.077)	(0.144)
广东	0.159	0.163	-0.140	0.818****
	(0.174)	(0.188)	(0.091)	(0.189)
广西	0.004	0.451***	0.027	0.519****
	(0.088)	(0.116)	(0.134)	(0.118)
海南	0.082	0.283**	-0.057	0.691****
	(0.064)	(0.123)	(0.106)	(0.161)
四川	0.081	0.273	0.129	0.518**
	(0.308)	(0.319)	(0.169)	(0.219)
贵州	-0.039	0.484***	-0.033	0.587****
	(0.082)	(0.049)	(0.086)	(0.126)
云南	-0.157	0.411**	-0.053	0.799****
	(0.125)	(0.188)	(0.108)	(0.145)
陕西	0.056	0.301**	0.035	0.608****
	(0.072)	(0.125)	(0.101)	(0.124)
甘肃	0.004	0.519*	-0.069	0.546**
	(0.209)	(0.265)	(0.207)	(0.238)
青海	0.108	0.359**	-0.040	0.572****
	(0.139)	(0.151)	(0.061)	(0.097)
宁夏	0.022	0.397**	-0.164	0.745****
	(0.108)	(0.174)	(0.153)	(0.145)
新疆	-0.119	0.574***	0.098	0.447***
	(0.104)	(0.145)	(0.096)	(0.137)

注：括号内为标准误；*表示 $p<0.1$，**表示 $p<0.05$，***表示 $p<0.01$，****表示 $p<0.001$。

首先，从显著性来看，每个省份的经济增长中在时间维度上存在显著的未平滑。在平滑渠道上，财政转移具有较强的显著性。

从最终平滑效应的大小看，各省份的未平滑大小如图 10 所示：

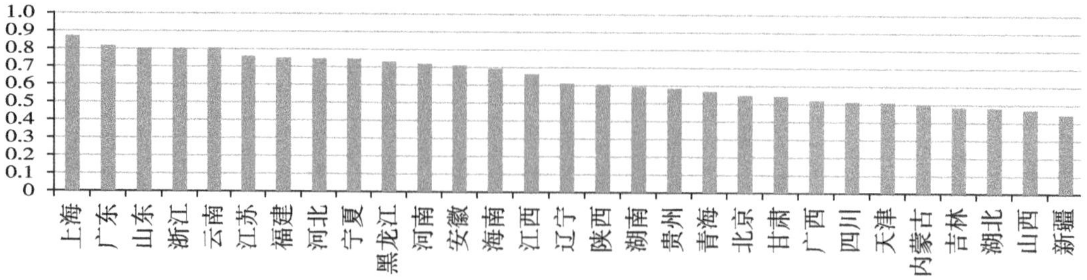

图 10 1994—2012 年各省份经典模型下未平滑部分柱状图

资料来源：本图由作者根据第六部分经典模型拓展各省份按时间维度回归结果表 10 绘制。

东部沿海省份（如上海、广东、山东、浙江、江苏、福建）的经济平滑效果差于内陆省份，其中上海 0.873 未平滑部分为全国最高。也就是说，东部沿海省份当年产出波动对当年的消费造成的影响更大。经济的跨时稳定性更弱。

为进一步分析这一现象，我们需要观察各省的平滑渠道模式。我们把三个渠道作为坐标轴，绘制了经典横型下平滑渠道三维图。

我们从中发现，一些平滑效果较差的沿海省份如广东、浙江、江苏、天津、北京相对偏向于使用跨省投资而非财政转移来平滑经济。这些省份的平滑结果较差，说明了市场主导的平滑作用的潜力仍未得到释放。资本流动限制、跨省投资壁垒导致这些偏向于市场平滑的省份未平滑程度更高。相比，政府转移作用大的省份，未平滑程度较低，证明政府转移支付确实起到了较大效果。

依赖于跨地区投资的省份未平滑程度高，表明市场并没有起到跨时平滑的作用。针对这个事实，我们进一步发现，投资集中与未平滑在理论上正相关。

由于投资乘数 $k=\frac{\Delta Y}{\Delta I}=\frac{\Delta Y}{\Delta Y-\Delta c}=\frac{1}{1-\frac{\Delta c}{\Delta Y}}$，一个投资乘数 k 越高的地区，表明一单位的投资可以撬动更大的产出，该地区会吸引到更多的投资。根据公式，k 越大，$\frac{\Delta c}{\Delta Y}$越大。也即投资乘数越高的地方，吸引到的投资越多，而跨时平滑的程度越低。这与我们的结果是吻合的，即沿海省份的跨时平滑明显地低于内陆地区。

最后，我们发现相邻地区间在模式上存在相似性，有待进一步探索（各个区域 β 值简单平均如表 11 所示）：

表 11　1994—2012 年经典模型下各区域 β 值简单平均

	β_K	β_F	β_C	β_U
北京	0.092	0.257	0.101	0.550
天津	0.093	0.401	-0.012	0.518
河北	0.163	0.299	-0.211	0.748
山西	0.201	0.335	-0.011	0.475
内蒙古	0.099	0.436	-0.038	0.504
行政区域平均	0.130	0.346	-0.034	0.559
辽宁	0.083	0.334	-0.030	0.613
吉林	0.027	0.424	0.058	0.491
黑龙江	0.067	0.280	-0.076	0.729
行政区域平均	0.085	0.385	-0.011	0.542
上海	-0.135	0.291	-0.029	0.873
江苏	0.040	0.293	-0.093	0.760
浙江	0.038	0.315	-0.158	0.805
安徽	0.050	0.283	-0.042	0.709
福建	-0.049	0.586	-0.289	0.753
江西	-0.171	0.507	-0.001	0.664
山东	-0.124	0.368	-0.050	0.807
行政区域平均	-0.050	0.378	-0.062	0.767
河南	-0.071	0.493	-0.141	0.718
湖北	-0.158	0.690	-0.0188	0.486

（续表）

	β_K	β_F	β_C	β_U
湖南	0.072	0.255	0.082	0.591
广东	0.159	0.163	−0.140	0.818
广西	0.004	0.451	0.027	0.519
海南	0.082	0.283	−0.057	0.691
行政区域平均	0.015	0.389	−0.041	0.637
四川	0.081	0.273	0.129	0.518
贵州	−0.039	0.484	−0.033	0.587
云南	−0.157	0.411	−0.053	0.799
行政区域平均	0.250	0.386	0.332	0.478
陕西	0.056	0.301	0.035	0.608
甘肃	0.004	0.519	−0.069	0.546
青海	0.108	0.359	−0.040	0.572
宁夏	0.022	0.397	−0.164	0.745
新疆	−0.119	0.574	0.098	0.447
行政区域平均	0.014	0.430	−0.028	0.584

各省平滑经济的渠道与其在地理上邻近的省份具有相似性。而各大行政区域之间具有明显的差异。如果我们按照 8 大经济区域来划分，同样的规律也存在。渠道作用的强弱分布在空间上较为集中。各省在作用渠道上是否存在俱乐部收敛，以及这是否与省际贸易的地理位置、地方经济发展的模式有关，有待进一步研究。

（二）加入劳动力因素

加入 β_L，并使用与第五部分相同的方法调整人口数据，我们得到各省份的平滑结果如表 12 所示：

表 12　1994—2012 年各省份加入劳动力模型下 β 值

	β_L	β_K	β_F	β_C	β_U
北京	0.261	−0.169	0.401**	−0.012	0.518***
	(0.194)	(0.227)	(0.172)	(0.080)	(0.144)
天津	0.004	−0.000*	0.519*	−0.069	0.546**
	(0.025)	(0.219)	(0.265)	(0.207)	(0.238)
河北	0.197	−0.333	0.291	−0.029	0.873****
	(0.237)	(0.272)	(0.249)	(0.168)	(0.210)
山西	−0.055**	−0.102	0.411**	−0.053	0.799****
	(0.020)	(0.126)	(0.188)	(0.108)	(0.145)
内蒙古	0.043*	−0.214	0.507*	−0.001	0.664****
	(0.024)	(0.203)	(0.253)	(0.077)	(0.161)
辽宁	0.083	−0.011	0.255	0.082	0.591****
	(0.095)	(0.111)	(0.200)	(0.077)	(0.145)
吉林	0.033	−0.191	0.690***	−0.019	0.486**
	(0.081)	(0.136)	(0.189)	(0.113)	(0.190)
黑龙江	0.014	0.026	0.293***	−0.093	0.760****
	(0.013)	(0.057)	(0.100)	(0.088)	(0.142)

（续表）

	β_L	β_K	β_F	β_C	β_U
上海	-0.015	-0.024	0.484***	-0.033	0.587****
	(0.012)	(0.080)	(0.149)	(0.086)	(0.126)
江苏	0.002	-0.126	0.368*	-0.050	0.807****
	(0.007)	(0.167)	(0.216)	(0.075)	(0.128)
浙江	-0.015	-0.104	0.574***	0.098	0.447***
	(0.028)	(0.110)	(0.145)	(0.096)	(0.137)
安徽	0.168*	-0.076	0.257	0.101	0.550***
	(0.098)	(0.085)	(0.200)	(0.136)	(0.162)
福建	-0.002	0.165*	0.299	-0.211	0.748***
	(0.015)	(0.084)	(0.212)	(0.209)	(0.218)
江西	-0.017	-0.054	0.493***	-0.141	0.718****
	(0.043)	(0.101)	(0.154)	(0.129)	(0.137)
山东	0.239	-0.159**	0.273	0.129	0.518*
	(0.314)	(0.072)	(0.319)	(0.169)	(0.219)
河南	-0.011	0.048	0.315**	-0.158	0.805****
	(0.044)	(0.087)	(0.124)	(-0.121)	(0.141)
湖北	0.027	0.023	0.283	-0.042	0.709**
	(0.043)	(0.243)	(0.183)	(0.167)	(0.248)
湖南	0.036	-0.085	0.586***	-0.289**	0.753****
	(0.073)	(0.076)	(0.159)	(0.119)	(0.185)
广东	0.005	0.095	0.436****	-0.038	0.504****
	(0.018)	(0.063)	(0.097)	(0.113)	(0.094)
广西	-0.023	0.106	0.334***	-0.030	0.613****
	(0.015)	(0.075)	(0.113)	(0.102)	(0.140)
海南	0.004	0.063	0.280*	-0.076	0.729****
	(0.014)	(0.113)	(0.156)	(0.184)	(0.182)
四川	-0.003	0.060	0.301**	0.035	0.608****
	(0.010)	(0.074)	(0.125)	(0.101)	(0.124)
贵州	0.023	0.004	0.424**	0.058	0.491**
	(0.165)	(0.205)	(0.197)	(0.235)	(0.214)
云南	-0.020	0.041	0.397**	-0.164	0.745****
	(0.019)	(0.104)	(0.174)	(0.153)	(0.145)
陕西	-0.031	0.113	0.283**	-0.057	0.691****
	(0.030)	(0.080)	(0.123)	(0.106)	(0.161)
甘肃	0.141**	0.059	0.335***	-0.011	0.475***
	(0.063)	(0.099)	(0.166)	(0.107)	(0.148)
青海	-0.009	0.013	0.451***	0.027	0.519****
	(0.069)	(0.058)	(0.116)	(0.134)	(0.118)
宁夏	0.164	-0.005	0.163	-0.140	0.818****
	(0.174)	(0.149)	(0.188)	(0.091)	(0.181)
新疆	-0.025	0.133	0.359**	-0.040	0.572****
	(0.052)	(0.152)	(0.151)	(0.061)	(0.096)

注：括号内为标准误；* 表示 $p<0.1$，** 表示 $p<0.05$，*** 表示 $p<0.01$，**** 表示 $p<0.001$。

为了更直观地分析各省 β 值，我们作图 11。加入劳动力后，各省份未平滑的部分如下：

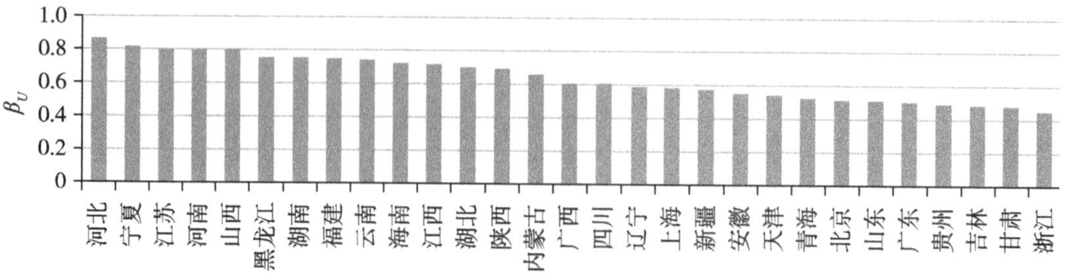

图 11 1994—2012 年各省份加入劳动力模型下未平滑部分柱状图

资料来源：本图由作者根据第六部分劳动力模型拓展各省按时间维度回归结果表 12 绘制。

我们发现加入劳动力流动因素后，在原模型中处于高度未平滑状态的沿海省份（如上海、山东、广东、浙江等地）的平滑程度有明显的提升。这些省份均是调整人口为正的劳动力流入省份。对这些省市来说，为什么劳动力的流入起到了显著且重要的正平滑因素呢？正如前文所言，沿海地区有大量的产出是由流入的劳动人口带来的。这些打工者在打工当地贡献 GDP，却把收入寄回家乡进行消费。也就是说，他们给当地贡献的产出大而贡献的消费少。结果，由他们带来的沿海地区产出波动难以影响当地消费的波动。以上海为例，上海市一部分由农民带来的产出上升并没有同等程度地带来上海地区消费的上升。同样地，由农民工移出上海带来的产出下降，也不会同等程度地带来上海地区消费的下降。于是跨时地来看上海，这些劳动力的流动平滑了上海的产出与消费波动。

从劳动力平滑、跨省投资、财政转移的相对作用来看，我们构建了三维图。考虑了劳动力流动后，在单个省份的跨时平滑上，跨省投资和劳动力流动在大部分省份处于弱势，而财政转移仍然起到显著的正作用。

七、结 论

我们首先运用 Asdrubali *et al.*（1996）的经典模型研究中国地区经济的平滑水平和渠道，发现中国省际的未平滑程度高于美国州际间的未平滑度而低于欧盟国家，即中国省际存在一定的但不极端的不平滑。在研究平滑机制时我们发现，中国的财政转移起到了显著的正平滑作用。而在西方国家起重要作用的跨省投资却加剧了中国省际的不平滑。我们从市场分割的角度解释了中国跨省投资的弱作用，以及它与财政转移作用力的负相关性。

在加入了劳动力流动因素的考量以后，我们发现，劳动力流动作为作用力和显著性第二大的平滑渠道，有效地提升了中国省份间经济的平滑性。另一方面，劳动力的流动部分地替代了资本市场的流动。它与跨省投资间存在的显著负相关，部分地减轻了市场分割给财政转移在平滑地方经济上带来的压力。

在考察一个省份经济的跨时平滑时，我们发现和总结了各个省份不同的平滑作用模式和最终平滑效果。我们也发现了市场化的平滑作用存在的潜力。

最后，我们认为，无论是提高中国省际经济平滑效果，还是对单一省份提高跨时平滑水平，市场化的平滑渠道都存在巨大的潜力。在省际趋势上，近年来跨省投资的作用力逐步上升，而财政转移、劳动力流动的作用力逐步下降。未来增强地区经济平滑性的关键在于资本省际的自由流动，让市场化的平滑渠道发挥更重要的正面作用。

参考文献

Alberola E, and Asdrubali P. How Do Countries Smooth Regional Disturbances? Risksharing in Spain: 1973-1993, published by Bank of Spain, 1997.

Artis M, Hoffmann M. Declining Home Bias and the Increase in International Risk Sharing: Lessons From European in Integration, CEPR Discussion Paper No. 6617, 2009.

Artis M, Hoffmann M. The Home Bias and Capital Income Flows between Countries and Regions. CEPR Discussion Paper No. 5691, 2006.

Asdrubali P, Sorensen B, Yosha O. Channels of Interstate Risk Sharing: United States 1963-1990[J]. The Quarterly Journal of Economics, 1996, 111(4): 1081-1110.

Athanasoulis S G, Wincoop E V, Athanasoulis S G. Risk Sharing Within the United States: What Do Financial Markets and Fiscal Federalism Accomplish? [J]. The Review of Economics and Statistics, 2001, 83(4): 688-698.

Balli F, Basher S A, Louis R J. Channels of Risk-sharing Among Canadian Provinces: 1961-2006[J]. Empirical Economics, 2012, 43(2): 763-787.

Balli F, Sorensen B. Risk Sharing among OECD and EU Countries: The Role of Capital Gains, Capital Income, Transfers, and Saving, MPRA Paper, 2007.

Buettner T. 2002. Fiscal Federalism and Interstate Risk Sharing: Empirical Evidence from Germany[J]. Economics Letters, 2002, 74(2): 195-202.

Du J, Qing H, Rui O. Channels of Interprovincial Risk Sharing in China[J]. Journal of Comparative Economics, 2011, 39 (2011): 383-405.

Ma Y. Consumption Smoothing in Mainland China and Hong Kong, Working Paper, 2006.

World Bank. Sharing Rising Income: Disparities in China, China 2020 Series, Washington DC., 1997.

陈勇兵，陈宇媚，周世民，中国国内市场整合程度的演变：基于要素价格均等化的分析[J].《世界经济》，2013，1：14—37.

林毅夫，刘明兴.中国的经济增长收敛与收入分配[J].《世界经济》，2003，8，3—14.

陆铭，陈钊.分割市场的经济增长——为什么经济开放可能加剧地方保护？[J].《经济研究》，2009，3：42—52.

陆铭，向宽虎.破解效率与平衡的冲突——论中国的区域发展战略[J].《经济社会体制比较》，2014，4：1—16.

潘文卿.中国区域经济差异与收敛[J].《中国社会科学》，2010，1：72—84.

魏后凯.中国地区经济增长及其收敛性[J].《中国工业经济》，1997，3：31—37.

许宪春.准确理解中国的收入、消费和投资[J].《中国社会科学》，2013，2：4—24.

新经济形势下典当行业的现状和展望
——以上海地区为例

徐怡雯　杨玉瑜　孙梦迪　宋金霞　王　继　赵洲娇
（复旦大学经济学院）

［摘要］在金融机构多样化和互联网作用日益重要的当今，作为堪称现代金融业鼻祖的传统的金融机构——典当行仍然是中小企业重要的融资渠道；然而从现有材料看，典当行在近代经历了一系列的行业规范改革之后在当前遇到了一些困境。本文关注典当行业经营的真实情况，选取了上海市的3家典当行和1家行业协会为调研地，采用深入访谈的方法，从典当行企业、行业协会监管和客户三个角度考察典当行业经营服务的现状，探索典当行发展的方向。调研发现：近年来上海典当行业发展趋势明显下滑，受到行业内业务同质化以及银行和小额贷款公司等企业的冲击，同时在经营时许多企业承受较高的风险，并且行业法规方面存在缺陷。经过分析研究，本文提出了拓宽线下业务渠道、进行业务改革、利用互联网实现业务转型、完善征信体系和行业法规等思路，同时提出了一些调研中的不足和尚待解决的问题，期望这个传统行业能更好地立足现代、服务于中小企业和个人。

［关键词］典当行，行业调研，金融机构

一、前期准备与研究设计

（一）研究背景与目的

典当业是以货币借贷为主、商品销售为辅的一种非正规边缘性金融机构，是人类最古老的行业之一，堪称现代金融业的鼻祖。典当行作为一种既有金融性质又有商业性质的独特的社会经济机构，具有重要的融资服务功能。与作为主流融资渠道的银行贷款相比，其市场定位针对中小企业和个人，对中小企业的信用要求和贷款用途的限制较少，降低了中小企业的融资风险与融资成本。典当行的贷款有着小额性、短期性、安全性、便捷性等本质特点，能为中小企业提供其需要的融资服务，能在短时间内为融资者提供更多的资金。然而典当行虽表面业务稳定，其发展同时也存在许多问题和不足。

据有关数据统计，截至2013年第一季度，典当行业出现亏损的企业占总数的36.9%，较上年同期上升4.6%；所有亏损企业的亏损总额为2亿元，同比增长19.2%。相比之下，近年兴起的网络借贷的行业交易规模则从2007年的0.2亿元增长到2014年的3 291.94

亿元。典当行业作为金融行业的鼻祖仅仅高于网络借贷行业，而且发展态势还不容乐观。[①] 除了网络借贷以外，小额贷款公司的兴起和银行大力推广供应链金融服务都对典当行造成了巨大的冲击，在多种融资服务机构都将渠道下沉到中小企业的当下，典当行的经营显然面临困境。

中小型企业虽然是构成国民经济的重要的一环，但其资金负债率较高，资金链是经营运转的一个重要方面。那么在新经济形势下中小型企业在进行融资服务选择时，典当行业是否还是其倾向的选项？在各种新兴的借贷机构冲击下，典当行这样的古老机构应该退出现代金融领域吗？从市场角度来说，现代金融是否需要典当行？典当行是否能够以与互联网等现代平台相结合的方式进行一轮新的改革，以求在现代金融中重新获得增长的动力？带着这些问题，我们选取了上海市的 3 家典当行企业作为样本，并联系 1 家行业协会作为补充，进行实地调研，以期针对这些问题能够获得有意义的结论。

（二）理论综述——典当行业现状文献研究

1. 典当行的历史

据历史记载，典当业在中国汉代已经初见萌芽。而中国典当业真正形成行业规模则肇始于南北朝时带有慈善济贫性质的"寺库质贷"。[②] 从唐代开始，中国的典当业从单一的寺库质贷逐渐成为一种官营或民营的金融行为，并开始兴旺。典当业从最初的处理寺庙冗余资金，变成了富贵人家打理财富、进行投资的普遍途径。

宋朝时，土地进入了典当业的抵押范围。[③] 宋朝行会组织的成熟，也正式形成了中国历史上最早的典当业同业行会组织。元末明初，寺院典当退出历史舞台，代之而起的是民办典当行。至清代则出现民当、官当、皇当并举的格局，同时明清二代典当业在综合经营的同时出现了针对不同当物对象范围的专业性经营分工。

在民国初年，中国典当业出现日趋衰落的趋势。新中国建立不久，当铺不再存在。直到经济体制改革，中国典当业的复出才有了新的历史机遇。1987 年，四川成都成立了我国改革开放后复出的第一家典当行"成都市华茂典当服务商行"，标志着典当业这一传统金融行业在中国内地的复出与发展，重新进入了中国金融经济的舞台[④]。

2. 典当行的现状

（1）数量规模

截至 2015 年 7 月底，全国共有典当行 8 108 家，分支机构 953 家，注册资本总计 1 611.3 亿元。全国典当余额 923.3 亿元，同比增长 9.2%。1—7 月累计发放当金 2 561.9 亿元，同比增长 12.6%。平均单笔业务金额 20.3 万元。从业务结构看，动产典当业务占全部业务的 32.8%，房地产典当业务占 47.7%，财产权利典当业务占 19.5%，房地产典当业务占比近年来首次下降到 50%以下[⑤]。

---

① 中国市场调研网，"2014 年中国典当市场现状调查与未来发展前景趋势报告"，2014-08，http://www.20087.com/2014-08/DianDangHangYeFenXiBaoGao.html。

② 安实、赵泽斌、王健："我国中小企业融资现状及发展战略研究"，《企业经济》，2001 年第 1 期，第 39—40 页。

③ 曲彦斌：《中国典当业的起源与流变探析》，辽宁人民出版社，1999 年。

④ 李沙：《典当基础知识》，学苑出版社，2001 年。

⑤ 中华人民共和国商务部流通业发展司："2015 年 7 月全国典当业运行平稳"，2015-08-17，http://ltfzs.mofcom.gov.cn/article/ckts/cksm/201508/20150801081941.shtml。

（2）主要经营内容

中国典当业多以房屋、汽车、金银首饰“三大件”为主要业务对象，个别典当行甚至占到业务量的80%。而今典当行的当品范围大大扩展，除了金银珠宝、存单、证券外，还有交通工具、机器设备、生产原料及房屋等。这是因为典当行融资速度快，手续简便，对于急需资金而在正规金融机构难以获得融资的人或企业来说，典当借款是一种适应需求的融资选择。

我国典当业的作用主要表现在三个方面。其一是它的资金融通作用，其二是它的当物保管作用，其三是它的商品销售作用。这是典当业作为一种既有金融性又有商业性的行业的本质所在，也是千百年来我国典当业得以生存和发展的客观基础。还有其他一些作用，诸如对当物的鉴定、评估、作价等服务作用。

改革开放后发展起来的典当行具有与旧式当铺完全不同的运行特征。首先，典当行业不再是以穷人为专门的服务对象，最主要的服务对象则是个人、个体工商户和中小型企业。其次，当今典当行的交易价格一般都是由交易双方本着市场行情，遵循公平交易、自愿互利的原则商定，银行贷款利率是参照基础。①

（3）发展现状

自1987年12月新中国典当业复出后至今，其所处的政策法律环境有许多不尽如人意的地方。但是自2000年8月国家经济贸易委员会监管典当业以来，制定实施了《典当行管理办法》并采取了一系列的相关措施。这一政策变化主要表现在三个方面：一是经营范围的扩大，以往典当行只能经营动产典当，现在允许典当行经营财产权利和房地产典当业务；二是允许典当行负债经营，典当行可以从银行贷款；三是允许典当行设立分支机构。这些政策变化都十分有利于典当业的发展，我国典当业由此进入了新中国成立以来的一个最好时期。

而目前，我国典当业处于1987年恢复以来发展相对较好的时期。典当作为一种活跃市场经济的手段，已成为现代生活中一种资金周转、应急、消费、投资的融资方式，其以融资快捷、方便灵活的特点，受到了中小企业、个体工商者及广大群众的欢迎。新时期的典当业本质是社会服务型的行业，它不再是单纯为解决生计问题的消费性融资，而是成为广泛地发展经济、支持生产、活跃流通、方便群众的生产性、经营性融资。②

然而现在典当行业依旧存在着一些问题，例如人们思想中依然存在对典当行业的偏见、存在违规经营和不法竞争现象和缺乏相应的人才等等。

（4）总结

典当业的复兴一度引起社会的震动，在它的背后有着众多的疑惑和不解，许多人还把它与旧社会的当铺相提并论。但事实上，典当还有其经济功能及独有的自然属性，这表现为典当是一种通过有别于信用贷款的抵押贷款方式取得融资的手段。所以说典当的复兴既有其深刻的社会政治背景，也有其合理的社会经济因素。多种经济成分的客观存在，特别是个体私营经济的兴旺发达，以及居民个人金融理财意识的增强，都迫切需要有这样一

① 陶锌其：“民间金融路径选择之典当行”，《时代金融旬刊》，2013年第35期。

② 周黎明、史晋川、叶宏伟：“中国典当行业的特点及性质变迁”，《浙江学刊》，2012年第1期，第138—144页。

个专门的金融中介机构，而典当业的复出恰好满足这种需求。①

因此，典当业也是我国社会主义市场经济中不可或缺的部分，我们也应该对此予以重视，让典当这一古老行业在今天重新发挥自己应有的价值。

（三）研究设计

1.研究内容

此次研究，我们以分布在上海市的3家大、中、小型典当行企业作为调研地点，以典当行中进行日常业务的基层工作人员和对行业经营整体状况有认识把握的高层工作人员为调研对象；并且对上海市的典当行业协会进行走访，以行业协会的负责人作为调研对象；另外从客户角度做问卷调查进行另一个侧面的信息补充。从经营方、监管方和客户群体三个角度，了解典当行在当下的具体经营情况，包括典当范围、借贷规则、客户群体构成、交易数量和营业状况、预期的经营战略和新型的运营方式等信息，并对典当行工作人员本身对典当行业的未来发展预期进行了解，主要涵盖是否有缺陷和是否需要转型两个方面。我们期望通过诚恳的交流，尝试获得关于典当行在经济日新月异的当下的战略定位，以及未来的自身行业优势的发挥和行业发展方向、经营决策等方面的丰富、真实的数据和资料。

2. 研究方法

在研究方法方面，我们将以访谈为主、问卷为辅以及数据收集的方法来获取典当行业的经营现状的资料。

本次深入访谈的提纲一共有三份，分别针对典当行企业的基层工作人员、高层工作人员和典当行业协会的负责人。访谈的内容主要依据现有材料收集整理并进行确认后的内容、近年的实际经营情况等各企业具有差异性的条目，以及一些主观角度出发的看法为出发点，进行一系列的问题设置。考虑到访谈对象的工作范围、理解能力和时间接受程度差异，我们设置的问题深度和题量都适当调整，具有可操作性和科学性。

问卷方面，主要是以上海本地群众为调查对象，根据其收入水平、对典当行的认知程度、在贷款时的需求和选择等情况，总结典当行在上海的普及程度，从侧面探索典当行的发展空间。

3. 研究角度

(1) 典当行企业的基层工作人员

典当行企业的基层工作人员主要指那些在典当行店面中进行日常典当交易业务处理、提供典当交易咨询服务的工作人员，具体对于本次研究而言，应该是任职时间较长、具有一定程度工作经验和业务熟悉程度的人员。这些基层工作人员是典当行交易业务的主要接手人，对于当下典当行的交易范围、交易规则、金额界定等都有最直接的了解，所以无疑是本次研究中需要关注的对象，他们能够对典当行的最基本服务职能和服务范围能力做出具体的介绍，并通过日常工作提供一些具有参考性的个人的行业发展见解。总的来说，对基层人员的调查是本次研究的基础知识的补充和确认。

---

① 王立刚："典当行盈利模式研究"，《现代经济信息》，2014年第17期，第242页。

(2) 典当行企业的高层工作人员

高层工作人员主要是指那些对典当行企业总体的经营情况,包括近年的交易额度、盈利亏损额、对比往年的增长与否等情况有较为清晰准确的把握,并且了解典当行目前的主要经营战略,并对未来的发展方向和转型策略等有较为权威的认识的典当行企业的高层负责人。他们作为典当行企业的经营高层,对于这个行业的总体运营情况和市场内的竞争等都会有更为深入的了解,能更为清晰地概括出行业目前存在的困境和其他融资机构对典当行带来的影响,其对典当行未来发展的预期也更具有可靠性,对我们研究中的未来对策预期有较好的引导性和指导作用。所以我们认为,要想全面了解典当行业的经营情况和未来发展形势,主要需要依靠典当行企业负责人的描述和看法,所以对高层人员的访谈是本次研究中的核心内容。

(3) 典当行业协会的负责人

典当行业协会是对典当行业进行监管规范的机构,其负责人对于行业的法律法规和准入条件等都会有全面的认识,并且协会本身每年对于本市的各典当行企业的经营数据统计也是我们所需要的重要材料。在有全面详细的数据和分析的条件下,典当行业协会的负责人对于行业未来的发展方向将提供具有规范性的第三方的意见,其对行业当下经营情况的客观评价和对未来的合理预期也将是我们研究的重要参考来源。所以我们认为,为了全面了解典当行业的具体情况和可能的改进方向,还应结合这些第三方监管者的描述和看法,这些构成了本次研究的重要辅助内容。

(4) 客户群体

客户群体包括进行过典当交易的和潜在的有融资需求的个人和中小企业。

4. 抽样方法

就典当行企业的选取方式而言,我们按预定计划选取大、中、小型各一,其中规模大小主要是以其投资金额为指标进行判定。在实际操作中,几家典当行因事务繁忙或规模不够大、对行业不能提供有效的见解等理由拒绝了我们的调研申请,因此我们最终采取了非随机抽样的偶遇抽样方法,确定了经联系后接受调研申请的三家典当行,并且其中包含了在未来发展规划上有创新之处的典当行,由此最终确定了此次的调研地点。

工作人员的选取方面,我们希望选取提供信息更具可信性的人员,所以舍弃了随机抽样的方法,而是直接询问就职时间较长的几位经验丰富的工作人员。高层工作者中也尽可能选取职位更高的、行业资历更丰富的人员,以保证访谈的合理性。

问卷调查方面,限定上海的本地居民进行随机抽样的问卷调查,均衡各收入水平和文化水平,包括对典当行的不同认知水平的群众的比例,进行全面的比较。

5. 概念界定

(1) 典当行

根据我国《典当管理办法》规定,所谓典当,是指当户将其动产、财产权利作为当物质押或者抵押给典当行,交付一定比例费用,取得当金,并在约定期限内支付当金利息、偿还当金、赎回当物的行为。通俗的说,典当就是要以财物作质押,在有限期内以有偿的方式取得借款,并可在规定期限内以一定代价赎回当物的贷款方式。而典当行则是指以收取当户所交的一定的标的作担保而发放相应当金的人,也称收当人、承当人或质权人,俗称贷款人、当铺。典当行必须是依法设立的专门机构。本文所研究的典当行为上海地区的典当行。

（2）融资借贷

一般来讲，融资借贷是指个人或企业以融资为目的与金融机构或融资公司发生的借贷关系。融资借贷是一种非常普遍的行为，在个人或企业的生活、生产活动中，因为种种原因如提前消费，货物滞销等需要资金来进行周转或维持时，一般会发生融资借贷。融资借贷的借方主要是企业或个人，融资借贷的贷方则主要是以银行为首的各金融机构及融资结构。融资贷款可分为抵押贷款和非抵押贷款，顾名思义，抵押贷款是指借款人以财产或财产权利作为抵押取得贷款，而非抵押贷款则无需抵押物。现代融资借贷往往是有抵押的借贷，而典当行中发生的借贷关系是一种典型的抵押借贷。

（3）融资服务的社会供需

融资服务的需求方主要指企业和个人，而供给方则为金融机构及融资机构，其中比较重要的有银行、保险、典当行、贷款公司等。融资服务的社会供需主要是指当前社会条件下融资服务总的需求量与供给量。而融资服务的社会供给关系则一定程度上反映了当地金融的发达程度。市场中需求的数量和性质在很大程度上左右了服务提供方的业务规模和未来发展方向。所以我们定义融资服务的社会供需，以研究典当行的竞争力和未来战略。

（四）预设调研思路

经过一系列前期准备工作，对于本次调研我们预设了以下思路（见图 1），希望能够使得调研过程更加清晰、系统和全面，能够有效地反映典当行业经营现状的真实情况，以期得到更为切实有效的结论：

图 1　预设调研思路

其中实地调研的访谈调研方向是针对典当行当下的行业发展情况，包括：

① 典当行的企业历史和行业演变,以及当前典当行的行业规范和法律政策。

② 业务的对象群体,关注其群体特征和经济状况特点等。

③ 典当的规则相比过去的变化,重点关注典当物的折价、典当物品的范围变化(期权证券等非实物)、借款利率的计算等。

④ 行业联系:与拍卖行存在的行业联系,两行业间的沟通合作模式等。

⑤ 当今的行业挑战,例如银行业的小额信贷冲击下典当行的经营现状,包括业务量和营业额的趋势等。

⑥ 试了解在金融产业迅速变化的当今时代典当行对于未来经营的预期,包括前景展望和可能采取的经营策略,关注行业内各企业对典当这一传统行业的定位、存续和行业优势的发挥的看法。

(五)当地背景情况

1. 当地情况

上海市是全国的经济和金融中心,正在向现代化国际大都市的目标迈进,肩负着面向世界、推动长三角地区一体化发展的重任,在全国经济建设和社会发展中具有十分重要的地位和作用。土地面积仅占全国 0.06% 的上海,完成的生产总值占全国的比重为 3.8%,集装箱吞吐量占全国的 17.8%,关区进出口商品总额占全国的 19.5%。2014 年,全市实现生产总值 23 560.94 亿元,按可比价格计算,比上年增长 7.0%,上海人均生产总值达到 9.73 万元,相当于世界中等发达国家或地区的水平。①

而典当行业又多集中在一线城市,故上海典当行业较为发达。截至 2014 年 12 月底,全市典当法人企业为 259 家,分支机构 68 家,共计 327 家典当经营网点,约占全国 7 574 家经营网点的 4.3%,目前,全市已有 6 家注册资本金达亿元的企业。因为种种原因,近年来上海地区典当行业增长较为缓慢。2014 年完成典当总额 449.34 亿元,业务笔数总计 375 364 笔,均单笔典当业务 11.97 万元,总费收入为 9.89 亿元②。相比 2013 年均略有下降。

2. 典当行情况

为了使选取的样本更具代表性,我们在实地调研前通过多种渠道充分了解,以规模分为大中小层次、在上海市区分散分布并且尽可能在经营理念和发展方向上有独到之处为原则,对分布在上海的各典当行进行筛选,经过和典当行负责人的联系,最终确定以下 3 家典当行和 1 家行业协会作为此次调研的计划调研地:

(1) 华联典当行

为上海市典当行业魁首,投资规模在亿元左右,历史悠久,由上海第一家典当行上海典当行发展而来,是上海典当行协会会长单位,注册资金 1 000 万元。目前设有一个总行四个分行,成立于 1992 年 8 月。1996 年经中国人民银行批准,将上海典当行及所设的分支机构相继独立升格,成为具有独立法人资格的华联、天源、天宝等五家典当行,目前华

① 上海统计网:"上海概览",2015-08,http://www.stats-sh.gov.cn/frontshgl/18666.html。

② 上海典当行业协会:"上海典当行业 2014 年度统计分析报告",2015-03,http://www.shpawn.net/。

联、天源、天宝三家典当行以及新近成立的三家分支机构均为上海华联集团资产托管有限公司的成员企业,并正在以华联集团为依托,充分利用第一大股东资产托管有限公司的优势资源全力推进以“华联典当”为品牌的典当连锁经营的进程。我们选择华联典当行作为大型典当行的代表。

(2) 信邦典当行

信邦典当成立于2008年,是中信资产管理有限公司旗下的典当品牌,致力于为中小微企业和个人提供快捷、高效、贴心的融资服务。信邦典当秉承中信企业文化核心价值理念和中信资产风格,开拓创新,锐意进取,已在全国各地设立了多家典当机构。另外,信邦典当行于2014年成为首家进驻上海自贸区的典当行,也是目前上海自贸区内唯一一家典当行。我们选择信邦典当行作为中等规模典当行的代表。

(3) 兴银典当行

上海兴银典当有限公司是经国家商务部批准成立的综合性典当融资特种企业,注册资金1 000万元,主要从事房地产、机动车、有价证券、大宗物资和金银首饰、钻石珠宝、高档名表、世界名牌奢侈品等的典当质押等典当融资业务。我们选择兴银典当行作为小型规模典当行的代表。

(4) 上海典当行业协会

上海典当行业协会成立于2004年6月28日,为上海市典当行企业和相关企事业单位自愿组成的地方性、跨部门、跨所有制的非营利的行业性社会团体法人。

协会成立以来,举办各种研讨会、交流会,研究拓展中小企业市场,满足为中小企业和社会对典当融资的需求,组织开展业务培训,如钻石、宝玉石、黄金饰品、手表、汽车等物品的鉴定与评估,房地产抵押业务培训;定期出版行业刊物,提供各类信息服务;组织会员单位参加国内外学习考察交流活动;聘请常年法律顾问,免费为会员单位提供法律咨询服务和法律援助。广泛开展行业宣传,提高典当行业在社会上的整体形象。

总的来说,行业协会不仅对典当业有全面深入的了解,并且致力于典当业的发展和提升,能够向我们介绍对调研有帮助的一系列信息。

二、实际调研情况与相应调整

(1) 调研时间地点调整

实际调研中我们按照预期走访了3家典当行企业和1家行业协会,但由于对方的时间安排原因,为了访谈到高层的工作人员,对同一家典当行企业我们进行了几次实地调研,在行程方面有所调整。

(2) 部分调研方法和方向的修改

在最初的研究阶段,本调研是希望通过典当行本身的经营情况、经营战略和未来预测,结合行业协会的监管情况和行业概览,对典当行业总体现状形成整体的认识,发现行业存在的困难和发展的困境;并从客户方面分析个体群众对典当行的认知、使用情况和借贷需求,比较在多种融资机构兴起的形势下典当行受到的冲击,思考应该如何迎合客户需求改善服务;探索作为融资机构的典当行在当今经济形势下的经营现状和应该如何进行改革。

但经过对典当行企业的实地访谈和对行业协会的走访后,我们发现对个体群众作为客户代表进行问卷调查是不清晰的。首先,从当前的行业经营情况来看,对中小型企业的放贷是典当行的主要交易组成,占据营业收入的很大比例;这不仅是因为中小型企业的借贷金额远大于个体客户的贷款需求,同时也是因为在国家鼓励创业的拉动下中小型企业日渐增加,因为其企业规模原因,向银行的借贷存在信用风险和程序繁冗的问题,典当行则是这些企业的良好选择。根据专家的行业预测,在未来典当行的客户群体中个人的比例将会降低,而中小型企业将成为主体客户。另一个方面,一般进行典当的个体用户是金钱富裕的人群,他们有的是出于资金周转需求、有的是希望有价值的奢侈品能得到安全的保管,从而选择了典当行,而传统的当铺概念中普通民众出于缺乏资金而求助于典当的情况其实已经不再是典当行的主要经营现象。所以说对收入水平参差不齐的群体进行问卷调查并不能为本次课题提供有效的信息和可靠的未来展望参考。

基于这两个原因,我们放弃了问卷调查的方式,转而将重心转向对中小企业的调查。鉴于缺乏事先的约访,并且中小型企业范围过于广阔,首先难以采用问卷形式,其次深入访谈也难以实现。所以我们考虑收集市场中对中小型企业融资方式方面的行业研究数据,进行重新整理和重新审视,以弥补在客户这个角度的信息。同时考虑使用电话访谈和邮件提问的方式,尝试获取一些随机抽取的中小企业的主观意见以作为佐证,虽然我们猜测作为企业来说不愿意透露这方面的信息,但从行业数据出发做确认和咨询工作仍足以提供一些参考意见。

另外,考虑到调研过程中我们了解到典当行的房地产业务有所萎缩,而国外的典当行业由于国情原因在除房产之外的典当业务上有丰富的经验,因此,我们在后期也由此入手进行了材料收集和参考。

(3) 修改预调研思路

前期准备 7.8—7.12	实地调研 7.13—8.4	文献检索 7.24—8.16	后期整理 8.17—9.3
①典当行资料收集 文献阅读、上海典当网的官方资料、各典当行的官方网站的材料整理分析 ②前期联络事项 联系各典当行,沟通实地调研的事项,确定调研时间 ③访谈准备 深入了解三家典当行的企业情况,制定和确定访谈提纲	①调研时间地点 华联典当行:7月13日,7月19日 信邦典当行:7月17日,7月30日 兴银典当行:8月4日 典当行业协会:7月24日 ②对实地调研的访谈材料进行整理	①收集中小企业在融资方面的行业调研数据 ②查找上海市的几个中小型企业,发送邮件或者打电话进行简短的咨询 ③整理典当行客户方面的调研信息	①对前期收集的材料、实地调研成果进行汇总分析 ②从现有的材料出发,收集对比国外的典当行业信息,并结合互联网发展,总结出对行业的未来展望 ③形成调研论文

图2 实际调研思路

三、上海典当行业基本现状

在调研开始之前,我们通过文献搜集与数据分析等方式,对典当行的发展现状有了一些大致的认识。而在实地调研之中得到的访谈记录,则让我们从更为直观的层面对这一行业有了更深入的了解。

在经济发展的当下,市场融资需求缺口成为典当行快速发展的机遇;然而典当行业在发展的同时,也面临着种种问题,其行业经营的整体困境不容忽视。此前,我们从《上海经济年鉴》中得知,近年来上海典当行业发展趋势明显下滑,典当业企业与营业网点新增数目明显减缓。

为此,我们走访了数家规模不同的典当行以及上海典当行业协会,以典当行业内的从业人员为对象进行了访谈,了解到了典当行业当前的真实情况。

(一)基本经营情况

在访谈的最初部分,我们询问了一些关于典当行的基本情况,包括各家典当行的历史、基本经营方式与客户群体等,以了解这个相对陌生的行业。

1. 客户群体与典当物

典当行业的主要服务对象是个人客户和中小企业。"现在对于典当行来说,客户需求主要是小型企业和个人的资金周转。"据华联典当行的工作人员介绍,当下客户选择典当行,并非是为生活所迫,更多的是出于资金周转的目的。典当的物品,除了传统的,虚拟金融资产也越来越多地成为典当的抵押品。存单、证券、机器设备、生产原料等也可充当典当物,换言之,只要有较为稳定的价值的东西,都可以典当。

而在访谈中,我们也留意到了典当行自身定位和给人印象的变化。华联典当的员工在访谈中曾经提到,"可能我们也需要慢慢跟以前的那种当铺区别开来"。传统印象中的典当行,多半是走投无路时人们才会考虑的一个选择。而现在,这样的印象则在渐渐模糊。无论是典当行内的宣传手册,还是其官网上的广告与理念宣传,典当行显然已经不再单单局限于"质押—赎回/拍卖"中介的这样一种经营方式。资金周转、短期寄存、贵重物转卖等,都被纳入其扩展中的业务范围。如信邦典当官网上的宣传语,强调的就是:"解您燃眉之急,备您不时之需",以及"为您提供一个高效的融资绿色通道,帮您理财,助您成功!"这种形象和定位的转变也正体现在典当行的服务对象上。不仅仅服务于抵押个人物品的客户,也着力为中小微企业和个人提供快捷、高效、贴心的融资服务。

2. 行业发展形势

正如前面提到的,在高速蓬勃发展之后,典当行业的整体经营态势出现了明显的下滑如图 3 所示。那么,对于行业内的从业人员来说,整体数据的走衰是否确实代表着行业不妙的发展前景呢?

事实上,对于我们提到的问题,相当多数受访者承认,典当行业发展遇到困境,势头暂缓,但仍对行业的发展表现出了较强的信心。

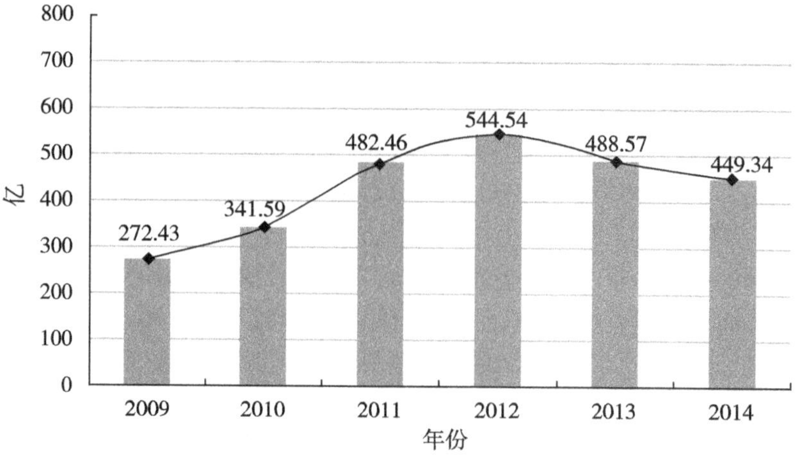

图 3　近 6 年典当金额对比图

资料来源:《上海经济年鉴》。

对于典当行整体的发展趋势这个问题,华联典当的工作人员对典当行业的发展前景较为看好:“这几年全国典当行业发展是比较快的……我觉得在未来一段时间内,典当行业还是会比较平稳地发展,而且典当市场的发展空间还是令人十分看好的。”虽然这位员工也承认行业发展中存在着一些问题,但仍对灵活便利的典当行业充满信心,他表示:“虽然现在会遭遇一些困难,但我觉得还是可以被克服的。”

信邦典当的受访者态度也是相似的:“……现在典当行虽然在整个经济不景气的大环境下也有着自己的一些困难……不管怎么样,典当业的放款业务是银行资产业务的有益补充,同时,典当行还可以向商业银行融资,这一地位决定了典当行业务不会过时。”

作为一种可以满足融资需求的金融机构,典当行业的发展很大程度上依赖于整体经济环境。在经济发展放缓的当下,也许遇到了部分困境和难题,但典当行的出路依然是充满希望的。在国家持鼓励态度的政策下,更多的创业公司显然是典当行业很好的发展机会。

3. 营业网点分布

除此之外,从《年度统计分析报告》中,我们也可以看到典当行的营业网点分布对比。如图 4 所示,在市中心地区有多家典当公司的密集网点。

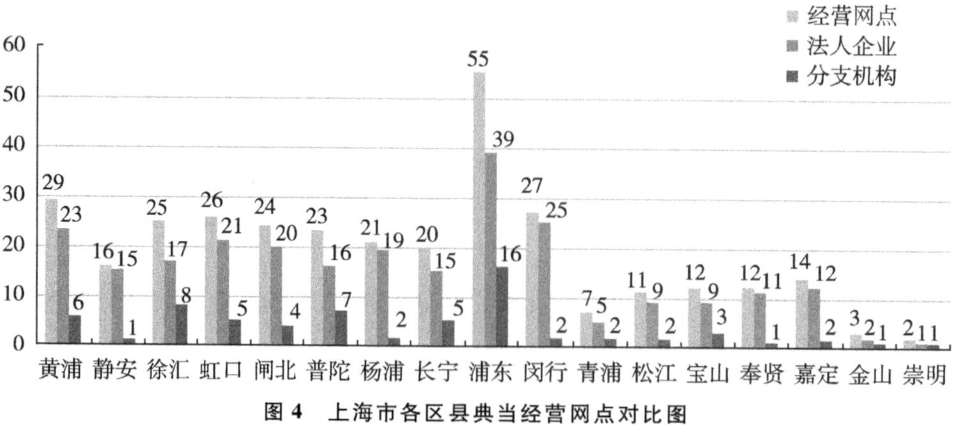

图 4　上海市各区县典当经营网点对比图

与上一年相比，浦东新区与徐汇区的营业网点都有明显增加，中心城区的经营网点更为密集，而边缘城区则相对较少。中心城区集中的网点分布也正是各家典当行激烈竞争的结果。从全国范围内来说，能够大规模建设网点的典当公司较少，跨省经营依然十分困难。

4. 传统业务困境

从2006年起，各家银行对于个人和中、小机构的房地产抵押贷款业务限制开始松动，而房地产本是典当行三大主要典当物(房地产、股权、车)之一。事实也正是如此，银行逐步放宽的小额信贷业务正对典当行的传统业务范围提出挑战。在银行的房地产抵押贷款业务冲击下，典当行的房产典当业务不可避免地将受到冲击。

正如图5中显示出来的，2014年度房地产业务完成259亿元，同比上一年跌幅达11.93%，所占业务比重57.7%。作为支柱业务的房地产业务，首次出现两位数跌幅和两位数负增长。

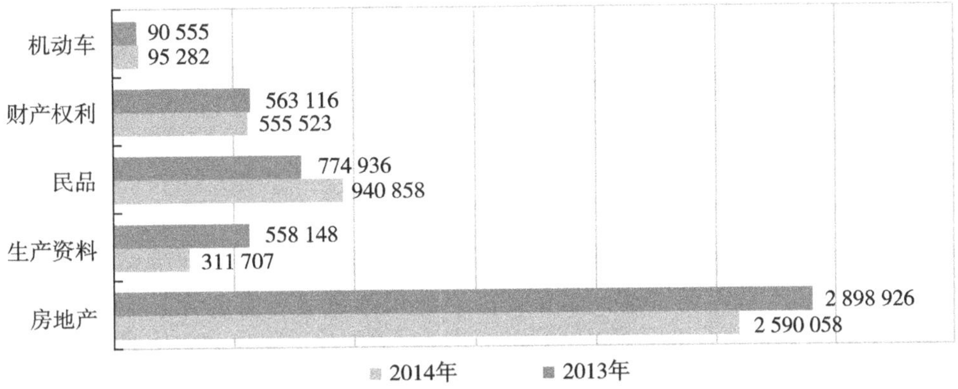

图5 2014年典当业务对比图(万元)

此外，2012年发布的《典当行业监管规定》(简称《规定》)，第二十四条规定："加强对股票等财产权利典当业务的监督管理。禁止和预防典当行违规融资参与上市股票炒作，或为客户提供股票交易资金。禁止以证券交易账户资产为质押的股票典当业务。"而自从2001年允许典当行经营股权典当以来，已成为典当业最重要的三样典当物之一，近几年该业务的发展量更为迅猛。而新的《规定》全面禁止典当行从事股票典当业务，显然会对典当行业造成可预见的不利影响。

同样的，在对行业协会的访谈中，我们得知目前典当行业的公司业务同质化严重，因而竞争也异常激烈。

在《上海典当行业2014年度统计分析报告》中，我们可以得知，相较于2013年，2014年度全市259家典当企业主营业务依然集中于房地产与民品典当业务(见表1)。各家典当公司相仿的业务经营范围显然会带来同一领域内的激烈竞争。

行业内各企业发展水平参差不齐，经营良好企业与经营不佳企业之间差距越发加大，经营良好企业管理较为规范，资金较为雄厚，业务创新能力和抗风险能力较强，面临压力逆势上涨，成为行业的支柱和标杆，这部分企业总体业绩或某业务领域业绩名列前茅；而经营不佳企业则坏账亏损情况严重，有个别企业注册资本金全部损失，企业经营接近或已经停止。

表1　全市典当企业从事业务结构情况

业务分类	2014年度(按259家计算)		2013年度(按251家计算)	
	企业数(家)	所占比例(%)	企业数(家)	所占比例(%)
房地产	214	82.6	221	88.1
民品	189	73.0	187	74.5
机动车	87	33.6	89	35.5
财产权利	88	34.0	95	37.8
生产资料	43	16.6	49	19.5

尤其对于以房地产和财产权利这样大额典当融资的业务作为主流业务的典当企业，一旦他们的客户也因为整个市场的转坏而不能按时或无法回赎典当质押或抵押物，而该典当标的的流通价值又受市场系统性风险影响而大幅下降，客户只会推迟赎当期甚至放弃赎当，这时候典当行就会承受由于业务金额大而带来的巨大损失。

因此，大部分典当业务产品结构单一的典当企业必然面临经营风险和发展困局，以至于某些缺乏业务创新能力和客户来源渠道的企业会有亏损现象的情况发生。显然，在目前的形势下，典当行业的业务结构亟需适当调整，以应对市场变化。

（二）困境与挑战

1. 经济趋势

典当业作为融资服务业，与金融业有着千丝万缕的联系。金融业的任何波动变化都会对典当业产生或大或小的影响。而在我国经济增速放缓的宏观背景下，出口业、制造业、房地产业以及与房地产业相关的26个行业的利润下滑。而这些行业中的中小企业属于典当行的重要目标客户范畴。同时，在经济不景气的预期之下，典当行趋向于保守经营，所有这些因素都会对典当行的收益造成负面影响。

此外，市场的波动将成为典当行经营风险的一大主要来源。信邦典当的工作人员在访谈中曾表示："价值评估最困难的是由于典当物的价值严格受到市场的影响，就像我前面说过的黄金价格一样，每天都在不断地变化，物价不断地受到通胀、财政政策以及货币政策等因素的影响，因此出现典当物评估价值与市场预测不符合的现象是很难避免的……"

2. 政策困境

目前，我国典当业发展仍面临着法律保障缺乏、政策支持不足、征信及融资规模受限等方面的问题。而当前已有的典当行业立法层级低，配套规定老旧，法律和政策支持严重落后于产业规模和发展速度。目前规制典当行业的法律监管要求，几乎没有涉及促进典当行业发展的全国或地方立法及配套政策；在全面改善和开拓典当企业生存发展环境方面，还缺乏具体方法。

在访谈中，典当行从业人员曾表示，"现有政策只能说最基本地满足了典当行业的需求……我们的确需要一些更加具体的法律法规来维护现在的典当行业"。

在典当业快速发展的同时，部分典当行违规经营，乱象丛生，行业发展中潜藏的巨大风险引起人们的关注。商务部依据2005年发布的《典当管理办法》及有关法律法规颁布实施的《典当行业监管规定》，总体上仍是围绕行业的准入许可和监管要求发布的。它提高了典当行业的准入门槛，进一步细化了调控标准；禁止股权典当，且重点加强对典当企业与其股东的资金往来监控。同时规定，典当行资金来源除注册资金与经营利润外，只能从商业银行在限额内贷款。

典当行的融资渠道只有进行股东增资或者向银行贷款两种方式，融资能力需完全取决于股东实力及与银行合作的情况，融资渠道非常狭窄，而从商业银行获得贷款的额度又多有限制，在实际经营中，显然会遇到更多的资金困境。

同样，也有业内人士举例说，我国典当行在处置超过 3 万元的绝当资产时，不能自行处置，需进行拍卖，这种前几年制定的法规已不再适应当下典当行业的发展。

诚然，种种法规都是出于多方考虑出台的，但也确实对典当行业的发展造成了限制。典当行作为一种新的融资渠道，为中小微企业提供应急性的借款融资服务，其借贷利率高于银行，但比一般的小贷公司要低，未尝不是对企业融资方式的良好补充。要更好地维护这一行业的发展，更为适宜的法律仍是必不可少的。

3. 业务竞争

在我们的访谈中，一个重要的核心问题就是，典当行与其他提供小额借款的融资机构之间的业务冲突。

华联典当的受访者表示，“银行的小额贷款以及网络信贷跟我们的一部分业务是具有重合的”。银行的优势在于低廉的“价格”：办理同样的业务，他们只收取利息，而没有综合费用。而危机下的政府救市，实现扩张性的货币政策，银行贷款的利率仍在进一步下调。在银行之外，“房地产典当、小额贷款公司实务、P2P 网络借贷、担保公司……”，各种新型的融资与借贷方式，显然都在对典当行的生存造成冲击。“而近年来商业银行大力推行的供应链金融业务也将渠道下沉到中小企业，这对典当行业构成了非常大的威胁……”

“当人们有了更多选择而且是跟互联网时代更接轨的选择，他们就会更少考虑典当行……”华联的受访者这样表示，典当行业目前的营业额现在几乎与网络借贷持平。

对于信邦典当而言，挑战显然是相似的，而为了应对这些挑战，他们也做出了相应的改变：“这些融资渠道为企业或个人提供了更多的借贷选择，确实也抢走了我们不少的客户。但是鉴于这方面的挑战，其实我们公司也与官方网络有合作，拓宽我们在网络信贷方面的发展。”

4. 竞争优势

和银行相比，典当行具有其独有的优势。银行贷款往往会预先要求贷款人开具账户，进行资产评估、信用调查，手续烦琐。和银行相比，典当行的优势在于办理手续上的简便，操作快捷。“认物不认人”是典当行业的一大传统，只要有价值相当的当物，就可以以此抵押借款。此外，在可质押物的范围上，典当行显然更为广泛。而借款用途不受限制，企业经营不受干预；抵押或质押范围广泛，尤其是个人客户可以轻松地进行动产抵押，这显然在银行贷款范围之外。

而和各种民间小额信贷相比，典当行的借款利率则更为低廉。作为个人或中小企业的融资渠道而言，具有价格上的优势。

典当行由于其自身的经营特点，非常适合中小企业，是中小企业融资的重要渠道。只要典当行的优势还存在一天，就有一天的生存空间。

（三）行业自身局限

尽管相对于银行和民间小额贷款，典当行有着不可忽视的独特优势，然而，作为一个在困境中发展的行业，其自身依然不可避免地具有诸多的局限性。

在对上海典当行业协会的访谈之中，我们就提到了这一点。行业协会给出的答案颇为具体："……因为行业知名度不足……从业人员职业素质参差不齐，缺乏鉴定评估、法律和金融证券的高端人才，而人才流失也十分严重……结构也急待调整……"显然，虽然有所转变，但典当行作为一个沉寂许久的传统行业，如何打破固有的形象，让更多人熟悉其新的服务方式与职能范围，愿意投身于这样一种行业，还是一件需要长久努力的事。

另外，虽然实行的是有抵押物放款的模式，典当行的经营高风险也不容忽视。譬如一旦出现绝当时，绝当物没有销路或绝当物的价位过低，典当行变卖当物将不能收回本息，而人为估价的偏差往往是难以避免的。

近年来兴起的股权质押，其价值评估的难度则更甚于传统的民品评估。目前典当企业大多从事股权质押业务，对出质股权所在公司进行相关分析，而考察企业经营情况与信用记录的评估机制却并不完善。规模较小的典当企业由于资金有限和人才少，缺乏自行评估客户信用的能力；而规模较大的典当企业从事大宗融资，尤其是房地产、权利质押等高风险融资服务的机会多，承担风险大。

很多典当企业往往没有完善的抗风险机制，抗风险能力差，业务单一，且单笔业务较大。据《上海典当行业2014年度统计分析报告》，2014年虽业务增长企业数多于上一年，但业绩下滑企业数达到137家，占全市企业数的54.6%，也明显多于上一年。亏损面达30%以上，这也反映出目前行业的现状不佳，抗风险能力有待进一步加强。

四、典当行业的未来展望

根据以上对上海典当行业的现状调查，结合其他现有的行业预期材料，我们尝试以全国为视角，对典当行业的未来发展做出一些可能的设想。根据典当行负责人所述，当前典当行业首先要求稳，然后循序渐进地进行转型。经过总结，我们认为转型可以就以下五个方面进行优化。

（一）线下业务渠道

针对网点较少的问题，我们认为需要改善线下业务渠道。当前，典当行分布主要还是以一线城市为主。但根据典当行的密度与地方经济的发达程度和人口密集程度的相对比较来看，一线城市的典当行的市场渗透率已经高于二、三线城市，并且发达城市中银行借贷及网络借贷的建设已经趋于成熟、势头更为强劲，而二、三线城市的中小型企业正在不断地崛起，因此考虑典当行的竞争能力和发展空间，在二、三线城市拓展网点数目、加快渠道建设是比较有效的选择。同时由于地方差异带来的融资成本、经营成本等问题，典当行目前以本地连锁为主，异地连锁则几乎处于空白。要如何从经济发达的一线城市逐步撒网到欠发达的二、三线城市，是典当行在融资借贷市场中能否争取到更多份额的一个重要部分，这是一个逐步过渡的过程。我们认为，线下的业务渠道改善可以从以下三个角度入手：

1. 建立多层级的辐射点，构造局部网络

在向二、三线城市辐射的过程中，切忌急于求成。首先要选择在二、三线城市中经济较为发达的地方设立网点，这些点由于地域不封闭，或者说经济发展潜力大，使得典当行能够快速融资。同时,在这些辐射点内部,建立本地连锁,发挥异地设点和本地连锁相结合的优势,逐步扩大每个辐射点的辐射范围。如此由点到面,逐步渗透到欠发达的地区,实现信息的共享,从而扩大规模效应,减少成本。

2. 融入当地文化,建立地方特色

选择在异地设立子公司,往往要面对全新的市场环境、文化传统,因此典当行要适时调整自己的管理模式。这就要求典当行在进军异地时仔细研究当地经济实力、市场环境以及文化习俗,充分地融入到当地土壤之中,建立自己的特色。

3. 并购重组,逐步深入

面对紧俏的典当行经营资格,以并购重组的方式发展更具有优势。资深业内人士指出,通过并购,可以直接取得当地典当行已经相对成型的经营资源,还可以有效规避建设初期可能存在的选址建设、调试运营以及市场拓展等风险。如此一来,企业可以更快地融入到当地社会,汲取有效资源,快速站稳脚跟。

(二)业务改革

针对当前典当行业务产品单一,同质化竞争现象严重的问题,典当行要想在日益竞争的市场中立足脚跟,必须致力于打破同质化,在同行业中努力挖掘自身的特色和优势。

1. 根据市场与客户的需要适时调整产品

住房抵押贷款在多数情况下须全是全款房,那么争取贷款房抵押业务无疑是符合现实的。车辆质押在早些时候车主不能将车开走,而现在也已经调整为车主可以不用押车的业务。对于其他民品业务的开发,也要不断地与时俱进,不断开拓新的品种,满足客户的需要。

2. 尝试与第三方物流机构合作,完善收当方式

除了可以采用上门收当方式,也可以尝试与第三方物流机构合作。充分利用其网点优势,由物流机构保管相应物品,定期回收绝当物品。

3. 尝试与银行合作,拓展业务渠道和提升资金周转能力

一方面,典当行可以与银行在一些业务方面达成协议,利用银行较为完善的渠道铺设,一定程度上改善典当行网点不足的问题。另一方面,一些小型的典当行由于资金储备不够充足,在遇到较大的风险事故的时候很难做好资金周转工作,这时候可以考虑典当行从银行处贷款、再接受自身客户借贷需求的形式,合理预估两者的损益,以提升典当行的资金周转能力。

(三)互联网与业务转型

现在典当行仅仅依靠过去的业务推广模式,即依托从业人员的各种关系以及传统的纸媒、电视等渠道,是远远不够的。随着互联网的发展,越来越多的自媒体平台作为新兴的传媒竞争者进入人们的视野,由于其成本低廉、传播迅速等特性,不仅得到年轻的群体,也得到许多传统的大型企业的关注。在众多行业都开始与电商进行结合的当下,典当行亦可以往这个方向转型,改变业务推广模式、拓宽业务渠道。

当前,典当行在互联网化的方向上已经有所尝试,其中一个典型的例子就是淘当铺,

它是最大的网上典当交易平台之一。淘当铺在两个方面有创新之处：

一是帮助典当行搭建了一个绝当品电商平台，销售物件帮助回款。这与另一个电子商务平台“宝瑞通商城”有相似作用，提供了线上快速清理绝当品的渠道。传统的售卖绝当品的方式存在两个缺陷：一是线下销售存在地域空间限制，网点分布的密集程度影响了售卖量；二是线下的供求匹配都比较随机，以前一些绝当品的拍卖或者销售不被大多数人所知，基本是将绝当品摆在自己店里等待偶然上门的顾客或者卖给熟人，都不能充分挖掘绝当品的真实价值，也无法尽快回笼资金以进行再投资。而淘当铺这样的平台就在一定程度上解决了这两个问题，既提供了一种购买绝当品的快捷广泛的渠道，又通过平台的信息发布提供全面的绝当品信息，为线上众多绝当品的集聚开拓了更大的市场，扩大了客户的选择范围。

二是从互联网金融角度来说，淘当铺做到了融资需求与线下当铺的匹配和导流。淘当铺平台系统主要搜集的是各家典当行的业务范围、放款速度、地理位置等指标，来为用户做匹配；同时，跟打车应用类似，在同等条件下平台上越活跃的典当行越能获得更多大单推荐，对于跳单的合作方则减少推荐甚至取消合作。这样做可以改善客户的市场信息不对称的问题，允许用户货比三家，在条件最有利的典当行中择优而选，同时匹配的效率也有所提高，对典当行和客户供求两方都有更满意的结果。

除了淘当铺之外，国外在这个方面也能够给我们一些经验。美国在线典当 Pawngo 可为用户在线估计典当品的价值，而不是像以前那样把东西送过去后才知道值多少钱，即在线提交典当品信息，网站给出估值，如果用户接受报价，就需要提交身份验证文件，然后将典当品邮寄给网站，无须到线下的典当行；英国艺术品在线典当 Borro 在这个基础上还提供鉴定师上门服务，当场鉴定和提取典当抵押物。

从以上二者的经验来看，典当业务确实得到了改善，并且业务渠道的扩展在很大程度上拉动了低迷的业绩。借鉴这些做法并加以创新，我们认为典当行结合互联网的业务提升转型可以从以下几个角度切入：

1. 自建网站或借用自媒体力量推广业务

传统的使用搜索引擎和广告等方式进行推广，普及当今典当行的业务内容和借贷优势，有利于为典当行吸引更多的用户群体。除此之外，典当行还可以利用自建网站、微信公众号、官方微博等各种渠道宣传推广业务，通过文字、视频、语音等方式与浏览者沟通互动，并且不定期地举办一些抽奖或者优惠活动，以吸引更多的用户粉丝。

2. 借助各种渠道和建立专用平台以改进业务模式

借助各种自媒体平台、论坛、第三方信息发布平台发布各类业务需求信息，可以改变典当行“坐地经营”的被动局面。虽然这种以实物交付或者以实物抵押为核心的业务在互联网上是解决不了的，但是互联网能够充当媒介，将客户吸引过来。

现在的一些网上典当平台已经做到了绝当品销售方面的在线交易，但这只是比较基础的服务，除此之外还有一些功能可以完善：

第一是专家网上鉴定的功能，力求让客户足不出户就能享受鉴定服务。如果能够做到上门鉴定服务与收当，那么对于国内实体典当网点数量本身就偏少的现状来说是一种机会。

第二是信息的查询功能，例如客户可以通过网站查询了解到自己的当物信息和还款情况,并能通过个性定制服务随时关注自己中意的商品。

第三是业务的办理,真正实现线上审核、线上放贷。客户在网上提交申请和填报资料,包括实物的照片、证明等鉴定师需要的材料,力求所有前期工作尽可能多地在网上完成。

第四是绝当品销售。绝当品商城拥有绝对的价格优势以及相关鉴定证明,经营的商品以奢侈品包、黄金首饰、名牌手表为主,受到不少买家青睐。所以应该在网上开发更多渠道,更加便利快捷地销售绝当品。可以与现有的大型绝当品销售平台进行合作,形成具有集聚效应的大型的典当行专用电商平台;对于大型的典当行企业也可以自己建立网上商城。

3. 利用互联网的开放性,加深行业内合作

通过互联网的连接,让业务范围相近、业务模式接近的典当行有效地组成合作联盟,探索在同一领域进行业务深度合作的方式,以打破传统典当业务拓展的局限性。

(四)大数据与征信体系

当前典当行业在风险控制方面仍然存在困难,这主要是因为征信体制的不完善。据行业协会的相关人员所述:"只有畅通的征信渠道,才能使行业内无论大小典当企业的风控具有有效保障,征信难问题才能从根本上得到解决"。因此我们认为建立一个有效的征信体制是比较重要的。而在大数据时代,利用大数据建立征信体系是一个值得尝试的方向。

在个人客户方面,依托新的技术,大数据征信人群覆盖广泛,基本上所有人都在互联网上留下过记录。现有征信记录主要是个人信息加信贷记录,我们可以用大数据的方法计算上万个变量,将更多信贷记录以外的信息纳入征信体系。结合现有身份记录和信贷记录以及生活类数据,再加上互联网数据,可以得到更多信息来刻画个人信用。而且人工智能算法模型不只是对过去的统计,也包括对未来的预测,它可以帮助我们更好地刻画客户的违约概率和信用状况。

在中小企业客户方面,从传统征信方式上看,是有许多缺陷的:数据不完善、封闭,容易产生偏差而失真,实时性差,而且查询不方便。而大数据征信数据覆盖面广,涉及的维度更全面,大数据能够保证快速、准确的高效性,可以深度挖掘用户信用信息,防范潜在的信用风险。依托数据分析,中小微企业真实的生产经营状况、成长发展状态可以客观地反映出来。

(五)行业法规

由于历史等原因,一直以来我国对于典当行的性质判定持模棱两可的态度,导致目前都还没有专门针对典当行的统一的立法,而这已经成为制约典当行业发展的枷锁。因此,我们认为需要由国家统一立法,并认为立法时应该注意以下问题:

1. 内容上加强对典当业的政策扶持

如上所述,我国典当业发展仍面临着法律保障缺乏、政策支持不足、征信及融资规模受限等方面的问题。因此在立法的内容方面,需要紧跟当前的行业发展规模和产业潜力来对一些旧的限额进行改进。为了更好地确定合理的数值规范,我们认为可以派专业的

行业研究团队对典当行发展情况做更为全面的调查,对产业未来的发展需求做出可信的评估,由此得到更为科学并且有利于现今典当行发展的法律法规。

2. 明确典当立法的制定机关

正如前文提到的,《典当管理办法》在法律效力层级上只是部门规章的一种,在效力上说,它是低于《物权法》等法律规范的,而在典当行业中,它又具有优先性、特殊性。鉴于这种效力与使用方式不当的缺陷,根据我国目前的立法模式,应该遵循循序渐进、逐步过渡的原则,先由国务院将典当法通过行政法规的形式尽早出台,以提高典当立法的效力层次性,进而在合适的时机,提交全国人民代表大会常务委员会制定法律,以避免一步到位造成典当行业的混乱。

3. 明晰典当立法的法律性质

典当法的起草过程中,既要满足对典当行的管理规定,也要关注对典当行经营业务的规范。典当法在立法中应该与《公司法》类似、也借鉴《物权法》的特点,因为《物权法》中没有规定公司内容,而《公司法》中没有规定具体经营方式,典当法意在二者的兼得。目前,对专门行业进行专门立法已经成为国际性的潮流,尤其是实质性规定与形式性规定一统立法能最大限度地减少适用法律上的诉累。

4. 典当行的设立应同《公司法》规定相一致

在美国,典当行不仅可以设立有限责任公司,而且可以设立股份有限公司甚至上市公司,如成立于 1984 年的美国国际典当有限公司在 1990 年成为美国纽约证券交易所的上市公司。通过上市,典当行的经营、管理以及服务水平得到了显著的提高,这对其进一步发展壮大提供了新的契机。因此,在我国下一步的典当法立法中应将典当行的公司名称放宽,不能用行政宏观调控的方法规范之,应将典当行推向市场化,虽然这是特许经营行业,但公司的发展是在同一层面上进行的。应保持同《公司法》的一致,在其基础上,加强典当行自身防控与监管机关监管相结合。

5. 明确典当业的监管机构

针对长期以来,我国典当业立法者、监管者合一的状况,必须对两者加以区分,所以明确典当行业的监管者显得尤为必要。由典当监督管理局为主,典当业协会为辅,在中国人民银行宏观调控下,针对典当业发展现状及实践经验,并与证监会、银监会、保监会共同对典当业发展事宜进行内外监管,这样才能保证重点整治、分头监控的典当业良性发展。

五、调研不足及尚待解决的问题

(一)征信体系问题

根据前面所描述的行业未来展望,我们认为建立更加完善的征信体系能够为典当行的风险控制提供有效的保障;然而从另一个角度来看,对于客户的严格的信用要求在很大程度上会限制典当行的业务拓展,原因是一部分客户来自因信用问题而无法从银行那里得到贷款的中小型企业或个体工商户。除了从打破业务同质化等方面应对这些竞争,对征信体系的更深入探索也是重要的一部分。所以,进一步思考后我们认为,若要使典当行既能够做到更好的风险控制,又能够在与银行的客户源竞争中有相对优势,就需要在征信体系的借贷标准制定上寻求一个中间点,使得对典当行而言绝当风险对比现状有所改善,并且对于客户的信用要求相比银行贷款来得更为宽容。而这个中间点该如何确定,则需要深入研究银行的借贷体系,我们目前的调研还不能提出有效的策略,仍需要进行后续的研究。

(二) 行业内合作的形式

在结合互联网进行业务渠道拓宽的部分,我们提到了可以运用互联网开放性的特点,考虑在行业内进行典当行企业之间的合作。然而关于具体的合作形式,我们还不能给出切实可行的方案。我们考虑到,横向而言,同等规模的企业之间可以联合起来强强合作,借助集聚效应放大业务盈利;纵向而言,大型的典当行跟小型的典当行可以针对不同的业务进行分配,或者是以其他双赢的方式使得两者都能进一步发展。但在具体以什么样的形式分配双方的客户范围、如何调整业务定位等详细的合作方案上,我们还存在争议,只得出了发展的可能方向;若要提出建设性的战略合作方式,还需要进一步调研。

(三) 人才缺失问题

在走访典当行的过程中我们得知,当前典当行面临的人才缺失问题需要得到重视。如前所述,典当行面临着行业的一系列转型,其中,关于政策制定、互联网平台建设、融资业务设计等都需要来自不同领域的专业人才。然而从典当行业自身的角度来说,除了提高自身的知名度和普及行业知识外,很难在人才教育方面介入。所以我们认为,典当行能够做的是提供更好的待遇以吸引人才,而更多的或许仍需要国家政策的扶持等,这方面的具体做法还有待进一步考量。

参考文献

2014年中国典当市场现状调查与未来发展前景趋势报告,中国市场调研网,[EB/OL].[2014-08]. http://www.20087.com/2014-08/DianDangHangYeFenXiBaoGao.html.

2015年7月全国典当业运行平稳,中华人民共和国商务部流通业发展司,[EB/OL].[2015-08-17]. http://ltfzs.mofcom.gov.cn/article/ckts/cksm/201508/20150801081941.shtml.

安实,赵泽斌,王健,我国中小企业的融资现状及发展战略研究[J],企业经济,2001(1):39—40.

郭娅丽,戴着镣铐的舞者——评《典当行业监管规定》[J]. 河北法学, 2013, 31(7):53—62.

姜士煜,典当业务的现状、问题及存在和发展的原因分析[J],内蒙古金融研究,2012,2:38—40.

李沙.典当基础知识[M],学苑出版社,2001.

李正明,典当行经营风险及防范研究[J],中国乡镇企业会计,2011(10).

曲彦斌、中国典当业的起源与流变探析[M].辽宁人民出版社, 1999.

上海典当行业2014年度统计分析报告,上海典当行业协会,[EB/OL].[2015-03].http://www.shpawn.net/.

上海统计网,上海概览[EB/OL].[2015-08]. http://www.stats-sh.gov.cn/frontshgl/18666.html.

陶锌其.民间金融路径选择之典当行[J],时代金融旬刊,2013(35).

王焯,21世纪中国典当行研究述评[J],文化学刊,2008,5:43—52.

周黎明,史晋川,叶宏伟,中国典当行业的特点及性质变迁[J],浙江学刊, 2012,1:138—144.

上市家族企业公司治理结构对于企业绩效的影响

——基于中小板的经验数据

张昕蕊

（复旦大学经济学院）

[摘要] 依据在所有A股上市的家族企业中，在中小板与创业板上市的企业占75.9%①的事实，本文选取在中小板上市的576家家族企业为样本，通过对目前中国在中小板上市家族企业公司治理结构的现状进行初步分析，通过数据采集、样本抽取、因素筛选，构建多因素回归模型，通过对公司治理结构的不同方面的问题以及具有可行性的优化途径的分析研究，以阐明家族企业公司治理结构对企业整体绩效的影响，最后在研究所及范围内给出建设性意见。

[关键词] 家族企业，治理结构，绩效

一、引　言

2013年11月，一份56万余字的《中国家族企业社会责任报告》在北京首次发布。报告显示，2008—2013年的5年里，虽然我国也受到了全球金融危机的影响，但家族企业的各项指标均值都出现了显著的增长。从销售收入来看，2007年我国家族企业销售收入均值为5 412.98万元，这一指标2011年增长到了11 940.45万元，年均增长幅度达到22%。②

而从总规模上来看，截至2013年7月31日，我国目前共有2 470家A股上市公司，其中1 039家为国有公司，1 431家为民营公司，后者占比超过一半，达到57.94%。通过统计，我们又将民营企业划分为家族企业和非家族企业，在统计中共有711家民营上市的家族企业，占比为49.7%。

可见，随着我国市场经济的发展，无论从增长速度和规模占比上来看，家族企业都已成为市场经济中的一支不可小觑的力量，并在现阶段已成为民营企业的重要支柱。即便在整体经济增速逐渐放缓的大背景下，家族企业仍表现出强大的发展潜力和巨大的上升空间。

而上海《福布斯》中文版发布的《2014中国家族企业调查报告》却揭示了家族企业生

---

① 截至2013年7月31日，A股上市的家族企业中，在中小板上市的企业占49.6%，在创业板上市的占26.3%。

② 国勇："首份《中国家族企业社会责任报告》在京发布"，《企业改革与管理》，2013年第12期，第87页。

存现状中堪忧的另一面。报告显示,近三年以来(2011—2013),民营上市公司的净利润复合增长率为12.3%,其中家族企业的表现却很不尽如人意,747家民营上市家族企业的平均净利润复合增长率仅为3.2%。这与家族企业将营业收入转化为利润的盈利能力不足息息相关。家族企业管理成本高,组织结构不如非家族企业清晰完善,导致家族企业尽管在主营业务收入方面领跑上市企业,但在各项盈利性指标中后劲不足。在3年平均总资产净利率上,家族企业普遍高于其他企业约3个百分点,反映出家族企业资产规模相对单薄,在从中小型企业转型升级的过程中,家族企业仍暴露在较大的市场风险之下。①

两份报告所分别揭示出的我国家族企业现状的不同侧面,反映出家族企业这一崛起势力在不断挖掘其对经济巨大贡献潜能的同时,其本身的问题也层出不穷。在公司结构治理方面,我国的上市家族企业多为传统的家族式治理模式——股权高度集中于家族成员,尤其是实际控制人持股比例很高,且其兼任董事长的情况比比皆是,企业实际上处于"家长"的全面控制之下——家族利益挤占管理层利益、职业经理人成为强势控制权下的傀儡的情况也十分普遍。加之家族持股成员进入董事会具有很大随意性,许多家族企业的股东会与董事会实际上完全由控股家族所掌控。由此"家天下"的局面所带来的无疑是停滞不前、不能与时俱进的治理模式,外部监管的缺乏以及对市场力量的排斥,这一点从我国广大股民对于家族企业的普遍不信任态度上便可见一斑。从某种角度而言,我国许多家族企业的实际控制人与管理层的关系更近似于"家长"与"家臣"的关系,这种不尽合理的治理结构的缺陷在家族企业的初创阶段由于外部竞争压力而被忽视,然而一旦企业发展到一定规模并具有了进一步发展壮大的雄心,公司治理结构的缺陷便会成为企业进一步上升的瓶颈。

2010年的国美控制权之争便是家族企业治理结构上的种种显著缺陷的一次集中暴露。这一事件最终以职业经理人陈晓的败退而收场,虽然这一结果与其自身职业道德的缺乏不无关系,但其同样反映出我国家族企业迈向现代化企业之途仍是道阻且长的——根植于人心的"亲疏有分""内外有别"的儒家传统思想使所有权与经营权的分离面临着难以逾越的思想壁垒。基于这一点,有学者认为,所有权、经营权分离的现代企业治理模式与中国家族企业并不契合。那么,对于当下的中国家族企业而言,怎样的公司治理结构才最有益于公司的发展呢?

对于进入交接班高峰、面对着经济增长放缓以及产业转型升级的三重挑战的我国家族企业而言,这一问题具有格外的紧迫性。俗话说,守业更比创业难。《福布斯》的报告显示,目前已交由二代掌管的企业业绩普遍不如一代亲自掌舵的企业——尽管企业规模仍在扩张,主营业务收入复合增长率几乎达到一代掌管时的两倍,但是2.5%的净利润复合增长率远低于一代操控大局时的9.9%;3年平均的净利润率、ROE和ROA也均低于一代主导时的企业,从抵御危机与波动的能力、对于企业的掌控和盈利能力上来看,二代均较一代逊色。对于交接班中的企业而言,为了防止走上"富不过三代"的老路,如何优化公司的治理结构,从而从企业内部减小其上升之路上的阻力,加强应对危机与波动的能力,确为目前的迫切问题。

本研究正是基于这一现状,选取中小板上市的家族企业,对公司治理结构的不同方面存在的问题以及具有可行性的优化途径进行分析研究,旨在为探寻适合我国家族企业的

① "《福布斯》:中国家族企业调查",http://www.forbeschina.com/review/201409/0037397.shtml,2014。

公司治理模式给出一些建议,具有现实意义。同时,本研究在实证研究以前对国内外公司治理理论进行回顾和整理,并结合实情,加深对于经典理论的一般理解,扩充其适用的具体情况,从而具有一定程度的理论意义。

二、文献综述

(一)国外研究

国外有关公司治理结构对企业绩效影响的研究颇多,但大多数是针对西方较为成熟的市场经济而言的。

Klein *et al.*(2005)以加拿大的263家企业为样本,研究了以托宾Q值衡量的企业绩效与有效的公司治理结构之间的关系。研究结果表明,在加拿大,公司治理结构所发挥的作用是巨大的。然而,并非公司治理结构所有可量化的方面都是重要的,并且公司治理结构所发挥的影响也因企业所有权类别的不同而有着很大的差异。研究结果还指出,并没有证据表明存在一种反映公司治理结构的总体指标能够对所有被研究企业的绩效发挥影响。这是因为董事会的独立性——研究中被赋予最大权重的分指标,对于企业绩效并不存在普遍的积极影响。实际上,对于所研究的家族企业而言,董事会的独立性因子的影响是负面的。总体而言,衡量有效薪酬激励、信息披露程度和股东权益实现的分指标对于提高企业绩效有着促进作用,这一点对于大多数类型的企业而言都是成立的。结论还表明公司治理实践是企业内生的因素。

Anderson and Reeb(2003)关于家族企业创始家族所有权与企业绩效的研究以标普500为样本。研究发现,标普500上市公司中有1/3为上市家族企业,这些家族企业所发行的普通股总数占比高达18%。他们对数据的分析表明,标普500中上市家族企业的绩效普遍好于非家族企业。另有补充分析表明,家族企业持股比例与企业绩效的关系是非线性的,且当家族成员担任CEO时,企业绩效普遍好于由外部人员担任CEO的情形。总体而言,这一研究的结果与"持有家族企业股份的小股东的利益受到家族持股的负面影响"的假设不相符合,这为家族企业所有权本身的合理性提供了依据。

Morck and Yeung(2003)的研究表明,高层管理者持股并没有缓解家族企业的委托-代理困境,尤其是当家族控制了一系列上市和私人公司的时候。这一情形在许多国家都是如此。这就引发了家族企业所特有的代理问题,因为企业经营者的行为更多是为控股家族服务,而不是为全体股东服务。该研究以控股家族为了保护其一项持续已久但已不再有效的投资而抑制旗下另一家公司的创新性企划为例,进一步说明了这个问题。目前,这些代理问题对于家族绝对控股企业的负面影响,以及对于其股票被广泛持有的企业相比是否更加严重、是否会构成家族企业进一步繁荣的阻碍,都还是一个未知数。

Yeh *et al.*(2001)以台湾地区家族企业为样本进行研究,研究结果表明家族对企业的控制在台湾的家族企业的普遍程度是超乎预期的,而且家族控制权与企业绩效之间存在非线性关系。在台湾家族企业中,家族控制权较弱的企业相比控制权较强的企业和公司股票被广泛持有的企业而言,其业绩更为平庸。这一结果与绝对控股股东与其他中小股东的利益冲突现状也是不谋而合的——当绝对控股股东的控制权强度大大超越了其控股比例(完全可影响公司的决策制定过程)时,家族增持带来的效益便会超过这么做的成本。另外,该研究还表明,当控股家族的持股比例低于50%时,企业存在一个正向的估值效应。总体而言,该研究指出较高比例的家族持股和较低比例的家族董事会席位占有比例对于缓解现金流收益权和控制权的分离而言是一种有效的途径。

Daily and Dalton(1992)针对创业型企业的研究指出,学术界普遍认为大型企业中首席执行官和董事会的表现与企业绩效有着显著的相关性,然而其实这种联系在更小一些规模的企业中表现得也许更为显著。该研究深入探究了创始人兼首席执行官的角色以及董事会构成对于企业绩效的影响。在他们的研究之前,学术界的现有资料表明创始人兼首席执行官与其他非创业型企业相比,需要更多地依赖机能不健全的公司治理结构(比如首席执行官身份的二重性、数量较少和比例较低的外部董事)来进行公司的有效治理。Daily and Dalton(1992)的研究选取了100个较为成功的、符合创业型企业要求的股份有限公司作为样本,经过分析却得到了与现有资料不同的结论。

数据显示这些成功的创业型企业的首席执行官并没有因为其创始者的身份而采用偏颇的公司治理模式,这与该领域其他相关研究所揭示的,创始人兼首席执行官很少采用既有的成熟的公司治理结构、从而导致企业绩效难以进一步增长的结果恰恰相反,因而具有一定的新颖性。Daily and Dalton(1992)的研究显示,创始人兼首席执行官对于外部引进高级管理层的优势有着明确的认识,并自主选择了给予公司治理结构的独立与引进的外部董事以相当程度的尊重,这对于创始者兼首席执行官而言是一种控制权的牺牲,但这一牺牲也为公司的发展做出相当大的贡献。研究还发现,治理结构上为双层董事会或单层董事会对创业型企业的绩效没有显著影响,而具有更多人数和更大比例外部董事的企业在绩效上稍占优势。尽管也许没有一种董事会的构成能使公司绩效达到最优,充分运用外部董事的专业资源对企业绩效的促进作用却是显著的。

(二)国内研究

1. 家族控制与企业绩效的关系

一部分学者,如于健南等(2008)通过对我国沪深两市上市家族企业的研究,认为控股家族的权威对于企业绩效的贡献是积极的。申尊焕和郑秋亚(2004)也认为家族企业中家族控制人持股"一股独大"并没有对营业利润产生不良影响。

而另一部分学者对于这一问题的判断是多角度的。苏启林和朱文(2003)对上市公司家族控制和企业价值关系的研究显示,控股家族在所有权层面的控制权与现金流权相互分离,对于公司价值会造成负面的影响。与之相对的是家族实际控制人与家族、非家族的雇佣人员在管理权上的分离,这一分离对于企业价值的贡献则是积极的。贺小刚和连燕玲(2009)选取我国上市家族企业为样本,对于家族权威与企业价值进行了研究。他们发现二者之间并不存在显著的线性关系,家族权威和家族成员的权威是存在一定程度的背离的。他们得出的结论是,家族资本所有权的集中对于公司价值创造有积极贡献,但如果将企业管理权过分集中于某一个或几个家族成员,则会产生不利的影响。

也有学者,如刘锦红(2009)认为实际控制人的控制权、所有权以及两者的偏离程度与企业业绩负相关,这一结论可能更多地反映了企业所有权结构的不合理之处以及内部治理机制的不完善。

2. 董事会与企业绩效的关系

关于董事会与企业绩效的关系,大部分学者的研究是从董事会的规模、结构的角度入手的。于东智(2003)对于董事会的各方面对企业绩效的影响进行了较为全面的研究。研究表明从董事长的角度而言,董事长与总经理是否兼任并不构成对业绩的显著影响;从独立董事的角度而言,我国的独立董事职能模糊、缺乏权力,独董制度和相关配套措施仍有待进一步完善和发展;从董事会规模而言,如果该规模是由市场选择得到的,则对公司绩效有利,而董事会的非市场化任免才是造成企业董事会人员冗余、效率低下的真正原因;最后,董事持股有助于提升其对于公司价值的关注,因而对企业价值有着正向作用。蒲自立和刘芍佳(2004)对董事会的领导结构进行了研究,得出了董事长和总经理两职合一不利于公司绩效的结论。

一些学者重点研究了独立董事制度对于企业业绩的影响。高明华和马守莉(2002)深入探究了我国独董制度的种种不完善之处,他们认为要提高独董行权的有效性,需要从完善制度环境做起。王跃堂等(2006)深入研究了董事会独立性对绩效影响的问题。他们发现独立董事比重的提高对于公司业绩有着明显的促进作用,但是这种促进作用同时也受到其他因素,例如大股东权力的制约。更有趣的是,他们的研究发现独立董事对于公司绩效的促进作用更多的是通过其名誉效应,而不是其专业水平、管理经验、行业背景来体现的。新近的一些研究采用了更加多样化的研究方法。如陈运森和谢德仁(2012)的研究采用社会网络分析方法,并通过探究独立董事网络中心度,来对高管薪酬对业绩的敏感性做出诠释,并进一步探究高管薪酬的激励作用。

也有研究从董事会的不同职能入手,探究董事会的规模、结构对于企业业绩的作用。王宇生(2012)的研究表明董事会对企业价值提升的促进作用除了可以通过传统的监督职能实现,还可以通过更好地进行投资决策来实现。谢志华等(2011)认为对董事会的成员构成进行优化的过程中应该更加注重其决策职能,并得出了互补性的董事会结构能够最大程度上提高决策效率的结论。

3. 企业高管薪酬与企业绩效的关系

一部分学者认为企业高管的薪酬激励至少在一定范围内对于企业的业绩有着促进的作用。这些研究主要集中于对企业高管内部、企业高管和普通职工的薪酬差距进行考量的研究。一部分学者认为企业高管内部的薪酬差异对于企业绩效具有积极作用。林浚清等(2003)等人对企业高管团队内薪酬差距的研究表明,企业高管之间的薪酬差距对于企业业绩具有正向贡献。他们认为造成我国企业内部薪酬差距的主要原因是公司自身的治理结构而不是外部因素,因而对公司治理结构进行改革是增加薪酬差距、增强高管激励的有效途径。杜兴强和王丽华(2007)的研究也显示,上市企业高层管理者的薪酬水平与前后两期股东财富的变化呈现正相关的关系。

而近年来对此持有不同意见的研究也呈现出增多的态势。卢锐(2007)的研究发现,上市公司管理层的薪酬差距对企业绩效的正向贡献作用在企业管理层权力较大的情况下并不成立,而高管与普通职工的薪酬差距也无利于企业整体的绩效。方军雄(2011)对于高管权力与企业薪酬变动的研究发现,企业高管的薪酬增长快于普通员工,下降却要慢于普通员工,尺蠖效应较为严重,这对于企业的发展是不利的。黎文靖和胡玉明(2012)对国企内部的职工、高管薪酬差距进行了研究,他们发现薪酬差距对高管的激励作用可能是不成立的,而对于普通企业职工而言,这种薪酬差距仅在一个较小的范围内对企业业绩有促进作用。

还有一部分学者将股权激励视为一种更加有效的激励方式。韩晓舟和陈艳平(2009)

的研究表明,民营上市公司绩效与企业高管的持股比例正相关,说明增加高管的持股比例能够更好地激励其努力工作,提高企业的业绩。

三、研究设计

(一) 样本选取

在数据的选择上,本研究遵循以下标准:

(1) 在充分考虑了来源的权威性和真实性后,本研究所选用的数据来源为国泰安 CSMAR 数据库中的民营企业数据库 2013 年 1 月 1 日至 2013 年 12 月 31 日期间的数据;所选取的公司的实际控制人为个人或者家族;

(2) 在所有 A 股上市的家族企业中,在中小板与创业板上市的企业占 75.9%,其中中小板块为 49.6%,创业板为 26.3%。本文选取在中小板上市的家族企业为样本进行研究;

(3) 对所选取企业的数据进行以下筛选:本研究剔除 2012 年 12 月 31 日以后上市的家族企业的数据;剔除数据严重不全、无法进行有效分析研究的企业的数据;剔除处于连年亏损——其股票交易处于特别处理、退市风险警示或特别转让状态(ST、* ST、PT)的企业;剔除不具代表性的特殊行业,如金融类企业的数据。

经过数据的搜集和整理,得到 576 家符合条件的上市家族企业,其中大部分企业所属行业为制造业,共有 493 家,占比达到样本总量的 84%。绘制样本所属行业分布饼图如图 1 所示:

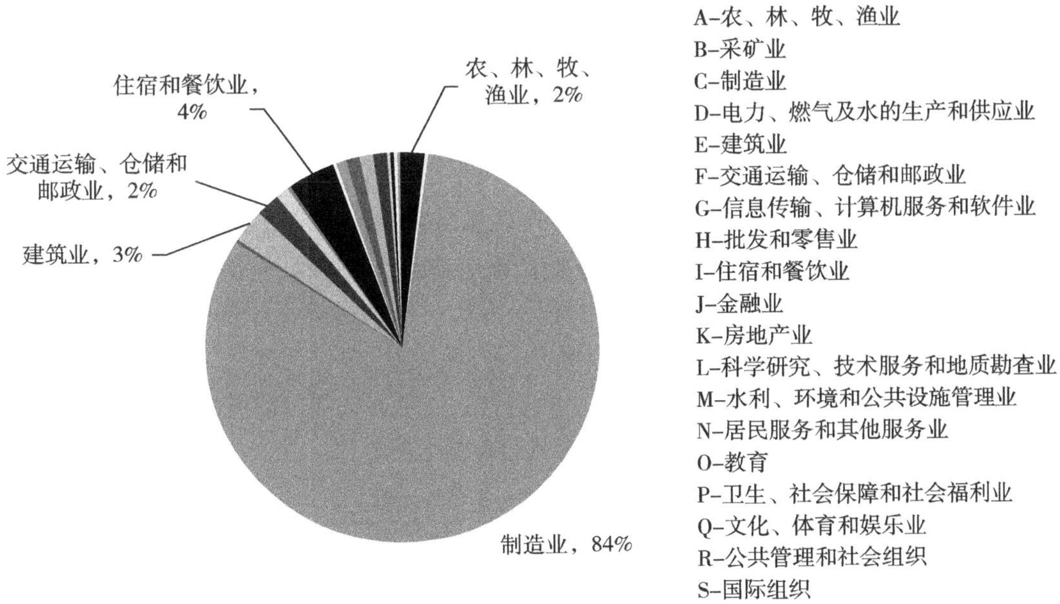

图 1 中小板上市家族企业所属行业分布

(二) 解释变量的选取与解析

1. 初始解释变量(家族企业公司治理结构变量)的选取

根据民营企业数据库所提供的数据,选择如下 24 个变量作为初始的解释变量:

表 1 解释变量名称、符号及说明

变量符号	解释变量及说明
z1	实际控制人是否担任董事长或总经理(1 为担任,0 为不担任)
z2	实际控制人拥有上市公司控制权比例
z3	实际控制人拥有上市公司所有权比例
z4	股东大会召开次数
z5	董事会会议次数
z6	年度股东大会出席会议的股东及股东代表个数
z7	年度股东大会出席股份总数
z8	年度股东大会出席率
z9	董事会人数
z10	其中:独董人数
z11	监事会人数
z12	董事长与总经理兼任情况(1 为兼任,0 为不兼任)
z13	持有本公司股份的董事总人数
z14	持有本公司股份的监事总人数
z15	领取薪酬的董事人数
z16	领取薪酬的监事人数
z17	董事长持股数量
z18	董事长持股比例
z19	监事会主席持股数量
z20	监事会主席持股比例
z21	总经理持股数量
z22	总经理持股比例
z23	董事前三名薪酬总额
z24	高管前三名薪酬总额

2. 初始解释变量的公因子(家族企业公司治理结构因子)提取

由于所能获取的数据来源中,反映企业治理结构的指标繁多,且所反映的方面具有一定的重叠性,故考虑对所获取的变量进行因子分析。所使用的统计软件为 SPSS20,分析过程如下。

(1) 描述性统计

对 24 个初始变量进行描述性统计,结果如表 2 所示。

表 2 解释变量—描述统计量

	均值	标准差	样本数
实际控制人是否担任董事长或总经理	0.91	0.289	576
实际控制人拥有上市公司控制权比例(%)	43.99	16.28	576
实际控制人拥有上市公司所有权比例(%)	38.69	16.81	576
股东大会召开次数	3.13	1.48	576
董事会会议次数	8.74	3.10	576
年度股东大会出席会议的股东及股东代表个数	14.61	21.68	576

（续表）

	均值	标准差	样本数
年度股东大会出席股份总数	1.89E8	2.183E8	576
年度股东大会出席率(%)	57.37	14.52	576
董事会人数	8.30	1.33	576
其中:独董人数	3.08	0.42	576
监事会人数	3.21	0.68	576
董事长与总经理兼任情况	0.40	0.49	576
持有本公司股份的董事总人数	3.67	1.62	576
持有本公司股份的监事总人数	1.94	0.75	576
领取薪酬的董事人数	7.46	1.51	576
领取薪酬的监事人数	2.77	0.87	576
董事长持股数量	61 049 250.57	1.14E8	576
董事长持股比例(%)	16.70	17.23	576
监事会主席持股数量	1 813 839.69	6 816 951.37	576
监事会主席持股比例(%)	0.55	1.58	576
总经理持股数量	33 487 298.66	68 884 259.58	576
总经理持股比例(%)	10.246384	15.24	576
董事前三名薪酬总额	1 564 375.68	1 536 259.20	576
高管前三名薪酬总额	1 562 855.59	1 464 848.90	576

（2）KMO 和 Bartlett 检验

为了考察初始变量是否适合进行因子分析，而进行 KMO 和 Bartlett 检验，检验的结果如表 3 所示：

表 3 解释变量—KMO 和 Bartlett 的检验

取样足够度的 Kaiser-Meyer-Olkin 度量		0.550
Bartlett 的球形度检验	近似卡方	2909.960
	df	276
	Sig.	0.000

不难看出 KMO 值为 0.550>0.5，属于可接受范围；而 Bartlett 检验中 Sig.值为 0.00，拒绝初始变量相关系数矩阵为单位矩阵的原假设，所选取的变量之间的相关性显著存在。以上过程验证了因子分析的可行性，因子分析在本研究中是必要的。

（3）变量共同度和对总方差的累计贡献率

运用 SPSS20 的提取功能，对所选自变量的共同度进行提取，得到公因子方差表和解释的总方差表，结果如表 4、表 5 所示：

表 4 解释变量—公因子方差

	初始	提取
实际控制人是否担任董事长或总经理	1.000	0.352
实际控制人拥有上市公司控制权比例(%)	1.000	0.896

（续表）

	初始	提取
实际控制人拥有上市公司所有权比例(%)	1.000	0.885
股东大会召开次数	1.000	0.727
董事会会议次数	1.000	0.690
年度股东大会出席会议的股东及股东代表个数	1.000	0.388
年度股东大会出席股份总数	1.000	0.840
年度股东大会出席率(%)	1.000	0.647
董事会人数	1.000	0.851
其中:独董人数	1.000	0.697
监事会人数	1.000	0.793
董事长与总经理兼任情况	1.000	0.579
持有本公司股份的董事总人数	1.000	0.564
持有本公司股份的监事总人数	1.000	0.405
领取薪酬的董事人数	1.000	0.766
领取薪酬的监事人数	1.000	0.801
董事长持股数量	1.000	0.900
董事长持股比例(%)	1.000	0.681
监事会主席持股数量	1.000	0.915
监事会主席持股比例(%)	1.000	0.893
总经理持股数量	1.000	0.763
总经理持股比例(%)	1.000	0.843
董事前三名薪酬总额	1.000	0.924
高管前三名薪酬总额	1.000	0.942

注:主成分分析。

表 5 解释变量—解释的总方差

成分	初始特征值			提取平方和载入			旋转平方和载入		
	合计	方差的%	累积%	合计	方差的%	累积%	合计	方差的%	累积%
1	3.355	13.977	13.977	3.355	13.977	13.977	2.698	11.240	11.240
2	2.939	12.246	26.223	2.939	12.246	26.223	2.491	10.381	21.621
3	2.385	9.939	36.162	2.385	9.939	36.162	2.340	9.750	31.371
4	2.010	8.375	44.537	2.010	8.375	44.537	2.002	8.342	39.714
5	1.852	7.717	52.254	1.852	7.717	52.254	1.929	8.037	47.750
6	1.515	6.314	58.568	1.515	6.314	58.568	1.735	7.229	54.979
7	1.366	5.693	64.261	1.366	5.693	64.261	1.605	6.686	61.665
8	1.251	5.214	69.475	1.251	5.214	69.475	1.529	6.370	68.035
9	1.067	4.446	73.921	1.067	4.446	73.921	1.413	5.886	73.921
10	0.914	3.809	77.730						
11	0.853	3.556	81.286						
12	0.796	3.316	84.602						
13	0.639	2.664	87.266						
14	0.589	2.452	89.718						

（续表）

成分	初始特征值			提取平方和载入			旋转平方和载入		
	合计	方差的%	累积%	合计	方差的%	累积%	合计	方差的%	累积%
15	0.499	2.081	91.799						
16	0.461	1.921	93.720						
17	0.384	1.601	95.321						
18	0.368	1.534	96.855						
19	0.219	0.912	97.767						
20	0.165	0.687	98.454						
21	0.143	0.595	99.049						
22	0.093	0.388	99.437						
23	0.073	0.303	99.740						
24	0.062	0.260	100.00						

24个初始自变量中，系统共提取出了9个公因子。

由公因子方差表看来，所提取的9个公因子对大部分的自变量都有着较强的解释力度（24个自变量当中，仅有三个自变量的共同度在0.5以下，即所提取的9个公因子对87.5%的初始自变量的解释程度都在50%以上）。

由解释的总方差表来看，9个公因子对总方差的总贡献率累计为73.92%，能够较好地解释所有初始自变量所反映的信息。

（4）旋转成分矩阵

为了给出各个公因子在不同变量上的载荷，从而为公因子赋予名称，首先需要计算反映因子和变量相关程度的旋转成分矩阵，结果如表6所示：

可见：

FAC1_1在总经理持股数量、总经理持股比例两个变量上有着较大的载荷，故设定FAC1为总经理持股因子；

FAC2_1在实际控制人所有权、控制权比例两个变量上载荷较大，故设定FAC2为实际控制人因子；

FAC3_1在董事会人数、独董人数、领取薪酬的董事人数三个变量上载荷较大，故设定FAC3为董事会规模及结构因子；

FAC4_1在董事前三名薪酬总额、高管前三名薪酬总额两个变量上载荷较大，故设定FAC4为薪酬因子；

FAC5_1在监事会主席持股数量、监事会主席持股比例两个变量上载荷较大，故设定FAC5为监事会主席持股因子；

FAC6_1在年度股东大会出席股份总额、董事长持股数量两个变量上载荷较大，考虑到股东大会出席的股东多为持股比例较大的重要股东，而家族企业的研究语境下，董事长本人往往持有可观数量的股票，故设定FAC6为重要股东因子；

FAC7_1在监事会人数、领取薪酬的监事人数比例两个变量上载荷较大，故设定FAC7为监事会规模及结构因子；

FAC8_1在持有本公司股份的董事总人数、持有本公司股份的监事总人数、实际控制

表 6 解释变量—旋转成分矩阵

	成分								
	总经理持股因子 FAC1	实际控制人因子 FAC2	董事会结构因子 FAC3	薪酬因子 FAC4	监事会主席持股因子 FAC5	重要股东因子 FAC6	监事会结构因子 FAC7	高层因子 FAC8	会议召开因子 FAC9
实际控制人是否担任董事长或总经理	0.258	0.177	−0.032	−0.148	0.004	−0.048	0.003	0.471	−0.084
实际控制人拥有上市公司控制权比例(%)	0.008	0.939	−0.026	0.050	−0.080	0.018	−0.021	−0.049	0.043
实际控制人拥有上市公司所有权比例(%)	0.192	0.913	−0.025	−0.025	−0.039	0.018	−0.058	0.081	0.046
股东大会召开次数	−0.007	−0.035	−0.027	−0.056	0.010	−0.054	−0.024	0.034	0.847
董事会会议次数	0.079	0.024	0.022	0.071	0.014	0.121	0.062	−0.029	0.811
年度股东大会出席会议的股东及股东代表个数	−0.039	−0.122	0.089	0.033	−0.082	0.265	0.064	0.530	0.034
年度股东大会出席股份总数	−0.117	0.158	0.029	0.269	0.058	0.846	0.015	−0.082	0.038
年度股东大会出席率(%)	−0.011	0.783	−0.011	0.110	0.066	0.090	−0.025	−0.028	−0.091
董事会人数	−0.143	−0.081	0.903	0.007	0.043	0.008	0.057	0.057	−0.035
其中:独董人数	0.092	−0.003	0.827	0.051	0.014	0.004	−0.006	−0.039	0.022
监事会人数	−0.075	−0.110	0.101	−0.009	−0.004	0.023	0.872	−0.055	0.027
董事长与总经理兼任情况	0.666	−0.095	−0.101	0.022	−0.007	−0.168	0.010	−0.294	0.029
持有本公司股份的董事总人数	−0.028	0.011	0.306	0.115	0.220	−0.001	−0.051	0.635	0.042
持有本公司股份的监事人数	−0.127	−0.087	−0.044	0.127	0.278	−0.169	0.207	0.463	0.015
领取薪酬的董事人数	0.009	0.021	0.830	0.005	0.068	0.041	0.129	0.230	0.001
领取薪酬的监事人数	0.088	0.023	0.051	−0.035	−0.018	−0.022	0.873	0.161	0.012
董事长持股数量	0.383	−0.002	0.007	0.036	0.009	0.838	−0.031	0.214	0.049
董事长持股比例(%)	0.673	0.158	−0.055	−0.132	0.031	0.167	−0.035	0.390	0.013
监事会主席持股数量	−0.019	−0.011	0.075	0.013	0.946	0.062	−0.005	0.080	0.061
监事会主席持股比例(%)	0.026	−0.018	0.053	−0.050	0.937	−0.002	−0.026	0.087	−0.036
总经理持股数量	0.805	0.024	0.048	0.128	−0.017	0.305	0.017	0.006	0.032
总经理持股比例(%)	0.903	0.136	0.049	−0.039	−0.011	−0.039	0.004	0.050	0.035
董事前三名薪酬总额	−0.043	0.085	0.069	0.945	0.001	0.114	−0.027	0.046	0.021
高管前三名薪酬总额	0.054	0.054	0.002	0.957	−0.025	0.134	−0.015	0.019	−0.008

表 7　解释变量—成分得分系数矩阵

	成分								
	1	2	3	4	5	6	7	8	9
实际控制人是否担任董事长或总经理	0.066	0.056	-0.055	-0.059	-0.054	-0.079	-0.021	0.344	-0.060
实际控制人拥有上市公司控制权比例(%)	-0.051	0.395	0.015	-0.013	-0.018	-0.031	0.034	-0.044	0.041
实际控制人拥有上市公司所有权比例(%)	0.013	0.372	0.008	-0.043	-0.012	-0.048	0.001	0.040	0.039
股东大会召开次数	-0.029	-0.004	-0.010	-0.026	-0.015	-0.071	-0.045	0.042	0.612
董事会会议次数	-0.002	0.011	0.011	0.014	0.001	0.024	0.021	-0.040	0.571
年度股东大会出席会议的股东及股东代表个数	-0.066	-0.070	-0.031	-0.018	-0.128	0.131	-0.009	0.383	0.015
年度股东大会出席股份总数	-0.122	0.036	-0.005	-0.012	0.046	0.541	0.038	-0.147	-0.014
年度股东大会出席率(%)	-0.048	0.325	0.007	0.014	0.059	0.020	0.032	-0.053	-0.063
董事会人数	-0.033	-0.007	0.404	-0.030	-0.023	0.001	-0.027	-0.063	-0.019
其中:独董人数	0.061	0.009	0.391	0.003	-0.018	-0.029	-0.052	-0.133	0.015
监事会人数	-0.015	0.003	-0.005	-0.002	0.020	0.045	0.559	-0.115	-0.007
董事长与总经理兼任情况	0.308	-0.068	0.003	0.075	0.054	-0.152	0.032	-0.234	0.003
持有本公司股份的董事总人数	-0.035	-0.004	0.059	0.061	0.016	-0.086	-0.094	0.425	0.035
持有本公司股份的监事总人数	-0.046	-0.024	-0.105	0.109	0.089	-0.160	0.102	0.331	0.014
领取薪酬的董事人数	0.007	0.026	0.350	-0.028	-0.024	-0.010	0.018	0.054	-0.001
领取薪酬的监事人数	0.032	0.046	-0.045	-0.001	-0.011	-0.021	0.553	0.049	-0.018
董事长持股数量	0.060	-0.063	-0.028	-0.104	-0.018	0.504	-0.022	0.063	-0.018
董事长持股比例(%)	0.216	0.016	-0.050	-0.069	-0.020	0.027	-0.035	0.240	-0.016
监事会主席持股数量	-0.003	0.013	-0.013	-0.005	0.510	0.033	0.009	-0.089	0.026
监事会主席持股比例(%)	0.027	0.010	-0.019	-0.025	0.507	0.000	-0.003	-0.076	-0.041
总经理持股数量	0.301	-0.052	0.031	0.054	0.007	0.102	0.020	-0.076	-0.021
总经理持股比例(%)	0.358	0.009	0.044	0.021	0.006	-0.122	0.006	-0.021	-0.001
董事前三名薪酬总额	-0.009	-0.004	-0.006	0.496	-0.008	-0.092	-0.009	0.035	0.005
高管前三名薪酬总额	0.049	-0.025	-0.033	0.508	-0.013	-0.084	0.005	0.018	-0.020

人是否担任董事长或总经理等变量上载荷较大,故设定 FAC8 为综合了公司高层各方面权利的高层因子;

FAC9_1 在股东大会召开次数、董事会会议次数两个变量上载荷较大,故设定 FAC9 为会议召开因子。

(5) 成分得分系数矩阵

由观察旋转成分矩阵成功对公因子进行命名后,若要进一步得到每个公因子的表达式,从而算得公因子值,需要计算各个因子的得分矩阵。用 SPSS20 算得各公因子的得分矩阵如表 7 所示:

由上述成分得分系数矩阵计算每个公因子的表达式,如 FAC1_1(总经理持股因子)可以表达为:

FAC1_1=0.066×实际控制人是否担任董事长或总经理-0.051×实际控制人拥有上市公司控制权比例+0.013×实际控制人拥有上市公司所有权比例-0.029×股东大会召开次数-0.002×董事会会议次数-0.066×年度股东大会出席会议的股东及股东代表个数-0.122×年度股东大会出席股份总数-0.048×年度股东大会出席率-0.033×董事会人数+0.061×独董人数-0.015×监事会人数+0.308×董事长与总经理兼任情况-0.035×持有本公司股份的董事总人数-0.046×持有本公司股份的监事总人数+0.007×领取薪酬的董事人数+0.032×领取薪酬的监事人数+0.060×董事长持股数量+0.216×董事长持股比例-0.003×监事会主席持股数量+0.027×监事会主席持股比例+0.301×总经理持股数量+0.358×总经理持股比例-0.009×董事前三名薪酬总额+0.049×高管前三名薪酬总额。

其他公因子的表达式依此类推。带入各变量的数据,即可得到各上市企业的公司治理结构因子值。

(三) 被解释变量的选取和解析

1. 被解释变量的选取

根据民营企业数据库所提供的数据,选择如下 9 个变量作为初始的被解释变量(见表 8):

表 8 被解释变量名称、符号及说明

变量符号	被解释变量及说明
ROE	净资产收益率
EPS	每股收益
NAPS	每股净资产
NI	净利润
Tobin'sQ	托宾 Q
NIADJ	扣除非经常性损益后的净利润
CFOP	经营活动产生的现金流量净额
CFDTA	经营活动产生的现金流量净额与总资产的比值
OPREV	营业收入

2. 被解释变量的公因子(企业绩效因子)提取

所获取的数据中反映公司绩效的指标同样数目较多,如反映企业财务状况的 NI、ROE、EPS、NAPS、反映公司价值的托宾 Q 值、反映现金流状况的 CFOP(经营活动产生的现金流量净额)、CFDTA(经营活动产生的现金流量净额与总资产的比值)等。考虑到代表公司业绩的指标的选取是本研究的关键所在,而我国上市公司盈余管理现象严重,导致仅仅选取会计指标往往有失偏颇,而仅仅采用市场指标也由于市场的不够完善而难以反映真实情况。不同的业绩指标有很强的关联性,却又各有侧重,故仍考虑对获取的变量进行因子分析。分析过程如下:

(1) 描述性统计

对 9 个初始变量进行描述性统计,结果如表 9 所示:

表 9　被解释变量—描述统计量

	均值	标准差	样本数
ROE	6.6817E-002	2.37134E-001	576
EPS	3.6094E-001	4.45969E-001	576
NAPS	4.9706E+000	2.47144E+000	576
NI	1.3360E+008	2.56795E+008	576
Q	1.8861E+000	1.19750E+000	576
NIADJ	1.1166E+008	2.34256E+008	576
CFOP	1.0999E+008	3.64685E+008	576
CFDTA	4.4193E-002	6.55033E-002	576
OPREV	2.4279E+009	5.87742E+009	576

(2) KMO 和 Bartlett 检验

为了考察初始变量是否适合进行因子分析,而进行 KMO 和 Bartlett 检验,检验的结果如表 10 所示:

表 10　被解释变量—KMO 和 Bartlett 的检验

取样足够度的 Kaiser-Meyer-Olkin 度量		0.602
Bartlett 的球形度检验	近似卡方	2 792.232
	df	36
	Sig.	0.000

不难看出 KMO 值为 0.602>0.5,属于可接受范围;而 Bartlett 检验中 Sig.值为 0.00,拒绝初始变量相关系数矩阵为单位矩阵的原假设,所选取的变量之间的相关性显著存在。以上过程验证了因子分析的可行性,因子分析在本研究中是必要的。

(3) 变量共同度和对总方差的累计贡献率

运用 SPSS20 的提取功能,对所选自变量的共同度进行提取,得到公因子方差表,结果如表 11 所示:

表 11 被解释变量—公因子方差

	初始	提取
ROE	1.000	0.257
EPS	1.000	0.860
NAPS	1.000	0.720
NI	1.000	0.941
Q	1.000	0.746
NIADJ	1.000	0.932
CFOP	1.000	0.843
CFDTA	1.000	0.752
OPREV	1.000	0.784

同时得到解释的总方差表,如表 12 所示:

表 12 被解释变量—解释的总方差

成分	初始特征值			提取平方和载入			旋转平方和载入		
	合计	方差的%	累积%	合计	方差的%	累积%	合计	方差的%	累积%
1	2.977	33.077	33.077	2.977	33.077	33.077	2.789	30.989	30.989
2	1.505	16.725	49.802	1.505	16.725	49.802	1.624	18.049	49.038
3	1.248	13.864	63.665	1.248	13.864	63.665	1.312	14.579	63.616
4	1.106	12.285	75.950	1.106	12.285	75.950	1.110	12.334	75.950
5	0.958	10.643	86.593						
6	0.639	7.097	93.690						
7	0.334	3.708	97.398						
8	0.205	2.278	99.677						
9	0.029	0.323	100.000						

9 个初始自变量中,系统共提取出了 4 个公因子。

由公因子方差表看来,所提取的 4 个公因子对大部分的自变量都有着较强的解释力度(9 个自变量当中,仅有 1 个自变量的共同度在 0.70 以下)。

由解释的总方差表来看,各公因子对总方差的总贡献率累计为 75.950%,能够较好地解释所有初始自变量所反映的信息。

(4) 旋转成分矩阵和成分得分系数矩阵

由于所提取的四个公因子分别反映了公司绩效的不同方面,而要得到一个能够有效反映公司综合绩效的指标,还需要对四个因子的值按照其分别对应的解释方差进行加权。故反映公司绩效的四个公因子无需分别赋予名称,可直接根据成分得分系数矩阵算得表达式。旋转成分矩阵与成分得分系数矩阵如表 13、表 14 所示:

表 13　被解释变量—旋转成分矩阵

	成分			
	1	2	3	4
ROE	0.118	0.192	0.022	0.454
EPS	0.807	0.216	0.291	0.281
NAPS	0.382	0.087	0.731	0.182
NI	0.962	0.012	-0.026	-0.117
Q	0.175	0.082	-0.823	0.178
NIADJ	0.959	-0.003	-0.050	-0.099
CFOP	-0.033	0.899	0.043	-0.178
CFDTA	0.135	0.811	-0.061	0.268
OPREV	0.288	0.246	0.086	-0.796

表 14　被解释变量—成分得分系数矩阵

	成分			
	1	2	3	4
ROE	0.029	0.101	0.006	0.406
EPS	0.265	0.054	0.156	0.255
NAPS	0.076	0.006	0.539	0.168
NI	0.367	-0.077	-0.104	-0.098
Q	0.132	0.044	-0.660	0.157
NIADJ	0.370	-0.086	-0.122	-0.082
CFOP	-0.099	0.581	0.023	-0.182
CFDTA	-0.015	0.501	-0.070	0.223
OPREV	0.074	0.149	0.036	-0.721

由上述成分得分系数矩阵计算每个公因子的表达式，如 FAC1_2 可以表达为：

FAC1_2 = 0.029×净资产收益率+0.265×每股收益+0.076×每股净资产+0.367×净利润+0.132×托宾 Q+0.370×扣除非经常性损益后的净利润-0.099×经营活动产生的现金流量净额-0.015×经营活动产生的现金流量净额与总资产的比值+0.074×营业收入。

其他公因子的表达式依此类推。带入各变量的数据，即可得到各上市企业的绩效因子值 FAC1_2、FAC2_2、FAC3_2、FAC4_2。

通过加权求得最终的被解释变量，即综合反映上市公司业绩的指标 Y。

Y = FAC1_Y×33.077/75.950+FAC2_Y×16.725/75.950+FAC3_Y×13.864/75.950+FAC4_Y×12.285/75.950

（四）控制变量

考虑到在中小板众多上市公司中，各个企业由于规模大小不一、所处地域有异、资本结构也各有不同，而这些因素对于公司业绩的影响可能是更加决定性的，故在本研究中，也对这些变量进行控制。所选取的控制变量有三，分别为反映公司规模大小的总员工人数（EMPNUM）、反映公司资本结构的杠杆率（LEV）和反映公司所处地域的变量（REGION）。在下面的回归分析当中，此三者将作为控制变量一同进行回归。

(五)回归分析——OLS多元线性回归模型

在借鉴了多位知名学者,尤其是贺小刚和连燕玲(2009)关于此问题的研究的基础上,本研究选取了OLS多元线性回归模型进行回归分析。由于上述因子通过了SPSS的因子分析,故认定为彼此不相关。下面建立OLS多元线性回归模型:

1. 模型构建

$$Y=\beta_0+\beta_1 FAC1\_1+\beta_2 FAC2\_1+\beta_3 FAC3\_1+\beta_4 FAC4\_1+\beta_5 FAC5\_1+\beta_6 FAC6\_1+\beta_7 FAC7\_1+\beta_8 FAC8\_1+\beta_9 FAC9\_1+\beta_{10} EMPNUM+\beta_{11} LEV+\beta_{12} REGION+\varepsilon_i \quad (1)$$

2. 回归结果

利用数据分析软件STATA/SE 12.1对已有数据进行回归,结果如表15所示:

表15 模型(1)回归结果

变量	参数估计值
常数项	0.069
FAC1_1	-0.001
FAC2_1	0.132***
FAC3_1	0.058***
FAC4_1	0.115***
FAC5_1	0.020
FAC6_1	0.001
FAC7_1	-0.012
FAC8_1	0.076***
FAC9_1	-0.019
EMPNUM	控制
LEV	控制
REGION	控制
R-squared	0.161
N	576
F	6.17

注:*、**、***分别表示统计显著水平0.10、0.05、0.01。

由表15可见,回归结果*R*-Squared为0.161,但这并不影响模型的说服力,因为*F*值为6.17。公因子FAC2_1(实际控制人因子)、FAC3_1(董事会规模及结构因子)、FAC4_1(薪酬因子)、FAC8_1(高层因子)在1%水平上显著,而其余公因子FAC1_1(总经理持股因子)、FAC5_1(监事会主席持股因子)、FAC6_1(重要股东因子)、FAC7_1(监事会规模及结构因子)、FAC9_1(会议召开因子)则在10%的水平上仍不显著。

3. 回归结果分析

(1) FAC2_1(实际控制人因子)

回归结果显示实际控制人因子对家族企业业绩贡献显著为正,从STATA绘制的散点图上也可以比较直观地看出这一关系(见图2):

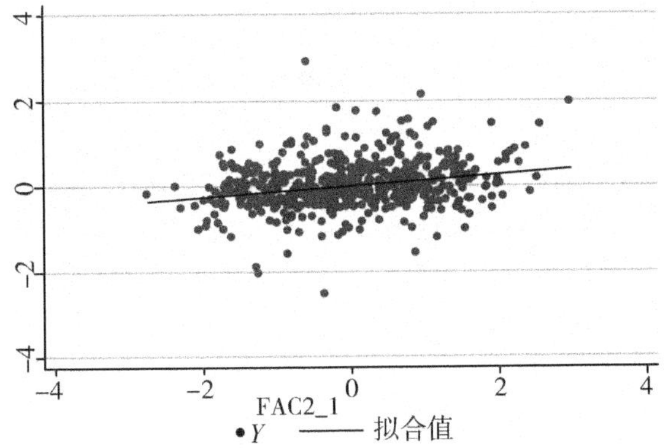

图 2 绩效与实际控制人因子关系图

经本研究统计，作为研究对象的 576 家上市家族企业中，有 523 家公司，即总样本 91%的实际控制人兼任公司的董事长或总经理职位。由表 2 中的描述性统计可见，样本中的家族企业实际控制人控制权比例均值为 43.99%，所有权比例的均值为 38.69%，控制权比例比所有权比例高出 5%左右。按照一般标准，家族所有权超过 40%即达到对公司的绝对控制，本研究得出的 38.69%的均值接近这一比例。以上分析说明大多数家族企业的实际控制人都对企业的生产经营活动有着实质性的影响，控股家族的角色有着举足轻重的地位。

本研究的结果肯定了控股家族在公司治理结构中的地位，这一结论也不难从现有理论中得到印证。在家族企业的语境下，实际控制人既控制了公司的一部分所有权，又在公司经营方面发挥作用，实际上充当了统一分配管理资源的“权威”角色。根据科斯的交易费用理论，在企业内部通过行政手段有效配置资源是企业内部交易成本能够显著降低至低于市场水平的重要原因。

同时，企业业绩与家族企业实际控制人因子的正向关系也反映了在我国家族控股的“权威”治理模式仍是富有活力的（经进一步回归，企业业绩综合因子 Y 与 FAC2_1 的二次项的关系不显著）。

（2）FAC3_1（董事会规模及结构因子）

本研究得到家族企业的业绩与董事会规模和结构因子正相关，但考虑到“董事会规模和结构因子”在初始变量董事会人数、独立董事人数、领取薪酬的董事人数上均有较大的载荷，故进一步用单个初始变量替换 FAC3_1 进行回归，分别建立如下四个模型。其中 z9 为初始变量董事会人数，z10 为初始变量独立董事人数，z15 为初始变量领取薪酬的董事人数，z25 为由初始变量 z9/z10 得到的独立董事人数占比：

$$Y=\beta_0+\beta_1 FAC1\_1+\beta_2 FAC2\_1+\beta_3 z9+\beta_4 FAC4\_1+\beta_5 FAC5\_1+\beta_6 FAC6\_1+\beta_7 FAC7\_1+\beta_8 FAC8\_1+\beta_9 FAC9\_1+\beta_{10} EMPNUM+\beta_{11} LEV+\beta_{12} REGION+\varepsilon_i \quad (2-1)$$

$$Y=\beta_0+\beta_1 FAC1\_1+\beta_2 FAC2\_1+\beta_3 z10+\beta_4 FAC4\_1+\beta_5 FAC5\_1+\beta_6 FAC6\_1+\beta_7 FAC7\_1+\beta_8 FAC8\_1+\beta_9 FAC9\_1+\beta_{10} EMPNUM+\beta_{11} LEV+\beta_{12} REGION+\varepsilon_i \quad (2-2)$$

$$Y=\beta_0+\beta_1 FAC1\_1+\beta_2 FAC2\_1+\beta_3 z15+\beta_4 FAC4\_1+\beta_5 FAC5\_1+\beta_6 FAC6\_1+\beta_7 FAC7\_1+\beta_8 FAC8\_1+\beta_9 FAC9\_1+\beta_{10} EMPNUM+\beta_{11} LEV+\beta_{12} REGION+\varepsilon_i \quad (2-3)$$

$$Y=\beta_0+\beta_1 FAC1\_1+\beta_2 FAC2\_1+\beta_3 z25+\beta_4 FAC4\_1+\beta_5 FAC5\_1+\beta_6 FAC6\_1+\beta_7 FAC7\_1+\beta_8 FAC8\_1+\beta_9 FAC9\_1+\beta_{10} EMPNUM+\beta_{11} LEV+\beta_{12} REGION+\varepsilon_i \quad (2-4)$$

回归结果如表 16 所示：

表 16 模型(2-1)至模型(2-4)回归结果

模型(2-1)(董事会人数)		模型(2-2)(独立董事人数)		模型(2-3)(领取薪酬董事人数)		模型(2-4)(独立董事占比)	
变量	参数估计值	变量	参数估计值	变量	参数估计值	变量	参数估计值
常数项	0.069	常数项	0.074	常数项	0.076	常数项	0.082
FAC1_1	0.008	FAC1_1	-0.005	FAC1_1	-0.002	FAC1_1	-0.003
FAC2_1	0.137***	FAC2_1	0.133***	FAC2_1	0.132***	FAC2_1	0.134***
*z*9	0.062***	*z*10	0.047**	*z*15	0.044*	*z*25	0.018
FAC4_1	0.114***	FAC4_1	0.113**	FAC4_1	0.115**	FAC4_1	0.116**
FAC5_1	0.018	FAC5_1	0.020	FAC5_1	0.017	FAC5_1	0.020
FAC6_1	0.001	FAC6_1	0.001	FAC6_1	-0.001	FAC6_1	0.002
FAC7_1	-0.016	FAC7_1	-0.012	FAC7_1	-0.018	FAC7_1	-0.012
FAC8_1	0.073***	FAC8_1	0.078***	FAC8_1	0.066**	FAC8_1	0.077***
FAC9_1	-0.016	FAC9_1	-0.020	FAC9_1	-0.022	FAC9_1	-0.020
EMPNUM	控制	EMPNUM	控制	EMPNUM	控制	EMPNUM	控制
LEV	控制	LEV	控制	LEV	控制	LEV	控制
REGION	控制	REGION	控制	REGION	控制	REGION	控制
R-squared	0.162	*R*-squared	0.157	*R*-squared	0.156	*R*-squared	0.152
N	576	*N*	576	*N*	576	*N*	576
F	6.30	*F*	6.00	*F*	5.64	*F*	5.63

注：*、**、***分别表示统计显著水平 0.10、0.05、0.01。

由上可得，企业绩效分别与董事会人数(z9)、独立董事人数(z10)、领取薪酬的董事人数(z15)在 1%、5%、10%的显著水平上正相关，与独立董事人数(z25)占比却无显著相关性。这一现象很可能与证监会关于独立董事人数占比的规定有关——证监会于 2001 年发布的《关于在上市公司建立独立董事制度的指导意见》中要求，在 2003 年 6 月 30 日前上市的公司董事会成员中应当至少包括三分之一独立董事，这可能导致独立董事的人数与董事会人数维持在一定的比例关系，董事会人数较多时独立董事的人数也随之较多。

以董事会人数为解释变量，对被解释变量独立董事人数回归，结果显示，独立董事人数与董事会人数在 1%的显著性水平上正相关(二次项不相关)，*R*-squared 为 0.622，而且常数项接近于零，是一条经过零点的直线。

可见，真正反映独立董事受重视程度的“独董人数占董事会总规模比例”并没有显著影响到公司的业绩。这一回归结果与我国特有的独立董事制度实施现状不无关系。

首先，我国上市公司的独立董事很大一部分由缺乏行业实践经验的学者组成。深交所发布的 2012 年深市上市公司治理情况报告显示，在深市上市公司整个独立董事群体中，学者占据近一半的比例，而行业专家的比例最低，主板、中小板、创业板的比例分别为 4.7%、8.5%和 5.2%。很多应公司高层之邀而担任独董的学者，对公司具体业务了解不深，仅仅是挂名的独董。

其次，独董薪酬普遍较低，独董参与监督管理的激励不够。在深交所发布的报告中，三个板块的独立董事薪酬的平均值分别为 6.8 万、5.6 万和 5.8 万。由内部董事主导的公司没有引入一定数量的外部董事来实现共同决策的意愿是独董缺乏激励的重要原因。相应的结果则是外部董事作为在成熟的西方市场广泛存在、供给充足的职业，在我国难以形成专门的、成气候的市场。

最后，与以上列举的独董构成不合理、薪酬激励缺乏所伴生的，则是独董参与公司决策时的高度形式化。深交所报告显示，从独董出席会议的情况来看，主板和中小板公司中分别有 95.7%和 87.1%的公司存在通讯表决情况。委托出席情况也比较严重，主板中有 361 家公司的独董采取委托出席方式，中小板则有 265 家占比 37.8%的公司存在委托出席问题。从独立董事的表决情况来看，深市公司在整个 2012 年度只出现过一次反对和两个弃权的情况，即使考虑到存在中国特有的“事先沟通”的惯例，仍显得过于和谐而不合常理。

综上不难见得，我国上市公司董事会尚未真正形成辩论说明的董事会文化，独立董事作为一项制度流于表面化、形式化，对于公司的业绩没有重大的影响。

以上的分析将家族企业绩效与董事会规模和结构因子归结为了绩效水平与董事会规模的正相关。这种正相关可能与本身研究对象是家族企业有关。众多学者的研究表明，上市公司业绩与董事会规模呈倒 U 形关系，即当董事会规模不超过一定临界人数时，公司绩效随着董事会规模的增大而增大。而当董事会规模超过了一定临界人数，变得越来越庞大时，董事会人浮于事、决策拖拉等情况就会变得比较严重，从而对公司业绩不利。由于家族企业大多股权集中程度高，董事会规模相较于一般公司而言更小，其董事会规模可能更多地处于临界人数之下，故表现出公司业绩与董事会规模正相关的关系。家族企业中，在实际控制人对企业的经营管理有着绝对话语权的情况下，董事会人数的增加能够起到一定制衡作用，使决策更加合理。当然，这一猜想还有待于进一步的研究证实。

(3) FAC4_1(薪酬因子)

薪酬因子主要在高管前三名薪酬、董事前三名薪酬两个因子上载荷较大。一般而言，为高管、董事开出的高报酬，往往是和公司的业绩表现相挂钩的，因而薪酬便成为公司降低代理成本、提高公司经营管理效率的重要手段。即使在董事、高管等职位有时被家族人员占据的家族企业中，公司业绩也与高管、董事薪酬表现出高度的正相关(见图 3)，反映出恰当的薪酬激励在公司治理中的重要积极作用。

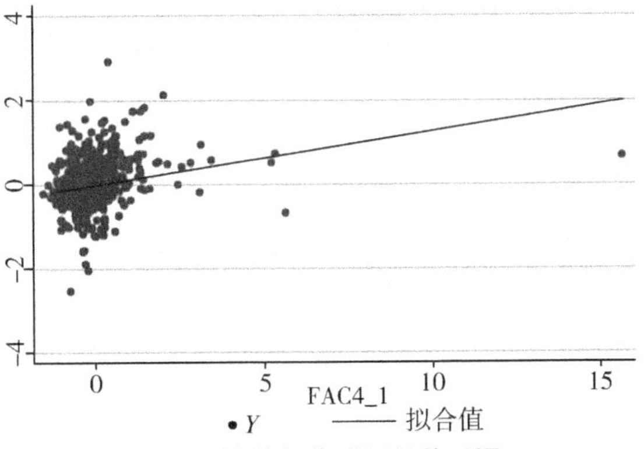

图 3　绩效与薪酬因子关系图

(4) FAC8_1(高层因子)

高层因子主要在持有本公司股份的董事总人数(z13)、持有本公司股份的监事总人数

(z14)、董事长与总经理兼任情况(z12)、董事长持股比例(z18)、年度股东大会出席会议的股东及股东代表个数(z6)共5个初始变量上载荷较大，于是将这5个初始变量单独逐一替换FAC8_1进行进一步的回归，分别建立模型如下：

$$Y=\beta_0+\beta_1\mathrm{FAC1\_1}+\beta_2\mathrm{FAC2\_1}+\beta_3\mathrm{FAC3\_1}+\beta_4\mathrm{FAC4\_1}+\beta_5\mathrm{FAC5\_1}+\beta_6\mathrm{FAC6\_1}+\beta_7\mathrm{FAC7\_1}+\beta_8\mathrm{z13}+\beta_9\mathrm{FAC9\_1}+\beta_{10}\mathrm{EMPNUM}+\beta_{11}\mathrm{LEV}+\beta_{12}\mathrm{REGION}+\varepsilon_i \quad (3-1)$$

$$Y=\beta_0+\beta_1\mathrm{FAC1\_1}+\beta_2\mathrm{FAC2\_1}+\beta_3\mathrm{FAC3\_1}+\beta_4\mathrm{FAC4\_1}+\beta_5\mathrm{FAC5\_1}+\beta_6\mathrm{FAC6\_1}+\beta_7\mathrm{FAC7\_1}+\beta_8\mathrm{z14}+\beta_9\mathrm{FAC9\_1}+\beta_{10}\mathrm{EMPNUM}+\beta_{11}\mathrm{LEV}+\beta_{12}\mathrm{REGION}+\varepsilon_i \quad (3-2)$$

$$Y=\beta_0+\beta_1\mathrm{FAC1\_1}+\beta_2\mathrm{FAC2\_1}+\beta_3\mathrm{FAC3\_1}+\beta_4\mathrm{FAC4\_1}+\beta_5\mathrm{FAC5\_1}+\beta_6\mathrm{FAC6\_1}+\beta_7\mathrm{FAC7\_1}+\beta_8\mathrm{z12}+\beta_9\mathrm{FAC9\_1}+\beta_{10}\mathrm{EMPNUM}+\beta_{11}\mathrm{LEV}+\beta_{12}\mathrm{REGION}+\varepsilon_i \quad (3-3)$$

$$Y=\beta_0+\beta_1\mathrm{FAC1\_1}+\beta_2\mathrm{FAC2\_1}+\beta_3\mathrm{FAC3\_1}+\beta_4\mathrm{FAC4\_1}+\beta_5\mathrm{FAC5\_1}+\beta_6\mathrm{FAC6\_1}+\beta_7\mathrm{FAC7\_1}+\beta_8\mathrm{z18}+\beta_9\mathrm{FAC9\_1}+\beta_{10}\mathrm{EMPNUM}+\beta_{11}\mathrm{LEV}+\beta_{12}\mathrm{REGION}+\varepsilon_i \quad (3-4)$$

$$Y=\beta_0+\beta_1\mathrm{FAC1\_1}+\beta_2\mathrm{FAC2\_1}+\beta_3\mathrm{FAC3\_1}+\beta_4\mathrm{FAC4\_1}+\beta_5\mathrm{FAC5\_1}+\beta_6\mathrm{FAC6\_1}+\beta_7\mathrm{FAC7\_1}+\beta_8\mathrm{z6}+\beta_9\mathrm{FAC9\_1}+\beta_{10}\mathrm{EMPNUM}+\beta_{11}\mathrm{LEV}+\beta_{12}\mathrm{REGION}+\varepsilon_i \quad (3-5)$$

回归结果如表17所示：

模型(3-1)和模型(3-2)中公司业绩与持有本公司股份的董事总人数(z13)及持有本公司股份的监事总人数(z14)正相关但不显著。

一般而言，股权激励通过给予公司高层经营管理者一定的股权而增强其为公司服务的动机。然而在家族企业中，控股家族把持公司的所有权、控制权，董事会地位相对较弱，监事会更是形同虚设，推测这可能是公司业绩与持股董事、监事总人数关系不显著的主要原因。

模型(3-3)中公司业绩与董事长与总经理兼任情况(z12)在5%的显著性水平上负相关。

样本的576家上市公司中，共有236家企业董事长和总经理两职兼任，523家实际控制人兼任总经理或董事长，218家企业实际控制人、总经理、董事长三职兼任——不难见得，对于现阶段中国的家族企业而言，经营管理权被控制在实际控制人手中是一种常态。即使在这种普遍存在的常态下，董事长和总经理两职兼任对公司业绩的负面效应也是显著的。经营层的决策与手段受到家长意志、习惯的左右，难以及时顺应外界条件的变化，也往往受到个人的知识和能力的限制。加之上市的家族企业往往已步入成熟期，公司运营系统庞杂，董事长与总经理兼任往往导致“力不从心”的情况，从而对公司绩效产生负面影响。

模型(3-4)中公司业绩与董事长持股比例(z18)在1%的显著性水平上正相关。

一方面，对于董事长为非家族成员的情况，董事长持股比例越大，其利益诉求与公司的利益一致性越高，持有股权对其行为的激励和约束作用越大，于是更大程度地避免了短期行为，于是对业绩有正向作用；另一方面，对于董事长为实际控制人兼任或重要家族成员担任的情况，在前面对FAC2_1的分析知道，实际控制人(家族或个人)因子(兼任情况、控制权、所有权)对于企业绩效的影响总体而言是正向的，故公司业绩与董事长持股比例的正向关系得到了合理的解释。

模型(3-5)中公司业绩与年度股东大会出席会议的股东及股东代表个数(z6)在5%的显著性水平上正相关。

表 17 模型 3-1 至模型 3-5 回归结果

模型(3-1)(持有本公司股份的董事总人数)		模型(3-2)(持有本公司股份的监事总人数)		模型(3-3)(董事长与总经理兼任情况)		模型(3-4)(董事长持股比例)		模型(3-5)(年度股东大会出席会议的股东及股东代表个数)	
变量	参数估计值	变量	参数估计值	变量	参数估计值	变量	参数估计值	变量	参数估计值
常数项	0.101	常数项	0.114	常数项	0.068	常数项	0.064	常数项	0.065
FAC1_1	-0.022	FAC1_1	-0.036	FAC1_1	0.042	FAC1_1	-0.069	FAC1_1	-0.00
FAC2_1	0.137***	FAC2_1	0.135***	FAC2_1	0.126***	FAC2_1	0.116***	FAC2_1	0.127***
FAC3_1	0.052**	FAC3_1	0.045	FAC3_1	0.051**	FAC3_1	0.063***	FAC3_1	0.052**
FAC4_1	0.114**	FAC4_1	0.067*	FAC4_1	0.116**	FAC4_1	0.125***	FAC4_1	0.118**
FAC5_1	0.007	FAC5_1	-0.003	FAC5_1	0.020	FAC5_1	0.018	FAC5_1	0.027
FAC6_1	-0.004	FAC6_1	-0.042	FAC6_1	-0.010	FAC6_1	-0.017	FAC6_1	-0.013
FAC7_1	-0.019	FAC7_1	-0.037	FAC7_1	-0.011	FAC7_1	-0.008	FAC7_1	-0.014
*z*13	0.041	*z*14	0.064	*z*12	-0.066**	*z*18	0.099***	*z*6	0.071**
FAC9_1	-0.016	FAC9_1	0.025	FAC9_1	-0.017	FAC9_1	-0.020	FAC9_1	-0.027
EMPNUM	控制	EMPNUM	控制	EMPNUM	控制	EMPNUM	控制	EMPNUM	控制
LEV	控制	LEV	控制	LEV	控制	LEV	控制	LEV	控制
REGION	控制	REGION	控制	REGION	控制	REGION	控制	REGION	控制
R-squared	0.148	*R*-squared	0.234	*R*-squared	0.149	*R*-squared	0.156	*R*-squared	0.153
N	576	*N*	576	*N*	576	*N*	576	*N*	576
F	4.64	*F*	3.90	*F*	5.37	*F*	5.40	*F*	4.81

注：*、**、***分别表示统计显著水平 0.10、0.05、0.01。

出席股东大会的股东人数越多,一方面说明该企业的股东对于公司决策的参与度更高(在股东总人数相近的情况下);一方面出席股东大会的股东人数较多本身很可能是公司具有一定表决权的重要股东的结构更为多元化的表现——对于作为利益共同体的家族而言,分散持股的家族成员无须尽数出席股东大会,而对于外来的机构投资者而言却不是如此。无论从上述哪一个方面而言,出席股东大会的股东人数作为股东参与度和(可能的)多元化程度的表征,对企业绩效的贡献显然都是积极的。

四、结论及建议

上市家族企业业绩与实际控制人对公司的控制程度正相关,在我国市场上家族控股的"权威"治理模式仍是富有活力的。

上市家族企业业绩与董事会规模正相关,这一结论可能与家族企业董事会规模普遍偏小的特点有关。企业业绩与独立董事人数正相关,然而由于我国对于独立董事人数比例的规定,业绩与独董人数的正相关更多是业绩与董事会规模正相关的一种反映,而不包含更多有用的信息——从业绩与独立董事人数占比无显著相关性的回归结果便不难看出这一点。我国上市公司董事会尚未真正形成辩论说明的董事会文化,独立董事作为一项制度流于表面化、形式化,对于公司的业绩没有重大的影响。

上市家族企业业绩与高管、董事薪酬表现高度正相关,反映出恰当的薪酬激励在公司治理中的重要积极作用。

公司业绩与持有本公司股份的董事总人数及持有本公司股份的监事总人数正相关但不显著。

公司业绩与董事长与总经理兼任情况显著负相关,与董事长持股比例显著正相关。

公司业绩与年度股东大会出席会议的股东及股东代表个数显著正相关,反映出股东参与决策对于公司业绩提高的积极作用。

从上面的分析和结论中不难看到,即使在实际控制人家长式的"权威"治理模式仍富有活力的我国上市家族中,职位和权力的过于集中对于企业发展仍是不利的,适当增加对于实际控制人的制衡力量是很有必要的。而发挥这种制衡作用的力量可能更多地是来自公司内部利益直接人员——由于独立董事作为在我国流于形式的一种制度,未能被很好地执行,一定范围内增加董事会人数(即便是来自家族内部的董事)、提高股东参与决策的积极性可能才是更好地制衡实际控制人决策的可行之举。而适当提高董事、高官的薪酬激励也是提高公司业绩的有效之举。

参考文献

Anderson R C, Reeb D M. Founding - family Ownership and Firm Performance: Evidence from the S&P 500[J]. The Journal of Finance, 2003, 58(3): 1301-1327.

Daily C M, Dalton D R. The Relationship Between Governance Structure and Corporate Performance in Entrepreneurial Firms[J]. Journal of Business Venturing, 1992, 7(5): 375-386.

Klein P, Shapiro D, Young J. Corporate Governance, Family Ownership and Firm Value: The Canadian Evidence[J]. Corporate Governance: An International Review, 2005, 13(6): 769-784.

Morck R, Yeung B. Agency Problems in Large Family Business Groups[J]. Entrepreneurship Theory and Practice, 2003, 27(4): 367-382.

Yeh Y, Lee T, Woidtke T. Family Control and Corporate Governance: Evidence from Taiwan[J]. International Review of Finance, 2001, 2(1 - 2): 21-48.

《福布斯》.中国家族企业调查(EB). http://www.forbeschina.com/review/201409/0037397.shtml,2014.

陈运森, 谢德仁. 董事网络、独立董事治理与高管激励[J]. 金融研究, 2012, 2:168—182.

杜兴强, 王丽华. 高层管理当局薪酬与上市公司业绩的相关性实证研究[J]. 会计研究, 2007, 1: 58—65.

方军雄. 高管权力与企业薪酬变动的非对称性[J]. 中国财政年鉴, 2011, 4:107—120.

高明华, 马守莉. 独立董事制度与公司绩效关系的实证分析——兼论中国独立董事有效行权的制度环境[J]. 南开经济研究, 2002, 2:64—68.

国勇. 首份《中国家族企业社会责任报告》在京发布[J]. 企业改革与管理, 2013, 12:87.

韩晓舟, 陈艳平. 股权激励对公司绩效的影响——来自 2007 年民营上市公司的数据[J]. 经济研究导刊, 2009 4: 66—67.

贺小刚, 连燕玲. 家族权威与企业价值:基于家族上市公司的实证研究[J]. 经济研究, 2009, 4: 90—102.

黎文靖, 胡玉明. 国企内部薪酬差距激励了谁? [J]. 经济研究, 2012, 12:125—136.

林浚清, 黄祖辉, 孙永祥. 高管团队内薪酬差距、公司绩效和治理结构[J]. 经济研究, 2003, 4: 31—40.

刘锦红. 控制权, 现金流权与公司绩效——基于中国民营上市公司的分析[J]. 财经科学, 2009, 5: 64—71.

卢锐. 管理层权力、薪酬差距与绩效[J]. 南方经济, 2007, 7:60—70.

蒲自立, 刘芍佳. 公司控制中的董事会领导结构和公司绩效[J]. 管理世界, 2004, 9:117—122.

申尊焕, 郑秋亚. 我国家族上市公司经营业绩的实证分析[J]. 企业经济, 2004, 4: 188—191.

苏启林, 朱文. 上市公司家族控制与企业价值[J]. 经济研究, 2003, 8:36—45.

王宇生. 董事会特征、对外投资与企业价值[J]. 财会通讯:综合, 2012, 11:89—92.

王跃堂, 赵子夜, 魏晓雁. 董事会的独立性是否影响公司绩效? [J]. 经济研究, 2006, 5:62—73.

谢志华, 张庆龙, 袁蓉丽. 董事会结构与决策效率[J]. 会计研究 2011,1:33—39.

于东智. 董事会、公司治理与绩效——对中国上市公司的经验分析[J]. 中国社会科学, 2003, 3: 29—41.

于健南, 石本仁, 石水平. 中国家族企业治理要素与企业绩效实证研究[J]. 山西财经大学学报, 2008, 30(3): 73—81.

过度教育的推手是谁？
——基于 CGSS 数据的实证研究

陈　煜　王慧莹
（吉林大学经济学院）

［**摘要**］本文利用 CGSS2008 年和 2013 年数据估算了我国过度教育发生率，发现 2013 年过度教育发生率较 2008 年有所上升；进一步通过 Logistic 向后逐步回归方法建立模型，对个人因素、家庭背景以及劳动力市场等非教育方面的因素对过度教育发生的影响进行了分析。政治面貌、年龄、性别等对过度教育发生率有显著影响，党员、年轻人、女性发生过度教育的可能性比较高；劳动力市场因素中，就业岗位对教育水平的要求与过度教育发生率正相关；而在家庭背景因素中，父亲的单位类型也对子女的过度教育有影响。

［**关键词**］过度教育，个人因素，劳动力市场

一、引　言

自古以来，教育便在我国历史上占据着不可撼动的地位，从春秋时期孔子的有教无类、因材施教，到西汉时期大兴儒学；从隋唐时期科举制度的日趋兴盛，到宋元时期官学私学相辅相成完善了中央至地方的教育体系。“学而优则仕”的思想沿用至今，我国的重学思想可见一斑，而且这种风气对当今社会也有深刻影响。

然而众所周知，物极必反，一个社会或个人所拥有的教育超过了需要，便会给社会带来棘手的问题。自 1995 年以来，大专以上毕业生的初次就业率基本呈下降的趋势。1999 年，我国高等教育规模不断扩张，2011 年已经全面进入高等教育大众化阶段，其中个别发达地区如京、津、沪、浙等已经迈入高等教育普及化阶段。但是，高等教育的快速扩张也带来了一些负面影响。从宏观层面看，在劳动力市场上表现为在某些行业、地区、专业，受过高等教育的劳动者失业的现象。从劳动者个人角度看，一方面有些人就业困难，另一方面则有相当一部分人处在大材小用、高知低就的状态。这种在劳动力市场中教育水平和岗位要求不均衡的现象，称为过度教育。

二、文献综述

20 世纪六七十年代，高等教育在西方国家实现新进展，以人力资本理论为代表的若干理论成果的兴起更有力地推动了教育的投资，成为拉动经济增长的重要动力。但随着

石油危机的爆发，各国受到通货膨胀、经济衰退、高失业率等多重打击。经济危机与教育扩张间的矛盾，导致了“文凭膨胀”、劳动生产率下降、青年失业率高等问题。1976 年，理查德·弗里曼(Richard Freeman)针对美国教育收益日益下滑的现象，首先提出过度教育理论，从此过度教育问题引起人们的广泛关注。约翰·罗布斯特(John Robst)认为“一个人获得的教育超过了职业通常要求的教育水平，便属于过度教育。”胥秋(2006)将过度教育定义为“一个社会或个人所受教育超过了他的所需或所望。”而后，Tsang and Levin (1985)将其表述为：“(1)受过教育者未能实现他们对事业研究的渴望。(2)就业者有超过工作岗位的教育技能。(3)相对于历史上受教育水平较高者，如今受相同教育的人的经济地位下降了。”总体而言，国外学者所诠释的“过度教育”的概念是“个人所受教育超出未来工作需要”。许多学者采用不同方法对若干国家的过度教育发生率及影响等进行了计量研究。

而我国对于过度教育的研究最早要追溯到 1991 年，到 2003 年对过度教育的研究骤增。蓝维(2004)指出“过度教育在一定程度上形成了教育本身的异化，从培养和促进人的发展变成了‘善意的’对人的迫害和摧残，从学生的角度定义，过度教育是指超出学生当前和未来生活需求的教育。”由此可以看出，我国的“过度教育”概念完全不同于西方学者立足于经济学运用人力资本理论及其他相关理论研究的教育与经济相矛盾的现象，而是更多地关注施教者在具体的施教行为中是否尊重受教育者的兴趣、志向、需要以及是否顺应受教育者的生理和心理的发展规律，着眼于具体的教育教学过程，从教育培养人的本质为出发点，以教育促进人的发展为视角，深入探究培养目标和培养行为之间关系的问题。本文涉及的“过度教育”概念是以西方的相关理论为基础。

国内研究有几个特点，突出表现在：

第一，一直以来都存在着对中国是否存在过度教育这一问题的争论。譬如，蔡昉等人认为，从国家的就业角度来说，教育永远不过度；而赖德胜等人则认为我国确实存在过度教育的问题。实际上，大家对过度教育内涵的理解不尽相同是争论的焦点。更大的问题是国内学者对于其内涵的理解还流于表面，且大多数学者将其归咎于高等教育扩招和教育规模扩张上面，对于劳动力市场和教育的需求方缺乏更为深入的分析。

第二，国内立足于实证的研究寥寥无几。回顾国内相关文献我们可以发现，国内研究主要停留在文献回顾和理论研究层面，对我国过度教育问题进行深入系统研究的文章在数量和质量上都有很大的进步空间。例如，研究对象上大多局限于北京，对于过度教育发生率的影响因素及其作用的研究还可以进行更有深度和广度的挖掘。截止到 2013 年 5 月，对过度教育进行实证研究的文章仅有 8 篇可查。杨娟(2007)曾运用自我评估法进行估算，发现博士、硕士、本科的过度教育发生率分别为 42.0%、35.8%、21.1%，即过度教育发生率和学历正相关。此外，武向荣和赖德胜(2010)也利用各种中国科研机构(如中国社会科学院经济研究所)的真实调查数据进行估算。

第三，我国学者缺乏对于过度教育影响因素和时间跨度的深入研究。受数据等局限，以往仅测算一年的过度教育发生率，而忽略了其动态变化。此外，大多数学者在分析其原因时，将过度教育归咎于教育方，缺乏对其影响因素的深入挖掘。

从微观角度看，确实存在过度教育问题，然而我们认为我国现阶段过度教育与教育规模已超过社会需求无法画等号，因为该现象很大程度上是我国经济发展阶段与劳动力市场发展不平衡的产物。基于以上判断，本文借助多元 Logistic 回归模型对该问题发生的影响因素展开研究。

三、研究假设

在20世纪的研究中，已有大量文献证明过度教育发生率有一定的时间序列效应，国外如英国、荷兰等国的数据显示，过度教育发生率在长期的表现呈先增后降趋势（Hartog and Oosterbeek，1985；Lindley and McIntosh，2009；刘云波和钟宇平，2010）。进入21世纪后，国际劳工组织（ILO）针对欧盟的统计表明，过度教育发生率除了东欧在下降，其他国家在2002—2010年间均呈上升趋势。过度教育与时间的关系实则为过度教育发生率与劳动力市场和经济发展之间的关系。① 2003年，扩招后的第一批大学生走向工作岗位，然而此时劳动力市场并不能容纳如此大规模的劳动力数量；2004—2008年，我国经济迅猛发展，劳动力市场日趋完善，大学生就业心态逐渐平和，因此过度教育发生率可能会降低。而2008—2013年，受金融危机及其余波对全球经济的持续影响，欧美等国出现不同程度的经济衰退，而我国的经济增速也受其波及而显著放缓，出口大量减少，失业率增加，劳动力市场萎缩，这与日趋增长的各层次高等教育毕业生就业需求产生了更为尖锐的矛盾，无形中提高了求职者的应聘门槛，因此很可能导致过度教育发生率升高。此外，过度教育发生率升高可能还源于教育水平所达程度的提高，原因是在工作岗位要求既定的前提下，大材小用、高知低就的可能性会随着劳动者的最高教育程度的提高而增大。综上，我们可以得出以下假设：

假设一：2013年的总体过度教育发生率要高于2008年的过度教育发生率。

假设二：教育水平所达的程度越高，劳动者发生过度教育的可能性越大。

此外，本文另一研究目的是探究影响过度教育发生的因素。过度教育是劳动者实际受教育的水平高于岗位对劳动者教育水平的要求，但大多数学者将其原因完全归咎于劳动力的供给方——教育的扩张，忽视了劳动力需求方和劳动者个人的特征带来的影响。然而，从以往的研究来看，个人特征（年龄、性别、政治面貌）、父亲单位性质的不同对过度教育的影响程度不同。第一，从个人特征的角度来看，年龄是劳动力市场的重要影响因素。据国际劳工组织的调查研究显示，青年人和成年人相比，陷入过度教育更为容易；与之相对比，成年人比青年人更易出现教育不足的问题。可能的原因有以下几点：第一点，随着时间的累积，高等教育更加普及。因此，作为劳动力供给方，青年人有了更多机会来接受高等教育。而从劳动力需求方的角度看，近年来欧洲难以摆脱债务危机的阴影而萎靡不振，因而其能够提供的工作岗位难以与现有的青年劳动的教育水平相匹配。第二点，职业上升理论和人力资本理论将过度教育视为短期的现象，而当期的过度教育者则可在未来通过职位的变动成为适度教育者。第二，从性别的角度来看，与男性相比，女性更容易发生过度教育，特别是已经有子女的女性发生这种情况更为容易；与之相对的，男性较女性更易于出现教育不足的问题。第三，由于随着社会主义市场经济的不断深入，是否加入党派对于多元化的就业选择的影响可能不如之前那么显著，因此对过度教育发生率的影响可能逐渐减弱。第四，父亲所在单位的所有制属性可能会降低过度教育发生率。父亲单位类型可以反映劳动者的家庭条件和社会资本，如果劳动者的父亲在私营企业或者

---

① 结论由ILO2013年的统计数据得出。

民营企业就职，较之其在公有制单位工作出现过度教育的可能性更高。一些专家学者经研究表明，社会资本是一种十分重要的非市场力量，它能有效提高人们的福利和促进经济增长。如果父亲在公有制部门或企业工作，其子女进入主要劳动力市场并且处在适度教育的可能性更大；与之相对应，若父亲在私有部门或企业就职，子女处在过度教育状况的可能性更大。由此，可以分别作出以下假设：

假设三：年龄越小，则劳动者发生过度教育的可能性越大。

假设四：女性较之于男性发生过度教育的可能性更大。

假设五：是否加入党派对于过度教育发生率的影响随着时间的推进而减弱。

假设六：劳动者的父亲在私有部门就职，则其子女发生过度教育的可能性更大。

由于政治、经济、文化、人口等因素，我国高校主要分布在大城市和东部地区，西部的高校相对较少。由马燕（2004）对 2001—2013 年的东中西部高等学校的统计数据分析可知，尽管东中西部在高等教育规模上都有扩大，但东中西部高等教育的绝对差距总体上呈扩大趋势，其中以东西部差距尤为明显。此外，我国的人才流向十分不平衡，东部沿海地区和大城市能够吸引大量的毕业生和高层次人才。东部沿海城市劳动力市场完善，且产业较中西部属于技术密集型，高学历人员在东部更容易找到工作。因此，东部沿海地区和大城市的过度教育发生率最低，而与之相反，西部的过度教育发生率最高。基于以上判断，可以得到假设如下：

假设七：地区经济越发达，过度教育发生率越低。

四、研究方法和数据说明

（一）研究方法和数据说明

本文选用的数据来源于中国综合社会调查（CGSS）项目 2008 年和 2013 年的数据，主要考查了随着高等教育规模的扩张，过度教育发生率的变化情况。与以往的研究中大多将过度教育归因于教育的过度供给不同，本文重点考查教育的需求层面——个人及家庭，希望借此研究非教育因素对过度教育的影响。

本文使用的被解释变量为过度教育发生率。关于过度教育的测算，目前还没有统一的标准，本文借鉴刘璐宁（2014）的定义方法，采用员工自我评估法进行测算。一般情况下，我们采用调研的方式，由员工直接自行判断自己是否为过度教育，或者判断所从事的岗位需要的最低教育年限或者教育程度。虽然这种方法存在一定的主观偏误，但是可行性较强。

鉴于此，本文定义过度教育发生率为

$$over\begin{cases}=1 \text{ if } g\_edu1>g\_edu2\\ =0 \text{ otherwise}\end{cases}$$

其中，over 为衡量过度教育的指标，g_edu1 为受访者教育水平，g_edu2 为受访者认为从事的岗位需要的最低教育程度。当 g_edu1 大于 g_edu2 时，认为该受访者存在过度教育。

（二）主要变量及描述统计

本文使用的主要解释变量包括地区、政治面貌、婚姻状况、父亲单位性质、教育要求、年龄、单位类型、性别、企业规模以及所有制。

1. 地区(region)

我们将东部定义为1,中部定义为2,西部定义为3。从表1中我们可以看到,2008年和2013年的抽样均比较均匀,两年的region变量的均值均在1.5左右。

2. 政治面貌(party)

我们定义政治面貌为二值变量,若被访者有党派,则记为1;若被访者为群众,则记为0。从表1的数据中,我们发现:在2008年有大约26%的被访者有党派;而在2013年,这一比例有所下降,仅约24%的被访者有党派。

3. 婚姻状况(marry)

在这里,我们把已婚的定义为1,未婚的定义为0。从表1中,我们可以发现:在2008年,约0.876055的受访者已经结婚;而在2013年,这一比例同样下降,已婚人群占总受访者的比例为0.807729。

4. 父亲单位(f_own)

我们对被访者父亲单位的所有制性质进行分类,属于公有企业的定义为1,属于私有企业的定义为2,属于三资企业的定义为3。从表1中我们可以发现,被访者父亲的单位普遍为公有企业,且在2008年和2013年保持一致。

5. 岗位学历要求(g_edu2)

本文将岗位学历要求分为五大类,其中,我们把受访者学历在初中及以下的定义为1,类似的,我们记2=高中及同等,3=大专高职,4=本科,5=研究生。从2008年和2013年的均值对比,我们可以看到,岗位的学历要求有所提高。

6. 其他变量

我们发现,对于年龄age,2008年被访者的平均年龄为49岁,2013年被访者的平均年龄为41岁。此外,两年之间被访者所在企业的所有制(own)相似,但是企业的规模(guimo)有很大差异。

另外,由于2013年的数据没有企业类型(leixing)这一变量,表1中记为NULL。

表1 各主要变量的描述性统计

变量		观测数	均值	标准差	最小值	最大值
over	2008	1 541	0.486697	0.4999853	0	1
	2013	1 061	0.523091	0.4997020	0	1
region	2008	1 541	1.669046	0.7957735	1	3
	2013	1 061	1.438266	0.7184932	1	3
party	2008	1 541	0.260221	0.4388973	0	1
	2013	1 061	0.241282	0.4280626	0	1
marry	2008	1 541	0.876055	0.3296263	0	1
	2013	1 061	0.807729	0.3942710	0	1
f_own	2008	1 541	1.129137	0.3431157	1	3
	2013	1 061	1.130066	0.3502706	1	3

（续表）

变量		观测数	均值	标准差	最小值	最大值
g_edu2	2008	1 541	1.599611	0.9500375	1	5
	2013	1 061	2.231857	1.2343220	1	5
age	2008	1 541	49.16158	12.971120	25	93
	2013	1 061	40.99057	10.453220	20	73
leixing	2008	1 541	0.203997	0.2039973	1	2
	2013	1 061	NULL	NULL	NULL	NULL
guimo	2008	1 541	0.822158	0.8221582	1	3
	2013	1 061	2.551367	0.7166816	1	3
own	2008	1 541	1.558669	0.5586693	1	3
	2013	1 061	1.539114	0.6124701	1	3

从表 1 中我们可以看到，2008 年 over 变量的均值为 0.486697，说明该年总体过度教育发生率为 48.6697%；而 2013 年 over 变量的均值为 0.523091，说明 2013 年的总体过度教育发生率较 2008 年有所增加。

五、实证研究

（一）过度教育发生率的细化测度

表 2 和表 3 分别给出了 2008 年和 2013 年的各学历水平上的过度教育发生率。正如前面分析中提到的，2008 年总和过度教育发生率为 48.67%；2013 年总和过度教育发生率为 52.31%。说明“读书无用论”这一观念随时间发展有所普及。细致地分析，我们发现，2008 年被访者的过度教育发生率的分布与 2013 年有很大差异。在 2008 年，学历为高中和研究生的受访者的过度教育发生率比较大，而在 2013 年，学历为本科和研究生的受访者觉得过度教育发生率比较大。说明“读书无用论”这一观念有向高学历群体蔓延的趋势。

表 2 过度教育发生率的细化测度（2008 年）

单位：%

		学历要求					过度教育发生率
		初中	高中	大专	本科	研究生	
教育程度	初中	96.04	3.22	0.50	0.25	0.00	0
	高中	69.36	28.06	2.58	0.00	0.00	69.36
	大专	51.67	16.94	28.89	2.50	0.00	68.61
	本科	15.85	12.57	21.31	50.27	0.00	49.73
	研究生	7.69	0.00	15.38	46.15	30.77	69.23
总和过度教育发生率		48.67					

表 3 过度教育发生率的细化测度(2013 年)

单位:%

		学历要求					过度教育发生率
		初中	高中	大专	本科	研究生	
教育程度	初中	50.30	27.88	12.12	2.42	7.27	0
	高中	34.47	33.23	19.25	2.48	10.56	34.47
	大专	30.25	37.73	19.93	1.78	10.32	67.98
	本科	25.38	36.15	23.46	0.38	14.62	85.00
	研究生	18.18	24.24	48.48	6.06	3.03	96.97
总和过度教育发生率		52.31					

工作分析理论认为任何一个岗位都存在与之相适应的教育水平和学历要求,换句话说,存在一个教育水平较其他的教育水平对于该岗位具有相对优势。随着科学技术的发展,有更多的岗位会提高用人要求,而不同教育层次的培养目标又有所不同,例如 2011 年 8 月教育部颁发的《教育部关于推进中等和高职教育协调发展的指导意见》明确提出"高职教育是高等教育的重要组成部分,重点培养高端技能型人才,发挥引领作用"。而研究生培养目标则为"既要培养大学教师和科研人才,也要注意培养应用部门的高层次人才",所以硕士研究生的培养目标定位于科学研究者和专门技术人才。

就目前国内劳动力市场的现状而言,劳动力市场中研究型岗位明显少于应用型和实操型岗位。以 2012 年第四季度北京市人力资源需求情况为例,该季度对"生产运输设备操作工"和"商业服务人员"的需求占到 75.71%,而"专业技术人员"只占到 4.48%。因此,有部分高学历的被访者感到怀才不遇,英雄无用武之地。受教育水平越高,人力资本的专业性越强,这也意味着,人力资本的适用范围也缩小了,因此过度教育发生率也相应提高。

(二) 影响过度教育的因素

模型中用的被解释变量为二值变量——是否存在过度教育,本文使用的主要解释变量包括地区、政治面貌、婚姻状况、父亲单位性质、教育要求、年龄、单位类型、性别、企业规模以及所有制。相关变量在本文的开始部分已经作了较为细致的分析,此处不再赘述。

借鉴以往文献的处理办法,本文采用向后逐步回归的方法,其中心思想在于最大限度地保证模型的显著性。

如表 4、表 5 所示,模型参数的估计结果表明,2008 年和 2013 年的主要解释变量均较好地对模型进行了拟合。在 2008 年,我们发现地区差异对过度教育的影响并不显著,而在 2013 年,地区差异的影响作用开始显著。在表 5 中,地区变量的影响显著为负,且在 1%的置信水平上高度显著为负。因为我们定义东部=1,中部=2,西部=3,我们发现东部的受访者中过度教育发生率显著低于中部,西部过度教育发生率最高。笔者认为,这可能和该地区人力资源市场的完善性有关。东部沿海城市劳动力市场完善,且产业较中西部属于技术密集型,高学历人员在东部更容易找到工作。这一结果也与当前的"孔雀东南飞"现象相吻合。在表 5 中,从模型(5)到模型(1),系数依次为-0.407、-0.471、-0.480、-0.481 和-0.518,其绝对影响逐渐增强,说明随着控制变量的加入,地区差异对过度教育的影响越来越强。

表 4 影响过度教育发生的非教育因素的回归结果（2008 年）

	(1) 模型 1	(2) 模型 2	(3) 模型 3	(4) 模型 4	(5) 模型 5
region	0.040	0.057	0.055	0.055	0.055
	(0.563)	(0.801)	(0.783)	(0.780)	(0.778)
party	0.851***	0.857***	0.853***	0.848***	0.838***
	(5.754)	(5.794)	(5.769)	(5.769)	(5.852)
marry	0.132	0.160	0.172	0.176	0.171
	(0.616)	(0.748)	(0.804)	(0.823)	(0.803)
f_own	-0.251	-0.289*	-0.296*	-0.297*	-0.295*
	(-1.447)	(-1.678)	(-1.721)	(-1.724)	(-1.714)
g_edu2	-1.171***	-1.160***	-1.160***	-1.159***	-1.160***
	(-13.395)	(-13.346)	(-13.344)	(-13.347)	(-13.356)
age	-0.020***	-0.017***	-0.016***	-0.016***	-0.016***
	(-3.688)	(-3.264)	(-3.162)	(-3.165)	(-3.158)
leixing	0.096	0.024	0.082	0.089	
	(0.325)	(0.082)	(0.282)	(0.305)	
guimo	-0.073	-0.092			
	(-1.043)	(-1.330)			
own	-0.226*				
	(-1.935)				
_cons	2.818***	2.521***	2.182***	2.220***	2.397***
	(3.603)	(3.288)	(3.018)	(3.119)	(5.782)
N	1 541	1 541	1 541	1 541	1 541

注：括号内为 *t* 值；* $p<0.1$，** $p<0.05$，*** $p<0.01$。

表 5 影响过度教育发生的非教育因素的回归结果（2013 年）

	(1) 模型 1	(2) 模型 2	(3) 模型 3	(4) 模型 4	(5) 模型 5
region	-0.518***	-0.481***	-0.480***	-0.471***	-0.407***
	(-4.678)	(-4.418)	(-4.405)	(-4.326)	(-3.905)
party	0.451	0.430	0.448	1.134***	0.965***
	(0.918)	(0.878)	(0.916)	(5.928)	(5.280)
marry	0.080	0.097	0.099	0.148	-0.754***
	(0.334)	(0.406)	(0.417)	(0.631)	(-3.770)
f_own	-0.452**	-0.479**	-0.471**	-0.476**	-0.120
	(-1.997)	(-2.131)	(-2.096)	(-2.120)	(-0.568)
g_edu2	-1.308***	-1.300***	-1.301***	-1.299***	-1.199***
	(-14.238)	(-14.207)	(-14.215)	(-14.206)	(-14.035)
age	-0.076***	-0.074***	-0.074***	-0.071***	
	(-8.006)	(-7.876)	(-7.863)	(-7.753)	
guimo	0.106	0.086			
	(0.990)	(0.813)			

（续表）

	(1) 模型 1	(2) 模型 2	(3) 模型 3	(4) 模型 4	(5) 模型 5
own	−0.276**				
	(−2.122)				
_cons	8.171***	7.764***	7.923***	6.643***	3.774***
	(7.548)	(7.315)	(7.589)	(11.255)	(8.969)
N	1 061	1 061	1 061	1 061	1 061

注：括号内为 t 值；* $p<0.1$，** $p<0.05$，*** $p<0.01$。

有趣的是，当我们观察变量 party 时，我们发现，其影响随着时间的延伸变得不再显著。说明随着社会主义市场经济的发展，是否加入党派对被访者的影响已经渐渐削弱。从 2008 年变量 party 的回归结果中我们可以发现：加入党派在 1%的置信水平上显著影响过度教育，且其系数为正，这说明加入党派在一定程度上会增加过度教育的发生率。当我们将 2008 年变量 party 的系数与 2013 年的进行比较时，我们发现其作用普遍弱化（系数从 0.8 降为 0.4 左右）。当我们放松其他控制变量的时候，如放松企业规模和所有制以及被访者性别等控制变量时，变量 party 的影响开始变得十分显著，说明是否加入党派的影响效应可能与被访者所在企业的规模和所有制相关。

此外，我们还发现了另外一个有趣的现象。变量 f_own 对过度教育的影响随着时间的延伸变得显著。在表 5 中，被访者父亲所在单位的所有制属性会显著降低过度教育发生率。父亲单位类型可以反映被调查者的家庭背景和社会资本，如果被调查者的父亲处在私企或者民企，较之在公有制单位工作出现过度教育的可能性更高。正如一些专家学者所论证的那样，社会资本是一种对于提高人们福利和促进经济增长都十分重要的非市场力量。父亲如果在公有制部门工作，其子女进入主要劳动力市场并且处在适度教育的可能性越大，而父亲在私有部门，子女拥有的强社会资本相对较弱，处在过度教育状况的可能性更大。

最后，正如我们一直所认为的那样，年龄对过度教育的影响系数为负，且在 5%的置信水平上显著。一般我们认为，年龄较大的人学历普遍较低，因此高学历人才更容易找到施展其才华的地方。在目前这个大学快速扩招的年代，“大学生满地跑，研究生随处见”，关于学历的竞争越来越激烈，学历的含金量也慢慢降低。2015 年全国高校毕业生总数将达到 749 万人，比 2014 年再增加 22 万人，大学生就业面临新的挑战。英雄无用武之处的直接表现就是过度教育发生率的高企。

六、结　语

本文运用 CGSS 2008 年和 2013 年调查数据，首先对随着高等教育规模扩张以来的过度教育发生率的年度变化进行考察。对比两年，2013 年较 2008 年过度教育发生率有所提高。在以往的研究中，大多数学者将过度教育归咎于教育的过度供给，而本文则立足于教育需求方——个人和工作角度，对过度教育的非教育因素进行探寻。从员工自我评估法的测算结果看，个人因素中政治面貌、年龄、性别等对过度教育发生率有显著影响，党员、年轻人、女性发生过度教育的可能性比较高；劳动力市场因素中，就业岗位对教育水平的要求与过度教育发生率正相关；家庭背景因素中父亲的单位类型也对子女的过度教育有影响，父亲在私有部门或企业，其子女发生过度教育的可能性较高。因此，基于以上原因，过度教育的产生并不仅是教育的过度供给，还有个人因素和劳动力市场因素的影响。本文的政策含义是要通过健全劳动力市场，尽量缩小不同劳动力市场间的差异，弱化家庭背景等社会资本在劳动力市场中的作用等途径，推动劳动力正常流动，促使过度教育者尽快转变为适度教育者，从而实现人力资本价值的有效发挥。

此外，利用多年数据进行比较研究，以及用过度教育对人力资本收益的影响进行分析是我们未来可以开拓的研究方向。

参考文献

Barone C, Ortiz L. Overeducation among European University Graduates: A Compartive Analysis of its Incidence and the Importance of Higher Education Differentiation [R]. University Pompeu Fabra ;Department of Political & Social Sciences, 2010.

Buchel F. The Effects of Over-education on Productivity in Germany: The Firms' Viewpoint [R]. University of Berlin: Max Planck Institute for Human Development, 2000.

Chevalier A. Graduate Over-education in the UK [R]. London School of Economics and Political Science: Centre for the Economics of Education, 2000.

Croce G, Ghignoni E. Over-education and Spatial Flexibility in Italian Local Iabor Markets [R]. University of Roma Department of Public Economic, 2011.

Groot W, Brink H M V D. Overeducation in the Labor Market: A Meta-analysis [J].Economics of Education Review, 2000, 19(2): 149-158.

Rubb S. Overeducation: A Short or Long Run Phenomenon for Individuals? [J]. Economics of Education Review, 2003, 22(4): 389-394.

Tsang M C, Levin H M. The Fconomics of Overeducation [J]. Economics of Education Review, 1985, 4(2): 93-104.

蓝维. 过度教育对青少年健康发展的影响[J].当代青年研究, 2004, 5: 43—45.

李锋亮.教育的信息功能与筛选功能[M].北京大学出版社,2008.

刘璐宁. 大材小用与学以致用:过度教育及非教育影响因素的实证研究——基于 2003 年和 2008 年 CGSS 数据[J]. 高教探索, 2014,5: 30—36.

刘云波,钟宇平.香港过度教育现象及其与行业发展的关系分析[J].北京大学教育评论,2012, 10(4): 120—134.

马燕. 从区域经济发展的非均衡性分析中国高等教育区域化[N].宜宾学院学报,2004. 4.

武向荣,赖德胜.过度教育发生率及其影响因素——基于北京市数据的分析[J].教育发展研究, 2010, 19: 36—41.

胥秋. 从过度教育现象看我国的高等教育的结构失衡[J].高教发展与评估,2006, 22(1): 10—13.

杨娟.过度教育的成因及其对工资的影响[C].2007 年中国教育经济学年会会议论文集,2007.

不确定性收入与中国城镇居民储蓄率行为

——基于微观数据的证据

翟晓祯

（吉林大学经济学院）

［摘要］ 本文使用中国综合社会调查（CGSS2010）所得的数据，在生命周期—持久收入模型（LC-PIH）和预防性储蓄理论基础上建立模型，分别采用 OLS 回归和分位数回归方法，主要分析了不确定性收入对中国城镇居民储蓄行为的影响。分析结果表明，不确定性收入和社会保险参与情况等不确定性因素是我国城镇居民高储蓄率的重要原因，其中拥有较低储蓄率的家庭其储蓄水平更容易受到不确定性因素的影响，医疗保险参与情况的估计系数在各个分位点的值比较平稳；另外，家庭财产性收入对我国城镇居民储蓄率也有一定影响。

［关键词］ 不确定性收入，城镇居民，储蓄行为

一、引　言

根据世界银行数据库统计，我国总储蓄自 2006 年以来一直处于 50%左右，远高于世界平均储蓄水平。而总储蓄又包括居民储蓄、政府储蓄和企业储蓄，其中居民储蓄占有主要地位。20 世纪 90 年代以来我国居民储蓄一直保持在 20%左右，相对于美国、加拿大等发达国家 5%以下的居民储蓄率已经是非常惊人了。根据西南财经大学中国家庭金融调查与研究中心进行的中国家庭金融调查（CHFS）首轮调查（2011 年）报告，我国居民储蓄率为 19.25%，仍处于较高水平。这种持续的高储蓄无疑成为我国扩大消费的最大障碍。在当今世界经济复苏缓慢的大环境下，我国经济发展进入“新常态”，下一步促进经济增长要充分发挥消费的作用。因此，研究居民储蓄行为对刺激国内消费、促进投资效率都有重要意义。

研究储蓄行为的经典模型包括凯恩斯的绝对收入模型、杜森贝里的相对收入假说、弗里德曼的持久收入假说和莫迪利亚尼的生命周期模型。Modigliani and Cao（2004）利用我国 1953—2000 年的宏观数据比较了绝对收入模型和生命周期模型，得出了后者更契合中国居民储蓄率的发展事实。Kraay（2000）用中国的时间序列数据，得出了抚养率对中国居民储蓄率的影响在统计上不显著的结论，并且认为未来收入的增长对储蓄率有负向的影响，这篇文章的结论与生命周期假说不完全相符，这并不能说明生命周期假说不适用于中国国情。

近期对中国居民储蓄行为的研究基本都是在生命周期—持久收入(LC-PIH)模型的基础上加入其他变量,使模型侧重点有所不同。Wei and Zhang(2009)主要关注人口性别比例对城镇居民储蓄率的影响,程令国和张晔(2011)则指出了早年饥荒经历的影响作用。

而随着我国经济的转轨,各方面改革的不断深化,不确定性使我国城镇居民面临的个人风险明显增加。为了定量分析这种不确定性,许多学者开始尝试用预防性储蓄理论来研究其对居民储蓄或消费的影响,并且绝大多数研究均认为两者之间存在着显著的正相关关系。其中宋铮(1999)选取收入的标准差作为衡量收入不确定性的变量,利用1985—1997年的时间序列对我国城乡居民储蓄余额的年增加值进行回归分析,发现收入的不确定性对居民储蓄存在显著正影响。孙凤和王玉华(2001)利用剔除季节性影响后1991—1998年35个大城市居民收入月度数据的标准差作为衡量收入不确定性的主要变量,结果也表明我国城镇居民的确存在着显著的预防性储蓄动机。李勇辉和温娇秀(2005)的研究也说明中国城镇居民储蓄行为中存在较强的预防性动机。邓翔和李锴(2009)的研究注意到了不确定性的来源,发现不同不确定性因素对于居民预防性储蓄行为的影响存在差异且是动态变化的,失业风险影响程度不断减弱,且消费者更加关注的是医疗支出和住房支出的不确定性,对于教育支出的不确定性并不十分敏感。但施建准和朱海婷(2004)采用35个大中城市的月度数据对我国居民预防性储蓄强度进行了测度,发现城市居民的相对谨慎性系数约为0.878,表明城镇居民确实存在着预防性储蓄动机,但并没有那么强烈。

值得注意的是,目前关于中国城镇居民预防性储蓄行为的研究大都是使用全国或省级层面的宏观汇总数据,对不确定性的衡量指标选取也存在较大差异,使用微观数据进行研究已经成为趋势。Chamon and Prasad(2008)使用国家统计局1990—2005年的调查数据,研究发现户主是否在公共部门就业及其政治面貌等因素会通过影响对未来收入的预期,进而对家庭储蓄率产生影响。孟昕和黄少卿(2001)则使用CHIP数据,发现失业的经历会增加城镇居民预期的不确定性,并提高储蓄水平。殷兴山等(2007)以宁波市400户家庭家计调查数据为样本研究了包括不确定性在内的影响居民储蓄率增长的因素。而何立新等(2008)、杨汝岱和陈斌开(2009)也利用CHIP数据分别讨论了养老金制度和高等教育改革对城镇居民储蓄的影响。

与上述研究相比,本文的主要贡献体现在以往文献很少把焦点集中在不确定性对居民储蓄率的影响上,但随着我国改革的深化和社会的转型由不确定性导致居民预防性储蓄动机越发强烈。且目前对不确定性的测算,特别是对不确定性收入的测算,并没有较为一致的标准,已有研究中大多数选取了代理指标(Friedman,1957;杭斌和郭香俊,2009)或方差、标准差(Dynan,1993;孙凤和王玉华,2001;刘兆博和马树才,2007)等形式衡量收入不确定性,并不能全面地反映不确性的特征。本文先引入家庭收入方程,比较科学地测算了不确定性收入,又考虑到近几年医疗保险改革等节奏加快,但教育上则无较大举措,于是加入养老保险、医疗保险等主要社会保险的参与情况这两个变量,从两大方面说明不确定性的特征。本文不仅加入了数据库中提供的权重变量以减小异方差的影响,还使用了较为常用的异方差稳健标准误法,以及分位数回归的方法(quantile regression)对此进行处理。这一方法还可以进一步考察在不同分位数处不确定性对城镇居民储蓄行为的影响方向和程度。

二、居民储蓄行为方程的理论基础

传统的分析居民储蓄行为的模型生命周期—持久收入假说(LC-PIH)的假设前提为:工作期间的收入保持不变、没有不确定性因素、个人开始时没有财富且最后也没有遗产。本文选取 Modigliani and Cao(2004)在 The Chinese Saving Puzzle and the Life-cycle Hypothesis 一文中提供的储蓄模型为例:

$$S/Y=\alpha+\beta_1 L+\beta_2(E/M)+\mu \tag{1}$$

其中,为 S/Y 为居民储蓄率,L 为人均收入长期增长率,E/M 为人口结构因素。(1)式主要为了说明居民储蓄取决于经济增长率及人口的年龄分布变量。

Dynan(1993)认为在信息完全条件下,一个消费者 i 在时期 t 所面临的决策问题可表示为如下的最优化问题:

$$\max E_t\left[\sum_{j=0}^{T-t}(1+\delta)^{-j}U(C_{i,t+j})\right] \tag{2}$$

$$\text{s.t. } A_{i,t+j+1}=(1+r_i)A_{i,t+j}+Y_{i,t+j}-C_{i,t+j}A_{it}\text{ ,已知},A_{i,T+1}=0 \tag{3}$$

其中,T 代表死亡时间,A,C,Y,δ,r 分别代表财富水平、消费、劳动收入、时间偏好和实际税后利息率(每个家庭不同)。

当 $j=1$ 时,解得上述动态最优化问题的一阶条件:

$$\left(\frac{1+r_i}{1+\delta}\right)E_t[U'(C_{i,t+1})]=U'(C_{it}) \tag{4}$$

这个一阶条件揭示了当效用函数的三阶导数大于零时,最优储蓄与不确定程度正相关。不确定性程度的提升增加了消费预期的变化,这反过来又意味着更高的边际效用,而边际效用函数是凸的。为了继续保证(3)式的成立,当期消费将减少,储蓄增加,额外增加的这部分储蓄就是预防性储蓄。

结合生命周期—持久收入假说和预防性储蓄理论,本文基本计量模型设定如下:

$$SR_i=\alpha_0+\alpha_1\text{peincome}+\alpha_2\text{unc}_i+\sum\alpha_3\text{hw}_i+\sum\alpha_4\text{family}_i+P_i+\varepsilon_i \tag{5}$$

其中,i 代表城镇家庭,peincome 代表城镇家庭持久收入水平(对数值),unc 代表城镇家庭面临的不确定性,hw 代表城镇家庭的财富水平,family 表示一组家庭特征变量,主要包括一组户主特征变量和家庭人口年龄结构变量。此外还加入了 P 作为省份变量。

在具体的估计策略上,本研究首先采用 OLS 回归方法对(5)式模型进行估计。然而,OLS 回归方法只能得到各个因素对城镇居民储蓄率的期望值的影响,无法分析各个因素对城镇居民储蓄率的分布规律的影响。本文利用分位数回归方法(quantile regression)对问题进行进一步分析。分位数回归方法假定因变量条件分布的分位数是自变量的线性函数,从而构造因变量的分位数回归,得到自变量对因变量分位数的影响。该方法从不同分位数上考虑问题,对条件分布的刻画更加细致,分析结果也更加全面和深入。为考察不同分位数上中国城镇居民储蓄率的影响因素,本文建立如下分位数回归模型:

$$\text{Quant}_\theta(SR_i\mid X_i)=\beta^\theta X_i \tag{6}$$

其中,X_i 为(5)式中的自变量向量;β^θ 为系数向量;$Quant_\theta(SR_i\mid X_i)$ 表示 SR_i 在给定 X 的情况下与分位点 $\theta(0<\theta<1)$ 对应的条件分位数。与 θ 对应的系数向量 β^θ 是通过最小化绝对离差(LAD)实现的,即

$$\beta^{\theta}=\operatorname{argmin}\{\sum_{i,SR_i\geqslant X_i\beta}\theta|SR_i-X_i\beta|+\sum_{i,SR_i<X_i\beta}(1-\theta)|SR_i-X_i\beta|\} \tag{7}$$

随着分位数 θ 的变化，估计系数 β 的值也会发生变化，这样就能相应地分析各个因素对城镇居民储蓄率的分布规律的影响。

三、数据与变量

（一）数　据

本文所使用的数据主要来源于中国人民大学中国调查与数据中心组织的在 2010 年进行的中国综合社会调查（CGSS2010）。本次调查采用多阶分层概率抽样设计，其调查点覆盖了中国大陆所有省级行政单位，内容涉及家庭成员个人特征及收入、家庭收入与支出、家庭规模等，共录入 11 783 户家庭的数据，其中城镇家庭 5 728 户。本文对原始数据进行了适当的整理，剔除了部分信息不完整的住户数据（估计家庭收入函数及最终模型时需要利用的有关信息），最后得到 3 943 个有效数据。

（二）变　量

1. 居民储蓄率

基于数据可得性考虑，本文选用收支扣减法作为居民储蓄率的计算方法（殷兴山等，2007），即居民可支配收入减去消费支出得到储蓄额，再除以可支配收入就得到居民储蓄率。其中消费的度量标准不统一。为了使计量结果更加丰富，本文选取了两个标准对消费进行界定。第一种是比较常用的标准，即包括食品消费、服装支出、日用消费品支出及交通通信支出、居住支出（房租、水电燃料等日常性支出）；第二个标准是参照相关文献（杨汝岱和陈斌开，2009；沈坤荣和谢勇，2012）在第一个标准上加上教育和医疗支出。我们将这两个标准得到的居民储蓄率记为 SR1 和 SR2。

2. 不确定性的代理变量

不确定性是指非概率型随机事件，是人们无法预料、测度和控制的变化。已有研究中大多数选取了代理指标（Friedman，1957；杭斌和郭香俊，2009）或方差、标准差（Dynan，1993；孙凤和王玉华，2001；刘兆博和马树才，2007）等形式衡量收入不确定性。根据这一定义和已有文献，本文将家庭面临的不确定性分为不确定性收入和社会保险的参与情况两大方面。

一是不确定性收入。本文在已有文献（Starr-McCluer，1996；罗楚亮，2004）基础上构造了家庭收入方程，即 $\text{Log}(\text{YC})=F(\text{HHC},\text{HGC},\text{REF},\varepsilon)$。其中，YC 表示家庭人均实际收入；HHC 表示户主特征，包括户主性别、政治面貌；HGC 表示家庭的人口结构特征，包括家庭成员的平均年龄、平均受教育程度；REF 表示经济改革因素的影响，主要通过家庭中有劳动收入的人口比例体现；ε 表示收入的随机冲击，即收入不确定性。本文对此方程进行 OLS 回归，得到预测值作为持久性收入，残差值作为不确定性收入。

二是社会保险的参与情况。由于养老和医疗作为支配人们消费储蓄行为的两大动机，其本身往往存在很大的不确定性，而参加养老保险、医疗保险则可以承担其中的部分风险，降低这些支出的不确定性。因此，本文还选择了城镇居民对养老、医疗等主要社会保险的参与情况对不确定性进行测度。而 CGSS2010 对于每个城镇家庭只调查了受访者参加社会保险的情况，为了使对象更加明确，本文用受访者的年收入与其家庭年收入之比(r)作为衡量该家庭成员的家庭地位的指标，然后再分别乘以受访者参加相关社会保险的虚拟变量，从而得到最终养老保险、医疗保险参与情况指标 pension 和 heasec。

3. 控制变量

选择城镇家庭的户主特征（包括性别、年龄、政治面貌、受教育程度）、家庭的人口结构（不同年龄段的人口占家庭总人口的比例，重点关注未成年人口和老年人口）、财富水平和所在的省份（用 2009 年每个省的 GDP 占全国 GDP 的比重代表）作为控制变量。考虑到住房和财产性收入在城镇居民总财产净值中的重要地位（罗楚亮，2004），以及人们的预防性储蓄决策与投入股市或其他不确定性资产的投资收益的相关性（张安全，2014），本文最终选择人均住房面积和家庭财产性收入占总收入之比来测度城镇家庭财富水平的高低。以上变量的定义和描述统计情况详见表 1。

表 1 变量定义及描述性统计

变量	定义与赋值	均值	标准差	最小值	最大值
SR1	储蓄率 1	0.395	0.989	-44.524	1
SR2	储蓄率 2	0.185	1.171	-44.533	1
peincome	人均持续收入（对数值）	9.414	0.408	7.813	11.955
unincome	人均不确定性收入（对数值）	0.002	0.832	-3.08	3.979
PENSION	受访者是否参加养老保险：是 = 1，否 = 0	0.854	0.353	0	1
HEASEC	受访者是否参加医疗保险：是 = 1，否 = 0	0.663	0.473	0	1
r	受访者收入占家庭收入的比例	0.567	0.681	0	19.211
pension	PENSION×r	0.483	0.593	0	19.211
heasec	HEASEC×r	0.374	0.452	0	9.605
hgender	户主性别：男 = 1，女 = 0	0.494	0.5	0	1
heep	户主政治面貌：中共党员 = 1，其他 = 0	0.213	0.409	0	1
hedu1	户主受教育程度：小学及以下 = 1；其他 = 0	0.168	0.374	0	1
hesu2	户主受教育程度：初中 = 1；其他 = 0	0.258	0.437	0	1
hedu3	户主受教育程度：高中 = 1；其他 = 0	0.297	0.457	0	1
hedu4	户主受教育程度：大专及以上 = 1；其他 = 0	0.276	0.447	0	1
headage	户主年龄	48.219	15.489	18	94
headage2	户主年龄的平方/100	25.649	15.664	3.24	88.36
rchild1	家庭中 0—5 岁人口比例	0.035	0.093	0	0.5
rchild2	家庭中 6—11 岁人口比例	0.041	0.104	0	0.667
rchild3	家庭中 12—14 岁人口比例	0.025	0.083	0	0.5
rchild4	家庭中 15—17 岁人口比例	0.028	0.091	0	0.667
rchild5	家庭中 18—21 岁人口比例	0.041	0.11	0	1
rold	家庭中 65 岁及以上人口比例	0.154	0.308	0	1
ln(ha)	人均自有住房的建筑面积（对数值）	3.312	0.643	0.442	7.477
princome	家庭财产性收入占总收入的比例	0.013	0.081	0	1
province	户主所在省份 GDP/全国 GDP（2009 年）	0.887	0.381	0.262	3.292
weight	CGSS2010 数据库中的权重变量	0.042	0.028	0.001	0.108

四、实证结果

(一) OLS 回归结果

表 2 是分别以 SR1 和 SR2 进行 OLS 回归以及异方差稳健标准误法修正后的结果。由于异方差标准误法对截面数据的异方差性进行了修正,结果更具有有效性,因此我们将主要对修正后的结果进行分析。

首先,对不确定性收入与城镇居民储蓄率的关系进行分析。对于 SR1 和 SR2 口径的居民储蓄率,不确定性收入与储蓄率均呈正相关,且不确定性收入的估计系数均大于持久性收入的估计系数。这说明不确定性收入对储蓄率的影响更大。这是因为收入的不确定性易引发强烈的预防性储蓄动机,人们通过积累性的自我储备来自我缓解未来可能面临的约束和风险。因此,政府应增强影响收入的政策的可预见性以减少不确定性收入,使不确定性收入部分转化为持久性收入,从而降低居民储蓄率。另外,相较于 SR1 口径的居民储蓄率,SR2 口径的居民储蓄率对应的不确定性收入和持久收入的影响均增大,但持久收入的估计系数增幅更大。造成这种结果的原因可能是因为教育和医疗支出本身也存在一定的不确定性(罗楚亮,2004),会对不确定性收入的影响程度造成一定影响,因此当 SR2 口径的储蓄率考虑了这两项支出时,不确定性的影响和持久性收入的影响的增加幅度不一致。其中对于 SR2 口径的储蓄率,不确定性收入和持久性收入的估计系数明显大于沈坤荣和谢勇(2012)利用 CGSS2006 数据得出的估计系数。说明不确定性收入对我国城镇居民储蓄率的影响有所增加。这就更表明通过降低不确定性收入来降低城镇居民储蓄率的必要性。

表 2　不确定性收入与城镇居民储蓄率的 OLS 回归及异方差稳健标准误法修正后的结果

	SR1				SR2			
	模型 1(OLS)		异方差稳健标准误修正后的结果		模型 2(OLS)		异方差稳健标准误修正后的结果	
自变量	系数	t 值	t′值	标准误	系数	t 值	t′值	标准误
peincome	0.179	4.164***	4.908***	0.039	0.343	8.059***	6.083***	0.072
unincome	0.222	11.251***	10.268***	0.023	0.366	16.122***	12.147***	0.033
pension	-0.011	-1.360	-1.449	0.041	-0.043	-1.419	-1.208	0.060
heasec	-0.109	-2.897***	-2.351**	0.061	-0.096	-2.854***	-16.088***	0.083
hgender	0.091	2.666***	2.224**	0.041	0.151	3.755***	2.868***	0.053
heep	0.059	1.265	2.242**	0.026	0.031	0.554	0.647	0.047
hedu1	-0.086	-0.220	-0.478	0.179	-0.270	-0.586	-1.087	0.249
hedu2	-0.107	-0.275	-0.598	0.179	-0.313	-0.681	-1.257	0.249
hedu3	-0.213	-0.547	-1.187	0.180	-0.422	-0.915	-1.69*	0.249
hedu4	-0.133	-0.341	-0.726	0.184	-0.391	-0.846	-1.519	0.257
headage	-0.005	-0.842	-0.987	0.006	-0.006	-0.817	-0.638	0.010

（续表）

	SR1				SR2			
	模型 1(OLS)		异方差稳健标准误修正后的结果		模型 2(OLS)		异方差稳健标准误修正后的结果	
自变量	系数	t 值	t′值	标准误	系数	t 值	t′值	标准误
headage2	0.008	1.143	1.446	0.005	0.008	1.023	0.832	0.010
rchild1	−0.174	−1.007	−0.676	0.258	0.247	1.207	0.856	0.288
rchild2	0.220	1.412	1.905*	0.115	0.545	2.965***	3.252***	0.168
rchild3	0.068	0.340	0.534	0.127	0.144	0.613	0.68	0.212
rchild4	0.127	0.685	0.876	0.145	0.123	0.561	0.657	0.187
rold	−0.057	−0.587	−0.977	0.059	−0.035	−0.300	−0.372	0.093
ln(ha)	−0.023	−0.875	−1.024	0.022	−0.057	−1.846*	−1.727*	0.033
princome	−0.114	−0.659	−1.213	0.112	−0.448	−1.843*	−2.233**	0.202
province	已控制		已控制		已控制		已控制	
常数项	−1.065925				−3.255			
R^2	0.054786				0.099212			
F 值	11.36618				21.59836			
Prob>F	0.0000				0.0000			

注：t 值一栏中的*、**、***分别代表估计系数在 10%、5%、1%水平下显著。

其次，对于社会保险的参与情况。医疗保险和养老保险的估计系数均为负。其中对于一个收入占家庭收入 50%的城镇居民，参加医疗保险大致会使家庭储蓄率降低 0.072—0.083，参加养老保险会使家庭储蓄率降低 0.030—0.036。说明医疗和养老是人们进行储蓄的主要动机。受环境污染和生活快节奏等各种因素影响，人们患疾病的概率也逐渐增高，因此参加医疗保险能报销人们以后患病时的部分费用，减轻医药费负担，也就会相应降低人们的储蓄，增加现期消费。同样参加养老保险也能使居民在退休以后得到一定数额的养老金，使老年生活更加容易，人们为了防老的储蓄也会相应减少，这也与生命周期理论较为符合。

表 2 同时表明，医疗保险的估计系数绝对值明显大于养老保险的估计系数，估计系数的显著性也较高。这说明虽然医疗和养老都是人们进行预防性储蓄的主要动机，也是未来不确定性的主要影响因素，但是医疗带来的不确定性对储蓄率的影响更大。这可能与近几年医疗保障体系的不断完善有较大关系。2007 年 4 月，国务院常务会议决定开展城镇居民基本医疗保险制度试点，到 2009 年在全国范围内推开。本文所用数据为 2010 年调查的 2009 年的数据，此时城镇居民基本医疗保险制度刚开始在全国普及，人们对医疗保险的重视程度正逐渐加深。而我国对养老保险制度的改革相对较少，步伐也比较缓慢。因此医疗保险带来的不确定性对城镇居民储蓄率影响更大。而且，对于考虑了医疗支出 SR2 口径的储蓄率，医疗保险的估计系数较之 SR1 口径的储蓄率也有所增大。

再次，对于家庭财富的测度变量。随着人均住房面积和财产性收入占比的增加，储蓄率有所下降，即储蓄率与家庭财富水平负相关。这也与传统的生命周期—持久收入模型相符。其中，财产性收入的增加使储蓄率有所下降也从另一方面说明政府应采取相应政策完善金融市场，增加人们参与金融投资活动的信心，提高居民财产性收入，以达到降低居民储蓄率的目的。

最后，对于控制变量。男性储蓄率高于女性，中共党员的储蓄率高于非中共党员。表 2 还说明，接受过教育的居民的储蓄率会有一定程度的下降，且随着受教育程度的增加，其对储蓄率的降低效应会先增强后减弱。这与已有的研究结果（杨岱汝和陈斌开，2009；沈坤荣和谢勇，2012）有些出入。这可能与使用数据和计量方法不同有关。城镇居民储蓄率还与户主年龄成倒 U 形关系，但这种关系并不是十分显著。储蓄率与少儿抚养比成正相关，这与生命周期理论相符，但这里储蓄率与老年抚养比的关系并不显著。

（二）分位数回归结果

图 1、图 2 为对 SR1 和 SR2 进行分位数回归的部分结果。下面将对回归结果进行分析。

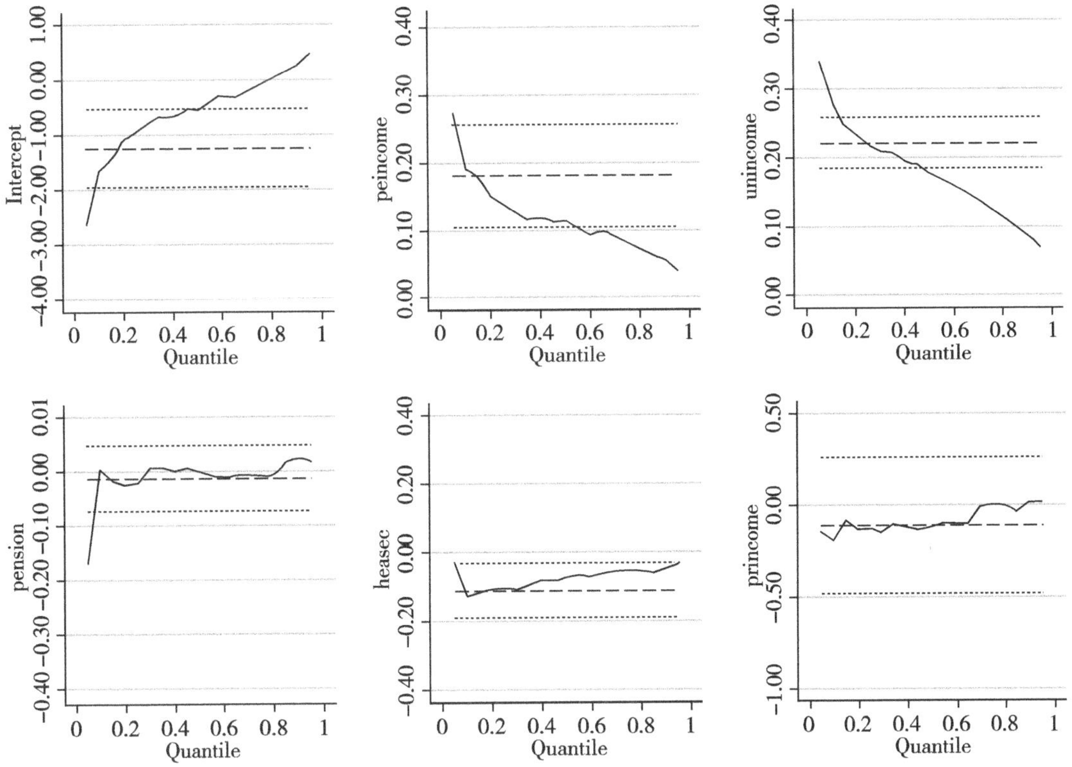

图 1　分位数回归系数的变化（以 SR1 为被解释变量）

首先，从回归结果来看无论对于 SR1 还是 SR2，持久性收入和不确定收入对储蓄率均显著正相关，且不确定收入的估计系数均大于持久收入，这与 OLS 回归结果一致。分位数回归还进一步显示随着分位点的增大，持久性收入和不确定性收入的回归系数逐渐减小，这说明那些拥有较低储蓄率的家庭，其储蓄水平与收入水平更加相关，更容易受到不确定性因素的影响。这可能是因为拥有较低储蓄率的家庭抵御外界未知风险的能力也比较薄弱，在突发事故产生时，如重大疾病或突然下岗等，其并不充裕的储蓄将会产生巨大波动。因此，当未来的不确定性因素增加时，他们往往选择减少本期消费，增加储蓄来缓解未知风险带来的压力。

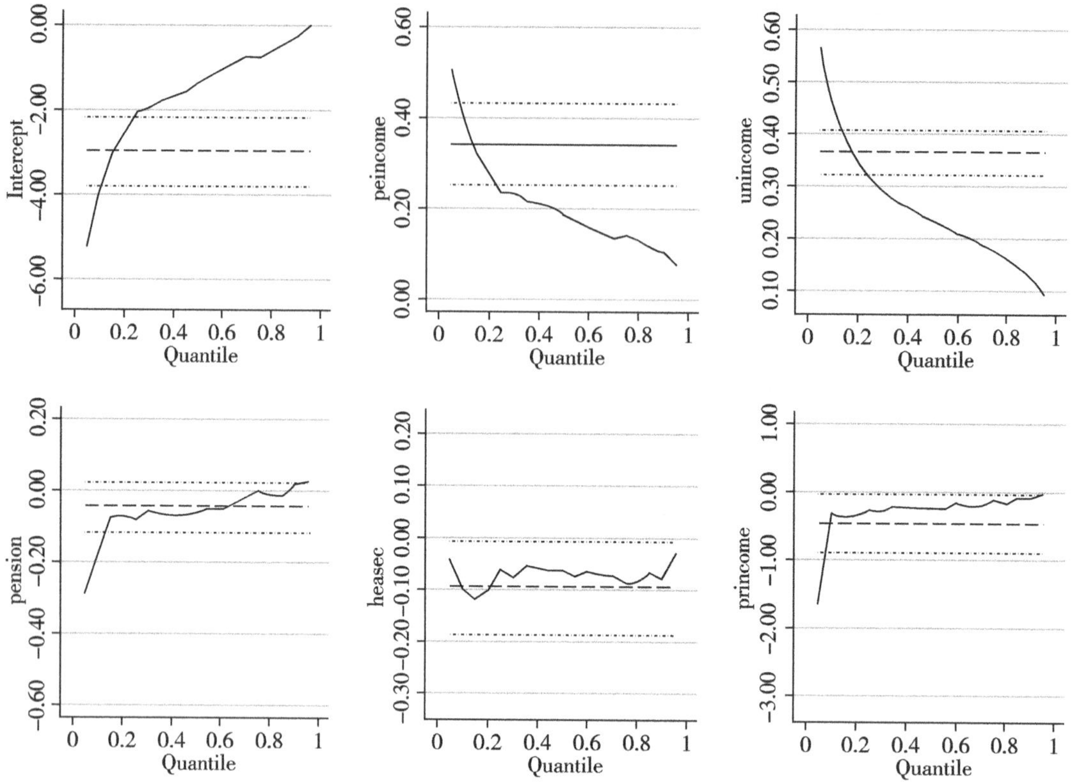

图 2 分位数回归系数的变化(以 SR2 为被解释变量)

注:这里只列出部分变量的分位数回归结果,其他变量与 OLS 回归的变量相同。

其次,从对社会保险的回归结果来看,参加养老和医疗保险均会在一定程度上降低城镇居民储蓄率,这也与 OLS 回归相符。相对而言,医疗保险参与情况的估计系数就比较平稳,说明对于各个储蓄率段的家庭来说,是否参加医疗保险均是影响其储蓄水平的重要因素。这可能是因为近些年"看病难""看病贵"现象普遍,就医成为人们生活中担心的主要问题之一,而其中医药费必然是担心的重点。而参加医疗保险可部分或全部报销医疗就诊的费用,这将大大缓解家庭的负担程度,自然也降低了人们预防这种风险而进行储蓄的动机。

最后,对于财产性收入占比。虽然这个变量是用来衡量家庭财富水平的,但回归结果显示其对城镇居民储蓄率有显著的负效用,在各分位数处的估计系数也都为负值,特别是在中等偏低储蓄率水平(0.25 和 0.5 分位点处)估计系数的绝对值甚至与持久收入的估计系数的绝对值相当。这说明如果提高中等储蓄率水平家庭的财产性收入,将会对降低城镇居民储蓄率起到很大作用。

五、结论与政策含义

总体上来说,本文对我国城镇居民储蓄率的分析结果表明,不确定性收入和社会保险参与情况等不确定性因素是我国城镇居民高储蓄率的重要原因。其中,拥有较低储蓄率的家庭其储蓄水平更容易受到不确定性收入的影响,养老保险参与情况对城镇居民储蓄率的影响随着储蓄率的增大逐渐减弱,医疗保险参与情况的影响则比较平稳;另外,家庭财产性收入对我国城镇居民储蓄率也有一定影响。

从这一结论中可以得到三点启示：一是政府应必须加大稳定城镇居民收入和消费预期的政策力度，增强相关政策的可预见性，如促进就业市场的信息流通、有效提高就业率、稳定物价水平等，从而更好地缓解城镇居民对未来消费不确定性的预期，以在一定程度上降低居民储蓄率；二是应进一步完善医疗保障体系和养老保险制度，增强社会保障能力，以降低人们对未来就医、养老的负担程度，从而降低储蓄水平，增加当期消费，促进社会福利水平的提高；三是应进一步完善金融市场，增加人们参与金融投资活动的信心，提高居民财产性收入。

参考文献

Chamon M, Prased E. Why are Saving Rates of Urban Households in China Rising, NBER Working Paper, 2008.

Dynan K E. How Prudent are Consumers? [J].Journal of Political Economy, 1993, 101(6): 1104-1113.

Friedman M. A Theory of the Consumption[M]. Princeton University Press, 1957.

Horioka C,Wan J. The Determinants of Household Saving in China: A Dynamic Panel Analysis of Provincial Data, NBER Working Paper, No. 12723, 2006.

Kraay A. Household Saving in China[J]. The World Bank Economic Review, 2000, 14(3): 545-570.

Modigliani F, Cao S L. The Chinese Saving Puzzle and the Life-Cycle Hypothesis[J]. Journal of Economic Literature, 2004, 42(1): 145-170.

Starr-McCluer M. Health Insurance and Precautionary Savings[J]. American Economic Review, 1996, 86(1): 285-295.

Wei S, Zhang X. Sex Ratios and Savings Rates; Evidence from "Excess Men" in China, NBER Working Paper, No. 14876, 2009.

邓翔，李锴. 中国城镇居民预防性储蓄成因分析[J]. 南开经济研究，2009，2：42—57.

杜宇玮，刘东皇. 预防性储蓄动机强度的时序变化及影响因素差异——基于1979—2009年中国城乡居民的实证研究[J]. 经济科学，2011，1：70—80.

杭斌，郭香俊. 基于习惯形成的预防性储蓄——中国城镇居民消费行为的实证分析[J]. 统计研究，2009，3：38—43.

何立新，封进，佐藤宏. 养老保险改革对家庭储蓄率的影响：中国的经验证据[J]. 经济研究，2008，10：117—130.

李勇辉，温娇秀. 我国城镇居民预防性储蓄行为与支出的不确定性关系[J]. 管理世界，2005，5：14—18.

刘兆博，马树才. 基于微观面板数据的中国农民预防性储蓄研究[J]. 世界经济，2007，2：40—09.

龙志和，周浩明. 中国城镇居民预防性储蓄实证研究[J]. 经济研究 2000，11：33—38.

芦东. 人口结构、经济增长与中国城镇居民储蓄率[D].复旦大学，2009.

罗楚亮. 经济转轨、不确定性与城镇居民消费行为[J]. 经济研究，2004，4：100—106.

孟昕，黄少卿. 中国城市的失业、消费平滑和预防性储蓄[J]. 经济社会体制比较，2001，6：40—50.

施建淮，朱海婷. 中国城市居民预防性储蓄及预防性动机强度：1999—2003[J]. 经济研究，2004，10：66—74.

宋铮. 中国居民储蓄行为研究[J]. 金融研究，1999，6：47—51+81.

孙凤，王玉华. 中国居民消费行为研究[J]. 统计研究，2001，4：24—30.

万广华，史清华，汤树梅. 转型经济中农户储蓄行为：中国农村的实证研究[J]. 经济研究，2003，5：3—12+91.

杨汝岱,陈斌开. 高等教育改革、预防性储蓄与居民消费行为[J]. 经济研究,2009,8:113—124.

易行健,王俊海,易君健. 预防性储蓄动机强度的时序变化与地区差异——基于中国农村居民的实证研究[J]. 经济研究,2008,2:119—131.

殷兴山,孙景德,张超群. 制度变迁、不确定性、收入增长与居民储蓄率——基于宁波案例的因子分析[J]. 金融研究,2007,9:102—112.

张安全. 中国居民预防性储蓄研究[D].西南财经大学,2014.

周建. 经济转型期中国农村居民预防性储蓄研究——1978—2003 年实证研究[J]. 财经研究,2005,8:59—67.

周绍杰. 中国城市居民的预防性储蓄行为研究[J]. 世界经济,2010,8:112—122.

朱春燕,臧旭恒. 预防性储蓄理论——储蓄(消费)函数的新进展[J]. 经济研究, 2001,1:84—92.

新型城镇化、地区腐败与城乡收入差距

——基于动态面板和面板门槛模型的实证研究

郑国强

（吉林大学经济学院）

[摘要] 新型城镇化发展、腐败以及不断拉大的城乡收入差距已成为社会和学术界最为关注的三大问题。而在不同的腐败程度下，城镇化对城乡收入差距的影响是否会表现出门槛特征是实证研究方面一个被忽视的问题。本文运用动态面板模型和面板门槛模型，通过构建新型城镇化的综合评价体系，验证新型城镇化对城乡收入差距的门槛效应。结果显示，新型城镇化对缩小城乡收入差距具有显著作用，而腐败会使城乡收入差距进一步加大。新型城镇化对城乡收入差距的影响会随腐败程度的不同表现出明显的双门槛特征，新型城镇化对城乡收入差距的缩小效应会被腐败的扩大效应所抵消。

[关键词] 新型城镇化，腐败，城乡收入差距

一、引　言

城乡居民收入差距过大已经成为社会各界普遍关注的重大民生问题。现实表明，我国传统城镇化“重城轻乡”“重工轻农”等弊端导致城乡分割严重，城乡收入差距问题不但没有得到有效缓解，反而愈加严重。巨大的城乡差距将导致城镇化引起的收入差距在全国居民收入差距中占据较大份额（周云波，2009）。从最直观的城乡收入绝对差额来看，1978 年我国城乡居民的收入差距为 209.8 元，2000 年为 4 026.6 元，到 2012 年已达到 16 647 元，改革开放以来城乡居民收入的绝对差距竟然扩大近 80 倍，目前农村居民收入水平仅相当于城镇居民在 2002—2003 年的水平，比城镇落后 10 年。在此背景下，有学者认为只有走有中国特色的新型城镇化道路，统筹城乡经济，才能从根本上缩小城乡居民收入差距（罗吉和陈端春，2014）。相对于传统城镇化道路，新型城镇化更加强调城乡统筹发展。通过新型城镇化与新农村建设协调推进，实现农业现代化与城镇化良性互动，促进要素的自由流动，优化社会资源在行业间区域间的配置，不仅能够提高城镇化发展的质量和水平，还能有效缩小城乡居民收入差距。

然而不可否认的是，中国新型城镇化在实际推进过程中情况非常复杂，其作用不能完全用传统理论加以解释。新型城镇化进程中依然面临着城市粗放型增长、基础设施不足、城市管理公共服务水平低、政府腐败等许多城市面临的共性问题（关建勋，2014）。只有处理好这些问题，才能使新型城镇化的作用机制得到充分发挥。而腐败作为影响收入差

距的最重要因素(陈刚,2011),应当在新型城镇化建设中引起重视。腐败是一种寻租活动,西方经济学等把寻租活动产生的根本原因归结为政府对市场的过多干预。在新型城镇化推进的过程中,房地产开发、招商引资、工程建设等领域依然会被政府部门管理,这会带来巨大的经济利益,给腐败提供了滋生的土壤。目前我国公共权力失衡,公共权力大部分集中在城镇。在城镇化进程中,部分官员利用地方权力廉价征用、租赁农民的耕地,导致城镇部分人群收入增加过快,而农民收入增长相对缓慢,进一步加剧了城乡居民收入差距。

因此,随着新型城镇化的逐步推进以及反腐败力度的不断加强,我国的城乡收入差距是否能够因此得到解决成为本文研究的重点问题。为此,本文通过构建新型城镇综合评价体系,建立动态面板模型和面板门槛模型,实证研究不同腐败程度下新型城镇化对城乡收入差距的影响。

本文除引言外分为四部分:第二部分是文献综述,梳理了城镇化和腐败对城乡收入差距的影响机制,并与以往研究进行比较,提出了本文的研究价值;第三部分是变量选取与数据说明,介绍数据来源和各变量的度量方法;第四部分是实证研究结果;第五部分是文章主要结论。

二、文献综述

城镇化对城乡收入差距的影响历来是学术界争论的一个问题,关于二者的关系主要有以下几种观点。大部分学者认为,城镇化与城乡收入差距之间呈正向或逆向的线性关系。陆铭和陈钊(2004)、曹裕等(2010)认为城镇化有显著缩小城乡收入差距的作用,并提出加速城镇化进程是缩小城乡居民收入差距的战略性措施。而程开明和李金昌(2007)、贺建风和黄钦炼(2011)则认为城镇化的快速发展是造成城乡居民收入差距扩大的原因,对城乡居民收入差距扩大产生正向冲击。另外,有些学者通过实证分析发现城镇化与收入差距之间是非线性关系。陈宗胜和高玉伟(2012)对人口城镇化(两部门人口转换)与收入差距的倒 U 形假说进行了理论说明。周云波(2009)对倒 U 形假说进行了数理证明和计量估计,结果表明居民收入差别将在 2006—2009 年前后达到倒 U 形曲线的拐点。周少甫等(2010)利用面板门槛模型得出城镇化作用于城乡收入差距的过程中存在 0.27 与 0.456 两个门槛值,只有当城镇化水平高于 0.456 时,城镇化才能显著缩小城乡收入差距。同时,有学者认为,由于地区差异和政策路径的不同,城镇化对城乡居民收入差距可能存在不同的效应。李尚蒲和罗必良(2012)的研究表明,如果以大城市为研究对象,城镇化对城乡收入差距的影响是同向的,如果以中小城镇为研究对象,城镇化对城乡收入差距的影响则是反向的。丁志国等(2011)利用 2000—2009 年 31 个省的面板数据,指出我国城镇化进程对城乡收入差距同时存在积极和消极两种影响,其结果取决于城镇化进程中的不同政策路径选择。

对于腐败的“收入分配效应”,很早就有学者进行了理论研究。Tanzi(1995)曾指出,腐败会显著扭曲政府的再分配职能,与政府官员联系紧密的高收入阶层容易通过腐败享有更多的收益。吴敬琏(2006)认为中国居民收入不平等的首要因素就是腐败。王小鲁(2010)认为现在腐败和收入差距急剧扩大,已经成为当前中国经济和社会面临的最大挑战。随着实证研究的进一步深入,Blackburn and Forgues-Puccio(2007)运用动态模型分析了腐败对收入分配的作用，发现在腐败的社会环境中，为了逃避高额税收，高收入居民向腐败官员行贿，从而弱化政府的税收职能，恶化居民间的收入不平等。Gupta *et al.*(2002)基于1980—1997年间的跨国数据分析发现，腐败指数每提高一个标准差，该地区的基尼系数将增加0.11。陈宗胜和周云波(2001)通过对非法非正常收入①进行测量，认为非法非正常收入是导致城乡居民收入差别"非正常扩大"的主要原因。另外，也有学者发现腐败对居民收入不平等的影响有地区差异。Xu and Zou(2000)研究表明，在高收入国家，腐败恶化了居民收入的不平等，而在低收入国家中，影响作用刚好相反，这与不同国家腐败寻租的收益相关联。吴一平和芮萌(2013)利用1988—2006年中国省级面板数据研究发现，腐败对收入不平等的影响与制度环境紧密相关，腐败对东部地区收入不平等的影响不显著，与非东部地区的收入不平等呈倒U形关系。Mehrara *et al.*(2011)通过对11个OPEC国家以及32个OECD国家2000—2007年面板数据的比较研究，发现腐败提高了OPEC国家的收入不平等程度，但是与OECD国家的收入不平等之间的关系是显著负相关的。

综上所述，现有大量文献分析了传统城镇化对城乡收入差距的影响，但并未形成一致性的结论，这可能与衡量指标的选取以及样本数据等因素有关。虽然诸多理论研究在考察收入差距的影响因素时考虑到了腐败对收入差距的影响，但遗憾的是，在实证研究城镇化对城乡收入差距的影响时，很少有文献考虑到城镇化过程中腐败对城乡收入差距的扩大效应，几乎没有学者将三者放在一起进行系统研究。为了弥补此方面研究的不足，本文加入腐败变量，以腐败视角考察城镇化对城乡收入差距的长期影响及作用机制。同时，目前从新型城镇化视角对城乡收入差距进行研究的较少，因此，本文突破以往传统城镇化的研究视角，将新型城镇化纳入城乡二元收入模型，并提出如下假设：

H1：新型城镇化发展会缩小城乡收入差距，而腐败会使城乡收入差距扩大。

H2：随着地区腐败程度的变化，新型城镇化对城乡收入差距存在门槛效应。腐败程度高的地区，新型城镇化的发展并不能有效缩小城乡收入差距。

三、变量选取与数据说明

（一）数据来源

本文采用我国2000—2011年30个省级面板数据，由于西藏自治区的数据大量缺失，故不在本文的分析样本之列。数据来自历年《中国统计年鉴》《中国环境统计年鉴》《中国人口和就业统计年鉴》《中国能源统计年鉴》和《中国检察年鉴》等，个别缺失的指标利用插值技术补齐。

（二）变量选取与说明

1. 被解释变量

城乡收入差距。在现有的文献中，国内学者常用城镇人均可支配收入与农村人均纯收入之比来表示城乡收入差距。但王少平和欧阳志刚(2007)提出这一度量方法没有反

---

① 非法非正常收入是指在目前法律规定条件下不合法收入，如偷税漏税、腐败、走私、诈骗等，或者有悖于道德规范的非正常收入，如集团消费转化成个人消费等。

映城乡人口所占的比重，因而不能准确度量我国的城乡收入差距。另一种常用方法是基尼系数，而万广华（2009）等人指出基尼系数对高收入群体的数据非常敏感，但高收入群体的收入数据很难准确地获取，对基尼系数的估算结果影响较大。鉴于此，他们提出使用泰尔指数来弥补这两种方法的不足。泰尔指数既考虑到城乡居民绝对收入的变化，也考虑到城乡人口结构的变化，能更全面地反映城乡居民收入差距变化。因而，本文选择泰尔指数度量我国城乡收入差距，其定义和计算公式为：

$$\text{theil}_{it}=\sum_{j=1}^{2}\left(\frac{\rho_{ij,t}}{\rho_{it}}\right)\ln\left(\frac{\rho_{ij,t}\times z_{it}}{\rho_{it}\times z_{ij,t}}\right) \tag{1}$$

其中，$j=1,2$ 分别代表城镇和乡村；z_{ij} 表示 i 地区城、乡人口数量；z_i 表示 i 地区总人口；ρ_{ij} 表示 i 地区城、乡总收入；ρ_i 表示 i 地区总收入。

2. 解释变量

（1）新型城镇化。目前，我国人口城镇化率在某种程度上统计意义大于实际意义，现行城镇化率已经不能承载“以人为本”的新型城镇化的全部内容。因此，本文基于新型城镇化的本质内涵，遵循科学性、客观性、可获得性的原则，在赵永平和徐盈之（2014）提出的中国新型城镇化综合评价指标体系基础上加以调整和补充，利用主成分分析法构建涵盖二级指标的评估体系①（见表 1）。限于篇幅，本文只报告了全国新型城镇化的测算结果（见图 1）。可以看出，我国新型城镇化发展水平整体低于现行城镇化水平。

表 1 新型城镇化评价指标体系

	系统层	目标层	指标层
新型城镇化发展水平	新型城镇化的经济基础	经济高效	人均 GDP 增长率
			人均可支配收入
		结构优化	产业结构高级化
	新型城镇化的人口发展	水平提升	城镇人口比重
			人均医疗保健支出
			人均教育娱乐消费支出
		就业充分	就业率
	新型城镇化的社会功能	功能完善	人均城镇道路面积
			城乡消费比
		城乡协调	二元对比系数
	新型城镇化的环境质量	环境友好	废水排放量
			废气排放量
		生态宜居	绿化覆盖率

① 本文认为赵永平和徐盈之（2014）一文中人均 GDP 与地区人均 GDP 增长率、城镇人口比重与城市人口密度、城镇绿地面积与建成区绿化覆盖率等指标在考察地区经济增长、城镇人口发展和环境质量方面具有类似效应，所以进行适当删除，并将该文中三大产业比重替换为产业高级化程度来反映产业结构变化。具体指标权重在借鉴该文的基础上，得到了吉林大学经济学院 4 名教授的指导，进行了适度的修改。

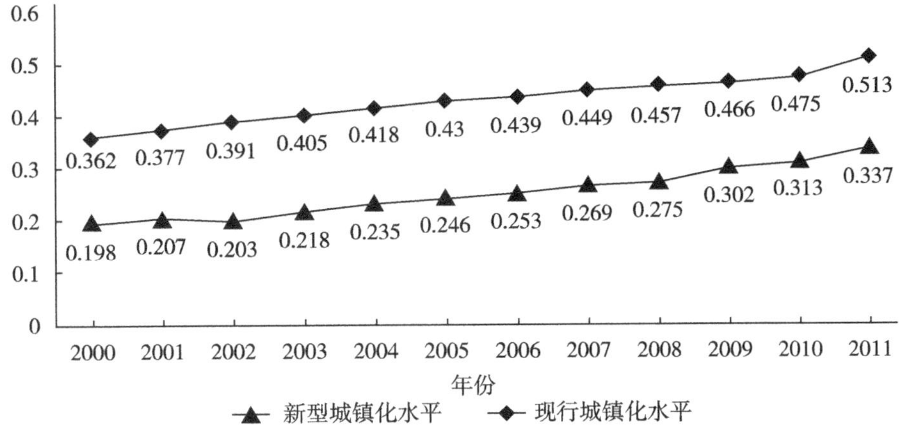

图 1 新型城镇化与现行城镇化对比

有些学者研究我国就业情况时，用自己测算的失业率来推算就业率（蔡昉等，2004），但学术界采用较多的是直接用城镇登记失业率来研究就业状况，本文在构建指标时也利用城镇登记失业率来推测城镇就业情况。产业结构高级化主要指产业结构从低水准向高水准发展的动态过程，表现为第一产业的优势地位逐步被二、三产业所取代。多数学者将第三产业增加值与第二产业增加值之比作为衡量产业结构高级化程度的重要指标，本文也采用这一指标。二元对比系数反映城乡二元结构强度，二元对比系数越大，城乡二元经济就越弱，具体的计算公式为：

$$\text{二元对比系数} = \frac{\text{农业部门产值/农业部门就业人数}}{\text{非农业部门产值/非农业部门就业人数}} \tag{2}$$

（2）腐败程度。腐败的度量包括数量方面和危害程度两个方面。数量方面指特定时间内社会特定层级中腐败行为发生的规模、涉及的范围等量的规定；危害程度方面指特定时间内社会特定层级中腐败行为的烈度、性质等质的规定。在国际上，通常采用一些国际组织通过调查获取的社会公众对腐败的主观感知指数来度量腐败。这种调查测量更多的是民众对腐败的观感而不是腐败实际发生数，并且基于主观调查得到的腐败指数的真实性和可信度是值得商榷的。因此，一些学者采用一些客观指标来度量腐败，如周黎安和陶婧（2009）采用实际发生的腐败犯罪率来度量腐败，过勇和宋伟（2013）利用透明国际清廉指数建立了腐败指数，但得出的时序数据样本较小，要进行计量实证研究较为困难。王传利（2001）引入被查处的时滞性概念，用反腐败查处数量来测定腐败发生次数，并用“腐败黑数”①间接度量腐败变化情况。陈刚和李树（2012）用人民检察院立案侦查的贪污贿赂、渎职等腐败案件数以及涉案人数占公职人员数的比例表示腐败。本文认为最后一种方法相对更具客观性，并且能够对我国的腐败形势作出更为直接的反映，故本文采用贪污贿赂、渎职等腐败案件数占公职人员数的比例（件/万人）来反映腐败程度②。

① “腐败黑数”指潜伏的腐败总量的指标估计值，即客观上已经发生，但由于各种原因尚未暴露，尚未被司法和纪律监察机关追究责任的腐败数量。

② 腐败案件数量主要来自《中国检察年鉴》中各省人民检察院工作报告，其中河北 2002 年、2004 年、2005 年、2006 年、2008 年数据；辽宁 2005 年、2006 年、2008 年数据；山东 2007 年、2008 年数据；广西、海南和新疆 2008 年数据无法获得，我们通过相关地方法律年鉴、经济年鉴和工作报告来补充。有些报告中分为要案和大案：要案是指检察机关直接受理和立案侦查的县处级以上国家工作人员涉嫌贪污贿赂、渎职侵权等案件；大案是指涉及贪污贿赂金额超过某一重大数额的案件。

3. 控制变量

(1) 房地产价格。房地产价格的不断升高会导致城镇高收入者和住房拥有者获得较大收益,与农村低收入者的差距逐步拉大。杨金花和曹洪亮(2006)等人的研究都表明房地产价格的不断上升加快了地区之间与城乡之间的贫富差距。本文以住宅商品房销售价格表示。

(2) 对外开放程度。地区开放程度会提升地区间收入的不平等。大多数学者的做法是选择对外贸易依存度(即进出口贸易总额占 GDP 的比重)来衡量对外开放程度。本文也选用这一指标衡量对外开放程度。

四、实证分析

(一) 动态面板模型分析

1. 模型设定

任何经济因素的变化均具有一定的惯性,前一期的结果往往对后一期产生一定程度的影响。在动态面板模型中,被解释变量的滞后项往往被作为解释变量影响当期值。考虑到城乡收入差距的形成受前期影响较大的现实,故在选定上述指标的基础上,在模型中加入城乡收入差距的滞后一期,设定城镇化、腐败与城乡收入差距的动态面板数据模型:

$$\text{theil}_{it} = c_i + \beta_1 \text{urban}_{it} + \beta_2 \text{corruption}_{it} + \gamma_1 \text{price}_{it} + \gamma_2 \text{open}_{it} + \alpha_1 \text{theil}_{it-1} + \varepsilon_{it} \tag{3}$$

其中,i 表示省份,t 表示年份,theil 为被解释变量"城乡收入差距",urban 和 corruption 分别表示解释变量"城镇化"和"腐败水平",price 和 open 分别表示控制变量"房地产价格"和"对外开放程度"。

2. 模型估计

由于本文设定的是动态面板数据模型,解释变量的内生性问题会导致参数估计的非一致性。故本文试图寻找合适的工具变量,通过工具变量法来估计参数。根据研究目的,采用对模型同时进行差分 GMM 估计和系统 GMM 估计的做法。这样既可以有效控制小样本的偏误,又可以尽量避免异方差问题。模型 3 的估计结果如表 2 所示。

表 2 动态面板模型估计结果

	DIF1(1)	DIF2(2)	SYS1(3)	SYS2(4)
urban	-0.00377***	-0.00363***	-0.00408***	-0.00426***
	(0.0734)	(0.0320)	(0.0632)	(0.0425)
corruption	0.00174*	0.00186*	0.00204*	0.00251*
	(0.0027)	(0.0371)	(0.3249)	(0.0478)
price	0.00033**	0.00030**	0.00033**	0.00032**
	(0.0361)	(0.0682)	(0.0441)	(0.0241)
open	0.00009	0.00009*	0.00010*	0.00010*
	(0.0633)	(0.0182)	(0.0316)	(0.0513)
theil-1	0.00085***	0.00084***	0.00095***	0.00091***
	(0.0245)	(0.0037)	(0.0192)	(0.0054)

（续表）

	DIF1(1)	DIF2(2)	SYS1(3)	SYS2(4)
C	0.368410	0.363581	0.413470	0.427860
	(0.2989)	(0.4691)	(0.3028)	(0.5689)
Wald 检验	0.000	0.000	0.000	0.000
Sargan 检验 p 值	0.0362	0.3378	0.0420	0.5037
AR(2)检验 p 值		0.3910		0.9316

注：(1) DIF1(1)和 DIF2(2)分别是 Arellano-bond(1991)差分 GMM 估计方法的一步估计和二步估计的结果。SYS1(3)和 SYS2(4)分别是 Blundell and Bond(1998)提出的将差分 GMM 和水平 GMM 结合在一起形成的系统 GMM 估计方法的一步估计和二步估计的结果。

(2) ***、**、* 分别表示 1%、5%和 10%的显著性。

(3)括号内报告的是回归标准误。

从表 2 中 GMM 的估计结果可以看出，联合显著 Wald 检验都在 1%的水平上显著。其中，DIF2(2)和 SYS2(4)的 Sargan 检验的概率值显示工具变量是有效的。AR(2)说明残差不存在二阶自相关，即随机扰动项不存在序列相关性。综上，说明本文所设定的动态面板模型是合理的。第一列的 Sargan 检验 p 值为 0.0362，说明一阶差分 GMM 工具变量无效，同理，第三列的 Sargan 检验也说明系统 GMM 一步估计的工具变量无效。鉴于系统 GMM 样本容量大，可以提高估计的效率，我们选择第四列 SYS2 的估计结果。

从 SYS2(4)的结果可以看出：新型城镇化的系数为-0.00426，该变量在 1%的水平上显著，说明城镇化与城乡收入差距呈负相关关系。主要是因为新型城镇化的核心是“以人为本”，致力于打破二元结构的体制机制，合理校正和全面优化传统城镇化，有利于缩小城乡收入差距。腐败的系数为 0.00251，该变量在 10%的水平上显著，说明腐败会扩大收入差距。城乡收入差距滞后一期的系数为 0.00091，在 1%的水平下是显著的，能够得出后一期的城乡收入差距与前一期的城乡收入差距高度相关，这种收入差距的自我累积效应在一定程度上可以解释我国城乡收入差距扩大的现象（熊华林和曾爱勤，2007）。城镇居民收入较高，可以利用更多收入投资人力资本以及实物资本进行经营，从中又可以获得更多的收入，城乡之间的“马太效应”不断增强。房地产价格和对外开放程度对城乡收入差距均有促进作用，但由于本研究有所侧重，对于控制变量只给出结果，并不对其进行分析。

检验结果表明，在考虑到腐败对新型城镇化缩小城乡收入差距机制的负向影响下，新型城镇化的发展依然会缩小城乡收入差距。但是，在不同腐败程度下，新型城镇化对收入差距的具体影响会有所不同。当某一区域的腐败达到一定程度，即超过某些特定的门槛后，新型城镇化对城乡收入差距的影响程度会受到较大影响，地区腐败程度过高可能会弱化新型城镇化缩小城乡收入差距的作用。所以，本文利用面板门槛模型继续考察新型城镇化对城乡收入差距的阶段性作用机制。

（二）面板门槛模型分析

Hansen(1999)提出的面板门槛模型认为结构变化内生于经济系统当中，并通过内生的方式，在模型中引入一个关于门槛变量的示性函数以考虑截面异质性。当门槛变量 q 超越门槛值 γ 时，模型发生结构性突变，模型按照门槛值将不同的截面个体分割为不同的区制，每一个区间用不同的回归方程表达，并分别估计得出各区制中自变量和因变量之间的关系,可以帮助我们捕捉变量间更为准确的关系。同时 Hansen 指出,若要在所使用的门槛面板模型中引入动态变量,则估计误差可能增大,故静态面板条件下的协整关系更应被看重,所以本文建立静态面板门槛模型。

1. 模型设定与门槛个数检验

首先,我们需要确定门槛的个数,以便确定模型的形式。所以本文利用自抽样法进行分析,依次在不存在门槛、一个门槛和两个门槛的设定下进行估计检验,得到的 F 统计量和 p 值见表 3。

表 3 门槛个数检测结果

模型	F 值	p 值	1%临界值
单一门槛	25.970*	0.062	36.606
双重门槛	14.221***	0.008	7.265

注:p 值和临界值均为采用自抽样法反复抽样 500 次得到的结果。***、* 分别表示在 1%、10%水平上显著。

结果显示双重门槛检验效果更加显著,因此,下面将基于双重门槛模型进行分析,可以认为不同腐败水平下新型城镇化对城乡收入差距的影响存在两个门槛值,二重门槛模型设定如下:

$$\begin{aligned} \text{theil}_{it} = c_i + \alpha_1 \text{price}_{it} + \alpha_2 \text{open}_{it} + \beta_1 \text{urban}_{it} I(\text{corruption}_{it} \leqslant \gamma_1) + \\ \beta_2 \text{urban}_{it} I(\gamma_1 < \text{corruption}_{it} \leqslant \gamma_2) + \beta_3 \text{urban}_{it} I(\gamma_2 < \text{corruption}_{it}) + \varepsilon_{it} \end{aligned} \quad (4)$$

其中,corruption 为门槛变量,即腐败水平,γ 为门槛值,$I(\cdot)$ 表示指标函数,当括号中的条件满足时取值为 1,若不满足则取值为 0。β_1、β_2 和 β_3 表示不同腐败水平下,新型城镇化对城乡收入影响的估计系数,ε 为随机干扰项。

2. 门槛值估计

在进行完门槛效应检验后,要确定城镇化门槛值及其置信区间(见表 4)。门槛 γ_1 的值为 44,门槛 γ_2 的值为 60,且其均在 95%置信区间内。

表 4 门槛值估计结果

门槛	门槛估计值	95%置信区间
γ_1	44	[42,85]
γ_2	60	[60,60]

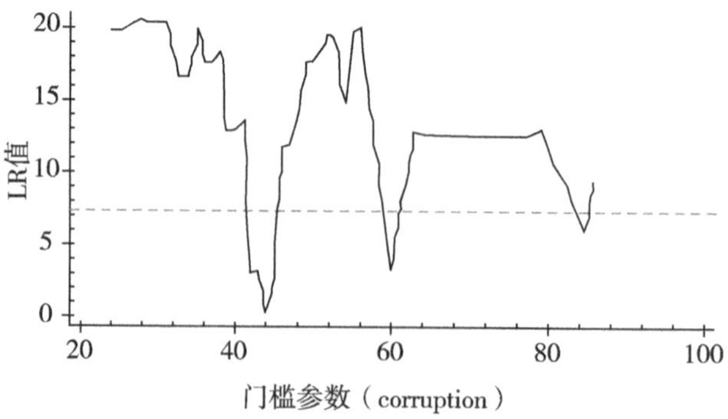

图 2 第一门槛 γ_1 的估计值与置信区间

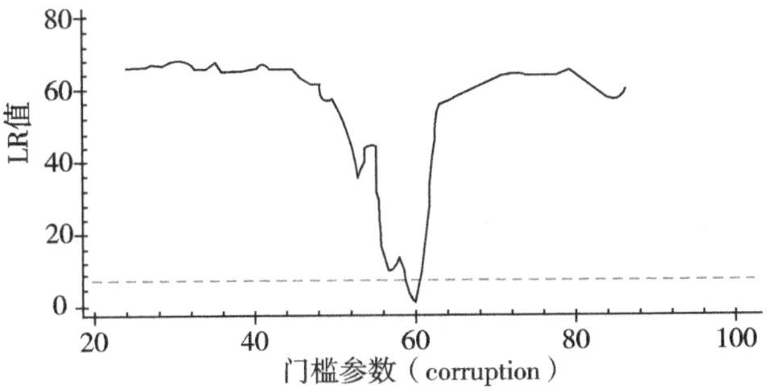

图 3　第二门槛 γ_2 的估计值与置信区间

借助图 2 和图 3 绘制的似然比函数图，可以更为清晰地理解门槛值的估计和置信区间的构造过程。我们可以根据这两个门槛值将各省份按腐败程度分为低腐败地区（corruption≤44）、中低腐败地区（44<corruption≤60）和高腐败地区（60<corruption）三种类型。

3. 门槛模型估计结果

在门槛 1 和门槛 2 的值被估计出来后，接下来通过运用门槛面板估计就可以估计出在不同腐败程度内，城镇化对城乡收入差距变动的不同影响效应。

从表 5 可以看出，新型城镇化与城乡收入差距之间会因为区域腐败水平的不同而呈现出具有明显门槛效应的非线性关系。在被门槛值所分割的各子样本区间内，新型城镇化对城乡收入差距均存在减缓作用，但随着区域腐败程度的不断增长，城镇化的影响也在不断减弱。具体来说，在低腐败地区，新型城镇化对缩小城乡收入差距的作用明显；在中低腐败地区，新型城镇化对缩小城乡收入差距的作用减弱；而在高腐败地区，新型城镇化的推进虽然一定程度上仍然能缩小收入差距，但效果并不明显。

表 5　门槛模型估计结果

门槛变量	回归系数
urban（corruption≤44）	-0.0240***
urban（44<corruption≤60）	-0.0176***
urban（60<corruption）	-0.0041***

注：***表示在 1%的水平上显著。

五、结　论

本文利用 2000—2011 年各省新型城镇化、腐败程度以及泰尔指数等变量的面板数据，运用动态面板模型和面板门槛模型实证分析了新型城镇化、腐败对城乡收入差距的影响，主要结论有：（1）新型城镇化建设有利于缩小城乡收入差距。高质量的新型城镇化必然是城镇化与农村现代化相互促进、同步发展的过程。新型城镇化具有调整产业结构、为农村富余劳动力进城务工人员提供更多的就业机会和岗位的经济效应，能有效增加农民的工资性收入，缩小与城镇居民的差距。同时，大量的农村富余劳动力转向非农产业和城镇，农村居民人均资源占有量大幅度增加，有利于提升农业生产规模化和产业化，加快农业现代化进程，解决农民增收的问题，这能够充分发挥经营性收入对城乡收入差距的抑制作用。（2）腐败会加大城乡收入差距，新型城镇化与城乡收入差距之间会因为区域腐败水平的不同而呈现具有明显门槛效应的非线性关系。城镇化建设的推进中,相关政府工作人员掌握权力和大量资源,为寻租制造了条件,必然会产生新一轮利益博弈。在低腐败地区,国家惠农政策能够贯彻落实,土地征用补偿等资金能够落到农民手中,城镇化发展中招商引资等也能增加农民就业机会和收入,从而缩小城乡收入差距;在中低腐败地区,城镇化中农民的利益可能会被直接相关的农村基层干部侵占,这虽然会加大农村内部收入差距,但城乡收入差距依然会有所减缓;在高腐败地区,农民利益面临政府部门的层层剥削,城镇化对缩小收入差距的作用不明显。所以打击腐败有利于缩小城乡收入差距,促进新型城镇化的合理发展。

参考文献

Arellano M, Bover O. Another Look at the Instrumental Variable Estimation of Error-Components Models [J]. Journal of Econometrics, 1995: 29-51

Blackbum K, Forgues-Puccio G F. Distribution and Development in a Model of Misgovernance[J]. European Economic Review, 2004, 51(6): 1534-1563.

Blundell R, Bond S R. Initial Conditions and Moment Restrictions in Dynamic Panel Data Models[J]. Journal of Econometrics, 1998, 87(1): 115-143.

Gupta S, Davoodi H, Alonso-Terme R. Does Corruption Affect Income Inequality and Poverty? [R]. Economics of Governance, 2002, 3(1): 23-45.

Hansen B E. Sample Splitting and Threshold Estimation[J]. Econometrica, 2000, 68(3): 575-603.

Hansen B E. Threshold Effects in Non-dynamic Panels: Estimation, Testing and Inference[J]. Journal of Econometrics, 1999, 93(2): 345-368.

Mehrara M, Firouzjaee B A. Gholami A. The Corruption and Income Distribution in OPEC and OECD Countries: A Comparative Study[J]. International Journal of Economics and Research, 2011, 2(6): 51-61.

Tanzi V. Government Role and Efficiency of Policy Instruments [R]. Public Finance in a Changing World, 1998, 95(100): 51-69.

Xu L C, Zou H F. Explaining the Change of Income Distribution in China [J].China Economic Review, 2000, 11(2), 149-170.

蔡昉,都阳,高文书. 就业弹性、自然失业和宏观经济政策——为什么经济增长没有带来显性就业?[J]. 经济研究,2004,9:18—25+47.

曹裕,陈晓红,马跃如. 城镇化、城乡收入差距与经济增长——基于我国省级面板数据的实证研究[J]. 统计研究,2010,3:29—36.

陈刚,李树. 官员交流、任期与反腐败[J]. 世界经济,2012,2:120—142.

陈刚. 腐败与收入不平等——来自中国的经验证据[J]. 南开经济研究,2011,5:113—131.

陈宗胜,高玉伟. 关于公有经济收入差别倒 U 理论的讨论与验证(上)[J]. 经济社会体制比较,2012,2:18—28.

陈宗胜,高玉伟. 关于公有经济收入差别倒 U 理论的讨论与验证(下)[J]. 经济社会体制比较,2012,3:181—193.

陈宗胜,周云波.非法非正常收入对居民收入差别的影响及其经济学解释[J].经济研究,2001,4:14—23.

程开明,李金昌. 城市偏向、城镇化与城乡收入差距的作用机制及动态分析[J]. 数量经济技术经济研究,2007,7:116—125.

丁志国,赵宣凯,赵晶. 直接影响与空间溢出效应:我国城镇化进程对城乡收入差距的影响路径识别[J]. 数量经济技术经济研究,2011,9:118—130.

关建勋. 新型城镇化建设中的问题及破解对策[J]. 中共山西省委党校学报,2014,5:68—69.

过勇,宋伟. 清廉指数的腐败测评方法与局限性[J]. 经济社会体制比较,2013,5:151—160.

贺建风,黄钦炼. 城镇化、技术进步与城乡收入差距的动态分析[J]. 科技管理研究,2011,14:51—54.

李尚蒲,罗必良. 城乡收入差距与城镇化战略选择[J]. 农业经济问题,2012,8:37—42.

陆铭,陈钊. 城镇化、城市倾向的经济政策与城乡收入差距[J]. 经济研究,2004,6:50—58.

罗吉,陈端春. 关于推进新型城镇化战略缩小城乡居民收入差距的思考[J]. 西华师范大学学报(哲学社会科学版),2014,5:13—18.

陶群山. 中国城乡收入差距扩大的二元经济结构分析[J]. 经济前沿,2009,5:41—46.

万广华. 不平等的度量与分解[J]. 经济学(季刊),2009,1:347—368.

王传利. 1990 年至 1999 年中国社会的腐败频度分析[J]. 政治学研究,2001,1:38—55.

王少平,欧阳志刚. 我国城乡收入差距的度量及其对经济增长的效应[J]. 经济研究,2007,10:44—55.

王小鲁. 腐败导致的收入差距扩大已成为最大挑战[A]. 中国经济体制改革研究会.2010 年宏观经济与改革走势座谈会内容汇编[C].中国经济体制改革研究会,2010:3.

吴敬琏.为缩小贫富差距支招:最重要的一条是制止腐败[J]. 产权导刊,2006,8:12.

吴一平,芮萌.制度差异、地区腐败与收入不平等[J].经济社会体制比较, 2013,2:165—178.

熊华林,曾爱勤. 我国城乡收入差距的成因简析[J]. 经济前沿,2007,Z1:103—106.

杨金花,曹宏亮. 区域房地产价格差异对地区居民收入差距的逆向影响[J].改革与开放,2006,2:23—25.

赵永平,徐盈之. 新型城镇化对缩小城乡收入差距的作用——基于城乡二元收入的理论模型与实证检验[J]. 中南大学学报(社会科学版),2014,4:37—42.

周黎安,陶婧. 政府规模、市场化与地区腐败问题研究[J]. 经济研究,2009,1:57—69.

周少甫,亓寿伟,卢忠宝. 地区差异、城镇化与城乡收入差距[J]. 中国人口资源与环境,2010,8:115—120.

周云波. 城镇化、城乡差距以及全国居民总体收入差距的变动——收入差距倒 U 形假说的实证检验[J]. 经济学(季刊),2009,4:1239—1256.

基础设施、运输工具与经济发展研究

刘瑞国

（辽宁大学经济学院）

[摘要] 尽管当前国内外关于基础设施对经济发展影响的研究已经很多，但多数学者仅仅考虑了基础设施本身同经济发展之间的相互作用，并且由于各自使用方法及数据选取存在一定差别，因此并没有得出一致的结论。跟前人不同的是，本文将车辆数据引入基础设施特别是公路对经济发展影响的实证模型，并将车辆区分为三个类型分别进行实证分析。研究发现，基础建设的作用比通常想象的要大，它不仅可以通过政府投资直接产生乘数效应，还可以推动私人对货车等的生产性投资，同时也可以促进对私家车的消费性投资。

[关键词] 基础设施，经济发展，运输工具

一、引　言

中国经济在近四十年来取得了高速发展，尽管各种因素在这个过程中都起到了推动作用，但是被简化成“铁公基”的基础设施投资一直在推动经济发展的过程中起着重大作用。而这种基础设施拉动经济发展的模式更是随着中国国内高铁建设的高潮迭起，得到了国内政界和学界的大力推捧，而且随着“一带一路”的世纪规划和亚投行的设立，这种模式大有向国际推广之势。可以判定，此刻正是基础设施推动经济发展模式承上启下之时，既可以总结过去的发展经验，又可以指导未来更大空间的实践。

对应于基础设施如何促进经济发展这一问题，可以从两个层面进行分析：第一，基础设施带来了多大的经济发展？第二，基础设施如何促进经济发展？对于第一个问题，大多的研究结论都支持了基础设施投资对经济发展的正向作用这一结论。关于基础设施在多大程度上促进了经济发展这一问题，无论在学术领域，还是实践领域，大家都给出了正面的回应。我们可以从下面的图 1 中直观地看出这一事实。在学术研究方面，尽管学者关于不同国家和不同地区的实证研究得出的具体影响系数不尽相同，但是总体上都证实了基础设施对经济发展的正向影响。

对于第二个问题，即基础设施影响经济发展的机理问题，早期的研究主要依据凯恩斯政府支出的投资乘数原理进行解释。一定规模的政府投资，通过一定的投资乘数，可以带动相关产业的增长，进而达到促进经济发展的目的。然而，这一主流思想和那句中国朴素的“要致富，先修路”的口号，所表达的思路并不完全一致。在政府官员及老百姓眼里，修

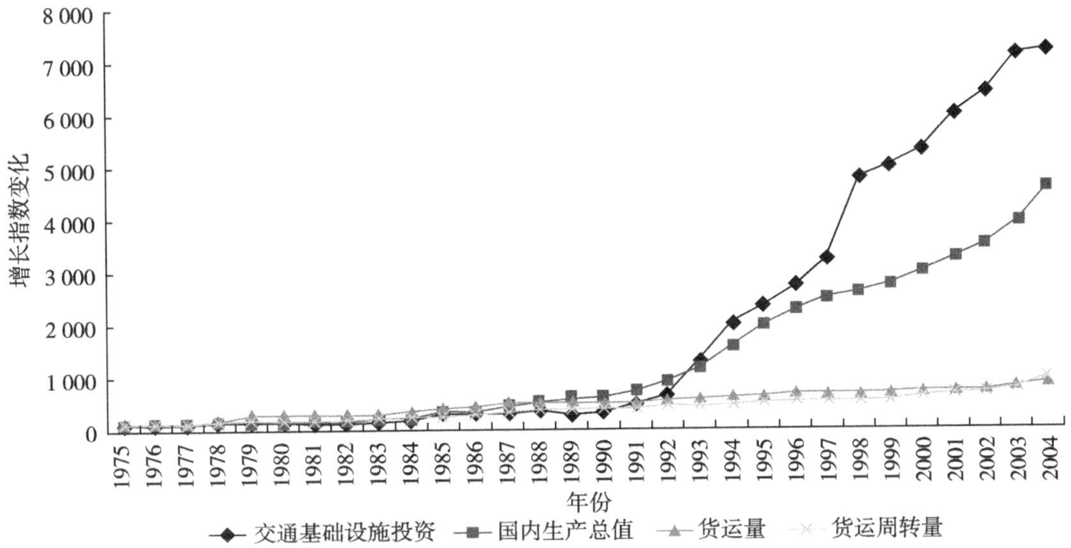

图 1　1975—2004 年中国经济增长和各部门投资变化图

资料来源:《中国统计年鉴》《中国交通年鉴》。

路能否直接拉动相关产业并不重要,重要的是路修好以后,是否可以使交通更加便利,进而促进当地经济发展。这两种思路显然有着明显区别,在前一种逻辑中,路修完就可以,投资的数量只要足够大,就会通过投资乘数达到推动经济发展的目的,至于路是否能用,反而是其次。而在后一种逻辑中,投资数量并不重要,重要的是路是否能够有效使用。现实中,这两种途径都会促进经济发展,前者可以视为"拉动"经济发展,其作用比较明显,而且容易被主观控制,所以为主政者偏爱。后者可以视为"推动"经济发展,其效果不太明显,而且受当地市场的客观决定,并不能很好地被主政者控制。后一种作用渐渐为学者重视,因为不是宏观经济学主流理论预测的作用,因此有时候被称为"外溢效应"。而后一种效应要通过另一种工具才能实现,那就是"车"。由于受投资乘数理论的影响,现有文献大都把基础设施的外溢影响局限于生产领域,因此多数学者选用"货运量"或"货运周转率"来代表这一作用。事实上,后一种作用的运作原理和投资无关,完全是由于"路"的有用性导致的,显然,路不仅仅用来服务生产,还可以用来服务消费,而消费也是拉动 GDP 的三驾马车之一。因此,除公路营业性车辆外,本文增加了私人汽车保有量这一变量来刻画上述思考。

考虑到中国政府投资激励相对较强的现实,学者们倾向于认为基础设施投入存在过度的可能。事实上,如果将客运和货运量的增长率加入图 1,就可以看出其中的问题,即基础设施投入的增长率远远大于 GDP 增长率,而货运的增长率则远远低于 GDP 的增长率。因此,尽管城市中的道路已经堵成了"停车场",但在城市之间的道路还是会存在"熊出没"的现象。

本文首先按照传统思路对公路和铁路进行了分析,发现公路对经济发展的效果明显,而铁路效果却不显著,这与一般用基础设施投资数量进行检验的结果有很大不同。进一步的,本文将目光锁定在公路相关变量上,通过检验运输量的影响,结果发现,无论客运量还是货运量,其对经济发展的影响都是不显著的。随后,又加上了车辆数据这一变量,结果客车和货车的影响是显著的,但是客车的影响为负。最后,按照经济而不是经济学的经验,加上了私家车的数据,回归的结果表明,客车的投资是在挤出私家车的投资,进而对经济发展产生了阻碍作用。

二、文献综述

关于交通基础设施与经济发展之间的关系在很长时间内一直都是各国学者关注与研究的重点。从目前的国内外研究来看,对这一问题的研究仍然集中于理论与实证两个主要方面。在理论研究上,交通基础设施建设一直被认为是促进经济增长的重要因素之一,这一观点的理论基础可以追溯到古典经济增长理论。新古典经济增长理论认为交通等相关基础设施只能作为经济增长的一个必要条件,长期内促进经济发展的主要因素在于技术进步;Lukas(1988)在研究内生增长模型时只是将交通基础设施归类于物质资本的一部分,进而研究其外部性对经济增长的影响;而 Krugman(1980)在阐述新贸易理论时也只是把交通基础设施看作开展国际贸易及影响国际分工布局的一个参考变量,均没有从理论层面系统地说明交通基础设施与经济增长的关系。因此,近代以来,对交通基础设施与经济增长之间的关系问题主要集中在实证研究上。

对于交通基础设施投资对生产率与经济总产出的贡献率究竟有多大,目前在国际上仍存在较大争议。Aschauer(1989)最早开始了基础设施与经济增长之间关系的研究,他把美国 20 世纪 70 年代至 80 年代基础设施投资额的下降与经济生产率的下降结合在一起进行经济计量研究,最终他使用的时间序列数据估计出的公共基本产出弹性为 0.39,表明基础设施能够促进经济增长。Aschauer(1989)的这一开创性研究将交通基础设施与经济增长之间的关系这一问题从理论研究引入实证研究,此后,一大批经济学者运用实证方法及不同国家与地区间的经济数据对这一问题进行了深入探究,其结果主要有两种,一种认为交通基础设施对经济增长有正向的促进作用,包括 Gazzavillan(1993)基于欧洲 12 个国家 1957—1987 年的数据测算结果表明交通等基础设施投资对经济增长的产出弹性达 0.25,验证了欧洲基础设施与经济增长之间的正向关系;Canning and Fay(1993)则将基础设施区分为核心基础设施与非核心基础设施,其研究结果同样表明交通中的高速公路等核心基础设施对经济增长的贡献更大;此外,Demurger (2001)、Esfahani and Ramirez (2003)等人同样证明了基础设施对经济增长有积极作用。另一种研究结果表明,交通基础设施与经济增长之间的相关性并不明显,甚至存在负相关关系,如 Ghali(1998)等人的相关研究。针对这两种不同的实证结果,Calderon and Serven(2004)做了较为全面的总结,其统计结果显示,在 17 篇研究发展中国家基础设施与经济增长关系的文献中,16 篇得出的结果为正向影响,而另外 29 篇研究发达国家的文献中,21 篇表现为正向作用。事实上,正向作用主要解释了基础设施投资的乘数效应,而负向作用则主要解释了基础设施投资的挤出效应。此外,本文认为大多数学者均将实证重点单单集中在单纯的基础设施与经济发展之间,并未考虑基础设施之后的交通工具对经济发展的影响也是造成其结论不一致的原因之一。

除国外研究外,近年来,我国学者也开始对交通基础设施与经济发展之间的关系这一问题进行实证分析,从目前已有文献结果来看,我国交通基础设施对经济增长主要存在积极的推动作用。王任飞和王进杰(2007)运用 VER 方法分析了我国主要门类基础设施指标与经济增长之间的协整及格兰杰因果关系,研究结果证明基础设施与经济增长之间存在长期均衡关系，且两者之间基础设施促进经济增长占主导地位。张学良和孙海鸣(2008)则运用协整理论与格兰杰因果检验方法研究交通基础设施与中国经济增长的关系，结果证明两者之间存在单向关系，且我国交通基础设施与经济增长之间存在较强的空间聚集特征；杨帆和韩传峰(2011)也运用同样的方法得出了类似的结论。刘生龙和胡鞍钢(2010a)选取中国各省1988—2007年的面板数据证明基础设施对经济发展具有正的外部性，其研究结果表明交通基础设施与信息基础设施对我国经济增长的溢出效应较为明显。刘秉镰等(2010)运用空间面板计量方法从我国全要素生产率的角度对交通基础设施的影响效果进行研究，计量分析结果表明，交通基础设施对我国全要素生产率呈显著正向影响关系，其中高速公路的带动作用最为明显，且其对全要素增长的贡献主要来自空间溢出效应。除此之外，张志和周浩(2012)则从不同产业的角度研究了交通基础设施的空间溢出效应，其研究结果表明交通基础设施对第二产业的空间溢出效应大于对第三产业的溢出效应，且铁路的空间溢出效应边际报酬递减，公路的溢出效应边际报酬递增。刘生龙和胡鞍钢(2010b)运用巴罗类型增长模型研究了中国28个省市在1987—2007年间交通基础设施与经济增长间的相关关系，其研究结果同样表明交通基础设施对我国经济增长有显著的促进作用，且从交通基础设施促进经济增长这一角度证明了国家实施西部大开发的正确性。以上研究均得出了交通基础设施能够促进经济增长这一结论，但大部分研究的结论只是存在单向关系，如前文王任飞和王进杰(2007)与杨帆和韩传峰(2011)等人的研究，因此，黄寿峰和王艺明(2012)进一步运用新发展的非线性格兰杰因果检验方法——非参数Tn检验方法研究了我国交通基础设施发展与经济增长之间的因果关系，其测算结果表明，两者之间存在相互作用、相互影响、相辅相成的非线性关系，即交通基础设施的发展能够促进经济增长，经济的增长又能反过来增加交通基础设施的投资。

除从整个国家层面上研究交通基础设施与经济增长的关系，我国学者还在原来研究的基础上，进一步探究了交通基础设施能否推进区域经济的发展。张学良(2007)通过分析中国交通基础设施的区域差异，发现交通基础设施对经济增长表现出较强的空间聚集特征，且我国交通基础设施与经济增长水平自东向西递减，但中部交通基础设施对促进经济增长的贡献最大。刘生龙和胡鞍钢(2011)运用引力方程验证了交通基础设施在中国区域经济一体化过程中作用明显，交通基础设施的改善会促进省际贸易交往，能够有效促进区域经济一体化。张学良(2012)通过建立交通基础设施对区域经济增长的空间溢出模型，计算出基础设施对区域经济增长的产出弹性在0.05—0.07，表明溢出效应非常显著，但外地的交通基础设施建设有时也会对本地的经济增长产生负的空间溢出效应。刘生龙和郑世林(2013)基于中国1990—2010年的省级面板数据研究了基础设施建设对跨区域的溢出效应，其研究结果表明，中国交通基础设施的跨区域影响显著为正，能够有效促进经济增长，且本地交通基础设施对本地经济增长的溢出效应远大于邻省交通基础设施对本地经济增长的溢出效应，公路基础设施对本地经济增长溢出效果较明显，但铁路基础设施的跨区域溢出效应较明显。以上研究从更加微观的角度研究了交通基础设施的作用，进一步验证了交通基础设施既能整体上促进经济增长，也能够对区域经济发展产生积极的空间溢出效应，这为我国区域经济战略的制定提供了科学的研究基础。

更多的，叶昌友和王遐见(2013)认为可以将这一问题的研究进一步细分为交通基础设施与交通运输业两个方面，选取中国各省1997—2010年的面板数据检验了交通业的发展与区域经济增长的正相关关系，其检验结果表明铁路建设与公路建设对经济增长的带动作用较为明显，其中铁路交通业发展的带动作用更大，铁路密度每提高一个百分点能够带动经济增长 0.002 个百分点。而王晓东等（2014）则将交通基础设施对经济增长的直接作用与间接作用剥离开来，并运用空间效应模型进一步考察了交通基础设施的滞后效应，研究结果表明，交通基础设施对经济增长总体上呈正向影响，但存在地区差异，表明交通基础设施的空间效应明显。

以上学者的相关研究从不同视角，运用不同方法从整体和区域两个大的层面对我国交通基础设施与经济增长的关系进行了探究，但其研究多侧重于从交通基础设施的总量对这一问题进行探究，并未涉及交通基础设施的质量问题，因此，周浩和郑筱婷（2012）研究了我国铁路提速与经济增长之间的关系，从交通运输质量的角度进一步验证了交通基础设施的发展能够促进经济增长，其研究结果表明，铁路提速使沿途提速站点的人均 GDP 增长率提高了约 3.7 个百分点，后期铁路提速的作用还将更加明显。

从整个研究来看，大部分学者通过实证验证了我国交通基础设施建设能够对经济增长产生积极的正向作用，但刘勇（2010）通过 1978—2008 年省级面板数据研究了我国公路、水路交通固定资本存量对经济增长的空间溢出效应，结果表明，公路交通在整体上对经济增长起积极的促进作用，但期间也存在负向作用，从全国区域范围内来看，外地公路与水路交通资本存量对东部地区经济增长一直呈正向作用，对中西部地区则相对不那么明显。刘勇（2010）的研究表明，我国交通基础设施仍旧可能对经济增长存在负向影响，但对具体方面与影响路径并未做进一步的分析。这一问题的研究结果存在差异，有多方面的原因：一方面是数据的选取，目前的研究数据选取主要包括时间序列数据与面板数据，运用不同的数据得出的相关结论存在差异，主要由于面板数据难以体现区域间生产要素的流动对经济增长的影响；另一方面也由于学者选取的计量方法各有不同，也会使结论存在差异。

当前国内外学者的主要研究重点在于前文论述的第一个问题，即基础设施到底在多大程度上影响了经济发展，对于第二个问题鲜有涉及，尤其在大部分学者的研究中，并未考虑到车辆等交通工具与交通基础设施相结合之后对于经济发展的作用。对于车辆等交通工具的研究，钱仲威（1997）在城市道路交通网络的效率时，对不同交通工具类型进行细分，并找到发展城市客运交通的最佳客运交通工具组合模式。但也仅限于城市内部领域，与通常所研究的大范围基础设施相差甚远。

综上，本文在前人研究交通基础设施与经济增长的基础上，加入车辆这一变量进一步进行研究，试图探究交通基础设施与车辆等交通工具如何共同促进经济增长的相关问题。

三、模型设计和变量选取

（一）模型设计

按照经济增长模型的一般做法，本文建立了一个既包含本地交通基础设施、车辆和运输量，又包括其他相关区域交通基础设施的生产函数模型：

$$Y = Af(R, C, T, K, L, X)$$

其中，Y 是经济发展，A 为技术进步，R 是公路，C 是汽车，T 是运输量，K 为资本，L 为劳动力，X 为其他控制变量。

根据这一理论模型,本文构建的基本回归方程为:

$$\ln Y_{it}=a+\alpha_1\ln\mathrm{Road}_{it}+\alpha_2\ln\mathrm{CarH}_{it}+\alpha_3\ln\mathrm{TranH}_{it}+\alpha_4\ln\mathrm{CarK}_{it}+\alpha_5\ln\mathrm{TranK}_{it}+$$
$$\alpha_6\ln\mathrm{Rail}_{it}+\alpha_7\ln K_{it}+\alpha_8\ln L_{it}+\mu_i+\alpha_t+\varepsilon_{it}$$

其中,第一排是需要关注的变量,第二排是控制变量。

(二) 变量解释

1. 被解释变量

经济发展主要选取各省历年的国民生产总值作为衡量指标,考虑到 GDP 的绝对数值相对于其他数据来说数值较大,为方便数据处理及为初步消除数据中的异方差问题,通过对 GDP 取对数处理,得到本文的因变量。

2. 解释变量

本文中的核心解释变量为交通基础设施的相关指标。如前文的文献综述部分所述,在以往学者的研究中,交通基础设施的衡量指标主要包括交通基础设施的公共投入与交通基础设施的存量。由于交通基础设施并非单单由公共投入参与,还包括较多的私人投资,并且交通基础设施的公共投入并非一个存量而是一个流量,在处理数据时易产生系统性的测量误差,因此,本文采取刘生龙与胡鞍钢(2011)的处理方式,取交通基础的存量指标,即各省公路年末线路里程 Road 作为主要解释变量。在《中国交通年鉴》的统计中,将公路等级分为高速公路、一级公路、二级公路、三级公路、四级公路及等外公路六类,本文认为在研究交通基础设施的作用途径问题时,这六类公路数据均可作为交通基础设施的存量,因此,取这六类数据的总和即公路总里程数作为本文的主要解释变量,除此之外,为详细考察不同等级公路的影响,本文选取的解释变量还包括除等外公路之外的其他等级公路。

正如前文所述,本文需要研究的另一大问题就是交通基础设施如何与运输工具共同促进经济发展的问题,在分析这一问题时不可避免地需要引入机动车辆的相关数据,在机动车辆数据的统计中,将这一数据划分为两类,即载客汽车与载货汽车,与之相对应,我们需要引入各省份客运量与货运量来共同对交通基础设施的最优规模进行测算,为进一步刻画道路服务消费的作用,还会加入私人汽车保有量的数据。因此,本文的其他几个关键解释变量就包括营运货车(CarH)、营运客车(Cark)、客运量(Trank)、货运量(TranH)及私人汽车(Pcar)保有量。

3. 控制变量

为了进一步保证检验参数估计结果的稳健性,本文同样引入了其他相关控制变量,主要包括:(1)铁路年末里程 Rail,同公路一样,取国家铁路、合资铁路及地方铁路三大分类的数值总和,并将其取对数处理。(2)劳动力数量 L,采用分省年末统计就业人口作为其代理变量。(3)各省资本存量 K,采取文献中普遍的处理方式,采取“永续盘存法”对分省固定资产投资进行处理获得。

(三) 数据说明

本文主要选取 GDP(万元人民币)作为经济发展指标,并通过选取 2000—2012 年全国 31 个省市与自治区的相关交通数据建立时间与省级双重固定效应模型。在样本数据的选取上，面板中各年 GDP 的数据可以在历年的《中国统计年鉴》中查询搜集，而全国分省年末公路里程 Road（公里）、铁路线路里程 Rail（公里）、营业性汽车保有量 Car（辆）、私人汽车保有量 Pcar（辆）、客运量 TranH（万人）与货运量 TranK（万吨）的相关数据则由 2001—2013 年的《中国交通年鉴》提供，分省固定资产投资 K（万元人民币）、就业人口 L（万人）等相关数据可以在历年各省的统计年鉴中找到。除此之外，本文的数据来源还包括相关省份的历年统计公报，《中国固定资产投资统计年鉴》及《中国人口和就业统计年鉴》等相关统计年鉴。

表 1 为本文所用数据的描述性统计，在描述前，所有数据均做了取对数处理：

表 1 数据描述性统计

变量	变量描述	平均数	标准差	最小值	最大值	观察值数
lngdp	国民生产总值	18.103220	1.0946780	14.785080	20.252860	390
lnroad	公路总里程	11.146540	0.8890826	8.372168	12.589630	390
lnhroad	高速公路里程	7.065622	0.9511961	2.564949	8.670773	390
ln1road	一级公路	6.574037	1.2528070	3.258096	9.263312	390
ln2road	二级公路	8.777128	0.7792510	6.455199	10.125870	390
ln3road	三级公路	9.084474	0.8089809	6.999423	10.422610	390
ln4road	四级公路	10.447940	1.0036920	7.094235	12.213630	390
lnpcar	私人汽车	13.227590	1.2149410	9.970866	15.987490	390
lncarh	营运货车	10.608580	0.9680872	8.086102	13.801060	390
lncark	营运客车	12.138800	0.8042848	9.851193	13.831560	390
lntranh	货运量	10.618150	1.1597040	7.156177	13.229440	390
lntrank	客运量	10.581840	0.8758500	8.160519	12.600660	390
lnrail	铁路总里程	7.662267	0.7432659	5.365976	9.156338	390
lnk	资本	16.936630	0.9819340	14.266390	19.026690	390
lnl	劳动力	7.508293	0.8324071	5.618587	8.787876	390

（四）计量检验

在具体回归方面，本文使用 Stata14.0 软件对数据进行处理和分析。为了使数据更加平稳，首先对所有数据取了对数，并同时对数据运用固定效应与随机效应模型进行回归处理，进一步对固定效应与回归效应进行 Hausman 检验，检验结果显示，固定效应的回归拟合结果更为合理。因此，本文选择固定效应模型进行实证分析。

四、结果分析

（一）基础设施的直接影响

按照一般宏观经济理论，基础设施会通过道路的建设推动经济发展，因此首先检验了表 2 模型(1)。在这一模型中，只放入公路总里程和铁路总里程，然后加上必要的控制变量。然而，结果却是公路非常显著，而铁路非常不显著，而且，在后面的多个模型中，铁路均不显著。这一结果不仅和大部分文献分析不同，也和通常直觉不同。所谓“火车一响，黄金万两”，火车对经济拉动的作用应该很显著才对。本文的解释是，第一，火车公里数一般变化较慢,尽管对其的投资对地方经济发展的拉动从建设之初就已经开始,但是,一个地区铁路里程只有在全线通车时才计入统计数据,因此,数据和实际效果的时间并不匹配;第二,由于现在高速铁路较多,而高速铁路的一个特点是,并不一定对途经地区的经济产生影响,因为在很多地区,并没有高铁车站。基于这两个原因,本文认为铁路里程对地方经济发展作用不显著可以理解。因此,在分析基础设施的作用时,主要将精力转向了对公路等相关因素的分析。然而,由于铁路毕竟和公路的相关性非常大,本文还是一直将铁路算作为公路的控制变量。

表 2　车对经济发展的影响

变量	模型(1)	模型(2)	模型(3)	模型(4)	模型(5)
lnroad	0.4732***	0.4251***	0.4579***		
	(8.10)	(7.55)	(8.40)		
lnhroad				0.1466***	0.1432***
				(4.14)	(442)
ln1road				0.0657	0.1048***
				(1.57)	(263)
ln2road				0.5211***	0.2547***
				(5.54)	(2.98)
ln3road				0.2155**	0.1325
				(2.34)	(1.53)
ln4road				0.1706***	0.2177***
				(3.74)	(5.02)
lncarh		0.0456**	0.0575***		0.0669***
		(1.98)	(2.67)		(3.14)
lncark		−0.5853***	−0.506***		−0.559***
		(6.84)	(6.69)		(6.97)
lntrank		0.0809			
		(1.38)			
lntranh		0.0829			
		(1.36)			
lnrail	0.0339	0.1155	0.1448	0.0594	0.1676*
	(0.33)	(1.12)	(1.44)	(0.57)	(1.68)
lnk	0.7795***	1.0312***	1.0249***	0.6348***	0.8839***
	(13.74)	(15.92)	(16.34)	(9.50)	(12.41)
lnl	0.7678***	0.3981	0.43647*	0.6051***	0.2490
	(3.68)	(1.65)	(2.13)	(2.93)	(1.24)
截距项	−5.283***	−1.9640	−2.38***	−3.569**	−0.0995
	(3.55)	(1.14)	(1.63)	(2.27)	(0.06)
R−sq:overall	0.7417	0.8326	0.7974	0.6545	0.7647
样本数	390	364	390	390	390

注:***、**、*分别表示在1%、5%、10%的水平下通过了显著性检验;括号内为 *t* 统计量。由于西藏的大部分数据缺失,尤其是铁路数据,因此为保证检验结果的稳健性,以上数据处理不包括西藏。此外,因为运输量的数据波动很大,特别是北京、天津和上海,因此在运输量的处理中我们去掉了这三个市。

鉴于公路的显著直接影响，进一步将公路分为高速公路与一级公路、二级公路、三级公路、四级公路，详细考察了各类公路的影响。模型(4)的计量结果表明，除了一级公路以外，其他三类公路的影响都是显著为正的。而在模型(5)中加入了运营车辆之后，一级公路的影响也变得更为显著。

（二）交通运量的影响

事实上，正如综述部分所述，在分析道路对经济发展的影响时，学者们得出的结论并不相同，有人认为修路促进了经济发展，有人则认为其阻碍了经济发展，其实前者是解释了宏观经济理论的投资乘数效应，而后者解释了投资的挤出效应。为了对此做出更进一步的解释，经济学者将目光投向了另一个变量，运输量。我们在表 2 模型(2)中考察了这一思路，发现无论是客运量，还是货运量，对经济发展的影响都不显著。因此，我们有理由认为，还有其他变量没有被考虑。按照这一思路，我们加入了运营车辆的数据。

表 2 模型(2)的回归结果显示，客车和货车的数量对经济发展的影响都是显著的。其中，货车的数量对经济发展有着显著的正向影响。这一结果表明，除了公路和运输量之外，车的数量也是一个重要的影响变量。

（三）营运车辆的影响

加入营运车辆的结果显示，无论是我们单独用车的数量进行回归，如表 2 模型(3)，还是和运输量一起进行回归，如表 2 模型(2)，客车数量的影响均为负，而且，在各个回归方程中都非常稳定。这一发现意味着，应该还有其他相关变量没有被考虑到模型中来。

其实，加入营运车辆的理论依据是认为，路的修建可以在完成之后继续拉动私人的生产性投资，这一作用和在修路过程中拉动的私人投资机理并不相同。

但是营运客车数量的增加为什么会影响经济发展呢？这里的解释是它作为一个集中运输旅客的高效工具，却是在“挤出”日益流行的私家车出行。而私家车对经济发展的推动是营运性客车无法比拟的。为此，下面进一步加入了私人汽车这一本文的主要变量。

（四）私家车的影响

这一变量的加入，在经济学理论含义上有了全新的解释。和基础设施投资的乘数效应相比，公路建设还促进了消费的增加，进而推动经济发展。

表 3 模型(6)的结果表明，私家车对经济发展的影响为正向且显著，而且在模型(7)—模型(9)的各个方程中都是稳定的。例如，在模型(7)中我们将总的公路里程用四类不同的公路代替，私家车的影响仍然显著，当在模型(8)中加入其他两类车辆数量，私家车的影响进一步增加，并且客车的负面效果和货车的正面效果也更加明显。这一点也说明了客车和私家车之间的反向关系。即使是在模型(9)中利用四类特殊公路的数据，并加上另外两种车辆，私家车的影响也是稳定为正。

表 3 加入私家车变量模型

变量	模型(6)	模型(7)	模型(8)	模型(9)
lnhroad	0.4318***		0.3415***	
	(6.86)		(5.83)	
lnhroad		0.1169***		0.1293***
		(3.77)		(4.10)
ln1road		0.0728*		0.1441***
		(1.72)		(3.66)
ln2road		0.4208***		0.1563*
		(4.64)		(1.78)
ln3road		0.1674*		0.0463
		(1.79)		(0.54)
ln4road		0.1273**		0.1315***
		(2.53)		(2.88)
lncarh			0.0767***	
			(3.59)	
lncark			-0.612***	
			(7.94)	
lnpcar	0.1115*	0.1376*	0.2834***	0.3122***
	(1.73)	(2.04)	(4.46)	(4.86)
lnrail	-0.0285	-0.0234	0.01450	0.03916
	(0.26)	(0.21)	(0.14)	(0.39)
lnk	0.7187***	0.5530***	0.9114***	0.7568***
	(10.80)	(7.26)	(13.87)	(10.26)
lnl	0.6660***	0.4283**	0.0649	-0.0838***
	(3.08)	(2.01)	(0.30)	(0.41)
截距项	3.3579	-1.6973	2.717	5.6723***
		(0.89)	(1.51)	(2.93)
R-sq:overall	0.7647	0.7458	0.8560	0.8224
样本数	390	390	390	390

注:***、**、*分别表示在1%、5%、10%的水平下通过了显著性检验;括号内为t统计量。由于西藏的大部分数据缺失,尤其是铁路数据,因此为保证检验结果的稳健性,以上数据处理不包括西藏。此外,因为运输量的数据波动很大,特别是北京、天津和上海,因此在运输量的处理中我们去掉了这三个市。

五、结 论

基础设施建设作为一个国家发展的基础,其在国民经济和社会生活中都发挥着不可替代的作用。然而,因为它具有两个非常特殊的经济学特征,即外部性和规模经济,因此使得对它的分析和研究更加复杂,而且充满了争论。加之,对基础建设的投资又受到了政府官员的严重影响,这一非经济因素的加入,使得相关研究不得不引入更多的思考因素。

本文的研究表明,基础建设的作用也许比通常想象的要大,它不仅可以通过政府投资直接产生乘数效应,还可以推动私人对货车等的生产性投资,同时也可以促进对私家车的消费性投资。所以,对于基础设施建设的认识即使在纯经济学领域也需要进一步探索,作为一个需要庞大投资,并且具有外部性的因素,本文仅仅从短期的乘数理论,或者因为对政府官员自利动机的担心,进而主观判断其投资规模过大,存在一定误差。毕竟从经济学理论上来说,有外部性的投资都倾向于比最优投资要小,而且从现实国家比较来看,一些发展中国家之所以没有长足发展,其基础设施投资的瓶颈是其中一个重要的原因。

参考文献

Asehauer D A. Is Public Expenditure Productive? [J]. Journal of Monetary Eeonomies, 1989, 23. 177-200.

Calderon C, Serven L. The Effects of Infrastructure Development on Growth and Income Distribution[J]. Policy Research, Working Paper No. 3400, World Bank, 2004.

Canning B D, Fay M. The Effect of Infrastructure Networks on Economic Growth [R]. Department of Economics,Columbia University, New York, 1993.

Demurger S. Infrastructure Development and Economic Growth: An Explanation for Regional Disparities in China? [J]. Journal of Comparative Economics, 2001, 29(1): 95-117.

Esfahani H S, Ramirez M T. Institution,Infrastructure and Economic Growth[J]. Journal of Development Economics, 2003, 70: 443-477.

Gazzavillan G. Public Spending,Endogenous Growth and Endogenous Fluctuations [R]. Working Paper , University of Venice, 1993.

Ghali K H. Public Investment and Private Capital Formation in a Vector Error-Correction in State-level Production Functions Reconsidered[J]. Review of Economic and Statistics, 1998, 30(6): 837-844.

Krugman P. Scale Economies, Product Differentiation, and the Pattern of the Trade [J]. The American Economic Review, 1980, 70(5): 950-959.

Lucas R. On The Mechanics of Economic Development [J]. Journal of Monetary Economics, 1988, 22(1): 3-42.

黄寿峰,王艺明.我国交通基础设施发展与经济增长的关系研究——基于非线性 Granger 因果检验[J].经济学家,2012,6:28—34.

刘秉镰,武鹏,刘玉海.交通基础设施与中国全要素生产率增长——基于省域数据的空间面板计量分析[J].中国工业经济,2010,3:54—64.

刘生龙,胡鞍钢.基础设施的外部性在中国的检验:1988—2007[J].经济研究,2010a,3:4—15.

刘生龙,胡鞍钢.交通基础设施与经济增长:中国区域差距的视角[J].中国工业经济,2010b,4:14—23。

刘生龙,胡鞍钢.交通基础设施与中国区域经济一体化[J].经济研究,2011,3,72—82.

刘生龙,郑世林.交通基础设施跨区域的溢出效应研究——来自中国省级面板数据的实证证据[J].产业经济研究,2013,4:59—69.

刘勇.交通基础设施投资、区域经济增长及空间溢出作用——基于公路、水运交通的面板数据分析[J].中国工业经济,2010,12:37—46.

钱仲威.城市客运交通工具的最佳组合[J].重庆工商大学学报(自然科学版),1997,1:60—62.

王任飞,王进杰.基础设施与中国经济增长:基于 VER 方法的研究[J].世界经济,2007,3:13—21.

王晓东,邓丹萱,赵忠秀.交通基础设施对经济增长的影响——基于省际面板数据与 Feder 模型的实证检验[J].管理世界,2014,4:173—174.

杨帆,韩传峰.中国交通基础设施与经济增长的关系实证[J].中国人口资源与环境,2011, 21(10):147—152.

叶昌友,王遐见.交通基础设施、交通运输业与区域经济增长——基于省域数据的空间面板模型研究[J].产业经济研究,2013,2:40—47

张学良,孙海鹏.交通基础设施、空间聚集于中国经济增长[J].经济经纬,2008,2:20—23.

张学良.中国交通基础设施促进了区域经济增长吗——兼论交通基础设施的空间溢出效应[J].中国社会科学,2012,3:60—77.

张学良.中国交通基础设施与经济增长的区域比较分析[J].财经研究,2007, 33(8):51—63.

张志,周浩.交通基础设施的溢出效应及其产业差异——基于空间计量的比较分析[J].财经研究,2012,3:124—134。

周浩,郑筱婷.交通基础设施质量与经济增长:来自中国铁路提速的证据[J].世界经济,2012,1:78—97.

能源矿产资源不利于东北三省的经济发展?
——基于面板数据的实证分析

聂 莹
(辽宁大学经济学院)

[摘要] 近两年来,东北三省的经济发展面临困境,如何寻找出路以实现经济回暖,成为摆在东北三省面前的一大难题。东北的经济究竟怎么了?本文以能源矿产资源的利用情况为研究视角,通过建立面板数据模型,探寻能源工业与东北三省经济发展之间的关系,实证结果显示,三个省份之间存在明显的差异性,解决经济发展中的难题需要各省根据自身的不同情况探索不同的发展道路。本文在最后提出了一些政策建议,以期有助于实现东北三省经济的可持续发展。

[关键词] 东三省,能源矿产,经济发展

一、引 言

东北三省是我国重要的老工业基地之一,在中华人民共和国成立初期得益于国家推行的重工业优先发展战略,并凭借着自身的资源优势,使其经济得以迅速发展起来,对我国的国民经济建设做出了巨大的贡献。然而改革开放以来,东北三省的发展步伐却相对落后于其他沿海省市。1978 年辽宁、黑龙江和吉林的人均 GDP(当年价格)仅次于三大直辖市,但是到了 2001 年,三省在全国的排名分别下降到第 8、10 和 14 位,以重化工业为主导的经济发展模式的弊端逐渐显露。自 2003 年"振兴东北老工业基地"的政策实施以来,东北三省保持了 12.7%的年均增长率,高于全国平均水平。然而,从 2013 年开始,靠投资驱动的经济增长方式难以为继,东北三省再度增长乏力,国家的"及时雨"并没能真正解救处于困境中的东三省。据国家统计局最新公布的数据显示,2015 年上半年,东北三省经济增速仍位列倒数,其中辽宁上半年 GDP 增速为 2.6%,排名垫底;黑龙江为 5.1%,排名倒数第三;吉林以 6.1%排名倒数第四。东北三省的经济仍面临较大的下行压力,那么究竟是什么原因制约了东北三省的经济发展?除了老生常谈的体制因素、产业结构和经济增长方式外,还有当前炒得火热的人口趋势恶化说,这些又与其自身的资源条件有着怎样的"爱恨纠葛"呢?

首先,计划经济思想根深蒂固,国有企业在能源工业领域占主导地位,企业缺乏创新活力;其次,三大产业构成比例不甚均衡,第二产业比重过大,对第三产业的发展产生"挤出效应",而第二产业在发展过程中又存在过度依赖自然资源的情况,不利于经济的长远发展;再次,以能源矿产资源的过度开发、生态环境的破坏为代价的高能耗的粗放型经济

增长方式，严重制约了经济社会的持续健康发展；最后，伴随着资源的逐渐枯竭和经济的不断衰退，东北三省对人才的吸引力日益丧失，加之高校教育的相对落后，东北三省的人口形势不容乐观。

难道东北三省的经济下滑全都是资源惹的祸？李克强总理在考察长春时曾表达过对“东北背着资源的包袱”观点的不赞同，他还说“资源是优势，不发展没道理啊”。的确，资源本应是一个地区经济发展的优势，然而为何现在却成了众人口中制约东北三省经济发展的“主凶”？接下来就让我们通过对东北三省能源工业与经济发展关系的实证研究来一探究竟。

为了分析的简便，笔者观察了近年来东北三省的一次能源利用情况，选取具有典型性和代表性的煤炭和石油等一次性能源矿产资源作为本文的研究对象。

二、文献综述

在能源资源和经济发展关系的问题上，不同的学者运用不同的方法，或是针对全国，或是针对地区，都进行了相当程度的实证分析。张馨和牛叔文(2010)选取一次能源生产量和对外依存度两个解释变量作为资源丰裕度指标，用中国30个省区1997—2007年的数据建立面板回归模型，分析近十多年来我国能源资源与经济增长的关系，讨论“资源诅咒”假说在我国的适用性，结果表明能源资源对经济增长存在负效应，即存在“资源诅咒”现象。

邵帅和齐中英(2008)以“资源诅咒”学说为理论基础，针对东北地区能源型城市近年来经济发展水平滞后的现实情况，使用来自1997—2006年的9个典型地级能源型城市的整体及分时期面板数据，对能源资源开发与能源型城市经济增长之间的关联效应及其动态演变情况进行了实证考察。回归结果表明，能源开发强度与能源型城市经济增长之间存在一定程度的负相关性，从而也证明了“资源诅咒”效应的存在。

张静静(2012)则着眼于二者的协调程度分析，利用面板数据模型、主成分分析法和系统协调度模型对东北三省能源性消费和经济发展的关系进行了实证研究，结果表明，东北三省的能源消费与经济发展的协调度变化幅度比较大，非常不稳定。

可以看出，在能源资源与经济发展关系的问题上，现有文献多是从能源消费的视角出发，而关于能源工业与经济增长关系的研究较少，其中又大多是从中国总体情况出发的，就东北三省进行研究的少之又少，因此，本文主要关注东北三省能源工业与经济发展的关系。本文的行文结构如下：

首先论述东北三省的能源资源与经济发展，并对“资源诅咒”假说加以简要介绍；然后选取相关指标建立面板数据模型，通过实证分析探寻东北三省能源工业与经济发展的关系；最后就东北三省的经济可持续发展提出一些方向性建议，以期能够有所辅益。

三、能源资源与经济发展概论

（一）东北三省的资源禀赋与经济发展

东北三省是我国重要的能源基地，拥有丰富的煤炭和石油资源。例如，黑龙江的鸡西、鹤岗、双鸭山，吉林的辽源，辽宁的鞍山等地都蕴藏有大量的煤炭资源；而黑龙江的大庆、吉林的松原、辽宁的盘锦，则都是以石油为支撑产业而发展起来的城市。然而，由于东北许多地区的产业结构较为单一，在经济发展的过程中过度依赖自然资源，导致煤炭、石油等不可再生资源已面临枯竭，大批煤矿的产能下降或已经闭坑。

在过去相当长的一段时间里，东北三省的经济发展主要依靠能源消费来拉动，然而伴随着资源的逐渐枯竭，经济发展增速不断减缓，资源枯竭型城市的转型问题愈发引人注目。自2008年起，国务院就开始了资源枯竭型城市的资金支持工作，并先后在2008年、2009年、2011年分三批确定了69个资源枯竭型城市。据悉，东北三省共有20个城市上榜，占到了总数的29%。可见，东北三省的资源与经济发展状况不容乐观。

东北三省究竟该如何协调资源与经济发展之间的矛盾，如何摆脱对资源的过度依赖，通过合理有效地利用资源，使其成为经济发展的助推力，已经成为其经济发展过程中不可回避的重要难题。

（二）“资源诅咒”假说及其对东北三省的适用性

“资源诅咒”是经济学的一个著名命题，它由Auty（1993）在研究产矿国经济发展问题时首次明确提出。所谓“资源诅咒”，是指自然资源对经济增长产生了限制作用，资源丰裕经济体的增长速度往往慢于资源贫乏经济体。自20世纪90年代以来，许多学者通过实证研究发现，在一个较长的时期范围内，世界各国的自然资源丰裕度与经济增长之间呈现显著的负相关，大部分资源丰裕的国家和地区非但没有从资源的大规模开发中受益，反而受到严重牵累，陷入资源优势陷阱而导致经济增长步履维艰甚至停滞不前。在国内，也有文献通过省际层面面板数据的实证分析证实了“资源诅咒”效应在我国同样存在。伴随着资源的不断开发利用，资源部门迅速扩张，从而扭曲了经济结构，降低了经济发展质量，通常表现为以下几点：第一，经济的波动性增强；第二，降低资源配置效率，使其他部门发展受阻，即能源矿产部门的超额利润吸引大量的生产要素向资源部门转移，抑制资源部门以外的其他部门的发展；第三，非农化就业率低；第四，人力资本的挤出效应，即资源部门发展具有高回报、低技术的特点，低技术部门占主导决定了对科技发展和人力资源培养的忽视，使区域知识和技术积累发展缓慢。

笔者将其与东北三省目前的经济状况进行了对比，认为东北三省很有可能已经面临“资源诅咒”，陷入了资源危机。同时值得注意的是，东北的失落或许仅仅是个开端。实际上，随着能源经济带的西移，已经有其他地区开始步东北的后尘。在东北资源不断减少的同时，中西部的能源地位逐渐抬升，煤炭、石油等资源同样丰富的山西、陕西、内蒙古、新疆等地开始崛起，而它们日后也极有可能面临东北现在的困境。

为了给正处于黑暗中的东北三省指明方向，也为了使其他地区有经验可寻，本文接下来将通过建立面板数据模型对能源工业与经济发展的关系进行简单的实证分析，并对东北三省的可持续发展提出相应的政策建议。

四、实证分析

（一）数据指标的选取及说明

由于数据的收集存在一些困难，个别指标的年度数据有所缺失，为了使实证分析有完整可靠的数据支撑，本文主要选取了2005—2011年东北三省的年度相关数据，主要包括各省的地区生产总值、工业增加值、能源工业投资、能源消费总量和单位 GDP 能耗，并以 2000 年的不变价格为基期，分别用 GDP 平减指数、工业生产者出厂价格指数、固定资产投资价格指数等对上述名义数据进行了通胀处理，将其转化为实际数据进行分析。同时，由于单位 GDP 能耗可以代表资源的利用效率，为了更好地反映能源行业的技术水平，笔者对其进行了取倒数的处理。以上数据均来自《中国统计年鉴》和东北三省各省的统计年鉴及公报。本文的相关操作由 Eviews 6.0 完成。

（二）面板数据的单位根检验与协整检验

许多宏观经济时间序列具有不稳定的单位根过程，如果不检验经济变量的平稳性而直接建模则容易产生伪回归现象。面板数据的单位根检验主要有 LLC、Breitung、Hadri、ADF-Fisher 和 PP-Fisher 这 5 种方法，为了避免单一检验方法存在的缺陷，本文分别对各个变量进行了这 5 种检验，结果显示，各个变量及其一阶差分后的序列均不能显著地拒绝存在单位根的原假设，而二阶差分后均在 5% 的显著性水平下拒绝了原假设，也就是说各个变量均为 2 阶单整序列，这就为协整检验奠定了基础。

本文选取基于 Engle-Granger 二步法基础上的 Pedroni 检验和 Kao 检验对所建立的面板数据模型进行了协整检验，检验结果如下：

表 1　协整检验结果

检验方法	统计量名	统计量值	p 值
Kao 检验	ADF	−3.767817	0.0001
	Panel v-Statistic	5.548792	0.0000
	Panel rho-Statistic	2.126807	0.9833
	Panel PP-Statistic	−9.436549	0.0000
Pedroni 检验	Panel ADF-Statistic	−2.955353	0.0016
	Group rho-Statistic	2.607664	0.9954
	Group PP-Statistic	−11.922460	0.0000
	Group ADF-Statistic	−5.471762	0.0000

结果显示通过了协整检验，各变量间具有长期的稳定关系，可以进行回归估计。

（三）面板数据模型的形式设定检验

根据截距项向量 α 和系数向量 β 中各分量的不同限制要求，可以将面板数据模型划分为 3 种类型，即无个体影响的不变系数模型、变截距模型、含有个体影响的变系数模型。在对面板数据模型进行估计时，由于使用的样本数据包含了截面、时期、变量 3 个方向上的信息，如果模型形式设定不正确，估计结果将与所要模拟的经济现实偏离甚远。因此，本文通过协方差分析检验来确定模型形式。

主要对如下两个假设进行检验：

$$H_1: \beta_1 = \beta_2 = \cdots = \beta_N$$

$$H_2: \alpha_1 = \alpha_2 = \cdots = \alpha_N$$

$$\beta_1 = \beta_2 = \cdots = \beta_N$$

如果不拒绝假设 H_2,则认为样本数据符合不变系数模型;如果拒绝假设 H_2,则需检验假设 H_1,如果不拒绝假设 H_1,则认为样本数据符合变截距模型,反之则为变系数模型。

构建两个检验统计量:

$$F_2=\frac{(S_3-S_1)/[(N-1)(K+1)]}{S_1/(NT-N(K+1))}\sim F[(N-1)(K+1),N(T-K-1)] \tag{1}$$

$$F_1=\frac{(S_2-S_1)/[(N-1)K]}{S_1/(NT-N(K+1))}\sim F[(N-1)K,N(T-K-1)] \tag{2}$$

其中,S_1、S_2、S_3分别为变系数模型、变截距模型和不变系数模型的残差平方和。

根据本文的研究内容,笔者建立了如下的面板数据模型:

$$Y_{it}=c+\alpha_i+\beta_i Y_{2it}+\gamma_i \mathrm{TZ}_{it}+\varphi_i \mathrm{XF}_{it}+\omega_i \mathrm{NH}_{it}+u_i \tag{3}$$

其中,$i=1,2,3$;$t=1,2,\cdots,7$。省份标识数字 $i=1,2,3$ 分别对应辽宁省(LN)、吉林省(JL)和黑龙江省(HLJ);t 表示时间期间;被解释变量 Y_{it}代表各省的 GDP;解释变量 Y_{2it}代表工业增加值;TZ_{it}代表能源工业投资;XF_{it}代表能源消费总量;NH_{it}代表单位 GDP 能耗。

利用形式设定检验方法($N=3,K=4,T=7$),由式(1)和式(2)计算得到的两个 F 统计量分别为:$F_2=15.04$,$F_1=9.71$;通过查 F 分布表,在给定 5%的显著性水平下,得到相应的临界值为 $F_{2\alpha}(10,6)=4.06$,$F_{2\alpha}(8,6)=4.15$,由于 $F_2>4.06$,所以拒绝 H_2;又由于 $F_1>4.15$,所以也拒绝 H_1。因此,模型采用变系数的形式。

(四)回归结果分析

由于研究对象仅限于东北三省,所以选取固定影响的变系数模型,同时采用相应的似乎不相关回归方法对模型进行估计,回归结果如表 2 所示:

表 2 固定影响变系数模型的估计结果

变量	系数	标准差	t 统计量	p 值
C	−12 498.05	2 796.531	−4.469125	0.0042*
Y_{1t}	4.827614	0.316559	15.25030	0.0000*
Y_{22t}	1.514697	0.350857	4.317136	0.0050*
Y_{23t}	−1.488880	0.349972	−4.254280	0.0054*
TZ_{1t}	−19.22678	1.624016	−11.83904	0.0000*
TZ_{2t}	5.421673	0.818341	6.625203	0.0006*
TZ_{3t}	−15.60626	4.788932	−3.258819	0.0173*
XF_{1t}	0.027513	0.124375	0.221211	0.8323
XF_{2t}	−0.027549	0.169977	−0.162077	0.8766
XF_{3t}	2.288641	0.541758	4.224473	0.0055*
NH_{1t}	3 221.754	1 920.351	1.677690	0.1444
NH_{2t}	−3 784.946	1 205.344	−3.140137	0.0201*
NH_{3t}	39 794.54	7 554.649	5.267556	0.0019*
固定影响(截面)				
α_1	8 777.429			
α_2	16 157.38			
α_3	−24 934.81			

注:* 表示在 10%的水平下通过了显著性检验。

从表 2 中可以看出，辽宁省和吉林省的能源消费总量与辽宁省单位 GDP 能耗的估计系数并不显著，为此我们将所有变量纳入到系统中并剔除不显著变量，对模型进行重新估计，新的估计结果如表 3 所示：

表 3　剔除不显著变量后系数的估计值

α_1	β_1	γ_1	α_2	β_2	γ_2
−2 041.345	4.993406	−19.02155	3 040.137	1.338275	5.285799
ω_2	α_3	β_3	γ_3	φ_3	ω_3
−2 703.179	−37 447.18	−1.459695	−15.56923	2.217619	40 785.76

据此，我们分别写出三省的固定效应变系数模型：

$$Y_{1t}=-2\ 041.345+4.993406Y_{21t}-19.02155\mathrm{TZ}_{1t} \tag{3a}$$

$$Y_{2t}=3\ 040.137+1.338275Y_{22t}+5.285799\mathrm{TZ}_{2t}-2\ 703.179\mathrm{NH}_{2t} \tag{3b}$$

$$Y_{3t}=-37\ 447.18-1.459695Y_{23t}-15.56923\mathrm{TZ}_{3t}+2.217619\mathrm{XF}_{3t}+40\ 785.76\mathrm{NH}_{3t} \tag{3c}$$

经过对比分析，我们发现，对于同一指标，三省的系数符号有正有负，表明能源资源对经济发展的作用存在地区差异，这与我们先前的预期有所不同。可能的原因是，尽管同为东北老工业基地，但各省的自然条件和社会条件仍然存在很大的不同，比如各省市的能源资源丰裕度不尽相同，各省的人才资源、产业结构和经济发展方向也存在着一定的差异。为此，我们需要对三省的情况分别加以分析。

辽宁省工业增加值对经济发展的作用为正，工业增加值每增加 1%，地区生产总值就增加 4.99%，这说明其经济发展仍然依赖于工业。而其能源工业投资对 GDP 的影响却相反，且其对经济的负效应远大于工业增加值对经济发展的正效应，这说明辽宁省的能源工业可能已经饱和，存在过度投资和产能过剩等问题。

吉林省的工业增加值和能源工业投资均对经济发展有显著的促进作用，而由于对单位 GDP 能耗进行了取倒数的处理，因此 NH_{it} 在这里代表资源利用的水平，其系数为负表示技术水平的提高对吉林省的 GDP 增长具有反向作用，这种非正常现象的出现说明吉林省在经济发展过程中可能存在着依靠能源消耗拉动经济增长的不合理发展方式，以过度消耗能源资源为代价换取经济速度的增长。

黑龙江省工业增加值和能源工业投资对经济发展的作用与吉林省完全相反，说明其工业生产可能已经开始衰退，并阻碍着整体经济的发展，同时我们发现其能源消费对经济增长具有一定的推动作用，而能源利用效率水平的提高则会明显促进经济的发展。因此，黑龙江省未来的经济发展应该从提高能源利用效率的角度出发，转变工业发展方式，同时避免对能源行业的过度投资。

最后，根据资源型产业收益递减规律和三省份能源工业投资系数的对比发现，吉林省暂未到达拐点，能源工业仍对经济发展有促进作用，但这种促进作用仍然是一种粗放型的高能耗发展方式，并非长远之计，而辽宁省和黑龙江省则已经处于资源产业衰退的困境之中，东北三省在不同程度上面临“资源诅咒”。

五、结论及政策建议

在过去的十多年里，中国经济在整体上越来越趋于平衡，唯独东三省反其道而行之。2013 年，东三省第二产业占 GDP 的比重从十多年前的 47%升至 50%，而第三产业的占比却下降了。这在一定程度上为上述的实证结果提供了依据，第二产业在占比提高的同时，其增长速度却明显放缓，而能源工业投资在总体上对经济增长又存在着显著的负效应，因而它们部分地解释了近年来东北三省经济持续跌落的隐性因素。

资源本应是一个地区发展经济的优势条件，然而现在却成了东北三省经济发展的“甜蜜负担”。其实，东北三省的经济下滑并不能完全归罪于资源，问题的关键不在于资源本身，而是在于对资源的开发利用方式，在于不合理的产业结构和粗放型的经济发展模式。

东北三省经济发展的危机已经来临，必须尽快转变经济发展方式，既要依靠自身创新生产模式，调整发展战略和行业布局，提高资源利用效率，实现经济的可持续发展；又要坚持内外联动，实施“走出去和引进来”，依托自身的地理位置，加强与周边国家的交流合作，发展自己的优势产业。因此，本文提出如下几点建议以供参详。

（一）转变经济发展方式，优化产业结构

推动经济发展方式由粗放型向集约型转变，提高资源利用效率；走新型工业化道路，提高低能耗和高附加值的行业比重，并对高耗能产业加以限制；同时注重培植自身的优势产业，推动合理的工业布局；并把绿色招商、生态招商作为提升产业层次、促进可持续发展的重要举措。

（二）加快产业内部的转型升级

由于工业是东北三省长期以来的核心产业，其基础性地位不可能在短时间内有所改变，为此，我们在合理布局产业结构的同时，还应对工业发展方向进行合理引导，并对其内部结构加以调整改造，比如对一些“夕阳产业”进行技术改造、创新和经营改革，以使其重获生机。

（三）制定能源发展战略，提高资源利用率

规范资源的勘查工作，探明未开发资源的储量和种类，做好剩余资源的开发利用，提高资源的保障能力；同时加快开发可再生能源，扩大能源的供应品种，以促进东北经济社会的可持续发展。

经济发展从某种意义上讲就是“燃烧”，烧掉的是资源，留下的是污染，产生了 GDP。经济资源的开发利用应以低碳环保为理念，通过提高技术创新能力，大力开发和推广无污染或少污染的清洁生产技术和节能产品，发展循环经济，以降低单位 GDP 能耗。

（四）实施人才培养计划

人是经济发展过程中最重要的生产要素，由于东北地区以往不合理的产业布局，忽视了对技术和人才的需求，导致许多的技术和知识型人才外流。因此，在新一轮的发展过程中，有必要提高东北地区的整体教育水平，加强东北地区的人力资本积累。其中最重要的就是高校教育体制改革，以教育促发展，提升对人才的吸引力。

（五）国家政策支持

一个地区的繁荣发展离不开国家政策的支持和推动。我国政府应该继续推行扶持东北老工业基地发展的相关政策，以使东北三省能够放心大胆地进行结构调整和改革创新，

充分发挥出自身的潜在优势。例如，政府可以为老工业基地提供低息贷款，用于技术改造和产业结构调整等。

（六）发挥自身优势，实现内外联动发展

东北三省不仅具有先天的资源优势，还占有优越的地理位置。以辽宁省为例，通过加快开放沿海城市，培育自身优势产业，推动服务业和旅游业的发展，将有利于其产业结构的优化调整。同时，由于东北三省临近俄罗斯、韩国、日本，更有利于进行国际交流与合作，发展联合项目，通过吸收借鉴优秀的产业技术来不断发展自身。

实际上，东北三省面临的资源危机只是其经济发展困境的一个外部表象而已，要想真正实现东北三省经济资源环境的可持续发展，还需要进行大刀阔斧的改革，而对于国有企业占主导地位的东北来说，实在是任重而道远。

参考文献

傅利平，王中亚.“资源诅咒”与资源型城市[J].城市问题，2010，10：2—8.

高万里.浅析东北三省区域经济发展与特色问题[J].农村经济，2014，12：59—61.

李朝阳.区域能源矿产开发中的利益协调研究[J].科技创新与生产力，2012，11：8—11.

李黎.我国能源消费与经济增长的关系分析——兼论能源工业的发展[D].四川大学，2005.

李欣欣.东北老工业基地产业结构变动的能源消费效应研究[D].辽宁大学，2012.

林毅夫.遵循比较优势战略振兴东北老工业基地[N].中国信息报，2004(5).

邵帅，齐中英.“资源诅咒”视角下的东北地区能源资源开发与能源型城市经济增长[C].建设东北亚和谐国际经贸关系学术研讨会论文集，2008，11：156—162.

邵帅.能源产业繁荣能够驱动能源型城市经济增长吗？——以东北地区为例[J].统计与信息论坛，2010，6：38—44.

肖涛.能源消耗与经济增长关系的实证研究[D].重庆大学，2011.

于凤玲.中国能源与经济发展关系实证研究[D].中南大学，2014.

张静静.东北三省能源消费与经济发展的协调性分析[D].东北财经大学，2012.

张馨，牛叔文.中国省域能源资源与经济增长关系的实证分析——基于“资源诅咒”假说[J].自然资源学报，2010，12：2040—2051.

EKC曲线形状、经济增长与环境污染关系
——基于辽宁省环境数据的实证分析

张筱晗
（辽宁大学经济学院）

［摘要］本文选取辽宁省2004—2012年人均GDP、工业废气和废水等相关环境数据，通过进行单位根检验、协整检验和OLS方法构建双对数三次方的协整方程，分析它们的环境库兹涅茨曲线特征及其成因，并探讨了工业增加额、贸易、环境治理投资、科研费用对污染排放的影响。通过实证分析得出以下结论：辽宁省工业废气和工业废水排放的EKC曲线均为正N形；工业增加额、环境治理投资以及科研投入与工业污染呈正相关，贸易进出口总额与工业污染呈负相关，而且工业废气污染是主要问题。最后给出相关建议，即加快产业结构调整、推进市场机制建设、完善环境法律和监管等。

［关键词］环境库兹涅茨曲线，经济增长，环境污染

一、引　言

辽宁省作为东北老工业基地，由于资源禀赋和历史原因，能源工业、装备制造业等重工业的发展水平位居全国前列，然而辽宁省的经济增长主要依赖于重工业，重度雾霾、辽河污染是环境恶化的真实反映。经济增长与环境质量变化密切相关，经验研究表明，在一定时期内，经济增长往往伴随着环境质量的恶化，因此，如何平衡经济增长与环境保护之间的关系是辽宁省实现可持续发展的关键。而环境库兹涅茨曲线（EKC）正是揭示这一变动规律的重要模式，对分析地区经济和社会协调发展的状况和走势有指导作用。环境库兹涅茨曲线的含义是：在经济发展的较低阶段，环境污染的水平也较低；在经济起飞阶段，资源耗费超过资源的再生能力导致环境恶化；在经济发展的更高阶段，污染物排放逐步降低，经济增长对环境质量改善有促进作用。因此，探索经济增长与环境质量间的关系以及影响环境质量的原因，对于解决环境问题、制定相关环境政策具有重要意义。

如图1所示，在2004—2012年间，辽宁省人均GDP从16 297元增加到56 649元，然而工业废气排放量从13 015万立方米增加到31 917万立方米，工业废水排放量从91 810万立方米增加到95 197万立方米。那么现阶段辽宁省经济增长和环境质量之间的关系如何？还有什么其他变量会对环境污染产生影响？

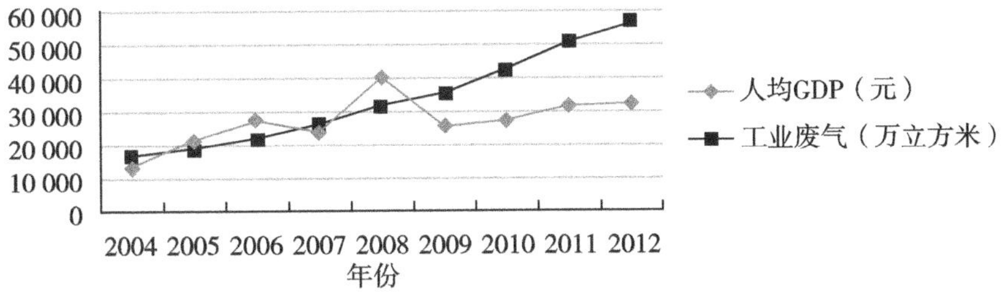

图 1　2004—2012 年间辽宁人均收入与工业废气排放量趋势图

本文选取辽宁省 2004—2012 年人均 GDP、工业废气和废水等相关环境数据，分析它们的环境库兹涅茨曲线特征及其成因，并探讨了工业增加额、贸易、环境治理投资、科研费用对污染排放的影响，并在最后给出相关建议，即加快产业结构调整、推进市场机制建设、完善环境法律和监管等。

二、文献综述

（一）国内外 EKC 曲线形状研究

Grossman and Kureger(1995)首次提出著名的环境库兹涅茨曲线(EKC)，他们分析了 GEMS 的城市大气质量数据，发现 SO_2 符合倒 U 形曲线关系，并认为经济增长和环境质量之间存在倒 U 形关系，即环境质量随着经济增长的积累呈现先恶化后改善的趋势。国内学者陈华文和刘康兵(2004)通过对上海 11 年环境指标分析发现，EKC 假说对于多数指标是成立的；高宏霞等(2012)基于 2000—2010 年中国各省(自治区、直辖市)的统计资料得出，工业废气和二氧化硫的排放与人均收入的关系符合 EKC 的特征。

但有些学者认为，EKC 不一定是“倒 U 形”。Selden and Song(1994)以及 Dinda(2004)的研究表明，各种污染物的 EKC 曲线形状存在差异，除了倒 U 形，还有正 U 形、正 N 形等曲线，转折点的位置也各不相同。国内学者马树才和李国柱(2006)通过对我国的环境数据进行实证分析，得出的结论否认倒 U 形的 EKC 曲线的存在；彭水军和包群(2006)运用 1996—2002 年我国省际面板数据，利用 6 类环境数据来验证 EKC 的假说，实证结果表明 EKC 很大程度上取决于污染指标和估计方法的选取；丁继红和年艳(2010)探讨了江苏省 1985—2006 年经济增长与环境污染的双向关系，发现环境污染与人均收入呈正 N 形曲线关系。

（二）环境污染的其他影响变量相关研究

许正松和孔凡斌(2014)通过 1991—2012 年江西省环境数据的实证，认为工业增加值与环境污染呈典型正相关关系且贸易开放加剧了环境污染；冉茂盛和贺彩霞(2009)通过 1998—2006 年数据得出我国中部地区环境污染与人口密度显著正相关；李治国(2013)根据 1981—2009 年相关数据发现环境污染与工业治理没有显著的改善环境质量；于峰等(2006)对 1999—2004 年我国 28 个省、自治区及直辖市的面板数据进行回归分析，结果显示经济规模扩大、产业结构和能源结构变动加剧了我国环境污染。

（三）本文的研究创新点与研究结构

与现有文献不同，本文的创新有以下几点：采用较新的 2004—2012 年环境数据，针对辽宁省的具体情况进行探讨，避免受到跨省的环境指标不同而削弱结论显著性的可能，并否认了传统的环境库兹涅茨曲线倒U形假说；从工业废水和工业废气两个角度构建了EKC曲线方程，通过地理特征角度分析了两者的不同；在影响污染的控制变量中引入了环境治理投资和进出口贸易总额等，加强了模型的完整度，得到了相关创新性的结论，指出目前辽宁省环境治理中存在的问题。笔者认为，根据环境库兹涅茨曲线可以推测出当经济发展进入一定阶段时，刺激经济发展的政策将有利于环境的改善。然而环境作为无排他性、有竞争性的公共资源，如果自由放任的话必然造成"搭便车"现象从而产生负的外部性，且环境破坏的不可逆性也要求政府在发展经济的同时还应积极制定相关环境政策和制度进行干预，只有通过政府和市场的两相结合，才能更好地进行环境治理。

本文的结构安排如下：第一部分是引言；第二部分是相关文献的梳理；第三部分介绍本文所使用的模型和相关数据；第四部分是实证分析，具体探讨废水、废气两种库兹涅茨曲线的形状以及影响污染的其他变量分析；第五部分是总结和相关建议。

三、模型设定与数据

（一）模型设定

本文根据环境库兹涅茨曲线的假说，建立双对数三次方的环境库兹曲线模型：

$$\ln pollution_t = \alpha_i + \beta_1 \ln agdp_t + \beta_2 (\ln agdp)^2 + \beta_3 (\ln agdp)^3 + \varepsilon_t \quad (1)$$

t 表示第 t 年的数据，agdp 表示人均 GDP，α_i 为截距常数项，ε_t 为方差扰动项。

（1）β_1、$\beta_2 \neq 0$ 且 $\beta_3 = 0$ 时，$\beta_1 > 0$，$\beta_2 < 0$ 表明库兹涅茨曲线为倒U形的二次曲线关系，即随着人均 GDP 的增加环境质量逐渐改善。$\beta_1 < 0$，$\beta_2 > 0$ 库兹涅茨曲线为正U形二次曲线关系，即随着人均 GDP 的增加环境逐渐恶化。

（2）β_1、β_2、$\beta_3 \neq 0$ 时，$\beta_1 > 0$、$\beta_2 < 0$、$\beta_3 > 0$ 表明库兹涅茨曲线为正N形的三次曲线关系，即环境质量随着人均收入的增加先是改善随后又恶化波动的情形。

（3）进一步放松假设，引入影响环境质量的其他控制变量 X。

$$\ln pollution_t = \alpha_i + \beta_1 \ln agdp_t + \beta_2 (\ln agdp)^2 + \beta_3 (\ln agdp)^3 + \gamma X_t + \varepsilon_t \quad (2)$$

变量 X 包括：环境治理投资（invest）、进出口贸易总额（trade）、工业增加额（industry）、科研投入费用（fee）。

（二）数据和变量

本文使用《中国环境统计年鉴》（2004—2012）和《辽宁统计年鉴》（2004—2012），其中2012年是目前最新的环境数据，为本文的研究提供了比较准确的数据。

1. 经济增长变量

人均 GDP：人均收入更能反映真实的经济增长水平，同时也有利于模型数据的构建，本文的人均收入用人均 GDP 来衡量。

2. 污染指标变量

选取典型的污染排放物中的工业废水（water）、工业废气（dust）。

3. 影响污染的其他变量

（1）对外贸易：一般来说，发达国家更愿意保护本国的环境和资源，因此会将污染严重的企业转移到发展中国家,或者从国外进口加工过程污染环境的成品。本文使用贸易进出口总额(trade)来衡量对外贸易的环境效应。

(2) 产业结构:环境与经济增长息息相关,而经济增长的发展是靠产业结构的调整与优化,由资源消耗粗放型转为技术管理的革新,因此本文使用工业增加额(industry)来衡量产业结构优化的环境效应。

(3) 环境治理投资:随着人均收入的增加,对环境保护的意识也逐渐增强,政府往往也会加大环境治理投资。本文使用工业污染治理投资(invest)来度量环境治理的效应。

(4) 科研开发投入:科技的进步极大地促进了经济效率的提高,例如低碳节能减排等技术可以有效地降低环境污染。本文用科研投入(fee)来衡量科技研发的环境效应。

四、实证分析

(一) 单位根检验

由于本文全部采用时间序列,可能会存在非平稳性,为了降低虚假回归,因此在取对数后降低波动性并对所有相关变量进行单位根检验,如表 1 所示,发现在一阶单整时满足平稳关系。其中 lnagdp 已为平稳序列,但是一阶差分后更为平稳,且为了与其他变量建立协整关系,因而取一阶单整的 lnagdp 时间序列。根据 Engle-Granger 两步法,由于已知各变量为同阶单整,因此只要下面建立回归方程后的残差检验平稳即可验证协整关系,从而为下文建立双对数协整方程打下基础,可以判断变量之间是否存在均衡关系。

表 1 单位根检验结果

变量	Augmented Dickey-Fuller	Phillps-perron	结论
lnagdp	−5.397***	−5.175***	平稳
	(0.021)	(0.026)	
△lnagdp	−5.438***	−6.474***	一阶差分平稳
	(0.008)	(−0.002)	
△lnwater	−3.080***	−3.080***	一阶差分平稳
	(0.008)	(0.008)	
△lndust	−3.077***	−3.168***	一阶差分平稳
	(0.008)	(0.007)	
△lntrade	−2.160***	−2.138***	一阶差分平稳
	(0.038)	(0.040)	
△lnindustry	−3.008***	−3.413***	一阶差分平稳
	(0.010)	(0.005)	
△lninvest	−2.524***	−2.541***	一阶差分平稳
	(0.020)	(0.020)	
△lnfee	−2.943*	−2.943*	一阶差分平稳
	(0.080)	(0.080)	

注:(1) ***、**、* 分别表示在 1%、5%和 10%的水平上显著;(2) 括号内为 P 值。

（二）辽宁省工业废气 EKC 曲线方程

1. 工业废气 EKC 形状检验

(1) 模型(1)—模型(2)验证废气排放与人均 GDP 之间的关系

如表 2 所示,在模型(1)中,引入人均 GDP 和其平方的变量,发现各个变量不显著,因而否认了废气 EKC 倒 U 形的假说;在模型(2)中,加入人均 GDP 的三次方,发现每个变量均显著,调整后的 R 平方拟合程度较好,$\beta_1>0,\beta_2<0,\beta_3>0$,因此 EKC 曲线为正 N 形,反映出废气排放的环境质量随着人均 GDP 增加先恶化再改善又恶化的波动情形。

(2) 模型(3)—模型(7)验证废气排放与人均 GDP 以外的其他控制变量之间的关系

如表 2 所示,在模型(3)—模型(5)中,发现随着工业增加额、贸易进出口总额、环境治理投资的加入,每个解释变量的显著性明显增强,其中工业增加额和环境治理投资同废气排放呈正相关,而贸易进出口总额与废气排放呈负相关;在模型(6)中,引入科研投入变量但结果不显著;在模型(7)中,引入科研投入和环境治理投资的交叉项发现变量显著,说明科研投入和环境治理的共同作用下会影响废气排放,而且模型(7)的调整后的 R 方拟合度是所有模型中最好的,既无自相关,white 检验也不存在异方差问题。综上,工业废气排放的 EKC 曲线方程为:

$$\begin{aligned}\text{lndust} = &-3580.3+1058.9\text{lnagdp}-102.5\text{lnagdp}^2+3.3\text{agdp}^3+2.9\text{lnindustry}-\\&1.2\text{lntrade}+0.03(\text{lnfee}\times\text{lninvest})+\varepsilon_t\end{aligned} \quad (3)$$

2. 工业废气 EKC 形状分析

通过以上的实证分析,我们得出的结论是辽宁省工业废气排放的环境库兹涅茨曲线呈 N 形波动(见图 2)。其中,第一个波动较大的时点是 2005 年,第二个波动点大致在 2010 年左右。在 2005 年以前,辽宁省的生产方式较为粗放,依靠传统高耗能模式,冶金、化工、机械等重化工业占据很高比重,第二产业比重长期高达 50%以上,再加之有限的环境治理投入,使得废气污染排放增加。在 2005 年以后,废气污染排放出现缓慢的下降趋势,笔者推测随着人们收入的提高,要求政府加强环境治理,从而使得废气污染排放减少。在此期间,政府的环境规制行为起着重要的作用,以 2008 年为例,辽宁省大力整治钢铁企业排污,有 51 家钢铁企业被依法予以关闭,9 家设备已被拆除;2 家企业的 2 座高炉已淘汰;10 家企业停产依法补办环保手续,最直接的成效是削减了 10 825 吨粉尘、1 005 吨二氧化硫的排放。

而在 2010 年以后,废气出现明显的上升趋势,笔者推测政府的治理力度降低,在短期内出现波动情形,加之近年来环境污染的分散程度不断上升,治理难度逐渐加大,导致环境污染治理的效率出现下降,且技术进步应用的速度远远慢于工业增长速度,因此,工业废气排放量呈现上升态势。除此之外,笔者也作出另一种猜想,推测辽宁省政府可能采用一些行政命令手段,虽然短期内在解决废气排放方面取得明显效果,但是由于在本质上缺乏灵活性和长久性,从而无法为环境的改善提供有效的激励。这样治标不治本的行为是不可取的,其实中国不乏很多这样的例子,1995—2000 年间,为了治理“三河三湖两区一市一海”污染,政府采取大规模运动手段,关闭了 84 000 多个重污染工厂,既造成了人力物力的浪费,也无法形成环境的可持续发展。

表 2　工业废气 EKC 方程估计

变量	(1)	(2)	(3)	(4)	(5)	(6)	(7)
常数项 c	44.98	-2436.83***	-3029.99***	-3930.77***	-3581.64***	-3583.85***	-3580.29***
	(1.16)	(-3.20)	(-4.81)	(-10.4)	(15.80)	(-11.2)	(16.42)
人均 GDP	-8.16	714.22***	-888.25***	1149.35***	1048.82***	1049.45***	1058.91***
	(-1.08)	(3.22)	(4.84)	(10.52)	(15.94)	(11.31)	(16.60)
人均 GDP(二次方)	0.404	-69.62***	-86.75***	-111.97***	-102.39***	-102.46***	-102.45***
	(1.10)	(-3.24)	(-4.86)	(-10.57)	(-16.13)	(-11.43)	(-16.82)
人均 GDP(三次方)		2.26***	2.82***	3.64***	3.33***	3.33***	3.34***
		(3.26)	(4.89)	(10.62)	(16.32)	(11.57)	(17.04)
工业增加额			1.25**	2.37***	2.87***	2.87***	2.92***
			(2.22)	(6.06)	(10.91)	(7.62)	(11.14)
贸易进出口总额				-1.03***	-1.17***	-1.16***	-1.15***
				(-3.89)	(-8.06)	(-4.73)	(8.34)
环境治理投资					0.15***	0.15***	
					(3.02)	(2.15)	
科研投入						0.04	
						(0.01)	
科研投入×环境治理投资							0.03***
							(3.16)
调整 R 平方	0.160	0.678	0.819	0.960	0.989	0.979	0.990
D-W 统计量	1.738	3.00	3.210	2.484	3.017	2.985	2.977
残差平稳性	平稳	平稳	平稳	平稳	平稳	平稳	平稳

注:(1) ***、**、* 分别表示在 1%、5% 和 10% 水平上显著;(2)括号内为 t 统计值。

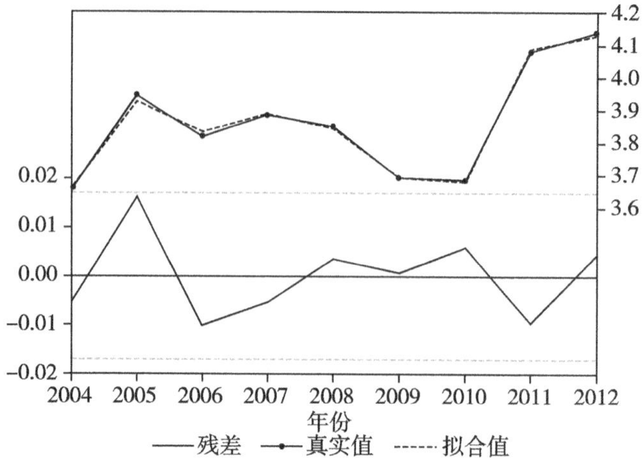

图2 辽宁省2004—2012年间工业废气排放的环境库兹涅茨曲线

3. 其他变量对工业废气的影响分析

(1) 工业增加额与工业废气污染排放呈正相关

工业增加额每增加1个百分点,废气排放增加2.9个百分点;说明了工业增加额即第二产业与废气排放量有着密切的关系,也验证了工业的发展往往伴随着污染物的增加的结论。

(2) 环境治理投资与工业废气污染排放呈正相关

环境治理投资每增加一个百分点,废气污染增加0.15个百分点,而这正是本文结论的创新之处:环境治理投资的提高促进了工业废气的增加。通过进一步挖掘数据发现,近年辽宁省工业污染治理投资比重增长速度不及工业发展速度,且环保投入占GDP的1%左右,而发达国家往往要达到3%才能使环境有明显改善。此外,辽宁省环保投资真正能否全部用于环境治理是很值得怀疑的,制度执行上的漏洞以及资金利用效率的不高使得环境治理大打折扣;政策上的缺乏科学性使得辽宁政府对高污染企业进行治污费补贴,反而会激励企业进行高污染的产品生产。最后,追求收益最大化的私人企业可能会对环境监管执行部门进行“寻租”,在我国目前法制不健全及环保事业刚刚起步的背景下,必然会加剧这一行为。

(3)进出口贸易额与工业废气污染排放呈负相关

进出口贸易总额每增加1个百分点,废气排放降低1.2个百分点;通过实证没有发现“污染天堂”的结论(发达国家的污染密集型工业转移到发展中国家从而造成环境污染),通过查找文献几乎所有的学者得到的结论都是贸易加剧了污染,而本文与他们最大的不同是得到辽宁省进出口贸易促进了工业废气的降低,首先,辽宁省作为东部经济较为发达的省份,从具体情况来说与中西部是不同的;其次,辽宁省从20世纪90年代至今,对外贸易已经发展到一定程度,不太可能接纳高污染的外资企业;最后,从辽宁省具体贸易情况来看,近年来辽宁省贸易以装备制造业出口为主,近一半以上是外商投资企业,与本地企业相比,无论是资金、技术还是管理上都有优势,从而对改善环境有积极影响。

(4) 环境治理投资和科研投入的交叉项乘积与废气排放呈正相关

环境治理投资和科研投入的交叉项每增加一个百分点,废气排放增加0.03个百分点，说明科研投入与环境治理投资在共同作用下的增加会使得废气排放增加，推测可能是科研技术不成熟，在短期内减少废气效果不明显。

（三）辽宁省工业废水EKC曲线方程

1. 工业废水排放的环境库兹涅茨曲线形状检验

(1) 模型(1)—模型(2)验证废水排放与人均GDP之间的关系

如表3所示，在模型(1)中，引入了常数项和人均GDP及其平方变量，发现除常数项外其余变量均不显著，进而否认了废水EKC倒U形假说；在模型(2)中，引入人均GDP的三次方变量，每一个变量均显著，且根据变量系数$\beta_1>0$，$\beta_2<0$，$\beta_3>0$，可知废水EKC曲线也为正N形，即随着人均GDP的增加，废水排放呈现先增加后减少又降低的波动现象。

表3 工业废水EKC方程估计

变量	(1)	(2)	(3)	(4)	(5)	(6)
常数项c	42.65*	−1594.24***	−1991.57***	−2359.58***	−2399.88***	−2368.54***
	(−1.62)	(−2.94)	(−4.15)	(−5.36)	(−14.46)	(−7.86)
人均GDP	−5.91	470.54***	587.12***	694.29***	705.87***	702.44***
	(−1.16)	(2.98)	(4.20)	(5.71)	(14.66)	(8.03)
人均GDP	0.28	−45.91***	−57.83***	−67.83***	−68.98***	−69.17***
(二次方)	(1.13)	(−3.0)	(−4.22)	(−5.78)	(−14.84)	(−8.17)
人均GDP		1.491***	1.87***	2.21***	2.24***	2.27***
(三次方)		(3.02)	(4.24)	(8.29)	(15.01)	(8.29)
工业增加额			0.84**	1.99***	1.88***	2.59***
			(1.95)	(4.09)	(9.64)	(5.46)
环境治理				0.11	0.11***	−1.63*
投资				(1.22)	(3.15)	(−1.58)
贸易进出口				−0.82***	−0.58***	−0.56**
总额				(−3.06)	(−4.60)	(−2.30)
科研投入					0.67***	
					(3.44)	
科研投入×环						0.38**
境治理投资						(1.96)
调整R平方	0.233	0.674	0.791	0.927	0.989	0.962
D-W统计量	1.782	3.024	3.363	2.384	2.985	2.860
残差平稳性	平稳	平稳	平稳	平稳	平稳	平稳

注：(1) ***、**、*分别表示在1%、5%和10%的水平上显著；(2)括号内为t统计值。

(2) 模型(3)—模型(6)验证废水排放与人均GDP以外的其他控制变量之间的关系

如表3所示，在模型(3)—模型(5)中逐步引入控制变量，同废气排放方程相似，随着引入变量个数的增加，各个变量趋于显著，而且调整后的R平方拟合度逐步变优；在模型(6)中引入科研投入与环境治理投资的交叉项乘积，但变量的显著性没有模型(5)好，因

此,我们最终检验出模型(5)的拟合度较高,曲线方程为:

$$\text{lnwater}=-2\ 399.9+705.9\text{lnagdp}-69.0\text{lnagdp}^2+2.2\text{lnagdp}^3+1.9\text{lnindustry}+0.1\text{lninvest}-0.6\text{lntrade}+0.7\text{lnfee}+v_t \quad (4)$$

2. 工业废水 EKC 形状分析

通过以上的实证分析,我们得出的结论是辽宁省废水排放的环境库兹涅茨曲线呈 N 形波动(见图 3)。废气排放的波动点与废水排放相类似,但是与废气排放不同的是,在 2005—2010 年间辽宁省废水排放下降速度明显加快。

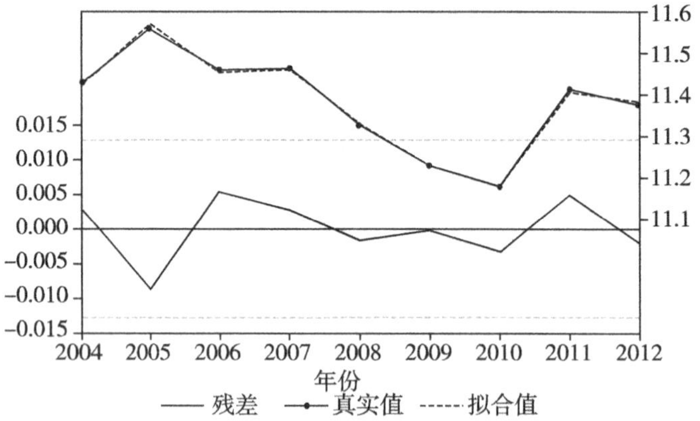

图 3 辽宁省 2004—2012 年间工业废水排放的环境库兹涅茨曲线

事实上从 2006 年开始,辽宁用 3 年时间实施了"三大工程",即以造纸企业整治为核心的工业点源治理工程、"支流河(大辽河、浑河、太子河)治理歼灭战"和"凌河治理阻击战",实现了辽河流域水质的全流域、全指标历史性突破;从 2008 年起,辽宁一次性启动建设 99 座污水处理厂,工业污水处理率由不足 50%提高到 85%以上,减少了污水排放;辽宁施行对河流域水质的月分析制度,分析河流断面水质变化趋势,并建立了上游污染补偿下游的流域补偿机制,对断面水质超过规定值的进行经济处罚,2009 年全省 8 个市共收缴补偿金 1 650 万元。由此可见辽宁省工业废水排放与政府保护环境的规制行为是分不开的,而在 2010 年以后废水排放数量再次增加,推测可能是环境保护政策的实施不到位造成的。

3. 其他变量对废水污染的影响分析

其他变量与废水排放之间的正负关系与废气排放是相同的,在此不再赘述。但仍存在一些细微的差别,与废气的 EKC 曲线方程相比,废水 EKC 曲线方程中的工业增加额和贸易进出口总额的弹性更小,即每增加一个百分比所引起废水排放的百分比更低一些,这也体现出了辽宁省地理特征即水资源少,因此对于北方省份来说废气污染是主要问题。

五、结论与建议

(一) 结 论

通过本文的实证分析,最终得出以下结论:辽宁省废气和废水排放的环境库兹涅茨曲线为正 N 形而非理论上的倒 U 形;工业增加额、环境治理投资以及科研投入与工业污染排放呈正相关，贸易进出口总额与工业污染呈负相关。

我们发现，随着经济的增长，环境质量自然会改善的结果并没有出现，而是出现反复波动情形。因此，笔者认为对环境库兹涅茨曲线不能盲目照搬，而要具体问题具体分析。从环境恶化到改善可能需要一个较长的过程，环境作为无排他性但有竞争性的公共资源，如果自由放任必然会产生搭便车行为，而且由于环境的不可逆性以及环境污染的积累效应，未来经济增长的收益现值可能不足以弥补当前环境破坏的成本。因此，环境库兹涅茨曲线不能成为"先污染，后治理"的借口，必须协调好经济发展和环境保护的关系，从而促进两者和谐发展。通过实证以及与现实联系，辽宁省环境质量无不与政府致力于控制排放有密切关联，因此在一定时期内需要政府的环境规制举措。但与此同时，也应该让政府环境有科学性可依，将政府和市场的力量相结合，从而更好地进行环境治理。

本文仍有许多不足有待改进，首先由于相关环境数据年限的有限性，故选取的样本数据较少，对模型进一步的分析受到限制，无法得到较长时期内更丰富的结论；其次，在考察环境污染指标时选取的变量数不多，可能对模型的估计结果有一定偏差。

（二）相关建议

1. 加速产业结构调整，推动循环经济建设

改进辽宁省的产业结构、能源结构从而降低环境污染，积极推进产业结构向环保节能型发展，加快向第三产业的转变，并大力发展环保产业。加强对工业废气、工业废水的收集、再处理和再利用，通过提高利用率来降低最终排放量；企业从自身的污染物种类和特点出发，有针对性地降低污染物排放量，同时兼顾提升能效方面的投资，形成节约能源资源的生产方式，从而构建资源节约、环境友好型社会。

2. 有效率地利用环保投资治理和科研投入费用

在一定的法律和监管的保障下，政府应当从以"事后弥补"支出为主逐步转移到"事前预防"支出为主的投资结构，从而提高治理效率；政府应加大在能效提高、降低新能源使用成本等方面的投资，即使研发技术在短期内成效不明显，但追求长期的效益可以降低污染。

3. 利用市场机制推进环境保护

市场机制本质上是通过提高自然资源价格使得经济活动的外部性内部化，一方面可以通过征收庇古税或完善排污权交易制度实现。以征收庇古税为例，在图 4 中，由于企业

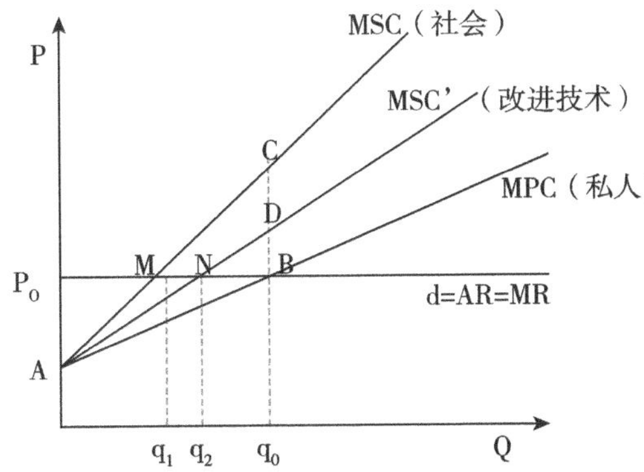

图 4　征收庇古税对改善环境、促进企业的技术进步的影响

的私人边际成本低于社会边际成本，因此追求利益最大化的产量为 q_0，从而造成 ABC 的负外部性；当政府对污染企业征税时，企业的成本转变为社会边际成本，因此外部性内部化，导致企业在 q_1 处生产，而这会促使企业改进技术创新，从而社会边际成本下降到 MSC'，而企业自身获得的利润也由 AP_0M 增加到 AP_0N，因此可以实现帕累托改进。另一方面，辽宁省不能单一依靠政府的力量和企业的纳税，而是要充分利用国内资本市场进行融资，调动市场主体参与积极性，从而更好地促进资源的配置。

4. 加快建立相关环境法律以及加大监管力度

由于环境事业在我国刚刚起步，目前多是一些不成文的环境法规，缺乏相应的环境法律保障，同时政企勾结的现象也存在，因此要尽快制定相关的环境法律、明晰资源产权制度，加强对环境污染以及政府部门的监管和惩罚力度，从而为环境保护提供基本的制度保障。

参考文献

Grossman G, Kuerger A. Economic, Growth and the Environment[J]. Quarterly Journal of Economics, 1995(2): 353-377.

Selden T M, Song D. Environmental Quality and Development: Is there a Kuznets Curve for Air Pollution on Emissions?"[J]. Journal of Environmental Economics and Management, 1994(27): 147-16.

陈华文，刘康兵.济增长与环境质量：关于环境库兹涅茨曲线的经验分析[J].复旦学报，2004，2：87—94.

达莫达尔 · N. 古扎拉蒂.计量经济学精要[M]. 张涛译.机械工业出版社，2010.

丁继红，年艳.经济增长与环境污染关系剖析——以江苏省为例.[J].南开经济研究，2010，2：64—79.

高宏霞，杨林，王节.经济增长与环境污染关系的研究——基于环境库兹涅茨曲线的实证分析[J].云南财经大学学报，2012，2：70—77.

高铁梅.计量经济分析方法与建模[M].清华大学出版社，2009.

李治国.基于 VAR 模型的经济增长与环境污染关系的实证分析——以山东省为例[J].企业经济，2013，8：11—16.

马树才，李国柱.中国经济增长与环境污染关系的 Kuznets 曲线[J].统计研究 2006，8：37—40.

彭水军，包群.经济增长与环境污染——环境库兹涅茨曲线假说的中国检验[J].财经问题研究，2006，8：3—17.

冉茂盛，贺彩霞.环境污染与经济增长——基于省际面板数据的区域差异研究[J].中国人口资源与环境，2009，2：56—62.

许正松，孔凡斌.经济发展水平、产业结构与环境污染——基于江西省的实证分析[J].当代财经，2014，8：15—20.

于峰，齐建国，田晓林.经济发展对环境质量影响的实证分析：基于 1999—2004 年间各省市的面板数据[J].中国工业经济，2006，8：36—44.

钟水映，简新华.人口、资源与环境经济学[M].科学出版社，2007.

从比较优势理论探析台湾经济发展的战略选择①

张若楠
（南京大学商学院）

［**摘要**］台湾曾为亚洲“四小龙”之一，在20世纪60年代实现经济起飞，创造了多项经济奇迹。其重要成功因素，是台湾当局在不同发展阶段采取了不同的经济策略，在充分运用自身比较优势的同时，通过产业政策对经济的强力干预避免了“比较优势陷阱”。80年代后期以来，台湾经济逐步进入后工业化社会，但服务业国际竞争力偏弱，使台湾经济增长乏力，陷入边缘化危机。本文通过对台湾服务业显性比较优势指数的分析，提出台湾服务业比较优势虽然弱于发达经济体，但相对大陆仍有一定优势。台湾服务业应把握这一机遇，通过深化两岸服务业合作提高其竞争力，避免边缘化。

［**关键词**］比较优势理论，台湾经济，服务贸易

第二次世界大战以后台湾经济曾创造过多项经济奇迹，这与其在不同发展阶段适当地运用了不同的经济战略密切相关。从比较优势理论分析台湾当局的经济发展策略，既有通过一系列政策工具充分发挥台湾的比较优势，也有通过行政干预使台湾经济成功避免了“比较优势陷阱”。特别是在台湾已进入后工业化社会的今天，台湾服务业在国际竞争力较弱的情况下，如何运用比较优势和逆比较优势策略推动服务业外向发展，对台湾经济能否走出困境有重要意义。

一、比较优势理论的发展与演变

比较优势理论是国际贸易理论的重要组成部分。该理论由李嘉图提出，瑞典经济学家赫克歇尔和俄林对该理论进行发展。在比较优势理论中，要素丰裕度和要素密集度是其中两个基本概念。要素丰裕度又称为要素禀赋，指的是一个国家所拥有的各种可用生产要素之间的相对丰裕关系。它有两种度量的方式，其一是各种要素存量的实物量的比率；其二是要素相对价格。要素密集度是产品生产过程中不同投入要素之间的比率。在资本和劳动两要素假定下，要素密集度可以用生产中使用的资本劳动比率，也就是人均资

① 作者感谢南京大学商学院杨波老师对本文研究和写作过程的指导。

本消耗量来衡量。

学术界关于一国或地区内产业政策是否应遵循比较优势理论存在争论。林毅夫等(1999)在对赶超战略提出批评的同时提出应遵循比较优势理论调整产业结构,并认为在赶超战略下进行的逆比较优势策略依赖于政策扶持以及扭曲价格,并未充分发挥国家的资源禀赋优势。洪银兴(1997)则认为比较优势理论在国际贸易中存在局限性。他认为,同样一种产品在不同国家的投入类型并不相同,发达国家用资本代替劳动以生产劳动密集型产品时(如技术的投入),传统的比较优势理论在实践中便遭到挑战;比较优势理论中的比较成本是相对于本国产品而言,并不意味着本国比较成本低的产品在国际上具有竞争优势。郭克莎(2003)认为,现时的比较优势是一种静态比较优势,当我们以比较优势作为国际贸易发展战略的理论基础时,所采用的比较优势只能是现时比较优势,从而忽视了一国比较优势在发展过程中的变化。

也有学者认为,比较优势是动态的,有发展阶段的。李辉文(2004)等学者认为,比较优势理论本身实具有动态性,因为要素丰裕度和要素密集度本身具有动态性。他提出动态性要素禀赋理论,认为一国在贸易过程中会导致要素禀赋的积累以及资本流入所导致的要素禀赋变化,前者为内生因素,后者则为外生。郭克莎(2003)则认为,动态性比较优势理论是一种逆比较优势思想,因为动态性比较优势理论并不支持根据现时比较优势进行战略选择,而是将未来的、动态的比较优势考虑在内。这会使国际贸易发展战略成为逆比较优势战略。Amsden(1989)和Wade(1990)指出,韩国和中国台湾地区在20世纪60年代所实行的经济政策超过了让市场和比较优势自由发挥作用的范围,两者都确定了发展工业的优先顺序,并选择了强有力的干预手段,发展不符合比较优势的产业。正是这种逆比较优势战略造就了亚洲四小龙的经济腾飞。

二、台湾经济策略:比较优势与逆比较优势的运用

自第二次世界大战以来台湾经济的发展历程与策略显示,台湾当局根据岛内及国际经济形势的变化,采取不同的经济发展策略,自觉或不自觉地成功运用了比较优势和逆比较优势策略,实现了从殖民经济向新兴工业化经济体的跨越发展。

(一)推动进口替代工业发展——逆比较优势策略的选择

第二次世界大战以后,中国台湾受战火摧残,加上国民党政权退据台湾带去大量军民,台湾经济面临极大困境。同时,日本殖民当局采取“工业日本、农业台湾”的殖民经济政策,使台湾呈现农业相对发达但以米糖经济为主的殖民地经济形态,工业十分薄弱。为减缓社会矛盾和恢复农业生产力,国民党当局从1949年开始进行第一阶段“土地改革”,其中用接收自日本人公营公司的股票,强制赎买地主的土地再分配给无地少地农民,一方面使农民拥有了土地;另一方面使部分地主成为资本家,成功将农业中的资金引导至工业,为台湾经济起飞打下了基础。① 经过土地改革,台湾农业生产和出口水平迅速恢复至战前最高水平。

但这一时期,由于台湾人口激增、工业基础薄弱、外汇匮乏,即便按照比较优势大力发

---

① 张冠华:“台湾经济转变时期资本来源及构成的历史考察”,《台湾研究》,1991年第4期,第47—55页。

展农业生产和出口,也远远无法满足岛内所需的轻工业消费品及化肥等农用物资需要。为此,台湾当局决定自己发展轻工业消费产品以替代进口,即所谓的进口替代工业发展策略。当时台湾为发展工业采取了一系列保护、扶持和鼓励政策,并充分运用"美援"发展工业,如将"美援"纺织原料交给本地从业者"代纺代织",促使纺织业很快发展起来,1953年纺织业占台湾制造业总产值的五分之一。若按照比较优势理论,台湾农业较发达而工业基础薄弱,应该扩大农业生产和出口换取工业品。但台湾当局采取的是逆比较优势的进口替代工业发展策略,为台湾经济起飞奠定了基础。

(二) 实现经济起飞:发挥比较优势的出口导向策略选择

到20世纪50年代后期,由于工业发展迅速而岛内市场饱和,难以容纳农村的劳动力转移。60年代"美援"逐步减少和终止,台湾外汇再次紧张。这时台湾工业特别是轻工业发展已有了相当的基础,台湾劳动力和土地成本大大低于美、日、欧等发达国家和地区,台湾工业产品在国际上已有一定的比较优势。于是在50年代末,台湾当局开始鼓励工业产品出口,实施出口导向工业发展策略。在此阶段,台湾当局通过财经改革对加工出口企业以税收、汇率等扶持,首创加工出口区吸引发达国家产业转移等,充分运用了台湾在劳动力、土地方面的廉价优势,成功吸引了美、日等制造业向台湾转移,使台湾的劳动密集型加工出口产业迅速发展,工业品出口高速增长并很快实现了贸易顺差。台湾从1963年实现经济起飞,工业部门产值超过农业部门,从农业社会进入了工业化社会。

(三) 第二代进口替代工业策略:比较优势的动态变化

70年代,台湾劳动力密集型出口工业快速发展,台湾经济也因此成为"亚洲四小龙"之一,进入新兴工业化经济体行列。但70年代发生的世界石油危机,对缺乏能源工业和重化工业,依靠进口上游设备和原料的台湾工业发展造成严重冲击。同时,自60年代末,台湾劳动力逐渐供不应求,出现了"刘易斯转折点"①(见图1)。于是台湾当局采取了第二次进口替代工业发展策略,即再次运用逆比较优势策略,以"十项建设"和"十二项建设"为主导,大力发展重化工业和交通基础设施,推动台湾产业从劳力密集型加工出口产业为主的工业结构,升级为上、中、下游一体的较完整工业体系。

80年代初,第二次石油危机爆发,台湾出口加工产品竞争力再次受挫。这使台湾当局意识到,台湾资源缺乏,发展重化工业并不符合台湾的比较优势。同一时期,台湾的教育快速发展,美国等海外留学人员开始大量学成回台,人力资源素质快速提高。于是台湾转而选择积极发展附加价值高、能源密集度低的策略性产业,如机械、电脑及周边产业、半导体产业等,并首创新竹科学工业园区。80年代后,台湾产业结构由资本和劳动力密集型产业为主,逐步转向资本和技术密集型产业。同时,80年代中期开始,台湾当局实施国际化、自由化、制度化政策,大幅实施自由化的经济体制改革,减少对经济的干预,台湾金融业以及消费性服务业因此快速发展,台湾产业结构开始向服务业社会转型,制造业也开始向以技术密集型产业为主的结构升级。到90年代,技术密集型产业占制造业的比重由

① 刘易斯转折点(Lewis Turning Point):即工业化发展过程中工业部门在现有工资水平吸收了全部农业剩余劳动力的转折点,在该点之后,如果工业部门需要继续增加劳动力,必须提高工资水平。

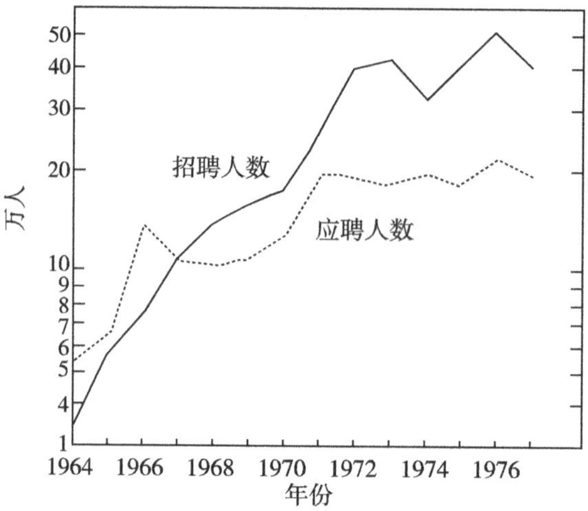

图1　台湾经济的“刘易斯转折点”

参考资料：转引自李月(2009)。

24%增长到36%，台湾成为国际IT重镇。

可以看出，台湾的工业结构在80年代后从劳动力密集型产业到技术密集型产业的发展过程，基本遵循了比较优势的法则，但部分产业如重化工业和技术密集型产业的发展，也显示在资源禀赋的变化使得传统的静态比较优势不能适应需要的情况下，通过逆比较优势策略进行跨越发展在台湾是成功的。

三、步入后工业化社会：比较优势变化与经济边缘化的隐忧

80年代中期后，台湾逐步结束工业化加速时期而进入服务业社会，经济增长速度相应减缓。从年均增长率看，1981—1990年台湾GDP年均增长率为7.8%，1991—2000年下降为6.0%，2001—2010年下降为4.5%。21世纪后，台湾经济表现在“亚洲四小龙”中居于末尾，人均GDP和产业发展水平也被主要竞争对手韩国超过，经济发展面临前所未有的困境。

(一) 制造业竞争力减弱：逆比较优势缺陷的显现

台湾步入后工业化社会后经济困境加深，主要是由以下原因造成：

一是台湾当局逆比较优势的产业发展战略虽然取得一系列成功，但过度的经济干预也造成台湾经济严重失衡。尤其是70年代到80年代上半期的外贸持续顺差，造成对外贸易失衡；外贸失衡导致外资持续涌入，加上台湾投资率下降和储蓄率居高不下，造成投资与储蓄的失衡，使岛内超额储蓄迅速增加而资金泛滥，直接导致80年代中后期台湾产生了严重的泡沫经济，并于90年代初破灭。泡沫经济的产生与破灭，对台湾经济尤其是传统制造业造成严重打击，劳力密集型产业大规模外移，甚至一度出现“产业空洞化”危机。

二是台湾产业结构迅速向服务业社会转变，但服务业发展先天不足。台湾服务业占GDP比重由1986年的48.7%快速上升至2000年的67.5%，此后大致维持将近70%的水

平，台湾在不到20年的时间内实现产业结构的转换，而发达国家则整整走过了半个世纪左右的时间。台湾服务业比重的快速上升，与其说是台湾经济结构升级的结果，还不如说是制造业大量外移的结果。同时，台湾服务业以内需导向为特征，在台湾民众收入增长停滞、制造业不断外移的情况下，服务业发展动力不足，无法发挥带动台湾经济的火车头的作用。

三是台湾经济体制发生重大变化。80年代台湾当局推动经济自由化进程，使台湾当局经济干预的手段与力度减弱。经济自由化进程的加快，理论上使台湾经济越来越按照比较优势的法则发展。但90年代后台湾政局变动使经济发展体制发生重大变化，一方面传统的经济干预方式受到越来越多的政治制约，另一方面政治对经济的干扰反而增强。其突出的表现，即是两岸经济交流与合作受到岛内政治的严重制约。在大陆已成为台湾最大出口和投资地区的情况下，对两岸经济关系的政治干扰，实际上形成对台湾经济自身发展的强力政治干预。

四是台湾工业升级过程中未摆脱传统经营方式，逆比较优势的弱点不断显露。台湾传统产业大规模外移后，岛内IT相关产业在台湾产业政策的扶持下迅速崛起，但从经营形态上看，台湾IT产业大多仍延续传统产业的代工生产/设计（OEM/ODM）模式。90年代后半期，许多跨国公司采取了供应链管理，要求台湾将生产基地迁移至生产成本更加低廉、距离市场更近的大陆地区，引发了台湾IT产业新一波的产业外移。台湾当前产业结构表面上以技术密集型产业为主导，但实际上分担了技术密集型产品中的劳务部分。台湾所采取的劳动替代资本的发展路径，在发展到一定阶段时遇到了瓶颈。

（二）台湾服务贸易比较优势的实证分析

本文引入显性比较优势指数，对台湾服务贸易的比较优势进行实证分析。显性比较优势指数由匈牙利经济学家Balassa（1981）提出，是一种目前被广泛使用的通过国际贸易状况间接表示各国生产领域比较优势的方法。根据定义，一国和地区某生产部门的比较优势由该部门产品出口占该国总出口的比重，与世界该部门产品的出口占世界总出口比重的比率来衡量，即i国（地区）j部门的比较优势指数可写为：

$$\mathrm{RCA}_{ij}=\frac{X_{ij}/\sum_{j}X_{ij}}{\sum_{i}X_{ij}/\sum_{i}\sum_{j}X_{ij}}$$

其中X_{ij}表示i国（地区）j部门的出口量，分子表示i国（地区）j部门出口占本国（地区）总出口中的比重，分母表示世界j部门产品出口总额占世界全部产品总出口额中的比重。当$\mathrm{RCA}_{ij}<1$时，意味着i国（地区）在j部门的产品生产中不具有比较优势；当$\mathrm{RCA}_{ij}>1$时，表明i国（地区）在j部门的产品生产中有比较优势。具体来说：

如果$\mathrm{RCA}\in(2.5,+\infty)$，则表明该国（地区）出口产品具有极强的竞争力；

如果$\mathrm{RCA}\in(1.25,2.5)$，则表明该国（地区）出口产品具有很强的竞争力；

如果$\mathrm{RCA}\in(0.8,1.25)$，则表明该国（地区）出口产品具有较强的竞争力；

如果$\mathrm{RCA}\in(0,0.8)$，则表明该国（地区）出口产品竞争力较弱。

本文采用万德数据金融终端数据，分别选取1997—2010年台湾的服务贸易出口额与台湾货物贸易出口额，取两者之和作为台湾地区对外贸易出口总额，数据如表1所示。

表 1 台湾地区服务与货品出口额

单位:百万美元

年度	服务贸易出口额	货物贸易出口额	年度	服务贸易出口额	货物贸易出口额
1981	2 230	22 587	1996	16 260	117 650
1982	2 144	22 031	1997	17 144	124 341
1983	2 267	25 348	1998	16 768	112 751
1984	2 472	30 552	1999	17 161	123 763
1985	2 559	30 797	2000	20 010	151 899
1986	3 594	39 857	2001	19 895	126 247
1987	4 195	53 575	2002	21 635	135 268
1988	5 761	60 664	2003	23 166	150 597
1989	7 147	66 338	2004	25 789	182 362
1990	7 008	67 444	2005	25 827	198 456
1991	8 472	76 581	2006	29 272	223 785
1992	10 218	82 133	2007	33 286	246 500
1993	13 314	85 973	2008	36 829	254 897
1994	13 205	94 317	2009	31 774	203 399
1995	15 016	113 353	2010	40 435	274 319

资料来源:万德数据库。

本文同时将获得的大陆地区货物贸易出口额、服务贸易出口额,以及世界出口总额、服务贸易出口总额按公式计算,得出 1997—2010 年间大陆地区以及台湾地区的服务业显性比较优势如图 2 所示。

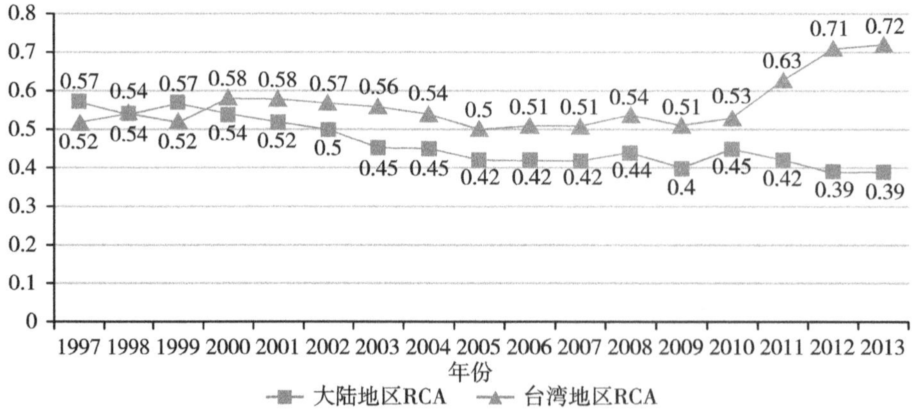

图 2 1997—2013 年海峡两岸服务贸易 RCA 指数

资料来源:由万德数据库整理所得。

通过对比可知,尽管台湾服务业占 GDP 比重已近 70%,但直至 2013 年台湾的贸易比较优势 RCA 指数仍小于 0.8,与发达国家相比不具有比较优势。而香港、韩国、新加坡同属“亚洲四小龙”,其服务业比较优势则相对明显,并且呈稳步上升态势(见表 2)。在台湾已进入服务业社会,服务业吸纳就业能力近 60%的情况下,服务贸易国际竞争力弱,意味着台湾服务业若不尽快提高国际竞争力,增加其比较优势,将面临经济边缘化危机。

表 2 香港、美国等国家和地区服务贸易 RCA 指数

国家/地区	2002	2003	2004	2005	2006	2007	2008	2009	2010	2011	2012	2013
香港	0.9	0.85	0.87	0.91	0.96	0.98	1.02	0.93	1.02	1.15	1.14	1.01
韩国	0.77	0.74	0.72	0.74	0.74	0.79	0.88	0.76	0.77	0.76	0.85	0.84
新加坡	0.89	0.94	0.97	0.97	1	1.09	1.14	1.14	1.16	1.2	1.21	1.11
美国	1.43	1.42	1.46	1.46	1.48	1.48	1.48	1.45	1.47	1.49	1.47	1.15
英国	1.58	1.68	1.79	1.76	1.77	1.93	1.97	2.89	1.92	1.96	1.93	1.76
法国	1.07	1.06	1.06	1.1	1.08	1.09	1.07	1.27	1.31	1.42	1.39	1.44

资料来源:引自陈恩和曾纪斌(2014)。

(三) 两岸服务业合作是台湾摆脱经济边缘化的重要依托

虽然台湾服务贸易在国际范围内比较竞争力较弱,但台湾服务业拓展外部市场仍有空间,尤其与大陆相比,台湾服务贸易仍具有相对优势,两岸服务业合作有利于扩大台湾服务业的发展空间和国际竞争力。如图 2 显示,自 2000 年以来,台湾服务贸易 RCA 指数开始略高于大陆,尤其 2010 年后台湾服务贸易 RCA 增加较快,与大陆差距拉大。其重要原因,是大陆民众赴台旅游迅速增加,以及 2010 年后两岸签署 ECFA 在服务贸易方面实施早期收获清单,加之两岸签署金融 MOU 后两岸金融合作的快速发展,对台湾服务贸易出口做出相当大的贡献。

从更宏观的角度看,海峡两岸在服务贸易方面有着巨大的合作与互补空间。台湾目前步入服务业社会,但服务业的内需导向以及国际竞争力不高成为制约经济发展的重要瓶颈,迫切需要向外拓展服务市场。推动服务业的国际化,也已成为台湾当局的重要发展策略。大陆则正处于工业化社会向服务业社会转型升级的阶段,也迫切需要服务业市场的开放和对外合作,提升服务业发展水平。从比较优势角度看,大陆市场是台湾服务业最具有竞争力的巨大市场,是台湾服务业发展的最大机会。2013 年,两岸签署《海峡两岸服务贸易协议》,这是加快两岸服务业合作、尤其是台湾服务业进入大陆市场的重要机遇。但遗憾的是,由于台湾政治因素的干扰,使该协议至今未在台湾通过实施。

总体观察,从 20 世纪 50 年代到 80 年代,台湾经济在几次大的经济转型过程中,较好地顺应了国际及岛内经济形势的变化,灵活运用了比较优势和逆比较优势的策略,创造了"经济奇迹"和"台湾经验"。但步入后工业化社会以来,台湾服务业因其内需型特征和国际竞争力不高,在 2000 年后开始日益严重地制约着台湾经济发展。同时,台湾经济体制的转型和政治体制的转变,传统逆比较优势的策略已难以适用于提高服务业的国际竞争力。ECFA 的实施与两岸服务贸易协议的签订,本来是以制度化安排提高台湾服务业国际竞争力的重要策略,但遗憾的是受到岛内政治力量的干预。如果两岸服务贸易合作长期受阻,台湾服务业将失去在大陆市场发展的先机,对其经济发展的影响将是深远的。

参考文献

Amsden A H. Asia's Next Giant: South Korea and Late Industrialization[M]. New York: Oxford Universiy Press, 1989.

Balassa B. The Process of Industrial Development Strategies [M].The Newly Industrializing Countries in the World Economic. Oxford: Pergammon Press, 1981.

CEPD, Taiwan Statisical Data Book, 2012[M].Taibei.

Kendrick D A. Models of Analyzing Comparative Advantage[M]. Kluwer Academic Publishers, 1989.

Melvin J. 生产者服务贸易:一个基于赫克歇尔—俄林模型的方法[J].陈雪,陈林琳译.政治经济学杂志,1989(10).

Wade R. Governing the Market:Economic Theory and Role of Government in East Asian Industrialization [M] Princton, NJ: Princeton University Press, 1990.

陈恩,曾纪斌. 台湾服务贸易竞争力及影响因素研究[J].台湾研究集刊,2014(4).

郭克莎.对中国外贸战略与贸易政策的评论[J].国际经济评论,2003,9:31—34.

李月.台湾经济发展中刘易斯转折点的形成及其应对策略[J]. 台湾研究集刊, 2009,1:70—78.

薛白. 台湾对外贸易结构及其比较优势分析——兼论两岸优势互补与经济合作的必然性[J].湖北经济学院学报, 2007, 5(4):64—70.

我国公立医院的“抢病人”博弈

黄启帆

（南京大学商学院）

［摘要］以收益为主的医疗评价体系使得我国的大小医院没有专注于各自的比较优势，并扭曲了自身的医疗资源配置，也导致了“抢病人”的现象。这同时使得病人不管是生大病还是生小病，都倾向于前往大医院就诊。本文通过构建一个博弈模型对该现象进行了解释说明。此外，本文证明，如果大医院和小医院将长期当中存在的“干中学”效应考虑在内，双方的资源配置状况都将得到优化，病人迷信大医院的状况也将得到缓解。院长任期制和行为经济学中的短视效应是“干中学”效应能否发挥的重要约束。

［关键词］公立医院，抢病人，“干中学”效应

一、前　言

近几年，中国大医院的医院面积不断扩大，试图吸引所有病人，成为医疗行业的巨无霸。据财新网 2015 年 3 月 5 日的报道①，中国的三级医院诊次占所有医院诊次比例从 2009 年的 36%上升到 2013 年的 45%，而一级医院的诊次比例从 7.8%进一步萎缩到 6.4%，二级医院从 46%下降到 41%。

这种医院军备竞赛产生的弊端大于其带来的好处。目前中国大医院的医疗水平没有得到显著的提升，但其成本控制能力却不断下降。效率低下、流程冗长等问题更加凸显，“看病难”的问题仍没有得到妥善解决。这种军备竞赛的另一个弊端是大医院和小医院之间的矛盾不断激化，出现了“抢病人”的现象。根据财新网的报道，老百姓在现有医疗体制下做出的选择是：不管大病小病都倾向于前往大医院就诊。这同时导致了小医院的生存处境恶化。大医院，小医院和老百姓都在做出自己的理性选择，但最终形成了一个恶性均衡。一个重要的原因是，医院绩效考评往往以医院收益为核心，而对医疗质量关注不足。庞瑞芝等（2008）指出，这种绩效评价体系扭曲了医院的行为，进而损害了老百姓的利益。

医院应该无所不包吗？四川华西医院院长李为民在中国医院院长年会上呼吁：“社区做社区的事，县市级医院做县市级医院的事，而区域的中心医院一定是做疑难复杂的

---

① 赵衡，孙雯艺：“中国大医院为啥抢病人”，财新网，2015-03-18，http//opinion.caixin.com/2015-03-18/100792237.html。

事。①”这一描述是规范性的。那么,在实证的意义上,医院之间进行专业分工,真的对社会有利吗?乔治·华盛顿大学的 Eastaugh 教授 1992 年所做的一个计量研究表明,1983—1990 年间,美国医院专业化程度 26.9%的提高导致了医院单位成本 6.9%的下降,医疗质量也提升了。但他也谨慎地表示:这并不意味着未来医院专业化程度再提升 26.9%会再度导致单位成本 6.9%的下降。因为此时病人信息搜寻成本,病人与特定医院之间的匹配成本会上升,同时由于病人偏好医院提供多样化的产品服务,此时病人的效用水平会下降。然而,Eastaugh(2000)后来的另一个计量研究表明,1991—2000 年间,美国医院专业化程度 30.6%的提高导致了医院单位成本 8.2%的下降,同时医疗质量也获得了提升,这似乎表明 Eastaugh 教授当时的担心其实没有太大必要。Lee *et al.*(2008)用韩国医院的数据进行研究表明,专业化程度越高的医院效率也越高。Araujo(2014)对巴西医院的研究也支持这一点。专业化分工是产业组织理论的核心内容之一。专业化的好处如规模效应(Krugman,1980)、积累人力资本(Rosen,1983)、促进技术进步(Romer,1987)等等已有大量讨论,这些观点能够解释前文的实证研究。也有一些学者运用产业组织领域的模型专门讨论了医院专业化的影响。比如 Calem and Rizzo(1995)运用霍特林模型说明了医院专业化带来的好处。

本文无意探讨医院专业化的利弊。基于前人的研究,本文将医院专业化能够促进医院发展和社会福利作为一个先验命题。对此有三方面的考虑:(1)大部分文献均表明了这一命题的正确性,同时我国几乎没有学者就这一命题进行检验,而本文作者对此也无能为力;(2)我国医院的专业化程度还相当之低,可能并不需要担心 Eastaugh 教授所认为的专业化程度提升会提高信息搜寻成本那样的情况;(3)根据前述财新网的报道,我国目前的情况是专业化程度的降低伴随着医院医疗水平的停滞和成本的上升,这似乎使我们有理由认同这一命题在当前国内的有效性。

因此,本文将以该命题为基点进行分析。医疗资源配置不符合大小医院各自比较优势的,本文认为属于低效的均衡结果;医疗资源配置符合大小医院各自比较优势并形成专业化分工的,本文认为是比较高效的均衡结果。

“抢病人”困境显然是属于低效的均衡结果。那么,应该如何走出该困境?引导医院关注医疗质量或许是一种思路。通过在绩效考评中引入医疗质量这一考核量,有理由认为大小医院会专注于自身更擅长的领域。但是我们也应该认识到这样一个问题,即医疗质量显然会带来医院的长期收益,为何医院却忽略这些长期收益,陷入“抢病人”这样的短期恶性竞争呢?本文认为,主要的原因有二:院长任期制的约束;医疗质量没有直接进入评价体系,而人为做出的决策往往存在“短视效应”。

本文就“抢病人”现象构建了两个完全信息静态博弈模型。模型 1 刻画了大医院和小医院之间的“抢病人”现象,说明了为何大医院和小医院没有充分挖掘自身的比较优势。模型 2 表明即使绩效考评不涉及医疗质量,但只要我们考虑医院的“干中学”效应,医院仍然会关注医疗质量提升所带来的潜在收益,所以大医院、小医院和病人之间仍可能形成一个较好的均衡。

所以我们面临的问题是,如何引导医院去关注这些长期收益?

---

① 杨媛:“李为民优质医疗服务应人人共享”,《南方人物周刊》,2013 年第 45 期,第 110—111 页。

二、短期无“干中学”效应的完全信息静态博弈

（一）模型1假定

1. 单位时间和医院治疗水平

（1）单位时间：每个医生成功治疗1个小病患者所耗费的时间；

（2）$\gamma 1=\frac{1}{4}$，$\gamma 3=\frac{1}{8}$（大医院在治疗大病方面具有比较优势）；

$\gamma 2=\gamma 4=1$（大医院和小医院在治疗小病方面水平相近，可以认为相等，此时小医院在治疗小病方面具有比较优势）。

γ 的含义是每个医生在单位时间内能够成功治疗的病人数量。此处似有循环定义之嫌，但由于本文考虑的比较优势是相对量而非绝对量，同时假定了大医院和小医院的医生成功治疗1个小病患者所耗费的时间是相等的，所以该定义是合理的。

在本模型中，γ 是常数，表明不存在学习效应。在模型2中，将放松该假定。这也是本文的关键假定。

2. 发病率

根据报道①，2014年，甲、乙类传染病（较严重）发病数为3 075 972例。丙类传染病（不严重）的发病数为4 108 419例，甲、乙类传染病发病数与丙类传染病发病数之比约为$\frac{3}{7}:\frac{4}{7}$。本文所定义的小病指丙类传染病，大病指甲、乙类传染病。同时，基于本文所刻画模型的含义，本文真正考虑的是来医院就诊的次数（即如果某个病人没治好，又去了一次医院，他将被计为新的病人），而大病的复诊率较高。故假定大病和小病的发病率之比为$\frac{1}{2}:\frac{1}{2}$是合理的。

3. 病人和医生数

为简便起见，假定在单位时间内，前来就诊的病人数=大医院医生数=小医院医生数=1个单位总体。该假定略显奇怪，但能大大简化本文之后的讨论。此处的经济学含义是病人之间、大医院医生之间和小医院医生之间都是同质的，故而讨论个体的行为和讨论集体的行为之间并无差异。

4. 病人效用、医院约束和治疗价格函数

（1）假设生大病的病人去大医院的效用为 $U1$，生大病的病人去小医院的效用为 $U3$，生小病的病人去大医院的效用为 $U2$，生小病的病人去大医院的效用为 $U4$。$U0$ 为大病得治后病人的效用，$U0'$为小病得治后病人的效用。$U0$ 和 $U0'$均为常数。$U1$、$U2$、$U3$、$U4$ 表达式分别为：$U1=\frac{\gamma 1m1}{q}U0-P1$；$U2=\frac{\gamma 2m2}{1-q}U0'-P2$；$U3=\frac{\gamma 3m3}{q}U0-P3$；$U4=\frac{\gamma 4m4}{1-q}U0'-P4$（$\frac{\gamma imi}{q}$和$\frac{\gamma jmj}{1-q}$的含义将由下文介绍）。

---

① 孙虹：“2014年度全国法定传染病疫情情况”，《吉林医学信息》，2015年第2期，第26—27页。

（2）$m1,m2,m3,m4$ 分别指大医院看大病/小病的医生比例和小医院看大病/小病的医生比例。$m1,m2,m3,m4$ 满足：

$$m1+m2=1 \tag{1}$$

$$m3+m4=1 \tag{2}$$

（3）q 指生大病的病人数占病人总体的比重，由假定 2 可知，该值为$\frac{1}{2}$。$\frac{\gamma imi}{q}$指在单位时间内，大/小医院成功治疗大病的病人数与生大病的病人数之比，可以用来指代成功治疗大病的概率。同理可得$\frac{\gamma jmj}{1-q}$的含义。

（4）由假定 2 可知，$q=\frac{1}{2}$。记$\frac{U0}{q}=2u0=a$；$\frac{U0'}{1-q}=2u0'=b(a>b)$。这里假定 $a=2$，$b=1$。

（5）$pi=ri-\gamma imi(i=1,3)$；$pj=k(rj-\gamma jmj)$ $(j=2,4;k<1)$。

pi 和 pj 分别为大病和小病的价格函数。自变量 $r1,r3,r2,r4$ 分别指生大病的病人去大医院/小医院就诊，生小病的病人去大医院/小医院就诊的概率。这里的 $r1,r3,r2,r4$ 并非条件概率，而是联合分布的概率。由于有：

$P(\text{去大医院}\mid\text{生大病})=\frac{P(\text{生大病去大医院})}{P(\text{生大病})}=\frac{r1}{1/2}=2r1$；

$P(\text{去小医院}\mid\text{生大病})=\frac{P(\text{生大病去小医院})}{P(\text{生大病})}=\frac{r3}{1/2}=2r3$；

$P(\text{去大医院}\mid\text{生大病})+P(\text{去小医院}\mid\text{生大病})=1$。

所以有：

$$r1+r3=\frac{1}{2} \tag{3}$$

同理可得：$r2+r4=\frac{1}{2}$。 （4）

$ri-\gamma imi$ 和 $rj-\gamma jmj$ 度量了病人的需求满足程度。价格函数的经济学含义是：病人需求满足程度越低，治疗价格越高。在我国，医疗价格多数是政府规定的，变动不灵活。但若我们考虑医疗红包等租金的存在，则价格也可认为是灵活变动的。系数 k 表明小病治疗价格的上涨速度慢于大病治疗价格。为方便起见，此处令 $k=\frac{1}{2}$。

以上假定中各参数均以具体数字代替，在该模型中对我们的讨论影响并不大，同时可以避免繁杂的数学表达式，得到一个比较直观的结果。经稳健性检验，当 k、a、b 分别在$(0,1)$、$(1,2)$、$(\frac{1}{2},1)$波动时，本模型的结论都是较显著的。

（二）病人、大医院与小医院的行为

病人可以做出两个选择，选择生了大病去大医院的概率和生了小病去大医院的概率，由于有式（3）和式（4）的线性关系，此时生了大病去小医院的概率和生了小病去小医院的概率已经被确定了。反之亦然。

病人将最大化其期望效用。此处我们选用联合分布概率 r 而非条件概率的原因在于,该模型是从病人总体的角度考虑的,由于本文假设病人之间是同质的,病人总体的行为与病人个体的行为并没有本质区别。选用联合分布概率,能避免对同质个体进行相加的讨论,在不影响问题本质的情况下使讨论变得容易。因此,对病人行为的决策的数学描述为:

$$MaxU_{病人}=(r1U1+r3U3)+(r2U2+r4U4)$$

$$s.t. r1+r3=\frac{1}{2}, r2+r4=\frac{1}{2}$$

令$\frac{\partial U_{病人}}{\partial r1}=0$,$\frac{\partial U_{病人}}{\partial r2}=0$,解得$r1^{*}=\frac{1}{4}+\frac{3(2m1^{*}-m3^{*})}{32}$,$r2^{*}=\frac{1+3(m2^{*}-m4^{*})}{4}$。

大医院和小医院将最大化他们的收益。

对于大医院,有:

$$MaxU_{大医院}=(r1^{*}-\gamma1m1)\gamma1m1+k(r2^{*}-\gamma2m2)\gamma2m2$$

$$s.t. m1+m2=1$$

令$\frac{\partial U_{大医院}}{\partial m1}=0$,解得$m1^{*}=\frac{r1^{*}}{4}-\frac{r2^{*}}{2}+\frac{7}{8}$。

对于小医院,有:

$$MaxU_{小医院}=(r3^{*}-\gamma3m3)\gamma3m3+k(r4^{*}-\gamma4m4)\gamma4m4$$

$$s.t. m3+m4=1$$

令$\frac{\partial U_{小医院}}{\partial m3}=0$,解得$m3^{*}=\frac{r3^{*}}{8}-\frac{r4^{*}}{2}+\frac{31}{32}$。

(三)博弈求解

由式(1)、式(2)、式(3)、式(4)和$r1^{*}$、$r2^{*}$、$m1^{*}$、$m3^{*}$可得一个八元一次方程组:

$$\begin{cases} r1^{*}+r3^{*}=\frac{1}{2} \\ r2^{*}+r4^{*}=\frac{1}{2} \\ m1^{*}+m2^{*}=1 \\ m3^{*}+m4^{*}=1 \\ r1^{*}=\frac{1}{4}+\frac{3(2m1^{*}-m3^{*})}{32} \\ r2^{*}=\frac{1+3(m2^{*}-m4^{*})}{4} \\ m1^{*}=\frac{r1^{*}}{4}-\frac{r2^{*}}{2}+\frac{7}{8} \\ m3^{*}=\frac{r3^{*}}{8}-\frac{r4^{*}}{2}+\frac{31}{32} \end{cases}$$

该博弈的均衡解为:

$r1^{*}=0.31$,$r2^{*}=0.37$,$r3^{*}=0.19$,$r4^{*}=0.13$,

$m1^{*}=0.76$,$m2^{*}=0.24$,$m3^{*}=0.93$,$m4^{*}=0.07$。

(四)结果分析

可以看出,我们得到了相当极端化的均衡结果:(1)仅有19%的病人前往小医院看大病,可是小医院竟然投入了93%的医生资源用于看大病;(2)此时近70%的病人去了大医院,同时去大医院看小病的病人比例(37%)竟然高于去看大病的病人比例(31%)。从资源配置的角度看,该均衡结果十分不理想。

这一均衡结果是对现实的一种夸张的反映。本文对其成因的解释是:当前我国的医疗评价体系以收益为主,不注重医疗质量(虽然目前也逐步注重医疗质量了)。因此,在我们的模型中,大医院和小医院的目标函数所涉及的均为收益。本模型中,没有不对称信息,病人十分清楚大小医院的治疗水平。同时,根据我们的假定,大病的需求价格弹性要大于小病的需求价格弹性。于是,一种奇怪的现象就出现了。小医院由于治疗大病的水平较低,因而它不太容易使得大病治疗需求得到满足,即小医院对大病的价格影响较小(再次强调,本文中的价格是将医疗红包等租金全部考虑在内的),这意味着小医院可以搭便车。它每成功治疗一个大病病人,所得收入比小病病人高得多。同时,由于它对大病价格的影响较小,所以对小医院而言,将大部分医疗资源投入大病治疗是有利可图的。这便是上述均衡结果(1)的解释。相反,我们看到,由于大医院治疗大病的水平较高,为了维持大病治疗的高价格,它有动机使得投入大病治疗的医疗资源少于社会最优水平。所以大医院会将部分医疗资源投入于小病治疗,这吸引了部分小病患者。另外,由于小医院将大部分资源投入了大病治疗,它对小病患者就缺乏了吸引力。这就是均衡结果(2)的解释。

可以看到,这一奇怪现象的出现,主要是由于对大小医院绩效的考评均以收益为主。这一目标导致了资源配置的扭曲。

但本文的模型2指出,医疗质量在长期中会反映到收益上,具体表现为医院治疗水平的提升会增强对病人的吸引力,从而使得病源数量增加。所以医院是有动机通过专业化以后更强的“干中学”效应提高医疗质量,从而提高医院的长期收益的。当然,医疗水平的提升会使得治疗价格下降,从而产生抵消作用,数量效应和价格效应哪个更强,取决于相应的弹性系数。在模型2的假定下,数量效应更强。

然而,问题的关键不在于数量效应和价格效应哪个更强这类数字游戏,关键在于医院很少考虑医疗质量提升带来的长期收益,而过分关注短期收益。

三、长期有“干中学”效应的完全信息静态博弈

(一)模型假定

模型2增加了“干中学”效应的假定,其余假定与模型1相同。在长期中,医院具有“干中学”效应。为简便起见,假设只限于大病。成功治疗大病的概率会随着前来就诊的病人人数的增加而增加,即:

$$\gamma 1=\frac{1}{4}+\frac{r1}{12},\gamma 3=\frac{1}{8}+\frac{r3}{24},\gamma 2=\gamma 4=1$$

$\frac{1}{12}$和$\frac{1}{24}$为假定的系数,含义是医院的学习能力。假定大医院在大病治疗上的学习能

力强于小医院。这可能源于大医院的规模效应,也可能源于大医院拥有相对优秀的医疗人才,他们的学习能力较强。直觉感觉引入这一假定后,大小医院的资源配置状况会得到改善。

(二)病人、大医院与小医院的行为

对于病人,有:

$$MaxU_{病人}=(r1U1+r3U3)+(r2U2+r4U4)$$

$$s.t.r1+r3=\frac{1}{2},r2+r4=\frac{1}{2}$$

令$\frac{\partial U_{病人}}{\partial r1}=0,\frac{\partial U_{病人}}{\partial r2}=0$,解得$r1^{**}=\frac{-3m1^{**}+2m3^{**}-4}{2m1^{**}+m3^{**}-16}$,$r2^{*}=\frac{1+3(m2^{**}-m4^{**})}{4}$。

对于大医院,有:

$$MaxU_{大医院}=(r1^{**}-\gamma1m1)\gamma1m1+k(r2^{**}-\gamma2m2)\gamma2m2$$

$$s.t.m1+m2=1$$

令$\frac{\partial U_{大医院}}{\partial m1}=0$,解得$m1^{**}=\frac{18r1^{**}+6r1^{**2}-36r2^{**}+72}{81+6r1^{**}+r1^{**2}}$。

对于小医院,有:

$$MaxU_{小医院}=(r3^{**}-\gamma3m3)\gamma3m3+k(r4^{**}-\gamma4m4)\gamma4m4$$

$$s.t.m3+m4=1$$

令$\frac{\partial U_{小医院}}{\partial m3}=0$,解得$m3^{**}=\frac{36r3^{**}+12r3^{**2}-144r4^{**}+288}{297+6r3^{**}+r3^{**2}}$。

(三)博弈求解

由式(1)、式(2)、式(3)、式(4)和$r1^{**}$、$r2^{**}$、$m1^{**}$、$m3^{**}$可得一个八元三次非线性方程组:

$$\begin{cases} m1^{**}+m2^{**}=1 \\ m3^{**}+m4^{**}=1 \\ r1^{**}+r3^{**}=\frac{1}{2} \\ r2^{**}+r4^{**}=\frac{1}{2} \\ r1^{**}=\frac{-3m1^{**}+2m3^{**}-4}{2m1^{**}+m3^{**}-16} \\ r2^{**}=\frac{1+3(m2^{**}-m4^{**})}{4} \\ m1^{**}=\frac{18r1^{**}+6r1^{**2}-36r2^{**}+72}{81+6r1^{**}+r1^{**2}} \\ m3^{**}=\frac{36r3^{**}+12r3^{**2}-144r4^{**}+288}{297+6r3^{**}+r3^{**2}} \end{cases}$$

该博弈存在5个均衡解。$r1^{**}$可取的值为0.35,-15.19,17.68,-0.80-6.11i和-0.80+

6.11i。其中只有0.35位于定义域内。故该博弈的均衡解为:

$r1^{**}=0.35, r2^{**}=0.31, r3^{**}=0.15, r4^{**}=0.19,$

$m1^{**}=0.82, m2^{**}=0.18, m3^{**}=0.79, m4^{**}=0.21$。

不幸的是,由于该模型是非线性的,其对学习能力这一参数的敏感度较高。由于学习能力难以准确度量,该模型的结论要打折扣(但是,如果不设定具体参数,该模型无法得到解析解)。

(四) 结果分析

可以看出,较之前一个均衡状态,此时病人在生大病时前往大医院就诊的意愿变得更强烈,但在生小病时前往大医院就诊的意愿显著下降。大医院将更多的人力投入于治疗大病,以充分发挥其比较优势;小医院也投入了更多的人力用于小病治疗。可以认为,在这个均衡状态下,医疗资源配置状况得到了优化。

当然,考虑了"干中学"效应的三方互动博弈十分复杂,数量效应和价格效应之间的权衡结果依赖于学习能力参数的设定。

(五) 本文两个模型存在的不足

第一,在考虑长期"干中学"效应时模型缺乏稳健性。

第二,实际当中医疗价格变化很可能没有本文所假设的那么灵活,需要计量检验。当然,对医疗红包的测度是相当困难的,同时可能会存在系统性偏差。

第三,虽然考虑"干中学"效应以后,医疗体系的资源配置状况得到了改善,但是仍然不够理想,特别是小医院仍然把大部分人力资源投入了其不擅长的大病治疗中,对此需要对该模型做进一步修正。

第四,该博弈更适合描述成一个跨期的动态博弈,但为了求解的简便,本文将其描述成了单期的静态博弈,这种描述经济学含义不足,比如本文假定"干中学"效应是一蹴而就的,只与病人规模有关,而与时间无关。

四、本文的政策建议

从理性人的角度讲,大医院和小医院应该从长远的角度出发,专注于自己所专长的领域,提高医疗水平。发挥各自的比较优势,而不是不论大病小病都去抢病人。然而在现实中,由于院长任期制、单一绩效考评等原因的存在,医院往往只关注短期利益,而不重视长期收益。周黎安(2007)曾指出官员只关心可测度的经济绩效,而忽视了许多长期的经济影响。所以政府应该积极发挥引导作用。政府应该完善公立医院的委托代理机制。姚宇(2014)认为可以运用机制设计的方法引导医院内部人更加关注长期收益。

此外,医院决策者在做决策时可能并不是完全理性的。Laibson(1997)指出,行为主体存在"短视"认识偏差,其贴现率具有时间不一致性,短期贴现率高,长期贴现率低,只看重短期的成本收益分析。同时,Kahneman and Tversky(1979)指出:人在决策时受到锚定效应的影响,并具有损失厌恶。在本例中,即为医院领导者往往把上一年的收益作为基准点,如果今年的收益低于上一年(即受到了损失),他会感觉相当糟糕。医院专业化分工可能意味着其在短期中收益减少,这种心理锚定效应的存在阻碍了分工,同时会自我加强。据此,政府可以制定相关质量衡量标准,尝试模仿 OECD 国家推动强制性医院评级(王俊等,2013)。这既可以纠正医院决策者的心理偏差,又能够使得其在完全理性状态下的激励扭曲得到一定程度的纠正。当然,后一个结论需要对本文的模型加以改进才能说明(即通过某种模型处理在大小医院的目标函数中加入医疗质量这一元素),但直觉感觉这应当是正确的。

参考文献

Araujo C, Barros C P, Wanke P. Efficiency Determinants and Capacity Issues in Brazilian For-Profit Hospitals[J]. Health Care Management Science, 2014, 17(2): 126-138.

Calem P S, Rizzo J A. Competition and Specialization in the Hospital Industry: An Application of Hotelling's Location Model[J]. Southern Economic Journal, 1995, 61(4): 1182-1198.

Eastaugh S R. Hospital Costs and Specialization: Benefits of Trimming Product Lines[J]. Journal of Health Care Finance. 2000, 28(1): 61-71.

Eastaugh S R. Hospital Specialization and Cost Efficiency: Benefits of Trimming Product Lines[J]. Journal of Healthcare Management. 1992, 37(2), 223-235.

Kahneman D, Tversky A. Prospect Theory: An Analysis of Decision Under Risk[J]. Econometrica: Journal of the Econometric Society, 1979, 47(2): 263-291.

Krugman P. Scale Economies, Product Differentiation, and the Pattern of Trade[J]. The American Economic Review, 1980, 70(5): 950-959.

Laibson D. Golden Eggs and Hyperbolic Discounting[J]. The Quarterly Journal of Economics, 1997, 112(2): 443-477.

Lee K S, Chun K H, Lee J S. Reforming the Hospital Service Structure to Improve Efficiency: Urban Hospital Specialization [J]. Health Policy, 2008, 87(1): 41-49.

Romer P M. Growth Based on Increasing Returns Due to Specialization[J]. The American Economic Review, 1987, 77(2): 56-62.

Rosen S. Specialization and Human Capital [J]. Journal of Labor Economics, 1983, 1(1): 43-49.

庞瑞芝, 刘秉镰, 刘先夺.我国不同等级, 不同区位城市医院的经营绩效比较研究[J]. 中国工业经济. 2008,2: 113-121.

孙虹. 2014 年度全国法定传染病疫情情况[J]. 吉林医学信息,2015,2:26—27.

王俊,王威,陈莹. 公立医院改革: 行为机制, 政策经验与数据库建设——“中国公立医院改革与评价”国际研讨会综述[J]. 经济研究. 2013,2:155—160.

姚宇. 控费机制与我国公立医院的运行逻辑[J]. 中国社会科学,2014,12: 60—80.

赵衡, 孙雯艺. 中国大医院为啥抢病人[EB/OL]. 财新网. http://opinion.caixin.com/2015-03-18/100792237.html.

周黎安. 中国地方官员的晋升锦标赛模式研究[J]. 经济研究,2007,7: 36—50.

影子银行和宏观经济不稳定性
——基于动态随机一般均衡模型的研究

李绮雯
（南开大学经济学院）

［摘要］本文构建了包含商业银行、影子银行、家庭、最终产品生产商和资本品生产商五部门的动态随机一般均衡模型，从模型角度对影子银行对宏观经济的影响进行了分析，模型结果表明影子银行的膨胀会加大宏观经济的不稳定性。论文在模型基础上运用美国的影子银行数据对美国的金融不稳定进行了分析，实证得出美国的影子银行过度膨胀导致了美国的次贷危机。

［关键词］影子银行，动态随机一般均衡，金融不稳定

一、引　言

自 2007 年美国次贷危机爆发并引起全球性的金融危机开始，学界和业界普遍认为影子银行在危机的扩散和增强过程中扮演了十分重要的角色，此后影子银行及其相关问题越来越成为学者研究的重点。影子银行的概念最早由美国太平洋投资管理公司执行董事保罗·麦卡利（McCauley，2007）在美联储年度会议上提出，他认为影子银行是游离于监管体系之外，从事与传统商业银行体系相类似的金融活动，却不受监管或很少受中央银行监管的金融机构。国际货币基金组织（2012）则认为影子银行本质是风险转换和降低交易对手风险，其行为主要包括证券化和抵押品中介两部分。

影子银行是如何产生的，不同学者也从不同的方向切入进行分析。主流的观点是认为影子银行的产生是因为短期政府债券和其他安全品投资处于需求大于供给的局面（Meeks *et al.*，2014）。为了满足闲置资金追求安全和高流动性的资产的需求，金融中介机构将原有的风险资本体系进行重构（打包，证券化，分层）。

综合以上观点可以看出银行贷款的证券化是影子银行的核心。在影子银行当中，过去传统银行所体现出的直接信贷关系隐藏在了资产证券化的过程当中，影子银行当中所隐藏的这种信贷关系并不需要传统银行的组织机构，而只是行使传统银行的功能，这种特殊的信贷关系被“影子银行”这一概念具体形象地表现出来。证券化的过程为商业银行将期限较长高收益高风险的抵押贷款出售给影子银行，影子银行将不同期限不同质量的抵押资产放入同一资金池打包证券化，变成期限较短的 ABS 产品。影子银行再将这些产品卖给商业银行等投资者，实现期限错配和流动性的供给。风险也在这个过程中被成倍

地扩大,使影子银行体系蕴含十分严重的金融不稳定性。

Pozsar *et al.*(2012)提出影子银行仍是一种信用中介活动,这意味着 Bernanke 和 Gertler 在 1989 年提出的货币信贷传导渠道同样适用于影子银行体系。大量学者已经开始关注金融中介部门对传统宏观经济模型的重要意义。Christiano *et al.*(2010)、Gertler and Kiyotaki(2011)等都在宏观模型中加入了金融中介部门,然而这些研究都集中在商业银行体系,并没有把影子银行分离出来。学术界存在一个基本的共识——金融和宏观经济之间的联系也普遍存在于金融机构的负债中。影子银行的负债能够实现信贷资产的期限错配并为整个金融系统和经济体系提供流动性。而在传统的宏观金融教科书中,流动性短缺被视为普遍现象,并没有将影子银行纳入传统的分析范式分析其对经济的影响。

本文以 Gertler and Kiyotaki(2011)的研究为基础,创新性地将金融中介体系拆分成包含商业银行和影子银行的金融中介体系,建立动态随机一般均衡模型来分析包含影子银行、商业银行和经济不稳定之间的关系。模型中首先引入异质性的金融中介系统,将金融中介分为商业银行和影子银行两类。商业银行的主要功能是发放贷款,影子银行的主要功能是进行资产证券化。这两个系统构成证券化抵押资产(ABS)的需求方和供给方,求解 ABS 市场的供求均衡,将影子银行和商业银行的相互作用联系在一起。接着引入家庭和生产部门,将金融中介结构和实体经济部门联系在一起,家庭和企业对流动性产品的需求刺激影子银行的流动性创造,论文主要通过此模型来论述这一过程如何增加宏观经济的不稳定性。

本文主要由五部分构成。第一部分为引言,介绍本文的研究背景和研究意义。第二部分为文献综述,从国内和国外两个维度对相关文献进行梳理,溯源相关理论的提出和发展,阐明本文的理论支撑和发展空间。第三部分为基础模型,这是本文的主体部分,将商业银行和信贷市场相分离,构建动态随机一般均衡模型。第四部分是对美国影子银行和宏观经济不稳定性的实例分析。第五部分是本文的结论与启示。

二、文献综述

国外关于影子银行和金融不稳定的文献非常多。综合来看,文献主要集中于讨论影子银行产生的原因和影子银行对宏观经济的影响等几个方面。

对于影子银行的成因,不同学者有不同的观点。大多数学者认为影子银行的产生是因为短期政府债券和其他安全品投资处于需求大于供给的局面。Pozsar *et al.*(2012)和 Gorton *et al.*(2012)认为,为了满足闲置资金追求安全和高流动性的资产的需求,金融中介机构将原有的风险资本体系进行重构,将安全资产和风险资产放入一个资金池内进行打包证券化并分层出售,影子银行不断扩张其资产负债表。Coval *et al.*(2009)提出金融衍生品的滋生可以看作一个套利行为,他从微观角度进行研究,发现市场对 CDO 等信贷产品定价时只考虑了预期违约率,忽略了基础资产违约和经济状态之间的关系,这使得优先等级的 CDO 产品的风险溢价被严重低估,发行此类产品的杠杆更大。Gorton and Metrick(2012)认为竞争导致了影子银行的兴起,在放松的金融管制下,非银行类的金融机构得到快速发展,传统商业银行受到冲击导致其资产负债表内创造利润的能力下降。商业银行为了寻求新的赢利点推动了影子银行业务的进一步扩大。

对于影子银行和宏观经济的关系。Bernanke *et al.*(1999)主要从信贷资产需求方来进行讨论,强调信贷市场受非金融机构的借款人约束。这之后的很多研究也都是在此基础上从需求方来进行研究。从影子银行尤其是资产证券化对宏观经济稳定性的影响方面建模的论文较少。近年来,随着影子银行的兴起,越来越多的学者从信贷供给的角度来进行分析,尤其重视金融中介部门在信贷供给中的作用,如 Gertler and Kiyotaki(2011)的研究。但大多数文章都把银行体系作为一个整体来进行研究。Gertler and Kiyotaki(2011)建立了一个包含金融中介部门的宏观经济框架,分析了金融中介内部的崩塌如何传导进而引起实体经济的危机。该研究将同业间的拆借市场纳入了研究的范畴,在其金融中介体系中虽然也分为商业银行分支和不受监管的投资机构端,但两分支有统一的所有权,两者间的杠杆受相同的约束条件且水平相同,这并不能很好地模拟实际情况。在本文中允许异质性和专门化的中介机构的存在,在模型中设定商业银行部门和影子银行部门。Verona *et al.*(2011)在黏性价格的 DSGE 模型中加入了影子银行的因素,分析了低利率对整个金融部门的影响,但该模型中没有表现证券化的特征,也没有体现影子银行系统和商业银行系统之间的直接作用。在本文中我们认为影子银行的主要功能就是对抵押资产证券化进而实现流动性转换。

国内很多学者都对影子银行进行了广泛的讨论,李扬(2011)、刘澜飚和宫跃欣(2012)对影子银行的定义、发展历程、存在问题、监管影响等方面进行了阐述。李波和伍戈(2011)详细说明了影子银行表外融资运行机制以及信用创造功能,提出影子银行为监管提出了新的挑战。毛泽盛和万亚兰(2012)进行了影子银行对宏观金融稳定性的实证研究,得出影子银行对银行体系稳定性的影响其实具有双重性。王浡力和李建军(2013)测度了我国影子银行的规模和结构。由此可见,国内的文章多限于对影子银行的定性讨论以及国外经验的介绍,少有将影子银行和宏观经济稳定性联系起来的规范性研究。值得说明的是裘翔和周强龙(2014)将影子银行引入了 DSGE 分析框架之内,探究了中介体系对于货币政策传导有效性的影响,得到我国影子银行不同于国外,其呈现明显的逆周期性特征,削弱了货币政策的有效性,即正向的利率冲击在抑制商业银行信贷的同时,引起影子银行体系的扩张。

在对影子银行与宏观经济脆弱性的分析中,Gertler and Kiyotaki(2011)认为当缺乏完美的中介市场时,地区间资产价格不等,结果导致实体经济信贷杠杆提高,当面临冲击时,杠杆作用放大了减少发放贷款的数量,进而放大了冲击对实体经济的影响。Goodhart *et al.*(2012)在一个包含异质性家庭、银行和影子银行三部门的两期一般均衡模型中加入不同的监管政策。他假设非银行机构对风险的规避性低于银行机构,同时当违约成本侵蚀了机构外生给定的股本资产时,融资约束收紧,进而引起资产减价出售并引发一系列的连锁反应,从而使融资约束进一步收紧。Moreira and Savov(2014)将影子银行理解为支撑流动性转换的主要机构,其发行安全的流动性负债来对冲高风险的非流动性资产。他们将影子银行的这一作用机制作为核心环节建立动态宏观一般均衡模型,分析影子银行对整个金融部门流动性转换的周期影响,继而分析其影响整体经济周期的机制。本文在动态一般均衡的框架下,将 Gertler and Kiyotaki(2011)包含银行体系的动态随机一般均衡模型作为基础分析工具,并将影子银行和商业银行拆分成两个部门研究其相互作用,以及对宏观经济稳定性的影响。

三、基础模型

本文的基础模型是建立在以下四个假设的基础之上的。首先,企业(最终借款人)有借款的需求,家庭有富余的资金进而有资金的贷出倾向。若由家庭(最终贷款人)直接贷款给企业,那么由于家庭的强制力不够等问题,资金的回收非常有可能出现损失,而商业银行对于企业贷款的收回有完全的执行力,因而,在我们的模型中家庭部门不能直接把钱借给企业,而是必须通过商业银行进行中介才能把钱贷给企业。其次,金融中介机构是存在融资约束的,这实际上是一个委托代理问题。债权人认为商业银行和影子银行的经营者都有把金融中介的资产转移到家庭的动机,因此他们不会无限制地把钱投入金融中介机构,这就形成对中介机构的融资约束。再次,影子银行存在的作用是购买商业银行缺乏流动性的资产(如住房贷款)并将他们打包证券化为流动性较强的新资产,再将 ABS 资产卖回给商业银行使其继续吸收资金进行放贷,扩大了经济中的信贷规模。最后,我们假定风险仅在金融中介内部转移,商业银行将风险转移给影子银行部门,而不转移给中介以外的非杠杆投资者。前两个假定是与 Gertler and Kiyotaki(2011)关于金融中介的假定一致,后两个是专门为本模型中的影子银行设定的。

在本模型中详细介绍五部门的行为。这五个部门分别为商业银行、影子银行、家庭、最终产品生产商和资本品生产商。

(一)金融中介系统

金融中介部门由影子银行和商业银行构成,且这两部门有截然不同的作用。商业银行能够发放贷款而影子银行不能,但是影子银行更擅长持有贷款资产。影子银行能够将贷款资产证券化,商业银行为了逐渐扩张自己的资产负债表,对证券化资产有强烈需求。

图 1 是相关部门的资产负债表,体现了各部门之间的关系。公司是最终贷款人,公司为了获得生产所用的资本 K 向商业银行融资,得到资金 S。商业银行将一定份额的贷款资产 S^c 保留在资产负债表中,通过其自有资金 N^c 和吸收来的家庭存款 D 进行融资。在我们的模型中,商业银行能够运用二级信贷市场将一部分贷款转移出表,假设转移给影子银行的信贷资产为 S^b。影子银行通过自有资金 N^b、发行信贷资产证券 M^b 进行融资。反过来,信贷资产证券是由商业银行持有的。

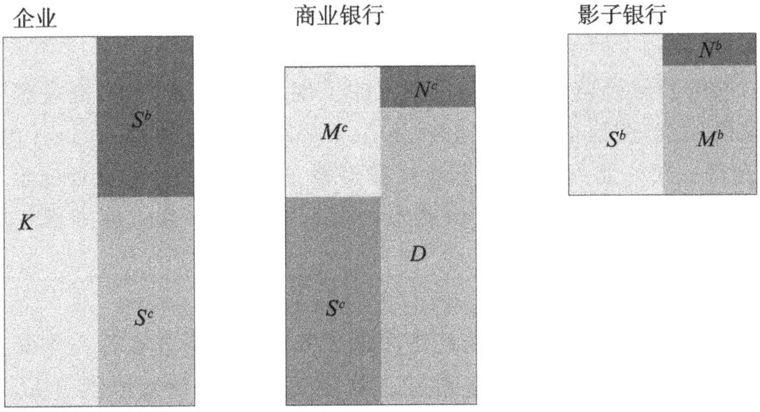

图 1 各部门资产负债表

对于影子银行发行的 ABS 产品，我们按照总体风险在影子银行和投资人之间的分担方式分为两类。一类是风险共享类型的信贷产品（pass-through，PT），它的抵押资产池是优先级别的，收益由优先级别资产池的现金流决定，风险亦由投资人和影子银行共同承担。另一类型为风险承担类型的信贷产品（debt-like，D），影子银行发行固定收益的短期债券，实现了期限转换，但同时风险也由影子银行独自承担。在接下来的分析中我们研究两种类型资产支持债券（ABS）产品的投资组合权重对宏观经济产生的影响。

1. 商业银行

我们假定商业银行是完全竞争的，在整个体系中只有商业银行能发放贷款，同时商业银行面临着委托代理问题导致其能够融到的外部资金受到限制。除了发放贷款，商业银行能够在二级市场上将贷款捆绑出售，捆绑出售可以帮助商业银行克服逆向选择的问题。由于银行和投资人之间的信息不对称，投资人认为银行在二级市场上出售的抵押贷款质量差因而不愿意购买，但是捆绑销售则打破了信息不对称的问题，保证了二级市场中债权人购买的信贷资产是同等级的。在我们的模型中，二级市场是影子银行。

商业银行用卖出贷款的资金来购买影子银行发行的 ABS 产品。因此它的资产包括贷款和 ABS 证券，它的负债包括自有资产和家庭的存款。因此在 t 期末各商业银行的资产负债恒等式可以表示为：

$$Q_t s_t^c + m_t^c = d_t + n_t^c \tag{1}$$

其中

$$m_t^c = q_t m_t^{\mathrm{PT},c} + m_t^{\mathrm{D},c}$$

m_t^c是商业银行持有的两种 ABS 产品之和，Q_t是企业基础资产的单位价格，q_t是风险共享类型 ABS 证券的市场价格，其他小写字母表示图 1 中对应的各经济变量，小写表示各个商业银行的，大写表示整个体系的总量。

商业银行期末的净值由留存收益的加总决定，收益由银行利差决定，表示为：

$$\begin{aligned} n_t^c &= R_{st} Q_{t-1} s_{t-1}^c + R_{mt}^{\mathrm{PT}} q_{t-1} m_{t-1}^{\mathrm{PT},c} + R_{mt}^{\mathrm{D}} m_{t-1}^{\mathrm{D},c} - R_t d_{t-1} \\ &= R_{st} Q_{t-1} s_{t-1}^c + [\eta_{t-1}^c R_{mt}^{\mathrm{PT}} + (1-\eta_{t-1}^c) R_{mt}^{\mathrm{D}}] m_{t-1}^c - R_t d_{t-1} \end{aligned}$$

其中，R_{st}表示贷款利率，R_t为存款利率，风险共享类 ABS 利率为R_{mt}^{PT}，风险承担类 ABS 利率为R_{mt}^{D}，设 PT 类 ABS 份额为$\eta_t^c = q_t m_t^{\mathrm{PT},c} / m_t^c$，由此可得到两种 ABS 产品收益率的加权值：

$$R_{mt} = \eta_t^c R_{mt}^{\mathrm{PT}} + (1-\eta_t^c) R_{mt}^{\mathrm{D}} \tag{2}$$

将公式（2）带入净值的公式并将其中的 m_{t-1}^c用公式（1）进行替换，得到：

$$n_t^c = (R_{st} - R_{mt}) Q_{t-1} s_{t-1}^c + (R_{mt} - R_t) d_{t-1} + R_{mt} n_{t-1}^c \tag{3}$$

商业银行能够持续经营的价值是它净值的折现，正如前文所讲，商业银行经营者有把钱拿回自己家的动机，而这个过程可能发生在未来的任意时间段$\{\tau_1, \tau_2\}$内，折现因子为$\Lambda\ \tau_1, \tau_2$。假定每一期比例为 σ 的经营者持续经营下去，$1-\sigma$ 的经营者退出。当银行家期初收到退出信号时，那么银行家会把所有银行自有资本转移到家庭内部。所以商业银行在 $t-1$ 期末的持续经营价值为：

$$V_{t-1}^c = E_{t-1} \Lambda_{t-1,t} [(1-\sigma) n_t^c + \sigma V_t^c] \tag{4}$$

银行能否持续经营下去受内生的约束限制。我们假设商业银行在相邻的两个时间段内有能力把比例为θ_c的银行资产转移到家庭中，若想使银行持续经营下去，那么银行当期的收益要大于银行家能够转移的资产。同时我们认为 ABS 产品是更安全的资产，它更不容易被经营者转移，我们设安全率为ω_c，即经营者可以转移的证券化资产比例为$\theta_c(1-\omega_c)$。所以持续经营的约束条件可以表示为：

$$V_t^c \geq \theta_c(Q_t s_t^c + [1-\omega_c] m_t^c) \tag{5}$$

商业银行追求利润最大化，它受投资组合$\{Q_t s_t^c, m_t^c, \eta_t^c\}$限制，关于$\{v_{st}^c, v_{mt}^{\mathrm{PT},c}, v_{mt}^{\mathrm{D},c}, v_t^c\}$是线性的。设贷款、PT-ABS 相比于 D-ABS 的边际价值溢价为$\mu_{st}^c = v_{st}^c/Q_t - v_{mt}^{\mathrm{D},c}$，$\mu_{mt}^c = v_m^{\mathrm{PT},c} t/q_t - v_{mt}^{\mathrm{D},c}$。我们可以得到值函数公式为：

$$V_t^c = (\mu_{st}^c - \eta_t^c \mu_{mt}^c) Q_t s_t^c + [(v_{mt}^{\mathrm{D},c} - v_t^c) + \eta_t^c \mu_{mt}^c] d_t + (\mu_{mt}^c \eta_t^c + v_{mt}^{\mathrm{D},c}) n_t^c \tag{6}$$

在公式(5)的约束下，建立拉格朗日函数，设乘子为λ_t^c，可得如下四个等式：

$$\mu_{st}^c - \eta_t^c \mu_{mt}^c = \theta_c \omega_c \frac{\lambda_t^c}{1+\lambda_t^c} \tag{7a}$$

$$0 = \mu_{mt}^c (1+\lambda_t^c)(d_t + n_t^c - Q_t s_t^c) \tag{7b}$$

$$v_{mt}^{\mathrm{D},c} - v_t^c = \theta_c (1-\omega_c) \frac{\lambda_t^c}{1+\lambda_t^c} \tag{7c}$$

$$\begin{aligned} 0 = &(\mu_{st}^c - \eta_t^c \mu_{mt}^c - \theta_c \omega_c) Q_t s_t^c + [v_{mt}^{\mathrm{D},c} - v_t^c + \eta_t^c \mu_{mt}^c - \theta_c(1-\omega_c)] d_t \\ &+ [v_{mt}^{\mathrm{D},c} + \eta_t^c \mu_{mt}^c - \theta_c(1-\omega_c)] n_t^c \end{aligned} \tag{7d}$$

从式(7a)中我们可以很容易地得到$\mu_{mt}^c = 0$。同时我们知道两种 ABS 资产的流动性是相等的，所以他们的边际价值也是相等的，通过解剩下三个等式，我们可以得到商业银行对 ABS 产品的需求函数为：

$$m_t^c = \frac{1}{\omega_c} d_t - \frac{v_{st}^c / Q_t - \theta_c}{\theta_c \omega_c - \mu_{st}^c} n_t^c \tag{8}$$

通过公式(8)我们可以得到，随着净值的减少和存款的增多，商业银行对 ABS 的需求增大。这是因为净值高银行的贷款能力增强，因而对 ABS 需求减少，而存款多收紧了银行的激励约束，因而他们的需求增大。拉格朗日乘子如下，我们可以看出当银行放松一单位的激励约束时银行的收益变化：

$$\lambda_t^c = \frac{\mu_{st}^c}{\theta_c \omega_c - \mu_{st}^c} \tag{9}$$

通过计算可得商业银行一单位自有资金的预期收益为：

$$\Omega_t^c = (1-\sigma) + \sigma [v_{st}^c / Q_t + \lambda_t^c (v_{st}^c / Q_t - \theta_c)] \tag{10}$$

将(7a)—(7d)带入贝尔曼方程，我们可以得到公式(6)中的常数项如下：

$$\begin{aligned} \mu_{st}^c &= E_t \Lambda_{t,t+1} \Omega_{t+1}^c (R_{s,t+1} - R_{m,t+1}) \\ \mu_{mt}^c &= E_t \Lambda_{t,t+1} \Omega_{t+1}^c (R_{m,t+1}^{\mathrm{PT}} - R_{m,t+1}^{\mathrm{D}}) \\ v_t^c &= E_t \Lambda_{t,t+1} \Omega_{t+1}^c R_{t+1} \\ v_{mt}^{\mathrm{D},c} &= E_t \Lambda_{t,t+1} \Omega_{t+1}^c R_{m,t+1}^{\mathrm{D}} \end{aligned} \tag{11}$$

2. 影子银行

我们也假设影子银行系统是完全竞争的。他们的资产池由从商业银行购买的各种初级证券组成。通过出售 ABS 产品和自有资金进行融资。在我们的模型中，证券化产品在金融中介系统中转移，而不转移到像家庭这样的非金融投资者。因此，风险也是留存在金融中介之中的。风险如何在商业银行和影子银行中分配，前文已有提及，这里不再赘述。

同商业银行的分析类似，我们也从单个影子银行入手。在 t 期末各商业银行的资产负债恒等式可以表示为：

$$Q_t s_t^b = m_t^b + n_t^b \tag{12}$$

其中，表示影子银行发行的未偿付的 ABS 产品的价值：$m_t^b = q_t m_t^{\mathrm{PT},b} + m_t^{\mathrm{D},b}$。影子银行的自有资产是由各项收益和支出的加总得来的，t 期末的自有资本可以表示为：

$$\begin{aligned} n_t^b &= R_{st} Q_{t-1} s_{t-1}^b - R_{mt}^{\mathrm{PT}} q_{t-1} m_{t-1}^{\mathrm{PT},b} - R_{mt}^{\mathrm{D}} m_{t-1}^{\mathrm{D},b} \\ &= (R_{st} - R_{mt}) m_{t-1}^b + R_{st} n_{t-1}^b \end{aligned} \tag{13}$$

类推公式(2)，我们可以得到 $R_m = \eta_t^b R_{mt}^{\mathrm{PT},b} A + (1-\eta_t^b) R_{mt}^{\mathrm{D},b}$。我们认为证券化过程是无金融摩擦的，这是因为打包的贷款资产可以自由地进入和退出证券化资产池。因此，我们非常有理由认为一级市场和二级市场上的贷款资产的价格是等价的。

影子银行经营者也面临同样的退出问题，退出概率也为 $1-\sigma$，仍然受内生的激励约束限制。所以类比商业银行，我们可以得到影子银行的持续经营价值为：

$$V_{t-1}^b = E_{t-1} \Lambda_{t-1,t} [(1-\sigma) n_t^b + \sigma V_t^b]$$

影子银行的经营者也是家庭部门的一份子，他们也有转移影子银行资产到家庭的动机，所以他们也受内生的激励约束的限制。所不同的是，商业银行的债权人是家庭部门，而影子银行的债权人是金融机构。相比于家庭部门对商业银行的监督，商业银行对影子银行抵押品质量的监督更严格。所以影子银行经营者可转移的份额小于商业银行。即 $\theta_b < \theta_c$。影子银行的激励约束可以表示为：

$$V_t^b \geq \theta_b (m_t^b + n_t^b) \tag{14}$$

影子银行经营追求利润最大化，最大化时关于 $\{v_{st}^b, v_{mt}^{\mathrm{PT},b}, v_{mt}^{\mathrm{D},b}\}$ 呈线性关系。定义两个边际价值溢价为：$\mu_{st}^b = v_{st}^b / Q_t - v_{mt}^{\mathrm{D},b}$，$\mu_{mt}^b = v_{mt}^{\mathrm{PT},b} / q_t - v_{mt}^{\mathrm{D},b}$。得到影子银行的值函数为：

$$V_t^b = (\mu_{st}^b - \eta_t^b \mu_{mt}^b) m_t^b + (v_{st}^b / Q_t) n_t^b \tag{15}$$

在公式(14)的约束下，解拉格朗日方程，关于 $\{m_t^b, \eta_t^b, \lambda_t^b\}$ 的一阶导函数为：

$$\mu_{st}^b - \eta_t^b \mu_{mt}^b = \theta_b \frac{\lambda_t^b}{1+\lambda_t^b} \tag{16a}$$

$$0 = (1+\lambda_t^b) \mu_{mt}^b m_t^b \tag{16b}$$

$$0 = (\mu_{st}^b - \eta_t^b \mu_{mt}^b - \theta_b) m_t^b + (v_{st}^b / Q_t - \theta_b) n_t^b \tag{16c}$$

很容易得到 $\mu_{mt}^b = 0$，即 $v_{mt}^{\mathrm{PT},b} / q_t = v_{mt}^{\mathrm{D},b}$。将此关系带入(16c)可以得到影子银行的 ABS 产品供给函数：

$$m_t^b = \frac{v_{st}^b / Q_t - \theta_b}{\theta_b - \mu_{st}^b} n_t^b \tag{17}$$

从公式(17)可以看出，影子银行的 ABS 产品供给由自有资金规模决定。n_t^b 的系数 $\frac{v_{st}^b / Q_t - \theta_b}{\theta_b - \mu_{st}^b}$ 正好等于影子银行的杠杆率减 1，是大于 0 的，因而影子银行的杠杆率高于 1，ABS 供给的变动对影子银行自有资金的变动敏感。拉格朗日乘子表示了约束放松一单位时其收益的变化：

$$\lambda_t^b = \frac{\mu_{st}^b}{\theta_b - \mu_{st}^b} \tag{18}$$

通过计算可得影子银行一单位自有资金的预期收益为：

$$\Omega_t^b=(1-\sigma)+\sigma[v_{st}^b/Q_t+\lambda_t^b(v_{st}^b/Q_t-\theta_b)] \tag{19}$$

求解贝尔曼方程的一阶条件我们可以得到：

$$\begin{aligned} v_{st}^b/Q_t&=E_t\Lambda_{t,t+1}\Omega_{t+1}^c R_{s,t+1}\\ \mu_{st}^b&=E_t\Lambda_{t,t+1}\Omega_{t+1}^c(R_{s,t+1}-R_{m,t+1})\\ \mu_{mt}^b&=E_t\Lambda_{t,t+1}\Omega_{t+1}^c(R_{m,t+1}^{\mathrm{PT}}-R_{m,t+1}^{\mathrm{D}})\end{aligned} \tag{20}$$

（二）家庭部门、最终产品和资本品生产部门

非金融类部门的经济关系和标准的 DSGE 模型中的表述相同。家庭部门由工人、商业银行经营者和影子银行经营者构成。在家庭部门中，每个人都消费最终产品（c_t），且金融机构的经营者保持固定的比例。金融经营者经营各自的金融机构，当他们退出时，把资产转移到家庭部门，工人将劳动（L_t）卖给产品生产商并得到工资 W_t。

我们采用 Christiano *et al.*（2005）的方法来描述家庭的偏好：

$$U_0=E_0\sum_{t=0}^{\infty}\beta^t u(c_t,l_t) \tag{21}$$

$$u(c_t,l_t)=e^{\zeta_t}\ln(c_t-hC_{t-1})-\frac{\chi}{1+\varphi}l_t^{1+\varphi} \tag{22}$$

其中，c_t 是家庭部门的消费，C_{t-1}是前一期的总消费，l_t 是工人提供的劳动时间，ζ_t 是消费偏好冲击。家庭将部分富余资金存入银行，利率为 R_t，将另一部分富余资金购买企业的股权，当然这一部分通过购买抵押债券实现。接下来我们将讨论购买企业股权的收益。

假定最终产品生产商是完全竞争的，且技术不变，企业投入劳动和资本得到最终产出：

$$Y_t=e^{a_t}K_{t-1}^{\alpha}L_t^{1-\alpha} \tag{23}$$

其中 a_t 是全要素生产率，受外生自回归过程控制。资本的折旧率为 δ，得到：

$$K_t=I_t+(1-\delta)K_{t-1} \tag{24}$$

（24）式是 t 期末的资本存量，它由 t 期的投资和 $t-1$ 期折旧后的资本共同组成。企业通过向商业银行贷款获得资金购买生产所用的资本。我们假定商业银行有能力收回全部的贷款，商业银行和企业之间是无摩擦的。

资本品生产商也假定是完全竞争的，旧资本可以一比一地生产新资本，增加投资需要考虑调整成本的存在，参考 Christiano *et al.*（2005），设调整后的资本水平净增加为 $f(I_t/I_{t-1})$，该函数满足条件：$f(1)=f'(1)=0$，$\varepsilon=f''(1)>0$。资本品生产商的目标也为实现利润最大化，通过解方程可以得到一条向上倾斜的供给函数：

$$Q_t=1+f\left(\frac{I_t}{I_{t-1}}\right)+\left(\frac{I_t}{I_{t-1}}\right)f'\left(\frac{I_t}{I_{t-1}}\right)-E_t\Lambda_{t,t+1}\left(\frac{I_t}{I_{t-1}}\right)^2 f'\left(\frac{I_{t+1}}{I_t}\right) \tag{25}$$

这说明在实现利润最大化时并不依赖其二阶条件，只与一阶导函数相关。

Z_t 表示资本的边际产出，我们可以定义贷款利率为：

$$R_{st}=\frac{Z_t+(1-\delta)Q_t}{Q_{t-1}} \tag{26}$$

PT 类 ABS 产品的收益率为：

$$R_{mt}^{\mathrm{PT}}=\frac{Z_t+(1-\delta)q_t}{q_{t-1}} \tag{27}$$

（三）市场出清的均衡状态

为了得到金融中介部门整体的自有资本数，我们将持续经营的机构的资本和新进入机构的资本进行求和。在 t 期，持续经营的金融机构的自有资本由经营的资本积累构成，新进入金融机构的自有资本为其家庭总资产的 $\xi_\tau(\tau\in\{c,b\})$。因此，商业银行和影子银行的自有资产可以表示为：

$$N_t^c=(\sigma+\xi_c)(R_{st}Q_{t-1}S_{t-1}^c+R_{mt}M_{t-1}^c)-\sigma R_t D_{t-1} \tag{28}$$

$$N_t^b=(\sigma+\xi_b)R_{st}Q_{t-1}S_{t-1}^b-\sigma R_{mt}M_{t-1}^b \tag{29}$$

当贷款（初级证券）市场、ABS 产品（资产证券化）市场、存款市场、劳动力市场出清时，以上动态随机一般均衡模型是闭合的。当初级证券市场是出清的时候，商业银行和影子银行对初级证券的需求等于企业的供给，表示为：

$$S_t^c+S_t^b=K_{t+1} \tag{30}$$

当商业银行对 ABS 产品的需求和影子银行的供给均衡时 ABS 产品市场出清，总量上表示为：

$$M_t^c=M_t^b \tag{31}$$

除了总量上要均衡，ABS 产品结构的供求也需要均衡：

$$\eta_t^c=\eta_t^b \tag{32}$$

家庭的资金供给和金融机构的资金需求均衡时存款市场出清：

$$D_t=Q_t(S_t^c+S_t^b)-(N_t^c-N_t^b) \tag{33}$$

劳动力的供给和企业对劳动力的需求均衡时劳动力市场出清：

$$W_t e^{\zeta_t}(C_t-hC_{t-1})^{-1}=\chi \mathrm{L}_t^{\varphi} \tag{34}$$

最后，总的社会产出均衡为：

$$Y_t=C_t+\left[1+f\left(\frac{I_t}{I_{t-1}}\right)\right] \tag{35}$$

（四）模型的基本分析

本模型的参数估计如表 1：

表 1 参数赋值结果

描述	参数	赋值	描述	参数	赋值
生产所用资本比例	α	0.3	家庭的折现因子	β	0.99
资本折旧率	δ	0.025	消费习惯参数	h	0.70
闲暇效用	χ	12.37	劳动力供给弹性倒数	φ	0.30
投资弹性	ε	3.0	生产冲击	ρ_a	0.6
ABS 转化率	ω_c	0.5	持续经营概率	σ	0.90

（续表）

描述	参数	赋值	描述	参数	赋值
银行贷款转移到家庭比率	θ_b	0.1224	家庭转移到新银行资产比率	ξ_c	0.0134
	θ_c	0.2216		ξ_b	0.0083
无影子银行的经济					
家庭转移到新银行资产比率	ξ_c^*	0.0172	商业银行贷款转移到家庭比率	θ_c^*	0.2564
	ξ_b^*	0.0			

本部分通过模型分析影子银行的活动对宏观经济产生的影响，尤其是两种类型 ABS 产品的不同组合模式对宏观经济的影响是否不同。我们考虑较为简单的情况，即在 $\eta_t=1$（只有风险共享型资产证券产品）和 $\eta_t=0$（只有风险承担型资产证券产品）两种情况下，对宏观经济的影响。

当 $\eta_t=1$ 时，商业银行的总风险由来自贷款资产的风险和来自 ABS 产品的风险两部分构成。在 ABS 资产上的损失会加重在贷款资产上的损失，这些会导致银行资产缩水。同时在商业银行再平衡的过程中，它倾向于扩大 ABS 产品的比例，而缩减贷款比例影子银行的资产同样会缩水，但是由于影子银行的负债为风险共享型 ABS 产品，它的价格在期限内是可以受市场调节变动的，当其价格下降，影子银行净值受到部分保护。同时影子银行的高杠杆使其能够扩大其贷款资产的数量。因此在 $\eta_t=1$ 时，影子银行规模膨胀，总体信贷水平变动不大，产出和投资下降，但会慢慢回到稳态。

当 $\eta_t=0$ 时，商业银行的 ABS 产品收益是固定的，他的风险仅来自贷款，当资产价格下降的风险完全反映在影子银行的自有资产上时，这会导致影子银行资产的缩减以及 ABS 发行的减少，商业银行会加大贷款资产的持有而减少 ABS 资产的持有，以上都导致影子银行规模缩减。然而由于影子银行的杠杆率更高，与 $\eta_t=1$ 相比，在 $\eta_t=0$ 时总信贷规模缩减得更多，使投资和产出产生更严重的缩减，宏观不稳定性增强。

当金融中介体系为传统的即不存在影子银行的商业银行体系时，与 $\eta_t=1$ 对比，产出和投资变动的差异不大，商业银行的总体风险较小，因而信贷资产下降幅度较小，但是由于没有证券化活动，总体的信贷规模下降更多。与 $\eta_t=0$ 对比，产出和投资虽受冲击但是弱于存在风险承担 ABS 产品的情况，信贷资产略有扩张但变动不大，远好于存在风险承担 ABS 产品的情况。

四、美国影子银行和宏观经济不稳定的实例分析

美国的影子银行开始发展的时间较早，影子银行体系较为完善，而且美联储对影子银行的规模有着较为细致的测度，因而我们选用美国为例来验证前文所述的影子银行规模的扩大会使宏观经济的不稳定性增强，甚至爆发危机。引言中已经叙述，关于影子银行并没有一个明确的定义，这很大一部分原因是因为影子银行内部包含的经济活动非常复杂以至于不能对其进行涵盖所有的完整定义。因而本文选取有代表性的四种资产来代表影子银行，他们分别为：政府支持的证券化机构（Government Sponsored Enterprises，简称 GSE）、代理或政府支持的抵押贷款证券化机构（Agency- and GSE-Backed Mortgage Pools）、资产证券化发行机构（Issuers of Asset-Backed Securities）、证券化产品经纪人和承销商（Security Brokers and Dealers)。从美国影子银行的总体资产规模(图 2)我们可以看出,在2001 年到 2007 年影子银行快速扩张,在七年内由 82 964 亿美元增长到 152 714 亿美元,近乎翻了一倍。而 2008 年、2009 年两年影子银行的规模迅速下降,2010 年以后影子银行规模较为稳定,但仍然是负增长的。从图 3 我们更能清楚地看到 2007 年影子银行经营状况下滑,年净值呈缓慢缩小趋势,到了 2008 年呈现出悬崖式的下滑。与之相对应的是美国 2007 年的次贷危机并引发的 2008 年全球范围的金融危机。这在一定程度上佐证了我们前文的模型分析。

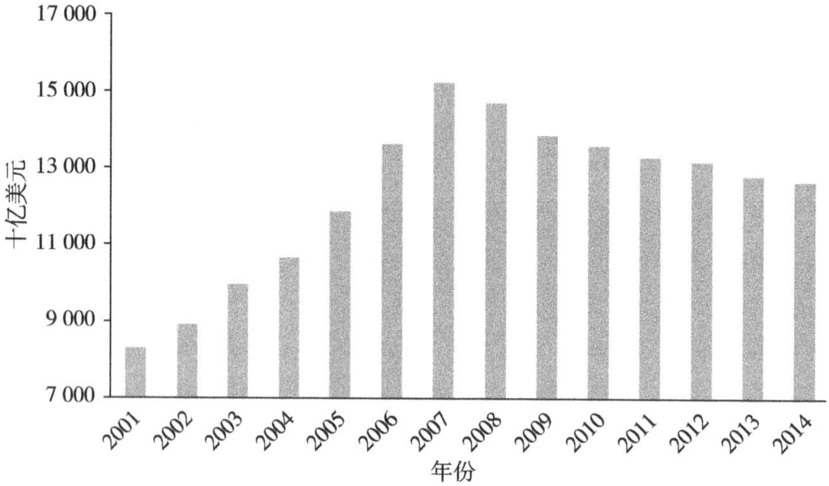

图 2　美国影子银行资产累计值

资料来源:"Flow of Funds Accounts of the United States",http//www.federalreserve.gov/releases/z1/。

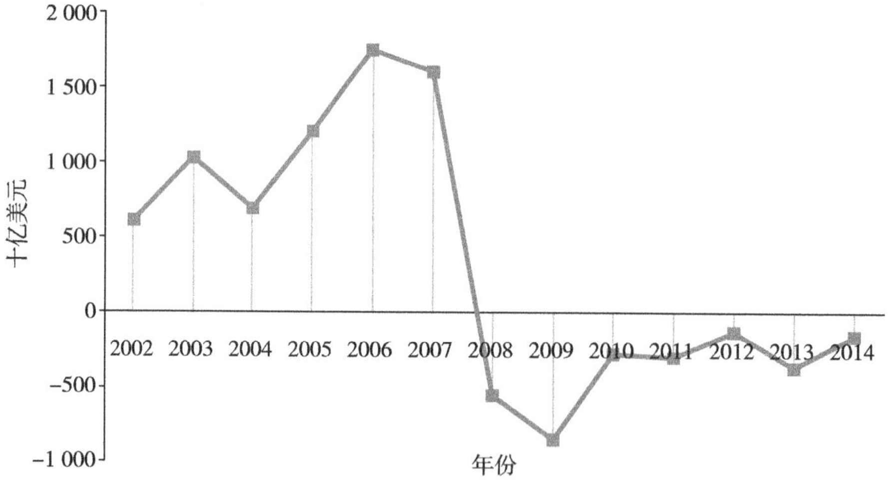

图 3　美国影子银行资产年净值

资料来源:"Flow of Funds Accounts of the United States",http//www.federalreserve.gov/releases/z1/。

从影子银行产生宏观经济不稳定的逻辑机制来看,结合前文模型的讨论,本文将其总结为以下三种导致金融不稳定的机制:

(一)杠杆比率过高

从 2002 年到 2007 年,短短五年时间美国影子银行体系就已经发展壮大,以至于其规模能够与商业银行体系相媲美,成为相当重要的金融力量,这其中的原因是各种金融创新工具在资产证券化过程中都具有高杠杆性。此外,金融监管的范围并没有将影子银行纳入到其中,所以对于影子银行而言,并没有要求其达到一定水平的存款准备金限额或者是一定程度的资本充足率,影子银行在进行资本运作的时候,其杠杆率在高额利润的驱动下,远远超过了传统金融机构,比如商业银行等,但是这种高杠杆率也使得影子银行体系内部的脆弱性大大提高。影子银行体系在高杠杆率的影响下会产生双向的效果:当市场处在繁荣的阶段时,影子银行体系能够在高杠杆的经营策略下获得更高的利润回报并且进行更大程度的规模扩张。而当市场处于动荡阶段时,高杠杆率将会使影子银行体系所面临的市场风险无限放大,并且会产生一种自我强化机制,也就是资产价格下跌过程中的恶性循环。由于影子银行实施资产负债管理模式,并且其基础为风险价值(VAR),所以当金融资产价值发生下跌的时候,去杠杆化的过程是影子银行必须启动的办法。

(二) 流动性风险

资产负债的期限错配在影子银行体系当中大量存在,这一问题很容易导致流动性风险。通过发行资产支持票据,影子银行的负债方从货币市场上获得了具有流动性的资金,而这些资金的资产方是一些期限较长但收益较高的产品,主要投资于次贷债券等,这种方式的利差收益主要来源于这种"借短贷长"的模式。影子银行所进行的这种业务模式虽然会使银行体系的流动性有所提升,但是这种提升实际上是对于市场流动性的依赖的大大增加。影子银行在市场流动性比较充足的时候,可以利用新发行的债券来偿还已经到期的债券,这一方式使得影子银行可以在任何时候从货币市场获得融资。但是如果一些不稳定因素在市场中出现,使得市场的流动性紧缩,那么由于影子银行过度依赖于短期融资,影子银行的财务情况和基本面就会遭到投资者的质疑,在这种情况下,投资者有理由认为影子银行的偿付能力出现不足,随之而来市场的资金将会发生溃逃,影子银行没有办法继续从金融市场中得到资金来源,此外影子银行虽然持有一些长期资产,但是在这种情况下要想将这些长期资产变现存在一定的困难,所以种种原因连环作用导致影子银行的流动性出现较大危机,这一危机与商业银行面临挤兑时的问题是十分相似的。

虽然影子银行在面临流动性危机时与商业银行的挤兑问题有较大的相似性,但是商业银行挤兑和影子银行的挤兑问题还是存在很大差异的。商业银行在发生挤兑时,主要表现为存款人想要将他们在银行中存放的资金取回,而影子银行在面临挤兑时其主要问题是融资渠道被堵塞,因为它先前采用的是发行资产支持票据来获得融资,但是这种情况下,投资者已经不再信任影子银行的还款能力,这种信任危机使得无人愿意购买影子银行的票据,也就是市场流动性发生紧缩,而正如前面所述,影子银行高度依赖于市场流动性,所以这种市场流动性的紧缩将会给影子银行带来巨大的影响。将商业银行与影子银行作比较,可以发现,监管体系当中根本没有涵盖影子银行。高杠杆率的运作模式,增强了影子银行流动性风险的扩散,当其中的一家影子银行破产倒闭的时候,整个影子银行体系都会面临挤兑风险,这种风险的进一步发展将会使得整个金融体系陷入流动性危机。

(三) 信息不对称

影子银行的发展所依据的金融创新,是以资产证券化为基础的,其金融创新工具一开始是 MBS(住房按揭贷款支持证券),后来经过一段时间演变为 CMO(住房按揭贷款担保债券)以及 CDO(担保债务凭证),并且一系列的金融衍生工具都在这一基础上逐渐延伸出来。因为当投资者的风险偏好不同时,他们对于金融产品的需求类型也不相同,影子金融机构为了满足这些不同类型的需求,花重金聘请了金融工程师来对投资产品进行创新,以迎合投资者的不同个性,影子银行利用这一方法将投资者的关注点从产品的风险性上转移出去。同时,为了提高金融衍生品的收益率和发行规模,影子金融机构刻意隐瞒了产品的潜在风险,使投资者无法了解,这种行为导致投资者对市场变化和产品风险的敏感度较低。

由于严重的信息不对称存在于投资者和影子银行之间,本来作为金融市场的裁判,评级机构应该利用自身的信息优势,将更多的关于影子银行及其产品的信息披露出来,以解决这种信息不对称的问题,但是评级机构自身存在一定程度的缺陷,并且评级机构和影子银行这二者之间的利益具有一定程度的相关性,导致评级机构不但没有解决,反而更加深了信息不对称问题。从这二者之间的利益关联性来分析,在实际操作过程当中,因为金融衍生工具会受到保险公司的违约风险担保,所以影子银行通过这种途径就可以使其金融衍生工具的信用提升,而在利益驱使下,评级机构倾向于将该产品的信用等级夸大,这些证券化产品经过信用增级,可以利用场外交易系统出售给投资者。但是这二者之间的利益关联性是不稳定的,当市场繁荣时,两者合作共赢,当市场动荡时,两者产生冲突,上述的利益关联也就不复存在。金融衍生工具的信用评级将会被评级机构迅速下调,这使得影子银行向金融危机转变的进程加速,并导致了最终宏观经济体系的不稳定性。

五、结论与启示

已有的经济学研究已经认识到影子银行的存在对宏观经济运行和金融体系的稳定可能产生影响,但多为定性研究,在规范的宏观经济学模型中引入刻画影子银行的金融中介机构,能够更好地把握影子银行发展和宏观不稳定的关系,评价影子银行体系的作用。因此本文基于 DSGE 模型框架,研究了在传统商业银行体系与影子银行体系共存的条件下,影子银行的扩张对宏观经济和金融的稳定性造成的影响。

本文的模型分析得到基本结论:在面临供给冲击时,风险共享和风险承担两种 ABS 产品对信贷水平和总体经济影响是不一样的。风险共享型影子银行产品的存在会使商业银行总体风险增大,信贷规模扩大,影子银行规模膨胀,总体信贷水平略有扩张但变动不大,产出和投资下降,但会慢慢回到稳态。风险承担型影子银行产品总信贷规模缩减得更多,使投资和产出产生更严重的缩减,宏观不稳定性显著增强。本文运用美国影子银行的实际数据充分说明了美国影子银行的过度膨胀导致了美国次贷危机,使得美国经济出现了不稳定。

具体到中国的影子银行体系,我国在 2010—2011 年间信贷大幅紧缩,影子银行在此背景下产生并且业务得到快速发展,在 2010—2012 年中国经济下行的三年间,影子银行体系膨胀了三倍有余。但中国的影子银行与国外以证券化和金融创新为基础的影子银行是存在明显区别的(裘翔,2014)。现阶段我国影子银行更多的是作为商业银行的补充,我国传统的商业银行由于严格的监管控制和自身风险控制的约束,难以对高风险企业提供有效的信贷补充,而影子银行可以通过理财产品、银信合作、银证合作以及近期膨胀的同业业务使信贷资产出表并将信贷提供给原本无法通过正常渠道获得商业银行贷款的机构和企业。同时我国也已经开始了证券化资产开发的进程。2012 年我国重启资产证券化业务,公开发行 21 只证券化产品,2015 年 5 月初国务院会议决定新增 5 000 亿信贷资产证券化试点规模。由此可见我国影子银行正向以资产证券化为主的美国模式发展。然而证券化为主的影子银行杠杆率更高,流动性风险和信息不对称问题突出。

所以必须审慎对待影子银行引发的宏观经济不稳定性问题,本文提出下面三点建议:

首先,要加强对影子银行体制的监控,密切洞察影子银行的运行机制。由于在我国影子银行还属于新兴产物,对此的研究和实践探索也属于初级阶段,在很多地方必须提高。一是健全影子银行的法规。健全的金融法制体系建设是影子银行系统稳定运行和健康发展的前提条件。应从制度上给予影子银行系统的明确界定,细化金融衍生品的标准,规范金融衍生品的开发和发行市场。二是构建信息披露机制。为了更深入研究影子银行的机制和政策制定,有必要对商业银行的金融创新业务及其有关会计报表处理等进行全面调查统计。统一各监管机构、交易所和各行业协会的监控标准,定期核算并及时发布市场数据,加强影子银行系统信息披露与传统金融监管信息之间的共通,建立不同金融市场组成部分之间的信息健全网络,减少信息不对称引发的交易风险水平增高的情况。

其次,应该意识到影子银行系统可以对整个经济提供信贷补充,不能因其存在的风险就完全限制影子银行的发展。要进一步放开利率管制,放宽金融机构的准入限制,完善金融中介体系。我国影子银行系统的膨胀是由严格的利率管控和紧缩的货币政策引起的,而这样的影子银行体系只是商业银行业务的复制,难以推动经济的长足发展。所以从政策角度来看,一是应加快我国利率市场化的进程,提高存款利率,保证银行储蓄不再继续大规模涌入“影子银行”系统,从源头上缓解流动性泛滥。二是将国内紧缩货币政策力度适当减轻,如适度降低央行存款准备金率。这可以保证商业银行资金充足,缓解中小企业贷款难的局面,减弱商业银行资产出表动力,进而缓解表外风险的存在。三是要鼓励金融市场的创新,放宽准入门槛。国内经济发展需要多层次的金融服务,所以我们应在保证经济和金融体系整体运行平稳的情况下,大力鼓励金融创新,使非银行金融机构基于自身优势和经营特点发展自己,增强核心竞争力,形成健康的影子银行体系。

最后,要完善影子银行系统的分析框架,弄清货币政策的传导机制。目前国内对影子银行的研究虽多,但是对很多重要命题的研究还是不足。例如,影子银行的存在对货币政策效用的影响、货币政策对影子银行如何产生效果、如何防范影子银行对金融和经济不稳定性的影响等,这些问题的解决都需要分析框架及其工具的不断创新。

参考文献

Bernanke B S, Gertler M, Gilchrist S. The Financial Accelerator in a Quantitative Business Cycle Framework, Handbook of Macroeconomics, 1999, 1341-1393.

Bernanke B S, Gertler M. Agency Costs, Net Worth, and Business Fluctuations[J]. American Economic Review, 1989, 79(1), 14-31.

Christiano L J, Eichenbaum M, Evans C L. Nominalrigidities and the Dynamic Effects of A Shock to Monetary Policy[J]. Journal of Political Economy, 2005, 113: 1-45.

Christiano L, Motto R, Rostagno M. Financial Factors in Economic Fluctuations, European Central Bank Working Paper Series, No. 1192, 2010.

Coval J D, Jurek J W, Stafford E. Economic Catastrophe Bonds[J]. American Economic Review, 2009, 99 (3), 628-666.

Gertler M, Kiyotaki N. Financial Intermediation and Credit Policy in Business Cycle Analysis, in Handbook of Monetary Economics, Vol. 3, Chap. 11, pp. 547-599, Elsevier, 2011.

Goodhart C, Kashyap A K, Tsomocos D P, Vardoulakis A P. Financial Regulation in General Equilibrium, March, NBER Working Paper 17909, 2012.

Gorton G, Metrick A. Securitized Banking and the Run on Repo[J]. Journal of Financial Economics, 2012, 104(3), 425-451.

Gorton G, Lewellen S, Metrick A. The Safe-asset Share[J]. American Economic Review: Papers and Proceedings, 2012, 102(3), 101-106.

International Monetary Fund. Shadow Banking: Economics and Policy, IMF Staff Discussion Note, 2012.

McCauley P. Teton Reflections[R]. PIMCO Global Central Bank Focus, Auf. Sept., 2007.

Meeks R, Nelson B, Alessandri P. Shadow Banks and Macroeconomic Instability, Bank of England Working Paper, No. 487, 2014.

Moreira A, Savov A. The Macroeconomics of Shadow Banking, NBER Working Paper 20335, 2014.

Pozsar Z, Adrian T, Ashcraft A, Boesky H. Shadow Banking, Federal Reserve Bank of New York Staff Reports, No. 458. 2012.

Verona F, Martins M F, Drumond I, Monetary Policy Shocks in a DSGE Model with a Shadow Banking System, CEF. UP Working Papers, No. 1101, 2011.

李波,伍戈. 影子银行的信用创造功能及其对货币政策的挑战[J]. 金融研究,2011,12:77—84.

李扬. 影子银行体系发展与金融创新[J]. 中国金融,2011,12:31—32.

刘澜飚,宫跃欣. 影子银行问题研究评述[J]. 经济学态,2012,2:128—133.

毛泽盛,万亚兰. 中国影子银行与银行体系稳定性阈值效应研究[J]. 国际金融研究,2012,11:65—73.

裘翔,周强龙. 影子银行与货币政策传导[J]. 经济研究,2014,5:91—105.

王浡力,李建军. 中国影子银行的规模、风险评估与监管对策[J]. 中央财经大学学报,2013,5:20—25.

农地流转制度缺失是农地规模和土地生产率形成逆向关系的原因吗?

——基于中国 CHNS 面板数据的实证研究

张 浩

(南开大学经济学系)

[摘要] 农地规模和土地生产率的逆向关系及其形成原因是学术界长期争论的焦点问题之一,本文以 2000 年、2004 年、2006 年、2009 年、2011 年 CHNS 数据为依据,论证农业土地制度缺失是逆向关系的形成原因,从家庭生产投入特征、家庭特征、家庭户主特征等方面多角度对土地生产率的影响因素进行实证分析检验。实证结果显示:(1)我国存在显著的逆向关系;(2)在 2007 年农地流转制度实行前后,我国的逆向关系发生显著变化,农地流转制度使逆向关系削弱了约 36%;(3)从 5 个年份的样本回归结果来看,我国的逆向关系先减弱又增强。这些结果表明,农地流转制度缺失是形成农地规模与土地生产率之间逆向关系的原因。

[关键词] 逆向关系,农地流转制度,CHNS 面板数据

一、引言及文献综述

农地规模和土地生产率的逆向关系(IR)的形成原因是学术界长期争论的焦点问题之一。逆向关系是指相比于经营土地面积较大的大农户,经营土地面积较小的小农户有更高的土地生产率。学术界对此焦点问题的关注始于 20 世纪初期。通过对前苏联农业经济发展的观测,Chayanov(1986)首次提出了农地规模和土地生产率之间存在逆向关系;在对印度农业经济的现实深入研究后,Sen(1962)指出几乎印度全境都存在小农户的土地生产率高于大农户的事实。自 Sen(1962)之后,关于逆向关系的问题引起众多研究者的广泛讨论,他们也使用世界各地数据加以验证。例如,通过调查一系列南美洲的发展中国家,Berry and Cline(1979)用不同国家数据的独立分析及跨国数据的交叉分析证实了逆向关系的存在;Carter(1984)使用印度哈里亚纳邦地区的数据证实了逆向关系的存在,并指出在同等条件下,小农户的技术效率比大农户低;Heltberg(1998)在对巴基斯坦的数据进行研究时,引入固定效应控制家庭之间的土壤异质性对逆向关系的影响,实证结果表明,巴基斯坦存在显著的逆向关系;Akramlodhi(2001)则利用越南湄公河地区的数据验证了逆向关系的存在性;通过对中国北部地区关于农业效率的调查、分析与研究,Benjamin and

Brandt(2002)认为土地再分配对逆向关系有削弱作用;通过对越南的咖啡农业生产效率的研究,Rios and Shively(2005)证实了越南存在逆向关系,并指出农业资本品投入、教育水平和非农就业机会对逆向关系有显著影响;在对赞比亚的研究中,Kimhi(2006)用单一品种农作物(玉米)的数据对逆向关系进行验证,其实证结果表明,86%的样本显著存在逆向关系。

古典经济学家认为,在一国范围内农地规模和土地生产率是不相关的,该论点成立的前提假设是该国存在完全要素市场,即存在完全劳动力市场、完全土地市场、完全信贷市场等。古典经济学家认为,如果小农户的土地生产率高于大农户,土地和劳动力等要素便会通过完全要素市场迅速进行交易,小农户通过租入土地增加耕作面积致使土地生产率降低,大农户通过出租土地降低耕作面积提高土地生产率;最终,大农户和小农户达到平衡,拥有相同的土地生产率,因而不存在逆向关系。

然而,根据众多学者对发展中国家的研究,他们的分析结果显示,发展中国家普遍存在不完全要素市场。古典经济学家的解释难以适用,无法解释农地规模和土地生产率之间的逆向关系。我们通过梳理现有研究成果得知,到目前为止,学界认为逆向关系的形成原因来源于以下三个方面:(1)不完全要素市场的存在;(2)关于土地肥力差异的数据缺失;(3)数据误差带来的虚假逆向关系。

第一种观点认为,造成逆向关系的主要原因是存在不完全要素市场。不完全要素市场意味着大、小农户面对着不同的要素价格,从而做出不同的资源配置决策。考虑到缺乏非农就业机会、存在交易成本、远离劳动力市场等因素影响,大、小农户之间的劳动力投入存在差异,这种差异造成了家庭成员劳动的影子价格低于雇佣工人劳动的市场价格。同时,劳动力机会成本的差异使大、小农户做出不同的选择,小农户劳动力机会成本低,倾向于过度投入劳动力以获得较高的土地生产率;大农户劳动力机会成本高,倾向于雇佣劳动力,通过更高的劳动生产率来满足利润最大化的目标。Feder(1985)指出,小农户有过度投入劳动以获得更高产出的倾向,并且劳动投入的边际效率递减,这两者导致小农户有更高的土地生产率,大农户有更高的劳动生产率。

第二种观点认为,忽略土壤肥力差异因素会导致逆向关系的出现。此前,由于受限于测量土地肥力差异的技术手段,无法准确得到精确的土地肥沃程度数据,学者们主要通过控制调研方式来控制家庭间土地肥力差异,首先选取不同村落调查,再对同一村落的不同家庭调查,研究者们认为在同一个村落内土壤的肥沃程度不存在明显差异。根据经济学理论,土地作为生产要素的一部分,在其他条件相同的情况下,肥沃土地的生产率要高于贫瘠土地,因而,家庭间不同的土壤肥沃程度会导致生产率存在差异,这种差异会影响逆向关系。通过引入粗略的土地肥力差异数据,Benjamin(1995)、Bhalla and Roy(1988)发现这一因素削弱了逆向关系。但是,由于其数据不够精确和翔实,其分析结果无法区别不完全要素市场和土地肥力差异对于逆向关系的解释力度。不过,通过使用更精确的土地肥力数据进行分析时,Barrett *et al.*(2010)认为,逆向关系是由不完全要素市场造成的,引入土地肥力异质性因素对逆向关系几乎没有影响,没有证据表明土地肥力差异因素是逆向关系的形成原因。

第三种观点认为,逆向关系可能是数据误差带来的虚假逆向关系。在收集数据时,如果数据存在误差,那么误差就会作为数据的一部分被引入到实证检验过程中。例如,如果农户的耕地面积存在测量误差,则误差会通过土地面积数据带入实证研究过程。现有的数据收集方式以询问式为主，一些诸如产量、土地面积的数据误差难以避免。大部分数据是农户估测所得，农户在估测时不可避免地会采用四舍五入和近似估测的方法，这些都会导致误差产生。因而，如果误差作为数据的一部分被带入实证过程因而形成了逆向关系，那么逆向关系就是统计上显著的虚假相关。Carletto *et al.*(2013)对此问题进行探究，他们引入 GPS 定位系统来提高数据测量精度，通过问询式与 GPS 定位系统相结合的方式收集土地面积数据，发现的确存在数据测量误差，小农户倾向于高估自己的土地面积，而大农户倾向于低估自己的土地面积。通过将原有数据进行改进，Carletto 等使用更精确的数据进行实证检验，实证结果显示，在更精确的数据条件下，逆向关系显著增强了。

对逆向关系形成原因的争论已经持续了许多年，从整体来看，逆向关系既不是数据问题也不是土地肥力变量缺失导致的。早期研究中，Bhalla and Roy(1988)使用粗略的土地肥力差异数据研究逆向关系，他们的结果证实，土地肥力差异因素会削弱逆向关系。由于缺少测算土壤肥力数据的技术手段，Benjamin(1995)等通过引入村庄固定效应对土地肥力差异因素进行探究，结果表明，土地肥力差异对逆向关系可能造成影响，同时他也指出，由于无法区分不完全要素市场和土地肥力差异对逆向关系的影响程度，难以确定土地肥力差异是否真的影响逆向关系。Assuncao 和 Braido(2007)借助新兴的土壤肥力测量技术，将农户的土壤样本收集后进行湿化学和光谱分析，分析结果可以精确了解土地含氮量、PH 值、含钾量等土地肥力信息，在此条件下，Assuncao 和 Braido(2007)的实证结果显示，土地肥力差异对逆向关系无影响，从侧面验证逆向关系的形成原因是存在不完全要素市场，不包含土地肥力差异因素。同时，Carletto *et al.*(2013)借助 GPS 技术矫正了误差数据，事实表明，数据误差被修正后，逆向关系更为显著。

总体来说，对逆向关系形成原因争论的核心依旧是第一种观点，无论是 Benjamin，Assuncao 和 Braido，还是 Carletto、Savastano 和 Zezza，这些学者的研究基于排除法得出农地流转制度缺失是逆向关系的形成原因，但是，没有已有研究通过直接证据证明这个结论。这个问题的困难之处在于一个国家的土地制度是长期不变的，学界现阶段缺乏农地流转制度变革的直接经验；同时，制度和政策的变革是很难定量化的指标，需要合适的数据与之匹配，这样的数据也不易获得。本文基于 CHNS 数据库对于中国的土地制度变革予以研究，用处于过渡转型期的中国经验填补了这部分数据的空白，并为关于农地流转制度变革的研究提供中国经验。

自新中国成立至今约 70 年来，中国政府发布了一系列农村土地改革制度的政策和法规，按农村土地制度的具体内容和制度目标的不同，可以分为以下三个阶段。

第一阶段：合作与集体经营阶段(1949—1977)。新中国成立后，土地改革使中国封建土地所有制被彻底摧毁，我国确立了土地的社会主义公有制，同时宪法明确规定，“任何组织或者个人不得侵占、买卖、出租或者以其他形式非法转让土地”，土地无偿使用、土地无限使用、土地不准转让成为本阶段土地使用制度的主要特征。本阶段内，我国依次经历互助组阶段、初级社阶段、高级社阶段到人民公社阶段，逐步向合作与集体经营的农耕方式转变，从农业合作化到人民公社化的渐进式改革符合我国国情和国家发展战略的需要，切实推动了我国农业的恢复和发展。

第二阶段：家庭承包责任制(1978—2006)。家庭承包责任制度是我国改革开放的核心之一，是我国农村土地制度的历史性变革。这次土地改革，将土地产权分为所有权和经营权。所有权仍归集体所有，经营权则由集体经济组织按户均分包给农户自主经营。

1982 年 12 月 4 日，第五届全国人民代表大会第五次会议通过的《中华人民共和国宪法》规定："农村和城市郊区的土地，除由法律规定属于国家所有的以外，属于集体所有；宅基地和自留地、自留山，也属于集体所有。任何组织或者个人不得侵占、买卖、出租或者以其他形式非法转让土地。"同时《民法通则》第 80 条规定："土地不得买卖、出租、抵押或以其他方式转让。"1986 年 6 月通过的《中华人民共和国土地管理法》，使这一制度更加明确，土地使用制度改革，把土地所有权和使用权分析，在使用权上，变过去无偿、无限期使用为有偿、有限期使用。但是，土地所有权和经营权分离并没有从根本上改变土地的集体所有性质，农业土地流转尚处于明令禁止阶段。

1993 年，中共中央十四届三中全会《中共中央关于建立社会主义市场经济体制若干问题的决定》指出，允许土地使用权依法有偿转让。1994 年 12 月 30 日，农业部在《关于稳定和完善土地承包关系的意见》中对农地流转做出进一步指示："在坚持土地集体所有和不改变土地农业用途的前提下，经发包方同意，允许承包方在承包期内，对承包标的，依法转包、转让、互换、入股，其合法权益受法律保护。"2001 年中央发布 18 号文件《中共中央关于做好农户承包地使用权流转工作的通知》明确指出："允许土地使用权合理流转是农业发展的客观要求。"2002 年，中共十六大报告中提出："有条件的地方可按照依法、自愿、有偿的原则进行土地承包经营权流转，逐步发展规模经营。"2003 年的《中华人民共和国土地承包法》，虽然赋予农民长期而有保障的土地使用权，明确土地承包经营权可依法、自愿、有偿地进行流转，但没有具体规定土地流转最低期限、争端解决机制和法律责任等，也没有明确农民的集体用地使用权、房屋所有权和林地使用权等能否流转、如何流转。2005 年 3 月 1 日农业部颁布实施《农村土地承包经营权流转管理办法》，对流转方式、流转合同的签订及土地流转管理做出详细、明确规定。这一阶段，诸多条例的推行实现了农地流转的合法化，农地流转转入解禁阶段，并向农地流转制度体系规范化发展，但农村土地流转仍未真正实施并推行。

第三阶段，农地流转制度实行（2007 年至今）。由于中国经济发展存在区域性差异，广东省根据自身的实际情况制定了符合自身发展的农地流转制度。2005 年 7 月，广东省政府发出《广东省集体建设用地使用权流转管理办法（草案）》，明确农村集体建设用地使用权可于 2005 年 10 月 1 日起上市流转，可以通过招标、拍卖、挂牌和上网竞价四种方式进行"阳光交易"。这是中国农地流转制度的创新突破，同时也为全国推行农地流转制度奠定基础。

在《中国共产党第十七次全国代表大会的报告》中，胡锦涛主席明确指出："坚持农村基本经营制度，稳定和完善土地承包关系，按照依法自愿有偿原则，健全土地承包经营权流转市场，有条件的地方可以发展多种形式的适度规模经济。"自 2007 年起，农地流转制度在我国开始实施推行。

在《中国共产党第十八次全国代表大会的报告》中，对农村土地流转进一步指示："稳定农村土地承包关系并保持长久不变，在坚持和完善最严格的耕地保护制度前提下，赋予农民对承包地占有、使用、收益、流转及承包经营权抵押、担保权能，允许农民以承包经营权入股发展农业产业化经营。"

2014 年年初，中共中央 1 号文件（《关于全面深化农村改革加快推进农业现代化的若干意见》）明确指出，在稳定农村土地承包关系并保持长久不变的前提下，赋予农民对承包地占有、使用、收益、流转及承包经营权抵押、担保权能。同年 11 月，中央发布《关于引导农村土地经营权有序流转发展农业适度规模经营的意见》,对农地流转制度实行和推广提出更高的要求,并对主要问题给予指导。

自2007年起,农地流转制度在全国实行并推广,对我国农业现代化发展、推动城乡一体化、构建新型农业经营体系等方面产生重要作用。农地流转制度对我国农业经济发展的具体影响也是学者们关注的焦点之一。农地流转制度缺失是逆向关系形成原因的论点尚未定论,学界的已有研究难以提供直接证据加以论证,我们对我国农地流转制度的研究有重要意义,本文基于CHNS数据比较我国农地流转制度前后逆向关系的变化,来验证农地流转制度的缺失是否是逆向关系的形成原因,以此为学界提供我国农地流转制度变革的案例,为逆向关系形成原因的研究提供直接经验。

二、数据及描述性统计

为了研究农地规模和土地生产率关系的本质和成因,我们需要选取基于不同村落、不同家庭的微观数据,考虑到土地肥力等客观因素可能存在周期性变化,这些微观家庭的数据需要被持续地观测一段时间或若干次,同时这样的方式也在一定程度上帮助我们控制土地肥力的变化和家庭异质性的变化,这有助于我们通过固定效应来消除家庭特征异质性、土壤肥沃程度异质性等方面的影响。中国主要的微观数据库主要有CHIP、RHS、CFPS等,CHIP数据库主要包含2007年以前的数据,缺少2007年以后的数据;RHS数据库由于涉及敏感问题,不易获得;CFPS数据库只包含2007年之后的数据,没有2007年之前的数据;相比之下,CHNS数据库可以满足我们分析逆向关系的要求,因而本文选取CHNS数据进行研究。CHNS数据库相比其他数据库有以下优点:(1)大样本,CHNS调查是中国疾病预防控制中心营养与食品安全所与美国北卡罗来纳大学人口中心合作的追踪调查项目,覆盖了中国9个省的城市和农村数据,涉及41个市区和38个郊区等220个社区,通过简单随机抽样方法对约4 400个家庭、19 000个个人进行了调查。充足的样本使实证结果具有一般性。(2)近些年来CHNS数据库被广泛应用于学术研究中,诸多学者发表了多篇有影响力的论文。例如,邢春冰(2006)使用CHNS数据库对“社区就业水平和外出打工对于代际流动以及非农就业机会的影响”进行分析;尹志超和甘犁(2009)使用CHNS数据库对我国公共部门和非公共部分的工资差异进行了估计,并对中国住房改革和家庭耐用品消费进行研究;王朝明和胡棋智(2008)利用CHNS数据库对中国收入流动性进行实证研究;刘国恩和傅正泓(2004)利用CHNS数据库对中国的健康人力资本和收入增长问题进行了研究。利用CHNS数据有助于提升权威性。(3)长期跟踪调查,CHNS数据库调查年份为1989年、1991年、1993年、1997年、2000年、2004年、2006年、2009年、2011年,本文选取2000—2011年数据进行研究,所选数据年份包含2007年前后的数据信息,可以满足我们的研究需要;长期跟踪调查有助于得出一般性结论,提升2007年前后数据比较的准确性;(4)CHNS数据调研涉及面广,包含了人口特征、经济发展、公共资源和健康指标,并有详细的社区数据,包含食品市场、医疗机构和其他社会服务设施的信息,其中,家庭人口特征和农业生产经济特征的数据模块满足了我们实证研究的需要。

表1呈现的是本文主要变量的描述性统计结果。

表 1 描述性统计

变量	观测量	均值	标准差	最小值	最大值
		生产投入			
亩均产值(aoutput)(元)	8 406	1 273.958	1 348.669	0	60 000
家庭经营面积(mu)(亩)	8 406	7.223747	12.92002	0	404
家庭年平均农作时间(amonths)(月)	8 406	5.837053	4.201357	0	12
家庭当年农业投资额(raising)(元)	8 406	1 231.392	1 506.466	0	20 000
家庭农业生产器械价值(value)(元)	8 406	1 396.13	5 575.704	0	120 300
家庭年非农总收入(yincome)(元)	8 406	6 144.929	20 780.89	0	720 000
家庭农业收入占总收入比重(farmratio2)	8 406	0.7824366	0.322907	0	1
		户主特征			
户主是否未婚 marry	8 406	0.0145134	0.1196014	0	1
户主性别(gend)	8 406	0.9064954	0.2911556	0	1
户主年龄(age)(岁)	8 406	51.92461	11.68924	9.12	89.15
户主受教育年限(eduyear)(年)	8 406	6.355222	4.033048	0	18
		家庭特征			
家庭成员数(hhsize)(个)	8 406	2.725077	1.085388	1	12
家庭抚养率(careratio)	8 406	0.2958414	0.3345606	0	1

三、计量模型

解释农地规模和土地生产率关系的理论模型中,模型(1)为基础模型。

$$\text{lnaoutput} = c + \alpha_1 \text{mu} + \varepsilon \tag{1}$$

被解释变量:aoutput 为家庭平均亩产价值,是通过"家庭年土地产出价值量/家庭运营土地数量"得到的,其单位是"元/亩"。lnaoutput 为对 aoutput 加 1 后取对数得到。解释变量 mu 代表家庭运营的土地数量,单位是"亩"。

不完全要素市场意味着大小农户面临不同的要素价格,根据自身家庭的特点做出不同的资源配置决策;由于不完全劳动力市场会产生非农就业机会的缺失、农民难以接近劳动力市场、高交易成本的存在等现象①,导致小农家庭内部劳动力的影子价格较低,低于市场工资率②,使小农户的劳动力机会成本更低;因此,小农户有投入更多劳动力以获得

① Reardon, T., V. Kelly, E. Crawford, T. Jayne, and Savadogo K. C.,"Determinants of Farm Productivity In Africa: A Synthesis of Four Case Studies", MSU International Development Paper, 1996(22): 194-207.

② 弗兰克·艾利思:《农民经济学:农民家庭农业和农业发展》,胡晨北译,上海人民出版社,2006 年,第 225—226 页。

高土地生产率的倾向。① 相反，大农户的机会成本相对较高，他们倾向于雇工进行农作，大农户需要解决在雇工过程中监督、激励雇佣劳动力的成本因素，导致雇佣工人的实际工资率更高。因此，大农户倾向于降低雇工数量，或购买一些资本机械代替劳动力降低成本，这种决策使大农户有较低的土地生产率。综上所述，基于考察农户之间资本投入和劳动投入异质性对逆向关系的影响，我们引入家庭生产投入变量。

$$\text{lnaoutput} = c+\alpha_1 \text{mu}+\beta_1 \text{amonths}+\beta_2 \text{lnraising}+\varepsilon \tag{2}$$

生产投入变量：amonths 代表家庭年平均进行农业劳作的月数，单位是"月"；raising 代表家庭在该年投入到农业生产中的投资，单位是"元"，lnraising 为 raising 的对数值。Feder（1985）提到，如果家庭随着其农耕面积增加，出现了要素边际投入成本递增或者是家庭内部要素影子价格递增的现象，则农地规模和土地生产率之间存在逆向关系，这意味着不完全要素市场的存在会形成逆向关系。

此外，农户家庭异质性也会对土地生产率造成影响，我们需要引入家庭特征信息对家庭异质性进行控制。根据已有研究可知，农户之间普遍存在家庭异质性，例如家庭成员数量的多少，家庭拥有婴儿和老人的比例（抚养比），户主教育水平、户主的年龄、户主的婚姻状况、户主性别等。家庭成员的数量会影响家庭劳动力的数量，家庭成员数量多的家庭倾向于使用本家庭内的劳动力而不雇佣劳动者，家庭成员数量较少的家庭会通过雇工的方式来增加劳动力投入；家庭的抚养比也十分重要，16 岁以下儿童和 60 岁以上老人的劳动生产率不足以达到成年人的劳动生产率，所以家庭成员的数量多不等于家庭劳动生产率高，将家庭内部抚养比纳入考虑可以深入了解家庭有效劳动力数量；同时，关于户主的一系列变量都可能对土地生产率造成影响，户主教育水平越高，代表户主有更高的农业耕植技术，有更大的可能运用一些提高产量的技术帮助家庭提高土地生产率；户主的年龄越大表现出户主拥有更丰富的农业种植经验，这有助于农户凭借自身经验获取提高土地产出；户主的婚姻状况和性别可能会对土地生产率造成影响，离异的、单身的户主，户主为女性的家庭拥有的土地生产率较低。基于以上考虑，我们引入家庭特征变量和户主特征变量。

$$\begin{aligned}\text{lnaoutput} = {} & c+\alpha \text{mu}+\beta_1 \text{amonths}+\beta_2 \text{lnraising}p1+\gamma_1 \text{hhsize}+\gamma_2 \text{careratio}+ \\ & \gamma_3 \text{gend}+\gamma_4 \text{marry}+\gamma_5 \text{eduyear}+\gamma_6 \text{age}+\varepsilon\end{aligned} \tag{3}$$

家庭特征变量：hhsize 代表家庭成员数，单位是"人"。careratio 代表抚养率，计算方法是用家庭中小孩子（小于 16 岁）和老人的数量（大于 60 岁）除以家庭总人口数。

户主特征变量：marry 是代表是否未婚的虚拟变量，当取"1"时代表户主未婚，取"0"时代表已婚；gend 代表户主性别，取"1"代表男性，取"0"代表女性；eduyear 代表受教育年限，通过数据中户主受教育程度转换得到，单位是"年"（具体的，小学—6 年，初中—9 年，高中—12 年，中专—14 年，大学 16 年，研究生及以上—19 年）；age 代表户主年龄，单位是"岁"。

我们从已有研究中发现，一些学者在研究逆向关系时引入了一些有意义的新变量，引入这些变量可以增加模型的稳定性，朱建军等（2011）在研究土地生产率时发现家庭农业收入和非农收入的占比对土地生产率有突出影响，可以认为家庭在做出决策时会根据其

---

① Newell, A., K. Pandya, and J. Symons, "Farm Size and the Intensity of Land Use in Gujarat", Oxford Economic Papers, 1997, 49(2), 307-315.

农业收入和非农业收入的比例,选取收入相对较高的部门以投入更多的要素来获得更高收入,因而,家庭的农业收入和非农业收入的占比会影响其家庭要素禀赋的投入,并通过影响要素生产率作用到土地生产率;Barrett(2009)在其对 IR 关系的研究中发现家庭拥有的农业生产器械对土地生产率有重要影响,家庭拥有的农业生产器械价值越高对土地生产率的促进作用越明显;我们通过筛选和比较引入以下几个新变量。

$$\begin{aligned} \text{lnaoutput} = & c+\alpha \text{mu}+\beta_1 \text{amonths}+\beta_2 \text{lnraising}p1+\gamma_1 \text{hhsize}+\gamma_2 \text{careratio}+\gamma_3 \text{gend}+ \\ & \gamma_4 \text{marry}+\gamma_5 \text{eduyear}+\gamma_6 \text{age}+\varphi_1 \text{lnyincome}+\varphi_2 \text{farmratio}_2+\varphi_3 \text{lnvalue}+\varepsilon \end{aligned} \quad (4)$$

新加入变量:yincome 是家庭非农业年总收入,是由月非农收入×12+奖金得到的,单位是“元”,lnyincome 为对 yincome 代表取对数后的家庭非农业年总收入;farmratio2 代表家庭收入中农业收入占比,获得方法是,首先生成 tincome = yincome+muoutput 作为年家庭年农业总收入(仅考虑小麦一种农作物),然后生成 farmratio_2 = muoutput/tincome;lnvalue 代表取了对数的经价格平减后的农业生产器械价值。

从上述模型中我们可以了解到(3)式包含因变量 lnaoutput、家庭市场投入变量(ln-raising$p$1 等)及家庭特征变量(gender、age、eduyear 等)三个部分,这是由于我们考虑到家庭生产投入异质性和家庭特征异质性对于逆向关系的影响;此外,(4)式在(3)式的基础上又加入了三个新的变量(lnyincome、farmratio_2、lnvalue),这三个新的变量是我们综合众多学者的研究成果后,在模型(3)基础上的延伸。

我们将利用两种方式对(3)式和(4)式进行回归估计,分别在随机效应的条件下和社区固定效应条件下进行回归,社区固定效应可以控制不同社区之间由于不完全要素市场而产生的差异,可以控制潜在的土地肥力异质性带来的影响,因而,增强了本文的说服力。

四、实证结果及分析

(一)逆向关系

表 1 为数据的描述性统计结果,在具体的实证过程之前,我们用非参数回归的方法验证基础模型,检验所选数据是否存在逆向关系,这有利于我们随后的实证检验。

从前文可知,我国在 2007 年明确提出推动农村土地流转政策的实行,本文在进行实证研究中以 2007 年为界将数据分为全样本、2007 年前样本、2007 年后样本,并以此对 2007 年前后的数据进行实证探究。2007 年之前的数据为集合 1,2007 年之后的数据为集合 2。

图 1 给出了 2007 年之前和 2007 年之后两组样本平均亩产和耕作亩数关系的非参数估计。两组样本大体上出现耕地面积越大其平均亩产越低的趋势,既农地规模和土地生产率存在逆向关系。而且,随着耕地面积由小到大,在耕地面积较小时平均亩产下滑得最为迅速,而之后有减缓并逐渐稳定的趋势。

对于每个单一变量,我们进行 4 个回归估计,分别是:(1)以 lnaoutput 为因变量,即对 aoutput 加 1 后取对数,只考虑家庭生产投入变量、家庭特征变量,不考虑社区固定效应和新变量;(2)依旧不考虑社区固定效应,在(1)的基础上考虑包含新变量的所有变量;(3)考虑社区固定效应,不包括新变量;(4)同时考虑社区固定效应且加入新变量。

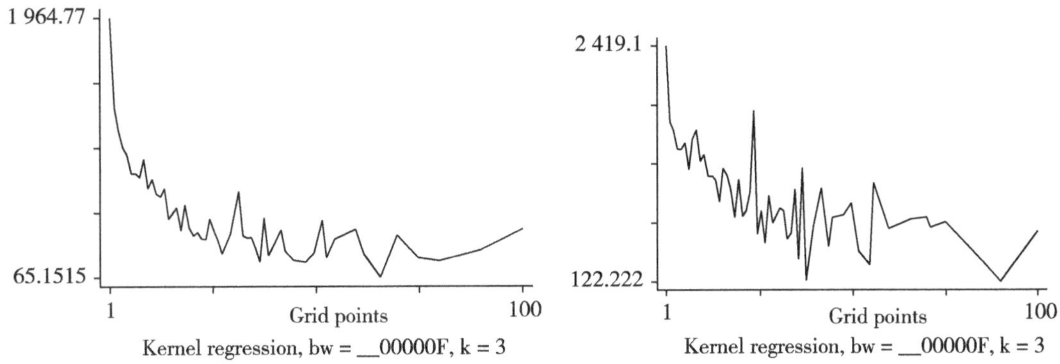

2000年、2004年、2006年　　　　2009年、2011年

图 1　2007 年前后非参数估计的逆向关系

2000—2011 年总体样本的回归结果见表 2。

表 2　2000—2011 年全样本回归结果

	(1) 随机效应下的 模型(1)	(2) 随机效应下的 模型(2)	(3) 社区固定效应下的 模型(3)	(4) 社区固定效应下的 模型(4)
		生产投入变量		
mu	−0.0177477***	−0.0180826***	−0.0106438***	−0.0110516***
	(0.0026623)	(0.0027767)	(0.0022723)	(0.0023928)
amonths	0.0351351***	0.0368211***	0.0262478***	0.0272401***
	(0.0020207)	(0.0020361)	(0.001876)	(0.0019062)
lnraising	0.1285769***	0.1245749***	0.1913112***	0.186034***
	(0.0163851)	(0.0162596)	(0.0170179)	(0.0168415)
		家庭户主特征变量		
marry	−0.0686441	−0.0783144	−0.1374669***	−0.1390729***
	(0.0560858)	(0.0563646)	(0.0524158)	(0.0529338)
gend	−0.0335479	−0.045132*	0.0173605	0.0052845
	(0.0268888)	(0.0269801)	(0.0256797)	(0.0256392)
eduyear	−0.0006173	0.0000596	0.0004591	0.0004325
	(0.0021688)	(0.0021802)	(0.0020958)	(0.0021071)
age	0.0053941***	0.005087***	0.0036974***	0.0033641***
	(0.0008761)	(0.0008813)	(0.0007716)	(0.0007714)
		家庭特征变量		
hhsize	0.0067339	0.0170615**	−0.0271946***	−0.019215***
	(0.0070224)	(0.0072215)	(0.0067808)	(0.0069374)
careratio	0.0425879	0.038253	0.0186067	0.0185967
	0.0266098)	(0.0264232)	(0.0254983)	(0.025486)
		新变量		
lnyincome		0.0128656***		0.01606***
		(0.0039027)		(0.0037807)

（续表）

	(1) 随机效应下的模型(1)	(2) 随机效应下的模型(2)	(3) 社区固定效应下的模型(3)	(4) 社区固定效应下的模型(4)
$farmratio_2$		0.3107161***		0.3397693***
		(0.0579247)		(0.0556614)
lnvalue		−0.0003589		0.0051281**
		(0.002815)		(0.0026072)
_cons	5.715197***	5.452746***	4.434633***	4.06882
	(0.1030136)	(0.12518)	(0.0886275)	(0.1160658)
N	8 406	8 406	8 406	8 406
R-sq	0.1608	0.166	0.2958	0.3014
community fixed effects	No	No	Yes	Yes

注(1) * $p<0.05$, ** $p<0.01$, *** $p<0.001$;(2)括号内为标准差。

表2呈现了4种回归估计的结果:第一列是随机效应下家庭生产投入因素与家庭特征因素对逆向关系的估计结果;第二列是随机效应下全部因素影响逆向关系的估计结果;第三列是固定效应下家庭生产投入因素和家庭特征因素对逆向关系的估计结果;第四列是固定效应下全部因素影响逆向关系的估计结果。

回归结果(1)显示,在不考虑新变量和社区固定效应的条件下,每增加1%的mu(农业耕地规模)将会导致0.018%的aoutput(亩产)下降,amonths和lnraising的回归系数分别为0.035和0.129,系数为正意味着劳动力投入和资本投入的增加确实可以提高土地生产率。回归结果证实我国存在农地规模和土地生产率的逆向关系。回归结果(3)显示,在考虑社区固定效应的条件下,模型拟合程度显著提高,R^2达到0.2958,变量mu的系数虽然略有下降,但仍然显著为负。变量amonths和lnraising系数略有下降,但仍旧显著为正。回归结果依旧说明我国存在显著的逆向关系。我们引入新变量进行模型(4)的回归,细致探究逆向关系,结果显示,在同时考虑社区固定效应并引入新变量时,逆向关系加强了。

我们结合模型(1)、模型(2)、模型(3)和模型(4)对逆向关系的影响因素予以探究。变量age显著为正,与我们的假设一致,年龄越大的农民拥有更丰富的耕植经验,丰富的经验帮助农户提升土地生产率。变量marry的系数显著为负,这意味着已婚户主的土地生产率更高。同时,引入的新变量也对土地生产率有影响,结果显示,非农收入越高的家庭土地生产率越高,农业收入占比越高的家庭有更高的土地生产率。根据比较优势理论,土地生产率较高的家庭会倾向于从事农耕活动,因而其农业收入占比也会相应提升。

(二)农地流转制度与逆向关系

表2是基于2000年、2004年、2006年、2009年、2011年的全样本回归结果,回归结果证实我国存在显著的逆向关系,而本文的研究重点是逆向关系的形成原因,我们需要深入分析农地流转制度的缺失是否是造成逆向关系的原因。我们对农地流转制度实施前后的样本进行比较,以此考察农地流转制度对逆向关系的影响。以2007年农地流转制度实行时间为界,2007年前的样本组成集合1,2007年后样本组成集合2。表3和表4分别为

2007 年之前样本和 2007 年之后样本的回归结果。

表 3 2000 年、2004 年、2006 年样本回归结果

	(1) 随机效应下的模型(1)	(2) 随机效应下的模型(2)	(3) 社区固定效应下的模型(3)	(4) 社区固定效应下的模型(4)
		生产投入变量		
mu	−0.0217023***	−0.0218851***	−0.0112948***	−0.0115032***
	(0.0057416)	(0.0058889)	(0.0040099)	(0.0041327)
amonths	0.0362964***	0.0392628***	0.0281289***	0.0301306***
	(0.0027318)	(0.0027497)	(0.0022269)	(0.0022741)
lnraising	0.1228836***	0.1232856***	0.184222***	0.180655***
	(0.02774)	(0.0268128)	(0.023946)	(0.0234674)
		家庭户主特征变量		
marry	−0.0370071	−0.0557489	−0.134025**	−0.1455884**
	(0.0642371)	(0.0644556)	(0.0570841)	(0.0572933)
gend	−0.0312609	−0.0433335	0.0055648	−0.0067125
	(0.0318946)	(0.0321337)	(0.0311608)	(0.0311778)
eduyear	−0.0005457	0.0011176	−0.0007809	−0.0002317
	(0.0027901)	(0.002787)	(0.0026132)	(0.0026204)
age	0.0053641***	0.0048428***	0.0031002***	0.0025971***
	(0.0011801)	(0.0011856)	(0.0009306)	(0.0009393)
		家庭特征变量		
hhsize	0.0092443	0.0251265***	−0.0244719***	−0.0117691
	(0.0094247)	(0.0095273)	(0.0086358)	(0.0088495)
careratio	0.0715884**	0.0616792*	0.0685375**	0.0640775**
	(0.0349252)	(0.0343432)	(0.0322857)	(0.0319681)
		新变量		
lnyincome		−0.0000597		0.0073283
		(0.0047233)		(0.0051097)
$farmratio_2$		0.2183912***		0.2800842***
		(0.0775858)		(0.0748248)
lnvalue		−0.0065995		−0.0006406
		(0.0040249)		(0.0033247)
_cons	5.686638***	5.496757***	4.107448***	4.033259***
	(0.1395353)	(0.1747694)	(0.1600694)	(0.1843764)
N	5 143	5 143	5 143	5 143
R-sq	0.1842	0.1912	0.3677	0.3728
community fixed effects	No	No	Yes	Yes

注(1) * $p<0.05$, ** $p<0.01$, *** $p<0.001$;(2)括号内为标准差。

表 4 2009 年、2011 年样本回归结果

	(1) 随机效应下的 模型(1)	(2) 随机效应下的 模型(2)	(3) 社区固定效应下的 模型(3)	(4) 社区固定效应下的 模型(4)
		生产投入变量		
mu	-0.0138767***	-0.0144833***	-0.0101001***	-0.0106903***
	(0.0016099)	(0.0016343)	(0.0016178)	(0.0016726)
amonths	0.0100589***	0.011744***	0.0000687	0.0011214
	(0.0037565)	(0.0037279)	(0.003914)	(0.0039255)
lnraising	0.1008715***	0.0919933***	0.138751***	0.1317774***
	(0.0207352)	(0.0212075)	(0.0241334)	(0.0240316)
		家庭户主特征变量		
marry	-0.0240338	-0.0213736	-0.0629709	-0.0400675
	(0.0781883)	(0.0801299)	(0.0843633)	(0.0869515)
gend	-0.0310985	-0.047865	0.0290827	0.0112134
	(0.0446361)	(0.04453)	(0.0414694)	(0.0410856)
eduyear	-0.0053868	-0.0056614*	-0.0033709	-0.0040081
	(0.0033685)	(0.0033783)	(0.003395)	(0.0034038)
age	-0.0006951	-0.001055	-0.0023668*	-0.0028195**
	(0.0014255)	(0.0014165)	(0.0013848)	(0.0013744
		家庭特征变量		
hhsize	0.0326649***	0.0418389***	0.0030425	0.0099128
	(0.0101601)	(0.0107572)	(0.0104788)	(0.0109948)
careratio	0.029705	0.0271617	-0.0103783	-0.0099105
	(0.0421222)	(0.0425022)	(0.0427494)	(0.0432852)
		新变量		
lnyincome		0.0238993***		0.0239832***
		(0.0064869)		(0.0060323)
$farmratio_2$		0.429383***		0.4297002***
		(0.0870645)		(0.0869563)
lnvalue		0.0032302		0.0071738***
		(0.0035514)		(0.003772)
_cons	6.461101***	6.118977***	5.125088***	4.689398***
	(0.1852562)	(0.2071532)	(0.1509419)	(0.1857981)
N	3 263	3 263	3 263	3 263
R-sq	0.0906	0.1004	0.2457	0.2549
community fixed effects	No	No	Yes	Yes

注(1) * $p<0.05$, ** $p<0.01$, *** $p<0.001$;(2)括号内为标准差。

表 3 和表 4 是集合 1 和集合 2 的回归结果,由以上结果可以发现,用集合 1 样本估算出的变量 mu 的系数与集合 2 存在显著差异,由集合 2 样本估测的变量 mu 系数相比集合 1 显著下降,这意味着在 2007 年我国实行农地流转制度后,逆向关系减弱了。具体来看,

不考虑社区固定效应时，逆向关系显著减弱了约 40%，当考虑社区固定效应时，逆向关系减弱了约 15%。

从整体来看，两个集合的逆向关系系数存在明显区别，2007 年后的逆向关系显著减弱，但这还不能够完全验证我们的论点，两个集合呈现出显著差距，这并不能论证这 5 个年份的逆向关系系数存在明显差距，如果想论证农地流转制度缺失是逆向关系的形成原因，我们需要更进一步的研究。

我们用 5 个年份的数据依次进行实证分析检验，并将逆向关系系数汇总到表 5。

表 5　2000 年、2004 年、2006 年、2009 年、2011 年独立样本回归 mu 系数结果

年份	相关系数	标准差	*t* 值	*P*>*t*
2000 年	−0.01733	0.002524	−6.86	0
2004 年	−0.01623	0.003272	−4.96	0
2006 年	−0.00433	0.0032809	−1.32	0.12
2009 年	−0.00868	0.002394	−3.62	0
2011 年	−0.01234	0.002034	−6.07	0

从表 5 中，我们可以得知，自 2000 年至 2011 年，逆向关系呈现出先大幅度减弱后又小幅度增强的趋势。2007 年前，我国未实行和推广农地流转制度，与之相对应的 2000 年和 2004 年的 mu 系数较大，其两者差异不大，表现出较为稳定的逆向关系系数，这意味着我国显著且稳定地存在农地规模和土地生产率的逆向关系。同时，2006 年逆向关系系数未通过 *t* 检验。为了进一步深层次探究该问题，我们依次选取 2000 年、2004 年、2006 年、2009 年、2011 年样本采用模型 4 进行回归，希望进一步查明 2006 年数据是否会对实证检验过程造成影响。表 6 为逐年独立样本回归结果。

表 6　2000 年、2004 年、2006 年、2009 年、2011 年独立样本回归结果

年份	2000	2004	2006	2009	2011
			生产投入变量		
mu	−0.0173263***	−0.0162273***	−0.0043239	−0.0086781***	−0.0123426***
	(0.0025241)	(0.0032718)	(0.0032809)	(0.0023941)	(0.0020338)
amonths	0.0156994	−0.0004623	0.0032595	0.004476	−0.0027956
	(0.0101784)	(0.0053376)	(0.0048798)	(0.0049161)	(0.0061368)
lnraising	0.098312***	0.2189821***	0.1526281***	0.0820103***	0.1543777***
	(0.0249099)	(0.0518624)	(0.0459098)	(0.0213971)	(0.0398756)
			家庭户主特征变量		
marry	−0.1277526	−0.1209681	0.0439215	0.0351341	−0.1573738
	(0.0781788)	0.0911259	(0.1271424)	(0.1230278)	(0.1265124)
gend	−0.0449326	0.0194529	0.0506798	−0.051641	0.0822307
	(0.0514254)	(0.0544941)	(0.0473017)	(0.0585275)	(0.0581544)
eduyear	−0.0029962	0.0007411	−0.0022235	−0.0050357	−0.0021315
	(0.0045258)	(0.004937)	(0.0037126)	(0.0044009)	(0.0050744)
age	−0.0013406	−0.0003021	0.0010417	−0.0036573**	−0.0023135
	(0.0014912)	(0.001642)	(0.0017414)	(0.0017081)	(0.002288)

（续表）

年份	2000	2004	2006	2009	2011
			家庭特征变量		
hhsize	0.0191538	0.00376	0.0104735	0.0064885	0.0197978
	(0.0134558)	(0.016002)	(0.0146144)	(0.0148565)	(0.0171321)
careratio	0.098658 *	0.0232575	0.0621806	0.0119148	−0.0457488
	(0.058298)	(0.0545447)	(0.0500817)	(0.0602036)	(0.0616615)
			新变量		
lnyincome	0.0141872	0.0042669	0.0251077 **	0.0175429 ***	0.0270048 **
	(0.0114376)	(0.007711)	(0.0098431)	(0.0064834)	(0.0111768)
$farmratio_2$	0.3754771 ***	0.1033317	0.3893544 ***	0.3368596 ***	0.4858503 ***
	(0.1274402)	(0.1364491)	(0.1487136)	(0.094003)	(0.1601089)
lnvalue	−0.0119486 **	0.0017995	−0.0030217	0.0141844 ***	0.0025519
	(0.0052129)	(0.005164)	(0.004838)	(0.0045432)	(0.0059416)
_cons	6.649651 ***	3.072724 ***	4.236246 ***	5.190808 ***	4.517886 ***
	(0.2695668)	(0.4069304)	(1.339446)	(0.2894455)	(0.3297212)
N	1 789	1 725	1 629	1 614	1 649
R-sq	0.515	0.3874	0.4545	0.3485	0.284

注：(1) * $p<0.05$, ** $p<0.01$, *** $p<0.001$；(2) 括号内为标准差。

观察表 6，2006 年样本的回归结果显示，mu 系数未通过双向 t 检验，这与 2000 年和 2004 年样本回归结果相差较大；即便变量 mu 显著，其系数也远小于 2000 年和 2004 年回归结果。比较表 3 和表 4 中模型(4)的回归结果，我们发现集合 1 和集合 2 的 mu 系数差异较小，这可能是由于 2006 年 mu 系数较大造成的。同时考虑上述两种因素，我们将 2006 年样本从集合 1 中剔除，使用 2000 年、2004 年样本集合和 2009 年、2011 年样本重新进行比较。

结合表 4 和表 7 的回归结果来分析，主要变量依旧符合预期，资本与劳动力系数投入依旧为正，这也为大小农户不同的要素投入选择做出解释，大农户倾向于投入资本品，降低成本获得更多收益，小农户倾向于投入更多劳动力，提高土地生产率来提高收益；户主年龄系数依旧为正，户主的种植经验对产量有促进作用；家庭农业收入与总收入之比的系数为正，这说明家庭农业收入占比越高，该家庭的产量越高。

表 7　2000 年、2004 年数据回归结果

	(1) 随机效应下的模型(1)	(2) 随机效应下的模型(2)	(3) 社区固定效应下的模型(3)	(4) 社区固定效应下的模型(4)
		生产投入变量		
mu	−0.0265701 ***	−0.0268693 ***	−0.0163067 ***	−0.0166596 ***
	(0.0036926)	(0.0037896)	(0.0021986)	(0.0022533)
amonths	0.0321239 ***	0.0368127 ***	0.0280346 ***	0.0319984 ***
	(0.002922)	(0.0030457)	(0.0027563)	(0.0029136)
lnraising	0.1343123 ***	0.1343841 ***	0.1753081 ***	0.1713494 ***
	(0.0273161)	(0.0274961)	(0.0283327)	(0.027847)

（续表）

	(1) 随机效应下的 模型(1)	(2) 随机效应下的 模型(2)	(3) 社区固定效应下的 模型(3)	(4) 社区固定效应下的 模型(4)
		家庭户主特征变量		
marry	−0.044466	−0.068493	−0.1274174**	−0.1449209**
	(0.0690739)	(0.0694803)	(0.0618945)	(0.0620892)
gend	−0.0580582	−0.0742583*	−0.0156538	−0.0331443
	(0.0409399)	(0.0411577)	(0.0398535)	(0.039695)
eduyear	0.0045055	0.0064483*	0.0022365	0.00305
	(0.003607)	(0.003611)	(0.0034365)	(0.0034505)
age	0.0041107***	0.0034937***	0.002571**	0.0019341*
	(0.0011821)	(0.0011847)	(0.0011153)	(0.001127)
		家庭特征变量		
hhsize	0.0029055	0.0204734*	−0.0226004**	−0.0053099
	(0.0107132)	(0.010797)	(0.0106111)	(0.0106545)
careratio	0.0542482	0.0421656	0.0522122	0.0459588
	(0.0442797)	(0.0439422)	(0.0412564)	(0.0409045)
		新变量		
lnyincome		−0.0085174		−0.0014306
		(0.0058514)		(0.0063938)
$farmratio_2$		0.1598853*		0.2388313***
		(0.0884894)		(0.0909059)
lnvalue		−0.0057653		−0.0004094
		(0.0040863)		(0.00399)
_cons	5.713218***	5.588179***	4.207267***	4.139924***
	(0.1720807)	(0.2038554)	(0.261166)	(0.2789818)
N	3 514	3 514	3 514	3 514
R-sq	0.1947	0.2043	0.3828	0.3904
community fixed effects	No	No	Yes	Yes

注：(1) * p<0.05, ** p<0.01, *** p<0.001；(2)括号内为标准差。

依据表4和表7的回归结果，重新比较逆向关系的变化。通过将两表中的各模型相对应，选取任意模型的回归结果都可以发现，2007年前样本与2007年后样本的结果明显存在显著差异。不考虑社区固定效应时，2007年后逆向关系减弱了近50%；即使考虑社区固定效应，逆向关系也减弱了约36%。实证结果意味着实行农地流转制度显著削弱了逆向关系。农地流转制度实行后，激励土地生产率较高的小农户转入土地以获取更高收益，激励生产成本和机会成本较高的大农户转出土地，通过降低成本提高自身收益；小农户农耕面积的提升使土地生产率下降，大农户减少成本支出和农耕面积，投入品生产率提高使其土地生产率提高。农地流转制度使土地流转市场竞争性增强，小农户和大农户的土地生产率趋于一致，则逆向关系减弱。

五、结 论

农地规模与土地生产率的逆向关系及其形成原因是学术界长期争论的焦点之一。现有研究主要通过排除法分析形成逆向关系的原因，缺少直接证据证明农地流转制度缺失是形成逆向关系的原因；此外，国内学术界对逆向关系的关注很少，缺少对中国逆向关系的深入研究。虽然，李谷成等（2009）和朱建军等（2011）等学者对中国的逆向关系予以探究，但是，他们的研究是基于省级数据研究部分地区的逆向关系问题，缺乏一般性，难以适用到全国范围。本文针对现有研究结论的不足，利用中国 CHNS 面板数据全面评估了我国农地规模与土地生产率的逆向关系及其趋势，验证了农地流转制度缺失是逆向关系的形成原因，为研究逆向关系的形成原因提供中国的直接经验，为学界提供中国农地流转制度变革的案例，并使用 CHNS 数据填补了现有研究数据的空白。

本文的基本结论为：我国显著存在农地规模与土地生产率的逆向关系，农地规模每增加 1%将会导致土地生产率下降 0.018%；劳动力投入和资本投入均对逆向关系有显著影响，每 1%的劳动力和资本投入会使土地生产率增加 0.037%和 0.125%，这证实我国存在不完全要素市场；同时，一些家庭特征因素如家庭成员数量、家庭农业总收入、家庭非农收入占总收入比重均对逆向关系有不同程度的影响。户主特征因素如户主年龄、户主学历水平也显著影响逆向关系。通过比较 2007 年农地流转制度实行前后的样本回归结果，我们证实农地流转制度缺失是逆向关系的形成原因，实行农地流转制度使逆向关系减弱了约 36%。各年独立样本回归结果显示，逆向关系在 2007 年农村土地流转之前较为稳定，2007 年后逆向关系明显减弱，截止到 2009 年，逆向关系减弱约 46%；2011 年回归结果与 2000 年、2004 年样本比较时，2011 年样本估测的逆向关系也显著减弱了 24%。以上结论证实农地流转制度缺失是农地规模和土地生产率之间逆向关系的形成原因。

农地规模和土地生产率的逆向关系一直被世界各国学者广泛关注，近些年来，逆向关系的形成原因成为研究的焦点，本文直接论证了农地流转制度缺失是逆向关系的形成原因，这对于我国农业改革和发展现代农业有着重要的意义；本文对农业政策的推行和我国农业现代化和规模化的发展有借鉴意义，农业发展应从实际角度出发，考虑进一步放开农地流转制度，让大、小农户在市场秩序的引导下进行资源配置，释放小农户的过剩劳动力，大农户也适时地增加资本投入和增加劳动雇佣扩大自身规模，发展现代化和规模化的农业，这有利于大、小农户提升收入水平从而解决农村低收入问题，有助于我国粮食总产量的提升，更有助于我国从小农为主的生产方式向集约化、现代化、规模化的生产方式转型；我国农地流转制度的推行仍处于发展期，依旧存在诸多问题，如何合法保障农民权益、依靠市场带动农民自愿流转、农地流转的标准和模式等问题都亟须解决，本文从理论上揭示了农地流转制度影响大小农户行为选择的内在机理，为我国的政策制定者提供了真实可靠的理论依据，也为发展中国家的农业现代化发展提供了中国的直接经验。

参考文献

Akramlodhi A H. Vietnam's Agriculture: Is There an Inverse Relationship? Working Paper, Institute of Social Studies, 2001.

Barrett C B, Bellemare M F, Hou J Y. Reconsidering Conventional Explanations of the Inverse Productivity-size Relationship[J].World Development, 2010, 38(1): 88-97.

Benjamin D, Brandt L. Property Rights, Labor Markets, and Efficiency in a Transition Economy: The Case of Rural China[J]. Canadian Journal of Economics, 2002, 35(4): 689-716.

Benjamin D. Can Unobserved Land Quality Explain the Inverse Productivity Relationship? [J]. Journal of Development Economics, 1995, 46: 51-84.

Berry R A, Cline W R. Agrarian Structure and Productivity in Developing Countries[M]. Baltimore: Johns Hopkins University Press, 1979.

Bhalla S S, Roy P. Mis-specification in Farm Productivity Analysis: The Role of Land Quality[J]. Oxford Economic Papers, 1988, 40: 55-73.

Carletto C, Savastano S, Zezza A. Fact or Artifact: The Impact of Measurement Errors on the Farm Size-productivity Relationship[J]. Journal of Development Economics, 2011, 38(11): 783-784.

Carter M R. Identification of the Inverse Relationship Between Farm Size and Productivity: An Empirical Analysis of Peasant Agricultural Production. Oxford Economic Papers, 1984, 36 :131-145.

Chayanov A V. The Theory of Peasant Economy[M]. Madison: University of Wisconsin Press, 1986.

Heltberg R. Rural Market Imperfections and the Farm Size-productivity Relationship: Evidence from Pakistan[J]. World Development, 1998, 26(10): 1807-1826.

Kimhi A. Plot Size and Maize Productivity in Zambia: The Inverse Relationship Re-examined[J]. Agricultural Economics, 2006, 35(1): 1-9.

Newell A, Pandya K, Symons J. Farm Size and the Intensity of Land Use in Gujarat[J]. Oxford Economic Papers, 1997, 49(2): 307-315.

Reardon T, Kelly V, Crawford E, Jayne T, Savadogo K C. Determinants of Farm Productivity in Africa: A Synthesis of Four Case Studies[J], MSU International Development Paper, 1996, 22: 194-207.

RiosA R, Shively G E. Farm Size and Nonparametric Efficiency Measurements for Coffee Farms in Vietnam. In Paper Presented at the American Agricultural Economics Association Annual Meeting, Providence, RI, 2005.

Sen A. An Aspect of Indian Agriculture[J]. Economic Weekly, 1962, 14(4-6): 243-246.

弗兰克·艾利思.农民经济学:农民家庭农业和农业发展[M].胡景北译.上海人民出版社,2006.

李谷成,冯中朝,范丽霞.小农户真的更加具有效率吗? 来自湖北省的经验证据[J]. 2010, 9(1): 99—128.

刘国恩,Dow W H,傅正泓, Akin J.中国的健康人力资本与收入增长[J].经济学(季刊),2004, 4(1):101—118.

王朝明,胡棋智.中国收入流动性实证研究——基于多种指标测度[J]管理世界,2008,10:30—40.

邢春冰.中国农村非农就业机会的代际流动[J].经济研究, 2006,9:103—116.

尹志超,甘犁.公共部门和非公共部门工资差异的实证研究[J].经济研究,2009,4:129—140。

尹志超,甘犁.中国住房改革对家庭耐用品消费的影响[J].经济学(季刊), 2010, 9(1):53—72.

朱建军,郭霞,常向阳.农地流转对土地生产率影响的对比分析[J].农业技术经济, 2011,4:78—84.

行业分割、职业分割与性别收入差异

——基于 CFPS2010 年数据的实证分析

胡刚伟

(中国人民大学经济学院)

[**摘要**] 劳动力市场上收入的性别差异是一个反复讨论而又历久弥新的话题。本文利用 2010 年的中国家庭追踪调查数据,通过倾向值匹配方法测度了现阶段中国劳动力市场上的性别收入差距,以此反映当前中国劳动力市场的性别歧视程度。同时,本文还通过比较不同行业和职业内部的男性劳动者和女性劳动者收入的差异,刻画了劳动力市场上性别收入差异的行业分割与职业分割特征。研究结果表明,在控制了受教育程度、工龄、党员身份等可能影响收入的变量后,仅因为性别歧视造成女性的收入比男性低 37.6%。分行业来看,从第一产业到第三产业,男性劳动者与女性劳动者的收入差距缩小,对女性劳动者的歧视减弱。分职业来看,负责人、服务人员和生产操作人员三种职业男女收入差距较大,性别歧视较严重;专业技术人员、农林牧渔人员职业男女收入差距居中,性别歧视稍弱;办事人员职业男女收入差距最小,性别歧视最弱。因此,现阶段仍十分有必要采取措施着力解决劳动力市场的性别歧视问题,缩小性别之间的收入差距。同时,在制定具体的政策时还应当充分考虑不同行业和不同职业的特点。

[**关键词**] 性别收入差异,行业与职业分割,倾向值匹配

一、引 言

经济改革之前,中国实行计划经济体制,中国政府积极推行性别平等政策,基本上保障了女性劳动年龄人口的普遍就业,女性的工资水平与男性的工资水平差距较小。据有关统计,当时女性劳动力参与率超过 90%,女性劳动力几乎占总劳动力的半数(48%),女性就业者平均工资占男性就业者平均工资的 84%(李春玲和李实,2008)。由此可见,中国在劳动就业领域的性别平等化程度较高,而中国女性相对于男性的收入在国际上甚至已经是名列前茅(Putnam,1990;Parish and Busse,2000;Bian *et al.*,2000)。

经济改革之后,中国从计划经济逐步向市场经济转变,市场在资源配置中发挥着越来越重要的作用。政府推行性别平等政策的力度弱化,国家在许多领域不再扮演保护女性劳动力的角色。一些关于中国性别收入不平等的研究开始围绕"市场转型与性别平等"这个命题展开,在市场化与性别收入差距之间的关系问题上,学者们观点不一:李实和比

约恩·古斯塔夫森采用1988年和1995年的全国城镇居民户抽样调查数据，分析发现，经济改革后收入的性别差异总体上呈现出上升的趋势，他们认为导致性别收入差距扩大的主要原因并非性别不平等的增强，而是由于市场竞争加剧，人力资本回报提高所产生的后果（参见赵人伟等，1999）。他们又根据2002年的全国城镇居民户抽样调查数据的研究进一步证实了"收入性别差距在持续拉大"的结论，同时认为导致差距拉大是因为女性劳动力下岗失业的比例远高于男性这一结构性原因（Li and Gustafsson，2008）。边燕杰和舒晓灵的研究也采用1988年和1995年的全国城镇居民户抽样调查数据，分析结果却是收入的性别差距并没有拉大，他们认为女性相对于男性的经济社会地位没有显著的趋势性变化，收入性别差异与市场化程度没有关联（Shu and Bian，2002，2003）。豪泽和谢宇同样使用1988年和1995年全国城镇居民户抽样调查数据进行分析，他们得出的结论是，经济改革以来收入性别差距有显著拉大，并且认为市场化是导致差距拉大的主要原因（Hauser and Xie，2005）。

在学术界关于市场化对女性就业和收入的影响莫衷一是时，2012—2013年的"就业性别歧视第一案"引发了社会的广泛关注。劳动力市场中的性别歧视，是指两个完全同质的人仅是由于性别差异而受到不同的对待。2012年6月，北京的应届毕业生曹菊在招聘网站上看到了北京巨人环球教育科技有限公司（以下简称"巨人公司"）发布的行政助理职位招聘启事，各项职位描述都与曹菊的情况比较吻合，曹菊便通过招聘网站投递了简历。6月25日，曹菊再一次登录招聘网站查看进度时，发现该公司的行政助理招聘启事中有一条"仅限男生"的条件。随后，曹菊致电该公司，公司人力资源部门答复称该职位只招男生，曹菊以"平等就业权"受到侵害为由打起了官司。历时一年多时间，北京市海淀区人民法院最终立案。2013年12月18日，该案开庭审理。被告公司当庭致歉，还拿出3万元交给曹菊，作为"关爱女性、平等就业"的专项资金，双方当事人和解结案。[①] 虽然"就业性别歧视第一案"的结果令人鼓舞，但该案引发广泛关注也表明，即使是到经济改革三十多年的今天，中国劳动力市场中的性别歧视现象还依旧较为严重，因而我们仍然有必要持续关注与研究现阶段劳动力市场中的性别不平等问题。本文将利用2010年的中国家庭追踪调查数据，通过倾向值匹配分析的方法来考察性别收入差异，并进一步比较不同行业和不同职业内部的性别收入差异，以反映当前中国劳动力市场的性别歧视程度。

本文的结构安排如下：第二部分为文献综述，梳理了有关性别歧视的理论，以及研究性别收入差异的方法与实证结果，并对现有的研究做了一点评论；第三部分为研究方法与模型，阐述倾向值匹配方法的思路与特点；第四部分为数据来源与描述统计，说明数据来源与变量的选取，并对变量做了描述性统计；第五部分为倾向值匹配分析，考察了因性别歧视造成的男性与女性劳动者的收入差异，并进一步研究了性别收入差异的行业分割与职业分割特征；第六部分为敏感性分析，检验了本文研究的稳健性；第七部分为结论及建议，总述本文的研究结果，并针对所发现的问题提出相应的建议。

---

① 详见 http://www.cqvip.com/read/read.aspx? id=49005308。

二、文献综述

（一）有关性别歧视的理论

就有关性别歧视的理论研究而言，最早系统研究歧视问题的经济学家是 Becker（1957），他开创性地提出了歧视偏好模型，将歧视看作歧视者的一种偏好。Becker 认为劳动力市场的歧视程度是可以用货币衡量的，当歧视者对某群体表现出歧视偏好时，歧视者宁肯承担一定的货币费用也要与该群体保持距离。按照 Becker 的观点，如果雇主对女性劳动者存在偏见，那么即使女性劳动者与男性劳动者具有相同的生产率特征，雇主也宁愿支付较高的工资雇佣男性劳动者而不愿雇佣女性劳动者。根据 Becker 歧视理论的预测，从长期来看，歧视型雇主将被逐出市场，然而劳动力市场中的歧视却是长期存在的。Phelps（1972）提出的统计性歧视理论能够用于解释劳动力市场歧视存在的长期性问题。该理论的核心思想是，由于劳动力市场上的信息不完全，追求利润最大化的雇主将根据劳动者所属群体的历史数据做出决策，因此历史工作表现更好的男性劳动者被雇佣的可能性会比女性大。统计性歧视理论意味着，若不能消除劳动力市场上的信息不对称，那么歧视就会长期存在。歧视偏好理论和统计性理论的一个重要区别就在于市场是否是完全信息。此外，Piore（1970）的双重劳动力市场理论也能够刻画劳动力市场上的性别歧视现象。该理论将整个劳动力市场划分为相互分割的第一劳动力市场和第二劳动力市场，男性劳动者主要集中在工资较高、工作条件较好的第一劳动力市场，而女性劳动者则集中在工资较低、工作条件较差的第二劳动力市场。

在总括性地研究劳动力市场歧视之外，也有学者关注到职业的性别歧视。Bergmann（1971）提出了拥挤假说理论，用以解释性别歧视以及职业隔离形成的歧视。他认为，女性收入之所以低于男性是因为她们就业被限制在狭窄的职业领域。吉登斯（2003）的职业性别歧视理论认为，与男性相比，女性集中在社会地位较低的职业层级上，职业性别分层形成了职业的性别歧视。这些理论试图从职业结构的性别分布阐释劳动力市场上的性别歧视。

（二）工资差距分解方法与性别收入差异

就有关性别歧视的实证研究而言，在分析由性别歧视造成的男女收入差异时，大多数文献使用的是工资差距分解方法。这种方法把两个群体的工资差异分解为各种因素的影响程度之和，继而度量劳动力市场中的歧视。具体的分解方法有 Oaxaca 分解、Cotton 分解、Brown 分解和 Appleton 分解等。其中 Oaxaca（1973）提出来的 Oaxaca 分解是最基础也是最经典的一种方法，之后的诸多分解方法则是对老方法的传承改进。Gustafsson and Li（2000）使用 1988 年和 1995 年城镇居民户抽样调查数据进行 Oaxaca 分解得到的结论是：1988 年，由歧视造成的工资差距占性别工资差距的 52.49%；1995 年，由歧视造成的工资差距占 63.20%。谢嗣胜和姚先国（2005）根据 2002 年中国城市住户调查数据，采用 Blinder-Oaxaca 分解对城市就业人员的性别工资差距进行了估计，结果是在男性和女性工资报酬总的差异中，54.4%归结于个体特征差异的影响，45.6%归结于歧视的影响。王美艳（2005）利用五城市的劳动力数据，借用 Brown 分解方法分析中国劳动力市场上男性与女性工资差距的形成原因。结果显示，总工资收入差异中，6.95%可以由个人禀赋差异解释，而剩余的93.05%属于不可解释部分。她认为男女间不可由个人禀赋解释的工资差异是由很多观察不到的因素引起的，但歧视因素占主要的成分。各学者的研究表明，性别歧视对男女收入差距造成了较大的影响，由于使用的数据和分解方法的不同，分解结果存在一定的差异。

在上述工资差异分解之外，王天夫等（2008）分析性别收入差异时提出了性别社会分层的模型，葛玉好和曾湘泉（2011）在不同的工资分布上研究性别工资差距问题，胡雯和李建新（2014）发现在考察性别收入差异时，经济发达地区不能作为一个同质体。更多的学者则是考虑行业分割和职业分割对性别收入差异的影响。

1. 行业分割与性别收入差异

行业一直以来都被认为是一个影响收入的重要结构性因素，性别收入差异表现出行业分割的特征（王天夫和崔晓雄，2010）。Fields and Wolff（1995）开创性地发现女性收入在不同的行业之间显著不同，行业效应能解释大约三分之一的性别工资差距。大约一半的行业效应与行业内的男女工资差异模式有关，另外一半行业效应则与不同行业间男女工人分布的差异有关。葛玉好（2007）基于1988—2001年由国家统计局城调总队负责调查的UHS（Urban Household Survey），采用Appleton分解法的结果发现，除了中间的某些年份（1992—1996），行业选择对工资性别差距的影响并不大，即使在那些特殊的年份，影响程度也不会超过20%。他认为缩小性别之间工资差距的关键是降低两者在行业内的工资差异。彭竞（2011）利用CGSS2006年的数据考察了工资收入的性别差异，通过Brown分解法得出工资性别差异中的86.27%可以由行业内工资差异解释，而余下的13.73%则由行业间工资差异引起。杨钋和程飞（2012）利用2009年北京大学的“高校毕业生就业调查”及2008年麦可思公司的“全国大学生毕业生就业调查”数据，采用Brown-Moon-Zoloth分解法得出的结果是总收入差距大部分来自行业内部的性别收入差异，而不是行业间的工资差距。综上可以看出，学者们比较一致地认可行业对性别收入差异的影响，大多数研究结论都表明行业内的性别工资差距远甚于行业间的性别工资差距。

2. 职业分割与性别收入差异

职业的性别隔离是中国劳动力市场性别收入差异的一个重要影响因素，基于拥挤假说理论，许多文献表明大量的女性集中在低收入的“女性职业”中，性别收入差异表现出职业分割的特征。Meng and Miller（1995）研究了职业对农村地区乡镇企业男女工资差异的影响。该研究将职业归为四大类：普通工人，工长，普通干部，中层干部。利用Brown分解方法发现，在总的性别工资差距中，职业内的性别工资差距约为76.7%，职业间的性别工资差距约为23.3%，职业内的歧视程度比职业间更严重。张丹丹（2004）利用四次跨时段的中国营养健康调查数据，采用Oaxaca及Cotton分解法研究了“白领”职业与“蓝领”职业的性别收入差距。分析表明，“蓝领”职业中的劳动力性别工资差异显著，同时有显著扩大的趋势；相比之下，在“白领”职业中的劳动力的性别工资差异小于“蓝领”职业，并且其性别工资差异增长的幅度明显小于“蓝领”职业。可见，从事“蓝领”职业的女性更可能遭到不公的待遇。李实和马欣欣（2006）利用1999年中国居民收入调查数据，对职业与男女工资差异之间的关系进行了经验分析。他们把职业分成管理人员、专业技术人员、办事人员、制造业和运输业人员、服务业人员及其他职业6种类型。通过Brown分解的结果表明,男女性别的工资差距表现为职业内差异为 67.9%,职业间差异为 32.1%;在全部的性别工资差异中,由个人特征差异解释的部分为 20.5%,性别歧视解释的部分为 79.5%。他们认为职业内性别歧视性因素是职业所导致的男女工资差异的最主要原因。综上研究发现,学者们普遍认同职业分割对性别收入差异的影响,但对于职业的划分学者们则是见仁见智。

(三) 评论

总结上述对性别歧视与男女收入差异的实证研究,大多数学者是将性别视为一次干预性试验,通过计量模型测算出干预效应,从而得出劳动力市场中的性别歧视程度。然而这些研究大都没有解决样本选择偏差的问题。所谓选择偏差,是指所谓在研究过程中因样本选择的非随机性而导致得到的结论存在偏差。选择偏差又包括显在偏差(overt bias)和隐藏偏差(hidden bias),显在偏差是指在样本中可以观测到的两类研究群体之间的差异,隐藏偏差则是由于信息未被观测或未被记录而不能看到的两类研究群体之间的差异。样本选择偏差的存在往往使常规的回归模型得到有偏的干预效应。因此,我们在研究性别歧视对男女劳动力的收入差异时必须考虑偏差的影响。为了解决样本选择偏差的问题,Heckman(1979)提出了"两步估计法"的思想。而本文所使用的倾向值匹配结合了 Rosenbaum and Rubin(1983)的统计学方法与 Heckman 的计量经济学方法,并且同样能够用于调整样本选择偏差。同时,相比于复杂的 Heckman 误差修正模型而言,倾向值匹配的优势在于其处理选择性误差的方法更为直观简便。

本文所做的主要工作如下:第一,在反事实的分析框架下,运用倾向值进行匹配以解决显在偏差问题,试图准确测度性别对收入产生的净效应(net effect);第二,对估计结果进行 Hodges-Lehmann 检验,评估研究对隐藏偏差的敏感性;第三,在分析收入的性别差异时综合考虑劳动力市场上的行业分割与职业分割特征,这样相对全面地考察劳动力市场的特点是有益的,也应当是必要的。

三、研究方法与模型

在 Mincer(1974)工资方程基础上建立模型:$ln\text{inc}=\delta D+\beta X+u$。其中,lninc 是收入的对数,$X$ 是对数收入解释变量的向量组合,u 为误差项并且假定与 X 不相关。D 为干预变量,$D=0$ 表示个体为男性,$D=1$ 表示个体为女性。①

如前文所述,本文将在建立的模型上采用倾向值匹配的方法进行实证研究。倾向值匹配的核心思想是为干预组找一个合适的反事实对照组来修正样本选择偏差,相较于社会科学研究中的其他匹配方法而言,倾向值在匹配中的优点在于它对维度的简化:X 向量可以包括很多协变量,它们代表着许多维度,而倾向值方法将所有这些维度简化为一个单维的值(郭申阳和弗雷泽,2012)。换句话说,模型中的 X 向量包含了所有的混淆变量,这些混淆变量在两类研究对象中存在明显的差异,也即存在所谓的显在偏差,而倾向值能够

① 所谓干预变量,一般是由一些因素导致可变的变量,在此意义下性别便不能作为干预变量。但本文所用的倾向值匹配方法的一个主要作用在于降维,它是一种数学处理手段,因此我们在运用倾向值匹配分析性别收入差异时便可以将性别作为干预变量。不过,需要特别指出的是,将性别作为干预变量本身并无经济含义可言,这样做的目的是将混淆变量降维为一个匹配变量后以比较由性别造成的收入差异。

将这些多维度的差异降维成一个单维的值。倾向值作为一种平衡量度，是一个最粗的值(the coarsest score)，它概括了向量 X 的信息。而在向量 X 中，每个 x 协变量都是一个最细的值(the finest score)。Rosenbaum and Rubin(1983)推导并证明了一个最粗的值足以平衡干预组和对照组之间在最细的值上的被观察到的差异，即倾向值会平衡样本中干预组和对照组之间的差异。在平衡了两组研究对象的差异之后再对其进行匹配分析，这样便解决了研究中存在的显在偏差问题。

我们根据胡安宁(2012)来阐述倾向值匹配的具体做法。在反事实的框架下，因果性的关系可以表示为：

$$T=\pi[E(\text{lninc}_1|D=1)-E(\text{lninc}_0|D=1)]+(1-\pi)[E(\text{lninc}_1|D=0)-E(ln\text{inc}_0|D=0)]$$
$$=[\pi E(\text{lninc}_1|D=1)+(1-\pi)E(\text{lninc}_1|D=0)]-[\pi E(\text{lninc}_0|D=1)+(1-\pi)E(\text{lninc}_0|D=0)] \quad (1)$$

(1)式中，T 是指因果关系；π 是女性在样本中所占的比例，$1-\pi$ 是男性在样本中所占的比例；lninc_1 和 lninc_0 分别指代女性和男性的收入；E 表示取平均值。(1)式中的 $E(\text{lninc}_1|D=1)$ 和 $E(\text{lninc}_0|D=0)$ 是可观测的事实，$E(\text{lninc}_0|D=1)$ 和 $E(\text{lninc}_1|D=0)$ 则是反事实①。因果关系 T 就表示为男性和女性各自事实与反事实差异的加权平均值。由于无法观测到反事实是什么，通过以下假设：

$$E(\text{lninc}_1|D=1)=E(\text{lninc}_1|D=0) \quad (2)$$

$$E(\text{lninc}_0|D=0)=E(\text{lninc}_0|D=1) \quad (3)$$

可以将因果公式简化为：

$$T=E(\text{lninc}_1|D=1)-E(\text{lninc}_0|D=0) \quad (4)$$

上面的假设实际上表明个体是否为女性是一个随机化的分配方式，此时女性本身(D 取 1 或 0)并不影响最后的收入(lninc_1或 lninc_0)。但在基于调查数据的观察性研究中，我们并不能保证随机化，因此假设在控制了混淆变量 X 以后，D 近似地独立于 lninc_1 或 lninc_0，即：

$$E(\text{lninc}_1|D=1,X)=E(\text{lninc}_1|D=0,X) \quad (5)$$

$$E(\text{lninc}_0|D=0,X)=E(\text{lninc}_0|D=1,X) \quad (6)$$

在倾向值匹配(propensity score matching)中，我们将所有的混淆变量 X 通过 Logit 回归总结为一个特定的倾向值 P，控制了倾向值 P 便相当于控制了混淆变量 X，这时 D 近似地独立于 lninc_1或 lninc_0的条件便可表述为：

$$E(\text{lninc}_1|D=1,P)=E(\text{lninc}_1|D=0,P) \quad (7)$$

$$E(\text{lninc}_0|D=0,P)=E(\text{lninc}_0|D=1,P) \quad (8)$$

由此得到干预组的平均干预效应(average treatment effect of the treated)：

$$\text{ATT}=E(\text{lninc}_1|D=1,P)-E(\text{lninc}_0|D=0,P) \quad (9)$$

ATT 的值即为因性别不同所导致的收入差异②，也即在控制了显在偏差之后，ATT 值衡量了仅仅是因为劳动力市场对女性的歧视会使女性相较于男性的收入低多少。

---

① $E(\text{lninc}_0|D=1)$是指女性“如果”被放置在男性组内的话所得到的对数收入均值，$E(\text{lninc}_1|D=0)$是指男性“如果”被放置在女性组内的话所得到的对数收入均值。

② 需要说明的是，在使用匹配方法时要求干预组与对照组有较大的共同支持域(common support)，这是因为 ATT 值正是在共同支持域内计算得出的。而倾向值不在共同支持域内的观测值，将在分析中被剔除。倾向值匹配对共同支持域的要求将在本文第五部分体现。

四、数据来源与描述统计

（一）数据来源

本文所使用的数据是北京大学中国社会科学调查中心（ISSS）实施的中国家庭追踪调查项目（China Family Panel Studies），简称CFPS。CFPS是两年一期的跟踪调查数据，收集五个层面的数据：村居数据、家户数据、家户成员数据、成人数据和儿童数据。数据调查覆盖除西藏、青海、新疆、宁夏、内蒙古、海南、香港、澳门、台湾的25个省/市/自治区，涵盖我国95%的人口。CFPS作为一项全国性、大规模、多学科的社会跟踪调查项目，旨在通过跟踪收集个体、家庭、社区三个层次的数据，反映中国社会、经济、人口、教育和健康的变迁，为学术研究和公共政策分析提供数据基础。本研究使用CFPS2010年基线调查的成人问卷数据，全部样本共33 600个。我们删除了数据结构性缺失和回答信息缺失的案例，并对部分不合理的数据做了灵活处理，最后的分析样本为6 662个。

（二）变量选取

1. 因变量

本研究关心的是劳动力市场中收入的性别差异，因此我们的因变量是指与工作有关的收入。具体来看，本研究因变量"总收入"是指以下几种收入之和：职工基本工资；职工浮动工资、加班费以及各种补贴和奖金；年终奖金；单位发放的实物折合现金；第二职业、兼职或临时性收入（含实物折合现金）。按照惯例，为了使因变量接近正态分布，我们对总收入取对数值。

2. 干预变量

本文的核心自变量为性别，其中男性为对照组，女性为干预组（即男性=0，女性=1）。样本中男性4 123名，占总劳动力人数的62%，女性2 539名，占总劳动力人数的38%，男女比例约为6∶4。

3. 混淆变量

本文的混淆变量分为以下三类：

第一类，代表劳动力市场结构因素的变量——行业、职业。（1）根据2002年的《国民经济行业分类》，我们将劳动者所在的行业划分为第一产业、第二产业和第三产业，依次赋值为1—3。（2）根据2009年的《中华人民共和国国家标准职业分类与代码》并结合本文分析的需要，我们将劳动者的职业划分为负责人、专业人员与技术人员、办事人员和有关人员、服务人员、农林牧渔水利业生产人员、生产运输设备操作及有关人员、其他人员共七种，依次赋值为1—7。

第二类，代表个人资本的变量——受教育年限、工龄、工龄平方、党员身份。（1）受教育年限、工龄表示劳动者的人力资本，均为连续变量，考虑到工作经历可能对收入的非线性影响，我们加入"工龄平方"；（2）党员身份表示劳动者的政治资本，是一个虚拟变量（即非党员=0，党员=1）。

第三类，其他控制变量——年龄、地区、户口、健康。（1）年龄变量的处理方法是选取16—60岁的男性劳动力和16—55岁的女性劳动力。（2）地区被划分为东部、中部、西部三个地区,依次赋值为1—3。(3)劳动者的户口是一个二分变量,我们定义非农户口=0,农业户口=1。(4)劳动者的健康水平是一个分类变量,分别是健康、一般、比较不健康、不健康、非常不健康,依次从1至5对其赋值。

(三)描述统计

全部变量的描述统计如表1所示。在收入比较上,男性劳动力的平均收入比女性高出约7 709元,男女收入差距明显,同时男性劳动力之间的收入分化比女性更严重。分行业和分职业的男女劳动力差异将在下文详细阐述,故此处略去说明。在受教育程度比较上,女性劳动力的平均受教育年限比男性高0.5年,我们认为这可能是由于在当前的教育体制下,女孩比男孩更爱读书的结果。在工龄比较上,男性劳动力的平均工龄要比女性多2.5年,这一方面是由于男性的法定退休年龄晚于女性所致,另一方面则可能反映了劳动力市场对男性劳动力的偏好。综上,就人力资本的受教育年限和工龄而言,男性劳动力与女性劳动力各有优劣,但男性劳动力的优势更为突出。在党员身份比较上,男性劳动力的党员比例为16%,女性劳动力的党员比例为9%,因此男性劳动力的平均政治资本要优于女性,这与中国男性政治参与度高于女性的现实相符。在其他控制变量比较上,男性劳动力平均年龄比女性大3岁左右,同时男性相对于女性更多地分布于中西部地区,且男性的农业户口比例高于女性;此外,男性的身体健康状况略微好于女性①。

表1 全部变量的描述统计

变量	男性 (样本量:4 123)	女性 (样本量:2 539)	全部 (样本量:6 662)
收入	28 505	20 796	25 567
	(30 506)	(18 859)	(26 934)
对数收入	9.98	9.69	9.87
	(0.74)	(0.71)	(0.74)
行业	2.50	2.64	2.56
	(0.52)	(0.49)	(0.51)
职业	4.39	3.88	4.19
	(1.84)	(1.59)	(1.76)
受教育年限	9.71	10.20	9.90
	(4.10)	(4.25)	(4.17)
工龄	9.65	7.15	8.7
	(9.68)	(7.90)	(9.13)
工龄平方	186.92	113.56	158.96
	(306.81)	(214.15)	(277.48)
党员身份	0.16	0.09	0.13
	(0.37)	(0.28)	(0.34)
年龄	38.97	35.78	37.75
	(10.82)	(9.37)	(10.47)

① 如前文所述,衡量劳动者健康水平时,数值1—5分别表示健康、一般、比较不健康、不健康、非常不健康,因而数值越低表明劳动者身体健康状况越好。

（续表）

变量	男性 （样本量:4 123）	女性 （样本量:2 539）	全部 （样本量:6 662）
地区	1.61	1.57	1.59
	(0.74)	(0.73)	(0.74)
户口	0.50	0.44	0.48
	(0.50)	(0.50)	(0.50)
健康	1.51	1.55	1.52
	(0.71)	(0.71)	(0.71)

注：括号内为样本的标准差。

分行业的描述统计如表 2 所示。从表中来看，男性劳动力分布于第一产业和第二产业的比例高于女性，而约三分之二的女性劳动力集中在第三产业，反映了众多女性劳动力拥挤在服务业的社会现实。在受教育年限方面，第二产业和第三产业的女性受教育程度比男性高，与总体特征相符；而第一产业的男性受教育程度比女性高，我们认为这是因为第一产业多分布在农村地区，这些地区受传统“重男轻女”观念的影响较深；同时，从第一产业至第三产业男女的受教育水平均有明显增加，这与三大产业自身的特点有关。在工龄方面，三大产业内男性劳动力的平均工作时间均长于女性，且男性和女性在第一产业的平均工作时间长于第二、三产业。在收入方面，各产业内男性收入均高于女性，产业间的性别收入差距较为明显，存在行业分割的特征；从表中还可以看出，从第一产业至第三产业劳动者的收入逐渐上升，呈现出三大产业不同的经济发展水平。

表 2　分行业的描述统计

	行业分布（%）		受教育年限（年）		工龄（年）		收入（元）	
	男性	女性	男性	女性	男性	女性	男性	女性
第一产业	0.9	0.4	8.23	7.65	12.2	8.2	20 972	9 594
第二产业	48.1	35.0	8.86	8.91	9.6	6.9	26 359	18 903
第三产业	51.0	64.6	10.54	10.92	9.6	7.3	30 654	21 888
全部	100	100	9.71	10.20	9.7	7.2	28 505	20 796

表 3 报告了分职业的描述统计。从表 3 来看，接近一半的男性劳动力从事生产运输设备操作及相关工作，女性劳动力则主要是服务人员；男性从事负责人的比例高于女性，女性从事专业技术工作的比例高于男性；在办事人员和农林牧渔人员中，男女的从事比例差异不大。在受教育年限方面，专业技术人员的受教育水平最高，农林牧渔人员的受教育水平最低，这很好地体现了不同职业对劳动力受教育程度的不同要求；女性仅在专业技术人员和办事人员两种职业中的受教育水平高于男性，在其余职业中则低于男性。在工龄方面，男性劳动力在各种职业中的平均工作时间均长于女性两年左右，而男性负责人则比女性负责人的工龄高出约 5 年。在收入方面，从负责人到生产操作人员，劳动者的收入呈现出总体下降的特点，且男性平均收入均高于女性；可以看出，男女劳动力在负责人、服务人员和农林牧渔人员三种职业中的收入差距明显高于其他三种职业，并且大量的女性确实集中在低收入的职业中，女性劳动力从事低收入的服务人员、农林牧渔人员和生产操作人员的比例超过 60%，存在较为明显的职业分割特征。

表 3 分职业的描述统计

	职业分布(%)		受教育年限(年)		工龄(年)		收入(元)	
	男性	女性	男性	女性	男性	女性	男性	女性
负责人	9.9	5.6	11.82	11.56	11.4	6.8	46 763	34 750
专业技术人员	11.1	19.2	13.43	13.62	12.3	10.4	37 822	28 168
办事人员	11.8	12.8	10.89	12.86	9.8	7.8	25 074	25 874
服务人员	16.4	35.0	9.46	9.02	7.6	5.3	27 785	16 348
农林牧渔人员	0.8	0.3	7.73	6.86	13.4	11.0	27 161	15 785
生产操作人员	48.7	26.1	8.30	7.82	9.3	7.2	23 986	15 867
其他人员	1.3	1.2	8.5	7.97	8.7	3.8	21 042	22 265
全部	100	100	9.71	10.20	9.7	7.2	28 505	20 796

五、倾向值匹配分析

(一)性别收入差异分析

1. 倾向值测算

本文以性别为二分类因变量,采用 Logit 回归的方法来计算两组样本的倾向值。回归结果如表 4 所示,预测的倾向值得分如图 1 所示。

表 4 性别二分类因变量的 Logit 回归

变量	系数	z	P>|z|
行业	0.337***	5.77	0.000
职业	-0.171***	-9.27	0.000
受教育年限	-0.019**	-2.25	0.024
工龄	-0.001	-0.15	0.879
工龄平方	-0.001*	-1.85	0.064
党员身份	-0.838***	-9.23	0.000
年龄	-0.025***	-7.84	0.000
地区	-0.070*	-1.93	0.054
户口	-0.283***	-4.54	0.000
健康	0.158***	4.18	0.000

注:* $p<0.1$, ** $p<0.05$, *** $p<0.01$。

在所有混淆变量中,除了工龄以外,男性劳动者与女性劳动者在其余变量上均有显著的差异。首先,男女劳动者在行业和职业的选择上有着十分显著的不同,这正说明本文分析性别收入差异行业分割与职业分割特征的合理性。其次,从表中可以发现男性劳动者的人力资本和政治资本均优于女性劳动者,这与前文的描述统计一致。最后,在年龄、地区、户口和健康四个控制变量上,男女劳动者之间亦体现出了明显差异的个体特征。因此,由表 4 可以看出,男性劳动者和女性劳动者几乎在所有的混淆变量上都有着显著的差异,这证实了两组劳动群体之间存在明显的显在偏差,因而也就十分有必要在估计仅因性别不同导致的收入差距时解决显在偏差的问题,以准确测度性别对收入的影响。

图 1 报告了男性劳动力和女性劳动力的倾向值。从倾向值的分布来看,整体上女性劳动力(干预组)的倾向值高于男性劳动力(对照组)。实际上,女性劳动力的倾向值均值为 0.43,男性劳动力的倾向值均值为 0.35,两组群体之间的倾向值虽有差异但差异不大,加上两组群体的倾向值分布较为集中与接近,使得共同支持域的范围较大。事实上,绝大部分个体均在共同支持域内,只有四名女性劳动力在共同支持域外。较大的共同支持域满足了下文进行匹配分析的前置要求。

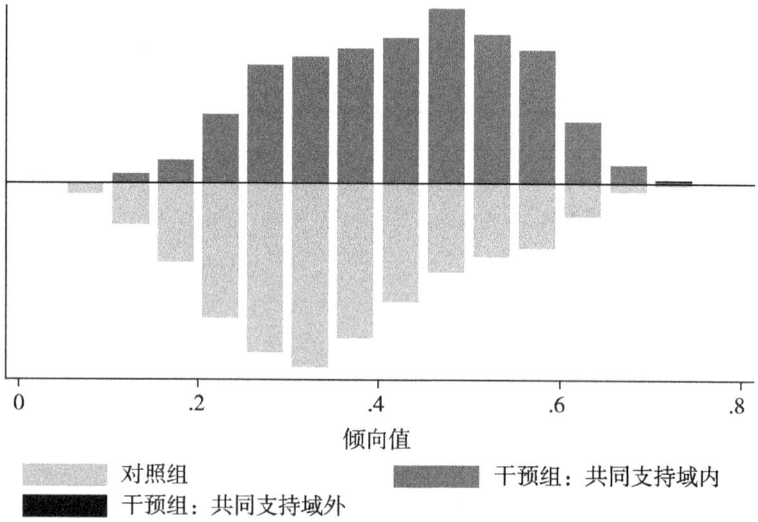

图 1 男性劳动力和女性劳动力的倾向值

2. 匹配分析

本文选择贪婪匹配的方法进行匹配分析,在比较了马氏距离匹配、使用倾向值的马氏距离匹配、最近邻匹配、卡尺匹配和核匹配等多种贪婪匹配方式之后,我们最终选择核匹配的方法。核匹配的估计结果如表 5 所示:

表 5 核匹配估计结果

变量	样本	女性	男性	差异	*T* 统计量
对数收入	Unmatched	9.688	9.982	-0.295	-16.00
	ATT	9.686	10.006	-0.319	-16.41

表 5 报告了基于预测的倾向值通过匹配干预组成员(女性劳动者)与对照组成员(男性劳动者)估计出来的对数收入差异。对数收入差异值为-0.319,也即是女性劳动者的收入比男性劳动者低 37.6%①。由此我们可以得出,即使控制了两组劳动力在劳动力市场的结构因素、个人资本的差异与个体特征的不同等多方面的显在偏差后,仅仅是由于性别原因,女性劳动者的收入便比男性低三分之一以上,这是一个较大比例的差异,它代表了劳

① 由 $\ln inc_1-\ln inc_0=-0.319$ 即可求得 $(inc_1-inc_0)/inc_1\times100\%$,其中 $\ln inc_1$ 和 $\ln inc_0$ 分别表示女性劳动者和男性劳动者的对数收入,inc_1 和 inc_0 分别表示女性劳动者和男性劳动者的绝对收入。下文求法同理。

动力市场对女性较为严重的歧视。有意思的是，我们发现匹配前女性劳动者比男性劳动者的对数收入低 0.295，这意味着在更精确地衡量了两组劳动力在混淆变量上的差异后，男性与女性的收入差距反而拉大了。由于在描述性统计时我们发现，所有控制变量中女性劳动力仅在受教育年限上比男性更有优势，因而我们认为，匹配后男女收入差距的扩大与匹配过程削弱了女性劳动力在受教育水平方面的相对优势有关。反过来说，这暗示了受教育水平对个体的收入状况具有十分显著的正影响。

前文报告了通过控制男女劳动力在混淆变量上的差异而得出的 ATT 值，那么这种控制效果究竟如何呢？我们对此进行混淆变量的匹配属性 BP 检验，检验的结果如表 6 所示。从表中可得，匹配前男性与女性劳动力在各混淆变量上的均值差异全部显著，这证实了男性与女性两组样本之间显在偏差的存在。而匹配后均值差异全部不显著，则说明我们很好地解决了显在偏差的问题。因此，我们断定劳动力市场上确实显示出收入的性别差异，女性收入比男性低 37.6%。

表 6 混淆变量的匹配属性 BP 检验

变量	样本	女性	男性	偏差(%)	偏差减少(%)	t	$p>\|t\|$
行业	U	2.642	2.502	28.0***		11.02	0.000
	M	2.642	2.633	1.8	93.5	0.67	0.504
职业	U	3.882	4.387	-29.4***		-11.45	0.000
	M	3.886	3.891	-0.3	99.1	-0.09	0.926
受教育年限	U	10.200	9.712	11.7***		4.65	0.000
	M	10.194	10.168	0.6	94.5	0.23	0.820
工龄	U	7.152	9.651	-28.3***		-10.95	0.000
	M	7.161	7.102	0.7	97.6	0.27	0.788
工龄平方	U	113.560	186.920	-27.7***		-10.57	0.000
	M	113.730	110.540	1.2	95.7	0.53	0.598
党员身份	U	0.086	0.163	-23.6***		-9.06	0.000
	M	0.086	0.083	1.0	95.7	0.42	0.673
年龄	U	35.777	38.973	-31.6***		-12.31	0.000
	M	35.797	35.836	-0.4	98.8	-0.14	0.889
地区	U	1.565	1.612	-6.4**		-2.54	0.011
	M	1.566	1.561	0.7	88.5	0.27	0.789
户口	U	0.444	0.501	-11.5***		-4.57	0.000
	M	0.445	0.450	-1.1	90.5	-0.39	0.695
健康	U	1.545	1.511	4.8*		1.91	0.056
	M	1.544	1.539	0.7	86.0	0.24	0.814

注：在“样本”一列中，U = Unmatched，M = Matched。

（二）行业分割与性别收入差异

分行业的性别收入差异估计结果如表 7 所示①。

① 限于篇幅，在分析性别收入差异的行业分割与职业分割特点时直接输出估计结果，不再报告分行业/分职业的 Logit 回归、预测的倾向值分布与匹配属性 BP 检验。

表 7 分行业的核匹配估计结果

行业	样本	女性	男性	差异	T 统计量
第一产业	Unmatched	9.053	9.809	-0.757	-3.55
	ATT	9.019	9.825	-0.806	-2.85
第二产业	Unmatched	9.641	9.951	-0.309	-11.80
	ATT	9.640	9.954	-0.314	-11.81
第三产业	Unmatched	9.717	10.016	-0.299	-11.55
	ATT	9.717	10.003	-0.286	-10.21

从第一产业到第三产业，劳动者的收入呈现上升的特点，这与三大产业的经济发展水平密切相关。第一产业发展较为滞后，亟须推进现代化步伐；第二产业经历了新中国成立以来几十年的发展已有相当的成就；而近年来随着中国加快转变经济发展方式，第三产业展现出迅猛增长的态势。

从第一产业至第三产业，劳动力市场对女性劳动者的歧视减弱，性别收入差异缩小，行业分割特征明显。第一产业对女性劳动者的歧视最为严重，匹配后的女性劳动者收入比男性低 123.9%。第一产业主要是分布在农村地区的农林牧渔业，而中国广大农村地区"重男轻女""男耕女织"的传统思想根深蒂固，造成了对女性严重的偏见与歧视，女性劳动者从事着一些相对轻松、收入略低的工作。第二产业对女性劳动者的歧视弱于第一产业，匹配后的女性劳动者收入比男性低 36.9%。第二产业主要包括采矿业、制造业、建筑业等行业，这些行业因其自身特点而偏好于男性劳动者。由行业内的描述统计可知，男性劳动力从事第二产业的比例(48.1%)确实远高于女性(35.0%)。因此，在男性主导的第二产业内存在对女性劳动者较为严重的歧视。相比第一、二产业而言，第三产业对女性劳动者的歧视程度最低，但匹配后的女性劳动者收入仍然比男性要低 33.1%。尽管第三产业的行业众多，也吸纳了约三分之二的女性劳动力就业，但可能出于统计性歧视的原因，女性获得的劳动收入较低。

第一、二产业在两组劳动群体匹配后更精确地测度出的收入差异要大于匹配前，第三产业在进行匹配后测度出的性别收入差异则有所缩小。第一产业匹配前后的差异可能主要是因两组劳动者健康状况的不同所致，第二、三产业匹配前后的差异更大程度上是因两个产业内受教育程度和工龄的相对重要性略微不同所致。第二、第三产业内男性劳动者的受教育程度均低于女性而工龄高于女性，由匹配前后的收入差距可推测整体上在第二产业内受教育程度相对于工龄更重要，在第三产业内工龄相对于受教育程度更重要。

（三）职业分割与性别收入差异

分职业的性别收入差异估计结果如表 8 所示。

表 8 分职业的核匹配估计结果

职业	样本	女性	男性	差异	T 统计量
负责人	Unmatched	9.992	10.342	-0.350	-3.66
	ATT	9.992	10.365	-0.373	-3.36
专业技术人员	Unmatched	10.001	10.268	-0.267	-5.49
	ATT	10.001	10.234	-0.233	-4.16

（续表）

职业	样本	女性	男性	差异	*T* 统计量
办事人员	Unmatched	9.921	9.921	0.000	-0.01
	ATT	9.921	10.036	-0.115	-2.07
服务人员	Unmatched	9.506	9.889	-0.383	-10.44
	ATT	9.508	9.839	-0.331	-7.93
农林牧渔人员	Unmatched	9.429	9.678	-0.249	-0.96
	ATT	9.429	9.672	-0.243	-0.57
生产操作人员	Unmatched	9.525	9.902	-0.377	-13.74
	ATT	9.525	9.861	-0.336	-12.35
其他人员	Unmatched	9.689	9.669	0.020	0.09
	ATT	9.689	9.696	-0.008	-0.03

在负责人、专业技术人员和办事人员等相对上层的职业，劳动者的工作收入较高；在服务人员、农林牧渔人员和生产操作人员等相对下层的职业，劳动者的工作收入较低。由分职业的描述统计我们得知，女性劳动力分布于相对下层的三种职业的比例超过 60%，证实了大量女性拥挤在低收入的职业中。

通过控制不同职业内男性劳动力和女性劳动力的显在偏差之后的匹配估计结果表明，负责人、服务人员和生产操作人员三种职业在收入上的性别歧视较严重，女性劳动者在这些职业中的收入比男性低约 40%以上；专业技术人员和农林牧渔人员两种职业对女性劳动者的歧视稍弱，女性收入比男性低 27%左右；办事人员职业对劳动者的性别歧视最弱，歧视仅使女性收入比男性低 12.2%。这印证了性别收入差异的职业分割特征。

通过各职业内部匹配前后的性别收入差异对比，我们发现在相对下层的三种职业和办事人员职业中解决了显在偏差后，女性与男性的收入差距减小，反映了这些职业当前对女性劳动者的歧视被扩大；在负责人和办事人员职业中匹配前的性别收入差距更小，反映了这些职业当前对女性劳动者的歧视被缩小，这或许是由于能够进入负责人和办事人员等相对上层中的女性劳动者向雇主发送了高能力的信号。

六、敏感性分析

在前文的分析中我们解决了显在偏差的问题，但没有考虑隐藏偏差对干预效应的影响。隐藏偏差本质上是由于统计分析中重要变量的遗漏所导致的问题，因为这种遗漏会导致回归方程中由误差项所反映未被观测的异质性变得不随机。因此，我们需要进行敏感性分析来估计偏差的水平，以回答匹配的估计结果对隐藏偏差的敏感性程度。

敏感性分析使用估计的接受某一特定干预的发生比来考察估计的干预效应可能发生变动的幅度。具体而言，假设男性劳动力个体 j 和女性劳动力个体 k 具有相同的观测协变量 x 但可能具有不同的接受干预的机会，即 $x_j=x_k$，但 $\pi_j \neq \pi_k$。为了控制由 x 所导致的显在偏差我们采取了倾向值匹配方法。个体 j 和 k 接受干预的发生比分别为 $\pi_j/(1-\pi_j)$ 和 $\pi_k/(1-\pi_k)$，则发生比率为

$$\frac{\pi_j/(1-\pi_j)}{\pi_k/(1-\pi_k)}=\frac{\pi_k(1-\pi_j)}{\pi_j(1-\pi_k)} \tag{10}$$

敏感性分析进一步假定，对于具有相同 x 的个体，这一发生比率至多是一些 $\Gamma \geqslant 1$ 的数，即对于所有满足 $x_j = x_k$ 的 j 和 k：

$$\frac{1}{\Gamma} \leqslant \frac{\pi_k(1-\pi_j)}{\pi_j(1-\pi_k)} \leqslant \Gamma \tag{11}$$

根据上述定义，如果 $\Gamma = 1$，那么 $\pi_j = \pi_k$ 时若有 $x_j = x_k$，则研究就不会有隐藏偏差；如果 $\Gamma = N$（N 为一个大于 1 的数），那么即使具有相同的协变量 x 的两个个体，在接受干预的发生比上也可能相差 N 倍。换言之，Γ 测量的是对一项不会有隐藏偏差的研究的偏离程度。如果接近于 1 的 Γ 值导致因果推论与假定不存在隐藏偏差情况下的因果推论显著不同，那么研究就是敏感的；如果需要较大的 Γ 值才会改变因果推论，那么研究就是不敏感的。

采用 Hodges-Lehmann 检验来考察性别收入差异匹配分析中的敏感性，得到如表 9 所示的检验结果①。表中显示，随着 Γ 值的增大，sig−一直为 0，直到 $\Gamma = 2.9$ 时 sig−大于 0.05。因此我们认为，本文考察性别歧视造成的收入差异净效应的研究对隐藏偏差是较为稳健的。

表 9 Hodges-Lehmann 检验结果

Γ	sig+	sig−	t-hat+	t-hat−	CI+	CI−
1	0.00	0.00	−0.33	−0.33	−0.35	−0.30
1.2	0.00	0.00	−0.38	−0.28	−0.40	−0.25
1.4	0.00	0.00	−0.42	−0.23	−0.45	−0.21
1.6	0.00	0.00	−0.46	−0.19	−0.48	−0.17
1.8	0.00	0.00	−0.49	−0.16	−0.52	−0.13
2	0.00	0.00	−0.52	−0.13	−0.54	−0.10
2.2	0.00	0.00	−0.54	−0.10	−0.57	−0.07
2.4	0.00	0.00	−0.57	−0.08	−0.59	−0.05
2.6	0.00	0.00	−0.59	−0.05	−0.61	−0.03
2.8	0.00	0.01	−0.61	−0.03	−0.63	0.00
2.9	0.00	0.06	−0.61	−0.02	−0.64	0.01
3	0.00	0.17	−0.62	−0.01	−0.65	0.02

注：t-hat+、t-hat−分别表示最大与最小的 Hodges-Lehmann 点估计；sig+、sig−为与之相对应的显著性水平；CI+、CI−分别表示 Hodges-Lehmann 区间估计的上限与下限。

七、结论及建议

本文利用 CFPS2010 年的基线调查数据，通过倾向值匹配方法实证分析了当前中国劳动力市场上的性别收入差异，以此衡量了中国劳动力市场的性别歧视程度。同时，本文还比较了不同行业和不同职业内部的男性劳动者和女性劳动者收入的差异，刻画了劳动力市场上性别收入差异的行业分割与职业分割特征。研究表明：(1) 从男性与女性劳动力的全部数据来看，在控制了受教育程度、工龄、党员身份等可能影响收入的变量后，仅因

① 限于篇幅，针对分行业与分职业的性别收入差异匹配分析结果的 Hodges-Lehmann 检验未予报告。我们指出，分行业的 Hodges-Lehmann 检验都是较为稳健的，分职业中仅有办事人员和农林牧渔人员两种职业的 Hodges-Lehmann 检验稳健性较差，其余职业均具有较好的稳健性。

性别的差异，女性的收入比男性低37.6%，劳动力市场对女性的歧视使男女劳动者之间产生了超过三分之一的收入差距；(2)分行业来看，从第一产业到第三产业男性劳动者与女性劳动者的收入差距缩小，对女性劳动者的歧视减弱；(3)分职业来看，负责人、服务人员和生产操作人员三种职业男女收入差距较大，性别歧视较严重；专业技术人员、农林牧渔人员职业男女收入差距居中，性别歧视稍弱；办事人员职业男女收入差距最小，性别歧视最弱。整体上，负责人、专业技术人员和办事人员等相对上层的职业中的性别收入差距小于服务人员、农林牧渔人员和生产操作人员等相对下层的职业，上层职业对女性劳动者的歧视小于下层职业。

基于以上研究结果，结合中国社会的现实情况，我们提出如下建议：第一，完善有关性别歧视的立法规制，制定内容全面的反歧视法律条文，加强司法和执法的可操作性，提高企业和雇主实行性别歧视的成本，切实保证劳动力市场中的男女平等。第二，女性劳动者应当强化对相关反歧视法律的了解与认识，在劳动力市场中遭遇性别歧视时主动运用法律武器维护自身的合法权益。第三，针对性别歧视程度和收入差异的行业分割特点，应当在广大农村地区持续宣传男女平等的思想以减弱第一产业内的性别歧视，同时也应加快第一产业的现代化发展步伐以打破传统"男耕女织"的家庭分工与角色定位；应当通过进一步普及教育提高女性的受教育水平，出台有利于性别平等的退休政策延长女性的法定劳动时间，以此平衡男性劳动者与女性劳动者之间的人力资本差异，缩小第二、三产业内的性别歧视程度与收入差距。第四，针对性别歧视程度和收入差异的职业分割特点，在职业内实行性别比例制，提高女性劳动者在上层职业中的比例，缓解女性劳动者在下层职业中的拥挤现象，借此保证两性的平等就业机会，弱化甚至消除歧视对女性造成的不利影响。

参考文献

Becker G. The Economics of Discrimination [M]. Chicago: University of Chicago Press, 1957.

Bergmann B. The Effect on Incomes of Discrimination in Employment [J]. Journal of Political Economy, 1971, 79: 294-313.

Bian Y, Logan J, Shu X. Wages and Job Inequalities in the Working Lives of Men and Women in Tianjin [J]. in Entwisle B, Henderson G. (eds.) Re-Drawing Boundaries: Work, Households, and Gender in China [M]. CA Berkeley: University of California Press, 2000.

Fields J, Wolff E. N. Interindustry Wage Differentials and the Gender Wage Gap [J]. Industrial and Labor Relations Review, 1995, 49(1): 105-120.

Gustafsson B, Li S. Economic Transformation and the Gender Earnings Gap in Urban China [J]. Journal of Population Economics, 2000, 13(2): 305-329.

Hauser S M, Xie Y. Temporal and Regional Variation in Earnings Inequality: Urban China in Transition Between 1988 and 1995 [J]. Social Science Research, 2005, 34: 44-79.

Heckman J J. Sample Selection Bias as a Specification Error [J]. Econometrica: Journal of the econometric society, 1979: 153-161.

Li S, Gustafsson B. Unemployment, Earlier Retirement and Changes in Gender Income Gap in Urban China over 1995-2002 [J]. in Gustafsson B, Li S, Sicular T. (eds.) Income Inequality and Public Policy in China [M]. Cambridge: Cambridge University Press, 2008.

Meng X, Miller P. Occupational Segregation and Its Impact on Gender Wage Discrimination in China's Rural Industrial Sector [J]. Oxford Economic Papers, 1995, 47(1): 136-155.

Mincer J A. Schooling, Experience, and Earnings [J]. NBER Books, 1974.

Oaxaca R. Male-Female Wage Differentials in Urban Labor Markets [J]. International Economic Review, 1973, 14(3): 693-709.

Parish W L, Busse S. Gender and Work [J]. in Tang W, Parish W L. (eds.) Chinese Urban Life Under Reform: The Changing Social Contract [M]. New York: Cambridge University Press, 2000.

Phelps E S. The Statistical Theory of Racism and Genderism [J]. American Economie Review, 1972, 62 (4): 659-661.

Piore M J. The Dual Labor Market: Theory and Applications [J]. in Barringer R, Beer S H (eds.) The State and the Poor [M]. Cambridge, Mass: Winthrop, 1970.

Putnam G W. Occupational Sex Segregation and Economic Inequality under Socialism: Earnings Attainment and Earnings Decomposition in Yugoslavia [J]. The Sociological Quarterly, 1990, 31(1): 59-75.

Rosenbaum P R, Rubin D B. The Central Role of the Propensity Score in Observational Studies for Causal Effects [J]. Biometrika, 1983, 70(1): 41-55.

Shu X, Bian Y. Intercity Variation in Gender Inequalities in China: Analysis of a 1995 National Survey [J]. Research in Social Stratification and Mobility, 2002, 19: 269-309.

Shu X, Bian Y. Market Transition and Gender Gap in Earnings in Urban China [J]. Social Forces, 2003, 81(4): 1107-1145.

安东尼 · 吉登斯.社会学[M].北京大学出版社,2003.

葛玉好,曾湘泉.市场歧视对城镇地区性别工资差距的影响[J].经济研究,2011,6:45—56+92.

葛玉好.部门选择对工资性别差距的影响:1988—2001 年[J].经济学(季刊),2007,2:607—628.

郭申阳,马克 · W.弗雷泽.倾向值分析:统计方法与应用[M].郭志刚等译.重庆大学出版社,2012.

胡安宁.倾向值匹配与因果推论:方法论述评[J].社会学研究, 2012 (1): 221—242.

胡雯,李建新.中国城镇居民收入的性别差异研究——以北京、上海、广东三地为例[J].人口学刊,2014,1:89—96.

李春玲,李实.市场竞争还是性别歧视——收入性别差异扩大趋势及其原因解释[J].社会学研究,2008,2:94—117+244.

李实,马欣欣.中国城镇职工的性别工资差异与职业分割的经验分析[J].中国人口科学,2006,5:2—13+95.

彭竞.高等教育回报率与工资的性别差异[J].人口与经济,2011,4:51—57.

王美艳.中国城市劳动力市场上的性别工资差异[J].经济研究,2005,12:35—44.

王天夫,崔晓雄.行业是如何影响收入的——基于多层线性模型的分析[J].中国社会科学,2010,5:165—180+223.

王天夫,赖扬恩,李博柏.城市性别收入差异及其演变:1995—2003[J].社会学研究,2008, 2:23—53+243.

谢嗣胜,姚先国.我国城市就业人员性别工资歧视的估计[J].妇女研究论丛,2005,6:12—15+26.

杨钋,程飞.教育、行业分割与性别收入差异——基于中国大学生就业调查的分析[J].北京大学教育评论,2012,3:95—113+190.

张丹丹.市场化与性别工资差异研究[J].中国人口科学,2004,1:34—43+81.

赵人伟,李实,卡尔 · 李思勤.中国居民收入分配再研究——经济改革和发展中的收入分配[M].中国财政经济出版社,1999.

不同社会阶层经济状况对大学生自费留学影响的实证研究

——基于中国人民大学、北京理工大学的实地调研

李滨伍

(中国人民大学经济学院)

[**摘要**] 20世纪90年代,尤其是进入21世纪以来,我国经济发展取得了瞩目的成就,国民经济的恢复一方面使得国家经济实力得到了空前的提升,另一方面也使得人民的生活水平有了直线的上升。“科学技术是第一生产力”使得我国的经济发展逐渐走向依赖于科技的道路,而这条道路的重要方面就是教育。经济的发展离不开教育的支持,而教育水平的提高也会促进经济的进一步发展,二者呈现出相辅相成的形态。因此,21世纪以来,无论从高校角度还是从家庭角度,都愈发地注重教育,尤其是与世界接轨的教育。根据中国留学发展报告显示,近年来我国留学的人数呈现出陡增的态势,2014年全年出国留学总人数已超过40万,其中大部分为大学生自费留学。数据表明,大学生自费留学已经成为现代教育的重要方式,所以研究这一问题对教育的发展尤为重要。但是,在调查过程中我们发现,不同社会阶层经济状况的差异对大学生自费留学有着十分重要的影响。本文通过构建家庭经济状况的综合衡量指标,利用调查数据进行相关性分析,归纳出“教育支出”“家庭总储蓄”和“主观认知”三个影响大学生自费留学可能性的主要因素,并通过计量分析得出结论,从多方面给出建议,促进自费留学市场的完善与发展。

[**关键词**] 社会阶层,自费留学,经济状况

一、引 言

在我国,长时间以来大学教育意味着满意的工作和舒适的生活。然而,随着近年来大学扩招和升学率提高,大学生越来越多,导致社会就业问题日益突出,大学生毕业即失业的现象越来越普遍。因此,大学生本科阶段学业结束之后,越来越多的学生选择的不是走向社会,而是读取研究生进行深造,而这其中有相当一部分学生选择了出国留学,接受国外的教育。但是,大学生出国留学的教育中,不到十分之一的学生为国家或单位公派留学,超过九成都为自费留学(见图1)。据统计,在我国学生留学较为密集的几个国家中,美国每年的总费用在20万—30万,英国及其他英联邦国家的教育费用还要高一些,因此,大学生自费留学对家庭的经济能力有着一定的要求。

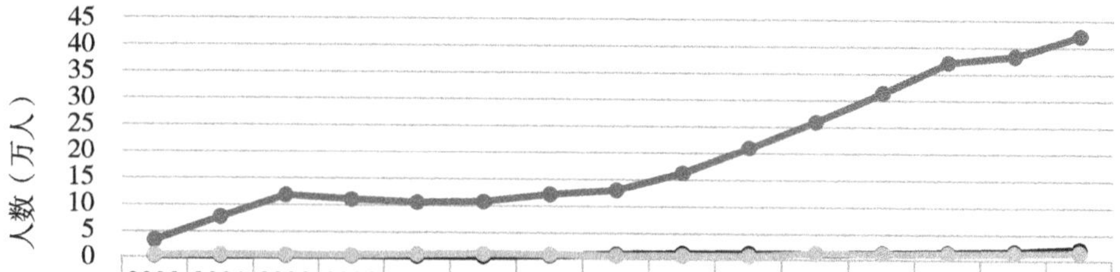

	2000	2001	2002	2003	2004	2005	2006	2007	2008	2009	2010	2011	2012	2013	2014
自费留学	3.2	7.6	11.7	10.9	10.4	10.6	12.0	12.9	16.1	21.0	26	31.4	37.2	38.4	42.3
国家公派	0.3	0.3	0.35	0.35	0.35	0.4	0.56	0.89	1.14	1.2	1.2	1.28	1.45	1.63	2.13
单位公派		0.5	0.45	0.46	0.69	0.8	0.77	0.61	0.68	0.72	1.27	1.21	1.28	1.33	1.55

自费留学　国家公派　单位公派

图 1　我国 2000—2014 年留学发展情况

虽然我国在经济发展的道路上有所成就，人民的财富有了一定的积累，但是，在总量增加的同时，财富的分配不均问题成为一个比较显著的社会问题。由此，不同经济水平的家庭在子女的教育选择上存在不同的方向。在我国的高等教育领域，城乡之间的不平等不容置疑，以职业分类为基础的不同社会阶层的子女在高等教育方面上也存在差异。传统意义上，大学教育是许多弱势社会阶层改变个人命运、家庭命运甚至是家族命运的一种方式，然而，自费留学人数的增加使得大学本科教育的社会影响力逐渐减弱，阶层固化的趋势在高等教育方面有了新的体现。即，处于弱势社会阶层的家庭在教育上既有绝对弱势，又存在相对弱势。从广义的角度分析，处于弱势社会阶层的学生在接受教育之后，依然难以改变自身命运。

在社会分层上，无论以城乡还是以职业类型为标准的阶层分化，虽然包含着社会地位、文化资源、思维方式等诸多差异，但是最直接反映这一问题的就是贫富差距，即各个家庭所控制或占有的社会物质财富的差异。因此，我们研究不同社会阶层经济状况对大学生自费留学的影响，能够很大程度上反映其家庭所属的社会阶层状况，进而分析其中的相关性。

在研究我国的高等教育时，不得不提到的就是高考。我国的高考制度存在缺点，但也在最大范围和最大程度上保证着教育公平。因此，虽然学生的中学教育存在差异，但是高考无疑为处于弱势社会阶层的同学提供了进入大学学习的机会。但是，即使已经跨入大学校门，在自费留学上，家庭的经济状况有着十分重要的、甚至重要程度不亚于学习成绩的作用。

选择出国留学，一般分为两种。一种是有计划从事科研工作的学生，通过接受某大学较强的专业水平的训练，从而在专业领域取得新的突破，为专业的学习提供必要的理论和实践基础。另一种是考虑到就业方面的目的，这种考虑在于两个方面。一方面是研究生教育能够提高学生在专业领域的能力，从而在从事工作后对业务有更深的理解；另一方面在于目前的求职者过多，而且每个求职者都希望找到比自己能力水平高的工作，因此造成了部分工作的报录比失调，出现一个岗位需求众多的特殊现象，这也是自费留学的一个重要原因。此外，异域的风俗、不同的文化、多元的环境、全新的视野、更多的信息都是自费留学的动因。

一个学生接受的研究生教育，或者说是出国留学类型的教育，并不能代表一个学生的全部能力,也不是衡量其未来人生成功与否的唯一标准。但是,在社会就业状况日益激烈的今天,学历或者教育背景在一定程度上成了企业判断求职者能力的一种指标。所以,即使我国自费留学的学生鱼龙混杂,但在就业市场上也难以区分,这进一步导致了留学市场的火热。科研需要和就业市场现状使得自费留学成为一种可实施的选择,这一普遍现象使得本文的研究有着现实的社会意义。自费留学中,不同社会阶层有着哪些不同的选择、不同社会阶层的经济状况对留学教育产生多大的影响,这些都是我们需要讨论的问题。基于上述分析,本文意在研究"不同社会阶层的经济状况对大学生自费留学的影响",并且选取了中国人民大学和北京理工大学两所高校的大三年级的同学作为研究样本,两所高校各发放 100 份问卷,共计 200 份,回收问卷 196 份,回收率为 98%;回收问卷中有效问卷 187 份,有效率 95.4%,满足调查的基本要求,获得了一手数据。在此基础上,对经济状况采取了一些量化处理,使得我们可以更加直观地观察不同社会阶层的经济状况与自费留学之间的关系。通过分析数据,根据模型获得的结果,得出结论并且给出适当的政策建议。

本文的研究结构如下:第一部分为引言,提出问题所在并且指出研究的意义;第二部分对社会阶层、经济状况的概念以及国内外相关的文献做了简要的回顾;第三部分构建了不同社会阶层经济状况的衡量指标;第四部分是不同社会阶层经济状况对大学生自费留学的具体影响路径分析,并提出研究假设;第五部分是此次调研情况的概述;第六部分是实证分析,基于调研数据,通过计量方法对研究假设进行检验;第七部分是结论和政策建议。

二、文献综述

(一)概念界定

社会阶层是指全体社会成员按照一定等级标准划分为彼此地位相互区别的社会集团,同一社会集团成员之间态度、行为模式以及价值观等方面具有相似性,不同集团成员存在差异性。根据《当代中国社会阶层研究报告》,中国十大社会阶层包含国家与社会管理者阶层、经理人员阶层、私营企业主阶层、专业技术人员阶层、办事人员阶层、个体工商户阶层、商业服务业员工阶层、产业工人阶层、农业劳动者阶层和城乡无业、失业、半失业阶层。阶层固化指的是社会纵向流动的通道日益狭窄,下层社会向上流动受阻,社会结构调整速度变慢,制度变革与调整的动力减弱。

经济状况是指个人、家庭劳动所得报酬或其他经济收入和生活消费支出情况。这一概念的内涵包括学生家长的工资收入、福利状况以及学生对家庭经济状况的自我感受,即包含客观经济水平和主观感受两个维度(罗增让和彭志启,2002)。

(二)文献回顾

1. 国外相关研究

大量的国外研究表明,不同社会阶层的经济状况对子女的教育有着重要的直接影响,对子女在留学教育方面的影响也不容小觑。Coleman *et al*.(1966)第一次把社会阶层作为影响学生的因素加以研究,加之社会学者和教育学者的研究,使人们开始重新判定社会阶层在个人生活当中的威力,重新审视教育。虽然现代教育体系的扩展使得教育机会的平等程度有所改善,但智力和学术成就之间的联系远非完善,导致这种不完全相关的因素很多,有社会的,也有心理的,但其中家庭背景的差异属于重要因素之列。优势阶层的父母在财政、语言技能、动机和私人学习条件等多方面给其子女提供优惠,因此,可以毫不夸张地说,家庭是抵抗现代教育体系中内在的平等倾向的一个最强有力的因素。根据澳大利亚1991—1997年学生调查数据的研究结果发现:尽管澳大利亚的高等教育规模在过去几十年间有了较大的扩展,但强势社会阶层的子女拥有优势高等教育资源的机会却明显增加,而弱势社会阶层的子女占用高等教育机会的比例则有所减少,并且弱势群体子女主要进入一些新建的较低层次的高等院校。在日本研究生的家庭职业分布情形中,就国立大学而言,以农、渔、矿工子女占20%为最多;其次为中下级公务人员的子女,占17%;再次为高级管理及行政人员子女,占13%。在私立大学,则以高级行政管理人员子女为最多,约占30%;其次为中下级行政人员的子女,占16%。在毕业生方面,以W.H.Sewell为首的威斯康星学派(Wisconsin School)的研究具有代表性。他们对1957年威斯康星的高中毕业生跟踪研究至1965年,以父母的职业、教育程度、经济收入或者三者整合的家庭社会经济地位指数作为度量标准,上阶层家庭子女与下阶层家庭子女在进入大学教育和研究生教育的机会方面的相对比例为4∶1,两种类型的毕业的相对比例是6∶1,在相同智力水平下,优势社会经济地位家庭子女接受大学教育和研究生教育的机会与弱势社会经济地位家庭子女的相对比例为2∶1。

2. 国内相关研究

在这一研究命题的国内研究领域上,孟东方等(1996)指出,“优势教育资源集中于优势社会阶层”,优势的社会阶层在教育资源的分配上有着先天的便利条件。刘宏元(1996)认为,不论是从城乡区域来分析,还是从父母职业方面考量,子女接受高等教育的机会都有明显差异。刘精明(2004)通过不同模型分析认为,在1978—2003年间,无论是哪种类型的高等教育机会,阶层背景的差异一直都以极大的相对优势比而显著存在,并且表现了极为明确的分层化态势。而且,刘精明(2005)从理论和实证两方面集中探讨了个体教育获得与阶层背景的关系。通过新中国成立以来《中国教育年鉴》和全国性抽样调查,对数据进行加权、回归等数学处理并建立模型,从宏观的角度分析得出——生存取向教育阶段与地位取向教育阶段相比,教育平等水平更高,这既是国家教育利益的基本目标,也是个体之间教育平等权利的主要表达方式。教育的不平等扩张主要集中于地位取向教育的形式中,优势社会阶层子女在地位取向教育中占据着绝对优势。阶层优势与其所拥有的资源优势、国家意志、教育的技术选择机制的强弱有着十分密切的关系。

三、指标构建

在指标构建的过程中,由于数据类型的不同,因此为了能够科学合理地构建起衡量不同阶层经济状况的指标,本文参考了大量的统计数据和其他学者对经济状况的衡量方法。其中,在历年《中国统计年鉴》中,根据对全国的抽样调查给出了划分贫穷与小康的标准。有学者在这一基础上,进一步地通过对各阶层经济状况的调查,把家庭的经济状况分为了贫穷、勉强度日、一般、小康和富裕5个等级,使用包括家庭年收入、家庭成员基本情况、被测人生活费来源、生活费多少和学费缴纳情况等10个具体指标进行衡量(李昕等,2007)。在目前一些大学内用于调查学生家庭经济状况的问卷中,还是用了家庭收入来源、教育投资数额乃至对子女教育期望等指标。

为使指标构建呈现出更高的准确性和合理性，本文在查阅大量文献资料之后，总结既有的研究成果，对家庭经济状况的衡量指标进行了进一步的归纳与整理，并根据本文的实际情况，进行了取舍与拓展，从客观经济状况和学生主观认知两个角度构建了新的家庭经济状况综合衡量指标。

客观经济状况分为家庭和个人两部分。其中，家庭的收入是对家庭经济状况最直观有力的体现，在实际生活中具体体现为家庭月收入、月人均收入、家庭月储蓄和家庭总储蓄等。除此之外，由于本研究着重探究家庭经济状况对大学生自费留学的影响，因此从大学生的个人角度出发，其个人在经济方面的收支情况对家庭经济状况也是一个良好的反映，所以，问卷中针对大学生个人构建了每月家中提供的生活费、奖学金等具体衡量指标。

主观衡量指标的构建是本研究结合心理学相关研究的一项创新。考虑到家庭经济状况不仅可通过“收支”等硬性限制性指标对自费留学产生影响，很大程度上还会因学生对自身家庭经济状况认知的不同而使其对自费留学认知产生差异，例如家庭经济状况越差，学生对自费留学的积极性就越不高，因此认知程度较低。因此本文中的家庭经济状况，不仅包含着经济学意义上的收支状况，还同时包含着对“学生心理和行为产生的真实感受”这一层面的家庭经济状况进行的衡量。对主观方面的衡量主要使用了 Likert scale 的方法，构建了以下的测量表（见表 1）：

表 1　家庭经济状况测量表

<table>
<tr><th colspan="3">维度</th><th>项目</th><th>题号</th></tr>
<tr><td rowspan="12">客观</td><td rowspan="6">家庭</td><td rowspan="4">家庭收入</td><td>家庭每月总收入</td><td>11</td></tr>
<tr><td>家庭主要经济来源</td><td>12</td></tr>
<tr><td>家庭平均每月储蓄额</td><td>15</td></tr>
<tr><td>家庭总储蓄</td><td>16</td></tr>
<tr><td rowspan="2">家庭支出</td><td>每月对您教育上的花费</td><td>17</td></tr>
<tr><td>您的每月生活费</td><td>18</td></tr>
<tr><td rowspan="4">个人</td><td rowspan="2">个人收入</td><td>每学期获得的奖学金总额</td><td>19</td></tr>
<tr><td>您自身工作获取的收入</td><td>20</td></tr>
<tr><td rowspan="2">个人支出</td><td>您每月的消费额</td><td>21</td></tr>
<tr><td>您每月的学习支出</td><td>22</td></tr>
<tr><td colspan="2" rowspan="2">所享社会资源</td><td>参加辅导培训的费用</td><td>23</td></tr>
<tr><td>您拥有并将用于学习中的是</td><td>24</td></tr>
<tr><td rowspan="2">主观</td><td colspan="2" rowspan="2">对家庭经济状况的自我认知</td><td>你认为家庭的经济状况与同学相比如何</td><td>25</td></tr>
<tr><td>Likert scale</td><td>26—30</td></tr>
</table>

四、影响因素分析

前文已经构建了家庭经济状况的综合衡量指标，根据这些指标提出影响大学生出国留学的因素并做出假设。根据前述概念的界定，家庭经济状况应该包括家庭客观的经济水平和学生主观的认知程度两个维度。

（一）客观经济状况

1. 家庭月收入

家庭月收入是对家庭客观经济实力最直观有效的衡量标准。曾志嵘和夏欧东（2006）认为一定的经济收入是出国留学的保障，家庭收入高的学生成绩要高于家庭收入低者，父母工作稳定、家庭条件好的学生出国深造的可能性更大。同时，家庭月收入可以在一定程度上反映学生的其他个体特征：家庭月收入越高，来自城市和东部发达省份的可能性就越大；反之来自农村和中西部欠发达省份的可能性越大。我国的基础教育资源分配不均衡，明显向城市和东部沿海省份倾斜。因此，可认为家庭月收入越高，所接受的基础教育质量越好，视野越开阔，在大学阶段学习中占优势的可能性也越大，自费留学的可能性越大。因此，假设家庭月收入越高（包括学生奖学金等），大学生出国留学可能性越大。考虑到家庭人口对经济状况有一定的影响，家庭人口越多，经济负担越重，因此假设家庭人均月收入越高，大学生出国留学可能性越大。

2. 教育支出

在教育支出方面，李红伟（2000）认为，家庭教育支出与家庭收入成正比例关系，家庭的收入水平是对家庭教育投资的限制。家庭教育支出除去缴纳子女学杂费之外，主要用于子女报名各种培训、辅导，在自费留学方面，托福、雅思、GRE 的学习，以及这些课程的考试甚至是多次考试都需要一定的教育支出，通过留学机构进行留学安排也需要不菲的支出。此外，在自费留学的准备中，交换生的经历也是十分重要的，这仍然是一笔教育类型的支出。这些教育方面的支出对增加学生的自费留学可能性有一定的帮助。

由于不同的家庭对教育的重视程度不同，所以教育支出占家庭收入的比重也存在差异。占比越高，说明家庭对教育的重视程度越高，对自费留学就有正向影响。为此，假设教育支出越高（不含学费），大学生出国留学可能性越大。

3. 生活费

对尚未有能力独立生活的学生来说，家庭供给的生活费是在学校的主要生活来源。考虑到大学生可能存在获得奖学金、兼职等情况，所以将这些也计入生活费中。大学生生活费越高，接触的各种资源就越多，如笔记本电脑、电子书、录音笔等，这些都可以帮助到学习，尤其是电子书、电子词典等设备对提高外语水平起到相当大的作用。因此，假设月生活费越高，大学生出国留学可能性越大。

（二）学生主观认知

学生主观上对家庭经济状况的认知对其是否决定自费留学和其是否能够自费留学有重要的影响。通常意义上，学生在主观上对家庭经济状况越乐观，自费留学成功的可能性越大。但是，如果过于乐观，导致不学习、不认真的心态出现，就会适得其反，此处，我们忽略这种情况的存在。因此，假设学生对家庭经济状况越乐观，在自费留学方面就越容易。

五、调查情况概述

（一）调查样本

本文调查样本取自中国人民大学和北京理工大学的大三年级的同学，理由如下：选择中国人民大学，是由于对学校比较熟悉，采用随机抽样与分层抽样相结合的方式对各个学部的同学均有涉及；选择北京理工大学的理由在于，中国人民大学是一所以社会科学为主的学校，而北京理工大学是一所以理工科为主的学校，二者形成了互补，对问题的研究更加全面。

（二）调查方法

通过发放问卷的方式获取数据，联系各个学院的同学，或者在路上随机拦截同学进行访问。在中国人民大学发放问卷 100 份，收回 100 份，其中有效问卷 98 份，有效率为 98%；在北京理工大学发放问卷 100 份，收回 96 份，其中有效问卷 89 份，有效率为 92.7%。两校合计有效率为 95.4%，满足调查的基本要求。问卷回收后进行了数据录入和筛选，用 Excel 进行了数据处理。

（三）调查内容

问卷共分为四个部分，第一部分涉及被调查者的基本信息；第二、三部分涉及被调查者家庭和个人的经济状况；第四部分涉及主观认知的相关问题。

（四）描述性统计

1. 描述性统计

表 2　数据描述性统计

变量	定义	观测值	平均值	标准差	最小值	最大值
留学可能性	留学可能性 = 学习成绩×30% + 语言成绩×30% + 经济状况×30% + 社会工作×10%（根据 Likert scale 评定 1—5 个等级）	187	2.132086	0.743674	1	5
家庭总储蓄	家庭总的储蓄金额	187	237 673.8	357 654.5	10 000	3 000 000
自我认知	学生对家庭经济状况的主观判断（根据 Likert scale 评定 1—5 个等级）	187	2.117647	0.865752	1	5
学习成绩	学生的学习成绩（根据 Likert scale 评定 1—5 个等级）	187	2.700535	1.272602	1	5
语言成绩	学生的语言成绩（根据 Likert scale 评定 1—5 个等级）	187	1.770053	1.138553	1	5
学生工作	学生工作（根据 Likert scale 评定 1—5 个等级）	187	1.877005	1.6594	1	5

2. 基本信息

在 187 位被调查者中，男生 101 个，占 54%，女生 86 个，占 46%；在两所高校的调查中，社科专业的同学有 62 名，文科专业的同学有 29 个，理科专业的同学有 51 个，工科专业的同学有 45 个。在对城乡户籍的调查中，城市户籍的同学有 144 个，占总数的 77%，农村户籍的同学有 43 个，占总数的 23%；在对区域户籍，即生源地的调查中，来自东部省份的同学有 102 个，占总数的 54%，来自中部省份的同学有 46 个，占总数的 25%，来自西部省份的同学有 39 个，占总数的 21%。其他个人情况信息如图 2 所示。

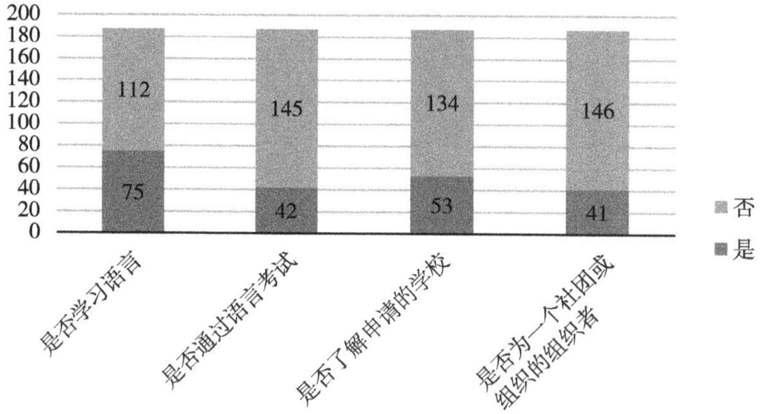

图 2 个人情况

六、实证分析

（一）各变量之间的相关性分析

为了探究所调研的数据对不同阶层经济状况是否有真实的反映，以及对大学生自费留学是否有显著的影响，做出如下的相关性分析（见表 3）。

表 3 变量相关性检验

	y	*x*1	*x*2	*x*3	*x*4	*x*5	*x*6	*x*7
y	1							
*x*1	0.517028	1						
*x*2	0.539505	0.982606	1					
*x*3	0.650327	0.582681	0.61433	1				
*x*4	0.429762	0.734009	0.740844	0.53984	1			
*x*5	0.4609	0.833069	0.837828	0.54371	0.504912	1		
*x*6	0.675483	0.604809	0.642113	0.615016	0.447658	0.572635	1	
*x*7	0.783226	0.511328	0.523994	0.617084	0.429323	0.398242	0.575958	1

由相关性分析结果可以得到，自费留学可能性 y 与学生对家庭经济状况的主观认知 $x7$ 相关系数最高，说明二者具有显著的相关关系。此外，y 与家庭总储蓄 $x6$ 和教育支出 $x3$ 也具有较显著的相关关系，说明家庭总储蓄越高，大学生自费留学可能性越大；教育支出越多，自费留学可能性越大。而其他的自变量，如家庭月收入、家庭人均月收入、生活费

以及家庭月储蓄并不显著地影响学生留学可能性。大学生自费留学所需资金较多,因此家庭月收入和人均月收入对数额巨大的资金并无太大作用;大学生生活费普遍在 2 000—2 500 元(样本均值为 2 307.49 元),所以无论家庭经济状况如何,生活费相差不大,相关系数最小;家庭月储蓄与家庭经济状况有一定的关系,但是与自费留学可能性关系不大,是所谓“远水解不了近渴”。

因此通过相关系数的检验,与大学生自费留学可能性具有较高相关性的因素为教育支出、家庭总储蓄以及主观认知。

(二)计量分析

1. 分析结果

本文的被解释变量是自费留学可能性,研究的目的在于调查家庭总储蓄在控制变量下对自费出国留学可能性的影响情况。由于自变量与因变量均为联系变量且为数值型变量,故采用 OLS 回归,建立模型如下:

$$y=\beta_0+\beta_1 \text{lgt\_saving}+\beta_2 X+E$$

其中,y 是自费留学可能性,lgt_saving 是家庭总储蓄的对数,控制变量为学习成绩、语言成绩、学生工作和自我认知等。回归结果见表 4。

表 4 主要回归结果

	(1)	(2)	(3)	(4)	(5)	(6)
家庭总储蓄	0.356***	0.356***	0.204***	0.204***	0.179***	0.179***
的对数	(0.033)	(0.041)	(0.011)	(0.012)	(0.013)	(0.014)
学习成绩			0.297***	0.297***	0.280***	0.280***
			(0.010)	(0.012)	(0.011)	(0.014)
语言成绩			0.303***	0.303***	0.286***	0.286***
			(0.014)	(0.016)	(0.014)	(0.018)
学生工作			0.103***	0.103***	0.095***	0.095***
			(0.008)	(0.009)	(0.009)	(0.009)
自我认知					0.083***	0.083***
					(0.024)	(0.028)
常数项	-2.004***	-2.004***	-1.774***	-1.774***	-1.559***	-1.559***
	(0.381)	(0.479)	(0.128)	(0.141)	(0.139)	(0.155)
观测值	187	187	187	187	187	187
R 方	0.392	0.392	0.943	0.943	0.946	0.946
是否使用调整的异方差	否	是	否	是	否	是

注:***、**、* 分别表示在 1%、5%和 10%水平上显著。

由以上结果,家庭总储蓄每增加 1%,自费出国留学可能性增加 0.356;在控制学习成绩、语言成绩和学生工作的情况下,家庭总储蓄每增加 1%,自费出国留学可能性增加 0.204;在控制学习成绩、语言成绩、学生工作和自我认知的情况下,家庭总储蓄每增加 1%,自费出国留学可能性增加 0.179。

2. 稳健性检验

经过稳健性检验(见表5),家庭收入每增加1%,自费出国留学可能性增加0.488;在控制学习成绩、语言成绩、学生工作和自我认知的情况下,家庭总储蓄每增加1%,自费出国留学可能性增加0.026;在控制学习成绩、语言成绩、学生工作、自我认知、每月教育支出和每月生活费的情况下,家庭总储蓄每增加1%,自费出国留学可能性增加0.116。

表5　稳健性检验

	(1)	(2)	(3)	(4)	(5)	(6)
家庭收入的对数	0.488***	0.488***	0.206***	0.206***	0.116***	0.116***
	(0.068)	(0.075)	(0.027)	(0.029)	(0.037)	(0.040)
自我认知			0.165***	0.165***	0.121***	0.121***
			(0.028)	(0.027)	(0.026)	(0.026)
学习成绩			0.267***	0.267***	0.274***	0.274***
			(0.014)	(0.015)	(0.013)	(0.014)
语言成绩			0.304***	0.304***	0.258***	0.258***
			(0.017)	(0.019)	(0.018)	(0.018)
学生工作			0.089***	0.089***	0.099***	0.099***
			(0.010)	(0.011)	(0.010)	(0.010)
每月教育支出					0.000***	0.000***
					(0.000)	(0.000)
每月生活费					0.000	0.000
					(0.000)	(0.000)
常数项	−2.328***	−2.328***	−1.529***	−1.529***	−0.813***	−0.813***
	(0.626)	(0.675)	(0.232)	(0.253)	(0.289)	(0.309)
观测值	187	187	187	187	187	187
R方	0.216	0.216	0.920	0.920	0.933	0.933

注:***、**、*分别在1%、5%和10%水平上显著。

(三) 结果匹配

根据回归结果,回到本文探讨不同社会阶层经济状况的问题上。在教育支出、家庭总储蓄以及主观认知三个因素方面,根据调查问卷中关于社会阶层选择的问题,将二者进行匹配,以寻求相关关系,得到如下结果(见表6—表8)。

表6　教育支出匹配结果

教育支出	支持人数	总人数	比例(%)
国家与社会管理者阶层	20	36	56
经理人员阶层	12	22	55
私营企业主阶层	4	11	36
专业技术人员阶层	17	31	55
办事人员阶层	3	12	25
个体工商户阶层	13	23	57

（续表）

教育支出	支持人数	总人数	比例(%)
商业服务业员工阶层	5	19	26
产业工人阶层	1	20	5
农业劳动者阶层	1	11	9
城乡无业、失业、半失业阶层	0	2	0

表7 家庭总储蓄匹配结果

家庭总储蓄	支持人数	总人数	比例(%)
国家与社会管理者阶层	18	36	50
经理人员阶层	18	22	82
私营企业主阶层	9	11	82
专业技术人员阶层	12	31	39
办事人员阶层	2	12	17
个体工商户阶层	7	23	30
商业服务业员工阶层	1	19	5
产业工人阶层	1	20	5
农业劳动者阶层	0	11	0
城乡无业、失业、半失业阶层	0	2	0

表8 主观认知匹配结果

主观认知	支持人数	总人数	比例(%)
国家与社会管理者阶层	25	36	69
经理人员阶层	18	22	82
私营企业主阶层	10	11	91
专业技术人员阶层	13	31	42
办事人员阶层	4	12	33
个体工商户阶层	3	23	13
商业服务业员工阶层	4	19	21
产业工人阶层	1	20	5
农业劳动者阶层	0	11	0
城乡无业、失业、半失业阶层	0	2	0

由此可以得出，在自费留学可能性较高的大学生中，家庭属于国家与社会管理者阶层、经理人员阶层、专业技术人员阶层、个体工商户阶层的家庭在教育支出方面有比较高的比例，家庭属于国家与社会管理者阶层、经理人员阶层、私营企业主阶层的家庭有较高的家庭总储蓄比例，家庭属于国家与社会管理者阶层、经理人员阶层、私营企业主阶层的学生对家庭经济实力有较乐观的主观认知。由此，我们可以发现，通常意义上的高社会阶

层在学生自费留学上有较大的优势,私营企业主等富庶阶层努力使子女融入自费留学群体之中。

七、主要结论及政策建议

(一) 主要结论

本文运用经济学、社会学、心理学中关于教育理论、社会分层理论的知识,从不同社会阶层经济状况不同的角度出发,通过调查研究,分析了大学生自费留学在经济层面的主要影响因素,并且分析了促成大学生自费留学不同阶层的具体情况。

本文辨析了教育公平在研究生教育阶段的内涵,促进了教育公平基本理论的丰富和完善。肯定了教育上的平等是社会公平的基石,是一切社会进步的理想追求的理论,教育公平既有公平的阶段性,又有公平的阶级性。根据不同的标准,教育公平的分类有多种,主要体现在教育的机会均等和受教育过程的公平。此外,本文提出了研究社会阶层与自费留学关系的切入点,即经济状况。国内外大量的文章在教育方面探讨的主要是政策如何引导教育机会均等化,但实质上研究这一问题应该首先研究经济状况的不平衡问题。因为我们国家刚刚进入高等教育大众化的时代,国家能够提供的高等教育机会非常有限,因而自费留学这一继续教育问题更多地依赖家庭。因此,不同社会阶层经济状况对大学生自费留学的影响成为本文关注的重点。通过分析得出结论如下:

1. 经济状况分析

根据本文的研究,教育支出和家庭总储蓄对大学生的自费留学可能性具有最大的影响力。在教育支出方面,较高的社会阶层往往对教育上的投入比较大,在托福、雅思、GRE等语言上的学习频率比较高,为自费留学做准备。在家庭总储蓄方面,较高的社会阶层拥有的财富较多,因此这会对学生自费留学提供巨大的帮助,值得一提的是,私营企业主阶层在家庭总储蓄方面有较大的优势,因此为了融入较高的社会阶层,用金钱支持子女自费留学。

2. 主观认知分析

国家与社会管理者阶层、经理人员阶层、私营企业主阶层的学生对家庭经济状况有较乐观的认知,他们认为家庭处于较高的社会阶层,因此经济状况同样处于较高的层次。事实证明也是如此,前两个阶层的知识水平和管理水平较高,利用知识获得财富;私营企业主阶层利用商业成就获得财富。

(二) 政策建议

1. 国家层面

(1) 从数据分析可以看出,目前高校内弱势社会阶层的子女占比偏少,由此造成被调查者中弱势社会阶层的学生少。在较少的来自农村和中西部省份的被调查学生中,弱势社会阶层占大部分,自费留学可能性偏低。所以,国家应该继续加大对农村和中西部省份教育资源的倾斜力度,在教育过程和教育结果方面都给予一定的优惠政策,努力确保教育的公平。对弱势社会阶层的学生,应该建立健全公派留学的体系,或者在留学方面给予补助或贷学金等政策,提高弱势社会阶层自费留学的可能性。对弱势社会阶层中就业与创业的学生，政府应该考虑给予一定的政策和资金支持。

（2）国家应该提高自费留学的质量监督力度，与时俱进地完善政策体系和政策目标。我国高校自费留学的一部分学生学习成绩并不优秀，但是依靠家庭经济实力得以留学，一方面在国际上对我国学生的质量与口碑造成了负面的影响，另一方面归国后对社会就业市场造成挤压式增长，因此国家应该对自费留学学生进行进一步的监督。我国的留学体系并不完善，留学机构收费混乱，损害了留学同学的利益，应该进行进一步的管理，与时俱进地规范这一市场。

2. 学校层面

（1）由于社会阶层的不同，来自不同社会阶层的学生在教育上有着差异。因此，作为高校应该提供丰富多样的教育资源，以供受教育层次较低的学生有机会弥补不足，提高知识的厚度、宽度、广度。鼓励贫困同学参加研讨会、社团等组织，用人文交流弥补知识不足。

（2）完善奖学金、助学金制度，向低社会阶层的学生进行倾斜，在政策上对其放宽，建立起一套全新的大学生资助体系，对符合条件的学生采取奖、贷、助、补、减等全方位多角度的方式解决其后顾之忧，使得人力资源差距得以缩小。

（3）学校应该防止部分学生出现经济和心理上的双重负担，高校应该对这一类学生进行更多真诚的精神关怀，减少其心理负担，使其能够乐观地参与到大学生活中去。

3. 家庭层面

（1）父母选择子女出国留学的心理主要有四种类型：一是希望子女接受更好的教育；二是为了子女回国后有更好更多的就业机会；三是盲目从众攀比；四是希望通过出国留学增加在该国就业的机会，进而实现移民的目的。父母应该树立正确的价值观，尊重子女的选择，不应强加自己的想法。

（2）在数据处理上我们发现，大学生对家庭经济状况的主观认知十分重要，因此父母应该引导子女树立正确的财富观，引导子女在富裕状态下合理利用财富资源，在贫穷状态下以正确的心态面对人生选择。鼓励子女进行合理的消费分配，提高在教育和学习上的支出。

参考文献

Boudon R. Education, Opportunity and Social Inequality[M]. New York: John Wiley and Sons, 1974.

Bradley R H, CorwynR F. Socioeconomic Status and Child Development[J]. Annu.Rev.Psychol. 2002: 371-399.

Coleman J S, Campbell E, Hobson C, Mcpartland J, Mood A, Weinfeld F, York R. Equality of Educational Opportunity. Washington, D. C., U. S. Government Printing Office, 1966.

De Wit H. Internationalization of Higher Education in the United States of America and Europe: A Historical, Comparative, and Conceptual Analysis. Connecticut: Greenwood Press, 2002.

Duncan G. Educational Attainment[A]. in Five Thousand American Families Patterns of Economics Progress[C]. Institute for Social Research: Ann Arbor, Mi, 1974.

Halsey A H, Heath A F, Ridge J F. Origins and Destinations: Family, Class and Education in Modern Britain[M]. Oxford University Press, 1980.

Halsey A H. Towards Meritocracy? The Case of Britain[A]. Power and Ideology in Education[C]. Edited

By Karabel J, Harsey A H(eds.) Oxford University Press, 1977

Lwibowitz A. Home Investment in Children[J]. in Schultzed T W. Economics of the Family[C]. University of Chicago Press: Chicago, 1974.

Marginson S. Dynamics of National and Global Competition in Higher Education[J]. Higher Education, 2006, 52(1): 1-39.

Mazzarol T, Soutar G H. The Global Market for Higher Education: Sustainable Competitive Strategies for the New Millennium. Cheltenham: Edward Elgar, 2001.

Qin W. China's Brain Drain: A Study on the Factors Affecting Chinese Students' and Scholars' Decisions to Remain in the United States and not to Return to China. Boston University, ProQuest File, 1999.

Sanchez C M, Fornerino M, Zhang M. Motivations and the Intent to Study Abroad Among U.S., French, and Chinese Students[J]. Journal of Teaching in International Business.

S·鲍尔斯,H·金蒂斯.经济生活与教育改革[M].王佩雄等译.上海教育出版社,1990.

查尔斯·赫梅尔.今日的教育为了明日的世界[M].王静、赵穗生译.中国对外翻译出版公司,1983.

范元伟.高等教育市场化改革与机会均等[M].上海教育出版社,2006.

格尔哈斯·伦斯基.权力与特权:社会分层的理论[M].关信平、陈宗显、谢晋宇译.浙江人民出版社,1988.

侯定凯.高等教育社会学[M].广西师范大学出版社,2004.

胡晓平.区域经济发展差异对我国居民的高等教育投资水平的影响[J].交通高教研究,2004,6:55—57.

姜相志.社会分层对子女接受高等教育机会的影响[J].青年研究,1992,12:28—30.

杰弗里·M·伍德里奇.计量经济学导论(第四版)[M].费剑平译校.中国人民大学出版社,2010.

李红伟.中国城镇居民家庭教育消费的实证研究[J].中国统计,2000(11):15—24.

李培林、李强.中国社会分层[M].社会科学文献出版社,2004.

李昕,倖娜,闫春平.不同家庭经济状况对大学生人际关系的影响[J].新乡医学院学报,2007,24(6):599—601.

李煜.制度变迁与教育不平等的产生机制——中国城市子女的教育获得(1996—2003)[J].中国社会科学,2006,4:97—109.

刘宏元.努力为青年人创造平等的受教育机会——武汉大学1995级新生状况调查[J].青年研究,1996,4:7—11.

刘精明.国家、社会阶层与教育[M].中国人民大学出版社,2005.

刘精明.转型时期中国社会教育[M].辽宁教育出版社,2004.

陆学艺.当代中国社会阶层研究报告[R].社会科学文献出版社,2002.

陆学艺.当代中国社会流动[M].社会科学文献出版社,2004.

罗增让,彭志启.家庭经济水平对中小学焦虑的影响[J].中国健康心理学杂志,2002,10(2):116—118.

孟东方等.学生家庭社会经济地位与高等学校类型及专业选择的相关性研究(上、下)[J].渝州大学学报(社会科学版),1996(3、4):64—75,65—79.

钱民辉.教育真的有助于向上社会流动吗——关于教育与社会分层的关系分析[J].社会学研究,2004,4:194—200.

宋红霞.社会阶层与高等教育机会均等的相关性研究[D].陕西师范大学,2009。

天野郁夫.高等教育的日本模式[M].陈武元译.教育科学出版社,2006.

吴康宁.教育社会学[M].人民教育出版社,1998.

杨东平.中国教育公平的立项与现实[M].北京大学出版社,2006.

杨影.大学生出国留学的意愿、能力与引导——基于天津五所高校的调查[J].经济视角,2013

(18):139—140.

余小波. 当前我国社会分层与高等教育机会探析——对某所高校2000级学生的实证研究[J]. 现代大学教育,2002,2:44—47.

曾志嵘,夏欧东等. 大学生学习成绩影响因素的分析和讨论[J].《科教文汇旬刊》, 2006(8):31—34.

赵明. 社会阶层收入差异影响教育机会均等的经济学分析[J]. 四川师院学报,2003,1:125—129.

二元经济结构与城乡收入差距
——基于劳动力市场扭曲的视角

钱若渝
（上海财经大学经济学院）

［摘要］本文在一个封闭经济的两部门模型中，引入城乡劳动力市场的扭曲度和衡量农民工收入转移的效应指数，来分析劳动要素市场扭曲与城乡居民收入差距之间的理论关系，并通过1995—2010年间的省际面板数据进行实证分析。研究发现，城乡之间劳动力市场越是扭曲，农民工在城镇内低收入行业间的流动性越差，城乡差距也会越大。当前相对过低的农业工资水平和城市中农民工较差的工作环境和行业流动障碍是导致城乡差距未能实质性缩小的重要原因之一，应当重视农业发展的潜力，并通过公共投入或是政策扶持等手段以降低劳动力的转移成本和市场存在的制度障碍。

［关键词］劳动力市场，收入差距，收入转移效应

一、引　言

（一）研究背景和问题提出

在很大程度上，中国在过去几十年的经济高增长是通过农村提供的廉价劳动力实现的。在计划经济时期，国家为了保证城镇的供应而强制压低农产品的价格，增加从农村提取的剩余以用来发展城市和城镇的工业化。在人为制度的扭曲之下，农业生产人均产值一直处于偏低的水平，也是造成更为严重的城乡差别的一个历史因素。而如今，伴随着贸易带来的显著就业效应和农业、非农部门逐渐扩大的工资差距，大批农民工进入城镇打工。理论上来说，劳动力从效率较低的农业部门向更高效率的非农部门转移对于经济的发展至关重要，但在实现发展的同时，我国农村居民的收入与城镇居民收入的差距却进一步扩大。从1985年至2010年，城乡居民收入比由1.86扩大到了3.22。

随着近年来城乡劳动力市场严重分割的状态的逐渐改善，拥有相对较高教育程度的劳动力更能进入城镇的非农部门，获得高于在农村从事农业的劳动力的收入。而低素质的劳动力只能留在农村从事农业。这个共识在如今也是农村人民的想法，通过寄托于子女的教育，希冀他们能够走出农村走向城镇，跳出农业的困境而争一份城市的富裕。但由于城镇倾向性的制度安排和传统户籍制度的影响，农村劳动力只能从事低收入行业的工作。根据现代化的理论预期，随着现代城市部门的发展，在国家法规的保护和市场机制的

作用之下,城市部门应当能够吸纳和取代传统的农业部门。但与一般的现代经济不同的是,我国农业存在的庞大的剩余劳动力及其就业不足的问题。在城市迅速成长崛起的同时,农村的剩余劳动力并未完全被吸收,而是为仍在扩展的城镇的“非正规经济”提供大量工人。在我国,在城镇打工的农民工群体在近三十年间已拓展到了2亿人。据《中国人力资源发展报告(2011—2012)》的有关数据预示,至2015年,农村劳动力转移人数将达26 033万人,外出务工人数将达17 533万人。农民工是城镇中非正规经济体的主要组成成分,据2006年的中国农民工问题调查总报告中,1.682亿的非正规就业人员中农民工占1.2亿。这部分农民工主要是没有生活保障,缺少福利且不受国家劳动法保护的劳工。

根据刘易斯的二元经济理论,发展中国家有着无限的劳动力供应,在一元的经济中由于劳动力过剩而报酬较低,在另一元则是高度发展的具有高收入的现代部门。他认为现代部门终将完全吸纳传统部门的剩余劳动力而实现一个经济发展的转折,二元经济将会被一个单一的要素市场所取代。但我国的现实在于非正规经济体的庞大和传统低报酬农业经济的顽固持续,难以实现城市和乡村劳动力市场的整合和均等化。我国实际是一个介于新旧经济体之间的第三种非正规经济体。①

由表1亦可看出,在由城镇非正规就业本地居民(6.3%)、农民工(15.7%)和农村居民(62.9%)组成的非正规经济体中,为城镇工作的农民工和农民两部门群体会产生农村居民收入。但值得注意的是,其一,农村与城镇之间存在一个历史性和制度性的劳动力市场分割;其二,在我国进行的城市化进程之中,由农村流入城市的人口其实大部分没有进入现代部门而是进入了传统与现代之间。在这个“第三部门”内,流入的农村劳动力的待遇显然有别于现代部门,且其再向上流动也存在诸多障碍。从这个角度来看,有必要对城镇内的劳动力市场作进一步的分割。正如严善平(2007)所指出的,在城乡劳动力市场过去严重分割的状态被逐步打破的同时,在城市产生了一种新的劳动力市场分割即本地城镇居民劳动力市场和外来务工劳动力市场。此外,在蔡昉(2003)、刘社建和徐艳(2004)、林光彬(2004)等人看来,在城镇工作的农村劳动力获得的工资收入长期被控制在一个较低水平以及农业劳动力难以进入较高收入和福利的计划控制部门,这些现实因素是导致劳动力流动未能带来城乡收入差距缩小趋势的重要原因。

表1　按登记注册类型和户口分城乡就业人员数

单位:亿

登记注册类型			人数	占比(%)	占比(%)
城镇	正规		1.149	15.0	37.1
	非正规	城镇居民	0.482	6.3	
		农民工	1.200	15.7	
乡村	农业		2.863	37.5	62.9
	乡镇、私营企业和个体户		1.694	25.4	

资料来源:黄宗智,《中国的隐性农业革命》,法律出版社,2012年,第169页。

在这种情况之下,在讨论城乡居民收入差距时,需要从这个多元分割的市场出发。本文试图讨论的问题是,城乡之间的劳动力市场的扭曲有多大且呈现怎样的一种变化趋势,其与城镇内外来务工劳动力市场的一些特征是否能够解释不断扩大的城乡收入差距,以

① 黄宗智:《中国的隐性农业革命》,法律出版社,2012年,第20页。

及在特殊的劳动力就业结构之下这种扭曲的影响效果。

（二）相关文献

按照经济学原理，构成居民收入差距扩大的因素主要有五点：受教育程度、资源禀赋、财产所有权、对市场的操控能力和其他偶然因素（郭庆旺和吕冰洋，2012）。在我国，对于城乡间收入差距的现象、成因和对策有着大量的研究。主要观点认为，城市化进程的发展和城市偏向的政策（程开明和李金昌，2007）、居民受教育程度的提升（陆铭和蒋仕卿，2007）、对外贸易的开放（陆铭和陈钊，2004）以及经济结构的变动等都是不可忽视的重要因素。

就劳动要素配置以及收入分配而言，国内外也有相关文献可以参考。Jones（2011）认为，给定一个经济体的资本存量、人力资本、技术和劳动力资源，这些投入要素在不同行业或是企业之间的分配决定了经济体总体的生产能力水平。要素的最优配置可以最大化福利水平。Restuccia（2008）认为，要素市场的扭曲可能会严重地减弱农民采取现代投入以提高农业生产率的积极性，进而导致一国农业部门的低生产效率。一个间接的障碍就是劳动力市场的扭曲。劳动要素流动的限制阻碍了农业部门劳动力向非农部门的转移，此外，若将城镇居民受制度保护性的工资水平考虑在内，则农村居民收入往往会维持在一个较低的水平。王德文和林毅夫（2005）认为，城乡收入差距的本质在于资源配置扭曲、收入分配倾斜和部门间技术进步不均衡三者的共同作用。其中，就劳动力市场的扭曲对于城乡差距的影响而言，如果劳动力市场不存在制度或是政策等方面的限制和约束，则劳动力流动会具有工资均等化的效应，城乡差距应当缩小。林毅夫（2012）认为，在农产品价格弹性和收入弹性都较低的特性约束之下，要想增加农民收入，缩小城乡差距，唯一长期有效的办法就是减少农民数量，让农业人口向城市转移。自 20 世纪 90 年代以来，随着农业部门劳动力的大批转移，农民收入的确有了较大提高，但主要依靠的是离土不离乡或是离土又离乡的农民工收入的提高。

（三）研究意义和结构安排

本文之所以研究劳动力市场的扭曲与城乡间收入差距的关系，主要是对于我国目前存在的半耕半工现象的关注。在黄宗智（2012）看来，中国历史上的男耕女织是个非常牢固的经济体，但在今天则形成了一个可能同样牢固的半耕半工的经济体。

对于半耕半工的概念本文有两个方面的解释：一是过密性低报酬的农业制度导致的农村居民的分化，农村居民虽然数额庞大，但在 62.9%的农村就业人口中，只有一半（37.5%）左右从事农业生产，剩下来的多在乡镇企业和个体经济中，更不用提在城镇中工作的 15%的农民工。二是外出务工的农民工在一定程度上依赖农村的土地，在就业环境较差或是其他因素影响下会回流到乡村从事农业。由本文的研究视角出发，可以理解为，当农民工不能对工资水平、工作时数或是环境等做出积极反应，即流动呈现一定的固化形态时，其返乡务农的激励会变大，迫使这些农民工处于一个不稳定的“亦工亦农、亦城亦乡”的“候鸟式”流动状态，进而“使得过密性小规模、低报酬的农业制度和恶性的临时工制度紧紧地结合在了一起。”①

① 黄宗智：《中国的隐性农业革命》，法律出版社，2012 年，第 21 页。

由于数据统计和搜集的不足，对农业中外出打工的劳动者数目只能有个大概的估计，且他们在非农部门非正规经济中所受的不平等待遇也无法从数字上直接看出。比如，在2012年《中国劳动统计年鉴》中统计的城镇单位就业人员平均报酬为41 799元，但该数据主要只关乎正规职工，而未将收入较低的未经登记的农民工和城镇中的非正规经济人员纳入在内。据国家统计局的数据，2011年外出农民工月收入仅2 049元，显然低于城镇中在岗正式职工的每月3 483元。但即便如此，外出务工的农村劳动力收入依然大大高于农民收入的每月581.4元。这样的收入水平差距是离土离乡的农民工外流到城市中打工的最基本动因。

当农村劳动力受迫于收入的差距而外流时，劳动力市场的扭曲（如城乡间仍然存在的二元户籍制度）一方面限制了劳动力的自由流动，另一方面也通过其他方式扭曲了价格机制的作用，城乡之间收入差距扩大。其次，当农村劳动力进入城镇工作时，只能进入壁垒较低的外来务工劳动力市场，同时其流动性也会受限。劳动要素的不可流动性可以有很多解释，如劳动力市场的摩擦，在我国更特殊地可能体现为户籍制度或是社会关系网络等障碍（陈钊等，2009）。

在以上叙述半耕半工的背景之下，本文考虑两种形式的劳动力市场扭曲，一是城乡劳动力市场，二是城市中外来务工劳动力市场。若是农村劳动力在向城市部门转移的时候受限较小或农业部门工资水平能够提升，同时其在城市部门能够具备较好的流动性，则这部分农民工的收入也会带动农村居民的收入提高，从理论上而言应当缩小城乡收入差距。

在以往对于城乡居民收入差距的分析中，很少将劳动力的就业结构和市场分割考虑在内。一方面缺少对劳动力市场存在的诸多扭曲和多层分割现象的关注，另一方面没有对收入群体做一个较为合理的审视和划分，没有将数额庞大的农民工的收入考虑在农村居民收入之内。

本文的研究意义在于以下几点：

（1）对城乡收入差距提供了一个更为细化的视角：

注意到农民工同样是农村家庭中的成员，农民工不仅包含了离土不离乡的乡镇企业工人，很大一部分也由离土离乡的产业工人和服务人员构成。他们与一般的工人相区别，因为他们绝大多数仍属于农村户口，他们的收入也会显著影响农村居民的收入水平，进而影响城镇间居民的收入差距。从而在本文中也关注了农民工劳动力市场的一些特征，从更为细化的角度分析了农村居民的收入情况。

（2）将城乡劳动力市场的扭曲引入城乡居民收入差距之中：

通过设立一个较为客观的指标，即劳动力市场上同质劳动力的工资差异来刻画城乡劳动力的扭曲程度，并将其引入对城乡收入分配模型的分析中去，建立了两者的理论联系；并通过实际的宏观数据量化了该指标，实证衡量了城乡劳动力市场的扭曲度对于城乡收入差距的影响效果。

（3）有助于加强半耕半工现象和劳动力市场扭曲对收入分配作用的认识：

在如今，一般观点依旧是通过城市化或是大规模的乡村产业化来缩小城乡间的收入差距。而通过对我国特殊的劳动力市场和就业结构的分析，可以加大对于低农业收入的农民和低打工工资的农民工的关注，从农业本身和农民工就业环境等角度出发探讨提高农村居民收入的可能。

从本文劳动力市场的角度来分析二元经济结构下的城乡收入差距，主要取决于两个方面,一是农村劳动力向城镇的转移,即劳动力市场的一体化程度,二是城镇中的外来务工劳动力市场的健全和完善。故本文以下的结构安排为:第二部分构建理论模型,先讨论封闭经济下引入劳动力市场扭曲度后的城乡收入分配,进而引入农民工将城镇中所得收入汇往家乡的转移效应;第三部分利用经验数据对现象进行观察并做出简要判断,观察劳动力市场的扭曲程度与城乡居民收入比的变动情况,分析两者之间关联性;第四部分构建数量模型并进行数据整理;第五部分进行实证检验,分析城乡间劳动力市场的扭曲对收入分配的影响效应,并通过引入代表外来务工劳动力市场流动性的虚拟变量探讨该市场特征对收入分配的作用;第六部分为结论。

二、机制与基本模型

本文的理论模型建立在 Restuccia(2008)和孙宁华等(2009)的基础上,推导步骤从略。

(一)说　明

(1)假设在一个封闭经济体中有两个部门 A 和 B(农业部门和非农业部门),分别生产两种不同的产品 X 和 Y,其中,X 为劳动密集型产品(农产品需要大量的劳动力投入),而 Y 为资本密集型产品(包括人力资本等)。X、Y 的投入要素均为 L 与 K,分别代表劳动力与资本。

(2)两部门均有劳动要素投入,不同于以往设定的完全竞争的要素市场,我国的劳动力在不同部门间受制于多重约束,如户籍制度、福利政策等的制度障碍,包括就业培训成本等在内的迁移成本等,要素难以自由流动,劳动力市场存在扭曲。

为客观反映劳动力市场的扭曲程度,引入一个新的变量 φ,并使用劳动力市场上同质劳动力的工资差异来测量劳动力市场的扭曲程度(袁志刚和解栋栋,2011)。设 W_a、W_b 分别代表两个部门劳动力的工资水平,由于存在劳动力迁移成本、市场摩擦及制度障碍等,两部门的工资水平并不相等。在市场出清时,有

$$W_{\mathrm{a}}=\varphi W_{\mathrm{b}}$$

劳动力面对的两个部门的工资水平分别为 W_{a}、φW_{b},当 $\varphi=1$ 时,劳动力对于选择哪一个部门并无差异;当 $0<\varphi<1$ 时,$W_{\mathrm{a}}<W_{\mathrm{b}}$,说明 A 部门的工资水平要低于 B 部门,劳动力市场存在倾向于 B 部门的扭曲;同理,$\varphi>1$ 时,$W_{\mathrm{a}}>W_{\mathrm{b}}$ 时,劳动力市场存在倾向于 A 部门的扭曲(盖庆恩等,2013)。

(3)在本模型的消费者行为中采用 Stone-Geary 效用函数来研究部门间的劳动力转移问题(Gollin *et al.*,2007;Restuccia *et al.*,2008)。当农产品尚未能满足基本生活需要时,全部经济资源会集中在农业部门,而当经济不断发展,人们的基本生活需要得到充分满足后,剩余的生产资料就会向非农部门转移。

(二)基本模型

1. 生产部门

该封闭经济体中存在两个生产部门,生产函数均满足规模报酬不变,严格拟凹、两次可微分且递增,分别表示为

$$Y_{\mathrm{a}}=F_{\mathrm{a}}(L_{\mathrm{a}},K_{\mathrm{a}})$$

$$Y_b = F_b(L_b, K_b)$$

L_a、K_a和 L_b、K_b分别表示用来生产 X、Y 产品的要素投入。

E_a、E_b分别表示两个部门的生产效率，可以用来说明外生于两个部门技术进步的因素。可能的因素有人力资本、政策、技术引进、FDI 等。

π 用来衡量部门间技术进步的不均衡。

A 部门：$Y_a = E_a(1-\pi)L_a^{\alpha}K_a^{1-\alpha}$

B 部门：$Y_b = E_b L_b^{\beta} K_b^{1-\beta}(0<\alpha,\beta<1)$

生产者面临的约束为

$$L_a + L_b \leqslant L$$

$$K_a + K_b \leqslant K$$

2. 消费者行为

若以家庭作为消费者的微观主体，则代表性家庭的消费可以分为 X、Y 产品两类，即 C_a、C_b。设两种产品的价格分别为 P_a，P_b，不妨以 A 部门作为基准，设 $P_a = 1$，$P_b = p$，则 p 代表了 Y 产品对于 X 产品的相对价格。

设每个家庭只有一个劳动力，所有家庭共同构成劳动力 L，家庭效用即为人均效用。有约束：$C_a \times L \leqslant Y_a$，$C_b \times L \leqslant Y_b$；消费者的 Stone-Geary 效用函数为：

$$U(C_a, C_b) = a\ln(C_a - m) + (1-a)\ln C_b$$

其中，a 和 $1-a$ 代表了消费者在两种产品之间选择的偏好程度，m 表示消费者对 X 产品消费的最低额度，以保证消费者的生存能力。

得到消费者的最优化决策行为为

$$C_a + pC_b \leqslant y = w_a n_a + w_b n_b + r(k_a + k_b)$$

给定两部门工资水平 w_a、w_b，资本回报率 r 以及 Y 产品价格 p，即给定 $\{w_a, w_b, r, p\}$，求消费策略组合 $\{C_a, C_b\}$①。解得：

$$C_a = ay + m(1-a) = m + a(y-m) \tag{1}$$

$$C_b = \frac{y - C_a}{p} = (1-a)\left(\frac{y}{p} - \frac{m}{p}\right) \tag{2}$$

可见，消费者在消费生活必需品 m 之后，用剩下的实际收入以 a 的比例消费 X 产品，以 $(1-a)$ 的比例消费 Y 产品。

3. 生产者行为

在给定 $\{p_a = 1, w_a, r\}$ 时，A 部门生产函数是

$$y_a = E_a(1-\pi)n_a^{\alpha}k_a^{1-\alpha}$$

则 A 部门的生产者面临的利润最大化决策行为为：

$$\max \pi_a = E_a(1-\pi)n_a^{\alpha}k_a^{1-\alpha} - w_a n_a - rk_a$$

同样有，在给定 $\{p_b = p, w_b, r\}$ 时，B 部门的生产者面临的利润最大化决策行为为：

$$\max \pi_b = pE_b n_b^{\beta} k_b^{1-\beta} - w_b n_b - rk_b$$

4. 竞争均衡

基于以上分析，竞争性均衡可以总结为：

---

① 由于篇幅所限，求解过程从略。

（1）给定$\{w_a,w_b,r,p\}$，求消费策略组合$\{C_a,C_b\}$，使消费者的效用最大化；

（2）给定要素价格$\{w_a,r\}$和$\{w_b,r\}$，求生产要素投入n_a和$\{n_b,k_b\}$，使两部门的生产者的利润均达最大化；

（3）给定劳动力市场扭曲程度φ，使得$W_a=\varphi W_b$，劳动力在选择进入哪一个部门时没有差别；

（4）市场出清条件：

$$\begin{cases} n_a+n_b=1 \\ k_a+k_b=k \\ C_a=Y_a \\ C_b=Y_b \end{cases} \tag{3}$$

解上述线性约束问题，该经济体中两个部门即城乡之间的收入比可以表示为，

$$\frac{y_a}{y_b}=\frac{[(1-\pi)E_a]^{\frac{1}{1-\alpha}}\left(\frac{\alpha}{\varphi w_b}\right)^{\frac{\alpha}{1-\alpha}}k_a}{(pE_b)^{\frac{1}{1-\beta}}\left(\frac{\beta}{w_b}\right)^{\frac{\beta}{1-\beta}}k_b} \tag{4}$$

就现实情况而言，农业部门的劳动力收入要小于非农部门的收入，故而(4)式中收入之比越小说明两个部门之间的收入差距越大。根据(4)式可做出一个初步的简单判断，即在封闭的经济体内导致两个部门间收入差距扩大的因素：

（1）A部门相对于B部门的效率差异π与收入差距呈正向关系：π越大，同样的外生技术进步因为制度、政策等原因对A部门造成的冲击反应不如对B部门的大，且这种不平等现象越严重，两部门的收入差距越大；

（2）劳动力市场的扭曲程度φ对于收入差距有负向影响：劳动力市场扭曲程度减小时，φ增大，体现在(4)式中，即y_a/y_b减小，收入差距会扩大。

对此负向关系的一种可能解释是，一方面劳动力市场一体化程度的提高，即扭曲程度的减小会促使劳动力从农村转向生产效率更高、收入水平更高的非农部门，城乡收入差距减小；但另一方面，当农村劳动力持续向城镇转移时，他们能从事的城镇低收入行业的工资因劳动力的供给过量而下降，进而导致了城镇工作的农民工收入的下降，不利于城乡收入差距的减小。当后一种情况产生的效应强于前一种时，则体现为扭曲程度与收入差距的负向关系。

（3）A、B部门的工资水平w_a、w_b对收入分配的影响分别是正向和负向的：这与现实略有不符，本文所给出的解释是，当农业部门工资水平上升时，会导致农村内劳动力向外流出的速度减慢甚至停滞，农业的劳动力相对拥挤造成了城镇内劳动力的相对稀缺，导致城镇非农部门劳动力价格上升，上升的幅度甚至可能超过农业劳动力价格上升的幅度，此时就由于要素的再分配造成了收入差距。

（4）两部门间的资本存量之比k_a/k_b对收入差距有正向影响：k_a/k_b越小，说明留在非农部门的资本量越大，对于相对资本更为密集的非农行业而言，能比农业更有效地利用资本存量获取资本性收入。当资本的概念超越物质资本而包含人力资本、知识产权等等在内时，该比值对于收入差距的影响更大。

（5）农业部门的外生技术进步E_a对收入差距有负向影响：即E_a增大，农业的生产效

率提高,收入差距缩小,而 E_b 有正向影响。

(三)考虑转移效应后的拓展模型

但即使存在城乡劳动力流动障碍,依旧有相当一部分农民进入城镇并从事与其同质的城镇劳动力的工作,获得与其无差异的工资水平。值得注意的一点在于,由于户籍制度等多方制约,一方面,农民工不具有城市户口,仍是农村家庭中的一员,他们在城镇中的收入也计入农村居民收入,而不包含在城镇居民收入之内;另一方面,农民工在城镇中的工作一般具有更大的流动性倾向,很大一部分农村劳动力会在节日或是需要时返回乡村,并同时将城镇中的收入转移回乡。在以上的背景之下,即城镇之中存在另一个外来务工劳动力市场,这个市场内的农民工对于城镇内的收入 y_b 会有一个转移的作用,即将其在城镇中所挣得的收入转移一部分返回农村。

为简化分析,设这个转移效应为 γ,即城镇居民的实际收入为 $y_b=(1-\gamma)\times pY_b$ 而非之前讨论的 pY_b,农村居民的收入因为这部分农民工的存在而由 Y_a 增加到 $y_a=1\times Y_a+\gamma\times pY_b$。现对上述建立的模型进行拓展,可以得到一个关于城乡居民收入差距的新的表达式:

$$\frac{y_a}{y_b}=\frac{Y_a+\gamma pY_b}{(1-\gamma)pY_b}=\frac{1}{1-\gamma}\cdot\frac{w_b^{\frac{\beta}{1-\beta}}}{w_a^{\frac{\alpha}{1-\alpha}}}\cdot\frac{[(1-\pi)E_a]^{\frac{1}{1-\alpha}}\cdot\alpha^{\frac{\alpha}{1-\alpha}}\cdot k_a}{(pE\mathrm{b})^{\frac{1}{1-\beta}}\cdot\beta^{\frac{\beta}{1-\beta}}\cdot k_b}+\frac{\gamma}{1-\gamma} \tag{5}$$

由(5)式可知,通过拓展简单的二元劳动力市场并结合我国实情考虑城镇中农民工的收入转移效应,劳动力市场的扭曲对于城乡间的收入差距产生了一个不同的影响路径。由(5)式易见,φ 减小造成的一个直接效应是收入差距的减小。但同时,φ 减小即劳动力市场的扭曲程度加深,一方面农民工向城镇流动受到的障碍更大,获得高工资并向农村转移收入的农民工比重很小,另一方面市场的扭曲也可能通过变相地限制价格机制的作用,使农民工获得比同质城镇劳动力更低的工资水平,导致转移收入在城镇工作的劳动力总收入的比重下降,即转移系数的下降。γ 下降时,$1/(1-\gamma)$ 以及 $\gamma/(1-\gamma)$ 均下降,会在一定程度上抵消由于 φ 的减小带来的收入差距的缩小。由此考察,城乡劳动力二元市场的扭曲对于城乡居民之间的收入分配有更为复杂的效应,还有赖于现实的具体分析。

而当城乡间劳动力市场扭曲程度给定时,即将 φ 视作一个短时期内不会有较大变化的值,那么在同样视其他变量为外生给定时,农民工的转移支出在一定程度上也会对城乡间居民的收入差距产生一个比较显著的影响,这里可以有很多其他的因素来解释。

首先,若仍然从劳动力市场来考察,则在外来务工人员集中的行业,劳动力的流动性越好,即劳动要素越是能得到有效的配置,则越能避免不必要的效率损失,同时使得要素回报收入达到一个合理值。当外来务工人员可以通过自由移动将劳动力要素配置在最高的地方时,他们所获得的工资收入也会相应提高,进而可以在一定程度上体现为农村居民收入水平的提高。其次,以上考虑的主要是同质的城乡劳动力获得相同的收入,但当城镇中存在较多倾向于城镇本地居民的政策或是态度时,同质的农村劳动力由于受到歧视而只能从事更低工资的工作,导致对城镇收入的占比减小。另外,当前我国主要城镇中农民工半工半耕的经济形态导致了农民工工作的较大不稳定性,不仅在工资水平议价能力上,还在福利政策的享受程度上都不及本地城镇居民,能够向农村转移出去的收入仅仅只有一小部分。同时,以上的理论分析均作了简化处理,即未考虑到城乡劳动力之间存在的较大的群体异质性。相比城镇居民,农村居民的教育水平较低,就群体而言,他们所能从事的工作本身就受到了局限，除了少量受过教育投资的农村劳动力可以进入更高技能的劳动力市场，其他的大部门只能进入壁垒较低的低技能行业。特别是在当下的经济背景之下，农民工的教育程度和职业技能水平滞后于城市劳动力市场的需求，再加上其就业的脆弱性和不稳定性，他们在城镇中的收入水平很难得到一个非常显著的提高。

但无论从哪方面考虑，都可以清楚地看到在不同的劳动力市场，市场的扭曲程度都与城乡居民的收入差距有着非常紧密的联系。

（四）劳动力市场扭曲度的测算

下文为对此种联系所做的定量分析，现在对劳动力市场的扭曲度做一个估计。

扭曲程度 $\varphi = W_a / W_b$，由两部门形式一致的生产函数：

$Y_i = A_i \times L_i^{\gamma} K_i^{1-\gamma}$（其中 A_i 代表生产效率，$A_a = E_a(1-\pi)$，$A_b = E_b$）

$$\varphi = \frac{W_a}{W_b} = \frac{\frac{\partial}{\partial L_a} p_a \times Y_a}{\frac{\partial}{\partial L_b} p_b \times Y_b} = \frac{\alpha \times \frac{Y_a}{L_a}}{\beta \times \frac{p \times Y_b}{L_b}} = \frac{\alpha}{\beta} \times \frac{1}{p} \times \frac{Y_a}{Y_b} \times \frac{L_b}{L_a}$$

令

$$t_a = \frac{Y_a}{Y_a + p \times Y_b},\ l_a = \frac{L_a}{L_a + L_b}$$

则有，

$$\varphi = \frac{\alpha}{\beta} \frac{1 - l_a}{l_a} \frac{t_a}{1 - t_a} \tag{6}$$

为在下文便于利用实际数据来计算劳动力市场的扭曲程度，将农业和非农业两部门的劳动产出弹性设作两个外生给定的常量，即 α/β 是个固定的系数，对 ϕ 的计算不造成影响。l_a 为农业部门投入的劳动力占总劳动力的比重，t_a 为农业部门的产出在总产出中所占的比重。

三、现象观察和经验判断

在本文研究的时间跨度之内，首先是 1994 年的贸易体制改革显著地拉动了各地的对外贸易，促使大规模的低技能劳动力得以进入城镇中的劳动密集型行业，贸易带动了更多的就业。但在此时，由于廉价劳动力的过量供应，反而降低了相对需求，限制了收入差距的缓解力度。同时，由于贸易的刺激作用，非农部门获得了比农业部门更快的发展，农业部门劳动力经历了工资水平的相对下降，劳动力市场的一体化程度也随着此阶段农业的滞后发展而恶化（扭曲程度加剧）。在此后，伴随 90 年代中后期国有和集体企业职工的大规模下岗和再就业，劳动力市场逐渐市场化，也一定程度上限制了农民工的就业发展和工资的提升。与此同时，为保护城镇中下岗职工的再就业，部分城市反而加大了对农村劳动力转移流动的限制，人为加大了对劳动力市场的扭曲。此外，1998 年的亚洲金融危机也极大地阻碍了劳动力市场的改革，扭曲进一步加深。这段期间的劳动力市场变化和城乡收入分配趋势基本一致，体现在图 1 和图 2 上，即 1995 年左右的小幅上升和之后的巨幅下降。

在加入 WTO 以来,随着开放进程的不断加快和制度壁垒的不断消除,城乡居民收入都有了显著的增长。但正如诸多学者的实证分析所指出的,经济开放程度的提高使得城市部门获益更多,从而拉大了城乡收入差距。此外,由于大量外国资本的涌入,城镇劳动密集型产业对于低人力资本劳动力的需求大大增加,推动了各级政府对于劳动力转移政策的重视和修改。在中共十六大"改善农村富余劳动力转移就业的环境"的要求下,各地政府都在一定程度上对户籍制度进行了改革,取消农村劳动力进城就业的诸多不合理限制,为农村劳动力获得更高的收入创造了更好的制度环境。劳动力市场的一体化程度在这一期间得到了显著的改善。体现在图 1 上也即 2003 年之后的上升段。此外,在这段时期内由图 2 亦可看出,虽然收入差距仍与之前相似呈现逐渐扩大的趋势,但速度减缓,同时中部地区的城乡收入差距在短时间内亦有缩小。总体而言,劳动力市场的一体化程度与城乡间的收入差距在各时期均具有相当好的吻合趋势,换言之,劳动力市场的扭曲与收入差距有高度相关的正向关系。

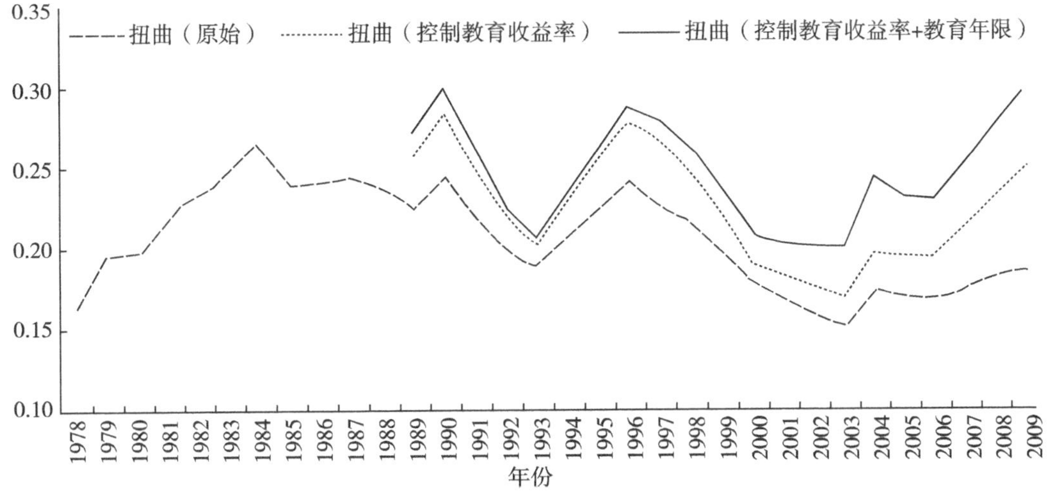

图 1　中国劳动力市场扭曲图示

资料来源:盖庆恩等,"劳动力市场扭曲、结构转变和中国劳动生产率",《经济研究》,2013 年第 5 期。

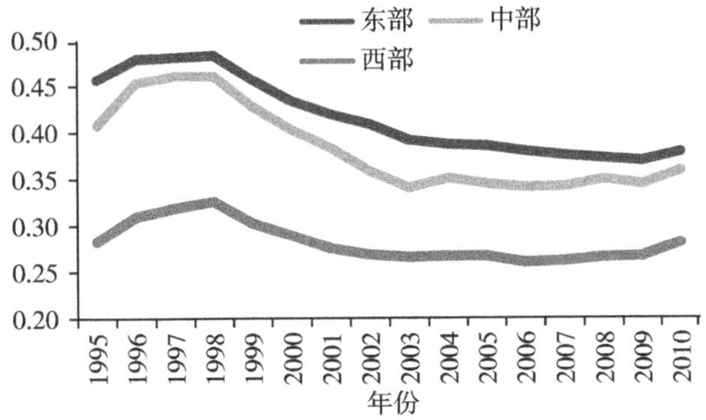

图 2　1995—2010 年分地区的城乡居民收入差距图示

资料来源:《中国统计年鉴》(1996—2011)。

四、模型构建与数据

理论分析表明，劳动力市场的扭曲与城乡居民收入差距之间有着密切的联系。正如蔡昉等(2001)所言，差距扩大问题是一个非常实际的经济现象，纯粹推理上的讨论最终难以解决问题。所以，为确定劳动力市场扭曲的影响效应和大小，需要对其进行实证分析。

(一) 确认衡量收入分配的指标和对收入分配有解释作用的主要变量

1. 城乡居民收入差距变量：两部门收入比 y_a/y_b

为衡量城乡收入差距，采用农业和非农业两部门之间的收入比来表示，即农村与城镇居民家庭年平均收入 y_a 与 y_b 的比值。数据均来自《中国统计年鉴》，y_b 用城镇人均可支配收入表示，而 y_a 则用农村人均纯收入表示。该比值越小说明 y_b 与 y_a 之间相差越大，即收入分配更不均匀。值得注意的一点是，在统计年鉴中的农民居民收入一直以人均纯收入来衡量，与城镇人均可支配收入的计算方法存在差距，两者并无完全一致的可比性。但鉴于人均可支配收入的统计和测算直到 2013 年才统一，在此依旧使用原先惯用的城乡居民收入差距指数。

2. 劳动力市场扭曲程度：PHI

由上述的理论分析，劳动力市场的扭曲程度可用 $\varphi=\frac{t_a}{l_a}\frac{1-l_a}{1-t_a}$ 来表示和计算。

一方面，劳动力市场的扭曲通过两部门间不同的工资水平的差异来直接体现，但另一方面，这个指标也可以用上式表示的两部门劳动力比重与产出比重的比值之积来表现，进而反映劳动力在不同地区的城乡配置效应。该比重小于 1 意味着同非农部门相比，农业的劳动力投入比重生产相对更小的产出比重。该比值越小越说明劳动力配置在农业部门的不合理，存在偏向于农业部门的一个扭曲，劳动力配置结构非有效。劳动力能否实现自发转移以及是否能得到有效配置，一方面取决于劳动力的市场规模，另一方面劳动力得不到有效配置也会反过来阻碍劳动力市场的发育(蔡昉等，2001)。故而，劳动力市场的扭曲程度不仅可以用来反映劳动力的配置效果，进一步也用来反映劳动力市场的规模和发育程度。

对此指标的直观的经济解释在于，地区之间的劳动力市场配置效应和规模不同会显著影响各地区的城乡人均收入：劳动力市场的发育与劳动力的转移效果是相辅相成的，发育较好的劳动力市场对于资源的配置效率更高，同质劳动力在自由转移时在不同的市场应该可以获得同样的工资水平，进而导致收入差距的缩小。PHI 应与收入差距呈一个正相关的关系。

3. 影响城乡居民收入差距的其他控制变量

(1) 贸易开放度：TRADE

贸易自由化通过改变价格结构来影响收入分配，同时也可以通过产业结构的变化间接地调整劳动力的工资水平，进而影响收入水平。此外，一般贸易开放较为深入、对外贸易发达的地区，两部门间的效率差异也更为明显，经济开放程度的提高更有可能使得城市部门获益，从而加深城乡收入差距。故 TRADE 应与收入差距呈正向关系。

TRADE＝进出口贸易总额/生产总值，贸易额用当年汇率折算为人民币计算。

（2）教育水平的发展：EDU

人力资本或者教育水平的发展对于收入分配的影响也是通过作用于不同部门的生产效率实现的。教育水平更高的地区，受人力资本作用更大的研发型和技术性行业发展得更快，生产效率也更高。一般而言，受教育影响更为显著的部门往往都分布在城镇，故而可能显现城镇劳动力收入的大幅增长和城镇收入差距的扩大趋势。故 EDU 与收入差距应呈正向关系。

一般来说，为更精确衡量人力资本存量，应当首先计算出每年各级教育的总年限，然后各自乘以各级教育所受一年教育的教育经费，最后求和得到总人力资本花费。但是考虑到数据的可获得性，本文采用高等教育普及程度来近似代替人力资本存量（许和连等，2006）。

EDU＝大专及以上学历就业人口/总人口

（3）财政扶持：GOV

政府对于社会不公现象的不同重视程度也会调整收入分配格局。一方面，在国际竞争激烈的前提条件下，政府注重经济效率的提高，会保护地方产业的对外发展，特别是城镇产出附加值更高的行业，效率置于公平之上；但另一方面，为兼顾公平，政府也会加大对于收入再分配的财政支出，通过补贴特殊行业如农业部门，建立更为完善的社会保障体系和加大转移支付功能履行政府职能。故从这个角度分析，政府的财政扶持对于一个地区的城乡间收入分配应有比较直接且明显的影响，但具体影响的方向不能确定。

GOV＝政府财政支出总额/生产总值

（4）失业率：UNE

低收入水平的劳动力相对而言有更大的工作不稳定性，具有更高的失业率。一般而言，农村劳动力以及流入城镇工作的农民工属于这样的一个群体，即更容易丢掉工作，这不利于低收入水平行业工资水平的提高，也不利于农村劳动力收入的增长，会进一步加剧收入的不平等（Jantti，1994）。故 UNE 应与收入差距呈正向关系。

UNE 来自各地区各年年末城镇登记的失业率。

（5）两部门固定资本比重：k_a/k_b

在以上建立的模型中已对该指标对于收入分配的影响做过简要分析，即两部门间的资本存量之比 k_a/k_b 对收入差距有正向影响。k_a/k_b 越小，说明当年城镇非农部门中固定资本存量越大，与农业部门和在城镇的农民工从事的劳动密集型行业相比，城镇中的资本密集型行业能更加有效地利用资本存量获取资本性收入。当资本的概念超越物质资本而包含人力资本、知识产权等在内时，该比值对于城乡收入差距的影响更大。

（6）经济发展水平：DEV

DEV 用人均 GDP 的对数来表示。

（7）劳动力流动虚拟变量：D_L

考虑到在城镇中形成的一种新的劳动力市场分割，即外来务工劳动力市场，农民工在城市中获得的工资水平也会通过向农村的汇款而影响城乡居民的收入水平。即若劳动力流动性较好，则转移系数就会提高，从理论上而言城乡差距应当缩小。

就目前可获得的文献而言，关于量化劳动力流动性的研究较少，一方面是由于微观最优化模型难以建立，另一方面是由于劳动力流动的数据较难获得，难以进行实证研究。

在本文中，通过借鉴 Topalova（2010）在分析印度贸易自由化与贫困关系的文献中提出的衡量劳动力流动性的指标，构建了一个虚拟指标 D。通过对制造业各行业的就业份额与各行业的关税水平进行回归，如果具有显著性，则说明该地区各行业劳动力份额的变动相对于各行业关税水平是灵敏的，即该地区具有较高的劳动力流动性（陈怡等，2013）。若回归方程的系数具有显著性，则此时虚拟变量取值为 1，否则取 0。

在本实证研究中所用到的变量及含义说明如表 2：

表 2　各变量的含义及数据来源说明

变量	含义	说明	数据来源
y_a/y_b	城乡收入差距	农村居民家庭年平均收入/城镇居民家庭年平均收入	《中国统计年鉴》
TRADE	贸易开放度	进出口贸易总额/生产总值	《中国统计年鉴》
PHI	劳动力市场扭曲程度	两部门劳动力比重与产出比重的比值之积	《中国统计年鉴》
GOV	财政扶持	政府财政支出总额/生产总值	《中国统计年鉴》
UNE	失业率	城镇失业人数/总人数	《中国劳动统计年鉴》
DEV	经济发展水平	人均 GDP 的对数	《中国统计年鉴》
EDU	高等教育普及程度	大专及以上学历就业人口/总人口	《中国统计年鉴》
k_a/k_b	城乡固定资产投资比重	农村固定资产投资/城镇固定资产投资	《新中国六十年统计资料汇编》
D_L	劳动力流动虚拟变量	流动性较好时取值为 1	就业份额和工资比重来自《中国统计年鉴》，关税水平来自黄建忠和王俊霖（2007）

（二）模型构建

本文构建的模型如下，以分析劳动力市场的扭曲对于城乡间收入差距的具体影响效应。

$$\frac{y_a}{y_{bti}}=\alpha_0+\alpha_1\text{PHI}_{ti}+\lambda X_{ti}+\beta\times D_L+\mu_i+\varepsilon_{ti} \qquad (7)$$

其中，y_a/y_b 用来表示各个地区城乡收入差距；PHI_{ti}代表各地区的劳动力市场扭曲程度；α_1表示扭曲度对于城乡收入差距的影响大小；为进一步考察劳动力在城镇中低收入行业的流动性是否会根据上述理论分析对收入分配造成较大的影响，引入代表其作用的虚拟变量，进一步研究在劳动力流动程度不均的地区的收入分配效果；X_{ti}代表了其他可能影响收入差距的宏观经济变量，包括 TRADE、GOV、EDU 等；μ_i 为个体效应，ε_{ti} 为随机扰动项。

本文考察的样本期为 1995—2010 年，使用省际面板数据进行实证分析。在我国划分的 31 个地区(省、市、自治区)中(不包括港澳台地区),删去数据缺乏的西藏和海南,将重庆数据与四川合并,故本文使用的数据共包含 28 个地区。

五、实证分析

(一) 说 明

各变量的基本统计信息由 Eviews 给出,如表 3 所示。

表 3 各变量的描述性统计分析

变量	平均数	标准差	最大值	最小值	观察值数
y_a/y_b	0.362997	0.080864	0.625322	0.210147	410
TRADE	0.354744	0.759555	12.805490	0.013533	410
PHI	0.077756	0.051694	0.355822	0.016658	410
GOV	0.155156	0.069751	0.550491	0.051149	410
UNE	0.035205	0.009917	0.074000	0.004000	410
EDU	0.063191	0.053118	0.389839	0.007414	410
FDI	0.033139	0.032708	0.168533	0.000453	410
k_a/k_b	0.206438	0.145418	0.789937	0.02701	410

为了消除回归方程的异方差,对所有的变量均作对数化的处理。选取的样本为面板数据,包括 28 个地区 1995—2010 年的数据。根据对各截面特定系数的不同假定,回归的模型可以分为固定效应模型、随机效应模型和混合效应模型。在对以下模型进行回归时,先选择随机效应模型并进行 Hausman 检验,若 p 值>0.05 则不能拒绝原假设,依旧选择随机效应模型。实证结果表明(见表 4)模型(1)拒绝原假设,故使用固定效应模型,模型中每对应一个截面即存在一个不同的截距,且此截距仅随个体变化而不随时间变化。在模型(3)、模型(4)中由于引入了关于城镇劳动力流动性的虚拟变量,即相当于对某些截面做了固定效应,故在此直接展现随机效应模型和混合效应模型的结果。但模型(1)中利用的固定效应面板数据模型是一个静态模型,但城乡收入差距的变动是一个有一定依赖路径的动态过程(雷根强和蔡翔,2012),即需要对模型进行修正。同时,由于本文设立的模型中采用的均为宏观经济数据,可能会存在相互的关联性。所以,为克服动态数据结构造成的内生性问题,采用广义矩方法进行校正。本文采用差分 GMM,利用一阶差分消除个体效应,并利用内生变量的滞后项作为工具变量。模型修正如下:

$$\frac{y_a}{y_{b\,ti}}=\alpha_0+\alpha_1 \mathrm{PHI}_{ti}+\lambda X_{ti}+\delta\cdot\frac{y_a}{y_{b\,t-1,i}}+\mu_i+\varepsilon_{ti} \tag{8}$$

该估计方法的一致性在于所选择的工具变量的有效与合适,所以本文用 Sargan 检验来判断过度识别约束是否有效。该检验的原假设是总体矩条件全部成立,模型设定正确。当利用给出的 J 统计量和自由度计算出检验 p 值时,若 $p>0.05$ 则不能拒绝原假设,认为工具变量有效。

（二）实证检验结果

表 4　劳动力市场特征与城乡居民收入差距关系的实证结果

被解释变量 y_a/y_b				
	(1) FE	(2) GMM	(3) RE	(4) ME
C	0.4393***		0.3673***	0.4977***
	(9.1128)		(21.3362)	(19.7126)
$y_a/y_b(-1)$		0.3464		
		(8.8881)***		
ln TRADE	0.0018	0.0088*	0.0035	0.0101
	(0.7453)	(1.7017)	(1.5875)	(0.9074)
ln PHI	0.5798***	0.7347***	0.6541***	0.4432***
	(9.0263)	(10.4859)	(11.1146)	(3.2417)
ln GOV	−0.0901*	−0.1604**	−0.2154**	−0.5406***
	(−1.8184)	(−2.4128)	(−5.7317)	(−6.3534)
ln UNE	−0.0128***	−0.0112***	−0.0148***	−0.0259***
	(−6.2827)	(−8.7952)	(−7.2339)	(−8.0807)
ln EDU	−0.2052**	−0.0424	−0.0615	0.2357**
	(−2.8414)	(−0.4618)	(−0.6499)	(0.2357)
ln k_a/k_b	0.0908***	0.0876**	0.1130***	0.0164***
	(4.8098)	(2.5300)	(6.7556)	(0.4556)
ln DEV	−0.0074	0.0122	−0.0433**	−0.0889***
	(−1.3669)	(0.6384)	(−1.9985)	(−2.9185)
D_L			0.0616**	0.0294**
			(2.9577)	(2.0920)
RE-Hausman	47.9570***			
Sargan-p		0.4354		
R 平方	0.9021		0.6317	0.6988
adjusted R 平方	0.8932		0.6229	0.6916
F test	101.6828		71.8474	97.2154
p	0.0000		0.0000	0.0000
观测值	410	359	387	387

注：***、**、* 分别表示在 1%、5%、10%的水平下系数显著，括号内为 t 值；Hausman 检验用来判断模型的设定，Sargan 检验用来检验矩条件是否过度识别。

从表 4 的结果来看，所有的模型内 PHI 的系数均通过 1%的显著性检验，在模型（1）、模型（2）中的系数大小分别为 0.5798 和 0.7347，显著地说明了当两部门工资差距缩小，即劳动力市场扭曲程度减小时，将会导致城乡居民收入差距的明显缩小。城乡收入差距一阶滞后项的系数为正，且通过 1%的显著性检验，说明城乡差距确实有明显的动态效应。

当劳动力政策抑制了劳动力的城乡转移时，农村滞留了过多剩余劳动力，造成的一个直接结果就是农村以较大的劳动力投入比重生产较小的产出比重，即 PHI 比值减小。一方面，劳动力自由流动能力的受限和在城乡配置结构的不合理通过 PHI 的减小体现了出来，另一方面，这种二元分割的体制或是制度也导致了城乡居民之间收入的扩大，也即被解释变量 y_a/y_b 的减小。这是对 PHI 变量系数总呈正号的解释。

另外，在此就其他变量做简要分析。

失业率系数为负的实证结果与预想相符，失业率越高一般意味着低收入行业群体失业人数的增加，不利于该行业工资水平的提高。限于统计资料，可获得数据仅为各地区城镇年末的失业率，而没有农业部门的失业率。但农民即使进入城镇，所从事的也只能是如加工制造等的低收入行业，工资长期处于一个较低的水平。从这个角度看来，城镇失业率的上升对于这些农民工的不利影响更大，收入得不到提升时，城乡居民收入的不平等程度也会加大。

政府财政支出的系数四个模型中均为负，说明了政府投入并没有缓解城乡间的收入差距。财政支出兼具转移支付和拉动经济增长两个主要作用，前者可以消除收入的分配不公，实现公平，后者则有相反的效应。在此可见，后者抵消了前者减小社会不公的作用。

在这个 1995—2010 年跨度的模型中，不同地区的教育水平差异对于收入差距的影响并不显著，但主要呈现负向关系。说明随着教育的普及，城乡间的人均人力资本的差距在拉大，城市居民接受教育的范围和质量较之农村更有优势，进而在一定程度上可能会拉大城乡差距。此外，两部门间的固定资本投入比重对于城乡间的收入分配具有非常明显的正效应，符合之前建立的理论模型。在任一实证检验模型下，这一指标的系数基本上在 1%的显著性水平下显著。随着 k_a/k_b 的减小，即固定资本的投入更偏向于城镇部门，一方面资本投入的积累能带来更多的资本性收入，另一方面，与农业部门和在城镇的农民工从事的劳动密集型行业相比，城镇中的行业能更加有效地利用资本扩大再生产，实现收入的增加，进而导致城乡收入差距的扩大。

（三）考虑城镇劳动力流动性的模型结果

在考虑劳动力市场的扭曲时，除了城乡劳动力配置结构的不均衡，即由于我国历史制度因素，劳动力市场形成二元分割进而导致的劳动力在城乡之间转移的局限性，还有在城镇中从事劳动密集型行业工作的农民工在行业间自由流动的障碍。

同质的生产要素在完全竞争时应当得到相同的边际收益。在自由转移条件下，劳动力在不同的行业工资水平也应当相同，否则会出现要素流动，从而消除这种工资差异，再一次实现均衡。当劳动力市场出现扭曲时，要素不能自由流动，导致劳动力配置的不合理结构。当考虑的是农民工主要就业的行业时，这个不均衡的要素分配格局与城乡劳动力的配置效应相区分，但也同样会通过影响农民工的收入进而影响城乡居民的收入差距，也即要素配置扭曲造成了相应的社会效率损失和收入分配的不均。

考虑到农民工群体的庞大和在城镇中新形成的外来务工劳动力市场，为对农民工在劳动力市场内的流动性进行判断并分析其对农村居民收入的影响，在回归方程中引入一个虚拟变量。在计算虚拟变量时，采用 Topalova（2010）、陈怡等（2013）的方法，对制造业进行细分，取制造业各分行业就业人数比重作为被解释变量，而取分行业关税水平作为解释变量进行回归。之所以对制造业进行细分，一方面是由于制造业为劳动密集型行业，是农民工进入城镇之后的主要就业行业。根据 2006 年的中国农民工问题调查总报告，在进城务工的 1.20 亿农民工中，超过 1/3 在制造业部门工作，故对该行业的劳动力流动情况进行判断，也能从侧面体现出农民工就业的劳动力市场的扭曲性，进而可用以分析对农村居民收入的影响;另一方面是由于在开放之后,贸易改革不断深化和对外贸易增长,才推动城镇企业对于低技能劳动力的大量需求,且制造业是我国最为活跃发展的行业之一,在进出口贸易中均占绝大部分的比重。

本文中的研究区间为 2002—2005 年,由于关税变动对于劳动力就业份额在时间上具有滞后性,故选取滞后一期的关税水平,数据来自黄建忠和王俊霖(2007)的计算。制造业共有 30 余个细分行业,根据《中国统计年鉴》的数据的可获得性和关税数据的局限性,将食品加工业与食品制造业合并为一项,部分煤炭采选业未纳入计算,共计 27 个细分行业。

分别对 28 个地区进行回归分析,从结果来看,全国大部分地区的制造业细分行业就业份额对于滞后一期的关税水平的变动并不十分敏感,关税对于就业的结构解释能力不够。考虑到影响就业变动的另一个比较显著的因素是行业间不同的工资水平,故在模型中加入各细分行业的平均工资与整个制造业平均工资的比重,同样选取滞后一期作为指标。由于该方程主要考察的是关税水平和工资水平的变动对于就业结构的影响,简化模型没有加入决定就业结构的其他变量。当就业结构相对于工资变动的系数较为显著时,说明劳动力的反应水平是灵敏的,农民工进入城镇工作时,能具备较好的流动性。对于关税也有类似分析。故而,在对劳动力的流动性进行判断的时候,两个系数只要有一个显著也即认为合理。

之后再重新进行回归(见表 5),拟合程度较好,在 10%显著性水平下系数显著的地区如下,认为其具有较好的劳动力流动性:天津、内蒙古、辽宁、上海、江苏、安徽和四川。其中,对于行业间工资差距最为敏感的有天津、内蒙古和上海;而对于关税水平变动最为敏感的有辽宁和江苏。一般而言,随着各细分行业工资相对平均工资的比重的上升,流入该行业的劳动力也随之增加;随着各细分行业关税水平的下降,流入该行业的劳动力也增加,系数呈负。但两个指标对于就业结构的改变并不具有非常的显著性。衡量劳动力流动的指标有待进一步的改善。将以上 7 个地区的虚拟变量值均取 1,其余均取 0。

表 5 各省制造业各细分行业就业份额变动情况

地区	AIN	TAR	个数	调整后 R^2	地区	AIN	TAR	个数	调整后 R^2
北京	0.0018 (0.3211)	−0.0002 (−1.6580)	101	0.958	山东	0.0022 (0.5660)	−0.0067 (−0.7083)	101	0.987
天津	−0.0209** (−2.2200)	−0.0131 (−0.8522)	101	0.963	河南	−0.0069 (−1.722)	−0.0138 (−1.3663)	101	0.986
河北	0.0004 (0.0928)	0.0019 (0.2360)	101	0.993	湖北	−0.0075 (−2.195)	0.0034 (0.3855)	101	0.991
山西	0.0033 (0.7110)	−0.0039 (−0.2247)	101	0.971	湖南	−0.0016 (−0.272)	−0.0011 (−0.0902)	101	0.978
内蒙古	0.0196*** (2.8298)	−0.0102 (−0.4441)	101	0.955	广东	−0.0022 (−0.834)	0.0053 (0.4461)	101	0.986
辽宁	0.0035 (0.9067)	−0.0236*** (−2.6983)	101	0.989	广西	0.0004 (0.1299)	−0.0098 (−0.8382)	101	0.984

(续表)

地区	AIN	TAR	个数	调整后 R^2	地区	AIN	TAR	个数	调整后 R^2
吉林	-0.0009 (-0.2052)	-0.0195 (-1.1867)	101	0.983	四川	0.0136** (2.3308)	-0.0134 (-1.3432)	101	0.988
黑龙江	-0.0023 (-0.7314)	-0.0062 (-0.6347)	101	0.984	贵州	0.0088 (1.5336)	-0.0039 (-0.2129)	101	0.965
上海	-0.0251*** (-3.9421)	-0.0173 (-1.3434)	101	0.971	云南	-0.0030 (-0.596)	-0.0077 (-0.6436)	101	0.982
江苏	-0.0134 (-1.0406)	-0.0439** (-2.0706)	101	0.949	陕西	0.0068 (0.8001)	-0.0083 (-0.3348)	101	0.924
浙江	-0.0068 (-1.1646)	-0.0278 (-1.4098)	101	0.925	甘肃	-0.0053* (-1.695)	0.0016 (0.1243)	101	0.985
安徽	0.0098* (1.7186)	-0.0305* (-1.8647)	101	0.960	青海	-0.0016 (-0.382)	0.0116 (0.4617)	101	0.962
福建	-0.0011 (-0.3740)	-0.0320 (-2.4483)	101	0.979	宁夏	0.0016 (0.3953)	0.0257 (1.3338)	101	0.963
江西	0.0009 (0.1701)	-0.0184 (-1.1477)	101	0.9497	新疆	0.0057 (0.5666)	-0.0408 (-1.4519)	101	0.949

注：***、**、* 分别表示在 1%、5%、10% 的水平上显著。

重新回归得到的结果列于表 4 中的第(3)、(4)列，分别采用随机效应模型和混合效应模型。特别值得关注的是虚拟变量 D_L 的系数分别为 0.0616 和 0.0294，均在 5%的水平下显著。在劳动力流动性较好的地区，即制造业各细分行业间就业人员份额的变动对于工资水平比重和关税的变动较为敏感的地区，城乡间的收入差距有一个显著的缩小。可见，在分析城乡收入分配的作用时，将城镇中外来务工的劳动力市场结构涵盖在内十分必要。

六、结　语

我国目前存在二元经济结构下的较为明显的半耕半工形态，一方面体现在过密性低报酬的农业制度导致的农村居民的分化，即从事农业生产和外出务工的人员分化；另一面是外出务工的农民工在就业环境较差或是其他因素作用下会回流回乡村从事农业。当前的就业结构与城乡居民的收入分配间有着紧密的关系，即农村居民不断地向外寻业，但同时又不得不接受低农业收入和低临时工收入，而城镇居民往往拥有福利较好的稳定职业，获得更高收入。

我国的劳动力就业结构在过去的几十年间发生了巨大的变化。农业部门剩余劳动力向效率更高的非农部门转移促进了我国经济的发展，但由于我国劳动力市场具有的制度约束和扭曲特征，转移的程度受限，城乡收入差距在此进程中不断扩大；此外，农村劳动力即使转移到了城镇，也是低酬劳、福利差的非正规经济体，这部分劳动力的就业兼具不稳定性和脆弱性。本文首先构建了一个封闭经济中的两部门模型，通过引入城乡劳动力市场扭曲度和衡量农民工收入转移的效应指数，来分析劳动力市场的扭曲与城乡居民收入差距之间的理论关系，利用实际数据进行经验分析，并通过构建模型具体地研究了不同劳动力市场的扭曲度对城乡居民收入差距的影响效应。

实证结果表示，城乡之间劳动力市场越是扭曲，农民工在城镇内低收入行业间的流动性越差，城乡居民之间的收入差距也会越大。就本文的分析内容来看，为实现城乡居民收入分配的均衡性，很重要的一部分在于提高目前过低的农村居民收入。而这可以从两个方面着手。一是发展农业。劳动力市场的扭曲从根本上取决于农业和非农业部门的工资水平之比，除了从本质上改革户籍制度等消除体制的障碍，通过提高农业生产效率和农业劳动力被压低的工资，也会缩小劳动力市场的扭曲程度，进而缩小城乡间收入差距。目前的一般观点是通过发展大规模的乡村工业化或是以城镇城市化的发展吸收更多农民工来提高农民工资，而忽略了农业本身的发展潜力，正如黄宗智所言，当前关键的一步也许首先在于明确承认半耕半农过密性农业制度亟须改革，进而转向具有适度规模、能够持续发展的小农家庭农场，提高农民工资水平，进而缩小城乡居民收入差距。二是加大对农民工及其就业环境的关注，在实现流动性的基础之上实现就业的稳定性。在本文建立的模型中即体现为农民工的转移系数，农民工的流动障碍减小和诸如医疗、子女教育和失业保障等福利水平的提高会提高其在城镇中得到的收入，进而转移更多收入返回农村，缩小城乡差距。

本文同样也存在诸多不足之处。首先，在对劳动力市场的扭曲进行刻画时，将扭曲度仅仅看作是由两部门的工资差异造成的，而没有考虑异质劳动力的影响。特别是在目前的很多国外文献中，都已将异质的劳动力和公司作为一个研究视角分析不均等的来源。其次，在本文对转移系数的讨论之中，为简化分析而只考虑了农民工在城镇低收入行业的流动性，即用该劳动力市场中存在的行业转移障碍来衡量农民工在城镇中的收入损失，而忽略了很多其他的因素。此外，本文只探讨了劳动要素市场的扭曲，但除此之外还有包括资本、知识等诸多要素的扭曲，以后还可从要素市场的扭曲和要素分配的角度来考察对收入分配的效应。

参考文献

Gollin D, Parente S L, Rogerson R. The Food Problem and the Evolution of International Income Levels [J]. Journal of Monetary Economics, 2007, 54(4): 1230-1255.

Jones C I. Misallocation, Economic Growth, and Input-Output Economics[J]. Working Paper. 2011.

Jäntti M. A More Efficient Estimate of the Effects of Macroeconomic Activity on the Distribution of Income [J]. The Review of Economics and Statistics, 1994: 372-378.

Restuccia D, Yang D T, Zhu X. Agriculture and Aggregate Productivity: A Quantitative Cross-Country Analysis [J]. Journal of Monetary Economics, 2008, 234-250.

Topalova P. Factor Immobility and Regional Impacts of Trade Liberalization: Evidence on Poverty from India. IMF Working Paper. 2010.

Wei C, Freeman R B, Li H. Adjusting to Really Big Changes: The Labor Market in China, 1989-2009 [J]. NBER Working Paper Series, 2012.

蔡昉，王德文，都阳. 劳动力市场扭曲对区域差距的影响[J]. 中国社会科学，2001,2:4—14.

蔡昉，王美艳. 为什么劳动力流动没有缩小城乡收入差距[J]. 经济学动态，2009,8:4—10.

蔡昉.城乡收入差距与制度变革的临界点[J]. 中国社会科学，2003,5:93—111.

陈怡，王洪亮，姜德波. 贸易自由化、劳动要素流动与贫困[J]. 国际贸易问题，2013,4:27—39.

陈钊，陆铭，佐藤宏. 谁进入了高收入行业？——关系、户籍与生产率的作用[J]. 经济研究，2009，10:121—132.

程开明，李金昌.紧凑城市与可持续发展的中国实证[J].财经研究，2007，10:73—82.

盖庆恩，朱喜，史清华. 劳动力市场扭曲、结构转变和中国劳动生产率[J]. 经济研究，2013，5:87—97.

郭庆旺，吕冰洋. 论要素收入分配对居民收入分配的影响[J]. 中国社会科学，2012，12:46—62.

黄建忠，王俊霖. 我国工业部门关税保护的动因结构、效应和优化——基于新政治经济学的经验分析[J]. 南开经济研究，2007，3:97—106.

黄宗智.中国的隐性农业革命[M].北京：法律出版社，2012.

雷根强，蔡翔. 初次分配扭曲、财政支出城市偏向与城乡收入差距——来自中国省级面板数据的经验证据[J]. 数量经济技术经济研究，2012，3:76—89.

李坤望，陈维涛，王永进. 对外贸易、劳动力市场分割与中国人力资本投资[J]. 世界经济，2014，3:56—79.

李子奈，潘文卿.计量经济学(第三版)[M].高等教育出版社，2014.

梁小民. 评刘易斯的二元经济发展理论[J]. 经济科学，1982，2:63—67.

林光彬. 等级制度、市场经济与城乡收入差距扩大[J]. 管理世界，2004，4:30—40.

林毅夫.解读中国经济[M].北京大学出版社，2012.

刘社建，徐艳. 城乡居民收入分配差距形成原因及对策研究[J]. 财经研究，2004，30(5):93—103.

陆铭，陈钊. 城市化、城市倾向的经济政策与城乡收入差距[J]. 经济研究，2004，6:50—58.

陆铭，蒋仕卿. 重构"铁三角"：中国的劳动力市场改革、收入分配和经济增长[J]. 管理世界，2007，6:14—22.

邵小快，胡怀国. 经济增长实证研究中的内生性[J]. 经济学动态，2013，3:109—118.

孙宁华，堵溢，洪永淼. 劳动力市场扭曲、效率差异与城乡收入差距[J]. 管理世界，2009，9:44—52.

万广华，陆铭，陈钊. 全球化与地区间收入差距：来自中国的证据[J]. 中国社会科学，2005，3:17—26.

王德文，何宇鹏. 城乡差距的本质、多面性与政策含义[J]. 中国农村观察，2005，3:25—37.

王云飞，朱钟棣. 贸易发展、劳动力市场扭曲与要素收入分配效应：基于特定要素的短期分析[J]. 世界经济，2009，1:3—12.

吴江，田小宝.人力资源蓝皮书：中国人力资源发展报告(2011～2012)[M]. 社会科学文献出版社，2012.

萧政著，李杰译.面板数据分析(第二版)[M].中国人民大学出版社，2012.

许和连，亓朋，祝树金. 贸易开放度、人力资本与全要素生产率：基于中国省际面板数据的经验分析[J]. 世界经济，2006，12:3—10.

严善平. 人力资本、制度与工资差别——对大城市二元劳动力市场的实证分析[J]. 管理世界，2007，6:4—13.

袁志刚，解栋栋. 中国劳动力错配对 TFP 的影响分析[J]. 经济研究，2011，7:4—17.

张力，孙鹏. 城乡差距、社会分层与农民工流动问题[J]. 财贸研究，2013，6:36—45.

张义博，刘文忻. 人口流动、财政支出结构与城乡收入差距[J]. 中国农村经济，2012，1:16—30.

中国社科院"农民工返乡机制研究"课题组.徘徊在城乡之间的中国农民工[N].光明日报.2009.

周冰，袁德胜. 农民工工资水平、统计误差和城乡收入差距[J]. 南开学报(哲学社会科学版)，2014，1:126—133.

政府控制与公司环境信息披露

——来自沪市 A 股市场上市公司的经验证据

王沛韬

（上海财经大学经济学院）

［**摘要**］公司环境信息的披露不仅是建立有效率资本市场的必然要求，也反映了该公司的环境治理情况和生产经营的环保指数，并且反过来可在一定程度上促使公司加大环保力度。本文使用 2010 年与 2013 年 244 家在沪市 A 股市场上市的重污染企业作为样本，在给出量化上市公司环境信息披露水平的方法的基础上，使用“终极产权论”对其终极控股人性质进行定义，再运用面板数据的 DID 方法考察了政府控制对公司环境信息披露状况的影响，避免了已有研究中可能存在的内生性问题。研究结果表明，政府控制与上市公司的环境信息披露水平显著正相关。该结论为政府出于环保目的干预并控制某些该方面表现较差的公司提供了经验证据支持。

［**关键词**］环境信息披露，政府控制，DID

一、研究背景

企业既是社会财富的创造者，同时也是环境污染的主要制造者，由于污染的外部性，企业对环境的治理不仅要依靠企业自身的环保意识和社会责任感，更需要外界的制约。环境信息披露机制就是外界督促企业履行环保责任的一种方式，如实地公开环境信息意味着接受社会广泛的监督，这可以促使企业加大环保方面的投入，减少污染的排放。2008 年和 2010 年，国家环保总局分别公布了《关于加强上市公司环境保护监督管理工作的指导意见》和《上市公司环境信息披露指南》，从政策法规的层面对企业环境信息的披露做出了要求。

而且，可靠有效的信息披露是现代资本市场实现效率的基本要求。对于投资者而言，为了对企业（特别是重污染企业）的绩效做出准确的评价，做出投资、信贷等决策，需要充足的关于企业环境保护、可持续发展经营方面的信息，日益强烈的环境信息需求也促使企业在财务报表中披露环境信息。

综上所述，环境信息披露是资本市场的必然需求，其披露情况不仅体现了公司对国家相关法规的遵守程度，反映了公司的透明度，也反映了该公司的环境治理情况和生产经营的环保指数，反过来也可以在一定程度上促使公司加大环保力度。因此，对这方面的探究是很有必要的。

影响公司环境信息披露情况的因素有很多，本文的边际贡献在于从公司终极控股人的身份出发，以沪市A股市场上市公司年度报告和其独立的社会责任报告所披露的信息为依据，在避免了已有研究中存在的内生性问题的基础上，探究了政府控制与否对公司环境信息披露水平的影响。

二、文献综述

从20世纪80年代开始人们逐步在理论和实践上探索公司环境会计信息的披露，1989年3月，在国际会计和报告准则政府间专家工作组第七次会议上首次对有关环境会计及环境信息披露在全球范围内的进展情况进行了讨论。此后，国际社会环境信息披露机制逐步形成。学界有许多的研究聚焦于信息披露的内容、方式、特征等，如Wiseman(1982)提出了一种从公司年度报告提供的信息中量化环境披露水平的方法，而Cho and Pattern(2007)进一步将披露信息分为货币性信息和非货币性信息两种。对影响公司信息披露的因素的探究始于Anderson and Frankle(1980)，他们发现公司自愿信息披露水平与公司市场价值存在正相关的关系。此后，相关方面的研究日益增多。Freedman and Jaggi(1982)再次探究了公司绩效与环境信息披露的关系，发现对于大公司而言，公司环境信息披露程度与公司绩效呈负相关的关系，对于小公司而言两者则没有明显相关。此后，多名学者又通过实证发现公司规模与环境信息披露水平正相关。

近几年，国内的相关研究也逐渐增多。汤亚莉等(2006)用实证的方法检验了国内的上市公司同样满足公司绩效、公司规模与环境信息披露水平的正相关关系。朱金凤和薛惠锋(2008)发现公司的盈利能力和财务杠杆水平没有显著影响环境信息披露情况。王建明(2008)则论述了法规制度的重要作用，外部制度导致重污染行业与非重污染行业环境信息披露水平的显著差异。另外，也有众多研究者对其他相关因素的影响进行了研究，如肖华和张国清(2008)提到的突发性公共环境事件；毕茜等(2012)提到的董事会特征；郑春美和向淳(2013)提到的媒体关注度等。

由以上论述可以看出，国内现有的对影响公司环境信息披露水平的研究主要集中在公司绩效、财务特征、治理结构、制度差异等因素上，关于政府对此的影响也集中在政府监管方面如沈洪涛和冯杰(2012)，通过实证展示了地方政府监管对公司环境信息披露的促进作用，但很少有研究着眼于公司是否受政府控制对其环境信息披露的影响。只有毕茜等(2012)以及何丽梅和侯涛(2010)[12]在研究中对此进行了简单探究，但两者得出的结论相反，前者认为上市公司的国有控股特征更有助于环境信息披露制度作用的发挥，而后者则认为国有控股与否对此问题没有显著影响。前者的研究仅仅通过财务报表上的国有控股比例确定公司性质，没有以“终极产权人”的视角对公司是否受政府控制进行分类；后者的研究则是通过简单的横截面模型进行回归，存在内生性问题，因此可以认为得出的结论都是不准确的。本文将正确定义公司性质，并使用面板数据的DID方法对此问题进行重新研究，试图得出一个更能反映问题本质的结论。

三、研究假设

一方面，作为相关法律法规的制定者，政府希望这些制度能够得到严格的实行，因此当政府取得了企业的实际控制权时，相比于非政府控制的企业，政府控制的企业有更大的可能遵守相关法规,按要求披露环境信息。另一方面,除了相关法律法规要求披露的环境信息,仍有相当部分的环境信息属于企业自愿披露的,而政府作为国家管理机构,一直以来都被假设为以国家和人民的根本利益为行动指南,是社会道德的楷模和倡导者,因此政府控制的企业有更强的社会责任感,同时也为了维护自身形象,这样的企业有更大的动机披露更详细的、符合市场投资者需求的环境信息。由此,本文就政府控制与公司环境信息披露做出如下假设:

H_0:政府控制的上市公司拥有更高的环境信息披露水平。换言之,非政府控制的上市公司的环境信息披露水平相比而言更低。

四、研究样本与研究变量

(一)样本筛选

样本的数据来源是国泰安 CSMAR 系列研究数据库和证监会指定信息披露网站——巨潮资讯网,筛选出上海 A 股市场所有重污染行业的上市公司,并得到其 2010 年和 2013 年的相关财务数据、年度报告及其他相关报告。所谓重污染行业,根据《上市公司环境信息披露指南》的定义,包括火电、钢铁、水泥、电解铝、煤炭、冶金、化工、石化、建材、造纸、酿造、制药、发酵、纺织、制革和采矿业,具体认定方法参见《上市公司环保核查行业分类管理名录》(环办函〔2008〕373 号)。到 2013 年年底,沪市 A 股市场上市公司共 1 021 家,具体执行的筛选程序如下:(1)由于需要 2010 年和 2013 年两年的数据,剔除这几年新上市及部分信息缺失的公司,剩余公司 854 家。(2)再从中筛选出重污染行业的公司,得到公司 253 家。(3)为了避免极端值对统计结果的不利影响,再剔除 ST 公司,最终得到作为研究样本的公司 244 家,共 488 个样本。

(二)关于政府控制

本文将采用"终极产权论"(the principle of ultimate ownership)的概念对企业是否受政府控制进行界定。刘芍佳等(2003)曾最早应用此理论对上市公司的股权结构进行探究,此后夏立军和方轶强(2005)运用这种分类方法进一步探究了政府控制与公司价值的关系。所谓"终极产权论",即企业的控股股东们利用金字塔型结构来建立一系列的控制链,其中一个上市公司可能被另一个(上市)公司所控制,而后者的控股份额又可能直接或间接地通过这样类似的链条而落在某个终极所有者手中。因此,公司的实际控制权和所有权应该是在这样的"终极控股人"手中,仅通过财务报表上的股东持股比例等信息是无法准确考察这一特征的。

根据这个标准,本文将计算当年股权控制链中国家和非国家机构或个人分别所占的控制权比例,以此来判断一家上市公司当年是否受政府控制。例如南通江山农药化工股份有限公司(股票代码:600389),其 2013 年的股权控制链如图 1 所示。从表面上看,公司的两大股东是中化国际(控股)股份有限公司(29.19%)和南通产业控股集团有限公司(26.54%),国家并非其最大股东。然而仔细观察股权控制链可以发现,中化国际(控股)股份有限公司是由中国中化集团公司控制的,再向上追溯,最终由国务院国有资产监督管理委员会控制,而南通产业控股集团有限公司由南通市国有资产监督管理委员会控制,因此国家在该上市公司股东大会上最终的投票权应至少为55.73%(29.19%+26.54%),显然此公司实际上是被政府所控制的。

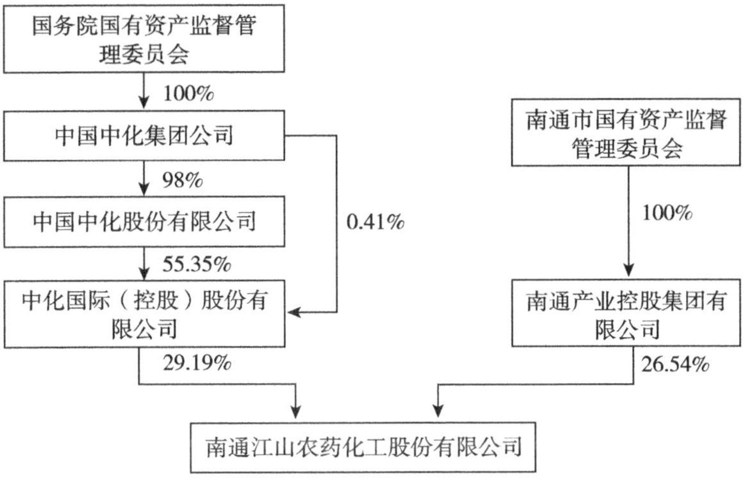

图1　南通江山农药化工股份有限公司的股权控制链

依照同样的方法,可将样本中所有公司对于每年的情况分为"受政府控制的上市公司"和"不受政府控制的上市公司"两类,若出现终极控制人既有国家机构又有非国家机构或个人的情况,为避免混淆,将此类公司从样本中剔除,不予讨论。

(三)环境信息披露水平的量化

本文采用国内外研究常用的"内容分析法"来衡量各上市公司环境信息披露的情况,该方法是对公司已公开的报告,通过分析来确定每一个特定项目的分值,而后得出总的评价。

通过上述方法所得的指数——环境信息披露指数(EDI)将作为衡量上市公司环境信息披露水平的指标,EDI的构造具体构造方式如下:根据Wiseman(1982)在研究中提供的方法,参考《上市公司环境信息披露指南》以及毕茜等(2012)一文中的做法,可将公司的环境信息分为6个部分:环境管理、资源消耗、污染排放、环境投资、环境业绩与环境治理、政府监管与机构认证,每部分包含的具体指标见表1。对于每一部分,若公司的年度报告(包括独立的社会责任报告或可持续发展报告)中无任何信息,得0分;若报告中有描述性信息但无数量化信息,得1分;若报告中有数量化但非货币化信息,得2分;若报告中有货币化信息,得3分。由此可得到每部分的环境信息披露得分(EIDI)。最后对以上6项的得分进行加总,除以可能得到的最高分(18分),再乘上100,就得到了该公司的环境信息披露指数(EDI)。计算公式如下:

$$EDI = 100 \times \sum EIDI / \sum MEIDI$$

其中,$\sum$EIDI是环境信息的各部分得分之和,$\sum$MEIDI是各部分能达到的最高分之和。

为了尽可能排除主观因素的影响,在评分中采用双人独立评分的方法,本文对两人的评分结果用克隆巴赫系数(Cronbach's Alpha)进行了信度检验,该系数是用于评价不同评分者评分一致性程度的一种有效指标,一般认为其值大于0.7就表明评分结果较为可靠。运用SPSS进行检验,结果表明,Cronbach's Alpha值为0.729,说明两人的评分结果可信。

因此,将两人评分所得的 EDI 指数进行平均,得到最终研究所需的 EDI 数据。

表 1 公司环境信息披露指标

项目	具体指标
环境管理	重大环境问题的发生情况、环境教育与培训情况等
资源消耗	GDP 能耗、总消耗水量、耗煤量等
污染排放	废水排放量、SO_2 排放量、CO_2 排放量、烟尘和粉尘排放量、工业固体废物排放量等
环境投资	环境保护总投资额、相关研发费用支出等
环境业绩与环境治理	清洁生产实施情况、废水废物排放达标率、综合能耗下降情况、污染物减排情况、节水情况等
政府监管与机构认证	环境认证、"三同时"制度执行情况、是否有环境审计等

(四)研究变量

根据前文的论述,本文选择环境信息披露指数(EDI)作为被解释变量,引入虚拟变量政府控制作为解释变量,又由前人的研究可知,公司规模、负债情况、盈利能力、董事会规模与公司环境信息披露水平之间的相关性是比较显著的,因此选择这四个变量作为控制变量,关于各个变量的具体解释见表 2。

表 2 研究变量的说明

变量名称	变量符号	变量定义
环境信息披露指数	EDI	构造方法由上文给出,用于衡量公司环境信息披露水平
政府控制	GOV	虚拟变量,对于每一年来说,若受政府控制,值为 1;若不受政府控制,值为 0
公司规模	SIZE	公司当年总资产的自然对数
负债情况	FL	资产负债率,等于当年负债合计/资产总计
盈利能力	ROE	净资产收益率,等于当年净利润/所有者权益总额
董事会规模	BOD	董事会人数

五、实证检验及结果分析

(一)模型设定

本文使用双重差分法(Difference-in-Difference, DID)对此问题进行研究,DID 框架主要适用于来自"自然实验"或"准实验"的数据。当某些外生事件(常常是政府的政策改变)改变了个人、家庭、企业或城市的运行环境时,便产生了自然实验,一个自然实验总有一个不受政策变化影响的对照组和一个被认为受政策变化影响的处理组,DID 框架的主要思路就是通过对两者的比较得出该政策的实际影响效果。

在本文的研究中,尽管没有明确的某项政府政策,但我们注意到从 2010 到 2013 年,样本中的某些企业从政府控制变为了非政府控制，这为我们构造了一个“自然实验”过程。政府转让或出售股票从而失去了对某些上市公司的控制可以看作是外生的政府政策（关于其外生性下文将详细说明），剔除掉由非政府控制变为政府控制（GOV 值由 0 变为 1）的样本，可以将由政府控制变为非政府控制（GOV 的值由 1 变为 0）的上市公司看作处理组，其他终极股权人性质没有发生变化（GOV 的值不变）的上市公司可以被看作对照组，2010 年可以被看作政策实施前，2013 年则可以被看作政策实施后，通过对比处理组和实验组在政策实施前后的环境信息披露表现，可以得出政府控制对上市公司环境信息披露水平的实际影响效果。基于以上分析，考察政府控制与否的影响的最简单模型可以设定为：

$$\mathrm{EDI}=\beta_0+\beta_1 D+\beta_2 T+\delta_1 D\times T+u \tag{1}$$

其中，虚拟变量 $D=1$ 对应处理组，即 2010 年到 2013 年从政府控制变为非政府控制的上市公司；虚拟变量 $D=0$ 对应对照组，即 2010 年到 2013 年终极控股人性质没有发生变化的上市公司；虚拟变量 $T=0$ 对应“政策”实施前，即 2010 年；虚拟变量 $T=1$ 对应“政策”实施后，即 2013 年；交叉项 $D\times T=1$ 表示既处于处理组又处于 2013 年的样本，其系数 δ_1 正是我们要观察的这一“政策”对公司环境信息披露水平的影响程度。

对此，可简单证明如下：

对于处理组（用 A 表示），$D=1$，且在政府放弃控制之前，$T=0$，模型可以表示为：

$$\mathrm{EDI}_{\mathrm{A0}}=\beta_0+\beta_1+u$$

而在政府放弃控制之后，T=1，此时模型可以表示为：

$$\mathrm{EDI}_{\mathrm{A1}}=\beta_0+\beta_1+\beta_2+\delta_1+u$$

因此对于处理组，政府放弃控制前后环境信息披露指数的变化水平为：

$$\mathrm{Dif}_1=(\beta_0+\beta_1+\beta_2+\delta_1+u)-(\beta_0+\beta_1+u)=\beta_2+\delta_1$$

同理，对于对照组（用 B 表示），D=0，在政府失去对处理组企业的控制前后，模型分别为：

$$\mathrm{EDI}_{\mathrm{B0}}=\beta_0+u,T=0\text{ 时}$$

$$\mathrm{EDI}_{\mathrm{B1}}=\beta_0+\beta_2+u,T=1\text{ 时}$$

对于对照组，政府放弃对处理组企业控制前后，环境信息披露指数的变化水平为：

$$\mathrm{Dif}_2=(\beta_0+\beta_2+u)-(\beta_0+u)=\beta_2$$

由此，可以得出政府放弃控制的“政策”对上市公司环境信息披露指数的净影响水平为：

$$\mathrm{Dif}=\mathrm{Dif}_1-\mathrm{Dif}_2=\delta_1$$

即交叉项 $D\times T$ 的系数。

进一步，为了更准确考察政府放弃控制的作用效果，尽可能减少其他因素对这一效果的影响，应在模型方程中加入一些能够影响被解释变量的控制变量，由此，得到扩展的 DID 框架模型：

$$\mathrm{EDI}=\beta_0+\beta_1 D+\beta_2 T+\delta_1 D\times T+\beta_3\mathrm{SIZE}+\beta_4\mathrm{FL}+\beta_5\mathrm{ROE}+\beta_6\mathrm{BOD}+u \tag{2}$$

其中，D、T 及交叉项与模型（1）中的含义相同，SIZE、FL、ROE、BOD 均为控制变量，δ_1 依然表示政府放弃控制对公司环境信息披露水平的影响程度。

再进一步，为了充分利用面板数据提供的信息，得到更准确的估计，可将模型（2）混合截面的框架改写为面板的形式，得到如下模型：

$$\mathrm{EDI}_{it}=\alpha_i+\beta_2 T+\delta_1 D\times T+\beta_3 \mathrm{SIZE}_{it}+\beta_4 \mathrm{FL}_{it}+\beta_5 \mathrm{ROE}_{it}+\beta_6 \mathrm{BOD}_{it}+u_{it} \quad (3)$$

其中，α_i代表个体不随时间变化的特征，即个体效应；T 为时间的虚拟变量，$T=0$ 代表 2010 年，$T=1$ 代表 2013 年，即时间效应；$D\times T$ 为“政策”虚拟变量与时间虚拟变量的交互项，其值为 1 时表示既处于处理组又处于 2013 年的样本；SIZE_{it}、FL_{it}、ROE_{it}、BOD_{it}均为控制变量；可以证明，δ_1表示政府放弃控制对公司环境信息披露水平的影响程度。

最后，在验证了政府控制对公司环境信息披露的促进作用后，为了探究控制变量对其促进作用发挥的影响，设立如下模型：

$$\mathrm{EDI}_{it}=\alpha_i+\beta_2 T+\beta_3 \mathrm{GOV}_{it}+\delta \mathrm{GOV}_{it}\times X_{it}+\beta X_{it}+u_{it} \quad (4)$$

其中，α_i为个体效应；T 为时间的虚拟变量，$T=0$ 代表 2010 年，$T=1$ 代表 2013 年，即时间效应；GOV_{it}为政府控制的虚拟变量；X_{it}为各控制变量，包括公司规模、负债情况、盈利能力、董事会规模；$\mathrm{GOV}_{it}\times X_{it}$是交叉项，其系数 δ 可衡量各控制变量对政府控制发挥对环境信息披露水平促进作用的不同影响。

（二）描述性统计

表 3 为部分回归变量的基本描述性统计。

表 3 基本的描述性统计

T	变量	N	均值	标准差	中位数	最小值	最大值
0	EDI	241	19.410	13.607	16.667	0	63.889
	D	241	0.075	0.263	0	0	1
	SIZE	241	9.625	0.637	9.554	7.614	12.219
	FL	241	0.611	0.802	0.558	0.032	11.995
	ROE	241	0.087	0.356	0.082	-3.85	2.919
	BOD	241	9.515	2.015	9.000	4.000	17.000
1	EDI	241	25.795	15.252	22.222	0	77.778
	D	241	0.075	0.263	0	0	1
	SIZE	241	9.772	0.665	9.657	8.028	12.37
	FL	241	0.527	0.212	0.526	0.052	1.036
	ROE	241	0.136	1.080	0.042	-3.133	14.775
	BOD	241	9.320	1.990	9.000	5.000	18.000

资料来源：国泰君安 CSMAR 系列研究数据库。

从表 3 中可以看出，一方面，不管是 2010 年还是 2013 年，公司的环境信息披露总体水平均较低，EDI 的平均值分别为 19.410 和 25.795（总分为 100）。而 EDI 的最小值均为 0，两年的最大值分别为 63.889 和 77.778，这表现出不同的重污染上市公司在环境信息披露方面的表现有着较大的差异。另一方面，从 2010 年到 2013 年，可以看出 EDI 的平均值、中位数、最大值均有一定程度的提高，这主要是由于 2010 年仅仅是《上市公司环境信息披露指南》出台的第一年，加之政府并未使用强制性手段保障这一法规的实行，故各上市公司还没有对此给予足够的重视，环境信息披露水平较低；而在此后 3 年中，随着政府后续配套文件的下达，《指南》的指导监督作用增强，各上市公司年报更加规范化，环境信息披露水平也就随之提高。

为了对 DID 模型中“政策”的外生性进行说明，对 2010 年样本中的处理组和对照组分别进行变量的描述性统计，结果如表 4 所示。可以看出，对照组中受政府控制的上市公司 EDI 平均值为 21.674，处理组上市公司的 EDI 平均值为 24.383，差距不是很明显，不到一个等级（根据 EDI 的构造方法，两个披露水平等级间的最小差距应为 1/18×100＝5.556）。

表 4　2010 年处理组与对照组的描述性统计

D	GOV	变量	*N*	均值	标准差	最小值	最大值
0	0	EDI	76	13.852	11.327	0	44.444
		SIZE	76	9.383	0.593	7.614	10.684
		FL	76	0.757	1.391	0.032	11.995
		ROE	76	0.137	0.391	−0.581	2.919
		BOD	76	8.763	1.574	4.000	15.000
	1	EDI	147	21.674	13.933	0	63.889
		SIZE	147	9.788	0.640	8.759	12.219
		FL	147	0.531	0.202	0.054	1.399
		ROE	147	0.075	0.352	−3.850	1.212
		BOD	147	9.952	2.153	5.000	17.000
1	1	EDI	18	24.383	13.118	5.556	55.556
		SIZE	18	9.312	0.242	8.957	9.732
		FL	18	0.653	0.208	0.285	1.049
		ROE	18	−0.023	0.146	−0.253	0.164
		BOD	18	9.111	1.491	6.000	11.000

资料来源：国泰安 CSMAR 系列研究数据库。

进一步，运用 SAS 对处理组和对照组中受政府控制的上市公司的 EDI 值进行均值差异的显著性 *t* 检验，检验结果如表 5 所示。根据方差齐性检验（*F* 检验），其 *p* 值大于 0.05，故 *t* 检验应在方差相等的假设下继续进行，在方差相等情况下，*t* 检验的 *p* 值为 0.7150，故不能拒绝原假设，即在 2010 年处理组和对照组中受政府控制的上市公司的 EDI 均值没有显著差异。为了使检验结果更加精确，对两组样本的 EDI 数据进行 Shapiro-Wilk 正态分布检验，发现其数据不满足正态分布，因此 *t* 检验的结果可能不准确，应使用非参数检验，故对两组数据进行 Wilcoxon 秩和检验，结果如表 6 所示。由结果可知，依然可以认为 2010 年处理组和对照组中受政府控制的上市公司的 EDI 值没有显著差异。根据以上的统计和检验结果，可以认为对于样本中 2010 年受政府控制的上市公司，处理组和对照组的 EDI 值基本相同，故政府选择放弃控制处理组上市公司并不是由于其环境信息披露水平与其他上市公司存在显著差异。换言之，尽管我们推测政府在选择“政策”的实施对象时会基于各种因素，但这些因素对于本研究来说是外生的，因此 DID 方法中的“政策”是外生的，接受“政策”处理的上市公司可以被看作是政府随机选择的结果，所以通过 DID 方法进行探究可以得出较准确的结果。

表 5 *t* 检验结果

方法	方差	自由度	*t* 值	Pr>|*t*|
汇总	等于	310	0.37	0.7150
Satterthwaite	不等于	19.752	0.41	0.6883
方差等价				
方法	分子自由度	分母自由度	*F* 值	Pr>*F*
折叠的 *F*	293	17	1.28	0.5769

表 6 Wilcoxon 检验结果

Wilcoxon 评分(秩和)—变量 EDI					
D	*N*	评分和	H_0之下的期望值	H_0之下的标准差	均值评分
0	147	12 010.0	12 201.0	190.9549	81.70068
1	18	1 685.0	1 494.0	190.9549	93.61111
平均评分用于结值。					
Wilcoxon 双样本检验					
统计量				1 685.0000	
近似正态分布					
Z				0.9976	
单侧 Pr<*Z*				0.1592	
双侧 Pr>|*Z*|				0.3185	
t 近似值					
单侧 Pr<*Z*				0.1600	
双侧 Pr>|*Z*|				0.3199	
Z 包括 0.5 连续性校正。					

由于样本数据总体不满足正态分布,运用 Spearman 相关系数对模型中的主要变量进行相关性分析,结果如表 7 所示。可以看出,EDI 与 GOV 显著正相关,说明近似来看政府控制确实有助于公司环境信息披露指数的提高;同时,EDI 与 *T* 也显著正相关,验证了从 2010 年到 2013 年样本上市公司环境信息披露水平总体上升的论述。此外,EDI 与公司规模、董事会规模在 1%的显著水平上相关,与负债情况、盈利能力在 15%的显著水平上相关,因此将这四个变量作为控制变量是合理的。而各解释变量之间的相关系数基本小于 0.2,说明各解释变量之间相关性较弱,不存在严重的多重共线性问题。

表 7 相关性分析结果

Spearman 相关系数,$N_0=482$

Prob>|r| under H_0:Rho=0

	EDI	*D*	*T*	GOV	SIZE	FL	ROE	BOD
EDI	1							
D	0.0361 0.4287	1						

（续表）

Spearman 相关系数，$N_0=482$

Prob>|r| under H_0：Rho=0

	EDI	*D*	*T*	GOV	SIZE	FL	ROE	BOD
T	0.2298	0	1					
	<.0001	1						
GOV	0.2926	−0.0875	−0.0782	1				
	<.0001	0.0547	0.0865					
SIZE	0.4411	−0.1372	0.1172	0.2283	1			
	<.0001	0.0025	0.01	<.0001				
FL	0.0706	0.0389	−0.0387	0.0273	0.1744	1		
	0.1217	0.394	0.3963	0.5498	0.0001			
ROE	−0.0646	−0.0277	−0.2082	−0.1023	0.1138	−0.1384	1	
	0.1566	0.5444	<.0001	0.0247	0.0124	0.0023		
BOD	0.1961	−0.0195	−0.0682	0.2424	0.3132	0.1049	0.0705	1
	<.0001	0.6692	0.135	<.0001	<.0001	0.0212	0.1222	

注：每格第二行为 *p* 值。

（三）实证检验与分析

本文所有实证检验过程应用的统计软件均为 SAS。在正式使用 DID 方法进行实证研究前，先选择 2010 年的横截面样本数据进行一次简单的回归，模型如下：

$$EDI=\beta_0+\beta_1 GOV+\beta_2 SIZE+\beta_3 FL+\beta_4 ROE+\beta_5 BOD+u \tag{10}$$

回归结果如表 8 所示，可以看出 GOV 对环境信息披露指数的影响在 1%的水平上显著为正，即政府控制的公司环境信息披露水平显著更高。然而正如上文所指出的那样，这种模型将面临着可能存在的内生性问题，我们无法得知是由于政府控制导致了公司环境信息披露水平提高还是由于某些公司的环境信息披露水平较高导致了政府对其进行控制，因此该模型反映出的信息只具有参考意义，无法通过它证明本文的假设。

表 8　2010 年横截面数据的回归结果

变量	自由度	参数估计值	标准误差	*t* 值	Pr>|*t*|
Intercept	1	−36.3471	13.05631	−2.78	0.0058
GOV	1	5.7031	1.87413	3.04	0.0026
SIZE	1	4.7972	1.45088	3.31	0.0011
FL	1	0.77779	1.05638	0.74	0.4623
ROE	1	−3.42113	2.33512	−1.47	0.1442
BOD	1	0.57834	0.45107	1.28	0.2011

现在，为了解决这一问题，正式使用 DID 方法对假设进行验证。首先对模型（1）和模型（2）进行回归，结果如表 9 所示。无论对于哪个模型，交叉项 $D\times T$ 的系数均显著为负，说明政府放弃控制对公司环境信息披露水平存在负的影响。然而在加入控制变量之前（poolA），交叉项 $D\times T$ 的系数仅仅在 15%的水平上显著，加入控制变量后（poolB），其系数在 10%的水平上显著，同时我们发现 FL、ROE 对环境信息披露指数的影响并不是显著的

（即使控制变量只分别包含这两个变量，其影响依然不显著，这些回归结果没有在文中列示），这与已有的某些研究所得到的结论不同。接下来，剔除 FL、ROE 两个变量后再次回归（poolE），发现 $D\times T$ 的系数在 10%的水平上显著为负，依然验证了假设 H_0，而 SIZE 和 BOD 分别在 1%和 5%的水平上显著为正。

接下来，运用面板数据的 F 检验发现，其 F 值为 3.16，p 值小于 0.0001，因此可以认为上文通过混合截面框架所得出的结果并不准确，运用变截距模型更为有效。于是，改用面板的框架进行探究，对模型(3)进行回归，先使用 Hausman 检验选择固定效应模型或者随机效应模型，发现 m 值为 12.42，在 10%的水平上拒绝原假设“固定效应与随机效应估计结果是系统一致的”，因此使用固定效应模型进行估计较好。回归结果由表 10 给出，考虑到模型的稳健性，依然将随机效应模型的估计结果列出，作为参考。可以看出，在固定效应模型下，交叉项 $D\times T$ 的系数在 5%的水平上是显著为负的，证明了政府放弃控制使得企业环境信息披露水平相比而言显著降低，而在随机效应模型下，交叉项 $D\times T$ 的系数虽然不显著，但依然为负，也可在一定程度上验证假设 H_0。当然，也应该注意到通过固定效应模型估计出的控制变量对 EDI 的影响与使用混合截面框架所得到的结论并不一致，应对上文的结论纠正如下：FL 实际上对 EDI 有着显著为正的影响，而 SIZE、ROE、BOD 均对 EDI 没有显著影响（即使控制变量只分别包含这三个变量，其影响依然不显著，这些回归结果没有在文中列示）。

于是，在剔除了 SIZE、ROE、BOD 这三个控制变量后，再次回归发现，无论是在固定效应模型下还是随机效应模型下，$D\times T$ 的系数均在 5%的水平上显著为负，再一次验证了原假设；而 FL 均在 5%的水平上对 EDI 有着显著为正的影响，这表明我国各上市公司的债权人还是比较关心公司公开披露的环境信息，特别对于银行等主要债权人，这是他们做出相关信贷决策时一个必须进行评估的因素，因此对于公司而言，更高的杠杆水平意味着更多的债权人信息需求，迫于压力它们将披露更多的环境信息。对于其他三个变量，其影响不显著的一些可能解释是：(1)几年时间内公司的资产规模和董事会规模变化不大，使用固定效应模型意味着将公司这些变化不大的特征算到了个体效应之中。(2)公司的环境信息披露状况在我国还没有得到社会的广泛重视，公司面临的披露需求依然不强，即使是资产规模较大的公司也无须通过披露更多的环境信息来维护其社会名誉。(3)类似的，外界没有给予公司足够的压力披露更多环境信息，因此无论董事会规模如何，均不关心公司的环境信息披露状况。(4)我国上市公司的环境信息披露还未产生增值效应，对股票投资者的引导作用也比较有限，因此盈利能力较低的公司并不能通过披露更多的环境信息来提高股价，也就不愿意透露更多的相关信息。

表 9 政府放弃控制对 EDI 的影响（混合截面框架）

变量	poolA	poolB	poolC	poolD	poolE
Intercept	19.00847***	68.12102***	67.8226***	3.08247	66.91178***
	(<.0001)	(<.0001)	(<.0001)	(0.3369)	(.0001)
D	5.37436	8.38718**	8.41954***	6.10163*	8.45916***
	(0.1295)	(0.0101)	(0.01)	(0.0776)	(0.0094)
T	6.92576***	5.97034***	5.62913***	7.26238***	5.88634***
	(<.0001)	(<.0001)	(<.0001)	(<.0001)	(<.0001)

（续表）

变量	poolA	poolB	poolC	poolD	poolE
$D\times T$	-7.23451	-7.51978*	7.62552*	-7.38578	-7.65515*
	(0.1490)	(0.1007)	(0.097)	(0.1304)	(0.0944)
SIZE	-	8.2821***	8.99793***	-	8.20365***
		(<.0001)	(<.0001)		(<.0001)
FL	-	1.09267	-	-	-
		(0.2912)			
ROE	-	-0.34596	-	-	-
		(0.6463)			
BOD	-	0.68872**	-	1.66815***	0.70745**
		(0.0339)		(<.0001)	(0.0289)
样本数量	482	482	482	482	482

注：括号内为 P 值；***、**、* 分别代表在 1%、5%、10% 水平上显著。

表 10　政府放弃控制对 EDI 的影响(面板框架)

变量	panelA1	panelA2	panelB1	panelB2
Intercept	9.954903	-59.4921***	22.25288***	18.20302***
	(0.7609)	(<.0001)	(0.001)	(<.0001)
T	6.976983***	5.846449***	7.13155***	6.978425***
	(<.0001)	(<.0001)	(<.0001)	(<.0001)
$D\times T$	-6.99447**	-3.90452	-6.9664**	-5.70272**
	(0.0291)	(0.1559)	(0.0287)	(0.0309)
SIZE	1.279913	7.565983***	-	-
	(0.7199)	(<.0001)		
FL	2.655885**	2.056396**	2.668537**	1.974346**
	(0.0177)	(0.0254)	(0.015)	(0.0265)
ROE	-0.43474	-0.22485	-	-
	(0.5772)	(0.7253)		
BOD	0.060588	0.509024	-	-
	(0.9261)	(0.1610)		
估计方法	固定效应	随机效应	固定效应	随机效应
截面数	241	241	241	241
时间序列长度	2	2	2	2

注：括号内为 p 值；***、**、* 分别代表在 1%、5%、10% 水平上显著。

综上，无论使用混合截面框架还是面板框架，均可以证明政府放弃控制使得公司环境信息披露水平相比而言变得显著更低，即证明了政府控制的上市公司环境信息披露水平显著较高。在此基础上，对模型(4)进行回归，探究控制变量对政府控制发挥促进作用的影响，由于已证明模型设定时选择的四个控制变量中只有 FL 对 EDI 有显著影响，因此模型(4)中只选择 FL 作为控制变量，根据 Hausman 检验，选择随机效应模型进行回归，结果由表 11 给出。可以看出，GOV 与 FL 均对 EDI 有显著为正的影响，与上文结论相符，但其交叉项的系数并不显著，表明公司的负债程度对政府控制促进作用的发挥并没有显著影响，换言之，政府控制对于不同杠杆水平的公司来说都具有程度相同的影响。

表 11 控制变量对政府控制促进作用的影响

变量	自由度	估计值	标准误差	t 值	Pr>|t|
Intercept	1	12.329390	1.5326	8.04	<.0001
T	1	7.194107	0.8101	8.88	<.0001
GOV	1	7.792347	2.8512	2.73	0.0065
FL	1	1.745146	0.9351	1.87	0.0626
GOV×FL	1	1.821688	4.2154	0.43	0.6658

六、结论、政策含义及局限性

（一）结　论

本文通过面板数据的 DID 方法，在避免了某些内生性问题的基础上，证明了政府放弃控制将导致上市公司的环境信息披露水平相比其他公司更低，也就验证了原假设“政府控制的上市公司拥有更高的环境信息披露水平”。在本文中，分别运用混合截面模型、固定效应模型、随机效应模型都得出了相同的结论，这在一定程度上表明了该结论的稳健性。

同时，本文的研究还发现，公司的杠杆水平与环境信息披露水平显著正相关，而公司资本规模、盈利能力、董事会规模等其他重要特征对公司环境信息披露情况没有显著影响。在以上结论的基础上进一步探究表明，政府控制所发挥的促进作用与公司负债情况等主要财务特征没有显著相关。

（二）政策启示

有效透明的公司环境信息披露不仅促进我国资本市场的健康发展，更有助于解决我国长期存在的“黑色 GDP”问题，这在当今强调可持续发展的中国尤为重要。政府一直希望能促使上市公司规范相关方面的工作，《上市公司环境信息披露指南》的颁布就是明证，然而实际上依然有很多公司没有对此问题引起足够的重视，环境信息披露水平总体偏低，且参差不齐，存在报喜不报忧等问题。本文的研究结果表明，政府可以通过直接或间接控股的方式来有效提高企业环境信息披露水平，国企性质的企业并非如大多数人批评的那样毫无效率，至少在环境信息披露方面确实做得更好，也可以推知它们在环境保护方面所做的工作更有效，这为政府的合理干预提供了一些经验证据。而公司的很多特征对政府控制的促进作用的发挥没有显著影响，这意味着政府在对公司进行控制前可以不需要“精挑细选”，直接选择此方面表现较差的公司“下手”即可。

同时，注意到除了公司负债水平，其余重要的公司特征与环境信息披露情况基本不相关，这说明我国的资本市场并不十分有效，信息披露制度还存在很大问题，距离相对健全的市场还有很长的路要走，这也需要政府出台措施进行深化改革。

（三）本文的局限性

本文的研究主要存在以下两个方面的不足：

（1）在使用 DID 方法时，处理组样本数量较少。由于沪市 A 股市场从 2010 年到 2013 年由政府控制转变为非政府控制的重污染上市公司只有 18 家，处理组也只能包含这些公司，相比于对照组这个数量过少了，可能造成回归的估计和检验结果不准确，因此本文的结论还有待更大的样本来证实，在未来的研究中可以加入深圳市场的上市公司样本，可能会使得本文的论述更有说服力。

(2) 对公司环境信息披露水平的评价带有主观性。尽管本文在构造 EDI 时制定了一套客观的打分指标，两人的评分结果也通过了信度检验，但仍然无法消除评分过程中的主观因素，而 EDI 的值对最终结果有着直接的影响，因此评分者在评分中带入的主观因素会影响研究论述的准确性。在未来的研究中，可以增加评分者的数量，再细化评分指标，尽量客观地评价公司环境信息披露水平，反映实际情况。

参考文献

Anderson J C, Frankle A W. Voluntary Social Reporting: An Iso-Beta Portfolio Analysis[J]. The Accounting Review, 1980, 55(3): 467-479.

Cho C H, Patten D M. The Role of Environmental Disclosures as Tools of Legitimacy: A Research Note [J]. Accounting, Organizations and Society, 2007, 32: 639-647.

Freedman M, Jaggi B. Pollution Disclosures, Pollution Performance and Economic Performance[J]. Omega, 1982, 10(2): 167-176.

Wiseman J. An Evaluation of Environmental Disclosures Made in Corporate Annual Reports[J]. Accounting, Organizations and Society, 1982, 7(1): 53-63.

毕茜，彭钰，左永彦. 环境信息披露机制、公司治理和环境信息披露[J]. 会计研究，2012，7：39—47.

何丽梅，侯涛. 环境绩效信息披露及其影响因素实证研究——来自我国上市公司社会责任报告的经验证据[J]. 中国人口资源与环境, 2010，20(8)：99—104.

J.M.伍德里奇. 计量经济学导论[M]. 北京：中国人民大学出版社, 2007.

李永友，陆晨晨. 基层分权改革与农村社会公共品供给——基于 DID 方法的经验证据，2012，7：78—87.

刘芍佳，孙霈，刘乃全. 终极产权论、股权结构及公司绩效[J]. 经济研究，2003，4：51—62.

沈洪涛，冯杰. 舆论监督、政府监管与企业环境信息披露[J]. 会计研究，2012，2：72—78.

沈洪涛，李余晓露. 我国重污染行业上市公司环境信息披露现状分析[J]. 证券市场导报，2010，6：51—57.

史桂芬，王立荣. 基于 DID 模型对中国省管县财政体制的评价——来自吉林省的数据[J]. 东北师大学报(哲学社会科学版)，2012，2：33—37.

汤亚莉，陈自力，刘星，李文红. 我国上市公司环境信息披露状况及影响因素的实证研究[J]. 管理世界(月刊)，2006，1：158—159.

王家庭，曹清峰. 房产税能够降低房价吗——基于 DID 方法对我国房产税试点的评估[J]. 当代财经，2014，5：34—44.

王建明. 环境信息披露、行业差异和外部制度压力相关性研究——来自我国沪市上市公司环境信息披露的经验证据[J]. 会计研究，2008，6：54—62.

夏立军，方铁强. 政府控制、治理环境与公司价值[J]. 经济研究，2005，5：40—51.

肖华，张国清. 公共压力与公司环境信息披露——基于"松花江事件"的经验研究[J]. 会计研究，2008，5：15—22.

郑春美，向淳. 我国上市公司环境信息披露影响因素研究——基于沪市 170 家公司的实证研究[J]. 科技进步与对策，2013，6：98—102.

朱金凤，薛惠锋. 公司特征与自愿性环境信息披露关系的实证研究——来自沪市 A 股制造业上市公司的经验证据[J]. 预测，2008，5：58—63.

基于全要素生产率的全国各省经济发展状况比较分析

张逸能　金伟锋　杨佳颖
（上海财经大学经济学院）

［**摘要**］自改革开放以来，我国经济经历了近30年的高速增长。与之相伴的是关于我国经济增长模式以及增长可持续性的争论。这一争论的核心在于：我国实现经济增长的动力究竟是生产要素的积累还是生产效率的提高？本文通过对2000—2012年中国省级水平全要素生产率的计算及其影响因素的分析表明：(1)我国各省全要素生产率在该时期增长缓慢，甚至一度出现负增长，对经济增长的贡献较低；(2)对外贸易额的提高和基础设施建设水平的提高能够显著促进全要素生产率增长率的提高，而人口老龄化以及国有企业比重的增加对全要素生产率的增长有负作用；(3)发明专利授权数目在整体以及分东部、中部、西部的回归分析中对全要素生产率增长的影响均不明显，表明现阶段我国的发明专利仍主要集中于外观、包装和实用型专利，专利发明活动对全要素生产率的促进作用未能完全彰显。

［**关键词**］全要素生产率，索洛余值法，要素推动

一、引　言

全要素生产率是经济增长领域中用以分析经济发展模式的常用切入点。在经济增长核算理论中，全要素生产率是一个“余值”，等于产出增长率剔除全部投入要素增长率加权和后的残值。Jorgenson and Griliches(1976)分析认为，全要素生产率是经济增长中无法由投入要素解释的部分，也就是说，随着研究方法的发展和完善，全要素生产率将趋向于零。这意味着，全要素生产率的分析研究必须采用一致的测算方法才具有可比性。

经验分析上，学者习惯以全要素生产率代表技术进步，孙琳琳和任若恩(2005)认为该观点属于误解：全要素生产率所测定的是不包括要素投入的技术进步。也即是说，全要素生产率增长较低，只能说明不包括要素投入的技术进步比较低，而与要素融合的技术进步仍然是存在的。这就调和了文献中关于我国工业“技术进步”是否存在的矛盾。

关于全要素生产率，准确的表述是，全要素生产率所体现的技术进步是不包括生产要素投入的、外生的、希克斯中性的技术进步。这便是本文计算和分析的全要素生产率的含义，与人们经常谈论的、一般意义上的技术进步并不等同。

近年来,国内关于全要素生产率的研究主要集中于三个方面:一是针对全要素生产率不同计算方法的比较,如郭庆旺和贾俊雪(2005)、吴双(2008)、陈瑾瑜(2012)对全要素生产率测算的增长核算法与经济计量法的分析;二是利用全要素生产率进行企业或行业层面的增长分析,其中代表性的研究包括杨勇(2008)、蔡跃洲和郭梅军(2009)、龚关和胡关亮(2013)等;三是以全要素生产率为切入点的中国经济增长研究,如李平等(2013)、孙琳琳和任若恩(2005)对中国经济增长动力的探讨。

以上研究为本文提供了理论基础以及实证分析的框架性思路,在此基础上,本文采用索洛余值法对我国31个省市2000—2012年的全要素生产率进行了测量,并在此基础上对这些省市的经济发展状况以及经济增长来源进行了比较分析,意图填补当前文献中多重视企业、行业或整体经济层次的分析而缺少省际研究的空白。

本文的后续内容安排如下:第二部分介绍本文采用的全要素生产率计算方法;第三部分进行数据及数据处理方法的说明;第四部分结合省际全要素生产率计算结果对各省经济增长来源进行比较分析;第五部分介绍分析影响全要素生产率增长速率的计量模型;第六部分结合回归分析结果对影响全要素生产率增长的因素进行分析。最后总结全文。

二、全要素生产率的测算方法

经济增长的来源有两种,一是生产效率的提高,二是生产要素投入量的增长。其中,生产效率是指生产过程中投入转化为产出的效率,分为“单要素生产率”和“全要素生产率”。建立在新古典经济增长核算方法基础上的全要素生产率研究可以对各种投入要素及全要素生产率增长在经济增长中的贡献份额进行定量测算,从而分离要素投入与技术进步、效率改善及规模报酬等因素对经济增长的影响。

进行全要素生产率估算的常用方法分为增长核算法与经济计量法。前者的理论模型相对简洁,属于非参数估计方法;后者则以隐形变量法、随机前沿分析法等参数和半参数方法为主。使用经济计量法进行测算的优势在于可以放松关于完全竞争市场和规模报酬不变的假设,但由于其仍然需要对估计参数给出先验假设,准确度受到样本数量限制,容易出现参数估计不稳定等统计问题(吴双,2008)。孙琳琳和任若恩(2005)认为,非参数方法将指数方法与生产函数联系,更适合于生产率的定期统计和比较。美国的全要素生产率公报(2008,2010)以及OECD生产率手册(2012)都推荐使用经济增长核算法进行全要素生产率的估算,考虑到样本容量的限制,本文采用经济增长核算法中的索洛余值法进行测量。

全要素生产率测量的关键在于原始数据的构建,即资本投入与劳动投入的测算,已有的部分模型虽然采用了复杂的生产函数假设和空间计量模型,却忽视了原始数据的处理。比如,核算资本存量时,对初期资本存量的确定、资本折旧方式以及折旧率的选择上呈现出较大的任意性;衡量劳动投入时,忽略就业人口构成和人力资本积累对劳动投入的影响。本研究在对各投入项进行测量时,考虑了投入要素质量改善对经济增长的贡献,采用了如下的理论框架:

(一)资本存量估算

为了更好地测算资本投入,本文在进行资本存量估算时采用林仁文和杨熠(2013)所提出的“以时变经济折旧率为基础的永续盘存法”进行固定资本存量的核算。在计算时变经济折旧率的基础上，采用永续盘存法的原始公式估算各省市的固定资本存量，具体方法如下：

1. 估算时变经济折旧率

时变经济折旧率的估计分为三步，首先是实际会计折旧率的估算，计算公式如下：

$$实际会计折旧率=\frac{名义折旧额}{实际资本存量} \tag{1}$$

其次是最大役龄的推算。固定资产最大役龄的推算分三个步骤：一是推算固定资产预期寿命；二是由端点年份的预期寿命，推算端点年份的最大役龄；三是由端点年份的最大役龄和全部年份的预期寿命，推算中间年份的最大役龄。

固定资产实际预期寿命根据折旧计提的会计规则推算，这里使用的折旧率即为第一步计算得到的实际会计折旧率；端点年份的最大役龄由端点年份的预期寿命推算，公式为：

$$\hat{T}_i=\bar{T}_i\frac{\ln(\varnothing_{i\hat{T}})}{\ln(\varnothing_{i\bar{T}})} \tag{2}$$

其中，$\varnothing_{i\hat{T}}$和$\varnothing_{i\bar{T}}$分别为剩余价值率和经济残值率，采用原文估算的数据5%和20%。根据等比例映射法可以推测中间年份的最大役龄；最后根据中间年份的最大役龄和公式$\varnothing_{i\hat{T}}=(1-\delta_i)^{\hat{T}}$推算中间年份的时变经济折旧率。

2. 按照永续盘存法估算资本存量

公式如下：

$$k_t=\sum\nolimits_{i=t-n}^{t}\varnothing_{it}I_i \tag{3}$$

其中，$\varnothing_{it}=(1-\delta_i)^{t-i}$表示第$i$期投资到第$t$年的剩余比例。

计算中使用的初始资本存量采用陈昌兵(2014)、黄梅波和吕朝凤(2010)、孙琳琳和任若恩(2005)和张军和章元(2003)等学者估计数据的平均值。

(二) 劳动投入估算

为了更好地反映劳动人口构成变化对劳动投入的影响，本研究采用Barro and Lee(1993)提出的使用平均受教育年限度量人力资本存量的方法，对应的公式为

$$H_t=\sum s\times\eta(t,s) \tag{4}$$

其中，$\eta(s,t)$表示第t年受教育年限为s的劳动人口比例。

(三) 全要素生产率测量

本研究采用增长核算法中的索洛残值法进行全要素生产率的测算。

索洛残差法最早由索洛(Solow,1957)提出，基本思路是估算出总量生产函数后，采用产出增长率扣除各投入要素增长率后的残差来测算全要素生产率增长，也称生产函数法。

在希克斯中性技术条件的假设下(这意味着技术进步不影响投入要素之间的边际替代率)，设总量生产函数为：

$$Y_t=\Omega(t)K_t^{\alpha}L_t^{\beta} \tag{5}$$

其中，Y_t为产出，K_t为资本投入，L_t为劳动投入，α、β 分别为平均资本产出份额和平均劳动力产出份额，$\Omega(t)$ 为希克斯中性技术系数。

则全要素生产率的公式为：

$$\frac{\Delta\Omega(t)}{\Omega(t)}=\frac{\Delta Y_t}{Y_t}-\alpha\frac{\Delta K_t}{K_t}-\beta\frac{\Delta L_t}{L_t} \tag{6}$$

为了计算全要素生产率的增长率，只需要确定 α、β 的值代入(6)式进行计算。

采用两要素（资本和劳动力）柯布-道格拉斯生产函数

$$Y_t=AK_t^{\alpha}L_t^{\beta} \tag{7}$$

放松关于规模收益不变的假设（即 $\alpha+\beta=1$），可根据如下回归方程估算 α,β

$$\ln Y_t=\ln(A)+\alpha\ln K_t+\beta\ln L_t+\varepsilon_t \tag{8}$$

将估计值带入公式(6)即可计算得到全要素生产率的增长率$\frac{\Delta\Omega(t)}{\Omega(t)}$。

三、数据来源及处理

（一）产　出

产出指标为以 2000 年不变价衡量的实际各省市地区生产总值，由各省市 2000—2012 年的地区生产总值与各年度以 1978 年不变价衡量的国内生产总值指数换算得到，原始数据来自《中国统计年鉴》。

需要说明的是，利用各省市地区生产总值加总计算的国内生产总值通常会高于国家统计局所公布的中国国内生产总值。胡鞍钢和郑京海(2005)在利用各省市数据测算中国全要素生产率增速时曾指出，如果各省市地区生产总值统计中的“水分”程度不随时间而变化，则地区生产总值的统计“水分”对全要素生产率的增长速度不产生影响。董敏杰和梁泳梅(2013)在分析中国经济增长来源的文章中也详细论证了采用有“水分”的地区统计数据计算得到真实全要素生产率增速的可行性。上述文章所给出的解释对本文全要素生产率增速的测算也是适用的。因为在本文所采用的增长核算法中，各省市地区生产总值的“水分”会由于$\frac{\Delta Y_t}{Y_t}$项中的地区生产总值增量与当年地区生产总值相除而抵消。

（二）投　资

本文中各省市固定资本存量核算中使用的各省市新增固定资产以及投资价格指数的数据来自《中国统计年鉴》。与产出相对应，新增固定资产和初期资本存量均处理为以 2000 年不变价衡量的数值，计算中使用的投资价格指数来自中国国家统计局官方网站所公布的数据。

（三）劳动投入

虽然具体的工作时间更能准确地反映劳动投入量，但是限于数据的可获得性，本文采用各省市的就业人员数量反映劳动投入的数量，用劳动力平均受教育年限反映劳动投入的质量，以两者的乘积衡量劳动投入。

在数据方面,《中国统计年鉴》和《新中国六十年统计资料汇编》中都提供了各省就业人员数量的数据,且存在一定差异。考虑到《新中国六十年统计资料汇编》仅提供截至2008年的数据,本文使用《中国统计年鉴》提供的数据,劳动力受教育情况的数据由《中国人口和就业统计年鉴》相关资料整理得到。

(四) 研究与发展(R&D)活动活跃度

由于缺乏各省市科研经费投入等直接反映研发活动活跃度的数据,本文采用各省市每年取得国内发明专利授权项目的数目作为计量的代理变量。该项数据整理自中国国家统计局官方网站所公布的数据。

(五) 外商直接投资

本文使用的外商直接投资数据整理自《中国统计年鉴》。原始数据以百万美元作为单位,在使用时都按照当年人民币兑美元汇率的年平均值进行数值的转换,汇率数据来源于中国国家外汇管理局官方网站。

(六) 外贸依存度

本文所使用的外贸依存度数据根据外贸依存度公式:

$$\text{外贸依存度}=\frac{\text{进出口总额}}{\text{地区生产总值}} \tag{9}$$

利用《中国统计年鉴》公布的各省进出口数据和地区生产总值数据整理得到。

(七) 老年人口抚养比

本文所使用的各省市老年人口抚养比数据根据公式:

$$\text{老年人口抚养比}=\frac{\text{65 岁以上人口数}}{\text{15-64 岁人口数}}\times 100 \tag{10}$$

利用《中国人口和就业统计年鉴》公布的各省市人口统计数据计算得到。

(八) 其 他

本文使用的其他数据包括各省市的铁路里程数、公路里程数以及国有企业职工占比,均整理自《中国统计年鉴》。

四、各省各年度全要素生产率测算结果

使用上文介绍的数据及测算方法,本文对 2001—2012 年中国 31 个省市全要素生产率增长情况进行了分析。需要说明的是,与经济计量法不同,索洛余值法能够直接计算出全要素生产率的数值。但由于作为“余值”的估算项易受测量误差的影响,为提高后文回归分析的准确性,本文采用全要素生产率的增长率作为主要指标进行汇报(见表 1)。

表 1 与表 2 显示了我国 31 个省市 2001—2012 年全要素生产率增长率的测算结果,各省全要素生产率的增长主要呈现出以下几大特点:

表1 各省市全要素生产率增长率的测量结果 单位:%

省市	2000—2001年	2001—2002年	2002—2003年	2003—2004年	2004—2005年	2005—2006年
北京	-2.28	-11.38	-3.55	0.41	15.37	-9.55
天津	-5.48	-1.39	4.66	4.83	6.69	-2.62
河北	-2.15	-0.84	5.12	9.35	0.36	-2.44
山西	-7.76	0.34	7.06	7.22	12.35	-8.65
内蒙古	-4.06	-0.79	5.39	2.24	7.97	-6.24
辽宁	-4.12	-0.70	0.71	0.60	1.43	-3.38
吉林	-0.06	-2.01	4.53	2.38	6.43	-2.46
黑龙江	-0.34	-0.13	4.63	8.58	-6.86	-1.64
上海	-2.75	-6.96	0.85	2.42	4.68	-1.96
江苏	-5.32	0.30	4.23	7.22	-0.09	-3.11
浙江	-5.79	1.16	4.90	2.86	1.36	-3.56
安徽	-6.38	-0.56	4.15	8.67	-2.62	-4.59
福建	-5.47	0.37	3.22	4.71	-4.86	-2.84
江西	-6.91	0.29	2.64	6.48	-1.58	-5.94
山东	-4.76	-0.91	5.17	8.07	0.93	-1.58
河南	-1.93	-0.55	4.32	10.76	3.52	-1.72
湖北	-6.82	-2.83	2.00	7.54	-9.11	-2.32
湖南	-6.13	-0.36	-0.26	10.34	1.45	-2.57
广东	1.27	0.27	-2.59	-1.68	9.38	-2.41
广西	-3.86	-0.63	1.51	7.87	5.70	-1.31
海南	-8.87	-0.19	0.14	2.69	1.84	-1.22
重庆	-7.23	-1.84	-0.14	1.95	-2.99	-6.59
四川	-5.19	-1.03	2.06	7.84	-2.10	-2.66
贵州	-13.63	-7.41	0.86	3.45	6.30	-4.06
云南	-4.78	-3.49	-1.07	4.94	1.54	-3.44
西藏	2.37	-1.03	-2.70	-6.72	-4.05	-8.36
陕西	-9.10	-4.99	1.85	3.67	5.62	-2.17
甘肃	-3.34	-6.41	-1.10	5.67	6.03	-0.53
青海	-4.75	-4.45	-2.09	2.29	-0.03	-1.95
宁夏	-10.30	-7.74	-2.26	0.08	8.16	-4.02
新疆	-5.64	-5.88	2.61	2.11	1.98	-1.77

省市	2006—2007年	2007—2008年	2008—2009年	2009—2010年	2010—2011年	2011—2012年	几何平均值
北京	-3.50	-1.29	1.10	-0.45	0.24	-1.94	-1.73
天津	-4.97	1.02	-1.59	-0.39	-0.57	-3.51	-0.38
河北	-1.08	0.99	-8.82	3.75	0.48	-3.87	-0.03

（续表）

省市	2006—2007 年	2007—2008 年	2008—2009 年	2009—2010 年	2010—2011 年	2011—2012 年	几何平均值
山西	-2.35	1.95	-11.49	1.53	0.56	-7.14	-0.84
内蒙古	-2.42	1.81	0.55	-4.46	-0.31	-7.71	-0.84
辽宁	-1.27	0.92	-1.86	3.08	3.91	-1.23	-0.20
吉林	-0.93	-1.54	-3.91	-2.20	4.75	0.27	0.42
黑龙江	-3.66	4.90	-8.25	2.52	8.07	-2.02	0.38
上海	1.67	-0.79	-3.89	7.24	-3.64	-4.26	-0.76
江苏	-1.60	0.47	-1.70	0.77	0.98	-3.78	-0.21
浙江	-0.87	-0.06	-5.12	4.03	1.63	-3.89	-0.37
安徽	-0.76	2.20	-1.42	2.92	3.17	-4.05	-0.02
福建	-0.02	-0.75	-3.53	3.12	0.57	-2.30	-0.76
江西	-2.91	0.95	0.69	3.70	3.77	-4.44	-0.38
山东	-2.03	3.15	-5.14	-2.41	-1.98	-2.21	-0.41
河南	-1.28	3.40	-9.57	-0.24	-1.90	-3.89	-0.04
湖北	1.51	5.18	-1.24	3.18	1.71	-3.59	-0.55
湖南	0.70	1.74	-0.68	0.70	0.45	-4.19	0.03
广东	-6.13	-0.74	0.64	-0.89	1.87	1.68	-0.01
广西	2.22	3.16	-9.12	-1.00	-0.24	-4.05	-0.08
海南	-2.21	3.11	-2.06	2.80	2.33	-3.95	-0.57
重庆	-3.24	2.75	9.96	2.32	5.82	-0.92	-0.13
四川	-0.15	0.78	-2.35	2.44	2.29	-1.06	0.02
贵州	0.22	4.22	1.38	-0.74	3.23	-0.52	-0.77
云南	-0.16	3.71	-3.61	-3.47	3.63	3.68	-0.29
西藏	-9.08	-0.67	-2.88	-12.21	-15.90	17.24	-4.34
陕西	-2.63	1.23	-0.11	-0.05	0.37	-3.18	-0.94
甘肃	-0.82	0.21	-5.13	0.75	-0.10	0.86	-0.42
青海	2.17	7.21	-2.83	3.33	-1.58	-2.90	-0.57
宁夏	1.75	2.70	0.27	1.33	2.69	-4.55	-1.21
新疆	-3.06	4.90	-9.47	7.36	4.42	-0.05	-0.36

注：2002—2004 年间，国家统计局对于新增固定资产一项的统计口径进行了调整，由此导致了该时间段的测量结果与其他时段的明显差异。

表 2 全要素生产率增长情况的描述性统计

平均值	-0.387%
最大值	17.237%
最小值	-15.902%
标准差	0.0466
为负数的比例	60.997%

（1）绝大多数省份的全要素生产率并未取得持续性增长。事实上，各省全要素生产率增长率数据为负的比率较高，为 61%，考虑到 2002—2004 年间由于统计口径改变而导致的测量差异①等原因，真实的全要素生产率增长情况更不容乐观。这与任若恩和孙琳琳（2009）、孟令杰和李静（2006）等研究的结果保持一致，也与研究该时期企业或行业层面全要素生产率变化情况的文献显示出了类似的变化趋势。导致这一结果的原因除了 2009 年地区生产总值汇报数据存在问题以外，也与该时期钢铁等产业的过度扩张有关，河北省全要素生产率的变化情况鲜明地显示了这一点。

（2）在数据测算区间内，全要素生产率对各省经济增长基本没有贡献，甚至拉低了产出的增长速度。从 2000 年至 2012 年各省全要素生产率增长率的几何平均值来看，仅有吉林、黑龙江、湖南和四川四个省份的全要素生产率在整体上是增长的，但是增长幅度非常有限，并非影响产出变化的主要因素。

（3）省际全要素生产率的变动模式并无显著差异。虽然测量结果显示的各省市全要素生产率的初始值差异较大，具体表现为经济较为发达的东部地区和沿海地区有较高的生产率，但是这些省份的全要素生产率并未呈现出更快的增长速度，反而是新疆、黑龙江和广西等省份的全要素生产率增长比较明显。这意味着我国不同省市间经济发展状况的差异（特别是地区经济水平差距的扩大）更多来自要素投入层面，而非生产率的变化。

为了进一步分析全要素生产率变化对产出变化的贡献情况，本文又整理了同一时期各省市资本存量增长和劳动投入增长对产出增长的影响（见表 3—表 6）。

表 3　各省市资本存量增长对产出增长的贡献

单位：%

省市	2000—2001 年	2001—2002 年	2002—2003 年	2003—2004 年	2004—2005 年	2005—2006 年
北京	8.5	1.9	2.4	2.4	3.9	3.6
天津	10.1	3.6	1.7	2.8	5.4	6.7
河北	4.6	0.5	-0.9	0.3	2.1	3.1
山西	8.9	2.9	1.3	3.5	7.4	8.8
内蒙古	6.5	3.1	5.8	11.0	17.3	16.0
辽宁	3.4	-0.7	-1.7	0.6	2.8	4.7
吉林	4.5	0.9	-0.6	-0.1	3.8	8.3
黑龙江	1.8	-0.3	-1.3	-1.0	0.0	0.9
上海	0.8	0.2	-0.1	0.0	0.2	0.3
江苏	8.4	1.9	0.9	2.9	6.5	7.0
浙江	9.5	3.7	2.6	4.2	5.5	5.9
安徽	7.0	-0.5	-3.4	0.0	3.4	5.7
福建	5.9	-0.5	-2.8	-1.2	1.9	4.5
江西	8.0	2.5	1.8	4.3	6.6	8.1
山东	7.4	2.2	0.2	2.5	5.4	6.2
河南	4.0	0.1	-1.4	0.1	3.4	5.5
湖北	8.5	0.1	-3.8	-2.2	1.6	5.0

① 由于该时间段的新增固定资产投资与 2002 年以前相比受到低估，该时段的全要素生产率增长被高估。

（续表）

省市	2000—2001 年	2001—2002 年	2002—2003 年	2003—2004 年	2004—2005 年	2005—2006 年
湖南	6.4	-0.4	-3.3	-2.1	2.7	5.0
广东	-4.1	-0.2	0.9	0.3	-1.9	-2.5
广西	4.4	0.3	-1.5	0.0	2.9	4.9
海南	5.7	0.6	-1.4	-0.9	1.2	2.4
重庆	10.2	4.4	3.0	4.4	6.7	6.9
四川	7.8	1.5	-1.2	-0.3	3.1	5.7
贵州	17.2	7.7	2.7	2.5	4.8	6.2
云南	1.2	0.1	-0.2	0.2	0.9	1.2
西藏	3.3	2.6	2.7	6.7	6.3	5.9
陕西	13.6	5.5	4.2	4.7	8.0	10.9
甘肃	3.4	1.0	-0.6	-0.1	2.4	2.9
青海	11.2	6.3	3.5	2.7	3.5	3.6
宁夏	16.7	8.9	7.4	7.1	8.1	7.9
新疆	5.5	2.4	1.3	1.3	2.5	3.3

省市	2006—2007 年	2007—2008 年	2008—2009 年	2009—2010 年	2010—2011 年	2011—2012 年
北京	2.5	0.4	1.0	1.5	1.7	2.0
天津	6.1	8.7	11.0	11.2	11.6	9.7
河北	2.6	3.8	3.3	3.0	4.2	3.3
山西	7.5	7.4	10.1	9.8	10.1	7.0
内蒙古	13.7	13.2	14.4	12.4	12.0	10.9
辽宁	4.3	8.8	3.9	4.4	5.3	4.3
吉林	8.7	9.7	7.3	6.6	5.4	4.3
黑龙江	1.0	1.4	2.4	1.8	2.2	2.2
上海	0.2	0.1	0.2	0.1	0.1	0.0
江苏	4.9	5.6	6.1	6.5	7.3	5.4
浙江	4.1	3.5	2.9	3.5	4.2	2.8
安徽	5.3	6.8	6.1	7.5	9.7	8.5
福建	4.9	6.2	5.9	5.2	6.8	6.0
江西	6.0	6.0	8.3	7.7	9.3	7.2
山东	4.0	4.1	5.4	5.2	5.6	4.6
河南	5.7	6.2	6.5	6.1	6.2	5.3
湖北	4.4	5.1	6.6	7.6	10.4	8.9
湖南	4.8	7.8	8.4	9.7	10.6	9.0
广东	-1.8	-1.6	-2.5	-2.8	-3.1	-2.9
广西	4.7	5.0	9.0	10.6	10.2	7.2
海南	1.6	4.5	4.9	6.3	7.1	8.4
重庆	5.6	8.3	5.1	5.5	7.4	5.8
四川	5.2	6.8	6.2	6.2	7.2	6.2

（续表）

省市	2006—2007 年	2007—2008 年	2008—2009 年	2009—2010 年	2010—2011 年	2011—2012 年
贵州	4.6	5.5	6.7	7.7	9.9	11.8
云南	1.0	0.4	0.9	1.7	2.0	1.8
西藏	4.2	3.5	3.7	6.0	3.6	4.4
陕西	8.2	12.1	10.5	11.8	11.7	10.7
甘肃	2.2	3.7	2.5	2.8	3.5	3.3
青海	2.6	2.7	4.5	5.7	6.7	8.2
宁夏	6.3	8.5	11.1	10.8	8.9	8.3
新疆	1.9	1.4	1.3	2.3	3.0	4.4

表 4　资本存量增长对产出贡献的描述性统计

平均值	4.517887%
最大值	17.30498%
最小值	-4.05935%
标准差	0.03849196

表 5　各省市劳动投入增长对产出增长的贡献

单位：%

省市	2000—2001 年	2001—2002 年	2002—2003 年	2003—2004 年	2004—2005 年	2005—2006 年
北京	1.1	16.0	4.8	3.0	2.2	8.1
天津	0.3	-0.4	1.2	0.3	0.5	0.4
河北	-0.6	0.5	0.5	0.9	1.4	1.5
山西	0.0	0.2	1.0	0.2	0.2	1.2
内蒙古	0.1	0.1	0.1	0.5	0.7	0.8
辽宁	0.7	0.4	0.6	2.4	0.8	1.0
吉林	-0.9	2.1	-2.2	3.8	-0.5	-0.5
黑龙江	-0.1	-0.1	0.0	0.2	0.3	-0.1
上海	2.8	7.0	3.8	5.1	5.2	1.7
江苏	0.1	-0.1	0.6	0.6	0.8	0.9
浙江	0.6	0.5	0.9	0.9	0.8	1.5
安徽	0.1	0.1	0.1	0.1	0.1	0.1
福建	0.4	0.7	0.8	1.0	0.9	0.9
江西	0.0	0.0	0.0	-0.1	-0.1	0.0
山东	0.3	0.8	0.9	0.9	1.4	0.9
河南	-0.2	0.3	0.4	0.8	1.0	0.8
湖北	-0.1	0.1	0.2	0.2	0.3	0.2
湖南	0.0	0.3	0.3	0.5	0.4	0.4
广东	4.5	0.8	6.5	7.9	14.2	8.6

（续表）

省市	2000—2001 年	2001—2002 年	2002—2003 年	2003—2004 年	2004—2005 年	2005—2006 年
广西	0.5	0.8	0.8	1.2	1.3	1.3
海南	1.1	0.6	1.9	1.9	1.7	2.9
重庆	0.0	0.4	0.5	0.6	0.7	0.6
四川	0.1	0.2	0.4	0.5	0.7	0.5
贵州	0.0	0.0	0.0	0.0	0.0	0.0
云南	1.8	1.6	1.3	3.0	3.3	4.4
西藏	3.2	4.8	3.8	5.0	5.8	6.0
陕西	-0.1	0.6	0.3	0.0	0.1	0.4
甘肃	1.2	4.6	3.5	2.0	2.5	1.6
青海	1.1	2.3	2.3	2.8	1.9	2.9
宁夏	0.6	0.6	1.1	1.0	0.4	0.3
新疆	1.7	1.9	2.2	2.5	2.2	1.9

省市	2006—2007 年	2007—2008 年	2008—2009 年	2009—2010 年	2010—2011 年	2011—2012 年
北京	5.1	2.8	4.8	4.5	4.0	1.8
天津	0.3	4.4	0.5	0.9	2.0	0.1
河北	1.1	2.4	4.3	0.4	5.8	1.0
山西	0.5	0.3	0.4	1.9	1.6	0.4
内蒙古	0.6	0.5	1.0	2.0	1.6	0.4
辽宁	1.1	1.4	2.5	2.2	1.0	0.5
吉林	0.8	3.1	2.0	4.2	1.3	0.1
黑龙江	2.4	0.2	1.2	4.9	0.3	0.6
上海	0.6	2.8	5.3	-3.7	6.8	1.4
江苏	0.6	0.9	0.7	1.7	0.6	0.4
浙江	0.9	0.5	1.1	1.4	1.2	0.3
安徽	0.0	0.1	0.2	0.4	0.2	0.1
福建	1.1	1.0	2.5	0.6	2.1	0.4
江西	-0.2	0.0	-0.1	0.0	-0.1	0.0
山东	0.8	1.0	0.8	2.4	3.2	-0.2
河南	0.8	1.4	1.5	2.0	3.4	0.7
湖北	0.1	0.3	0.4	0.4	0.5	0.0
湖南	0.4	0.4	0.5	0.9	1.7	0.0
广东	12.1	6.7	3.8	9.6	7.4	0.2
广西	0.5	0.9	1.3	3.1	3.1	0.5
海南	2.1	0.5	2.0	3.5	2.5	1.1
重庆	1.0	0.7	0.8	1.9	1.4	0.6
四川	1.0	0.5	0.9	1.1	2.5	0.0
贵州	0.0	0.0	0.0	0.0	0.0	0.0
云南	2.4	4.5	2.7	8.7	6.8	1.5
西藏	8.9	2.4	2.4	13.8	33.6	-11.8

（续表）

省市	2006—2007 年	2007—2008 年	2008—2009 年	2009—2010 年	2010—2011 年	2011—2012 年
陕西	0.2	0.3	-0.1	0.8	1.5	0.0
甘肃	2.2	2.9	1.3	6.8	8.7	0.0
青海	1.6	0.5	2.5	3.7	9.1	0.6
宁夏	0.9	0.6	2.3	1.1	2.2	0.0
新疆	2.2	1.5	1.8	4.1	3.6	0.9

表 6　劳动投入增长对产出贡献的描述性统计

平均值	1.65%
最大值	33.62%
最小值	-11.78%
标准差	0.029

如表 7 所示，我国各省市地区生产总值增长的主要来源是要素投入的增长而非全要素生产率的提高。这与国内外许多研究（Guo and Jia，2005；Chow，2007；王小鲁和樊纲，2009；胡鞍钢，2010）的分析结果是一致的。就全国平均情况来看，资本存量增长对产出增长的贡献比例达到 63%，劳动投入对产出增长的贡献约为 24%，全要素生产率增长带来的贡献仅为 13%。这与任若恩和孙琳琳（2009）估计得到的 58%、25%和 17%基本一致，都显示资本存量增长是促进我国各省市产出增长的主要动力，也就是所谓的“投资拉动型增长”。

此外，我们可以通过分析要素投入情况的变化深入了解我国各省市经济发展状况的差异：北京、上海、广东和云南四个地区的经济增长动力主要为劳动投入的增长，而其中北京和上海增长的来源主要是劳动力质量的提升，广东和云南的增长则来源于劳动力数目的增加；陕西、内蒙古、宁夏、重庆、贵州、江苏和浙江等 21 个省市经济增长的动力均为资本投入量的增加，其中又以陕西、江苏、浙江、重庆和贵州等地的增长幅度最为明显。

由于存在产出弹性的约束，在索洛模型中，要素投入的增加只能以一定比例反映到最终产出的增加上，而全要素生产率的增长则可以全部体现于产出增长。结合上述数据，我们认为，经济发达地区要想维持经济快速增长，经济欠发达地区要想转变发展模式，缩小与发达地区的经济差距，就必须要从生产率入手，改变以要素投入为动力的经济增长模式。为了给出具体的政策建议，我们在文章的后续部分将对影响全要素生产率的因素进行分析。

表 7　各省市要素投入与全要素生产率对产出贡献的统计

省市	资本存量增长贡献最大	劳动投入增长贡献最大	TFP 增长贡献最大
北京	2	9	1
天津	9	0	3
河北	7	2	3
山西	9	0	3
内蒙古	12	0	0
辽宁	9	2	1
吉林	8	2	2
黑龙江	4	4	4

（续表）

省市	资本存量增长贡献最大	劳动投入增长贡献最大	TFP 增长贡献最大
上海	0	10	2
江苏	10	0	2
浙江	10	0	2
安徽	9	1	2
福建	9	1	2
江西	10	0	2
山东	10	0	2
河南	8	1	3
湖北	9	0	3
湖南	9	2	1
广东	0	11	1
广西	8	1	3
海南	7	3	2
重庆	11	0	1
四川	10	0	2
贵州	10	0	2
云南	0	10	2
西藏	5	6	1
陕西	12	0	0
甘肃	6	4	2
青海	9	2	1
宁夏	11	0	1
新疆	5	3	4
合计	238	74	60

五、影响全要素生产率的因素分析

根据已有文献中的理论分析，我们将影响全要素生产率增长的因素分为三类：一是反映该省经济结构的因素，包括国有企业占比（以国有企业职工占就业人数比例为代理变量）和外贸依存度；二是设施和投资情况，包括研究与发展投资、基础设施建设情况（以公路、铁路和通信设施建设状况为代理变量）和外商直接投资；三是该省人口结构，主要是老龄化状况，用老年人口抚养比衡量。

本文采用面板数据回归来分析影响全要素生产率增长的因素，计量模型如下：

$$\%\Delta TFP_{it}=\alpha_i+\beta_t+\lambda_1 R\_D_{it}+\lambda_2 FDI_{it}+\lambda_3 DDFT_{it}+ \lambda_4 Old\_Rate_{it}+\lambda_5 Railway_{it}+\lambda_6 Highway_{it}+\varepsilon_{it} \quad (11)$$

（11）式中，i 表示地区，t 表示时间，α_i 表示省份个体效应，β_t 表示时间效应，R_D_{it}表示专利授权数量，FDI_{it}表示外商直接投资额，$DDFT_{it}$表示外贸依存度，Old_Rate_{it}表示老年人口抚养比，$Railway_{it}$表示铁路里程数，$Highway_{it}$表示公路里程数，ε_{it}是误差项。λ 是对应变量的回归系数。结合平稳性分析的结果，回归中的全体解释变量均采用一阶差分的形式。

我们对各项变量对全要素生产率增长的影响进行了事前估计:与私营企业等其他所有制属性的企业相比,国有企业在资源、能源、信贷以及经费投入上占据较大的优势,这使得国有企业在提高生产率方面具有优势,但同时与组织灵活、经营活跃的中小企业相比,国有企业更容易存在机构臃肿、创新动力不足的问题,因此我们认为国有企业占比一项对全要素生产率增长的影响是不确定的;在对外贸易方面,戴觅等(2014)分析认为由于从事出口加工贸易企业的生产率远低于非出口企业,因此,特定行业中的出口企业生产率情况与“出口企业生产率更高”的传统结论不符,即所谓“出口企业生产率之谜”。从这一点来看,进出口依存度提高对于全要素生产率增长可能具有负作用。但是,由于高新技术设备以及机械与电气设备进口在我国商品进口上占较大比重,而这些设施在促进企业进行技术改造和工艺革新上具有显著的正效应,能够拉动工业企业生产率的提高,因此外贸依存度对于全要素生产率增长的影响也是不确定的;大量的企业层面的全要素生产率实证分析显示,知识资本投入(如技术开发、技术改造等)与企业全要素生产率具有显著相关性,且影响程度在不同规模企业之间、东中西不同区域企业之间以及不同技术水平的企业之间有明显差异(程惠芳和陆嘉俊,2014),因此我们在稳健性检验中添加了科研与发展变量与区域虚拟变量的交互项,并且预估认为科研与发展对全要素生产率增长具有正效应,该效应的大小在不同区域省份中具有差异;交通和通信等基础设施建设对于促进区域技术及经济交流、扩大企业市场有正向作用,因此我们估计该项对全要素生产率的增长有正效应;许多研究显示外商直接投资由于促进了技术、人才以及资本的流动,对我国经济发展和生产率提高有显著的促进作用(文余源,2013),因此认为该项对全要素生产率的增长也能起到促进作用;最后,由于经验分析认为人口老龄化问题会降低经济发展的活力,我们预测老年人口抚养比的提高会导致全要素生产率增长水平的降低。

由于本文使用的回归方程属于典型的面板回归模型,为了避免实证结果对特定计量模型的依赖,本文尝试使用三种不同的方法进行估计:(1)面板数据广义最小二乘估计方法;(2)固定效应模型;(3)随机效应模型。按照文献的普遍做法,我们以固定效应模型和随机效应模型为主,广义最小二乘方法为辅,并采用 Hausman 检验来判断随机效应模型的适用性。

就可能影响全要素生产率增长的其他因素而言,根据文献的普遍做法,选择如下控制变量:(1)对数人均国内生产总值,反映经济发展程度;(2)城市化水平,用城镇人口占总人口比重衡量,反映城市化进程。

所用变量数据的来源和处理已经在前文进行了介绍,此处不再赘述,表 8 为所用变量的描述性统计。

表 8 回归模型自变量的描述性统计

变量名	均值	标准差	最大值	最小值
国内发明专利申请授权项	1 401.723	2 866.368	2 2153	0
外商直接投资额(百万美元)	60 921.88	98 968.59	625 000	331
外贸依存度	438.0826	560.5786	2 444.381	37.00762
老年人口抚养比	11.82358	2.494032	21.88	6.267393
铁路公里数	2 599.832	1 606.874	9 474.3	0
公路公里数	96 930.33	64 325.13	293 499	6 078
国有企业职工占比	0.389216	0.127161	0.666	0.115

六、实证结果及分析

表 9 显示了计量模型回归的实证结果。需要说明的是，根据 Hausman 检验的结果，随机效应模型被拒绝，即应当选择固定效应模型的实证结果。表 9 中保留了随机效应模型以及固定效应模型的回归结果，以便比较不同模型实证结果上的差异。下面我们对回归的结果进行分析。

表 9　原始模型回归结果

	TFP 增长率	
	固定效应模型	随机效应模型
R&D 活动	−3.70×10^−6	−2.38×10^−7
	[0.389]	[0.510]
外商直接投资	−1.31×10^−7	−2.7×10^−8
	[0.168]	[0.526]
外贸依存度	4.77×10^−5**	2.18×10^−6
	[0.020]	[0.777]
老年人口抚养比	−4.3685×10^−3**	−1.6743×10^−3
	[0.037]	[0.147]
铁路里程数	−4.76×10^−7	3.78×10^−6**
	[0.950]	[0.042]
公路里程数	3.84×10^−7***	7.6×10^−8
	[0.000]	[0.140]
国有企业职工占比	−1.2963×10^−3**	−3.354×10^−4
	[0.011]	[0.263]
常数项	0.01873	−0.01174
	[0.703]	[0.616]
时间固定效应	控制	控制
个体效应	控制	控制
Hausman 值	0.0011	
样本容量	372	

注：方括号内为 t 值；***、**、和 * 分别表示在 1%、5%、10% 的显著性水平上显著。

回归中表现不显著的变量包括科研与发展、外商直接投资和铁路里程数。铁路里程数在 2000—2012 年间有多个省市变化幅度不大，因而其对于全要素生产率增长的影响能力无法得到体现，对于其影响效应的检验需要使用包含更大年份跨度的数据。由于本研究中使用的部分数据无法追溯至更久的年限，对于该项的进一步检验分析有待于日后其他研究的完善。外商直接投资项目在回归中不显著，这一结果与企业层面和产业层面的研究并不一致。出现这一结果可能的原因有二：一是各省统计数据失真对回归检验产生了影响；二是由于在包含了三次产业的地区整体生产总值中，制造业在部分省份的比重较低，削弱了外商直接投资对于生产率提高的影响。而科研与发展项目的不显著可能来自代理变量选择的不合理性，由于省级层面的科研与发展经费投入等直接反映科研活动活跃度的数据并不完整，且省份间对于科研、教育、文化事业投资数据的汇报口径存在不一致,我们无法利用其他数据进行稳健性检验,该项目对于省际全要素生产率增长的影响有待于后续研究进行分析。

除此以外,外贸依存度的系数在1%的水平上显著为正,说明设备进口对生产率的拉动作用以及"出口企业生产率更高"的效应超过了特定出口贸易企业拉低生产率的效应,这与戴觅等(2014)分析得出的结论是一致的。老年人口抚养比在5%的水平上显著为负,与之前的预测相一致,说明人口老龄化问题会通过降低经济发展活力对全要素生产率的增长起到抑制作用。各省的公路里程数从运输角度刻画了省份基础设施建设的情况,其系数在1%的水平上显著为正,说明完善交通建设能够促进资源、信息、商品以及人口的流动,对生产率的增长有显著的正向作用。以国有企业职工占比刻画的国有企业比重项目的系数在5%的水平上显著为负,说明国有企业的机制僵硬、缺乏创新动力、资源利用效率低等问题对全要素生产率的提高有明显的阻碍作用。

结合李国璋等(2010)的研究,我们认为在整体回归中,科技与研发活动以及外商直接投资对于全要素生产的影响不显著的原因可能来自其对不同地区的影响效果不同,由此掩盖了这两项在整体回归中的效应。为此,我们进行了包含发明专利项、外商直接投资与地区(东部、中部和西部)哑变量交互项的回归。表10汇报了该回归的结果。

表10 包含交互项的模型回归结果

	TFP 增长率	
	固定效应模型	随机效应模型
R&D 活动×东部	1.39×10^-6 [0.448]	-4.18×10^-7 [0.755]
R&D 活动×中部	-2.88×10^-6 [0.768]	-3.41×10^-6 [0.655]
R&D 活动×西部	3.1×10^-6 [0.804]	-1.46×10^-6 [0.888]
外商直接投资×东部	-1.18×10^-7 [0.230]	-1.5×10^-8 [0.744]
外商直接投资×东部	9×10^-8 [0.911]	1.51×10^-7 [0.696]
外商直接投资×东部	9.1×10^-7 [0.340]	5.26×10^-7 [0.413]
外贸依存度	4.51×10^-5 ** [0.027]	3.22×10^-6 [0.679]
老年人口抚养比	-3.8731×10^-3 * [0.067]	1.2149×10^-3 [0.320]
铁路里程数	-4.36×10^-7 [0.955]	4.33×10^-6 ** [0.026]
公路里程数	4.27×10^-7 *** [0.000]	1.02×10^-7 * [0.084]
国有企业职工占比	-1.2825×10^-3 ** [0.013]	-3.461×10^-4 [0.261]

（续表）

	TFP 增长率	
	固定效应模型	随机效应模型
常数项	-1.28×10^-3 [0.616]	-7.7×10^-3 [0.747]
时间固定效应	控制	控制
个体效应	控制	控制
Hausman 值	0.0038	
样本容量	372	

注：方括号内为 t 值***、**和*分别表示在 1%、5%和 10%的显著性水平上显著。

在这一回归中，外贸依存度、老年人口抚养比、公路里程数和国有企业占比仍然保持显著，而发明专利项和外商直接投资对东部、中部、西部三个地区分别的影响效果仍然是统计不显著的。考虑到发明专利项可能受到非实用类专利（外观专利等）的影响，我们将发明专利项依次替换为“实用类专利申请量”和“实用类专利授权量”，对应的回归中发明专利项对三个地区全要素生产率增长的影响仍然均为不显著。这一方面反映出现阶段我国实用类专利转化为实际生产力的转化率较低，另一方面也与我国专利申请周期较长，专利授权与技术投入生产之间存在时滞等因素相关。

总体而言，结合数据分析结果，我们认为为了提高全要素生产率，将经济发展从要素推动型转变为生产率拉动型甚至创新拉动型，从而实现经济的长期可持续增长，需要进一步深化国有企业改革，调整经济结构，提高地区经济的开放程度，积极引进外商投资以及外资企业；同时需要注意加大教育与科研经费的投入，提升人才素质，促进发明专利经济转化率的提高；完善基础设施建设，为企业营造更好的发展环境；此外，要密切关注人口年龄结构变化，防止人口老龄化情况恶化。

七、结　论

本文对 2000—2012 年中国 31 个省市全要素生产率的变化情况进行了测算。数据结果显示，该时期，我国经济增长的主要动力为要素投入的增长，验证了学界对于中国经济增速放缓主要源于要素投入优势减小及全要素生产率提升不明显的论断。进一步分析显示，资本和劳动力质量的提升是要素投入增长的主要来源，也就是说以要素质量变化为特征的技术进步对我国经济的快速增长起到了较大的推动作用。

在测量基础上对影响全要素生产率增长的若干因素的回归分析表明：对内调整经济结构、进行国有企业体制改革、振兴科技和教育事业、完善基础设施建设，对外提高经济开放程度、积极引进外资企业和外商直接投资，同时警惕人口老龄化问题的进一步恶化，对于提升全要素增长率、促进经济持续高速发展能够起到积极作用。

参考文献

Barro R J, Lee J W. International Comparisons of Educational Attainment[J]. Journal of Monetary Economics, 1993, 32(3): 363-394.

Chow G C. Another Look at the Rate of Increase in TFP in China[J]. Journal of Chinese Economic & Business Studies, 2008, 6(2): 219-224.

Guo Q, Jia J. Estimating Total Factor Productivity in China[J]. Economic Research Journal, 2005.

Harper M J, Moulton B R, Rosenthal S, Wasshausen D B. Intergrated GDP-Productivity Accounts, American Economic Association, 2008, 2010.

Jorgenson DW, Griliches Z. Capital and Labor in Production[J]. Studies in Income and Wealth, 1976, 31: 467-471. New York: Columbia University Press.

Solow R M. Technical Change and the Aggregate Production Function[J]. Review of Economics and Statistics, 1957, 39(3): 312-320.

蔡跃洲,郭梅军.我国上市商业银行全要素生产率的实证分析[J].经济研究,2009,9:53—65.

陈昌兵.可变折旧率估计及资本存量的测算[J]经济研究,2014,12:72—85.

陈瑾瑜.全要素生产率与技术进步之间的差别及测算——几何微分法的应用[J].数量经济与技术经济研究,2012,6:48—60.

程惠芳,陆嘉俊.知识资本对工业企业全要素生产率影响的实证分析[J].经济研究,2014,5:174—187.

戴觅,余淼杰, Maitra M.中国出口企业生产率之谜:加工贸易的作用[J].经济学(季刊), 2014, 13(2):675—698.

董敏杰,梁泳梅.1978—2010年的中国经济增长来源:一个非参数分解框架[J].经济研究,2013,5:17—32.

龚关,胡关亮.中国制造业资源配置效率与全要素生产率[J].经济研究,2013,4:4—15.

郭庆旺,贾俊雪.中国全要素生产率的估算:1979—2004[J].经济研究,2005,6:51—60.

胡鞍钢,郑京海.中国改革时期省际生产率增长变化的实证分析(1979—2001年)[J].经济学(季刊),2005,1,264—296.

黄梅波,吕朝凤.中国潜在产出的估计与“自然率假说”的检验[J].数量经济与技术经济研究,2010,7:3—19.

赖明勇,王文妮.全要素生产率和经济增长方式——基于1952—2006年的Malmquist指数分析[J].求索,2008,11:52—54.

李国璋,周彩云,江金荣.区域全要素生产率的估算及其对地区差距的贡献[J].数量经济技术经济研究,2010,5:49—61.

李平,钟学义,王宏伟,郑世林.中国生产率变化与经济增长源泉:1978~2010年[J]数量经济技术经济研究,2013,1:3—21.

林仁文,杨熠.中国的资本存量与投资效率[J]数量经济技术经济研究,2013,9:72—87.

孟令杰,李静.中国地区发展差异的再检验:要素积累抑或TFP[J].世界经济,2006,1:12—22.

秦勇.生产率测算手册:基于总量层次和产业层次生产率增长的测算[M].科学技术文献出版社,2008.

任若恩,孙琳琳.我国行业层次的TFP估计:1981—2000[J].经济学(季刊),2009,8(3):925—950.

石风光.中国省区TFP测算及影响因素分析[J].技术经济与管理研究,2012,5:13—16.

孙琳琳,任若恩.中国资本投入和全要素生产率的估算[J].世界经济,2005,12:3—15.

王小鲁,樊纲.中国经济增长方式转换与增长可持续性[J].经济研究,2009,1:4—16.

文余源.FDI溢出对高经济产出区的增长影响[J].数量经济技术经济研究,2013,12:3—20.

吴双.全要素生产率测算的参数方法与非参数方法之比较[J].时代经贸,2008,2:63—64.

杨勇.中国服务业全要素生产率再测算[J].世界经济,2008,10:46—55.

张军,章元.对中国资本存量K的再估计[J].经济研究,2003,7:35—43.

郑京海,胡鞍钢, Bigsten A.中国的经济增长能否持续?——一个生产率视角[J].经济学(季刊),2008,3:777—807.

流动对人力资本积累决策的影响

——基于 RUMiC2009 微观数据的实证分析①

彭意茹

（武汉大学经济与管理学院）

［**摘要**］本文基于 RUMiC2009 微观数据库，选取了流动人口和农村人口两类样本，对农民进入城市务工之后在技能培训、家庭教育支出量等方面的行为选择进行了实证研究，发现如下结论：由于面对着获得优质教育资源所需更高的教育投入成本以及对于教育回报率提高的考量，对于自身而言，农民进入城市后会倾向于接受更少的教育培训，付出更少的培训费用，与之相反的是他们会为子女支付更多的教育费用，即进行更深层次的家庭人力资本积累。人力资本在提高经济发展水平的过程中发挥着重要作用，因此，此估计结果提示在城镇化的环境之中，政策应当朝着利于流动人口及其家庭积累人力资本的方向制定，同时关注流动个体及其子女教育的重要性。

［**关键词**］流动人口，城镇化，人力资本积累

一、引　言

近几年来，由于与经济发展水平的关系密切，城镇化的进程以及流动人口越来越受到人们的关注。我国在 2014 年曾制定《国家新型城镇化规划（2014—2020 年）》，并指出城镇化是保持经济持续健康发展的强大引擎。我们常常用城市人口的占比去测度某个地区的城镇化水平。国家统计局的数据显示，2014 年中国城镇化率达到了 54.77%。但是通过推进城镇化以推动经济的发展，绝不是仅仅依靠提高城市人口的比重这么简单。流动人口是城镇化中的主体人群，我们关注的是，这些群体在进入城市之后会进行何种关于人力资本积累的决策。因为不可置疑的是，劳动者的人力资本的积累会极大地促进其劳动技能的提高以及收入水平的提高，这对于整个地区的产业结构调整升级等也是影响巨大的。

在城镇化的大环境之下，流动进入城市的新群体是否会受到城镇化的影响，比如选择进行更多的人力资本积累，无论是从个人角度还是在子女的身上？以往的研究多从“干中学”的角度出发进行阐释，认为处于城市产业工作环境中的流动人口在无形之中积累了经验与技能。而本文尝试从另外的角度进行分析。城镇化、人力资本与经济发展水平之间

① 本文为国家社会科学基金项目“城市偏向、市场选择、社会资本与中国城乡经济关系演进”的阶段性成果，指导教师是武汉大学经济学系赵伟副教授。

的传导机制是否是在城镇化的环境之下,人口通过流动进入城市后,在城市的环境中其对于自身及家庭的人力资本投资决策会受到影响,进而带来宏观上经济的发展?这些都是值得深入探究的问题。因此,本文在第二部分进行现有文献的整理,第三部分建立了实证模型并解析回归结果,第四部分则进行了估计结果的稳健性检验,第五部分进行总结。

二、文献综述

人力资本这一概念自被提出便备受重视,这源于其能有效提高个体收入水平,对推动经济体发展有着不可忽视的作用。Barro(1991)用近 100 个国家自 1960 年以来的经历表明,在教育上的投资将对人均收入的增长产生重要的作用。这反映了通过延长教育年限,个人积累了更多的人力资本,从而提高了自我的收入,在宏观上来看也推动了经济水平的提高。国内许多学者对人力资本与经济增长之间的关系也进行了大量的研究,并得到了很多有实用价值的研究成果。另一方面,城镇化作为城市发展的重要现象,也早已进入经济学家的研究视野。

本文关注的是城镇化、流动人口以及人力资本积累之间的关系。已有的文献对城镇化水平、流动人口、人力资本积累以及经济发展做过较为深入的研究。许多学者的理论以及实证分析都已经证明,人口城镇化、人力资本积累在经济增长中都发挥着积极的作用。城市化能够通过物质资本、人力资本、知识资本和产业结构这四条途径来影响经济增长;而且,现阶段人力资本和结构变革是城市化与人均产出之间的显著影响渠道(沈坤荣和蒋锐,2007),即城市化先作用于人力资本和知识技术的积累以及结构变革,然后才间接地对经济增长产生正的影响作用。沈凌和田国强(2009)引入了熊彼特的观点,没有从以往的供给层面分析人力资本积累推动创新活动,而是从需求层面考虑需求刺激对创新专利的垄断利润影响,认为推进城市化以减少农村人口比单纯增加农民收入要更有利于经济的发展。这也启发我们需要对城镇化推动经济发展的作用机制做进一步的探究。在城市,人们之间的交流与合作也更加频繁,“知识外溢效应”“集聚效应”更易发挥。而农村居民大多从事第一产业或低层次的制造业和服务业,受教育水平较低,人们之间缺乏交流与合作(Luisito and Benteng,2008)。加速城市化进程是与城乡教育结构调整具有类似功能的一项政策(郭剑雄,2005)。城市化将农村劳动力由低学习率的传统产业转向高学习率的现代产业,因而能够通过“干中学”实现转移人口人力资本水平的提升。

对于城镇化和人力资本积累的量化关系,一些学者也做过相应的研究。盖志毅(2001)得到的研究结果是人力资本积累与城镇化水平呈正相关关系,农民在城镇化的过程中受到了现代化分工以及现代化观念耳濡目染的影响,这对于他们自身人力资本的积累将起到很大的正向作用。梁赟玲和贾娜(2013)基于 Divisia 指数分解的方法,得到教育和城镇化对我国人力资本的增长具有积极作用的结论。黄太洋(2013)则运用 1990—2010 年的数据进行实证分析,发现我国人力资本积累具有一定的惯性效应,城镇化水平对人力资本积累存在非线性影响。当城镇化水平上升幅度超过 4.2%时,城镇化水平的变动对人力资本积累就会产生影响,因此推进我国城镇化是提高人力资本水平的一个重要因素。陈珣和徐舒(2014)从动态同化的视角,实证分析得到农民工在城镇每多待一年,其相对工资将增加 1.4%。高学历不会显著增加农民工的工资同化速度,只是增加了其初始工资水平,培训对农民工的工资同化速度有显著影响。这也从一个侧面反映了农民工在进入城市之后所进行的人力资本的投资对其工资水平提高的积极作用。景维民和王鑫(2015)通过31个省份的面板数据进行实证分析得到,在1%的显著性水平下城镇化率与人力资本呈现正相关关系,若城镇化率增加1%,人力资本的积累将增加0.3%,城镇化水平的提高将有效促进人力资本积累。

但是,也有学者的实证分析得到了相反的结果。王金营等(2005)利用1990年和2000年两年的数据,得到的结论是在过去的20多年里,以人口城镇化所反映的人口聚集对人力资本和物质资本的作用是不同的,主要体现于物质资本的人口聚集效应,而人力资本的人口聚集效应还未充分发挥,在未来城镇化进程中应该注重人力资本要素的效应。不过,鉴于其使用的数据较早且城镇化近年来速度加快,因此并不具备很高的借鉴意义。高峰等(2010)认为,人力资本对经济增长的贡献度会因城市化的强弱而呈现出显著的区间效应,具体而言,人力资本对经济增长的贡献度随着城市化水平的提高呈现出近似“U”形的曲线关系。城市化必须达到一定的门槛水平,才能有效推进人力资本发挥促进经济增长的作用。而我国目前所处的城市化水平尚不能发挥其对人力资本促进经济增长的推动作用。在省级数据的分析方面,章丽君等(2003)利用市镇人口的“人均受教育程度”指标来测量人力资本水平,并用“文盲率”以及“每10万人拥有的大专以上人数”作为衡量人力资本的状况指标进行考察,结果发现,浙江城市化水平与人力资本水平两者之间没有显著的相关性。

已有研究多是利用省际或者全国宏观数据进行回归,较少利用微观家庭的调查数据进行实证分析。我们认为,建立在宏观面板数据之上的分析是直接利用省级数据进行城镇化率与人力资本积累量之间的回归,数据上并无法区分城镇化的发展到底是促进了新迁入“移民”的人力资本投入还是整体人力资本水平的提高,这样也不便于厘清城镇化、流动人口以及人力资本积累之间的传导机制。因此,本文基于RUMiC2009的微观数据进行实证分析,以进一步分析农村人口的城镇化和人力资本的投入决策之间的关系。

基于以上的文献整理,我们希望验证如下的理论假设。

进入城市的劳动者会改变自我或者家庭的人力资本积累。这种改变的方向是具有不确定性的。一方面,城镇化的加快会促进流动劳动力人力资本的积累,其影响渠道不仅仅是之前文献中提到的,关于农村劳动力在城镇的工作通过“干中学”积累了自身更多的人力资本,还在于进入城市后,由于处于城市这个大环境之下,教育的边际收益提高,劳动者倾向于积累更多的人力资本以缩小自身与城市劳动力的技能差距,或是加大对后代的教育经费的投入,以帮助其实现更好的人力资本积累。与之相反的是,流动人口基于更高的职业培训或者教育资源的成本,也可能会倾向于减少自身或是子女的人力资本的积累。因此我们希望通过计量分析得到这种预想的人力资本积累的改变究竟是正向的还是负向的,个人在自身与家庭子女的教育上所做的决策是否会有区别。不可否认的是,如果流动劳动力能够在城镇化的环境中积累更多的人力资本,这将进一步促进经济的增长。从微观上来看,劳动者个人或是家庭人力资本总量的增加会提升劳动者自身或者是整个家庭的收入;而从宏观上来看,城镇化环境下流入城市的这部分劳动者人力资本的积累,也会促进整个经济体发展水平的提高。下面,我们将根据整理的数据做进一步的实证分析,以验证这些想法。

三、实证分析

（一）回归模型与变量选取

1. 数据来源与变量说明

本文的实证研究利用 2009 年农村-城市移民调查(RUMiC2009)数据(调查时间为 2009 年,反映的是 2008 年的信息)的数据。RUMiC 调查包含三类子样本:农村住户样本、农村-城镇流动人口样本、城镇住户样本,覆盖了全国各区域具有代表性特质的多个省份。鉴于本文的研究问题,我们选取了农村住户样本以及农村-城镇流动人口样本,通过比对两个样本变量将两者结合起来,剔除了缺失所观察的因变量的样本,进行微观层面的城镇化对流动人口的人力资本积累情况所产生的影响的实证分析。为使研究具有代表性,我们只采用 RUMiC2009 数据中户主的样本数据。

表 1 列出了回归模型的变量设计,分别解释了各个变量的名称、性质及具体含义。表 2 则列出了各个变量所含数据的描述性统计分析的结果。

表 1 回归模型变量设计

变量符号	变量名	含义	性质
trainingchoice	教育培训选择	是否正在进行同等学历的教育,“是”则赋值为 1,否则为 0	因变量
lntracost	培训支出对数值	取原始值的对数形式进行回归分析	因变量
lnkideduc	子女教育支出对数值	原始值是家中最大年龄的在读学生所需的教育费用,取原始值的对数形式进行回归分析	因变量
mig	流动性质	如果样本为流动人口,则 mig=1,否则为 0。该自变量是回归关注的重点	自变量
lnwage	2008 年工资性收入的对数值	取原始值的对数值进行回归分析,衡量个人的收入水平	自变量
educback	教育背景	过去接受过多少年的教育,用以衡量个人的教育背景及已有的人力资本水平	自变量
fmember	家庭成员个数	仅考虑户主	自变量
lnasset	房产估值对数值(用以代表家庭的固定资产水平)	取对数值	自变量
sex	性别	虚拟变量,当性别为男性时 sex=1,否则 sex=0	自变量
health	健康状况	根据调查设计的选项,将健康状况由好到差分别赋值,其中“excellent”=5,“good”=4,“average”=3,“poor”=2,“very poor”=1	自变量
penalty	养老保险拥有状况(无论是由自己支付、雇主支付或是共同承担)	有医疗保险赋值为“1”,否则为“0”	自变量

（续表）

变量符号	变量名	含义	性质
rateofout	所在村外出人口比例	流动人口子样本有该变量；农村人口子样本采用外出人口占总人口的比重计算	工具变量
plough	家中土地耕作情况	家里人耕作土地而不是转给别人或村集体代耕则赋值为“1”，否则为“0”	工具变量

表 2 变量的描述性统计特征

变量名	变量符号	均值	方差	最小值	最大值
教育培训选择	trainingchoice	0.0661	0.2484	0	1
培训支出对数值	lntracost	5.0922	1.8221	0	11.5129
子女教育支出对数值	lnkideduc	6.9244	1.7190	1.0986	10.4341
流动性质	mig	0.3000	0.4581	0	1
年工资性收入对数值	lnwage	9.4472	0.7661	1.0986	13.3047
教育背景	educback	9.6127	2.7653	0	22
家庭成员人数	fmember	2.7191	1.3943	1	13
房产估值对数值	lnasset	10.4144	1.3013	0.6931	19.3370
性别	sex	0.3556	0.4787	0	1
健康状况	health	3.9964	0.8498	1	5
养老保险拥有状况	penalty	0.1064	0.3084	0	1
所在村外出人口比例	rateofout	16.4854	41.9786	0	100
家中土地耕作情况	plough	0.7890	0.4080	0	1

从表 2 列出的描述性统计结果可以看到，教育培训 trainingchoice 的均值较小，流动人口加上留在农村的人口两个样本中正在接受同等学历教育的样本是偏少的，从总体上来看这两个群体在教育培训的选择上是较为不积极的。培训支出和子女教育支出也有一定的方差，呈现出较大的波动，差异较大。此外，工资和房产估值等财产性的变量也呈现较大的差异。

2. 回归模型设定

对于我们所关注的三个自变量，即教育培训的选择，培训支出及子女的教育支出，我们分别用三个回归方程进行实证分析。由于教育培训的选择 trainingchoice 是一个二值变量，因此基于 Probit 模型，我们构建是否接受同等学历的教育培训的计量模型（1），同时以培训支出及子女教育支出作为因变量构建计量模型（2）和（3）：

$$\text{trainingchoice}_i = \beta_0 + \beta_1 \text{mig}_i + \sum_{i=2} \beta_i X_i + u_i \tag{1}$$

$$\text{lntracost} = \alpha_0 + \alpha_1 \text{mig}_i + \sum_{i=2} \alpha_i X_i + \varepsilon_i \tag{2}$$

$$\text{lnkideduc} = \gamma_0 + \gamma_1 \text{mig}_i + \sum_{i=2} \gamma_i X_i + \nu_i \tag{3}$$

其中，因变量 trainingchoice 表示被调查样本是否正在接受同等水平的教育培训，根据 Probit 的假设，事件 trainingchoice 发生的概率处于 0 和 1 之间且发生概率服从累积正态分布。lntracost 表示培训费用的对数值，lnkideduc 表示子女教育支出的对数值，均用以衡量个人对自身以及整个家庭的人力资本积累的关注度。mig 表示个人是生活在城市的流动人口亦或是农村人口，是模型回归关注的重点，借指个人是否处在城镇化水平更高的环境之中。根据第二部分希望验证的理论，我们重点关注 β_1、α_1 以及 γ_1 的估计值，即位于城市之中的个体在教育的成本收益的考量之下是否会倾向于投入更多的精力和费用在个人或者家庭的人力资本积累上。X 则为一组表示个人及其所在家庭特征的控制变量。在现实情况中，除了城镇化因素下的流动对个人教育投资决策的影响，还有一系列因素会影响个人及家庭的教育投资，只有尽可能地控制这些变量的影响，才能得到更有效可靠的估计值。因此我们在借鉴已有文献以及考虑 RUMiC 问卷设计中可获得的数据基础之上，选择“年工资性收入”“家庭成员个数”，已接受的教育年限即“教育背景”等作为可供使用的控制变量进入模型的回归之中。此外，u_i、ε_i 及 v_i 为误差项，服从回归所需要的假设条件。

然而，用是否流动到城镇务工解释各种衡量教育投入水平可能存在内生性问题。理论上，回归模型应该还包括物价、生活成本等其他许多影响着教育投资的因素。但是很遗憾，在数据集中目前没有很好的代理变量来解决这个问题。为了克服可能存在的内生性问题，我们采用各个样本老家所在村的外出人口比例 rateofout 和家中土地耕作情况 plough 两个变量作为计量模型(1)、(2)和(3)中变量 mig 的工具变量，外出人口比例和家中土地耕作情况与是否迁入城市务工有相关性。通常情况下，所在村外出务工经商的比例越大，意味着流动更具有吸引力，且外出的社会网络也更加丰富，被介绍工作、被接纳的可能性越大，个体更有可能流动进入城市务工；家中土地耕作情况则与外出情况呈负向关系，家中当下的家庭成员耕作土地的比例越大，该个体越有可能是留在农村家中负责农业生产的人。因此，从这个角度分析，这两个工具变量的选取具有一定的合理性。但是相对于随机项中的不可观测的因素以及其余控制变量，这两个变量是外生的。所在村外出比例与个人其余特质相关性不大，外生性较强，而家庭人口耕作土地的比例是一个百分数，与其余变量也不具有相关性。因此，我们选取 rateofout 和 plough 作为 mig 的工具变量，进行两阶段最小二乘估计即 2SLS 回归。

由于三个回归方程所关注的因变量不同，每个因变量的缺失值也存在区别，因此尽管解释变量是一致的，但是其观测值却不一致，因此，我们在表 2 只列出了最大范围所含样本的变量的描述性统计以及三个因变量各自的描述性统计。

(二) 计量分析结果

运用 Stata13.1 软件我们进行计量回归分析，考虑到可能存在的异方差性质，我们均使用稳健标准差。表 3 和表 4 所列数据为分析结果。

表 3　计量模型(1)的回归结果

变量	(1)		(2)		(3)	
	系数	边际影响	系数	边际影响	系数	边际影响
mig	-0.9816***	-0.0734**	-1.6754***	-0.1182*	-1.7438**	-0.1229**
	(0.3671)	(0.0315)	(0.7230)	(0.0610)	(0.7380)	(0.0628)
lnwage	0.1202	0.0090	0.0402	0.0028	0.0594	0.0041
	(0.0952)	(0.0075)	(0.1000)	(0.0072)	(0.1043)	(0.0076)
educback	0.1100***	0.0082***	0.1029***	0.0072***	0.0966***	0.0068***
	(0.0186)	(0.0014)	(0.0227)	(0.0015)	(0.0235)	(0.0015)

（续表）

变量	(1)		(2)		(3)	
	系数	边际影响	系数	边际影响	系数	边际影响
fmember			-0.3865**	-0.0273*	-0.4127**	-0.0291**
			(0.1700)	(0.0141)	(0.1748)	(0.0146)
lnasset			0.0467	0.0033	0.0430	0.0030
			(0.0480)	(0.0033)	(0.0484)	(0.0034)
sex					-0.2022*	-0.0142*
					(0.1156)	(0.0086)
health					-0.0253	-0.0018
					(0.0773)	(0.0054)
penalty					0.1192	0.0084
					(0.1278)	(0.0090)
_cons	-3.2558***	—	-1.7682*	—	-1.5562	—
	(0.6956)		(0.9801)		(1.0008)	
观测值	2 887	—	2 225	—	2 225	—
IV	YES	—	YES	—	YES	—
伪对数似然值	63.3016	—	595.0544	—	607.7372	—
Prob>Chi2	0.0000	—	0.0000	—	0.0000	—
correctly classified	96.47%	—	96.63%	—	96.67%	—

注：(1)括号内为标准误；***、**和*分别代表1%、5%和10%的显著性水平；(2)除虚拟变量的边际影响计算的是取1与取0时的概率差异，其余连续变量的边际影响均在其均值处计算。

由表3的分析结果可得，Probit模型的预测正确率均较高。从回归的结果中我们得到如下结论：

第一，从表1列出的(1)、(2)、(3)的实证结果中我们看到，变量mig的回归系数至少在5%的水平下是显著的。由于Probit模型的系数只是估计量，不是边际影响，因此我们重点关注mig系数的符号是显著为负的，这使得我们所做的理论假设被验证为个体在进入城市之后，倾向于更少可能的接受教育培训。尽管面对着更优质的教育资源和更广阔的就业机会，个体在进入城市之后倾向于减少接受更多的职业培训的可能性。这可能是由于城市的职业技能培训所需的费用较高，个体在权衡现有的成本及当下的收益之后，行为更易于囿于当下的情况而忽略了教育投资在未来所可能带来的更大的收益。更有可能的是，城市环境并未给这些流动进入城市的个体营造良好的教育投资环境，这些制度因素也可能是阻碍他们选择更多职业培训的原因。由于mig是虚拟变量，在进一步估计边际影响之后我们得到，在三列加入不同控制变量的回归中，边际影响估计值显示，个体进入城市之后参加同等程度的教育培训的概率分别会显著减少7.34%、11.82%和12.29%。从有确切含义的边际影响数值来看，数值的波动在加入不同的控制变量之后波动较小，随着更多的控制变量的加入，估计得到的边际影响呈现绝对值上的略微增加。在一定程度上还是可以说明进入城市给个人带来的自身教育选择的负向抑制作用。

第二，教育背景educback在三列回归中的估计系数均通过了1%的显著性检验，符号均为正，表明原有学历背景越深厚的个体在进入城市后会更愿意接受教育培训，这可能是缘于这些群体的视野更加开阔且更具有前瞻性,对于自我人力资本积累的必要性与收益性了解得更加深刻。家庭人数变量 fmember 在第二和第三个回归中都通过了显著性检验,其符号为负值也是可以解释的,因为个人的教育投资势必会考量自身的家庭状况。更多的家庭成员意味着更重的家庭负担,因此个人在面对着更多的家庭人数时倾向于减少自我接受更多教育培训的可能性,以此减轻一定的家庭负担。而性别变量 sex 的估计系数在最后一列的回归中显著为负,即女性在进入城市之后相较于男性会倾向于接受更少的教育培训,这可能是因为女性本身的教育基础较男性更加薄弱,对于教育投资报酬递减的认识局限或是某些可能存在的性别歧视使得女性多接受职业培训的需求被抑制。

第三,至于工资变量 lnwage、房产估值变量 lnasset 在回归中并不显著可能是由于该变量的敏感性造成了一定的统计误差,户主对于房产的估值也缺乏客观的标准。

表 4 计量模型(2)和(3)的回归结果(2SLS)

解释变量	(1) lntracost	(2) lntracost	(3) lntracost	(4) lnkideduc	(5) lnkideduc	(6) lnkideduc
mig	-1.6886** (0.7531)	-4.6293** (1.8729)	-4.3633** (1.8477)	12.6901* (7.2161)	9.6354** (3.9321)	9.6981** (3.9908)
lnwage	0.9815*** (0.2707)	0.5818** (0.2703)	0.5534** (0.2729)	-2.3704* (1.3612)	-1.0019** (0.4451)	-0.9947** (0.4509)
educback	-0.0840* (0.0506)	-0.1051* (0.0617)	-0.0915 (0.0618)	0.5165* (0.2812)	0.3021** (0.1239)	0.3091** (0.1267)
fmember		-1.2180*** (0.4426)	-1.1137** (0.4407)		2.0662** (0.8133)	2.0902** (0.8327)
lnasset		-0.0374 (0.1049)	-0.0229 (0.0143)		0.1514 (0.1366)	0.1560 (0.1387)
sex			0.3801 (0.2951)			0.0215 (0.2693)
health			-0.0617 (0.1615)			-0.2344 (0.1798)
penalty			-0.0623 (0.2753)			0.1394 (0.3249)
_cons	-0.8261 (2.2664)	8.0778** (3.2214)	7.6673** (3.2282)	14.2564*** (4.8329)	0.3576 (3.2293)	1.0085 (0.0349)
工具变量	YES	YES	YES	YES	YES	YES
观测量	250	204	204	504	428	428
hausman testp-value	—	—	0.8725	—	—	0.7106

注:括号内为标准误;***、**和*分别代表 1%、5%和 10%的显著性水平。

表 4 列出了用变量 mig 以及其他控制变量对培训费用及子女教育费用的对数值的回归结果。在表 4 列出的(1)、(2)、(3)的回归结果中,关于进入城市后个体对于技能培训所花费用的影响是负向的,且均通过了 5%的显著性检验。这与上文中将是否在进行同等学历的教育这个关于自身的教育决策作为因变量进行回归所得到的结论也是互相支持的。个体在进入城市之后,意识到积累更多的人力资本需要付出更多的成本,短期的收益

可能并不显著，且获得职业培训的渠道可能并不十分畅通，因此会倾向于花费更少的培训费用。同样一致的是，家庭人数 fmember 所得到的估计系数在此次回归中为负值，这同样可被上文中相同的原因解释，更重的负担使得个体在权衡之下放弃了自身的教育培训的投入。工资变量 lnwage 在此次回归中得到了显著的系数且符号为正，即收入更高的个体倾向于投入更多到职业培训上。

(4)、(5)以及(6)的回归利用了对子女的教育支出进行回归，此时 mig 的估计系数均通过了显著性检验，且显著为正，这与我们对个体在自身教育决策上所做的抉择是完全相反的。进入城市务工的选择开阔了流动个体的视野与知识面。一方面，个人可能意识到人力资本积累是非常重要的，城市所带来的更高的人力资本的边界效应激励着个人从更加长远的角度考虑人力资本的意义；另一方面，我们所选取的是每个家庭的户主信息，作为大多数家庭的主导者，考虑整个家庭的长远发展，个体会意识到要加强下一代的教育投入，促进家庭的整个人力资本的积累。在这种境况下，尽管面临着生活的种种压力，即使要牺牲自我的职业培训投入，个体也倾向于在子女身上投入更多，这与当下许多家长不考虑自身的经济状况也要为孩子争取更优质的教育环境的现象是吻合的。此外，家庭成员个数 fmember 在这次回归中的估计系数为正值，且通过了显著性检验，这与我们之前得到的该变量的估计系数方向也是完全相反的。在这种条件下，个体从整个家庭及现实情况出发，越多的家庭成员往往意味着更多的子女，因此两者呈现正向相关也是符合逻辑的，在家长渴望给予子女更好的教育资源的心态下，越多的子女只会使得教育投入更多。

四、稳健性检验

为了验证第三部分利用工具变量所得到的估计结果的稳健性，我们在第四部分利用倾向得分匹配法，通过构造反事实的假设将具有相同特质的人进行匹配，从而得出由于进入城市且在其影响之下的群体与生活在农村的群体之间在人力资本抉择上的差异。由于 PSM 估计方法也存在一定的局限性，因此我们仅以其的估计值作为参考。

在 PSM 方法的框架之下，我们首先需要对不同个体之间所表现出的各个维度的特质进行评分降维的处理。因此，我们通过文献研究选择了以下一系列协变量计算倾向得分。对于形容是否受到城市环境影响的虚拟变量 mig，我们采用 Probit 模型来估计处理组和控制组的得分。在得到了倾向得分 p 值之后，我们采用核匹配方法对两组样本进行倾向得分的匹配，所得的估计结果见表 5。

表 5　PSM 方法估计结果

因变量	样本	非农户口	农业户口	差异	t 统计量
trainingchoice	unmatched	0.0282	0.0833	−0.0551	−4.30
	ATT	0.0282	0.3336	−0.3053	−2.17
lntracost	unmatched	6.5154	6.1030	0.3440	1.20
	ATT	5.4335	6.8196	−1.3861	−1.49
lnkideduc	unmatched	6.8487	6.8824	−0.0338	−0.16
	ATT	7.0440	8.7689	−1.7249	−0.98

通过表3、表4和表5两种估计方法的对比,我们可以看到尽管在对于自身教育投入费用以及子女教育投入费用的匹配结果并不显著,但是在自身的教育抉择上,两种估计方法呈现出相同方向的估计结果,即进入城市的个体会倾向于减少自身接受教育培训的可能性。正如我们在上文中所解释的一样,个体在城市的环境之中面临着更大的生活压力,人力资本积累意味着更高的成本,因此个体在对待自身教育培训投入的抉择可能会倾向减少。

五、结　论

本文基于RUMiC2009的微观数据分析得到,进入城市的流动人口会倾向于接受更少的教育培训、为自我投入更少的培训费用,与此对比强烈的是支付家庭子女教育更多的费用。城镇化的现象的深入伴随着越来越多的农村人口进入城市,在城市务工的流动人口似乎面临着更宽泛的教育选择,除了已有的在“干中学”中积累经验,个体在城市中可以选择投入更多的培训费用而提升自我的技能,但是通过实证分析得到个体会倾向于减少自我的培训费用,这也许意味着现实中流动人口在城市中人力资本积累的实现存在某种程度上的障碍,信息渠道等或许对于流动人口来说不畅通。在这种情况之下,个体在面对子女教育费用的决策问题时则会倾向于投入更多,城市环境使得流动人口意识到人力资本积累的重要性,但囿于现实情况,个体选择在子女身上投入更多。这也给出了一定的政策启示。政府在推进城镇化的过程中应当充分地尊重和满足流动人口对提升人力资本的需要,注重对流动人口技能培训的支持与帮助,以激励其进一步巩固自我技能,提升劳动效率,对于其子女的教育也应当提供更多的政策便利与支持,推动其家庭的人力资本的积累,实现家庭和整个社会经济体的健康长远发展。

此外,本文的研究还有可以改进和深入的地方。由于数据的可获得性,文章的实证分析部分所引用的因变量不具有完全的说服力。在流动人口和农村人口两个调查样本的匹配上可能会造成估计的偏差,在自变量的选取上也可以有更多更好的控制变量。本文使用的仅仅是2008年的截面数据,由于变量的缺失值的影响,能够进入回归的样本量偏小,在今后的研究中可以使用更多的面板数据进行分析,以得出更具说服力的结论。

参考文献

Barro R J. Economic Growth in a Cross Section of Countries[J]. The Quarterly Journal of Economics, 1991, 106(2): 407-443.

Luisito B, Benteng Z. Does Urbanization Foster Human Capital Accumulation? [J]. The Journal of Developing Areas, 2008, 41(2): 171-184.

陈珣,徐舒.农民工与城镇职工的工资差距及动态同化[J].经济研究,2014,10: 74—88.

程名望,史清华.个人特征、家庭特征与农村剩余劳动力转移——一个基于Probit模型的实证分析[J].经济评论,2010,4:49—55.

盖志毅.城镇化与农民人力资本积累[J].内蒙古社会科学,2001,22(6):91—94.

高峰,吴石磊,王学真.人力资本、城市化与经济增长[J].产业经济评论,2010,9:106—117.

郭剑雄.人力资本、生育率与城乡收入差距的收敛[J].中国社会科学,2015,3:27—38.

黄太洋.我国城镇化水平与人力资本积累效应的非线性动态分析[J].区域经济,2013,10:152—155.

景维民,王鑫.城镇化:经济可持续增长的新引擎——基于人力资本积累的角度[J].经济问题,2015,

4:39—45.

梁赟玲,贾娜.城镇化、老龄化、教育与人力资本——基于Divisia指数分解的方法[J].人口与经济,2013,5:63—69.

沈坤荣,蒋锐.中国城市化对经济增长影响机制的实证研究[J].统计研究,2007,24:9—15.

沈凌,田国强.贫富差别、城市化与经济增长——一个基于需求因素的经济学分析[J].经济研究,2009,1:17—29.

王金营,董正信,兰学莉.人口城镇化对人力资本和物质资本效用发挥影响的分析[J].人口学刊,2005,6:13—17.

魏万青.户籍制度改革对流动人口收入的影响研究[J].社会学研究,2012,1:152—173.

吴要武.产业转移的潜在收益估算——一个劳动力成本视角[J].经济学(季刊),2013,13(1):373—398.

章丽君,邓娜,钱玉莹.浙江城市化与人力资本水平的相关性研究[J].浙江统计,2003,2:19—20.

住房状况影响居民的生活幸福感吗?
——基于 CHFS 微观数据的实证分析

余柯玮
(武汉大学经济与管理学院)

[摘要] 住房作为家庭财富的重要组成部分,其差异引起阶层分化,可能影响居民的生活幸福感。住房状况不仅体现在住房市值、住房面积、住房产权等方面,还体现在住房的相对状况上。本文利用 2011 年中国家庭金融调查(CHFS)中 5 358 个样本数据,重点考察住房状况对中国居民生活幸福感的影响。结果表明:住房面积、房产数量对居民生活幸福感均具有显著的正效应。相对住房面积对居民的幸福感也具有显著正效应;不同产权类型住房对居民生活幸福感的影响具有显著差异。房改房和原有私房对居民幸福感的提升作用不如商品房。此外,住房状况对居民的生活幸福感影响存在区域差异。中西部地区住房为居民带来的生活幸福感不如东部地区住房。

[关键词] 住房差异,居民生活幸福感,CHFS

一、引　言

自 2012 年央视《新闻联播》"你幸福吗"的街头系列调查播出之后,"居民的生活幸福感",作为衡量社会发展的重要尺度和终极目标,受到了社会的普遍关注。相比改革开放之前,吃、穿、住、用、行、学在国民家庭消费支出中的占比依次递增的事实,表明了"吃、穿"等消费占比已退居末位,人们已从简单地满足物质生活转而追求自身存在及价值实现的生活幸福指数。而大量的调查结果①显示,大多数人均认为个人的健康状况、家庭关系以及拥有的财富状况是影响居民生活幸福感的重要因素。健康被视为是一项投资品,对提高人力资本、增加个人财富具有显著的正向效应(赵忠和侯振刚,2005),进而会提高居民的生活幸福感。此外,家庭关系和谐将为居民带来和谐的生活氛围,更有利于提高居民生活的幸福感。至于个人所拥有的财富状况对居民幸福感的正向影响,虽也得到了多数人的认可,但现实中,我国较高的人均国民收入水平,伴随居民收入差距的扩大,并未带来国民平均生活幸福感的提升。这也正是"伊斯特林悖论"在中国等发展中国家的反映

① 采用 WVS(World Values Survey: www.worldvaluessurvey.org/); Gallup(www.gallup.com); Asiabarometer(www, asiabarometer.org)中关于中国居民幸福感的调查数据。

(Easterlin,1995;Easterlin *et al.*,2012)。

作为个人财富的重要组成部分和阶层分化的主要标识之一,住房是简单地通过影响个人财富进而提高居民的生活幸福感,还是会对居民的生活幸福感产生不同的影响?现阶段,关于住房状况与居民生活幸福感的细致研究并不多见。相对住房状况不同和不同产权类型住房是否会对居民生活幸福感的影响有所不同?住房状况对居民幸福感的影响又是否会具有区域差异?这些问题都值得我们进一步深入探讨。

下文安排如下:第二部分是关于住房状况与居民幸福感问题的文献综述,第三部分是模型设定、数据及主要变量说明,第四部分是实证分析结果和解释,第五部分是实证结果的稳健性检验,第六部分是本文的结论与启示。

二、文献综述

住房状况和居民的幸福感之间是否有一定的联系?国外学者较早就对两者的关系进行了研究,然而却没有得出一致的结论。

第一类文献认为住房对居民幸福感具有正向效应。许多学者通过实证分析发现,自有住房对儿童的受教育环境和健康成长氛围(Green and White,1997)、家庭资产增值(Colwell,1992)以及社区事务的参与度(Dreier,1994)等产生积极影响,进而将提升居民幸福感。对于拥有住房产权的人群而言,住房还能提供给居住者更大的安全感、更多的行为自由以及家庭财富优势,进而提升人们的幸福感。Elsinga and Hoekstra (2005)对欧共体家庭面板数据的分析发现,在大多数国家,有住房产权者的幸福感要明显高于无住房产权者,但是在澳大利亚,两类人群的幸福感差异并不明显。近年来,国内学者针对住房差异对居民幸福感的研究也逐渐增多,且所得结论较为一致。结合我国的具体国情,根据不同产权类型划分住房家庭,李涛等(2011)利用国家统计局进行的 2009 年"中国城镇居民经济状况与心态调查"项目发现,拥有不同产权类型的住房对居民幸福感的影响存在显著差异,拥有大产权住房对居民幸福感具有正向影响,但是大产权房对居民满意度提升的边际效应没有显著差异。孙伟增和郑思齐(2013)则利用 2010 年北京、上海、深圳和成都 4 个城市的微观调查数据,分析发现房改房和商品房对居民幸福感的贡献有显著差异,此外,还发现家庭拥有住房的时间也因住房财富增值效应,对居民的幸福感产生正向影响。以社会学的视角,刘米娜和杜俊荣(2013)利用 CGSS2005 调查数据,在个体和区域两个层次上进行研究,认为居民的主观幸福感存在区域差异,并且居民住房的绝对不平等和相对不平等均对幸福感具有显著效应。高红莉等(2014)在以上研究的基础上,选用中国劳动力动态调查(CLDS2012)的最新数据,还纳入住房环境变量,也得出了住房状况对居民幸福感有正向效应的结论。

第二类文献则认为住房未必对居民幸福感提升具有积极影响,相反,甚至可能产生负向效应。对于通过按揭贷款获得住房的人群而言,住房对居民幸福感具有负向效应。Moreno(1995)提出按揭贷款的违约风险导致居民的资产缩水和借贷困难,进而幸福感降低。Nettleton and Burrows(2000)还提出按揭贷款获得住房产权,可能因背负沉重的债务而导致身体或心理健康问题,进而幸福感也会降低。国内学者林江等(2012)同样通过 CGSS2006 数据分析得出,房价上涨与居民的主观幸福感之间存在显著的负效应。房价上涨越快，居民的幸福感越低。刘米娜和杜俊荣（2013）基于 CGSS2005 的调查数据研究发现，住房面积、住房基尼系数对居民的主观幸福感均呈现倒 U 形影响。超过临界点时，住房面积和住房基尼系数的扩大将导致居民幸福感的降低。

Easterlin *et al.*（2012）曾提出"人均收入水平的增长，并不一定会带来居民生活幸福感的提升，反之可能会使居民的生活幸福感有所降低"，也即幸福悖论的观点，并指出，这一现象的出现，主要是因为就物质条件而言，居民的生活幸福感不仅取决于个人的客观物质条件，还取决于个人主观上的物质生活标准。而这一主观标准在很大程度上受到自身对未来生活的预期以及周围人的影响，即居民的生活幸福感取决于对未来的信心以及自身和他人的比较之中。"居者有其屋"是中国重要的传统思想的组成部分，缺房或少房所带来的生活压力将使居民对未来缺乏信心，并在一定程度上失去未来生活的保障，进而降低居民的生活幸福感。

基于以上分析，住房作为家庭财富的重要组成部分，其差异将有可能引起个人心态以及相对经济状况的改变，进而影响居民的生活幸福感。住房状况对居民幸福感的影响机制可以概括为：一方面，住房是居民的客观物质财富和家庭生活的基本保障。对于拥有一套或多套房屋产权的人群而言，住房市值增加，其可获得更高的住房财富增值，出售房屋获利或预期收入增加，进而可能使幸福感增加（谢勇和沈坤荣，2012）。但是不同产权类型的住房对居民的微观经济行为影响有所差异（赵西亮等，2013），且其引起的居民幸福感也有所差异；对于未拥有住房产权或通过贷款获得住房产权的人群而言，住房市值的增加，则将使其背负更加沉重的还贷压力和心理负担，同时也将降低房产市场上待购人群的消费水平及生活质量（谢勇和沈坤荣，2012），进而降低幸福感。不同地区的房价有所差异，住房还贷压力也有所不同，因而在不同区域，住房对居民幸福感的影响也将有所不同。另一方面，居民自身的与他人住房相比较的相对状况，也将通过影响居民的个人心态和主观物质标准进一步影响居民的生活幸福感。即使个人的客观住房状况较差，但与同一地区他人相比的住房相对状况较好，也会增加居民的生活幸福感。

如上所述，在住房状况对居民幸福感影响的研究中，国外学者的研究较为完善，并且主要侧重于分析住房状况对居民的幸福感产生影响的中间渠道。在国内现有的研究中，主要侧重于考察部分住房状况，包括住房市值、住房面积、住房产权、房产数量、住房质量等方面，分别对居民幸福感的影响，并且大多使用 CGSS2006 所提供的调查数据。而目前我国经济正处于发展转型期，特别是 2008 年全球经济危机后，房产市场也发生了巨大变化，仍然基于较早的研究数据进行分析，无法对现阶段的情况进行充分说明。此外，综合考察住房状况，包括从居民个人角度探讨住房的相对状况，尤其是结合我国具体情况，根据住房产权和住房区域差异进行详细分析的实证研究更为鲜见。

本文将利用 CHFS2011 所提供的最新微观截面调查数据，从个人层面上，探讨居民住房的相对状况对居民生活幸福感的影响，综合考察住房状况对不同住房产权家庭的居民幸福感的影响，另外，还将从区域层面上，详细考察不同区域住房状况对居民幸福感的影响差异。以上研究将对"伊斯特林悖论"中，关于个人客观物质条件的改善并不一定增加居民的生活幸福感的说法，做出其是否适合中国情况的论证。

三、模型及变量说明

（一）模型设定

如上所述，我们主要采用住房市值、住房面积、住房产权以及拥有的住房数量来衡量住房状况差异（housing difference，缩写为 HD）。这里采用的计量模型如下：

$$\text{Happiness}_i = \alpha + \beta_1 \text{HD}_i + \beta_i X_i + u_i \tag{1}$$

模型（1）中，被解释变量 Happiness_i 表示第 i 位居民的主观幸福感程度，取值为 1—5，分别对应"非常幸福""幸福""一般""不幸福"和"非常不幸福"，为有序分类变量，故采用有序 Logit 回归。主要的解释变量 HD_i 表示住房状况；控制变量为 X_i，包括家庭年龄结构、家庭储蓄率、个人收入等变量和家庭户主的性别、年龄、户籍、政治面貌、教育水平、婚姻状况、就业状况等虚拟变量。

（二）数据及变量说明

本文实证分析所采用的数据是由西南财经大学 2011 年组织的中国家庭金融调查（China Household Finance Survey，简称 CHFS）所获得的最新微观截面数据，该调查涵盖了全国除西藏、新疆、内蒙古、宁夏、福建、海南和港澳台地区外的 25 个省市 80 个市/县，调查内容主要涉及居民资产配置等家庭金融行为的相关内容，调查数据中，城镇地区与农村地区样本比为 181：139，样本总量为 8 438 户。根据此次研究的需要，主要研究住房状况对居民幸福感的影响，而通过继承遗产或父母赠送等途径，免费居住现有房屋的家庭住房投资和住房收益均为 0，且生活受住房因素的影响较小，因而其生活幸福感无法用于客观分析该命题，故剔除。在剩余样本中根据不同的住房产权类型，将调查对象划分为有房者①和租房者，有房家庭又进一步划分为原有私房家庭、房改房家庭以及商品房家庭；而租房家庭又进一步划分为租赁公房家庭②和租赁私房家庭，剔除无效样本和个别极端值后，保留样本量为 5 358 户，其中有关主要变量处理详细说明如下：

1. 被解释变量

结合现有文献（Frey and Stutzer，2002 等）对居民生活幸福感指标的建立方法，以及中国家庭金融调查问卷中设计的问题"总的来说，您现在的生活幸福吗？"，我们将居民主观上对生活幸福的评价作为衡量居民总体上的生活幸福感，并记为 happiness，取值为 1 到 5，其中"1"表示"非常幸福"，"2"表示"幸福"，"3"表示"一般"，"4"表示"不幸福"，"5"表示"非常不幸福"。

由表 1 可知，在此次家庭调查中，生活幸福感较强的居民比重达 60%以上，其中"非常幸福"和"幸福"的居民各占比例 15.27%和 50.93%，而生活幸福感较弱的居民比重不足 6%，其中"非常不幸福"的居民比重不足 1%，这些数据表明随着社会经济水平的提高，居民总体上感到生活较为幸福。由于不同区域的区位因素和社会经济发展水平有所差异，分区域对样本进一步分析后，可以看出在三大区域中，生活幸福感较高的三类居民——感

① 指家庭成员拥有自有房屋产权。

② 此处所指的租赁公房，主要是指国家保障性住房，因而包括租住国家或单位住房以及购买经济适用房。

到“非常幸福”、“幸福”、“一般”的居民，东部地区所占的比例明显高于中西部地区；感到“不幸福”和“非常不幸福”的居民中，分别是中部和西部地区所占比重最高，但三大区域之间的差异并不明显。

表 1 居民整体幸福感状况表

单位：%

生活幸福感 (happiness)	全部样本	分区域样本描述		
		东部	中部	西部
非常幸福	15.27	7.15	4.39	3.73
幸福	50.93	22.99	16.39	11.55
一般	28.56	11.65	9.41	7.50
不幸福	4.46	1.55	1.61	1.31
非常不幸福	0.78	0.24	0.19	0.35

2. 主要的解释变量

由于我国不同省份的资源禀赋和区位条件存在差异，不同地区的住房状况也有所不同。根据中经网统计数据库中的调查数据得到我国 25 个省市房地产开发企业商品房销售的平均价格，可以看出北京、上海和广东这类经济发展的一线地区，其同期房价远远高于其他地区，并且房价较高的省份大都集中在东部地区，各省的平均房价在 2011 年就已达到近 5 000 元/平方米。我国现有住房的平均市值[①]约为 46.7 万，其中省内现有住房平均市值高于全国水平的地区，与我国经济发展的前沿地区相一致，如江苏、浙江等省份。不同地区的住房市值存在显著差异，贵州的平均住房市值最低，北京的平均住房市值最高。

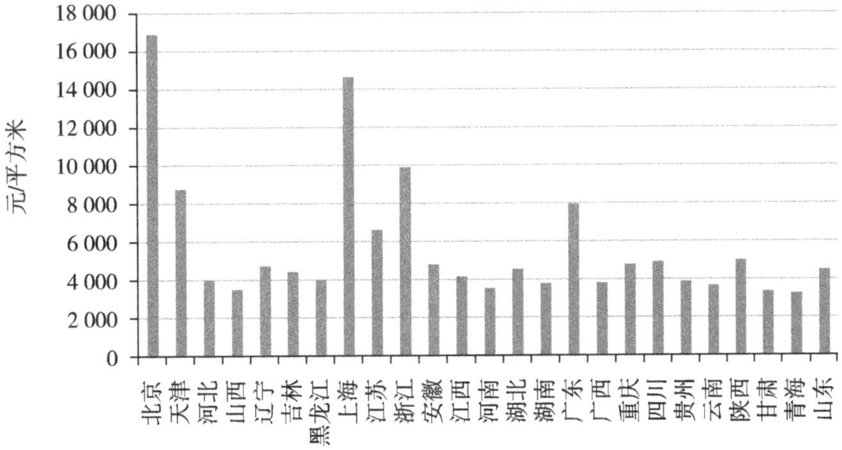

图 1 我国 2011 年 25 个省市商品房平均房价图

根据上述分析，我们把住房状况主要划分为住房市值、住房面积、拥有住房数量，还包括住房产权以及住房区域等方面。并结合中国家庭金融调查数据，对各变量的说明如表 2 所示：

① 根据受访者对住房的现有市值估计，加总同一省份内的住房现有市值，并除以该省份的调查户数，得到我国 25 个省市的省内现有住房平均市值，再将各省的现有住房平均市值加权平均，得到住房市场的全国平均水平。

表 2 变量描述表

变量名	含义	性质
居民的生活幸福感(happiness)	居民主观上对生活总体情况的衡量,取值为 1 到 5,依次表示“非常幸福”“幸福”“一般”“不幸福”“非常不幸福”	因变量
住房市值(housing value,记为 HV)	家庭现居住房屋的市值估计	自变量
住房面积(housing area,记为 HA)	家庭现居住房屋的使用面积	自变量
拥有住房数量(more property,记为 MP)	家庭拥有房产数量	自变量
相对住房市值(relative housing value,记为 RHV)	家庭住房的现有市值与其所在省份的家庭住房平均市值的比值	自变量
相对住房面积(relative housing area,记为 RHA)	家庭住房的现有面积与其所在省份的家庭住房平均面积的比值	自变量
相对住房数量(relative more property,记为 RMP)	家庭所拥有住房数量与其所在省份的家庭平均拥有住房数量的比值	自变量
住房产权(housing property)	根据家庭现居住房屋为家庭成员自有,还是租赁所得,划分为有房家庭和租房家庭①,在有房家庭的样本中,进一步细分为商品房家庭、房改房家庭以及私房家庭②	自变量
性别(GEN)	虚拟变量,根据调查问卷设置,若第一受访者,即最了解该家庭财务状况的一位家庭成员为男性,则变量为 1;反之,为 0	控制变量
年龄(AGE)	虚拟变量,采用家庭第一受访人的年龄	控制变量
户籍(household register,记作 HR)	受访人户籍为非农业户口,则记为“1”;若为农业户口则记为“0”	控制变量
文化程度(education,记为 EDU)	虚拟变量,取值为 1—9。“1”代表“没上过学”,“2”代表“小学”,“3”代表“初中”,“4”代表“高中”,“5”代表“中专或职高”,“6”代表“大专或高职”,“7”代表“大学本科”,“8”代表“硕士研究生”,“9”代表“博士研究生”	控制变量
政治面貌(political status,记为 PS)	虚拟变量,取值设为 1—4,“1”代表“群众”,“2”代表“共青团员”,“3”代表“民主党派或其他党派”,“4”代表“中共党员”	控制变量
婚姻状况(marriage situation,记为 MS)	虚拟变量,取值设为 1—6,“1”代表“未婚”,“2”代表“已婚”,“3”代表“同居”,“4”代表“分居”,“5”代表“离婚”,“6”代表“丧偶”	控制变量

① 特别地,《关于公共租赁住房和廉租住房并轨运行的通知》(建保〔2013〕178 号)的规定,从 2014 年起,各地公共租赁住房和廉租住房并轨运行,并轨后统称为公共租赁住房。结合国家政策的调整,经济适用房属于国家保障性住房,因而购买经济适用房家庭也纳入到租房家庭中。

② 在有房家庭的样本中,将购买商品房或小产权房的家庭统一纳入商品房家庭;将低于市场价从单位购买住房和集资建房的家庭纳入房改房家庭;最后,将通过继承或赠与、自建或扩建以及拆迁换房纳入原有私房家庭。

（续表）

变量名	含义	性质
就业状况（working situation，记为 WS）	虚拟变量，取值设为 1—3，“1”代表“没有工作”，“2”代表“有工作，包括务农”，“3”代表“拥有两份及以上工作”	控制变量
健康状况（health condition，记为 HC）	虚拟变量，取值设为 1—5，与同龄人相比，“1”表示“非常好”，“2”表示“好”，“3”表示“一般”，“4”表示“差”，“5”表示“非常差”	控制变量
个人收入（personal income，记为 PI）	指受访者税后获得的工资、奖金、补贴或从事农业生产的净收入或参与工商业项目获得的净收入以及其他收入和转移性收入	控制变量
家庭总收入（household income，记为 HI）	指家庭中所有家庭成员的收入总和，其中家庭成员收入的计算同上述个人收入的计算方式	控制变量
家庭人口结构（oldratio）	指家庭中大于 65 岁的人数与家庭总人数之比，比值越小，表明该家庭的人口趋向年轻型；反之，表示该家庭的人口趋向老年型	控制变量
各省的平均房价（province average housing value，记为 PHV）	采用中经网统计数据库中 2011 年房地产开发企业商品房销售的平均价格，与中国家庭金融调查中对应 25 个省市的样本相匹配	控制变量

主要变量的描述性统计如表 3 所示：

表 3 主要变量的描述性统计

主要变量	平均值	最小值	最大值	标准差
生活幸福感	2.245614	1	5	0.7918254
性别	1.407988	1	2	0.4915068
年龄	55.08193	21	97	13.44534
户籍	0.4329974	0	1	0.4955366
文化程度	3.357783	1	9	1.667371
政治面貌	1.556551	1	4	1.130331
婚姻状况	2.238335	1	6	0.9858667
就业状况	1.870474	1	3	0.4748891
身体状况	2.637551	1	5	0.9473862
个人收入	15 674.37	−2 829 000	2 025 500	77 514.64
各省平均房价	5 990.218	3 248.08	16 851.95	3 481.775
住房面积	110.6709	1	880	78.43711
房产数量	1.184397	1	5	0.4473003
住房市值	46.70751	0.01	1 000	87.90459
家庭老年人口比	0.2147228	0	1	0.3316199
家庭总收入	23 162.92	−2 809 000	2 025 500	84 643.14

（续表）

主要变量	平均值	最小值	最大值	标准差
相对住房面积	1	0.0166089	7.176614	0.6256336
相对住房数量	1	0.7579365	4.277978	0.3654838
相对住房市值	1	0.0003431	30.96508	1.444921

四、实证分析

（一）住房状况对居民生活幸福感的影响

首先，本文中被解释变量 happiness 为有序分类变量，因而采用有序 Logit 回归模型。在模型 1 中我们仅利用控制变量中的个人特征和家庭特征，同时加入区域层面住房状况控制变量——各省平均房价，与居民的生活幸福感进行有序 Logit 回归。然后，为更准确反映不同住房因素对居民生活幸福感的影响和防止产生共线性问题，我们将住房状况因素——住房面积和拥有的房屋数量依次加入模型 1 中进行有序 Logit 回归，形成模型 2 和模型 3。回归结果①如下：

表 4 住房面积和房产数量对居民生活幸福感的影响

解释变量	happiness		
	模型 1	模型 2	模型 3
GEN	-0.1061*	-0.1072*	-0.1143**
	(0.0563)	(0.0563)	(0.0563)
AGE	-0.0144***	-0.0138***	-0.0140***
	(0.0030)	(0.0030)	(0.0030)
HR	-0.0136	-0.0778	-0.0761
	(0.0750)	(0.0761)	(0.0761)
EDU	-0.0713***	-0.0701***	-0.0615***
	(0.0227)	(0.0227)	(0.0228)
PS	-0.0871***	-0.0854***	-0.0823***
	(0.0262)	(0.0262)	(0.0262)
MS	0.1360***	0.1289***	0.1262***
	(0.0280)	(0.0280)	(0.0280)
WS	0.0914	0.1157	0.1302*
	(0.0739)	(0.0741)	(0.0742)
HC	0.4361***	0.4267***	0.4238***
	(0.0296)	(0.0297)	(0.0297)
PI	-0.0000	-0.0000	-0.0000
	(0.0000)	(0.0000)	(0.0000)

① 因篇幅所限，此处变量间的相关系数矩阵略去。经检验，所有解释变量之间的相关系数均未达到共线性存在的门槛值 0.7。

（续表）

解释变量	happiness		
	模型 1	模型 2	模型 3
oldratio	-0.3636***	-0.3954***	-0.4012***
	(0.1056)	(0.1059)	(0.1059)
lnPHV	0.2388***	0.2156***	0.2402***
	(0.0605)	(0.0607)	(0.0610)
lnHA		-0.2251***	-0.2205***
		(0.0438)	(0.0439)
MP			-0.2744***
			(0.0600)
LR chi2(11)	372.75***	399.15***	420.15***
Pseudo $R2$	0.0299	0.0320	0.0336
观测值	5 358	5 358	5 358

注：括号内为标准误；***、**和*分别代表1%、5%和10%的显著性水平。

居民的生活幸福感 happiness，取值由 1 到 5，分别表示“非常幸福”“幸福”“一般”、“不幸福”“非常不幸福”。关于居民的家庭特征和个人特征与生活幸福感之间的关系，由表 4 可知，三个模型中婚姻状况和健康状况均对居民的生活幸福感产生显著的正向影响，这一回归结果也正好论证了 Easterlin *et al.*(2012)在幸福经济学中的观点适用于中国，健康和家庭关系是居民生活幸福感的重要影响因素。但与此同时，个人收入对居民的生活幸福感的影响并不显著，“越有钱，越幸福”和“货币幻觉”①的观点被证明有失偏颇，其原因可能是人们更加关注收入带来的实际购买力提高，而非名义上的收入增长；人们更加关注相对状况的改善，而不仅仅是个人客观收入能力的提高。此外，三个模型中年龄、文化程度、政治面貌以及家庭中老年人口比例对居民的生活幸福感均具有显著的正向影响。年龄越大，文化程度越高，居民生活的幸福感越高，这与现实认知和一般文献的结论相一致。而政治上从属于党团组织也会提高居民的生活幸福感，对此，Appleton and Song (2008)解释到共产党员的政治身份能够给个体不只是更高的收入，还会带来广泛的收益，也可能提高居民的生活幸福感。此外，模型回归一致得出家庭中老年人占家庭总人数的比重越高，居民的幸福感越强的结论，可能是由于在现代家庭中，随着养老金和医疗保险制度的完善，家庭赡养老人的负担减轻。家庭中老年人口比越高，未必为家庭带来更重的养老负担。反之，老年人也能为家庭照看小孩、分担部分家务、融洽家庭氛围，进而可能提高居民的幸福感。而就业状况对居民的生活幸福感具有负向影响，但结果却并不显著，究其原因，工作作为一种谋生手段，能给人带来物质财富，但并不一定使人获得主观上的幸福感。同时，Easterlin *et al.*(2012)也曾论证只有个人感兴趣的工作才是影响居民生活幸福感的主要因素。

为了更清楚地厘清住房状况对居民幸福感影响的内在机制，模型中还加入了区域层面住房状况控制变量，即各省平均房价。结果表明，各省的平均房价对居民的生活幸福感

① 经济学中，货币幻觉或价格幻觉，是指人们往往会更多地考虑通货的名义价值，而非实际价值的一种趋势。换句话而言，是指金钱的名义价值被错误地视为是过去平均价格水平基础上的购买力，从而使得人们对自己的收入预期产生错误估计。

存在显著的负效应。当前，住房消费占据中国家庭消费支出的一大比例，平均房价越高，待购家庭的购房压力越大，此外，购房成本上升，必将更多地挤占生活发展型资料和享受型资料的消费，降低居民的生活质量，这都将使居民的生活幸福感越低。

具体从住房状况对居民幸福感的影响来说，模型2中的分析结果表明，住房面积与居民的生活幸福感具有显著的正效应。居民的住房面积越大，个人的居住空间越大，自由度越高，也将增加居民的生活幸福感。从居民拥有的房产数量与生活幸福感之间的关系来看，由模型3可知，居民所拥有的房产数量与居民的生活幸福感也具有显著的正向影响。居民拥有的房产数量是居民拥有财富的代表，多套住房还将带来“住房增值效应”。个人财富增加，将改善个人的经济条件，进而提高居民的生活幸福感。

有文献认为居民的生活幸福感不仅受到居民的客观物质条件的影响，更是受到居民主观上的物质条件标准的影响，而后者更是在与周围人的比较中产生的，也即影响居民生活幸福感的还包括居民的相对住房状况（Easterlin *et al.*，2012；刘米娜和杜俊荣，2013；高红莉等，2014）。为了检验这一说法，我们在原有模型的基础上，加入相对住房状况指标——相对住房面积和相对房产数量，以衡量受访者家庭的住房与该省住房的平均水平之间的相对状况。若其取值小于1则说明其家庭的住房状况未达到该省的平均水平，反之，大于1则说明优于该省的平均水平。回归结果①如表5所示：

表5 相对住房状况对居民的生活幸福感的影响回归结果

	模型4	边际效应				
	回归系数	非常幸福	幸福	一般	不幸福	非常不幸福
GEN	−0.1127**	0.0135**	0.0114**	−0.0199**	−0.0043**	−0.0008*
	(0.0564)	(0.0067)	(0.0057)	(0.0099)	(0.0021)	(0.0004)
AGE	−0.0142***	0.0017***	0.0014***	−0.0025***	−0.0005***	−0.0001***
	(0.0030)	(0.0004)	(0.0003)	(0.0005)	(0.0001)	(0.0000)
HR	−0.0650	0.0078	0.0065	−0.0115	−0.0024	−0.0004
	(0.0755)	(0.0091)	(0.0076)	(0.0133)	(0.0028)	(0.0005)
EDU	−0.0612***	0.0073***	0.0062***	−0.0108***	−0.0023***	−0.0004**
	(0.0228)	(0.0027)	(0.0023)	(0.0040)	(0.0009)	(0.0002)
PS	−0.0825***	0.0099***	0.0084***	−0.0146***	−0.0031***	−0.0006***
	(0.0262)	(0.0031)	(0.0027)	(0.0046)	(0.0010)	(0.0002)
MS	0.1272***	−0.0152***	−0.0129***	0.0224***	0.0048***	0.0009***
	(0.0280)	(0.0034)	(0.0029)	(0.0049)	(0.0011)	(0.0002)
WS	0.1172	−0.0140	−0.0119	0.0207	0.0044	0.0008
	(0.0741)	(0.0089)	(0.0075)	(0.0130)	(0.0028)	(0.0005)
HC	0.4257***	−0.0513***	−0.0419***	0.0738***	0.0164***	0.0030***
	(0.0297)	(0.0037)	(0.0034)	(0.0051)	(0.0015)	(0.0005)
PI	−0.0000	0.0000	0.0000	−0.0000	−0.0000	−0.0000
	(0.0000)	(0.0000)	(0.0000)	(0.0000)	(0.0000)	(0.0000)

① 因篇幅所限，此处变量间的相关系数矩阵略去。经检验，所有解释变量之间的相关系数均未达到共线性存在的门槛值0.7，故将相对住房面积和相对住房数量同时放入模型中。

(续表)

	模型 4	边际效应				
	回归系数	非常幸福	幸福	一般	不幸福	非常不幸福
oldratio	−0.3973***	0.0475***	0.0403***	−0.0702***	−0.0150***	−0.0027***
	(0.1059)	(0.0127)	(0.0109)	(0.0187)	(0.0041)	(0.0008)
lnPHV	0.2549***	−0.0305***	−0.0259***	0.0450***	0.0096***	0.0017***
	(0.0607)	(0.0073)	(0.0063)	(0.0107)	(0.0023)	(0.0005)
RHA	−0.2517***	0.0301***	0.0255***	−0.0445***	−0.0095***	−0.0017***
	(0.0428)	(0.0051)	(0.0045)	(0.0076)	(0.0017)	(0.0004)
RMP	−0.3347***	0.0400***	0.0340***	−0.0591***	−0.0126***	−0.0023***
	(0.0731)	(0.0088)	(0.0076)	(0.0129)	(0.0028)	(0.0006)
LR chi2(13)	428.89***					
Pseudo $R2$	0.0343					
观测值	5 358	5 358	5 358	5 358	5 358	5 358

注:括号内为标准误;***、**和*分别代表 1%、5%和 10%的显著性水平,显著性是根据边际效应结果所得。

从相对住房状况的角度来看,在此次调查中,住房面积未达到该省平均水平和仅拥有一套住房的家庭分别占 62.34%和 83.67%。不同省份的平均房价不同,居民的生活幸福感也有显著差异。表 5 回归结果也表明,住房面积的相对状况对居民的生活幸福感具有显著的正向影响,居民的相对住房状况值每提高 0.1,能使居民感到“非常幸福”“幸福”的概率提高 0.301%和 0.255%,而使居民感到“一般”“不幸福”和“非常不幸福”的概率分别降低 0.445%、0.095%和 0.017%。此外,相对房产数量提高也能显著促进居民生活幸福感的上升。居民的相对住房数量值每提高 0.1,能使居民感到“非常幸福”“幸福”的概率提高 0.400%和 0.340%,而使居民感到“一般”“不幸福”和“非常不幸福”的概率分别降低 0.591%、0.126%和 0.023%。相对住房状况的改善将为居民带来更强的存在感、认可感,甚至优越感等幸福感知。与居民客观住房状况相比,居民住房的相对状况象征着个人的社会地位和家庭财富的相对状况,更加受到人们的关注。同时相对住房状况,也将更直接地影响居民主观的幸福评价标准,进而影响居民生活幸福感。这也与上文中提到的对“伊斯特林悖论”的相关解释相符合,即相对经济状况也将对居民的生活幸福感产生重要影响。这在一定程度上也表明,提高居民生活的幸福感不仅需要改善居民住房状况,还应当完善住房保障机制,尽力缩小住房差异。

(二) 住房产权状况对居民的生活幸福感影响

在我国,分析居民的住房状况,不可忽视的一个重要因素就是住房产权问题。自 1978 年以来,中国的住房制度经过四个阶段的改革,从 1978 年以前的住房分配制度逐步过渡到住房市场化。第一个阶段是 1978 年至 1993 年的福利分房改革制度,主要的改革思路为出售公房,提高房租。同时,商品房开始兴起。第二阶段是 1994 年至 1998 年从住房实物分配向住房市场化改革的过渡阶段,下发了《国务院关于深化城镇住房制度改革的决定》,主要改革思路为“三改四建”,至 2000 年我国的住房实物分配在全国已经停止。房改房正是这一时期的产物,也是我国住房制度向住房市场化转变的一项过渡政策。此外,经济适用房等住房保障制度也同步开始建立。第三阶段为 1999 年至 2004 年住房市场化全面推行阶段,期间房地产投资完成额持续7年呈两位数快速增长。第四阶段为2005年至今的房地产调控阶段。

特别地,结合我国的具体国情,下文根据住房产权划分不同家庭,其中property2_dum12表示房改房家庭的虚拟变量,若是房改房家庭,则为1,否则为0;property2_dum13表示原有私房家庭的虚拟变量,若为原有私房家庭,则为1,否则为0;property2_dum21表示租赁公房家庭的虚拟变量,若为租赁公房家庭,则为1,否则为0;property2_dum22表示租赁私房家庭的虚拟变量,若为租赁私房家庭,则为1,否则为0。以商品房家庭为参照组,详细分析不同产权住房对居民生活幸福感影响的差异。回归结果如表6所示。

表6 不同产权类型的住房对居民幸福感的影响差异回归结果表

	模型5	边际效用				
	回归系数	非常幸福	幸福	一般	不幸福	非常不幸福
lnPHV	0.2275***	-0.0273***	-0.0231***	0.0402***	0.0086***	0.0015***
	(0.0615)	(0.0074)	(0.0063)	(0.0109)	(0.0024)	(0.0005)
lnHA	-0.2406***	0.0288***	0.0244***	-0.0425***	-0.0091***	-0.0016***
	(0.0471)	(0.0057)	(0.0049)	(0.0084)	(0.0019)	(0.0004)
pro2_dum12	0.2706***	-0.0302***	-0.0315***	0.0485***	0.0112***	0.0020**
	(0.0925)	(0.0096)	(0.0121)	(0.0167)	(0.0042)	(0.0008)
pro2_dum13	0.2556***	-0.0313***	-0.0246***	0.0448***	0.0094***	0.0017***
	(0.0839)	(0.0105)	(0.0077)	(0.0146)	(0.0031)	(0.0006)
pro2_dum21	-0.1010	0.0125	0.0094	-0.0177	-0.0037	-0.0007
	(0.2203)	(0.0283)	(0.0188)	(0.0381)	(0.0076)	(0.0014)
pro2_dum22	0.1645	-0.0186	-0.0187	0.0294	0.0067	0.0012
	(0.2285)	(0.0243)	(0.0287)	(0.0413)	(0.0100)	(0.0018)
LR chi2(16)	413.43***					
Pseudo R^2	0.0331					
观测值	5 358	5 358	5 358	5 358	5 358	5 358

注:括号内为标准误;***、**和*分别代表1%、5%和10%的显著性水平。

回归结果与表3中年龄、文化程度、婚姻状况、健康状况和家庭老年人口比重对居民的幸福感影响显著的结果相一致;在此,不多加赘述。

具体结合我国住房的实际情况,我们将有房家庭进一步细分为商品房家庭、房改房家庭以及原有私房家庭。同时,将租房家庭进一步细分为租赁公房和租赁私房家庭。回归结果表明:不同产权类型的住房对居民生活的幸福感影响有所差异。相对于商品房家庭而言,租赁公房对居民生活幸福感具有正效应,而租赁私房对居民生活幸福感的影响为负。但租房家庭对居民生活幸福感的影响均不显著。这也与我们的现实认知相符合。租赁公房者因得到国家相关住房补助,住房压力较轻,反之,租赁私房者的住房压力较大,因而两者对居民生活幸福感的影响有所不同。同时,租房者均不具有住房产权,因而其状况对居民生活幸福感的影响有限。反观有房家庭中,与商品房家庭相比,从没有房改房到拥有房改房,居民感到“非常幸福”和“幸福”的概率将分别下降3.02%和3.13%,而居民感到“一般”“不幸福”“非常不幸福”的概率分别提高0.485%、1.12%和0.20%;从没有原有私房到拥有原有私房,居民感到“非常幸福”和“幸福”的概率将分别下降3.13%和2.46%,感到“一般”“不幸福”和“非常不幸福”的概率将分别提高4.48%、0.94%和0.17%。究其原因,可能是房改房属于我国房地产行业市场化改革过渡阶段的相关政策,由单位或集体统一建房,按成本价出售给相应职工。因年代较久,住房面积和住房环境均达不到现在居民的住房需求。而对于原有私房家庭,其住房多由继承或赠与以及拆迁换房等获得,居住条件相对较差,购房欲望更强;自建或扩建房则大多属于小产权房①,居住环境多为农村等地区,基础设施相对不完善,因而两种产权类型的房产对居民的生活幸福感的影响不如商品房对居民生活幸福感的提升作用。

五、稳健性检验

上文实证结果发现住房状况对居民的生活幸福感具有显著影响,住房状况的不同方面对居民的生活幸福感的具体影响有所不同,这一结论是否是由于选用特定变量和特点估计方法所造成的?上文的实证结果是否具有区域效应?为检验结果的稳健性,本部分将考虑其他估计方式,并进行区域效应的相关分析。

(一)住房状况对居民幸福感影响的估计方法检验

对于模型中被解释变量为有序分类变量的情况,多采用有序 Probit 和有序 Logistic 回归。若在解释变量的条件下,被解释变量为 i 的概率函数是标准正态的累积分布函数,则该模型更符合 Probit 回归;若概率函数是“逻辑分布”(logistic distribution)的累积分布函数,则该模型更符合 Logistic 回归。上文中均采用的是有序 Logistic 回归,下文将进行有序 Probit 回归。同时,我们还利用居民对其住房的市值估计来替代住房面积,作为家庭住房状况的衡量指标,并进行有序 Probit 回归,以检验上述结果的稳健性。回归结果②如表7所示。

表7 稳健性检验:住房状况对居民幸福感的有序 Probit 回归结果表

解释变量	happiness			
	Logistic		Probit	
lnPHV	0.4037***	0.2274***	0.2222***	0.1270***
	(0.0676)	(0.0607)	(0.0389)	(0.0350)
lnHV	−0.1127***		−0.0615***	
	(0.0205)		(0.0117)	
RHV		−0.0507**		−0.0202*
		(0.0210)		(0.0108)
LR chi2(16)	402.88	378.70	397.95	373.65
Pseudo R^2	0.0323	0.0303	0.0319	0.0299
观测值	5 358	5 358	5 358	5 358

注:括号内为标准误;***、**和*分别代表1%、5%和10%的显著性水平,显著性是根据边际效用结果所得。

① 小产权房是指在农村集体土地上建设的房屋,未缴纳土地出让金等费用,其产权证不是由国家房管部门颁发,而是由乡政府或村政府颁发,亦称“乡产权房”。“小产权房”不是法律概念,是人们在社会实践中形成。

② 限于篇幅,下文中省略控制变量的回归结果。同时,上文中其他模型的有序 Probit 回归与有序 Logisitc 回归的结果相一致,并未列出,如有兴趣,可向作者索取。

表7中的结果与上文住房状况对居民的生活幸福感的影响相一致。住房市值对居民生活幸福感具有显著的正向影响，仍然证明居民的住房状况将影响生活幸福感，同时，由于住房市值变量的数据是采用调查中居民对其住房的现有市值估计值，其中包含了居民个人对住房相对状况的主观判断，因而这一结果，在一定程度上也能反映出相对住房状况对居民生活幸福感也具有正效应。另一方面，不同居民对住房市值的估计标准也并不完全相同，因而相对住房市值估计就失去了客观衡量居民相对住房状况的准确性，在此未将其纳入模型。由表7的回归结果可以说明，不仅客观物质条件，相对物质条件也会对居民的幸福感产生重要影响。此外，结合我国国情，不同产权的住房对居民生活幸福感的影响也有所不同。上文的研究结果具有稳健性。

（二）住房状况对居民幸福感的区域效应分析

刘米娜和杜俊荣（2013）认为住房状况对居民幸福感的影响，不仅包括个人层面上的住房状况对幸福感具有不同效应，还包括不同区域层面上的住房状况对幸福感的影响也有所不同。由于不同省份的区位因素和资源禀赋有所不同，根据2012年西南财经大学组织的中国家庭金融调查（CHFS）数据的计算结果可直观看出，我国25个省市的居民住房面积基尼系数①也存在较大差异，如图2所示。为进一步检验这一说法，下文分区域研究不同区域内住房状况对居民幸福感影响的差异。

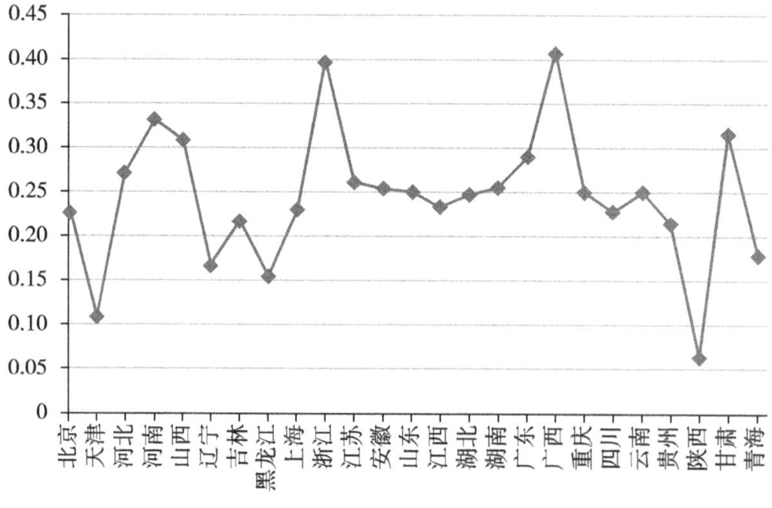

图2　2011年我国25个省市住房面积基尼系数

关于东、中、西不同区域住房对居民幸福感的影响差异，我们仍用各省的平均房价作为区域住房状况的代表，利用住房面积作为个人住房状况的衡量指标。由回归结果可以发现，相对于东部地区，中部和西部地区的住房对居民的生活幸福感提升的影响显著地更弱些。究其原因，可能是因为不同地区的经济发展水平和资源禀赋有所不同，因而该地区住房对居民生活幸福感的提升也有所差异。

---

①　对于非均等分组的住房基尼系数，可以采用张建华（2007）提出的收入基尼系数的近似替代计算方法，计算公式可简化为 $GINI=1-\frac{1}{N}(2\times\sum_{i=1}^{N-1}w_i+1)$，将全部的家庭户数分为 N 组，W_i 表示从第1组累计到第 i 组的家庭总住房面积占全部家庭总住房面积的百分比。

表 8 住房状况对居民幸福感的区域差异

解释变量	happiness	
	有序 Logit	有序 Probit
lnPHV	0.4857***	0.2631***
	(0.0822)	(0.0472)
lnHA	-0.2289***	-0.1256***
	(0.0441)	(0.0251)
west	0.3171***	0.1719***
	(0.0840)	(0.0480)
middle	0.3950***	0.2100***
	(0.0808)	(0.0462)
LR chi2(14)	423.91***	416.68***
Pseudo $R2$	0.0340	0.0334
观测值	5 358	5 358

注：(1)括号内为标准误；***、**和*分别代表 1%、5%和 10%的显著性水平。

(2)东部地区包括：北京、天津、河北、辽宁、上海、江苏、浙江、山东、广东；中部地区包括：山西、安徽、江西、河南、湖北、湖南；西部地区包括：吉林、黑龙江、广西、重庆、四川、贵州、云南、陕西、甘肃、青海。

如图 1 所示，各省市商品房平均销售价格位于前三位的北京、上海和广东，均位于东部地区。此外，东部地区平均各省的房价收入比也要明显高于中西部地区的平均水平，可以看出东部地区相比其他两个区域的房价较高，购房负担更大。对于中西部地区，相对于东部沿海发达地区的房价较低，购房负担相对较轻，但是整体看来，中西部地区的经济发展水平不如东部地区，基础设施建设也并不完善，因而东部地区的住房更能显著提高居民生活的幸福感。

六、结论与启示

本文运用 CHFS2012 的最新微观数据，结合我国住房体制改革实际，定量分析了住房状况对居民的生活幸福感的影响，特别地，讨论了相对住房状况对居民生活幸福感的影响；根据住房产权类型和住房所在区域的不同，分别讨论其对居民幸福感影响的差异，这将扩展现有文献中关于住房状况对居民的生活幸福感影响问题的研究内容。本文的主要研究结果如下：(1)住房状况对居民的生活幸福感产生影响。具体而言，住房面积、拥有的住房数量对居民的生活幸福感具有显著的正效应。(2)相对住房状况对居民的幸福感也具有显著影响。其中各省的平均住房市值以及相对住房面积，对其幸福感产生显著正效应。(3)住房产权不同，对居民幸福感的影响也存在差异。相对于商品房，原有私房和房改房对居民幸福感提升的作用更弱。租赁房屋对居民幸福感的影响不显著。(4)住房状况对居民的生活幸福感的影响存在区域差异，相比于东部地区住房，拥有中部或西部地区住房对居民生活幸福感的提升作用更弱。

为了更好地满足人们对住房状况改善的要求，促使我国在经济发展的过程中也能提高居民的生活幸福感，本文的研究结论给我们以下启示：

第一，相对住房状况对居民的生活幸福感具有显著影响，尤其是相对住房面积对居民的生活幸福感存在显著的正效应。历来我国都将住房问题视为解决民生问题的重要环节之一,“安居”方能“乐业”。近年来,随着我国住房市场化改革的推进以及人们对住房的刚性需求,在一段时间内,房价曾一路攀升,房价收入比也随之提高。一方面,不少刚刚步入工作的上班族早早成为“房奴”,“蜗居”在城市的一角,买房的束缚大大挤压了年轻人实现自己理想抱负的空间,降低人们的生活质量,从而也使人们的生活幸福感大大受挫。另一方面,鄂尔多思、三亚等多地曾惊现“鬼城”,此外,一人拥有十几套房产的新闻也屡屡曝光。住房状况的不平等降低了居民的相对住房状况,进而直接影响居民的生活幸福感。因此,我国在进行住房市场化改革的同时,也应当特别注重加强住房保障,有关政府部门还应扩大住房保障群体范围,给予相应居民住房补贴和保障;必要时采取宏观调控政策稳定房价,减轻居民的购房压力,同时,完善和健全房地产行业的管理和监督机制,对故意“囤房”炒作的行为征收高额房产税,对征收的房产税实现阶梯税率。

第二,对于不同住房产权家庭,住房状况对居民的生活幸福感的具体影响也有所不同。目前我国经济取得较快发展,整体上人们的生活质量也随之提高,但是仍有不少“无房者”的存在。因而我们建议:一方面,要进一步完善居民不动产登记制度,实行以家庭为单元,以常住地为基础的不动产登记,并在全国范围内实行信息共享,在法律层面有效保护个人合法私权,打击因官商勾结、贪腐而形成的“囤房”;另一方面,继续完善对中低收入人群的住房保障制度,提高对中低收入人群的住房补贴,有效整合公租房、廉租房政策,在小区规划中合理安排,规划布局,同步管理,着力加强住房保障政策落实过程中的管理与监督,此外,还应放开并完善二手房产交易市场,简化二手房交易手续。

第三,研究发现,住房状况对居民的生活幸福感的影响存在区域差异。由于我国不同区域的区位优势和资源禀赋有所不同,经济发展水平也存在较大差异。当前,仍有不少人为了追求更好的发展机会和工作待遇,纷纷涌入东部地区,尤其是各大一线城市。而东部地区人多地少,大量人口流入该地区不仅进一步抬高了东部地区房价,而且加大了该地区的治安管理难度。相对而言,我国中西部地区购房压力较小,居民的生活幸福感受到住房面积、房产数量等因素的影响更为显著。因而我们建议根据不同地区的具体情况,因地制宜地采取相应的治理政策,东部地区应尽量引导人才向中西部地区转移,以减轻其人口承载压力;中西部地区则应进一步提高当地的住房质量,促进经济发展,扩大其承载能力。

本文的研究结果与以往文献的研究结论较为一致,不足之处在于未进一步探讨住房差异的增大是否会进一步降低居民生活的幸福感,同时,研究中发现家庭人口结构、政治面貌对居民的生活幸福感也有显著影响,这将对未来居民生活幸福感影响因素的研究提供一定的研究方向。

参考文献

Appleton S, Song L. Life Satisfaction in Urban China: Components and Determinants[J]. World Development, 2008, 36(11): 2325-2340.

Colwell P. Risk Reduction through Homeownership, Illinois Real Estate Letter, 1992: 1-32.

Dreier P. Start Your Engines: The Housing Movementand the Motor Voter Law [J]. Shelterforce, 1994, 17: 10-11.

Easterlin R A, Morgan R. Switek M, Wang F. China's Life Satisfaction, 1990-2010[J/OL]. www.pnas.org/cgi/doi/10.1073/pnas.1205672109, 2012-02-17.

Easterlin R A. Will Raising the Incomes of All Increase the Happiness of All[J]. Journal of Economic Behavior & Organization, 1995(27): 35-47.

Elsinga M, Hoekstra J.Homeownership and Housing Satisfaction[J]. Journal of Housing and the Built Environment, 2005, 20(4): 401-424.

Frey B, Stutzer A. What Can Economists Learn from Happiness Research? [J]. Journal of Economic Literature,2002, (40): 402-435.

Green R K, White M J. Measuring the Benefits of Homeowning: Benefits to Children[J]. Journal of Urban Economics, 1997,41(3): 441-461.

Hu F. Homeownership and Subjective Wellbeing in Urban China: Does Owning a House Make You Happier? [J]. Social Indicators Research, 2013, 110(3): 951-971.

Moreno A. The Cost-Effectiveness of Mortgage Foreclosure Prevention [J]. Minneapolis: Family Housing Fund Report, 1995.

Nettleton S, Burrows R. When Capital Investment Becomes an Emotional Loss: The Health Consequences of Mortgage Possession in England[J]. Housing Studies, 2000. 15(4): 463-479.

Praag B M S V, Frijters P, Ferrer-I-Carbonell A. The Anatomy of Subjective Well-Being[J]. Journal of Economic Behavior & Organization, 2002, 51(2): 29-49.

敖翔.住房权对家庭消费、储蓄和主幸福感的影响:来自中国的证据[C].第五届珞珈国是论坛论文集,2011.

陈有真, 贾志永, 周庭锐. 城市居民幸福感的影响因素分析[J]. 城市发展研究, 2009, 6: 10010—10013.

高红莉, 张东, 许传新. 住房与城市居民主观幸福感实证研究[J]. 调研世界,2014,11: 18—24.

韩璨璨.城市中低收入居民的住房环境、住房满意度与主观幸福感的关系研究[C].湖南师范大学硕士学位论文,2011.

李涛, 史宇鹏, 陈斌开. 住房与幸福:幸福经济学视角下的中国城镇居民住房问题[J].经济研究, 2011,9: 69—82.

廖永梅.住房对主观幸福感的影响:一项基于上海市居民抽样调查的实证研究[D].复旦大学硕士学位论文,2011.

林江, 周少君, 魏万青. 城市房价、住房产权与主观幸福感[J]. 财贸经济, 2012,5: 114—120.

刘米娜, 杜俊荣. 住房不平等与中国城市居民的主观幸福感——立足于多层次线性模型的分析[J]. 经济经纬,2013,5: 117—121.

毛小平. 住房产权、社会和谐与居民幸福感研究[J].统计与决策,2013,3:88—91.

孙伟增, 郑思齐. 住房与幸福感: 从住房价值、产权类型和入市时间视角的分析[J]. 经济问题探索, 2013,3:1—9.

温晓亮,米健,朱立志.1990—2007 年中国居民主观幸福感的影响因素研究[J].财贸研究,2011,3: 9—18.

夏波.房屋产权、房价与城镇居民幸福感 ——基于 CGSS(2005)和 CEIC(2005)的实证分析[D].西南财经大学硕士学位论文,2014.

谢勇, 沈坤荣.住宅产权获取方式、住宅价值与城镇居民储蓄率[J]. 世界经济文汇, 2012,5:52—65.

邢占军. 基于六省会城市居民的主观幸福感研究[J].心理科学,2008,6:1484—1488.

张建华.一种简便易用的基尼系数计算方法[J].山西农业大学学报(社会科学版),2007,6(3): 275—283.

赵西亮, 梁文泉, 李实. 房价上涨能够解释中国城镇居民高储蓄率吗? ——基于 CHIP 微观数据的实证分析[J].经济学 (季刊),2013,4: 81—102.

赵忠, 侯振刚.我国城镇居民的健康需求与 Grossman 模型——来自截面数据的证据[J].经济研究, 2005,10:79—90.

晚清铁路开通的市场整合效应

张　鹏

（武汉大学经济与管理学院）

［摘要］本文研究晚清铁路开通对小麦市场的整合效应。只有区域之间的粮食价格差大于交易成本时，套利行为才会发生，进而不同地区之间的价格趋向收敛。交易成本使得存在价差但无套利机会的无贸易带出现。运用门限自回归模型发现，河南、湖北两地的交易成本，相比于铁路开通之前下降了28%，进行内生性检验后，结果仍然稳健。

［关键词］铁路开通，市场整合，交易成本

一、引　言

市场整合是指某一区域市场各组成部分相互联系与协调的紧密程度，尤指地理空间市场之间货物贸易的便捷程度，它是市场效率的度量。一般通过区域之间的价格差异大小，价格变动的协同性来度量市场整合。市场的性质以及它在价格发现中所扮演的角色是经济学家研究的重要问题。Sexton *et al.*(1991)认为，对于农业生产来说，不同地理空间的市场是紧密联系的。这是因为农产品的供给和消费区域通常是分离的。农产品的体积大以及易腐坏的特点决定了它具有较高的运输成本。市场的地理分割是衡量市场供给需求状况、价格发现以及市场竞争状况的重要标准。古诺和马歇尔是市场整合学说的奠基者，现有的研究大多是以他们为基石的。Buccola(1983)认为，如果同质产品的价格差恰好等于跨区域运输的成本，那么就认为市场是整合的。换言之，市场整合意味着一价定律的成立。市场整合的失败可能主要归结于以下原因：地区之间没有被套利行为所联系；地区之间套利行为的实现存在障碍；市场的竞争不够充分。

国外的许多研究表明，交通能够显著降低运输成本，缩小价格差异程度，促进市场整合。Metzer(1974)重点关注了1893—1905年沙俄铁路大规模建设时期的小麦价格数据。通过铁路途经城市的小麦价格差与时间序列的回归，发现它们显著负相关。Dobado and Marrero(2005)分析了墨西哥国内商品化程度较高的玉米市场的整合状况，发现铁路在玉米市场加速整合的过程中发挥了重要作用。Andrabi and Kuchluein(2010)发现，铁路对1861—1920年英属印度粮食价格的整合发挥了重要作用，铁路解释占当时整个价格离散程度下降约20%的比重。

借助中国晚清粮食价格进行市场整合的研究也并不罕见。Shiue and Keller(2007)为了探究市场整合程度与工业革命之间的关系，比较了18世纪中国江南地区与西欧的市场整合程度,发现英国要强于西欧其他国家和中国。颜色和刘丛(2011)首次进行较大范围的粮食整合程度研究,他们经过比较发现,中国南方的市场整合程度要远高于北方,南方发达的水陆交通运输是重要原因。赵留彦等(2011)研究了“裁厘改统”政策实施后对国内粮食市场的整合效应。采用自我激励门限控制模型估计跨地区贸易成本,发现裁厘改统之后上海和芜湖两地之间的贸易成本下降了约40%,有效提高了市场的整合程度。梁若冰(2015)在分析口岸、铁路对中国近代工业化的促进作用时,发现促进国内粮食市场整合是其实现的重要途径。颜色和徐萌(2015)利用晚清105府的小麦价格数据,用府间粮食价格差对铁路建设回归来定量化研究铁路建设的市场整合效应,发现铁路造成铁路连接的府的价格离散程度下降了3.8%,占当时整个价格离散程度下降的约40%,并且系统性地分析了铁路对传统商路的影响。

最初多采用相关分析及线性回归的方法来研究市场整合,陈春生(1993)利用1750—1769年广东省的米价数据进行相关系数分析,发现整体上府与府之间的相关系数在0.8以上,属于较强相关。不少研究者利用套利理论建立了回归模型,发现市场整合程度高的地区对歉收风险的分散能力较强,交通发挥了重要作用。然而静态的相关分析与回归分析的缺点逐渐暴露出来:无法排除其他因素的影响,设想存在两个区域市场,它们之间具有非常大的运输成本,两地之间的市场关联性并不高。但是它们的产品价格时间序列系统性地受到了另外一种重要产品价格的影响,抑或是它们受到了共同的气候冲击,这样两地之间仍会有很高的相关系数;另外一个重要缺陷是,粮价数据可能具有很强的序列相关性,具有趋势性的影响,是非平稳的,静态模型容易夸大市场整合程度。在这种背景下,协整分析法被越来越多的运用,Shiue and Keller(2007),颜色和刘丛(2011)均是采用建立协整误差修正模型这种方法。然而传统的相关分析及协整分析只能得出价格整合程度的相关信息,市场整合的实现还需要考虑贸易货物流动方向、交易成本等因素,于是Barrett and Li(2002)利用空间状态转换模型将以上因素考虑进去,赵留彦等(2011)运用了门阀误差修正模型重点考察交易成本。这属于目前市场整合研究的较好方法。

本文将沿用赵留彦等(2011)的研究思路,采用自我激励门限控制误差修正模型研究京汉铁路开通对汝宁府与汉阳府之间贸易成本的影响状况,进而分析它们对市场整合程度的影响。由于交易成本的存在,套利行为的实现受到影响。考虑到交易成本的存在,只有当两地之间的产品价格差超过了交易成本,套利行为才可能出现。但价格差大于交易成本的时候,套利行为发生,并使价格差趋向于收敛。因此,由于交易成本产生了无贸易带(no trade band),即价格差不足以使套利贸易出现的区域。传统分析方法忽略交易成本,始终以价格的差异大小来衡量市场整合程度,市场同步变动越一致,越能说明市场整合程度高。然而实际上,在无贸易带内,即使两地价格相关性很低,两地仍有可能存在较高的市场整合水平。门限误差修正模型(Threshold Autoregressive Model)由英籍华人汤家豪在1978年提出,Tong(1983)进一步发展。TAR模型是一种非线性模型,时间序列具有明显的状态转化特征,当通过临界值时,便由一个状态跳向另一个状态。

本文的主要结构是:第二部分重点介绍晚清铁路建设与粮食商品化状况,并具体分析京汉铁路沿线汝宁府、汉阳府的农业生产状况;第三部分建立了考虑交易成本的跨地区套利模型,它以TAR模型的形式表现出来;第四部分是汉阳府与汝宁府粮价数据的实证检验结果;第五部分是进一步的讨论;第六部分为结论。

二、背 景

（一）晚清铁路建设与粮食商品化程度的提高

1825年，英国修建了从斯托克顿至达林顿的铁路，这是世界上第一条蒸汽火车铁路。它的出现标志着近代铁路运输业的开端，使陆上交通迈入了以蒸汽机为动力的新纪元。铁路及火车一经发明，便以其迅速、便利、经济等优点，深受人们的重视，除了在英国全面展开铁路的铺设工程外，其他国家也开始相继兴建铁路。1840年，英国发动了鸦片战争。之后，西方侵略者强迫清政府签订了各种不平等条约，开辟通商口岸以便掠夺原料和倾销商品。从19世纪50年代末起，西方侵略者企图通过铁路运输延伸势力范围，加强对中国内地的控制。他们多次向清政府提出修筑铁路的要求，均被一一拒绝。清政府思想顽固保守，不肯接受先进技术，又担心政治上的动乱，认为铁路的修建会“失我险阻，害我田庐，妨碍我风水”，人民“势必群起攘臂相抗，众愤难当”。1876年，英国在华的怡和洋行采用欺骗手段修筑了从上海到吴淞镇长约15公里的铁路，在不满一年的时间内共运送旅客16万余人，但是随着中英双方签订“收买吴淞铁路条款”，铁路被清政府赎回并毁坏。在太平天国运动即将失败的时候，以镇压农民起义起家的封建官僚，联合一部分买办，发起了所谓的“洋务运动”，兴修铁路是洋务运动的一个组成部分，洋务派的主要首领李鸿章，在1874年趁着筹议海防的时机，提出铁路必应仿设的主张。其他洋务派人物沈葆桢、丁日昌、薛福成等也纷纷建议修筑铁路。1881年，为了将开平矿务局的煤运往北塘海口来满足北洋海军、轮船招商局和天津机器局的用煤需求，清政府修建了从唐山到胥各庄的铁路，以连接原有水道及新开挖运河，这是中国自己兴办的第一条铁路，称唐胥铁路。唐胥铁路于1887年展修到芦台，两段共长45公里，称唐芦铁路。同一年总理海军衙门奏请修筑津沽铁路，即把唐芦铁路向南展筑到大沽，再到天津；并拟向北筑到山海关。这是一个比过去规模大得多的筑路计划，在巩固海防的名义下，也获得了批准。到了1888年秋天，完成了芦台到塘沽和天津的一段，长86公里。至此，东起唐山，西至天津，全线130公里通车。唐津铁路于1889年由唐山向北展筑，1890年修筑24公里至古冶林西煤矿。后来经过断断续续的延长，修至山海关，称为“津榆铁路”，继改为“关内外铁路”。除此之外，甲午中日战争前，清政府还兴建了台湾铁路的基隆至新竹一段（约107公里）及大冶矿山铁路（约28公里）。

1895年，甲午战败后，铁路被大规模地修建出来，但控制权主要掌握在外国人手中。帝国主义侵略者首先利用战后清政府所处的财政和外交困境，胁迫其接受财政贷款，以便从中索取多项特权，特别是铁路权；然后通过它们设在中国的银行分支机构直接投资或者进行贷款，凭着攫取来的铁路权来建立各自的“势力范围”。清政府也逐渐认识到了修建铁路的重要性。甲午中日战争前已建成的天津至山海关的铁路，在战争期间已为军事运输做出了贡献，显示了其在国防上的重要作用。加之维新派的推动，光绪帝于1895年7月19日颁布上谕，宣称要“力行实政”。其中首先列出的就是“修铁路”。甲午战争后辛亥革命前建成的铁路包括名为中俄合办、实为沙俄政府直接经营的东省铁路和南满支路，德国强占的胶济铁路，法国承办的龙州铁路及直接经营的滇越铁路，比利时控制的芦汉铁路，俄法勾结控制的正太铁路，比利时经营的汴洛铁路，英国控制的沪宁铁路，美国华美合兴公司控制的粤汉铁路等。

虽然中国铁路与世界铁路发展状况相比较，确属落后行列，远远不能满足中国经济发展和社会进步的需要。但是建在中国土地上的铁路，毕竟是先进交通运输工具和新的社会生产门类，对国家社会经济产生了重大影响和冲击。铁路运输大大便利了货物流通，对当时中国市场的发展产生了巨大的影响。铁路运输促进了商品流通的扩大及农业生产商品化。如地方志所云："昌黎境内，北宁路横贯东西，商旅之往来，货物之转运，交通颇称便利。"①望都县境，"铁路斜贯，城距车站仅一、二里，南达汉口，北逼平津，商旅往来，无不称便"。② 铁路运输加强了农村与城市和港口的联系，农业和手工业产品的商品率提高。

（二）京汉铁路及汉阳府、汝宁府的小麦市场整合状况

京汉铁路地处中原，为南北交通要道，沿线人口稠密，物产丰富，特别是山西、直隶（今河北）大量的煤炭和河南的大宗农产品都要经由该路运输，路成通车以来，客货运业务十分发达，营业盈余，逐年增加。"自京汉铁路通车以后，河南各地之货物集中于汉口，当1904年汉口输出不过七百四十万两，至1910年，即增至千九百九万两"。③ 河南漯河等地所产的芝麻，经由铁路被大量运到汉口装船外运，销量逐年增加。铁路运输促进了农产品商品化程度的发展。辛亥革命前后，华北地区农产品商品化比率大致在30%左右。京汉铁路通车初期，根据当时日本驻汉口总领事水野幸吉观察，河南和湖北之间的商品流向主要为，"由河南则专输送麦、黄豆、芝麻、牛羊皮、药材、烟叶等于汉口，由汉口则输送海产物、石油、棉纱、支那纸、棉布类、其他杂货于河南"。④

清朝时，汉阳府辖有汉阳、汉川、孝感（县治在今湖北省孝感市孝南区）、黄陂（县治在今湖北省武汉市黄陂区）共4县；沔阳（州治在今湖北省仙桃市沔城回族镇）1散州；夏口（厅治在今湖北省武汉市汉口西）1散厅。清代辖境约当今湖北省长江以北，武汉市黄陂区以西，孝感、汉川二市以南，仙桃市以东地区。京汉铁路汉口玉带门地处汉阳府。

汝宁府，位于河南省南部，区域主要包括今河南驻马店大部分及信阳部分地区。元代至元三十年（1293）因断汝河上源之水经郾城入颍河，汝南水患大减，人民稍得安宁，改蔡州为汝宁府。清沿明制。府治汝阳（今河南省汝南县），隶属南汝光道（道治地信阳州），辖汝阳（今河南省汝南县）、正阳（今河南省正阳县）、上蔡（今河南省上蔡县）、新蔡（今河南省新蔡县）、遂平（今河南省遂平县）、西平（县治在今河南省西平县东）、确山（今河南省确山县）、罗山（今河南省罗山县）共8县；信阳（今河南省信阳市）1散州。1913年废。京汉铁路途径汝宁府，汝宁府是重要的粮食产区，且与湖北有着经常的粮食贸易。

三、跨区域套利模型

分析汝宁府与汉阳府之间的套利情况。Q_t 为第 t 期汝宁府市场上的小麦供给数量，汝宁府的市场价格 P_t 由以下函数决定：

---

① 《昌黎县志·风土志》，民国二十二年版。

② 《望都县志》，民国二十三年铅印本。

③ 章有义：《中国近代农业史资料》，三联书店，1957年，第480页。

④ 朱荫贵：《近代交通运输与晚清商业演变》，载章开沅、严昌洪主编《近代史学刊（第1辑）》，华中师范大学中国近代史研究所，2001年，第165页。

$$P_t = m - nQ_t + \mu_t$$

根据需求曲线的一般特征,我们假定参数 $n>0$,μ_t 是需求曲线在 t 期的外生随机冲击。我们重点研究基于套利行为的跨地区贸易。因此我们假设汝宁府与汉阳府具有相似的需求曲线,本地小麦的供给与消费处于一种相对稳定状态。跨地区贸易是影响小麦存量的主要因素,当汝宁府小麦流向汉阳府时,汝宁府小麦存量减少,汉阳府小麦存量增加;当汉阳府小麦流向汝宁府时,汝宁府小麦存量增加,汉阳府小麦存量减少。考虑套利行为发生的条件:当汉阳府的小麦价格高于汝宁府,并且价格差已经明显大于交易成本时,商贩便会抓住套利机会,将小麦由汝宁府运往汉阳府。这样汝宁府的小麦存量减少,当地的市场价格会提高,而汉阳府因为小麦输入存量增加,小麦价格下跌。当两地价差缩小至交易成本以内(价差小于交易成本)时,套利行为停止。反之亦然,当汝宁府的小麦价格高于汉阳府,并且价差大于交易成本时,商贩将粮食由汉阳府输入汝宁府,直到价差小于交易成本,失去套利机会为止。套利的交易成本是研究的关键。为了研究的方便,我们不妨假设粮食由汝宁府运往汉阳府与粮食由汉阳府运往汝宁府具有相同的交易成本。我们借鉴 Canjels *et al*.(2004)关于金属国际套利的成本函数,假定小麦跨区套利交易成本取决于小麦贸易量的大小。

$$\Delta Q_t = Q_t - Q_{t-1}$$

$$C = \frac{1}{2}a\ |\Delta Q_t|^2 + b|\Delta Q_t|$$

我们假设参数 $a,b>0$。不存在固定成本,边际成本 $\mathrm{MC} = a|\Delta Q_t| + b$,边际成本随着小麦贸易量的增加而增加,并以 a 的速度增加。交易成本主要包括运输费用、税收开支,以及运输过程中可能面临的风险损失。我们假设边际成本随贸易量的增加而增加主要是考虑到:首先,粮食的远距离运输面对着多重风险,例如沿途可能存在动乱,粮食保存不善容易遭受损失。设想某一地区向外输出粮食套利,如果跨区贸易的粮食占本地粮食存量的小部分,即使该部分输出粮食因为风险发生没有实现预期收益,造成的损失也不会太大,然而随着贸易量的增加,一定程度上会使风险积聚。再者,从投资选择的角度去分析,随着贸易量的增加,商贩势必付出更大的机会成本,粮食用于套利就无法实现其他盈利机会,越多的粮食参与跨区套利行为,意味着要放弃比之前相对更好的潜在盈利机会。最后,随着贸易量的加大,输出地采购收集成本也会增加。例如汝宁府输出小麦,如果需求量难以满足,就需要从西平甚至周家口等较远地区收购,显然成本会大大增加。

根据经济学利润最大化的相关原理(MR = MC),我们分析最优套利的实现条件。当小麦跨区运输的边际成本等于边际收益时,利润最大化。首先分析小麦由汉阳府运往汝宁府的情况 $P_t - P_t^* > \delta$,其中 $\delta>0$ 为门限值,即交易成本,我们发现:

$$\mathrm{MR} = P_t - P_t^*$$

$$\mathrm{MC} = a|\Delta Q_t| + b = a(\Delta Q_t) + b$$

$$\Delta Q_t = \frac{1}{a}[(P_t - P_t^*) - b]\ \ (P_t - P_t^* > \delta)$$

显然,跨区套利贸易的实现需要满足 $\delta > b$,此时 $\Delta Q_t > 0$,并且贸易量的最小值为$(\delta - b)/a$,即贸易量须有一个最小规模,并且不是连续的。当贸易量达到这个门槛后,具体大小还要受到边际成本增加速率 a 的影响。

我们再来分析小麦由汝宁府运往汉阳府的情况,很容易得到:

$$MR=P_t^*-P_t$$

$$MC=a\left|\Delta Q_t\right|+b=-a(\Delta Q_t)+b$$

$$\Delta Q_t=\frac{1}{a}[(P_t-P_t^*)+b]\quad(P_t-P_t^*<-\delta)$$

最后,当$-\delta\leqslant P_t-P_t^*\leqslant\delta$时,$\Delta Q_t=0$,此时尽管汝宁府与汉阳府之间存在价差但没有套利机会,跨区域小麦运输无从实现。

下面具体分析两地米价的调整机制,首先考虑($P_t-P_t^*>\delta$)的情况:

$$\Delta P_t=P_t-P_{t-1}=-n\Delta Q_t+\varepsilon_t(\varepsilon_t=\mu_t-\mu_{t-1})$$

$$\Delta P_t=-\theta[(P_t-P_t^*)-b]+\varepsilon_t(\theta=n/a)$$

将上式转化为下面的形式:

$$P_t=\frac{1}{1+\theta}P_{t-1}+\frac{\theta}{1+\theta}P_t^*+\frac{\theta}{1+\theta}b+\frac{1}{1+\theta}\varepsilon_t$$

两边同时减P_{t-1}得:

$$\Delta P_t=-\frac{\theta}{1+\theta}P_{t-1}+\frac{\theta}{1+\theta}P_t^*+\frac{\theta}{1+\theta}b+\frac{1}{1+\theta}\varepsilon_t$$

再令$\gamma=\theta/(1+\theta)$得:

$$\begin{aligned}\Delta P_t&=-\gamma(P_{t-1}-P_t^*)+\gamma b+(1-\gamma)\varepsilon_t\\&=-\gamma[(P_{t-1}-P_{t-1}^*+P_{t-1}^*-P_t^*)-b]+(1-\gamma)\varepsilon_t\\&=-\gamma[(P_{t-1}-P_{t-1}^*)-b]+\gamma\Delta P_t^*+(1-\gamma)\varepsilon_t\end{aligned}$$

通过上式可以发现,当上期汝宁府的小麦价格高于汉阳府价格时,如果汉阳府小麦价格维持不变,那么汝宁府的小麦价格将以$\gamma(0<\gamma<1)$的速度下降。当然很有可能在汝宁府小麦价格上涨的同时,汉阳府的小麦价格也有一定比例的下降。

类似地,当$P_t-P_t^*<-\delta$时,

$$\Delta P_t=-\theta[(P_t-P_t^*)+b]+\varepsilon_t$$

$$\begin{aligned}\Delta P_t&=-\gamma(P_{t-1}-P_t^*)-\gamma b+(1-\gamma)\varepsilon_t\\&=-\gamma[(P_{t-1}-P_{t-1}^*)+b]+\gamma\Delta P_t^*+(1-\gamma)\varepsilon_t\end{aligned}$$

最后,当$-\delta\leqslant P_t-P_t^*\leqslant\delta$时,

$$\Delta P_t=P_t-P_{t-1}=-n\Delta Q_t+\varepsilon_t=\varepsilon_t$$

我们将三种状态下的小麦价格调整过程纳入同一方程:

$$\Delta P_t=\begin{cases}-\gamma[(P_{t-1}-P_{t-1}^*)-b]+\gamma\Delta P_t^*+(1-\gamma)\varepsilon_t & P_t-P_t^*>\delta\\ \varepsilon_t & -\delta\leqslant P_t-P_t^*\leqslant\delta\\ -\gamma[(P_{t-1}-P_{t-1}^*)+b]+\gamma\Delta P_t^*+(1-\gamma)\varepsilon_t & P_t-P_t^*<-\delta\end{cases}$$

以上即为我们得出的门限误差修正模型,门限值δ与$-\delta$使模型分成了三个阶段,当汝宁府与汉阳府上期小麦价差落在无贸易带之外,本期在假定汉阳小麦价格不变的情况下,汝宁府小麦价格会以γ的速度向门限值收敛。

四、宁府与汉阳府的实证检验结果

(一) 数 据

我们研究的汝宁府与汉阳府的小麦价格数据来源于中国社会科学院经济研究所编纂的《清代道光至宣统年间粮价表》一书，清代乾隆帝非常重视农业发展，从那时起建立了完备的粮食价格奏报制度，因此晚清的粮食价格数据相对较为完备。我们选取1894—1910年为观测时间段，剔除掉数据缺失的部分月份后，收集到206个月份的汝宁府小麦价格数据，以及206个汉阳府小麦价格数据。小麦计价单位为两/仓石。

(二) 门限误差修正模型的参数估计

采用Chan(1993)的方法估计该模型，主要思路是先给定门限值δ，采用最小二乘法估计参数，最后采用格点搜索的方法确定使残差平方和最小的门限值。我们分别估算了全部样本的门限值，京汉铁路通车前的样本的门限值，京汉铁路通车后样本的门限值。京汉铁路自1898年开始建设，1906年全线通车。根据《中国铁路建筑编年简史(1881—1981)》，我们得到了铁路各段通车的相关时间信息：1902年12月，京汉铁路信阳至孝感段通车；1903年6月京汉铁路汉口玉带门至孝感通车。因此我们将1903年6月作为汝宁府与汉阳府之间铁路通车的时间。

表1括号中是标准误，SSR代表残差平方和。状态大是指样本观测值落在大于δ的范围内；状态中是指观测值落在$-\delta$与δ之间；状态小是指样本观测值处在小于$-\delta$的范围内。

表1 门限误差修正模型的参数估计结果

估计值	全部样本 (1894.01—1911.03)	铁路开通前 (1894.01—1903.05)	铁路开通后 (1903.06—1911.03)
δ	1.047	1.245	0.896
b	0.978(0.264)	1.067(0.259)	0.786(0.350)
γ	0.364(0.135)	0.485(0.148)	0.524(0.186)
R^2	0.208	0.226	0.307
SSR	62.878	54.796	48.226
大	48	27	21
中	115	70	45
小	43	29	14

通过估计可以发现，b的值与δ的值较为接近，说明b是影响门限值大小的最主要因素；b和γ的离散程度较低，估计相对精确。通过样本数据的分布我们可以发现约有1/2以上的数据处在价差小于交易成本的区域，套利无法实现，此时两地的价格呈现出较低的相关性，但事实上这两地市场仍存在相关性。数据进一步说明了我们采用门限误差修正模型考虑交易成本的必要性。当样本数据落在了门限值之外的区域，套利推动价格调整的速度很快，上期价差的30%—50%将会被缩减。

铁路开通前后，门限值的变化十分明显。从1.245缩减到了0.896，降低了约28%，所以铁路开通后,两地之间的交易成本有了显著的下降。这也与史料的相关描述较为符合,在京汉铁路开通前,河南东南部的粮食运输多以水路为主,经周家口以及附近港口转运粮食,信阳地区有山岭阻隔,陆路交通颇为不便。京汉铁路开通后,漯河取代周家口成为重要商品集散地,汝宁(今信阳附近地区)等沿铁路迅速发展。粮食运往汉口,之前水运需2—3天时间,京汉铁路将时间缩短至一天以内。汝宁地区交通运量极大,小麦是重要的跨区运输农产品,史料描述"舟车之所辐凑,商贾于此萃焉,视昔且倍蓰过之,固为一都会"。可见铁路极大改善了当地运输条件,促进贸易往来。

五、内生性控制问题

尽管我们已经发现在京汉铁路开通前后,交易成本有着较大的变化。但是我们需要有进一步的证据来表明,市场的价格整合是否由铁路开通造成。假设在19世纪末20世纪初的这段时期内中部地区的市场整合程度本身就在不断提升,即存在趋势性的因素,铁路由于往往建在农业商品市场相对发达的地区,铁路开通的影响很有可能被高估。我们主要采用交叉渐进样本的方法来做进一步判断。我们划分:第一个子样本1894.01—1898.12;第二个子样本1896.01—1900.12;第三个子样本1898.01—1902.12;第四个子样本1900.01—1904.12;第五个子样本1902.01—1906.12;第六个子样本1904.01—1908.12;第七个子样本1906.01—1911.03。门限值的估计结果如表2所示:

表2 交叉渐进子样本门限值估计结果

子样本	门限值
1894.01—1898.12	1.248
1896.01—1900.12	1.247
1898.01—1902.12	1.247
1900.01—1904.12	1.142
1902.01—1906.12	1.046
1904.01—1908.12	0.893
1906.01—1911.03	0.885

前三个子样本门限值较为稳定,它们均在京汉铁路开通之前,这说明它们的市场整合程度总体来说是稳定的,并且它们的估计值与之前我们所做的铁路开通前门限值的估计较为接近。对于第四、五样本来说,它们均包含了1903年铁路开通的年份,它们的阀值均呈现剧烈下降的态势,而且在三个样本中均是这样,这说明铁路确实发挥了突出作用。最后第六、七样本,门限值已降到较低水平,并相对接近之前对铁路开通后样本门限值的总体估计。采用这种交叉渐进样本的方法具有很强的优势,因为它细化时间段划分,判断是否存在趋势性的因素。尽管这样的分析仍是非常不全面的,但是能够在一定程度上说明京汉铁路对汝宁府与汉阳府价格及市场整合的解释占很大比重。

六、结 论

我们利用1894—1911年间河南汝宁府与湖北汉阳府的小麦价格数据研究1903年京汉铁路开通对两地市场整合程度的影响。采用最新的状态转换模型方法,区分不同阶段内套利行为的表现方式,克服传统线性回归与相关分析、协整分析的弊端。本文沿用了赵留彦等(2011)分析裁厘改统政策对芜湖、上海两地市场整合的研究框架,分析铁路开通的影响。根据数据估计门限误差修正模型的结果,1903 年 6 月京汉铁路开通后,汝宁府与汉阳府之间的交易成本下降了 28%左右。针对可能存在的内生性问题,我们采用交叉渐进样本的方法,发现之前得出的结论仍然稳健。

本文属于小样本数据的研究,仅仅分析了两个地区之间铁路对市场的整合效应,粗略估计了交易成本的大小,没有形成明确的分析框架。而且,在内生性的解决问题上,也显得不足。

参考文献

Andrabi T, Kuchlwein M. Railways and Price Convergence in British India[J]. The Journal of Economic History, 2010, 70(2): 351-377.

Barrett C B, Li J. Distinguishing between Equilibrium and Integration in Spatial Price Analysis[J]. American Journal of Agricultural Economics, 2002, 84(2): 292-307.

Buccola S T. Risk Preferences and Short-run Pricing Efficiency[J]. American Journal of Agricultural Economics, 1983, 65: 587-591.

Canjels E, Canjels G P, Taylor M. Measuring Market Integration: Foreign Exchange Arbitrage and the Gold Standard, 1879-1913[J]. Review of Economics and Statistics, 2014, 86: 868-882.

Chan K S. Consistency and Limiting Distribution of the Least Squares Estimator of a Threshold Autoregressive Model[J]. Annals of Statistics, 1993, 21: 520-533.

Dobado R, Marrero G A. Corn Market Integration in Porfirian Mexico[J]. The Journal of Economic History, 2005, 65(1): 103-128.

Metzer J. Railroad Development and Market Integration: The Case of Tsarist Russia [J]. Journal of Economic History, 1974, 34(3): 529-550.

Sexton R, Kling C, Carman H. Market Integration, Efficiency of Arbitrage, and Imperfect Competition: Methodology and Application to U. S. Celery Markets[J]. American Journal of Agricultural Economics, 1991, 68: 102-109.

Shiue C H, Keller W. Markets in China and Europe on the Eve of the Industrial Revolution[J]. The American Economic Review, 2007,97(4): 1189-1216.

Tong H. S. Threshold Models in Non-linear Time Series Analysis[J]. Lecture Notes in Statistics, 1983, 21, Springer-Verlag, New York.

陈春声. 清代中叶岭南区域市场的整合——米价动态的数理分析[J]. 中国经济史研究, 1993,2: 99—106.

梁若冰. 口岸、铁路与中国近代工业化[J]. 经济研究, 2015,4:178—191.

颜色, 刘丛. 18 世纪中国南北方市场整合程度的比较——利用清代粮价数据的研究[J]. 经济研究, 2011,12:124—137.

颜色, 徐萌. 晚清铁路建设与市场发展[J]. 经济学(季刊), 2015, 14(2):779—800.

赵留彦, 赵岩, 窦志强. "裁厘改统"对国内粮食市场整合的效应[J]. 经济研究, 2011,8:106—118.

乡土难离还是不得不尔
——农民工社会网络异质性对市民化的影响

金靖壹
（西北大学经济管理学院）

［摘要］市民化是我国今后城市化的重要方向。本文使用了 CHIPS(2008)的数据，运用实证方法，证实了社会网络会对农民工市民化产生影响，而且由于农民工社会网络的异质性，农民工的乡土网络会对农民工市民化产生束缚效应，农民工的城市网络会对农民工市民化产生排斥效应。在此基础上，我们发现进行创业的农民工受到两种效应的影响小于在城市中就业的农民工。

［关键词］农民工社会网络，束缚效应，排斥效应

一、引　言

农民工群体在改革开放以来的工业化和城镇化建设中发挥了至关重要的作用，为中国的经济增长做出了巨大贡献（王春超和荆琛，2012）。据国家统计局农村司的《2014 年全国农民工监测调查报告》显示，全国农民工总数达到 2.74 亿人，其中外出农民工达到 1.68 亿人。这样一个庞大的群体受到了社会的广泛关注。国家统计局发布 2014 年我国的城镇化达到 54.77%，但是全国居住地和户口登记地不在同一个乡镇街道且离开户口登记地半年以上的人口（即人户分离人口）达到 2.98 亿人，超过 41.8% 的城镇人口持有的是外地户籍，超过 23.6% 的城镇人口持有的是外地农业户籍，这部分人也就是本文开始提到的外来农民工，这种现象被称为“半城市化”（杨群，2012），因为这样一个流动性极强的群体的存在，导致“城市化”的水平和质量可能被高估。我国未来城市化的一个重点是如何让这部分外来农民工能够更好地融入到城市之中，在城市中安居乐业，有效实现市民化。

如何有效实现市民化呢？学者们普遍认为户籍改革是未来城镇化深化的必然措施（徐绍史，2014），希望从制度上消除户籍壁垒，并以此提高原农业户籍人口的经济社会地位，但是制度的影响是长期的，难以在短期消除。魏后凯（2013）、陆铭和陈钊（2009）等学者也提出了农民工带资入城或者财政补贴农民工的策略，但高昂的成本和复杂的制度设计在短期内难以实现。所以本文希望立足于制度之下，关注到社会网络这一非正式制度对农民工市民化的影响，因为农民工的社会网络是异质性的，由于生活环境的变更使得农民工这一群体拥有着两个完全不同的社会网络，即以乡村为主的旧的社会网络和以城市为主的新的社会网络，两种不同的社会网络对农民工市民化存在不同影响，这种异质的社

会网络是如何影响到农民工的市民化意愿？其中的作用机制是什么？怎样让他们对城市产生归属感,更好地融入城市生活并安居乐业？这是本文尝试解答的问题。

本文运用 CHIPS(2008)微观数据进行实证分析,探讨了外来农民工社会网络对农民工市民化的影响以及具体影响机制,详细关注了外来农民工在城市的社会网络的不足会深刻影响到农民工的市民化进程,本文从实证角度证明了这一点,并验证了具体的影响机制。本文分为六部分:第一部分为引言;第二部分为有关农民工市民化的文献综述;第三部分为数据和描述性统计;第四部分为研究假设;第五部分为计量模型;第六部分为结论。

二、文献综述

本文研究的主要是从农村来到城市,未拥有城市户籍的外来农民工群体的市民化问题,具体而言也就是外来的农民工为什么要离开城市,以及如何使得这一群体更好地融入到城市之中,做到真正的安居乐业。

农民工这一社会群体在今后很长的一段时间内,仍然还会是城市里的一个特殊群体,他们的文化理念、行为特点和生活方式,和城市居民存在巨大的差异,按照布劳所提出的社会分化形式理论,解决我国农民工问题的重点不只是简单地消除两个不同群体之间的巨大差异,更多的是去逐步消除两个存在差异的群体在社会地位、经济地位、生活方式、文化特征、社会福利等方面存在的巨大差异,进而有效实现市民化。

有关外来农民工市民化的阻碍问题,以往的研究主要从户籍制度、社会冲突、社会资本、人力资本四个方面进行探讨。

第一,程亮和郭剑雄(2005)认为,户籍制度以及一系列伴随户籍制度而出现的相关制度,在众多影响农民工市民化的原因中,扮演着至关重要的作用。无论是在医疗、教育,还是在就业、住房方面,户籍制度以及其衍生制度成为阻碍农民工改善和提高自我生活的巨大障碍。王春光(2006)认为,农民工这一身份是由户籍制度带来的“制度身份”,换句话说,正是因为户籍制度和一系列衍生制度使得农民工难以真正融入到城市之中,是市民化的最大阻碍。

第二,城市居民和农民工的冲突以及摩擦,成为农民工市民化的一大拦路石,蔡昉等(2005)认为城市居民和外来居民存在利益冲突,城市居民为了维护自己的利益,防止外来人口对自己利益进行侵占,会制定一系列歧视农民工的政策;王桂新等(2008)认为,农民工的市民化问题不是简单的农民工融入城市之中,更包含城市居民和农民工双方的互动,农民工作为“融入方”与作为“受纳方”的城市居民存在种种冲突和融合,农民工的市民化在很大程度上取决于城市居民的态度和行为所构成的社会环境。

第三,社会资本的多少严重影响农民工是否能够成功市民化,刘林平(2001)通过案例研究发现,平江农民工到深圳,社会资本是其市民化的最重要条件,人们通常认为最重要的人力资本和金融资本则次于社会资本,因此,社会资本是农民工市民化成功与否的重要条件;曹子玮(2003)认为,外来农民工在城市中构建的社会网络越发达,能够从中获取的社会资源越多,也就越能够在城市中立足,成功实现市民化。

第四,人力资本欠缺阻碍农民工市民化,张杨衍(2007)认为,受教育程度、职业培训经历和工作持续时间等个人人力资本情况对农民工市民化产生巨大影响;刘林平和张春泥(2007)认为,人力资本不仅影响农民工的职业以及收入状况,还影响农民工的价值观和生活理念；张新岭（2007）认为，从根本上说，农民工面临加班时间长、收入较低、缺乏社会保障、职业选择受限、就业选择缺乏等问题，这是农民工文化程度总体低下且缺乏正常的劳动职业技能的表现；胡平（2005）认为，农民工市民化的阻碍来自社会制度阻碍和人力资本欠缺。

以往的文献从不同方面探讨了阻碍市民化的因素，给予了我们极大的启示和帮助。但是以往的研究多基于案例分析，或者是只关注某一区域的具体情况，较少关注到社会网络对农民工市民化的影响，虽然有少数文献关注到了社会网络对农民工移民决策的影响，Zhang and li（2003）指出了农民工的社会网络有助于农民工在就业市场中发现就业机会，得到非农工作的机会，对年轻农民工而言，这一作用尤为明显；Zhao（2003）研究了农民工之间会通过分享信息而提高移民的概率；Chen *et al.*（2008）研究发现村民之间会通过"同群效应"提高移民的概率，而且同群效应取决于家庭之间往来的密切程度。这些文献从社会网络的角度出发研究了农民工的移民决策，都认为社会网络会有效提高农民工的定居决策，但并没有进行深入探讨，难以清晰地认识到具体的作用机制和原理，而且并没有认识到农民工社会网络的异质性，仅是从宽泛的社会网络来进行分析和研究，可能忽略了很多细节。

本文在前人研究的基础上，选取了 CHIPS（2008）的数据，对社会网络之于农民工市民化的具体机制进行了分析，在验证社会网络会对外来农民工市民化产生影响的前提下，提出了区别于前人的观点。本文认为社会网络对农民工市民化的影响是存在差异性的，农民工自身的社会网络是复杂的，应该划分为立足农村老家的旧的社会网络以及寄托于城市的新的社会网络，如果简单地把两个社会网络混淆起来研究农民工社会网络的作用，那么就很难对社会网络的作用机制和影响渠道进行有效的检验和区分。本文基于研究假设，将农民工的社会网络划分为两部分，探究了两种社会网络对农民工市民化的不同影响，并对其具体作用机制和影响渠道进行了划分。

三、数据和变量

（一）数据来源

本文的实证研究基于 CHIPS（2008）（中国家庭收入调查项目 China Household Income Project Surveys，CHIP，调查时间为 2008 年，反映的是 2007 年的信息）的数据。CHIP 调查包含三类子样本：农村住户样本、农村-城镇流动人口样本、城镇住户样本，覆盖了全国各区域具有代表性特质的 9 个省份。基于研究的需要，本文使用的是农村-城镇流动样本。

农村-城镇流动人口样本来自课题组自行设计的抽样框，涉及了出现在城镇和农村调查中的 9 个省份 15 个城市，包括上海（大都市地区）；广东的广州、深圳和东莞（东部地区）；江苏的南京和无锡（东部地区）；浙江的杭州和宁波（东部地区）；湖北的武汉（中部地区）；安徽的合肥和蚌埠（中部地区）；河南的郑州和洛阳（中部地区）；重庆（西部地区）；四川的成都（西部地区）。这些地区作为我国各地区的区域中心，大部分流动人口都集中在上述城市，能够有效反映外来农民工的流动趋势。本文使用调查问卷中户主的信息，使用户主信息的合理性在于户主是一个家庭的决策者。之后把家庭信息作为变量匹配到户主的信息中，共得到有效数据 3 777 组。

（二）变量释义

1. 核心解释变量：社会网络

本文使用了外来农民工家庭在城市中拥有的亲友数和亲友之间礼尚往来的金额作为代理变量，选择这两个指标来代理外来农民工在城市中的社会网络，社会网络一般被视为社会资本的一个视角，经济学界接受的定义来自 Putnam *et al.*(1993)，“社会资本是能够通过协调的行动来提高经济效率的社会网络、信任和社会规范。”本文对外来农民工家庭这一层次的社会网络的度量首先借鉴了 Knight and Yueh(2002)的研究，使用了家庭所拥有的亲友的数量来度量家庭的社会网络，CHIPS(2008)流动人口样本中涉及这类问题，“最近一个春节期间，你通过各种方式相互问候过的在城市生活的人的数量”“在这些人中，您的亲戚大约有几人”“朋友/熟人大约有几人”“这些人中，其中有城市户口的有几人”“请您回忆一下在最近十二个月内给你帮过忙的人(比如借钱、找工作、帮忙照顾孩子，或者说碰到问题找人谈心，让人出主意等)大概有几人”；其次，我们借鉴了章元和陆铭(2009)研究社会网络对农民工工资水平提升的方法，用“年内赠送亲友的礼金占总支出的多少”作为农民工社会网络的度量。Krishna(2000)认为：社会资本是“能够产生收益流的一系列不同的社会资产”，人们可以通过“有目的的行为”增加其流量甚至于存量，社会资本的重要性最好被理解为历史、文化、传统及一个社会独有的“社会经济状况综合作用的函数”，它包含了对关系的一种个人投资，在劳动力市场中能带来正的经济收益和非经济收益。从这个视角分析，家庭对外礼尚往来金额的大小可以看作是农民工对其社会网络的维护和投入，而且中国文化讲究“礼尚往来”，把“礼尚往来”作为一个普遍的维护社会网络的手段，在婚丧嫁娶中甚至是生育子女、建造房屋、子女上学等家庭重大事件中，亲朋好友往往会给予财物上的支持，我们可以预估到拥有广阔社会网络的家庭在礼尚往来涉及的金额会更大，所以可以以此来衡量农民工社会网络的大小，本文用其作为农民工社会网络的第二个代理变量。

2. 被解释变量：市民化意愿

本文使用了“如果城里政策允许，您会在城里待多久”这一问题来作为农民工市民化意愿的代理变量，使用这一问题作为代理变量的合理性在于，由于很多户籍政策和户籍制度带来的一系列衍生制度无疑增大了农民工融入城市的难度和限制，很多农民工会因为政策限制而无法体现出自己的市民化意愿，而“如果城里政策允许，您会在城里待多久”这一问题则剔除了政策的影响，能够反映出农民工内心真实的想法，也就是农民工自身的市民化意愿。

3. 控制变量

(1) 个人特征：主要包括年龄、年龄的平方、教育年限、是否为女性、收入、是否为少数民族、是否已婚、从事非农工作的时间。

(2) 家庭特征：主要包括家庭月收入、家庭月支出、家庭月房租、家庭人均房屋面积、家庭子女数、父母身体健康状况、家庭人均耕地。

(3) 所在村特征：主要包括所在村离县城距离、是否属于山区、村庄外出打工率。

（三）描述性统计

各变量描述性统计见表 1。

表 1　各变量描述性统计

	变量	变量释义	均值	标准差	最大值	最小值
核心解释变量：社会网络	giftshare	礼尚往来的金额占家庭支出的比重	0.013	0.055	0.868	0
	friends 1	亲友数	30	34	300	0
	friends 2	城市户口朋友数	4.233	9.059	110	0
	friends 3	非城市户口朋友数	25.866	30.563	300	0
	household	主要朋友的户籍	0.148	0.355	1	0
被解释变量：市民化意愿	settle	如果政策允许，是否愿意一直在城市待下去	0.177	0.382	1	0
控制变量：个人特征	age	年龄	31.534	9.635	71	20
	education	教育年限	9.162	2.600	16	0
	female	是否为女性	0.289	0.453	1	0
	income	收入	1 653.365	1 035.048	13 000	0
	minority	是否为少数民族	0.019	0.138	1	0
	married	是否已婚	0.600	0.489	1	0
	year	从事非农工作的时间	8.398	6.363	45	0
控制变量：家庭特征	house income	家庭月收入	2 209.139	1 490.308	15 000	0
	house cost	家庭月支出	912.167	702.251	10 000	0
	rent	家庭月房租	270.404	428.284	6 500	0
	space	家庭人均房屋面积	11.310	10.693	162.5	0
	children	家庭子女数	0.833	0.884	6	0
	parents health	父母身体健康状况	3.125	1.561	5	0
	plough	家庭人均耕地	1.848	2.291	30	0
控制变量：所在村特征	distance 1	离县城距离	28.208	41.273	500	0
	mountain	是否属于山区	0.218	0.413	1	0
	migrant rate	村庄外出打工率	57.068	21.124	100	0

四、研究假设

博格（D.J.Bogue）提出过著名的“推力—拉力”理论，在人口迁出地起主导作用的是一种“推力”（如农村收入低、农村缺乏发展机会、农村设施条件落后等），在转入地起主导作用的是一种“拉力”（如城市收入高、外出见世面等）。但是是否人口迁出地只存在推力，转入地只存在拉力？我们对此存在质疑。

我国的农民工流动是一种特殊的移民现象，正如费孝通在《乡土中国》等一系列作品中所说的一样，农民来自土地，自然拥有自身独特的乡土文化。农民工在农村成长，自小受到乡土文化的影响，其社会网络主要是建立在以血缘关系、亲缘关系、地缘关系为基础上的乡村之中，而后因为经济发展以及种种原因，农民工进入到城市之中，寻找工作以及进行创业，在这一过程中，很多农民工的乡土社会网络为其在就业和创业过程中提供了巨大的帮助,如介绍工作、工作信息分享、创业初期资金的借贷,但是获得工作和进行创业只是农民工融入城市的第一步,由于户籍制度的存在以及城市居民对外来人口的排斥和不信任,导致农民工在短期内难以建立新的社会网络。乡土的社会网络则会产生一种拉回作用,农民工可以从原有的社会网络中得到各种非正式制度的支持,城市的社会网络则因为居民对农民工的排斥和冷漠会对农民工产生一种推力,这"一推"和"一拉"不同于经典的"推力—拉力"模型,拉力来自乡土社会网络,推力则来自城市社会网络,在这推拉之间,农民工社会网络的异质性使得社会网络对农民工市民化的影响存在差异。而不是既有文献所描述的那样,农民工社会网络越多越有利于农民工做出定居城市的决策。

如图1所示,农民工是由农民向市民转化的一个过渡性群体,他们往来于农村和城市之间,在由农民向农民工转化的过程中,源自农村的农民工的乡土社会网络起到了巨大的作用,无论是在分享就业信息、推荐就业机会、创业初期资金的支持还是情感上的交流,都积极推动了农民工由第一产业转移到第二、三产业,当然从农村进入到城市并不意味着农民工市民化的实现,由于城市本地居民对外来人口的排斥和不信任,间接相当于在农民工向市民转化过程中增加了一层壁垒,只有少量的农民工能够突破这种壁垒,成为市民,而大部分农民工一方面由于无法建立有效的城市社会网络,另一方面则因为原有的乡土社会网络的束缚和拉回作用,使得一旦农村收入提高,或者由于城市经济的恶化导致的城市就业机会的减少,会使得这部分农民工返回农村,从2003年后频繁出现的"返乡潮"和"民工荒"也印证了这一点。

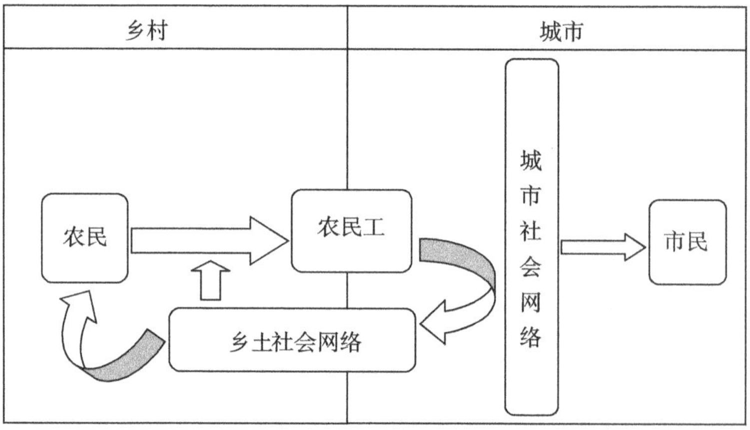

图1 社会网络异质性对农民工市民化影响示意图

基于这一逻辑,我们建立了两个假设:首先,我们认为旧有的乡土社会网络会对农民工产生拉回作用,我们称之为束缚效应,因为农民工需要摆脱旧的社会网络建立新的社会网络才能实现市民化;其次,新的城市社会网络对农民工的市民化会起到排斥和阻碍作用,我们称之为排斥效应。

五、计量模型

我们为了研究需要,建立相应假设,按照已有研究,我们建立如下模型:

$$settle_i = \alpha_0 + \alpha_1 giftshare_i + X_i'\beta + \varepsilon_i \tag{1}$$

在模型(1)中,settle代表农民工的市民化意愿(1,愿意定居城市;0,不愿意定居城市);giftshare 表示家庭对社会网络的投资,X 表示一系列的控制变量。按照既有的研究:农民工对社会网络的维护和投资占总支出的比重越大代表着农民工社会网络越大,农民工社会网络越大越有利于农民工市民化,因此我们认为对社会网络投资越多的农民工越愿意定居城市,我们预计 α_1 为正值。

表 1 是我们使用 OLS 进行逐步回归得到的回归结果,出乎我们意料的是,原本预计农民工家庭对社会网络的支出与其是否选择在城市定居为正相关,但是在表 1 第(1)列中,农民工礼尚往来支出占家庭总支出的比例的系数为-0.407,在第(2)列、第(3)列、第(4)列逐步加入个人特征、家庭特征、所在村特征一系列控制变量后,系数大小虽然有所下降,但都为负值,显著性也没有发生变化。其他一系列控制变量的系数符合我们的预期,个人收入、教育年限、婚否、外出年限、人均住房面积、所在村到县城距离、村庄外出打工率的系数都显著为正,年龄、是否为少数民族、家庭收入、房租、父母健康状况则不显著。

表 1 社会网络与农民工定居意愿的初步分析

变量	settle			
	(1)	(2)	(3)	(4)
giftshare	-0.407***	-0.304***	-0.302***	-0.293***
	(-2.82)	(-2.63)	(-2.59)	(-2.57)
age		-0.001	-0.001	-0.001
		(-0.54)	(-0.78)	(-0.37)
education		0.069**	0.006*	0.005*
		(2.05)	(1.83)	(1.72)
female		0.035*	0.029	0.03*
		(1.94)	(1.60)	(1.84)
income		0.214***	0.189***	0.091***
		(5.45)	(3.14)	(2.99)
minority		-0.031	-0.035	-0.048
		(-0.53)	(-0.61)	(-0.83)
married		0.134***	0.086***	0.086***
		(6.00)	(3.32)	(3.32)
year		0.032***	0.027**	0.003**
		(2.59)	(2.57)	(2.46)
house cost			-0.012***	-0.001***
			(3.63)	(3.59)
house income			0.004	0.001
			(1.22)	(1.04)
rent			0.001	0.001
			(0.318)	(1.02)
space			0.001**	0.001*
			(2.13)	(2.00)
children			0.041***	0.040**
			(2.56)	(2.40)
parents health			-0.005	-0.005
			(-0.98)	(-0.97)

（续表）

变量	settle			
	(1)	(2)	(3)	(4)
plough			0.005	0.005
			(1.59)	(1.52)
distance 1				0.001*
				(1.72)
mountain				0.011
				(0.59)
migrant rate				0.052***
				(4.75)
N	3 777	3 777	3 777	3 777
R^2	0.002	0.036	0.045	0.051

注：***、**、*分别表示1%、5%、10%的显著水平。

因为表1回归结果与我们的最初设想是相反的，我们猜测是否是因为农民工的社会网络支出主要是用于乡土社会网络的维护，为了验证这一猜想，我们使用农民工社会网络的其他代理变量与农民工对社会网络支出占总支出的比重进行回归，我们使用亲友数作为农民工社会网络的代理变量，使用城市户籍的朋友数作为农民工城市社会网络的代理变量，使用农村户籍的朋友数作为乡土社会网络的代理变量，使用主要朋友的户籍是否是城市户籍来作为农民工城市社会网络的代理变量，之后分别与农民工社会网络支出做回归。

在表2中我们可以发现，亲友数与社会网络支出呈显著正相关，城市户籍的朋友数与社会网络支出之间则不显著，农村户籍的朋友数与社会网络支出则呈显著正相关，主要朋友的户籍是否是城市户籍与农民工社会网络支出呈显著负相关。表2的回归结果印证了我们之前的猜想，即农民工社会网络支出主要是用于乡土社会网络之上，而不是用于城市社会网络，这也初步印证了我们最初的假设：农民工出于自身理性的选择，会愿意更多地把社会网络支出用于乡土社会网络之上，同时也体现了城市社会网络对农民工的排斥，即乡土社会网络对农民工市民化存在束缚效应，而城市社会网络对农民工市民化则存在排斥效应。

表2 对农民工社会网络支出的分析

变量	giftshare			
	(1)	(2)	(3)	(4)
亲友数	0.05***			
	(4.32)			
城市户籍的朋友数		0.08		
		(1.42)		
农村户籍的朋友数			0.12***	
			(2.54)	
主要朋友户籍				0.21
				(1.47)

（续表）

变量	giftshare			
	(1)	(2)	(3)	(4)
个人特征	Yes	Yes	Yes	Yes
家庭特征	Yes	Yes	Yes	Yes
所在村特征	Yes	Yes	Yes	Yes
N	3 777	3 777	3 777	3 777
R^2	0.042	0.038	0.214	0.253

注：***、**、*分别表示1%、5%、10%的显著水平。

有人会质疑农民工主要支出在乡土社会网络可能不只是因为城市社会网络对农民工的排斥作用，也可能存在农民工自身不愿意留在城市，因而较少地把社会网络支出用于城市社会网络，存在反向因果关系。但是既有文献研究，如钱正武（2005）认为，农民工与城市市民的交往只限于业缘关系，在心理上存在"社群隔离"现象，各种制度和体制导致城市居民对农民工的歧视，使农民工无法平等地与城市居民进行互动和交流，从而使农民工被排斥在城市主流生活之外。汪汇等（2009）的研究发现了户籍本地居民对外来人员缺乏信任和存在歧视。罗明忠和卢颖霞（2014）的研究证明了是因为农民工无论是生活上还是就业上面临着诸多困难，才使得外来农民工缺乏对城市的认同感和归属感。以往的许多研究都证实了本地居民的排斥是农民工无法做出市民化的重要原因。从理论上为我们解决了反向因果关系的疑虑。

在这之后，因为使用农民工城市户籍朋友的数量作为农民工城市社会网络的代理变量，使用农民工非城市朋友的数量作为农民工乡土社会网络，此外根据农民工的工作性质把农民工划分为从事工作和从事创业（自主经营）两个群体，来进一步探讨农民工社会网络异质性带来的束缚效应和排斥效应对于不同农民工群体的影响是否存在差异。

为了研究需要，我们采用了二值选择模型（Probit），假设农民工市民化的模型为：

$$\text{settle}_i=\beta_0+\beta_1\text{friends1}_i+\beta_2\text{friends2}_i+\varepsilon_i \qquad (2)$$

（2）式中，settle代表市民化意愿，friends 1代表农民工城市户籍朋友数（城市社会网络），friends 2代表农民工非城市户籍数朋友数（乡土社会网络）。在此方程中，添加两个虚拟变量，entre为农民工是否创业（创业为1，不创业为0）、employ为农民工是否就业（就业为1，不就业为0），由此引入四个交互项对样本进行分类，得到农民工就业和创业样本。表3是分样本估计的结果。

如表3所示，在估计结果中，第（1）列为创业样本，第（2）列为就业样本，第（3）列为全样本。不难看出，friends 1在三个样本中都与定居呈显著正相关，但是数值相对较小，反映出农民工城市社会网络对农民工市民化意愿的帮助相对较小，体现了城市社会网络对农民工定居的排斥效应，相对就业而言，对创业农民工的排斥效应相对较少，因为在城市创业需要面向城市居民，好的城市社会网络可以促进农民工更好地经营。friends 2在三个样本中均为显著负相关，能够有效反映出乡土社会网络对农民工市民化的束缚效应，相对就业而言，创业受乡土社会束缚效应较小，一方面是因为创业需要大量的前期投资，返乡的沉没成本太高，另一方面则是就业更容易遭到城市居民的歧视待遇，容易失业，返乡几率因此较大。

表 3 农民工市民化分样本估计结果

变量	settle		
	(1)	(2)	(3)
friends 1			0.032**
			(1.98)
friends 2			-0.127***
			(2.64)
friends 1×entre	0.056***		
	(2.59)		
friends 2×entre	-0.087***		
	(4.27)		
friends 1×employ		0.014**	
		(2.01)	
friends 2×employ		-0.143***	
		(2.78)	
个人特征	Yes	Yes	Yes
家庭特征	Yes	Yes	Yes
所在村特征	Yes	Yes	Yes
N	3 777	3 777	3 777
R^2	0.430	0.541	0.562

六、结论与政策建议

我国在城镇化水平达到一定程度的今天，所需要的不仅是继续提高城市化的速度，更需要的是既有成果的巩固，以及对城市化发展过程中存在的问题进行反思。我们不难发现，城市化高达 54.77%的背后是户籍人口只占到 31.6%，在户籍制度带来城乡分割的背景下，城市化的未来方向应该向市民化转变，把农民工"留在城市"。

既有的研究认为，提高市民化的主要措施是改革户籍制度，但是户籍制度和其背后的衍生制度在短期内是难以改变的。本文认为在户籍制度下，非正式制度，特别是社会网络会对农民工的市民化产生深刻影响，本文运用 CHIPS(2008)数据，通过实证方法发现了农民工社会网络的异质性会对农民工市民化产生影响，农民工的乡土社会网络会对农民工市民化产生束缚作用，而农民工的城市社会网络会对农民工市民化产生排斥作用，而且对于不同的农民工群体效用大小不一样，相比进行就业的农民工而言，进行创业的农民工的束缚效应和排斥效应相对较小，市民化动力更充分。

想要提高市民化，必须要从改变本地居民对外来居民的态度开始，这样才能消解农民工市民化的障碍。对此，作为城市社区的居民，应该持有一种包容和开放的心态，以一种友善和接纳的态度对待外来人员，这样才能有利于城市经济的持续发展；社区各部门应积极推进社区外来人员融入社区、构建良好的社区氛围、采取一些便捷外来人员的措施；随着城镇化的推进、相关社会保障措施的实施，城市的包容度将会获得巨大的提高。因为社会网络异质性对农民工市民化的阻碍相对较小，伴随着相关户籍制度的改革和相关鼓励创业的政策的实施，鼓励了更多农民工在城市中进行创业，农民工在城市中的不公平境遇将会得到较大改进,农民工市民化能够得到有效解决。目前我国的经济增长趋于下行,相对于以往经济高速增长的态势而言,很多农民工面临着就业愈发艰难的处境,尤其是房地产业不景气对建筑工人的冲击,会导致很多农民工因此而返乡,从而导致市民化的进程放缓,此外由于很多农村土地流转的广泛开展导致了很多农民工已经把土地流转出去,而就业机会的丧失使得其失去很多收入。在这样的背景下,鼓励农民工创业成为推动市民化巩固城市化的必然举措,这也是本文的最终落脚点和归宿。希望通过相关国家政策,如金融、行政等政策的广泛推广和实施,使得农民工能够通过创业,有效实现市民化。

参考文献

Bogue D J. Internal Migration. The Study of Population: An Inventory Appraisal. 1959

Chen Z, Jiang S, Lu M, Sato H. How do Heterogeneous Social Interactions Affect the Peer Effect in Rural-Urban Migration: Empirical Evidence from China, LICOS Discussion Paper Series 227/2008, Katholickc Universiteit Leuven.

Knight J, Yueh L. The Role of Social Capital in the Labor Market in China[J]. Oxford University, Department of Economics Discussion Paper.

Krishna A. Creating and Harnessing Social Capital, in Dasgupta P, Scrageldin I. (eds.) Social Capital: Mlutifaceted Perspective, Washington DC: The World Bank, 2000.

Putnam R, Leonardi R, Nanetti R. Making Democracy Working: Civic Tradition and Modern Italy[M]. Princeton:Princeton University Press, 1993.

Zhang X, Li G. Does Guanxi Matter to Nonfarm Employment? [J]. Journal of Comparative Economics, 2003, 31(2): 315-331.

Zhao Y. The Role of Migrant Networks in Labor Migration: The Case ofChina[J]. Contemporary Economic Policy, 2003, 21(4): 500-511.

〔美〕彼特·布劳. 不平等与异质性[M],王春光,谢圣赞译.中国社会科学出版社,1991.

蔡昉,都阳,工美艳. 中国城市限制外地民工就业的政治经济学分析[M]//张曙光.中国制度变迁的案例研究,中国财政经济出版社,2005:134.

曹子玮. 农民工的再建构社会网与网内资源流向[J].社会学研究,2003,3:29.

程亮,郭剑雄. 农民工的市民化问题探微[J].中北大学学报(社会科学版),2005,1:34.

胡平. 简析城市农民工市民化的障碍及实现途径[J].农村经济,2005,5:81.

刘林平,张春泥. 农民工工资:人力资本、社会资本、企业制度还是社会环境[J].社会学研究,2007,6:32.

刘林平. 外来人群体中的关系运用——以深圳"平江村"为个案[J].中国社会科学,2001,5:36.

陆铭,陈钊. 为什么土地和户籍制度需要联动改革——基于中国城市和区域发展的理论和实证研究[J].学术月刊.2009,9:78.

罗明忠、卢颖霞. 个体特征、职业认同与农民工职业满意度——基于广东省南海农民工的问卷调查分析[J].农林经济管理学报,2014,2:146—152.

汪汇,陈钊,陆铭. 户籍、社会分割与信任:来自上海的经验研究[J].世界经济,2009,10:81—88.

王春超,荆琛. 中国城市化进程中农民工对经济产出的贡献与收益分享[J]. 经济社会体制比较,2012,2:146—150.

王春光. 农村流动人口的"半城市化"问题研究[J].社会学研究,2006,5:41.

王桂新,沈建法,刘建波. 中国城市农民工市民化研究——以上海为例[J].人口与发展,2008,1:14.

魏后凯. 构建多元化的农民市民化成本分担机制[N].中国社会科学报,2013-03-01(A07).

徐绍史. 坚定不移走中国特色新型城镇化道路[N].人民日报,2014-03-17(012).

杨群. 城市化率过半,要警惕"半城市化"[N].解放日报,2012-05-23(010).

张新岭. 农民工就业:人力资本和社会资本的耦合分析[J].农村经济,2007,12:46.

张杨衍. 进城农民工人力资本对其非农收入的影响——基于江苏省南京市外来农民工的调查[J].农村经济,2007,8:36.

章元,陆铭. 社会网络是否有助于提高农民工的工资水平?[J].管理世界.2009,3:45—54.

生孩子，还是保位子？
——来自中国综合社会调查的证据

许　雯
（西北大学经济管理学院）

[摘要] 孩子和事业都是人生大事，本文利用2006年中国综合社会调查数据，分别考察了职位晋升对家庭议价能力不同、性别不同的劳动者的生育意愿的影响。本文发现，家庭议价能力较低的一方获得晋升后会倾向于少生孩子；男性劳动者在获得晋升后倾向于生孩子，而女性劳动者更倾向于保位子；晋升对家庭谈判能力不同、绝对收入不同的男性劳动者生育意愿的影响是无差异的；但晋升对家庭议价能力较低的女性劳动者生育意愿有显著负面影响，即使绝对收入提高，晋升对女性劳动者的生育意愿的影响也是显著为负的。本文还发现女性劳动者的户籍无论是城市还是农村，晋升对其生育意愿的影响都是负向的；职位晋升显著降低了汉族女性劳动者的生育意愿，但对少数民族女性劳动者的生育意愿有显著的正向作用。生育意愿是影响生育水平的一个重要因素，研究生育意愿有重要的学术价值和实践意义。

[关键词] 生育意愿，家庭分工，职位晋升歧视

一、引　言

生育决策是影响个人生活和社会结构的重要因素，一直受到社会的广泛关注。关于家庭生育决策的一些经典理论在20世纪五六十年代逐渐形成，Leibenstein（1957）和Becker（1960）在该领域做出了开创性的贡献。然而，女性的生育是从意愿到行为的序列决策和逐步转化的过程，生育意愿是生育决策的前提（郑真真等，2011）。中国自90年代放松计划生育政策以来，人们生育意愿的下降使得中国的生育水平也逐渐降低（郝阳，2004；赵进文，2004），并且随着社会经济的发展，这种影响越来越显著。到底哪些因素影响了人们的生育意愿，这些问题在学术界引起了广泛讨论。

生育意愿是人们对自身生育目标或生育行为的主观愿望。这种主观愿望一方面受整个社会的政治制度、经济结构、价值观念以及文化传统等各种宏观因素的影响和制约，另一方面它也会受到各种个体因素的影响，即由于不同的人在社会结构中所处的位置不同，所经历的社会生活环境不同，所具有的价值观念和社会心理存在差异，以至于生育意愿上表现出一定的差别和特殊性（风笑天，2009）。因此，以往关于生育意愿决定因素的研究也主要涉及以下两个方面：第一，宏观层面，经济发展水平和社会保障对人们的生育意愿

不可避免地会产生影响,随着人们生活水平的提高,其生育意愿会呈现出反向的变化(汤兆云和郭真真,2012;郑真真,2015);养老保险制度规模的扩大会降低家庭的生育率(Becker and Barro,1988; Zhang and Zhang,2004),我国养老社会保险制度(如新农合)同样导致了生育率的下降(刘子兰等,2015;王天宇和彭晓博,2015);由于不同地区的经济发展水平不同,不同地区妇女的生育意愿存在较大差异,中西部地区的妇女对孩子的需求较东部地区更高(陈卫和史梅,2002;林湘华,2011),农村户口的妇女比城市户口的妇女更倾向于多生子女(陈卫和史梅,2002;陈字和邓昌荣,2007),但是这种差异正在逐渐缩小(姚从容等,2010),这可能与城市化与外出务工趋势增强有关(尤丹珍和郑真真,2002;陈卫和吴丽丽,2006;戈艳霞,2015)。第二,微观层面,主要是从年龄、受教育程度、民族、信仰、生育经历、生育观念、健康、职业性质、家庭议价能力、收入等人口学特征来进行分析。由于选取的数据和方法不同,得出的结论并不完全一致。大多数结论都认为妇女的年龄越大,受教育水平越高,健康水平越差,投入工作时间越多,社会地位与家庭地位越高,收入越高,其生育意愿越低(陈卫和史梅,2002;陈字和邓昌荣,2007;周俊山等,2009;胡静,2010;王学义和王春蕊,2011;林湘华,2011;周靖祥,2014;郑真真,2015);汉族妇女对孩子的需求和供给都较低(陈卫和史梅,2002),少数民族的生育水平比较高(吕昭河等,2005;薛继亮,2015;张天路,1990);现有孩子个数对妇女的生育意愿有显著的负影响(王学义和王春蕊,2011;周靖祥,2014),但是另一些研究发现了相反的结论(林湘华,2011;吕江洪,2013)。

在对该领域文献系统的整理之后发现,大多数文献主要以家庭的生育意愿或女性的生育意愿为研究对象,相对忽视了男性和丈夫在决定生育行为和生育结果中的重要影响,或者忽视了其他特征不同的个体的生育意愿的差异。此外,大多数文献也只将研究重心着眼于影响生育意愿的因素,但是少有文献验证某一重要事件对不同个体的生育意愿的影响是否有差异,这是本文研究的焦点。一方面,追求事业的成功,获得晋升,实现人生价值是人人向往的;另一方面,孩子作为家庭情感的必需品,传宗接代是人生的重要环节。然而不可否认的事实是,生育必然产生时间成本,“工作—家庭”冲突难以避免。并且我国劳动力市场仍然存在歧视,个体特征不同的劳动者的晋升的难易程度不同,这就使不同性别的劳动者获得晋升后,生育的机会成本产生差异,从而可能导致不同的生育意愿。鉴于此,本文试图探究这样一个问题:近期的职位晋升经历对不同个体的生育意愿的影响是否有差异。

为回答上述问题,本文利用2006年中国综合社会调查数据,考察了近期职位晋升经历对生育意愿的影响。研究结果发现,第一,家庭议价能力较低的一方获得晋升后会倾向于少生孩子,因为家务通常由家庭议价能力较低的一方承担,他们的工作也更容易在晋升后获得影响;第二,男性劳动者获得晋升后更倾向于生孩子,而女性劳动者更倾向于保位子,这不仅与家庭分工有关,而且与劳动力市场上存在性别偏好有关;第三,对男性劳动者而言,无论议价能力及绝对收入是高是低,晋升对其生育意愿的影响几乎都无显著差异。但晋升对家庭议价能力较低的女性劳动者生育意愿有显著负向影响,并且,即使绝对收入提高,晋升对女性生育意愿的影响也是显著为负的,本文认为这不仅因为家庭议价能力较低的女性劳动者可能承担更多的家务,即使劳动者可以通过经济手段将生育后新增的家务外包出去,但生产及产后恢复却是一个无法逃避的环节,即使一些女性会采取缩短假期或在家办公的方式尽可能降低对工作的影响,然而中断工作、降低绩效仍然难以避免。所以女性劳动者即使收入提高,也不会提高生育意愿。最后,本文还发现与男性劳动者相比,获得晋升的女性劳动者,无论其户籍是城市还是农村,都会降低其生育意愿。晋升显著降低了汉族女性劳动者的生育意愿,但提高了少数民族女性劳动者的生育意愿。与之前的研究相比,本文的研究贡献主要在于:第一,本文跳出过去单纯只研究影响生育意愿的因素的研究习惯,将研究重心放在不同个体的生育意愿在受重要事件冲击后是否会有差异;第二,本文丰富了现有文献关于影响生育意愿因素的研究。这些发现不仅能帮助我们理解家庭的生育决策,而且还可以预见未来生育水平的变化(郑真真等,2011),对国家制定正确的公共政策具有重要的意义(郑真真,2004)。

本文余下部分的结构安排如下:第二部分提供了研究假设;第三部分介绍了数据来源、数据处理过程和计量方法,构建了计量模型,并对生育意愿、职位晋升等变量进行了初步的描述性统计;第四部分汇报检验结果和相应的分析讨论;第五部分是本文的结论和政策建议。

二、研究假设

一方面,职务或等级是决定工资收入水平的重要因素(Baker *et al.*, 1994; McCue, 1996; Gibbons and Waldman, 1999),当劳动者的职位晋升后,其收入也会随之上调一定幅度,职位层级的提升在一定程度上还能提升劳动者的社会权利和地位。而且,获得职位晋升机会的劳动者更有可能受到公司的进一步提升。因此,他们会对未来持有乐观预期(收入和职位晋升机会),进而会提高其生育意愿。另一方面,劳动者面临着时间约束(Becker,1965)和精力约束(Becker,1985),生育会增加劳动者分配在家庭劳动的时间,减少工作的时间。劳动者工作时间的长短和工作绩效有着直接的关系,如果获得职位晋升的劳动者工作绩效低于雇主的原有预期,则有可能被降职或失去未来职位晋升的机会,所以,职位晋升经历又会提高生育的机会成本,使劳动者降低对生育的需求。而且,不同的劳动者生育的机会成本存在差异,这就导致晋升对不同劳动者生育意愿的影响可能存在差异。

(一)晋升、家庭议价能力与生育意愿

家务是在家庭成员中进行分配的。相对资源理论认为家庭的分配是根据夫妻双方相对资源的多少,经过讨价还价决定的(郑加梅和卿石松;2014)。家庭内部的议价能力是一个相对的概念,即议价能力不仅取决于本人,也取决于配偶。因此,以夫妻双方的相对收入代表议价能力更加合理(齐良书,2005)。个人所拥有收入比配偶越多,他就越可以使用这些资源提高讨价还价的能力,使自己避免或较少地从事枯燥的家庭劳动。收入相对较低的家庭成员总是依赖配偶而处于弱势地位,因而承担了更多的家务劳动(郑加梅和卿石松,2014)。大量的研究也支持这一结论,比如在Becker(1981)的家庭分工理论中,妻子的市场工资更高时,那么最有效率的分工状态就是丈夫更多地从事家庭劳动;夫妇双方的收入差距越小,家务劳动分配越公平(郑加梅和卿石松,2014)。

根据Becker(1965)的理论,劳动者面临时间约束。家庭成员的时间可划分为三部分:一是在家庭中工作的时间,即家务劳动时间;二是在劳动力市场上工作的时间,以获得工资,从市场上购买家庭生产所需的投入品以及家庭能生产的消费品;三是闲暇时间,以直

接获得效用并恢复工作能力。在家庭中分配更多时间就意味着在劳动力市场和闲暇上分配的时间相应减少。而且,劳动者的精力总是有限的,精力又和工作产出相联系,在家务劳动上花费的精力多,在工作上的努力就会减少(Becker,1985)。从事家庭劳动的代价就是降低工作效率和绩效或失去职位晋升。当孩子出生后,随着家务的增多,家庭地位较低的家庭成员更有可能承担更多的份额,即更可能丢失已经获得的晋升机会。基于以上分析,本文提出以下假设:

假设1:相对于家庭议价能力较高的成员,家庭议价能力较低的成员在获得晋升机会后,会显著降低其生育意愿。

(二)晋升、性别与生育意愿

大量的研究已经达成共识,女性通常是家庭中的经济依赖者(议价能力较低者),一方面,因为女性在劳动力市场中面临歧视,使得女性找不到高薪职业,即便和男性找到同样的工作,也极有可能面临"同工不同酬"或晋升机会稀少的阻碍(颜士梅等,2008;宋月萍,2007;童梅和王宏波 2013;卿石松,2011;蔡禾和吴小平,2002;Albrecht *et al.*,2003;Bjerk, 2008; Arulampalam *et al.*, 2007; Booth *et al.*, 2003)。使女性在收入和社会地位上难以同男性比肩。另一方面,一些学者发现即使女性在经济上的地位提升,也并未显著改善其家务劳动的分担,那些妻子挣得比丈夫多的家庭,妻子担负的家务劳动比例依然高于丈夫,甚至在那些丈夫不工作的家庭也是如此(刘爱玉等,2015)。原因可能在于家务劳动的性别分工不仅仅是家庭博弈的结果,还受到社会文化的影响。"女主内,男主外"这一"稳定的社会文化"不会因为女性社会和经济地位的改变而立即改变。不理家务的女性会被认为"不贤惠或不守妇道"(刘爱玉等,2015)。所以,研究发现,女性作为家务劳动的主要承担者是普遍事实(宋月萍,2007)。即使现在更多的男性开始为女性分担家务,但做饭、洗衣、清洁、购物等这类对工资有显著负作用的日常家务通常由女性承担,而维修、草地修剪等时间安排较为灵活的家务通常由男性承担,这些劳动仅仅只会减少男性的休闲时间,而不至于影响其正常工作(郑加梅和卿石松,2014)。这也不难想象,当孩子出生后,母亲则需要担负起更多照顾孩子的责任(石红梅,2006;周旅军,2013),相应地减少在劳动力市场上的参与,降低花费在工作上的时间与精力,这将有可能影响到工作业绩,使生育后的女性被解雇、降职或失去未来职位晋升的机会。因而,生育对母亲的影响常被分别称作"母亲的代价"(穆峥和谢宇,2014)。生育对父亲而言就全然不同了。首先,父亲通常会由于孩子的出生产生更大的家庭责任感,从而在劳动力市场上更加努力地工作,可能获得更高的工作业绩;再加之男性具有"与生俱来"的职位晋升优势——职位晋升机会多,而且职位晋升过程中障碍较少。所以,对男性劳动者而言,生育是"父亲的惠利"。

议价能力的不足使女性在生育后承担更多的家庭劳务,进而可能失去已经获得的晋升机会。又由于劳动力市场上职位晋升歧视(职位性别隔离)的存在(颜士梅等,2008;宋月萍,2007;童梅和王宏波,2013;卿石松,2011;蔡禾和吴小平,2002),对女性而言,晋升的机会很可能一去不返。职位晋升歧视产生的主要原因有以下几个方面,女性在劳动力市场中面临玻璃天花板效应和黏性地板效应(Albrecht *et al.*, 2003; Bjerk, 2008; Arulampalam *et al.*, 2007; Booth *et al.*, 2003)。前者指女性劳动者在晋升过程中面临重重隐形障碍,后者指女性在一开始就被配置到晋升可能性很小的岗位。同时,偏好歧视与统计性歧视也共同导致了女性晋升禀赋缺乏。前者指男性不喜欢接受女性的领导或对女性上司存在偏见,所以男性可能会阻碍女性的晋升,后者指个人的能力无法确切地观察到,雇主必须依赖全体性的统计性特征或不断更新能力信息来估计个体的能力,只要女性平均能力较低、发射的能力信号精确度越低,即使不存在性别偏见,女性也需要更长时间或付出更多的努力才能得到晋升(卿石松和郑加梅,2013)。这几种效应相互作用下,如果生育使女性失去已经获得的晋升机会(被降职),女性劳动者通常比男性劳动者更难再次获得职位晋升机会。

由于社会对女性的工作能力常常存在偏见,即便女性在企业中获得职位晋升,也难以在职位上树立权威,生育只会进一步强化社会偏见。所以,当女性得到难得的晋升机会后,她们通常会投入更多时间和精力用于提升人力资本和社会资本,树立权威。劳动者用于提升人力资本和社会资本的时间增加,则会使劳动者分配在家庭劳动的时间减少,进而降低生育意愿。因此本文提出以下假设:

假设 2:职位晋升对生育意愿的影响存在性别差异,职位晋升会提升男性劳动者的生育意愿,但会抑制女性劳动者的生育意愿。

三、研究设计

(一)样本选择与数据来源

本研究使用的数据来自 2006 年“中国综合社会调查”数据(CGSS2006)。它是一个全国性的调查,采用多阶段随机抽样的方法,在我国农村和城镇地区分别抽取了 4 138 和 6 013 个样本,调查的地域范围涵盖 28 个省、直辖市和自治区的城镇和农村。该数据搜集了被调查者较为详细的个人信息,除了个体基本特征、人力资本和工作特征等变量外,还包含了职位晋升、婚姻状况、生育观念等丰富的信息,这为我们研究职位晋升对生育观念的影响提供了数据支持。根据本文的研究目的,我们选取 16—60 岁、已婚且正处于第一次婚姻中的、正在工作的被雇佣劳动者。最后包含样本数为 1 221 人,女性样本占 49.06%(599 人)。

(二)检验模型和变量说明

本文重点关注的是家庭议价能力不同、性别不同的劳动者在获得职位晋升后,其生育意愿的变化是否存在性别差异。生育意愿是指人们考虑到各种限制条件后的生育想法的表达,包括期望生育的孩子的数量与性别、生育的时间和间隔,其中又以数量最为重要(郑真真等,2011)。2006 年 CGSS 调查问卷中恰好涉及了有关理想子女数量的问题——“您认为一个家庭中有几个小孩最理想?”。理想子女个数与生育意愿可能高度相关,但并不相同,期望子女个数和生育意愿更接近(郑真真等,2011)。由于该题并未特意提示答题人“不考虑生育政策及其他条件”,所以本文认为,在回答该题时,答题人是考虑了各种限制因素的,所以在这份问卷中的理想子女个数更接近郑真真(2014)所说的“期望生育子女个数”。虽然,生育意愿和生育行为的关系在理论上可分为四类:等同论、无关论、大于论、小于论(郑真真等,2011),但是这并不影响本文的研究结果,因为本文想要验证的是晋升是否会在一段时间内改变劳动者对生育的想法和观念,更确切地说,本文想探究晋升对不同的劳动者生育观念的改变是否存在差异。而且,即使生育意愿不和生育行为一一对应,只要生育意愿会影响到生育行为,本文的研究就是有意义的。因此,本文用 CGSS 数据库中提供的这个问题(简称“理想子女个数”)来衡量生育意愿。理想子女个数的取值为 1—6,表 1 是样本生育意愿的分布频数,分析发现理想子女数量是两个或三个的样本数量较多。

表 1 被调查者生育意愿分布

理想子女个数	频数	百分比(%)	累积百分比(%)
1	16	1.31	1.31
2	449	36.80	38.11
3	722	59.18	97.30
4	26	2.13	99.43
5	4	0.33	99.75
6	3	0.25	100.00
总计	1 220	100.00	

资料来源:2006 年“中国综合社会调查”数据(CGSS2006)。

因为本研究中的被解释变量“理想子女个数”是排序数据,此时 OLS 估计并不适用,为此本文采用有序 Probit 模型进行估计。为检验本文提出的假设,本文模型设定如下:

$$y_i = F(\beta_0 \text{bargaining}_i + \beta_1 \text{promotion}_i + \beta_2 \text{promotion}_i \times \text{bargaining}_i + \gamma X_i + \varepsilon_i) \quad (1)$$

$$y_i = F(\beta_0 \text{female}_i + \beta_1 \text{promotion}_i + \beta_2 \text{promotion}_i \times \text{female}_i + \eta X_i + \varepsilon_i) \quad (2)$$

其中,y_i 为被解释变量,是理想子女个数。promotion、promotion×bargaining、promotion×female 是本文关注的解释变量,晋升变量(promotion)从问卷“在过去三年内,您是否获得过技术等级或职务上的晋升?”中获取,获得晋升记为 1,否则为 0。配偶的议价能力(bargaining)从问卷“结婚时,您当时的收入与您配偶的收入相比,是好些还是坏些?”中获得,配偶家庭议价能力高(收入比配偶差很多,差一些,相当)记为 1,否则(收入比配偶好很多、好一些)记为 0。

X_i 则包括一系列影响被解释变量的控制变量。通过整理该领域的文献,本文选取年龄、性别(女性记为 1)、省份(东部省份记为 1,中西部省份记为 0)、户籍(非农业户口记为 1,农业户口记为 0)、受教育时间(从上小学开始算起,一共受过的学校教育年限)、民族(汉族记为 1,少数民族记为 0)、宗教信仰(无宗教信仰记为 1,否则记为 0)、健康(评估自己的健康状况,比较满意、非常满意记为 1,否则记为 0)、生育经历(孩子数大于 1,则表示已经生育,记为 1)、生育观念(是否同意结婚后不一定要有孩子的观点,有些同意、相当同意、非常同意则记为 1)、公司所有制(最后一份非农职业单位的所有制类型,国有制、集体所有制企业记为 1)、养老保险(单位、公司是否为您提供基本养老保险,提供记为 1)、签订合同(与单位/雇主是否签订了劳动合同,签订了合同记为 1)、工作的时间模式(目前从事工作的类型,全日制工作记为 1)、议价能力(第一次结婚时,当时的收入与配偶的收入相比,是好些还是差些)、工资收入(上个月所得的工资收入)、父母健在(本人及配偶的父母健在记为 1,否则记为 0)等变量对生育意愿产生一定影响,因此本文将这些变量选为控制变量。表 2 提供了本文后续实证研究所需的全部变量的定义和统计描述。

$F(\cdot)$ 为某非线性函数,具体形式是:

$$F(\cdot)\begin{cases}1 & y_i^* < \mu_1 \\ 2 & \mu_1 < y_i^* < \mu_2 \\ \cdot & \cdot \\ \cdot & \cdot \\ J & y_i^* > \mu_{j-1}\end{cases}$$

其中，y_i^* 是 y 的背后存在的不可观测的连续变量，称为潜变量。

$$y_i^* = \beta_0 \text{bargaining}_i + \beta_1 \text{promotion}_i + \beta_2 \text{promotion}_i \times \text{bargaining}_i + \gamma X_i + \varepsilon_i \quad (3)$$

$$y_i^* = \beta_0 \text{female}_i + \beta_1 \text{promotion}_i + \beta_2 \text{promotion}_i \times \text{female}_i + \lambda X_i + \varepsilon_i \quad (4)$$

$\mu_1 < \mu_2 < \mu_3 < \ldots < \mu_{j-1}$ 称为切点，均为代估参数。

四、实证结果与分析

（一）描述性统计

表 2 列出了计量模型中所有变量的基本统计量及其定义。样本中大多数劳动者认为婚后需要生孩子（生育观念的均值为 0.29），理想子女个数的均值为 2.64，表明劳动者理想的孩子个数在“2 个”和“3 个”之间，且大部分劳动者都有过生育经历（已生育孩子的均值为 0.92），劳动者大多数都有较好的受教育水平（年限为 10.17，但是标准差较大，说明受水平差异较大），但没有享受完善的社会保障（有养老保险的均值为 0.47，签订长期劳动合同的均值为 0.33），前三年获得职位晋升的劳动者均值为 0.11，说明获得职位晋升的劳动者比例不高，这可能与我国企业晋升机制不合理有关。

表 2 变量定义与统计性描述

变量	均值	标准差	最小值	最大值	变量定义说明
理想子女个数	2.64	0.59	1	6	衡量生育意愿
女性	0.49	0.50	0	1	女性，则取 1
前三年职位晋升	0.11	0.31	0	1	获得职位晋升，则取 1
省份	0.33	0.47	0	1	东部省份，取 1
年龄	41.03	9.68	20	60	
年龄的平方	1 776.94	799.96	400	3 600	
户籍	0.76	0.42	0	1	非农户口，取 1
受教育时间	10.17	3.07	1	22	
民族	0.96	0.21	0	1	汉族，则取 1
宗教信仰	0.90	0.30	0	1	无信仰，则取 1
生育经历	0.92	0.27	0	1	已生育，则取 1
生育观念	0.29	0.46	0	1	婚后不必须要生育，则取 1
健康	0.68	0.47	0	1	健康，则取 1
公司所有制	0.57	0.46	0	1	国有及集体所有制企业，取 1
养老保险	0.47	0.50	0	1	有保险，则取 1
签订合同	0.33	0.47	0	1	签订劳动合同，则取 1

（续表）

变量	均值	标准差	最小值	最大值	变量定义说明
工作的时间模式	0.60	0.49	0	1	工作为全日制，则取 1
议价能力	0.25	0.43	0	1	配偶议价能力高，则为 1
家庭年收入	10.30	1.81	6.8	16.12	对家庭收入取对数

资料来源：2006 年“中国综合社会调查”数据（CGSS2006）。

在表 3 中，本文发现女性和男性在“是否同意结婚后不一定要有孩子的观点”上的回答相差不大；而且，女性和男性心中家庭理想的孩子个数（由“您认为一个家庭中有几个小孩最理想？”问题得到）没有明显差异（女性理想的孩子个数为 2.64，男性理想的孩子个数为 2.65）；但在劳动力市场上，男性显然比女性在职场中更容易获得雇主的青睐，表现在更多的男性能获得具有劳动合同（在该变量上男性的均值为 0.36，女性的均值为0.31）、养老保险（在该变量上男性的均值为 0.52，女性的均值为 0.43）的工作，他们能得到更多职位晋升的机会（在该变量上男性的均值为 0.14，女性的均值为 0.08）；此外，我们还发现男性比女性有更高的人力资本，体现在男性比女性受教育时间更长（在该变量上男性的均值为 10.2，女性的均值为 10.15），男性比女性有更健康的身体素质（在该变量上男性的均值为 0.69，女性的均值为 0.66）。

表 3　变量的描述性统计分析（分性别）

	女性		男性		总体	
	均值	标准差	均值	标准差	均值	标准差
理想子女个数	2.64	0.56	2.65	0.63	2.64	0.59
前三年职位晋升	0.08	0.26	0.14	0.35	0.11	0.31
省份	0.33	0.47	0.34	0.47	0.33	0.47
年龄	39.60	9.12	42.52	10.01	41.03	9.68
年龄的平方	1 650.44	720.02	1 908.31	856.30	1 776.94	799.96
户籍	0.78	0.42	0.75	0.43	0.76	0.42
受教育时间	10.15	2.89	10.20	3.24	10.17	3.07
民族	0.95	0.22	0.96	0.19	0.96	0.21
宗教信仰	0.88	0.32	0.92	0.27	0.90	0.30
生育经历	0.93	0.26	0.92	0.28	0.92	0.27
生育观念	0.31	0.46	0.28	0.45	0.29	0.46
健康	0.66	0.46	0.69	0.47	0.68	0.47
公司所有制	0.55	0.50	0.58	0.49	0.57	0.50
养老保险	0.43	0.50	0.52	0.50	0.47	0.50
签订合同	0.31	0.46	0.36	0.48	0.33	0.47
工作的时间模式	0.65	0.48	0.54	0.50	0.60	0.49
议价能力	0.13	0.34	0.36	0.48	0.25	0.43
家庭年收入的对数	10.49	1.94	10.11	1.63	10.30	1.81

资料来源：2006 年“中国综合社会调查”数据（CGSS2006）。

（二）回归结果与分析

1. 生育意愿与家庭地位和性别

表 4 给出有序 Probit 模型的回归结果，分别验证了前文的两个假设。表 4 的第（1）列

和第(2)列是没有加入任何控制变量时的回归结果,第(1)列结果表明,配偶的家庭议价能力越高的劳动者得到职位晋升后,会降低"理想孩子个数"($y=1、2、3、4、5、6$),并在1%的水平下显著。通常,家庭中议价能力相对较低的劳动者,其在家庭分工中承担的比例相应也会更高。因此,生育过程中新增的家庭劳动大部分都由家庭议价能力较低的成员承担。同时,劳动者面临时间约束,"家庭—工作"矛盾难以避免。生育极有可能使议价能力较低的劳动者失业、降职、失去继续晋升的机会。所以,家庭议价能力较低的劳动者的生育意愿会因为职位晋升而显著降低。表4的第(2)列表明,女性劳动者在获得职位晋升后,会降低"理想孩子个数"($y=1、2、3、4、5、6$),并在5%的水平下显著,这些结果和前文的预期一致。这不仅与家务分配,而且与劳动力市场存在性别偏好有关。一方面,女性常常是家庭议价能力较弱者,承担了家庭中较多的家务;另一方面,女性在劳动力市场上处于不利地位,突出表现在女性需要比男性付出更多的努力才能被认可或获得职位晋升机会。女性受到了家庭和劳动力市场的双重束缚,生育给女性新增的家庭压力会对其工作产生负面影响,从而使女性过去的努力(晋升)付之东流,而这样的机会很可能一去不返。这与我们之前的假设一致。在第(3)列和第(4)列加入所有控制变量之后,结果仍然稳健。

表4　假设1和假设2的检验结果

	总样本			
	(1)	(2)	(3)	(4)
前三年职位晋升	0.808***	0.097	0.825***	0.348*
	(-0.049)	(-0.165)	(-0.198)	(-0.178)
议价能力	0.075		0.094	
	(-0.078)		(-0.085)	
议价能力×前三年职位晋升	-1.04***		-0.933***	
	-0.114		-0.207	
女性		0.072	-0.033	0.0271
		(-0.071)	(-0.079)	(-0.086)
女性×前三年职位晋升		-0.513**		-0.714***
		(-0.223)		(-0.235)
省份			0.19**	0.196**
			(-0.084)	(-0.085)
年龄			0.053	0.0631*
			(-0.037)	(-0.076)
年龄的平方			-0.0005	-0.0006
			(-0.0005)	(-0.0005)
户籍			-0.622***	-0.626***
			(-0.116)	(-0.117)
受教育时间			-0.007	-0.008
			(-0.0152)	(-0.0152)
民族			-0.374**	-0.397**
			(-0.187)	(-0.189)
宗教信仰			-0.242*	-0.247*
			(-0.145)	(-0.144)

（续表）

	总样本			
	(1)	(2)	(3)	(4)
生育经历			0.304 *	0.324 *
			(-0.165)	(-0.167)
生育观念			-0.26 ***	-0.258 ***
			(-0.082)	(-0.082)
健康			0.0924	0.0957
			(-0.079)	(-0.079)
签订合同			0.093	0.0786
			(-0.087)	(-0.087)
公司所有制			-0.078	-0.065
			(-0.085)	(-0.085)
养老保险			-0.033	-0.039
			(-0.087)	(-0.097)
工作的时间模式			-0.181 **	-0.18 **
			(-0.081)	(-0.081)
家庭年收入的对数			-0.0103	-0.009
			(-0.025)	(-0.025)
父母健在			0.305 *	0.33 **
			(-0.166)	(-0.164)
样本量	1 220	1 220	1 001	1 001
Pseudo $R2$	0.0028	0.0046	0.0619	0.0669
似然对数比	-1 034.9499	-1 033.1107	-804.10449	-799.77493

注：括号内为相应的稳健标准差；*、**、和***分别表示显著性水平为10%、5%和1%。

2. 进一步分析与讨论

在表5中，本文将总样本按照性别分为男性样本和女性样本。表5的第(1)列和第(3)列是男性样本的回归结果，第(2)列和第(4)列是女性样本的回归结果。表5前两列和后两列的区别在于：前两列加入了家庭议价能力与前三年晋升的交互项，后两列加入了个人绝对收入与前三年晋升的交互项。从表5第(1)列和第(3)列可以看出，对男性劳动者而言，无论议价能力是高是低，晋升对其生育意愿的影响几乎都无显著差异。表5第(2)列和第(4)列表明，晋升对家庭议价能力较低的女性劳动者生育意愿有显著负向影响，即使个人月收入提高，晋升对女性劳动者生育意愿的影响仍然为负。本文认为这不仅因为家庭议价能力较低的劳动者承担更多家务，即使男性为女性分担更多的家务或者劳动者可以通过经济手段把生育新增的家务外包出去，但是生产及产后恢复却是一个无法逃避的环节，即使一些女性会选择缩短假期或在家办公的方式尽可能降低对工作的影响，然而中断工作、降低绩效仍然难以避免。所以女性劳动者即使收入提高，也不会提高生育意愿。

表 5 晋升对不同性别生育意愿的影响(分性别)

	(1) 男性	(2) 女性	(3) 男性	(4) 女性
前三年职位晋升	0.475***	-0.359**	0.545***	-0.371**
	(0.191)	(0.179)	(0.191)	(0.164)
议价能力	-0.087	0.013		
	(0.148)	(0.102)		
议价能力×前三年职位晋升	0.276	-0.284**		
	(0.168)	(0.142)		
个人月收入			0.038	0.042
			(0.06)	(0.068)
个人月收入×前三年职位晋升			0.064	-0.074**
			(0.039)	(0.034)
省份	0.082	0.237**	0.08	0.236**
	(0.110)	(0.109)	(0.111)	(0.110)
年龄	0.066	0.008	0.071	0.011
	(0.052)	(0.045)	(0.053)	(0.045)
年龄的平方	-0.00059	4.7e-05	-0.0007	-2.9e-05
	(0.0007)	(0.0005)	(0.0007)	(0.0005)
户籍	-0.634***	-0.416***	-0.653***	-0.413***
	(0.157)	(0.145)	(0.157)	(0.146)
受教育时间	-0.061***	0.016	-0.064***	0.0135
	(0.020)	(0.018)	(0.020)	(0.018)
民族	-0.562**	-0.045	-0.565**	-0.003
	(0.255)	(0.291)	(0.255)	(0.304)
宗教信仰	-0.03	-0.469**	-0.0317	-0.489**
	(0.150)	(0.227)	(0.150)	(0.227)
生育经历	0.151	0.518**	0.085	0.482**
	(0.225)	(0.237)	(0.230)	(0.239)
生育观念	-0.195*	-0.281***	-0.182*	-0.275**
	(0.109)	(0.109)	(0.110)	(0.109)
健康	0.092	0.092	0.0781	0.116
	(0.106)	(0.104)	(0.107)	(0.105)
公司所有制	-0.113	-0.099	-0.097	-0.098
	(0.117)	(0.112)	(0.119)	(0.112)
签订合同	0.053	0.255**	0.031	0.257**
	(0.119)	(0.110)	(0.120)	(0.111)
养老保险	0.278**	-0.377***	0.288**	-0.384***
	(0.122)	(0.126)	(0.124)	(0.127)
工作的时间模式	-0.148	-0.111	-0.148	-0.126
	(0.110)	(0.101)	(0.110)	(0.102)
家庭年收入的对数	-0.038	0.011	-0.034	0.020
	(0.029)	(0.041)	(0.031)	(0.043)
样本量	600	588	580	590
Pseudo $R2$	R2	0.0793	0.0777	0.0801
似然对数比	-442.7511	-481.79195	-436.74942	-475.28996

注:括号内为相应的稳健标准差;*、**、和***分别表示显著性水平为 10%、5%和 1%。

在表6中，本文进一步将总样本按户籍分为城市样本和农村样本，按民族划分为汉族样本和少数民族样本。表6的第(1)列和第(2)列表明：相比男性劳动者而言，女性劳动者的户籍无论是城市还是农村，她们在获得晋升后更倾向于保位子。这似乎和我们的直觉是不一致的，因为农村社会保障始终处于我国社会保障的边缘，有相当一部分社会保障将整个农村人口排挤在保障体制之外，养儿防老应该是农村主流的生育观念。然而，随着时代的发展，农民也逐渐关注孩子的质量，尤其是对孩子教育的重视程度不断加强，虽然实行的义务教育减轻了农民的负担，但读大学的费用相比农民的收入仍然较高；其次，农民工进城务工已经是其收入的主要来源，多生孩子会影响父母流动性，形成经济拖累；这也与传统的生育观念逐渐淡化、孩子的经济养老功能退化、农村女性积极参与经济活动有关(孙奎立，2010)。

在表6第(3)列汉族样本和第(4)列少数民族样本的回归结果中，相对男性劳动者而言，职位晋升降低了汉族女性劳动者生育意愿的影响，这与之前得出的结论一致。但是，在少数民族样本的回归结果中，晋升对少数民族女性劳动者生育意愿的影响却是显著为正的。本文认为这可能与少数民族的宗教信仰、受教育水平以及生育目标有关。首先，我国的门巴族、毛南族、白族、羌族等众多少数民族信奉掌管生育的神，少数民族在宗教活动中就自然形成一种渴望多子多孙的生育观念(王冰，1993)。例如，维吾尔族信仰伊斯兰教，人们认为孩子是胡大赐予的，结婚生子繁衍后代是每个人的责任和义务，孩子是家庭中不可缺少的重要组成部分。如果妇女不能生育就会被视为无能，甚至认为没有孩子是人生最大的不幸，因此女性婚后都希望早日怀孕。如果妇女不孕，就要想方设法寻求怀孕的办法，妇女生的孩子越多，越能提高妇女在家里的地位(高卉，2008)；其次，少数民族受教育程度不高，所接受的生育观念比较落后，又由于其人力资本较低，在劳动力市场上获得的工资水平较低，工资的微小变化也难以改变其生育动机；再者，由于少数民族多居住在边远山区，医疗水平较低使得婴儿的死亡率较高，为了保障家庭代际人口更替，实现家族繁荣的目标，少数民族的生育目的使少数民族劳动者有较高的生育意愿。即便少数民族劳动者得到晋升，也很难降低其较高的生育意愿。晋升对生育意愿的影响存在性别差异这一结论是稳健的。

表6　晋升对不同性别生育意愿的影响(分户籍和民族)

	(1) 城市户口	(2) 农村户口	(3) 汉族	(4) 少数民族
女性	−0.0384	−0.0102	0.255	0.153
	(0.090)	(0.167)	(0.083)	(0.273)
前三年职位晋升	0.403**	0.294*	0.284	0.829**
	(0.186)	(0.171)	(0.194)	(0.395)
女性×前三年职位晋升	−0.646***	−0.771**	−0.602**	0.997**
	(0.248)	(0.388)	(0.251)	(0.406)
省份	0.0338	−0.599***	−0.188**	0.197
	(0.087)	(0.181)	(0.082)	(0.245)
年龄	0.007	0.18***	0.031	0.117
	(0.041)	(0.059)	(0.035)	(0.124)

（续表）

	(1)	(2)	(3)	(4)
	城市户口	农村户口	汉族	少数民族
年龄的平方	0.0003	-0.002***	-0.0002	-0.0013
	(0.0004)	(0.0007)	(0.0004)	(0.0015)
户籍			-0.482***	-0.62**
			(0.116)	(0.300)
受教育时间	-0.005	-0.0293	-0.017	-0.042
	(0.016)	(0.028)	(0.015)	(0.042)
民族	-0.339	-0.473		
	(0.240)	(0.322)		
宗教信仰	-0.153	-0.315	-0.645***	-0.296
	(0.159)	(0.204)	(0.210)	(0.361)
生育经历	0.519***	-0.0161	0.338*	0.143
	(0.180)	(0.345)	(0.174)	(0.143)
生育观念	-0.279***	-0.146	-0.236***	-0.233
	(0.085)	(0.192)	(0.082)	(0.242)
健康	0.054	0.215	0.047	0.236
	(0.085)	(0.162)	(0.078)	(0.252)
公司所有制	-0.132	0.0276	-0.139*	0.12
	(0.089)	(0.196)	(0.084)	(0.298)
签订合同	0.198**	0.0335	0.192**	-0.401
	(0.087)	(0.207)	(0.085)	(0.261)
养老保险	-0.061	-0.23	-0.054	0.0637
	(0.094)	(0.278)	(0.092)	(0.263)
工作的时间模式	-0.072	-0.197	-0.141*	0.033
	(0.085)	(0.166)	(0.078)	(0.294)
议价能力	-0.252**	-0.266	-0.019	-0.029
	(0.099)	(0.185)	(0.027)	(0.051)
家庭年收入对数	-0.036	0.0317	0.051	0.582**
	(0.025)	(0.055)	(0.089)	(0.275)
样本量	917	271	1 070	118
Pseudo $R2$	0.0462	0.0914	0.0612	0.1205
对数似然比	-715.484	-207.186	-831.379	-100.745

注:括号内为相应的稳健标准差;*、**、和***分别表示显著性水平为10%、5%和1%。

综合上述分析,本文认为获得晋升之后,家庭议价能力不同、性别不同的劳动者的生育意愿的变化是有差异的。本文发现,家庭议价能力较低的一方获得晋升后会倾向于少生孩子;男性劳动者在获得晋升后更倾向于生孩子,而女性劳动者更倾向于保位子;晋升对家庭谈判能力不同、绝对收入不同的男性劳动者生育意愿的影响是无差异的;但晋升对家庭议价能力较低的女性劳动者生育意愿有显著负面影响,即使绝对收入提高,晋升对女性劳动者的生育意愿的影响也是显著为负的。本文还发现女性劳动者的户籍无论是城市还是农村,晋升对其生育意愿的影响都是负向的;职位晋升显著降低了汉族女性劳动者的生育意愿,但对少数民族女性劳动者的生育意愿有显著的正向作用。

五、结 论

生育是人生的重要环节,实现人生价值在事业上获得成就又是令人神往,而鱼和熊掌往往不可兼得,是"生"还是"升",是每个劳动者都要深思的问题。本文利用2006年中国综合社会调查(CGSS2006)数据,采用了有序Probit模型考察了职位晋升对生育意愿的影响,从职位晋升角度为生育率持续低下提供一个新的解释视角。

本文的证据表明:家庭议价能力较低的一方获得晋升后会倾向于少生孩子,因为家务通常由家庭议价能力较低的一方承担,他们的工作也更容易在晋升后获得影响;男性劳动者获得晋升后更倾向于生孩子,而女性劳动者更倾向于保位子;晋升对议价能力不同、绝对收入不同的男性劳动者的生育意愿的影响无显著差异。但晋升对家庭议价能力较低的女性劳动者生育意愿有显著负向影响,并且,即使绝对收入提高,晋升对女性生育意愿的影响也是显著为负的。本文认为这不仅因为家庭议价能力较低的女性劳动者承担更多家务,即使劳动者可以通过经济手段将生育新增的家务外包出去,但怀胎十月、生产及产后恢复却是一个无法逃避的环节,即使一些女性会采取缩短假期或在家办公的方式,尽可能降低对工作的影响,然而中断工作、降低绩效仍然难以避免。所以,女性劳动者即使收入提高,也不会提高生育意愿。本文还发现与男性劳动者相比,获得晋升的女性劳动者,无论其户籍是城市还是农村,都会降低其生育意愿。职位晋升显著降低了汉族女性劳动者的生育意愿,但会提高少数民族女性劳动者的生育意愿。

基于上述研究发现,本文提出以下政策建议:首先,政府应该清除带有性别、民族、城乡歧视的政策。例如,政府应该加强对孕期女性、少数民族劳动者的就业权利保护,实行公平的城乡社会保障制度,改革户籍制度。其次,企业要构建和宣扬性别平等、民族平等的企业文化。无论是在招聘环节还是在职培训及其他人力资本投资方面,对所有劳动者都应该一视同仁。企业还应该根据基层工作岗位的性别构成比例晋升女性、少数民族员工,提高女性和少数民族劳动者在高层职位的代表性,为女性、少数民族劳动者的职业发展提供良好的环境。最后,在"男主外、女主内"的性别分工模式下,女性承担了更多的家庭部门的责任,传统的家庭分工模式亟待向社会化的分工模式转变。

参考文献

Albrecht J, Bjorklund A, Vro- man S. Is There a Glass Ceiling in Sweden? [J]. Journal of Labor Economics, 2003, 21(1): 145-77.

Arulampalam W, Booth A, Bryan M. Is There a Glass Ceiling over Europe? Exploring the Gender Pay Gap across the Wage Distribution[J]. Industrial and Labor Relations Review, 2007, 60(2): 163-186.

Baker G, Gibbs M, Holmstrom B. The Wage Policy of a Firm[J]. The Quarterly Journal of Economics, 1994, 109(4) : 921-955.

Becker G S, Barro R J. A Reformulation of the Economic Theory of Fertility[J]. The Quarterly Journal of Economics, 1988, 103(1): 1-25.

Becker G S. A Theory of the Allocation of Time[J]. The Economic Journal, 1965, 75(299): 493-51.

Becker G S. A Theory on the Family[M]. Cambridge, MA: Havard University Press, 1981.

Becker G S. Human Capital, Effort, and the Sexual Division of Labor[J]. Journal of Labor Economics,

1985, 3(1), Part 2: Trends in Women's Work, Education, and Family Building , pp. S33-S58.

Becker G, An Economic Analysis of Fertility, in Ansley C(ed.), Demographic and Economic Change in Developed Countries, Princeton, NJ: Princeton University press, 1960, 209-240.

Bjerk D. Glass Ceilings or Sticky Floors? Statistical Discrimination in a Dynamic Model of Hiring and Promotion[J]. The Economic Journal, 2008, 118(530): 961-982.

Booth A, Francesconi M, Frank J. A Sticky Floors Model of Promotion, Pay, and Gender[J]. European Economic Review, 2003, 47(2): 295-322.

Gibbons R, Waldman M. A Theory of Wage and Promotion Dynamics inside Firms[J]. The Quarterly Journal of Economics, 1999, 114(4) : 1321-1358.

Leibenstein H. The Economic Theory of Fertility Decline[J]. Quarterly Journal of Economics , 1957, 91: 349-350.

McCue K. Promotions and Wage Growth[J]. Journal of Labor Economics, 1996, 14(2): 175-209.

Zhang J, Zhang J. How Does Social Security Affect Economic Growth? Evidence from Cross-country Data [J]. Journal of Population Economics, 2004, 17(3) : 473-500.

蔡禾，吴小平. 社会变迁与职业的性别不平等[J]. 管理世界，2002，9：71—77.

陈卫，史梅. 中国妇女生育率影响因素再研究——伊斯特林模型的实证分析[J]. 中国人口科学，2002，2：49—53.

陈卫，吴丽丽. 中国人口迁移与生育率关系研究[J]. 人口研究，2006，1：13—20.

陈字，邓昌荣. 中国妇女生育意愿影响因素分析[J]. 中国人口科学，2007，6：75—81+96.

都阳. 人口转变的经济效应及其对中国经济增长持续性的影响[J]. 中国人口科学，2004，5：35—41+81.

风笑天. 青年个体特征与生育意愿——全国 12 城市 1786 名在职青年的调查分析[J]. 江苏行政学院学报，2009，4：62—68.

高卉. 新疆维吾尔族与汉族生育文化比较研究[D].石河子大学，2008.

戈艳霞. 中国的城镇化如何影响生育率？——基于空间面板数据模型的研究[J]. 人口学刊，2015，3：88—101.

胡静. 收入、相对地位与女性的生育意愿[J]. 南方人口，2010，4：3—9.

林湘华. 育龄妇女生育经历与其意愿生育孩子数的关系分析[J]. 南方人口，2011，6：49—55.

刘爱玉，佟新，付伟. 双薪家庭的家务性别分工：经济依赖、性别观念或情感表达[J]. 社会，2015，2：109—136.

刘子兰，陈一格，沈毓赟. 养老社会保险与生育率：基于 OLG 模型的理论分析与实证检验[J]. 湖南师范大学社会科学学报，2015，4：13—21.

吕江洪，黄宝凤，石盛林. 一孩与二孩家庭育龄妇女生育意愿比较[J]. 人口学刊，2013，1：36—43.

吕昭河，余泳，陈瑛. 我国少数民族村寨生育行为与理性选择的分析[J]. 民族研究，2005，1：26—35+108.

穆峥，谢宇.生育对父母主观幸福感的影响[J].社会学研究，2014，6：124—142.

齐良书. 议价能力变化对家务劳动时间配置的影响——来自中国双收入家庭的经验证据[J]. 经济研究，2005，9：78—90.

卿石松，郑加梅. "同酬"还需"同工"：职位隔离对性别收入差距的作用[J]. 经济学(季刊)，2013，2：735—756.

卿石松. 职位晋升中的性别歧视[J]. 管理世界，2011，11：28—38.

石红梅. 我国女性就业与家务时间配置的影响因素分析[J]. 中共福建省委党校学报，2006，6：64—68.

宋月萍. 职业流动中的性别差异：审视中国城市劳动力市场[J]. 经济学(季刊)，2007，2：629—654.

孙奎立. 农村妇女生育意愿影响因素分析[J]. 人口学刊,2010,3:20—24.

汤兆云,郭真真. 经济水平对生育意愿的影响分析——一项经验研究:基于 621 份调查问卷的数据[J]. 人口与发展,2012,3:27—33+86.

童梅,王宏波. 市场转型与职业性别垂直隔离[J]. 社会,2013,6:122—138.

王冰. 宗教对人口发展的影响[J]. 武汉大学学报(社会科学版),1993,4:71—76.

王天宇,彭晓博. 社会保障对生育意愿的影响:来自新型农村合作医疗的证据[J]. 经济研究,2015,2:103—117.

王学义,王春蕊. 禀赋、场域与中国妇女生育意愿研究[J]. 人口学刊,2011,1:3—9.

薛继亮. 生育转变的民族差异及其影响因素研究——来自汉族和蒙古族的比较[J]. 人口学刊,2015,4:25—35.

颜士梅,颜士之,张曼. 企业人力资源开发中性别歧视的表现形式——基于内容分析的访谈研究[J]. 管理世界,2008,11:110—118.

姚从容,吴帆,李建民. 我国城乡居民生育意愿调查研究综述:2000—2008[J]. 人口学刊,2010,2:17—22.

尤丹珍,郑真真. 农村外出妇女的生育意愿分析——安徽、四川的实证研究[J]. 社会学研究,2002,6:52—62.

张天路. 中国的宗教与少数民族人口再生产[J]. 人口研究,1990,6:16—21.

赵进文. 中国人口转变与经济增长的实证分析[J]. 经济学(季刊),2004,3:819—838.

郑加梅,卿石松. 家务分工与性别收入差距:基于文献的研究[J]. 妇女研究论丛,2014,1:107—114.

郑真真,杨菊华,马小红,周云,顾宝昌. 生育意愿、生育行为和生育水平[J]. 人口研究,2011,2:43—59.

郑真真. 从家庭和妇女的视角看生育和计划生育[J]. 中国人口科学,2015,2:16—25+126.

郑真真. 生育意愿的测量与应用[J]. 中国人口科学,2014,6:15—25+126.

郑真真. 中国育龄妇女的生育意愿研究[J]. 中国人口科学,2004,5:75—80+82.

周靖祥. 中国妇女生育意愿决定研究:基于工资收入获取视角[J]. 劳动经济研究,2014,1:166—187.

周俊山,尹银,潘琴. 妇女地位、生育文化和生育意愿——以拉萨市为例[J]. 人口与经济,2009,3:61—66.

周旅军. 中国城镇在业夫妻家务劳动参与的影响因素分析——来自第三期中国妇女社会地位调查的发现[J]. 妇女研究论丛,2013,5:90—101.

非正规金融、生产性资本和贫困脆弱性
——基于家庭贫困脆弱性的测度和分解

蔡　盈
（西南财经大学经济学院）

[摘要] 贫困脆弱性是度量家庭福利水平的前瞻性概念。本文基于期望效用理论（VEU）对家庭的贫困脆弱性进行分解和度量，发现家庭之间的不平等是家庭贫困脆弱性的主要部分。而在不平等部分中，社区和村庄层面的不平等占主要部分。除此之外，本文发现，家庭通过借贷来摆脱贫困或保证消费的平滑时，向正规金融机构借贷的行为不能降低家庭的贫困脆弱性，但是，非正规金融渠道的借贷行为能够有效降低家庭的贫困脆弱性。而这一降低家庭贫困脆弱性的机制之一是家庭通过借贷来配置自身的生产性资本，从而降低家庭的贫困脆弱性。

[关键词] 贫困脆弱性，民间借贷，不平等

一、引　言

2000年，世界银行提出贫困脆弱性这一概念，并用于度量家庭的福利状况。相较于贫困线这一静态概念，贫困脆弱性具有前瞻性，能够更准确地描述家庭的贫困全貌，也便于预测和监控贫困的发生。而在这一领域，我国目前的研究相对较少，而且主要集中在贫困脆弱性的度量（李丽和白雪梅，2010；万广华和章元，2009；杨文等，2012；章元和万广华，2010）。因此，贫困脆弱性的影响机制在发展经济学中仍然是值得研究和关注的一块空白。本文目的之一是基于CHARLS数据，测量和分解我国城乡家庭的贫困脆弱性，为后续的机制研究铺垫。

我国有大量的家庭从事自营农业生产和工商业经营，而对于个体创业而言，单单依靠自有资金是远远不足的，家庭无法通过个体创业来增加收入、摆脱贫困。在正规金融不发达的地区，家庭通过以亲友关系为代表的社会网络进行非正规金融形式的借贷，从而支持家庭的个体创业，摆脱贫困（马光荣和杨恩艳，2011）。因此，家庭的借贷行为可能是影响家庭当期和未来贫困状况的一个重要因素。同时，家庭也能通过借贷来抵御风险和平滑消费，实现跨期消费的效用最大化。依托于社会网络的民间借贷，可视为抵御灾害等重大冲击的一种非正式保险机制（Fafchamps and Lund，2003；Fafchamps and Gubert，2007）。这种视角强调保障人们的福利尽量不受风险的影响，而非用来摆脱贫困实现富裕。

然而，现实情况是我国正规金融机构发展滞后，针对家庭层面的贷款往往仅限于房

贷。政府主导的以银行为主体的金融体系,其职能更多的是吸收乡镇家庭存款,然后把资金放贷给大中型企业。一般的家庭缺少抵押品和信用担保,从而难以从正规金融机构借到钱,自然也无法为普通家庭的“脱贫致富”助力。由于正规金融机构缺位,家庭只有通过以亲友为代表的非正规金融渠道来进行借贷。本文另一个重要目的则是,比较家庭通过正规金融机构借贷和非正规金融渠道借贷行为对家庭脆弱性的影响,并讨论降低家庭贫困脆弱性的微观机制。

二、文献综述

(一)贫困脆弱性的测度

目前被广泛认可的贫困脆弱性的测量方法有三种。

第一种贫困脆弱性的测量理论是 VER(Vulnerability as Uninsured Exposed to Risk)理论。此理论判断家庭脆弱的标准是:当一个家庭遭受负面冲击时,由于较低的消费平滑能力导致现有的消费水平迅速下降。Amin(1999),Glewwe and Hall(1995),Dercon and Krishman(2000)将脆弱性定义为家庭对风险冲击的暴露或敏感性。其基本思想即是如果假设家庭消费支出与外生冲击共同变动,那么可证明家庭缺少平滑消费的能力或保障消费免于影响的机制。由于家庭对外生的不确定的冲击是过度敏感的,因而是脆弱的。判断脆弱性的大小即是测量消费因外生冲击的变动,通过将外生冲击作为自变量,对家庭消费及其变动进行回归,用回归系数来体现家庭贫困脆弱性的大小。

VER 刻画的是家庭对已经发生了的冲击或风险的应对能力,本质上是一种事后型的测度,因而不具有前瞻性。但是,由于已经发生了的事情都是固定的,其具有很高的可度量性。

第二种贫困脆弱性的测量理论是 VEU(Vulnerability as Low Expected Utility)理论。这一理论将脆弱性定义为风险的福利损失,Ligon and Schechter(2003)用确定性等值消费的效用和未来消费的期望效用之差来度量贫困脆弱性,即 $V_{ht}=U_h(z)-E(U_h(c))$。此种定义把脆弱性纳入消费期望的框架中,也把个人或主观的偏好纳入对效用函数的选择中,并提供了可行的量化方法。Ligon and Schechter(2003)把家庭的脆弱性分解为贫困和风险两个部分。杨文等(2012)把家庭的不平等和风险进一步细分为五个具有经济含义的分支。在这种方法中,测量家庭的持久性收入或消费是极其重要的一个环节。由于发展中国家大多缺乏面板数据,多数文献基于截面数据进行回归分析(Imai *et al.*,2010)。由于对扰动项的不同假设,回归的方法有所不同。Chaudhuri(2000)假设低消费均值的家庭与高消费均值的家庭面临的消费波动的可能性是一致的,即认为家庭特征扰动项同方差,并直接采取简单最小二乘回归(OLS)。Günther and Harttgen(2006)假设扰动项存在异方差,即家庭和家庭之间存在个体异质性。Christiaensen and Subbarao(2005)采用广义最小二乘回归(FGLS)对这一问题进行了讨论。仅有少数学者(Jalan and Ravallion,2001;Ligon and Schechter,2003)采用了面板数据回归,目的在于面板数据能够较好地克服因家庭特征中部分自变量不可观测而导致的内生性问题,从而获得参数的一致估计。

该理论已较为成熟,但是在测量家庭脆弱性的过程中,对数据要求较高。原则上不可以用家庭的收入来代替家庭消费进行测量家庭的期望效用,而且家庭的消费数据测量难度较大，且需要匹配当地和当期的价格水平数据；另外，在估计家庭的均衡消费水平时，收入作为消费的解释变量存在一定的内生性问题，使用截面数据估计时需要工具变量，使用面板数据才能提供理想的结果。

第三种贫困脆弱性的测量理论是 VEP（Vulnerability as Expected Poverty）理论。该理论将家庭贫困脆弱性定义为家庭在未来某时期陷入贫困的可能性。Christiaensen and Subbarao（2005）将贫困的脆弱性定义为未来的期望贫困：

$$V_{ht}=E(p(c_{h,t+1})\mid F(c_{h,t+1}\mid I_T))$$

其中，V_{ht}表示家庭 h 在第 t 时期的脆弱性，$c_{h,t+1}$表示家庭在 $t+1$ 时期的消费水平，$F(c_{h,t+1})$表示家庭在 $t+1$ 时期的福利水平的分布函数，I_T 表示第 t 时期的面板数据信息。若已知充足的面板信息，则可以估计分布函数的形式和参数。此种方法的测量取决于四个因素。第一是贫困线 z 的设定。万广华和章元（2009）发现贫困线设置得越高，家庭的脆弱性越大，同时贫困脆弱性的预测功能也越准确，目前多数学者采用新的国际贫困线 1.25 美元/天作为标准。第二是家庭未来永久性收入 c_h 的估计。对未来永久性收入采用不同的方法将会得到不同的脆弱性结果，而且各种方法的准确度不一样。第三是时期跨度的选择。不同时期跨度的选择也将产生不同的脆弱性估计值。根据已有文献，一般将未来消费的期限设定为 1 至 2 年（Christiaensen and Subbarao，2005）。第四是家庭脆弱线的设定。贫困线的设定有两种方法：一种是按照贫困家庭数占样本家庭总数的比例（Foster *et al.*，1984），另一种是将贫困线设定为 50%（Zhang and Wan，2006）。

使用该理论来估计家庭的脆弱性，一个极其重要的环节就是对永久性收入 c_h 的估计。对家庭的永久性收入 c_h 的估计方法主要有两种：第一种是蒙特卡罗自导法。该方法是基于可观测到的家庭特征以及家庭收入和消费的波动特征，来生成一个家庭未来的收入或消费的可能分布，并以此分布作为永久性收入或消费的代理分布，据此来推导所需的概率分布（Kamanou and Morduch，2002；Kühl，2003）。但是，万广华和章元（2009），以及章元和万广华（2010）的研究表明，蒙特卡罗自导法的效率和准确性相对其他方法而言较低，且直接计算过去若干年的简单算术平均值比通过回归方法计算得到的永久性收入方法更为精确。另一种方法即是直接假设未来持久性收入或小幅服从某种分布，例如正态分布，然后估计该分布的均值和方差，即可用于计算家庭的脆弱性。Rajadel（2002）根据 Sharpiro-Wilk 正态分布检验，假设家庭人均食品消费成对数正态分布，然后根据家庭的特征估计食品消费已经发生的均值和标准差。Chaudhuri（2000）、万广华和章元（2009）假定消费对数呈正态分布：$\ln c_{h,t+1}\sim N(\mu_{\ln c},\delta^2{}_{\ln c})$。还有学者采用回归的方法估计特征分布的均值和方差（Zhang and Wan，2006；Christiaensen and Subbarao，2005）。另外，有学者采用跨时期的面板数据建立计量模型，对家庭的跨时期消费的均值和方差进行估计（McCulloch and Calandrino，2003）。

比较 VEU 和 VEP 两种理论，虽然对家庭贫困脆弱性的定义不同，但是同样具有对家庭未来状况进行预测的作用。VEU 理论定义贫困脆弱性为“风险的福利损失”，同样可以视为福利在未来时期因风险受到损失，降低至某一水平的可能性。但是 VEU 理论测度家庭贫困脆弱性得到确切的数值，表示家庭在无风险情形下，资源重新配置能够提升福利的程度；VEP 理论则测度的是家庭在未来某时期福利水平低于贫困线的可能性，两者各有优劣。

（二）国外研究现状

Chen and Ravallion(2008)指出中国贫困人口自1981年大幅度减少，但是贫困问题不仅仅是对某一时期的福利状况进行讨论，还应该考虑家庭未来福利水平的变量。研究贫困脆弱性的文献克服了贫困线在测度家庭未来福利水平的不足。慢性贫困研究中心(Chronic Poverty Research Center, CPRC)于2005年指出拉丁美洲部分家庭即使跨时期平均收入高于贫困线，但是贫困脆弱性程度依旧很高，导致一些家庭不得不通过借贷或者变卖资产来维持生计，这说明脆弱性反映了家庭长期不确定性的动态特征。

家庭的脆弱性很大一部分源于家庭消费的不确定性。已有研究发现，农村居民消费的不确定性显著升高，消费的不平等性在地区间也日益扩大(Jian *et al.*,1996)，同时村内家庭之间的不平等也明显突出(Knight *et al.*,2009)。家庭消费水平和波动性同时影响家庭的福利水平，因此有必要测量和分析其影响因素，从而有助于缓解贫困政策的设计和提高风险管理策略的有效性(Knight *et al.*,2009;Tai *et al.*,2010)。

Ligon and Schechter(2003)采用VUP的方法，对贫困脆弱性进行分解，基于保加利亚家庭的月度数据发现不平等是家庭脆弱性的最主要部分，不可解释风险是风险的主要来源。Christiaensen and Subbarao(2005)将个人的贫困脆弱性定义为两部分的乘积，第一部分是其消费水平在未来降到贫困线以下的概率，第二部分是以消费降到贫困线以下的相对缺口作为权重的概率，由此测度了肯尼亚农村家庭的贫困脆弱性。Günther and Harttgen(2006)基于马达加斯加的数据，发现协同性风险是农村家庭脆弱性的主要来源。Günther and Harttgen(2009)发现农村家庭的脆弱性更容易受到社区层面冲击的影响，与协同性风险结论相互印证。

Zhang and Wan(2006)采用了VEP的方法，基于CHNS的面板数据指出，在其他条件保持不变的情况下，高贫困线下的脆弱性预测精确性更高，假设永久性收入服从对数正态分布，未来是贫困的概率以50%线作为较合适。Imai *et al.*(2009)基于中国的调查数据，发现教育、土地、基础设施和灌溉设备是减少中国农村家庭脆弱性的关键因素，同时中国的农业税费会加剧农村的脆弱性。Bronfman(2011)利用面板数据测度了智利农村家庭的贫困脆弱性，其结果表明，贫困脆弱性的影响范围远比贫困覆盖的范围广。

（三）国内研究现状

国内对此方面的研究较为薄弱，相对进展也较少。目前，该方面的研究可分为两类。一类文献更注重家庭层面贫困脆弱性的测量，并探讨测量方法和现实情况的匹配状况，验证方法的有效性。万广华和章元(2009)基于CHNS微观数据，使用VEP方法对样本家庭的贫困脆弱性进行了测度，并比较了不同的测度家庭永久性收入的方法的差异和精确性。李丽和白雪梅(2010)基于同样的数据和方法，并将相近的家庭脆弱性按照来源分解为收入高变动性(HV型)和低收入水平(LM型)。杨文等(2012)采用了VUP的方法对家庭贫困脆弱性进行了探讨，并基于Ligon and Schechter(2003)的分解脆弱性的工作进一步将家庭的不平等分解为村间不平等和村内不平等。

上述文献的主要贡献在于讨论了贫困脆弱性这一概念，并利用已有的微观数据，测量我国农村家庭的贫困脆弱性，描述了我国更为全面的贫困问题现状，为政策的制定提供了科学依据。

另一类文献则在测量贫困脆弱性的基础之上,讨论了可能影响家庭脆弱性的变量和贫困脆弱性之间的关系,为政策的制定提供了理论路径支持。徐伟等(2011)首次探讨了社会网络和家庭贫困脆弱性的关系,发现家庭的社会网络能够降低贫困脆弱性,还能够帮助家庭成员分担风险,从而间接地降低贫困脆弱性。樊丽明和解垩(2014)则讨论了公共转移支付对贫困脆弱性的影响作用,发现我国目前的公共转移支付机制对慢性贫困和暂时性贫困的脆弱性没有任何影响。但目前仅有的讨论可能影响家庭贫困脆弱性的因素和机制的研究是远远不够的。

三、理论框架

(一)贫困脆弱性的定义和分解

本文使用了 Ligon and Schechter(2003)对家庭脆弱性的定义和分解方法。假设农村家庭 $i(i=1,2,3,\cdots,n)$ 都是厌恶风险型,即其效用函数是严格递增且凹向原点,则把该家庭在特定时期的脆弱性定义为家庭的确定性等价效用与家庭期望效用的差值:

$$V_i = U_i(z) - EU_i(c_h) \tag{1}$$

其中,V_i 表示家庭 i 的贫困脆弱性,$U_i(z)$ 表示家庭 i 在没有任何风险和不平等情况下的消费水平,且该消费水平是均衡消费水平,$EU_i(c_h)$ 则表示家庭 i 在 t 时期的实际消费效用水平的期望值。因此,如果家庭在 t 时期的实际消费效用水平的期望值要大于其在没有风险和不平等状态下的均衡消费效用水平时,意味着该家庭不具有脆弱性,此时 $V_i \leqslant 0$;相反,当时 $V_i>0$ 时,家庭的实际消费所带来的效用无法达到无风险和不平等情况下的均衡消费效用水平,则认为此时的家庭具有贫困脆弱性,而且 V_i 越大,表示家庭的脆弱性越高。

由于家庭的脆弱性取决于家庭消费的波动性和平均水平,则可以沿用 Ligon and Schechter(2003)的方法将家庭的贫困脆弱性分解为贫困和风险两个部分:

$$V_i = [U_i(z) - U_i(E(c_i))] + [U_i(E(c_i)) - EU_i(c_i)] \tag{2}$$

其中,$U_i(z) - U_i(E(c_i))$ 表示家庭的贫困部分,即均衡消费效用和实际消费期望的效用的差值;$U_i(E(c_i)) - EU_i(c_i)$ 表示家庭消费的波动性,即脆弱性的风险成分。家庭的均衡消费效用可以视为贫困线水平上的家庭消费效用水平,对此的偏离程度即体现家庭的贫困部分。而家庭消费的波动性的风险来源是多样的,因此,有必要将风险部分分解为家庭的系统性风险、非系统下风险和由于某些变量无法观测或存在测量误差而导致的不可解释风险:

$$\begin{aligned} V_i = &[U_i(z) - U_i(E(c_i))] + [U_i(E(c_i)) - EU_i(E(c_i \mid \bar{X}_t))] \\ &+ [EU_i(E(c_i \mid \bar{X}_t)) - EU_i(E(c_i \mid \bar{X}_t, X_{it}))] + [EU_i(E(c_i \mid \bar{X}_t, X_{it})) - EU_i(c_i)] \end{aligned} \tag{3}$$

其中,$\bar{X}_t$ 表示省份和社区或村庄的虚拟变量,这是由于考虑到各省市以及不同社区、村庄之间存在消费习惯的差异,其可能是由于地理因素而产生。另外,X_{it} 表示家庭 i 在 t 时期的能够影响消费的家庭特征变量,如家庭人口特征、收入和物质资本等。因此,本文将用 $U_i(E(c_i)) - EU_i(E(c_i \mid \bar{X}_t))$ 来表示家庭的协同性风险(CovR),即不为家庭所影响的因素所造成的风险;$EU_i(E(c_i \mid \bar{X}_t)) - EU_i(E(c_i \mid \bar{X}_t, X_{it}))$ 表示家庭的异质性风险(IdioR),

即每个家庭内部因素而导致的风险；$EU_i(E(c_i|\bar{X}_t, X_{it}))-EU_i(c_i)$表示家庭的不可解释风险（UneR）。

另外，脆弱性中的贫困部分又能分解成为社区或村庄之间的不平等（InterP）和社区或村庄之内的不平等（IntraP）：

$$U_i(z)-U_i(E(c_i))=[U_i(z)-U_i(\bar{z})]+[U_i(\bar{z})-U_i(E(c_i))] \tag{4}$$

其中，$U_i(z)-U_i(\bar{z})$表示社区或村庄之内的不平等，$U_i(\bar{z})-U_i(E(c_i))$表示社区或村庄之间的不平等。那么，家庭的贫困脆弱性可以分解成为如下五个部分：

$$\begin{aligned} V_i=&[U_i(z)-U_i(\bar{z})]+[U_i(\bar{z})-U_i(E(c_i))] \\ &+[U_i(E(c_i))-EU_i(E(c_i|\bar{X}_t))] \\ &+[EU_i(E(c_i|\bar{X}_t))-EU_i(E(c_i|\bar{X}_t, X_{it}))] \\ &+[EU_i(E(c_i|\bar{X}_t, X_{it}))-EU_i(c_i)] \end{aligned} \tag{5}$$

（二）家庭效用函数

基于上述对贫困脆弱性的分解，为了计算出每个家庭对应的贫困脆弱性指标，还需要就家庭的效用函数进行设定。这里采用同 Ligon and Schechter（2003）类似的家庭效用函数 $U_i(x)$的具体形式：

$$U_i(c_i)=\frac{c_i^{1-r}}{1-r}, \quad r>1 \tag{6}$$

这里假定家庭为风险厌恶者，r 的取值反映了家庭对风险的敏感性，r 的取值越大，即说明家庭对风险的敏感性越高。

（三）贫困脆弱性的测度

在设定了具体的效用函数之后，还需要确定各项风险部分中条件期望的估计方法。假设消费服从对数正态分布，考虑到各项对家庭消费存在影响的因素后，设定为如下模型：

$$\ln c_{it}=\alpha\bar{X}_t+\beta X_{it}+u_i+\varepsilon_{it} \tag{7}$$

其中，$\ln c_{it}$表示家庭在时间 t 消费的对数；$\bar{X}_t$ 是家庭所处的省份和社区或村庄的虚拟变量；X_{it}是家庭特征变量的集合，包括家庭的人口特征、物质资本、是否有自来水、是否通电、收入水平、社会医疗保险和健康状况等变量；u_i 表示与家庭特征相关但不随时间变化的不可观测异质性对家庭消费的影响；ε_{it}是随机扰动项，表示家庭消费的测量误差。

四、数据与变量描述

本文所使用的数据来自中国健康与养老追踪调查（CHARLS）2011 年和 2013 年全国基线调查数据。中国健康与养老追踪调查 2011 年和 2013 年共计覆盖全国 10 000 多个家庭，且共有 8 000 余户家庭参加了两次访问，因此有充足的样本量构成平衡面板数据结构。另外，在数据处理过程中，本文去除了家庭人均消费低于第 5 百分位数（人均消费为

120元)和高于第95百分位数(人均消费为67 777元)的家庭样本。

为了准确测量家庭持久性消费支出,本文将家庭的总消费定义为家庭食品消费额、年度衣物支出额度、医疗保健支出、交通和通信支出、教育和文化支出、娱乐和休闲支出、居住支出和其他支出共计八项,并根据所在地2011年CPI和2013年CPI数据①进行了调整。类似的,家庭的总收入也做了类似的处理。

估算家庭持久性消费模型中所使用的解释变量均来自2011年和2013年调查问卷中所涉及的问题。首先,家庭人口特征包括家庭的人口规模,家庭的劳动力人数。由于这两个变量均是绝对变量,因此,本文采纳了家庭抚养率②这一相对变量来体现家庭劳动力供养家庭成员的相对情况。另外,本文采用了劳动力的平均受教育年数、劳动力的平均年龄和劳动力平均年龄平方以及户主的健康状况③作为家庭人口特征变量。其次,家庭的总收入主要由家庭成员的工资、家庭的农业生产及副产品收入和家庭的自营工商业收入三部分组成。考虑到部分家庭的绝大部分现金来源是社会保障和政府救助,本文将家庭的定期的社会救助金额也纳入了家庭总收入的范畴,而对于家庭接受的非定期的社会救济,由于其在长期而言是不可预测的,而且改变家庭平滑消费能力较小,因此不纳入考虑范围之内。家庭的生产性资产主要由家庭的生产性的耐用品组成。考虑到家庭的经济活动受到家庭社会资本的影响(马光荣和杨恩艳,2011),本文采用了户主是否是干部来体现家庭的社会网络的大小。最后,本文考虑了户主的总社会保险保费、居住房屋面积、拥有土地面积和家庭生活特征等变量。表1给出了本文涉及变量的描述性统计。在表1中,家庭通过非正规渠道借贷的金额均值比正规渠道的借贷金额的均值要大很多,说明目前我国家庭的主要借贷渠道仍然是以亲友关系为依托的非正规金融渠道。

表1 变量描述性统计

变量	样本量	均值	方差	最小值	最大值
正规渠道借贷	6 714	2 516	19 101	0	500 000
非正规渠道借贷	6 691	8 342	25 366	0	500 000
当期家庭收入	6 714	15 145	24 706	4	470 000
当期家庭总消费	6 714	17 517	12 467	2 700	66 860
劳动力平均受教育年数	6 714	15.58	19.48	0	24
劳动力平均年龄	6 696	43.47	33.65	0	60
劳动力平均年龄平方	6 696	5 160	6 184	0	49 284
家庭人口数	6 714	4.055	1.814	2	16
家庭劳动力人数	6 714	2.219	1.531	0	9
拥有土地面积	6 714	10.47	63.02	0	2 100
家庭生产性资产	6 714	3 307	28 684	0	1 300 000
居住房屋面积	6 682	206.4	219	0	10 000
户主是干部	6 711	0.0106	0.102	0	1

① CPI数据来自中国统计局省份CPI数据。

② 家庭抚养率即家庭的劳动力人数占家庭总人数的比例,最大值为1,最小值为0。这里的家庭总人数指的是家庭同住人口人数。

③ 户主的健康状况是一个比率指标。计算方式是1-(户主所确诊患病种类/慢性疾病总数),该变量越接近1即说明户主越健康。

（续表）

变量	样本量	均值	方差	最小值	最大值
户主总社会保险保费	6 713	167.5	745.1	0	29 060
家庭抚养率	6 714	0.713	0.884	0	7
户主健康状况	6 714	0.143	0.122	0	1
家庭没有通电	6 714	1.196	0.397	1	2
家庭没有自来水	6 714	1.424	0.494	1	2
家庭没有电话	6 714	1.529	0.499	1	2
家庭没有宽带	6 713	1.864	0.343	1	2

注：此处省略了家庭所对应的省份变量和社区或村庄变量。

五、实证分析

（一）条件期望估计

对家庭脆弱性各组成部分的测量的数据处理：第一，村内不平等。对于均衡消费值 z，采用对全样本的消费的均值，对于 $\bar{z}$，采用某社区或村庄的消费均值，由此体现社区或村庄之间的不平等差异。第二，村内不平等，对于家庭 i 在 t 时期的期望消费值，假定在测量家庭脆弱性期间，家庭的外部经济环境是稳定的，因此，取家庭在 t 时期的消费均值为其消费期望值 $E(c_i)$。第三，对于系统风险和非系统风险，采用随机模型对消费对数模型进行估计。本文中最主要的内生性问题是：在可能存在不可观测的因变量的情况下，如何准确测度家庭的消费状况，而面板数据能够较好地克服这一内生性问题。考虑到所用面板数据时间段较短，使用随机模型可以节省自由度。个体效应 u_i 是不可观测的，在对总体进行估计时应把个体效应 u_i 视为随机。另外，使用固定效应模型无法得到不随时间变化的协变量和家庭特征变量的参数值，这将对估计家庭贫困脆弱性带来最大的阻碍。对数消费模型的参数估计结果如表 2 所示：

表 2 家庭收入条件期望估计

变量	随机效应	变量	随机效应
劳动力平均年龄	-0.000814	户主健康状况	0.342***
	-0.000705		-0.0628
劳动力平均年龄平方	-3.15E-06	户主总保费对数	0.0471***
	-3.83E-06		-0.00784
劳动力平均受教育年数	0.0153***	当期家庭收入对数	0.0139***
	-0.00205		-0.00386
户主是干部	0.0933	家庭没有通电	-0.0266
	-0.068		-0.0257
居住房屋面积	6.59e-05**	家庭没有自来水	-0.0422**
	-2.95E-05		-0.0193
拥有土地面积	4.20E-05	家庭没有电话	-0.0312**
	-5.21E-05		-0.0154

（续表）

变量	随机效应	变量	随机效应
家庭生产性资产对数	0.0221***	家庭没有宽带	−0.249***
	−0.00223		−0.0208
家庭人口数	0.0766***	常数项	9.147***
	−0.00612		−0.156
家庭劳动力人数	0.0202**		
	−0.00835		
家庭抚养率	0.0245*	样本量	9 449
	−0.0138	家庭数	6 839

注：括号内为稳健性标准差；*** $p<0.01$，** $p<0.05$，* $p<0.1$。另外，此处省略了省份和社区变量。

以此为基础，进而可以得到 $E(c_i|\bar{X}_t, X_{it})$ 和 $E(c_i|\bar{X}_t)$ 的值，并以简单平均法求出其期望效用。最后，以 z 为基准，将 $\bar{z}$，$E(c_i)$，$E(c_i|\bar{X}_t)$，$E(c_i|\bar{X}_t, X_{it})$ 进行正则化处理，转化为百分数，这样有效地降低了家庭脆弱性被错误估计的可能性，并且能够缩小脆弱性和各分解部分的取值范围。

（二）家庭贫困脆弱性测量

由于在测量家庭的贫困脆弱性时涉及 r 的取值，因此，这里分别对 $r=2$ 和 $r=3$ 时的情况进行估计，结果如表 3 所示。显而易见的是，$r=3$ 时所估计的参数高于 $r=2$ 时所估计的参数，反映了家庭对风险敏感程度不同情况下的家庭脆弱性。当 $r=2$ 时，农村样本中家庭不平等部分占家庭脆弱性的 64.29%，城市家庭样本中占比 69.2%；类似的，当 $r=3$ 时，农村家庭不平等部分占比 64.55%，城市家庭不平等部分占比 67.96%。由此可见，家庭的不平等部分是家庭贫困脆弱性的主要部分。同时，家庭的不平等也反映了地区之内的贫富差异程度。因此，以消除不平等为直接目标的机制也能够有效降低家庭的贫困脆弱性，同时缓解地区之内的贫富差异状况。

表 3　不同家庭风险敏感程度下的贫困脆弱性测度

城乡（样本量）	$r=2$					
	Vup	InterP	IntraP	CovR	IdioR	UneR
农村（4 118）	0.266	0.020	0.151	0.098	−0.077	0.084
城市（2 564）	0.250	0.050	0.123	0.089	−0.080	0.072
城乡（样本量）	$r=3$					
	Vup	InterP	IntraP	CovR	IdioR	UneR
农村（4 118）	0.299	0.022	0.171	0.082	−0.076	0.100
城市（2 564）	0.284	0.053	0.140	0.076	−0.079	0.094

如果假设家庭对风险敏感程度的取值为 $r=2$，也就意味着当资源能够无成本地进行重新分配时，家庭的平均效用能够提高 26.6%，而这主要依赖于消除家庭脆弱性中的不平等部分来实现。

（三）家庭从非正规金融渠道借贷和正规金融机构借贷对贫困脆弱性的影响

本文将家庭的脆弱性及其组成部分对家庭的特征变量和家庭的非正规金融渠道借贷、正规金融机构借贷进行普通最小二乘回归（OLS），回归结果如表 4 所示。

在回归结果(1)中，非正规金融渠道借款能有效地降低家庭的贫困脆弱性，相比之下，正规金融机构借贷无法达到这一目的时。非正规金融渠道借贷是家庭社会网络和社会资本的一种代表，这说明家庭通过自身的社会网络来进行不同时期的资源配置，能够提高自身贫困免疫能力。这一结果同杨文等（2012）用亲友送礼作为社会资本代表来考察社会资本对家庭贫困脆弱性影响的结论保持一致。相比之下，正规金融机构借贷无法有效改善家庭的贫困脆弱性，这一结果说明了在我国民间金融力量所发挥的作用远大于正规金融机构的作用，特别是在通过金融系统帮助家庭改善自身经济状况，以摆脱贫困这一目的时。同时，这也印证了我国正规金融系统在家庭微观层面的作用甚微，近乎无效率的状况。通过比较回归结果(1)、(4)、(5)可以发现：家庭生产性资产是解释非正规金融渠道借贷能够改善家庭脆弱性的机制。这说明家庭往往通过向亲友借贷，购置家庭的生产性资料，来实现家庭生产的扩大化，在将来提高收入，由此来降低风险的福利损失。

家庭的当期收入的提高对于家庭的贫困脆弱性没有显著的影响，其原因可能是由于贫困脆弱性是对家庭未来陷入贫困的一种预测，而本期的收入对家庭未来的贫困状况的影响可能较小，尤其是对收入较低，几乎没有通过储蓄来调节各时期收入能力的家庭而言，当期的微薄收入仅能够满足当期的消费，不足以通过储蓄来应付未来可能发生的风险。

另外，用户主健康状况来表示家庭成员健康状况，显示健康状况较好的家庭能够降低自身的脆弱性，户主的社会保险①缴纳的保费数额越高，也能够降低家庭的脆弱性。这一发现同直观一致，家庭成员越健康，受到的社会保障越多，家庭越不容易受到重大疾病和退休、无法工作等状况导致收入剧烈变动之类的冲击，而在下一时期陷入贫困状况。同时，这也说明我国的社会保障制度对于防止家庭陷入贫困状况有重要影响。同时，回归结果显示，城市家庭相较于农村家庭更容易陷入贫困，这可以解释为城市中家庭的收入差距更大，而较为贫困的城市家庭相对于城市家庭的均衡消费的差距相对于农村家庭可能更大，即同样较为贫困的城市家庭面对更高的保证基本生存所需的消费水平，因此其贫困脆弱性会更高。

家庭的贫困脆弱性同家庭劳动力年龄成 U 形结构。劳动力平均受教育年数越高，家庭陷入贫困的可能性越低。户主是干部的家庭相较于户主不是干部的家庭，也会有较低的贫困脆弱性，这说明干部是家庭成员有相对较高社会地位的象征，而社会地位较高的家庭自然陷入贫困的概率更小。家庭拥有土地面积的增加能够降低家庭的贫困脆弱性，这说明拥有土地的家庭具有更多的家庭资产，应对陷入贫困的能力更强。

---

① 这里的社会保险保费包括户主的社会医疗保险保费和社会养老保险保费。

表 4　家庭贫困脆弱性的影响因素

变量	Vup				
	(1)	(2)	(3)	(4)	(5)
正规金融机构	-0.000277	-0.000401	-0.000429		
借贷	-0.00027	-0.000278	-0.000278		
非正规金融渠道	-0.00117***			-0.00119***	-0.00126***
借贷	-0.000315			-0.000315	-0.000323
当期家庭收入对数	-0.000241	-0.000196	-7.65E-05	-0.000247	-0.000138
	-0.000387	-0.000388	-0.000387	-0.000387	-0.000387
家庭生产性资产	-0.00135***	-0.00140***		-0.00135***	
对数	-0.000205	-0.000206		-0.000205	
户主健康状况	-0.0292***	-0.0299***	-0.0297***	-0.0293***	-0.0291***
	-0.00583	-0.00583	-0.00583	-0.00583	-0.00584
户主总保费对数	-0.00290***	-0.00290***	-0.00284***	-0.00290***	-0.00283***
	-0.000735	-0.000731	-0.000734	-0.000734	-0.000737
城市	0.0127***	0.0126***	0.0143***	0.0126***	0.0143***
	-0.00174	-0.00174	-0.00173	-0.00173	-0.00172
劳动力平均年龄	-0.000190***	-0.000176**	-0.000181***	-0.000191***	-0.000197***
	-6.93E-05	-6.92E-05	-6.96E-05	-6.93E-05	-6.96E-05
劳动力平均年龄	1.28e-06***	1.23e-06***	1.32e-06***	1.29e-06***	1.38e-06***
平方	-3.69E-07	-3.70E-07	-3.72E-07	-3.69E-07	-3.72E-07
劳动力平均教育	-0.00170***	-0.00176***	-0.00177***	-0.00170***	-0.00172***
年数	-0.000204	-0.000204	-0.000205	-0.000204	-0.000205
户主是干部	-0.0171**	-0.0171**	-0.0170**	-0.0170**	-0.0169**
	-0.00706	-0.00685	-0.00685	-0.00705	-0.00705
居住房屋面积	-4.78E-06	-4.95E-06	-6.08E-06	-4.80E-06	-5.85E-06
	-3.29E-06	-3.34E-06	-3.70E-06	-3.29E-06	-3.63E-06
拥有土地面积	-4.20e-05***	-4.17e-05***	-4.46e-05***	-4.21e-05***	-4.49e-05***
	-1.03E-05	-1.04E-05	-1.12E-05	-1.03E-05	-1.10E-05
家庭人口数	-0.00454***	-0.00456***	-0.00449***	-0.00457***	-0.00449***
	-0.000595	-0.000595	-0.000597	-0.000595	-0.000597
家庭劳动力人数	-0.00503***	-0.00527***	-0.00574***	-0.00502***	-0.00546***
	-0.000807	-0.000803	-0.000801	-0.000807	-0.000806
家庭抚养率	-0.00116	-0.00137	-0.00167	-0.00114	-0.00143
	-0.00139	-0.00139	-0.00139	-0.00139	-0.00139
家庭没有通电	0.00195	0.002	0.00199	0.00194	0.00191
	-0.00249	-0.00249	-0.00251	-0.00249	-0.0025
家庭没有自来水	0.00428***	0.00441***	0.00426***	0.00431***	0.00418***
	-0.00159	-0.00158	-0.00159	-0.00159	-0.00159
家庭没有电话	0.00372**	0.00380***	0.00444***	0.00373**	0.00436***
	-0.00145	-0.00145	-0.00145	-0.00145	-0.00145
家庭没有宽带	0.0243***	0.0242***	0.0242***	0.0243***	0.0242***
	-0.00195	-0.00195	-0.00195	-0.00195	-0.00194

（续表）

变量	Vup				
	(1)	(2)	(3)	(4)	(5)
常数项	0.0678***	0.0666***	0.0606***	0.0680***	0.0624***
	-0.00655	-0.00653	-0.0065	-0.00655	-0.00652
样本量	6 599	6 633	6 642	6 599	6 608
R-squared	0.159	0.156	0.15	0.159	0.153

注：括号内为稳健性标准差；***p<0.01，**p<0.05，* p<0.1。另外，此处省略省份和社区变量。

最后，家庭的规模越大，相对应的贫困脆弱性更低，这符合我国自古以来的以种姓族群而居的社会文化。家庭成员数量越多，家庭结构更为复杂稳定，越不容易在未来陷入贫困。类似地，劳动力人数越多，家庭对抗贫困的力量更大，也越不容易陷入贫困。

在表5中，在对家庭贫困脆弱性分解的基础之上，将家庭的特征变量和家庭的借贷状况同家庭脆弱性的各组成部分进行普通最小二乘回归，发现不同的特征变量对脆弱性各部分具有不同的影响，反映了更为细微的作用机制。

总的来看，非正规金融渠道借贷能够降低脆弱性中的不平等部分和除异质性风险以外的风险部分。家庭生产性资产能降低除不可解释风险以外的所有脆弱性组成部分。类似地，劳动力平均受教育年数越多、户主是干部或家庭规模较大或家庭劳动力人数越多的家庭的社区和村庄之内的不平等和异质性风险以及不可解释风险越低。

表5 贫困脆弱性各组成部分的影响因素

变量	InterP	IntraP	CovR	IdioR	UneR
	(1)	(2)	(3)	(4)	(5)
正规金融机构	-0.000187*	-0.000303	0.000323	-7.74E-05	-3.23E-05
借贷	-9.74E-05	-0.000235	-0.00024	-9.95E-05	-0.00024
非正规金融渠道	-0.000224**	-0.00103***	0.00106***	-0.000118	-0.000856***
借贷	-9.18E-05	-0.000267	-0.000275	-8.65E-05	-0.000287
当期家庭收入对数	-0.000488***	0.000286	-0.000418	-0.000104	0.000484
	-0.000134	-0.000368	-0.000369	-0.000102	-0.000358
家庭生产性资产	0.000360***	-0.00167***	0.00171***	-0.00161***	-0.00014
对数	-7.54E-05	-0.00019	-0.000191	-5.48E-05	-0.000188
户主健康状况	0.00134	-0.0307***	0.0300***	-0.0326***	0.00282
	-0.00206	-0.00549	-0.00552	-0.00156	-0.00549
户主总保费对数	-0.00138***	-0.000925	0.000673	-0.00160***	0.000335
	-0.000261	-0.00068	-0.000687	-0.000215	-0.000676
城市	0.00765***	0.00523***	-0.00794***	0.00570***	0.00206
	-0.000647	-0.00163	-0.00164	-0.000491	-0.00161
劳动力平均年龄	-9.21e-05***	-8.41E-05	7.56E-05	2.57E-05	-0.000115*
	-2.55E-05	-6.65E-05	-6.70E-05	-1.92E-05	-6.55E-05
劳动力平均年龄	4.22e-07***	7.96e-07**	-7.88e-07**	2.97e-07***	5.54E-07
平方	-1.44E-07	-3.57E-07	-3.60E-07	-1.07E-07	-3.50E-07
劳动力平均教育	-0.000119	-0.00146***	0.00141***	-0.00120***	-0.000329*
年数	-7.52E-05	-0.000191	-0.000193	-5.79E-05	-0.000189

（续表）

变量	InterP (1)	IntraP (2)	CovR (3)	IdioR (4)	UneR (5)
户主是干部	0.00284	-0.0192***	0.0203***	-0.00926***	-0.0117*
	-0.00247	-0.00698	-0.00722	-0.00195	-0.00693
居住房屋面积	2.03E-06	-5.15E-06	4.56E-06	-5.79e-06***	-4.30E-07
	-1.36E-06	-3.79E-06	-3.70E-06	-7.10E-07	-3.70E-06
拥有土地面积	-3.79e-05***	-2.56E-06	-6.96E-06	-1.98E-06	7.33E-06
	-4.23E-06	-8.66E-06	-8.77E-06	-2.30E-06	-8.52E-06
常数项	0.00613***	0.0473***	-0.0235***	0.0317***	0.00619
	-0.00236	-0.00612	-0.00612	-0.00187	-0.00601
样本量	6 599	6 599	6 599	6 599	6 599
R-squared	0.082	0.123	0.122	0.605	0.013

注：括号内为稳健性标准差；*** $p<0.01$，** $p<0.05$，* $p<0.1$。另外，此处省略了省份和社区变量，以及省略了家庭人口数、家庭劳动力人数、家庭抚养率、家庭是否通电等控制变量。

表 5 回归结果(1)中显示，正规金融机构借贷能够降低家庭的社区和村庄之间的不平等。结合我国各地区金融机构发展不均衡的现实情况，针对家庭借贷的正规金融机构发展越好的地区，越有能力改善家庭的贫困脆弱性，但总的来说，效果仍然不如非正规金融渠道借贷作用大。当期收入的增高仅能够显著地降低社区和村庄之间的不平等，而家庭拥有的土地面积也仅能够显著降低社区和村庄之间的不平等。而且，户主的社会保险缴费也能够降低家庭的社区和村庄之间的不平等。在回归结果(2)中，户主的健康状况显著地降低家庭的社区和村庄之内的不平等，劳动力受教育年数增加和户主是干部的家庭能够降低家庭的社区和村庄之内的不平等。

由于家庭不平等是脆弱性的重要组成部分，且占脆弱性的 60% 以上，因此，寻找有效地消除家庭不平等的机制，也是在寻找降低家庭脆弱性的有效机制。在表 6 和表 7 中，分别对家庭的社区和村庄之间的不平等和社区和村庄之内的不平等进行相关家庭特征变量的普通最小二乘回归(OLS)，试图发现能够降低家庭不平等有效机制。

在表 6 的回归结果中，正规金融机构借贷能够显著地降低家庭的社区和村庄间不平等，非正规金融渠道借贷也具有类似的作用，相比之下，仍然是非正规金融渠道借贷对家庭脆弱性中社区和村庄之间不平等的影响更大。家庭生产性资产的增加对社区和村庄间不平等有加剧作用。假设地区间的资源是一定的，那么资源的转移会导致地区的不平等程度提高。另外，比较表 6 中(2)、(3)和(4)、(5)的结果，不难发现家庭可以通过借贷来调整家庭生产性资本，从而降低家庭的脆弱性。

在表 7 的回归结果中，通过比较(2)、(3)和(4)、(5)的结果，虽然家庭社区和村庄内不平等主要受非正规金融渠道借贷的影响，仍然可以发现同一结论：通过借贷来调整家庭生产性资产是家庭借贷改善家庭脆弱性的一种有效途径。而与表 6 相反的是，表 7 中家庭生产性资本的提高对家庭的脆弱性有降低作用。这一结果仍然是合理的：某一家庭的生产性资本增多，可以通过扩大生产的方式提高未来收入，降低家庭的脆弱性，同时单独家庭的生产性资本增多不会显著减少其他家庭的生产性资本的数量。另外，家庭的生产性资本的提高对家庭贫困脆弱性的总效应仍然为负。

表 6 社区和村庄间不平等的影响因素

变量	(1)	(2)	(3)	(4)	(5)
正规金融机构	-0.000187*	-0.000210**	-0.000203**		
借贷	-9.74E-05	-9.95E-05	-0.0001		
非正规金融渠道	-0.000224**			-0.000236**	-0.000213**
借贷	-9.18E-05			-9.25E-05	-9.07E-05
当期家庭收入对数	-0.000488***	-0.000484***	-0.000512***	-0.000492***	-0.000519***
	-0.000134	-0.000134	-0.000134	-0.000134	-0.000134
家庭生产性资产	0.000360***	0.000352***		0.000358***	
对数	-7.54E-05	-7.52E-05		-7.54E-05	
户主总保费对数	-0.00138***	-0.00139***	-0.00140***	-0.00138***	-0.00140***
	-0.000261	-0.000259	-0.000259	-0.000261	-0.000261
拥有土地面积	-3.79e-05***	-3.78e-05***	-3.71e-05***	-3.79e-05***	-3.72e-05***
	-4.23E-06	-4.24E-06	-4.11E-06	-4.21E-06	-4.09E-06
家庭人口数	-0.000599***	-0.000593***	-0.000602***	-0.000620***	-0.000630***
	-0.000224	-0.000223	-0.000224	-0.000224	-0.000224
样本量	6 599	6 633	6 643	6 599	6 609
R-squared	0.082	0.081	0.077	0.081	0.078

注：括号内为稳健性标准差；***p<0.01，**p<0.05，* p<0.1。另外，此处省略了省份和社区变量，以及劳动力人数、家庭抚养率、家庭是否通电等控制变量。

表 7 社区和村庄内不平等的影响因素

变量	(1)	(2)	(3)	(4)	(5)
正规金融机构	-0.000303	-0.000411*	-0.000443*		
借贷	-0.000235	-0.000237	-0.000241		
非正规金融渠道	-0.00103***			-0.00105***	-0.00113***
借贷	-0.000267			-0.000266	-0.000275
家庭生产性资产	-0.00167***	-0.00173***		-0.00168***	
对数	-0.00019	-0.00019		-0.00019	
户主健康状况	-0.0307***	-0.0311***	-0.0308***	-0.0308***	-0.0305***
	-0.00549	-0.00549	-0.00551	-0.00549	-0.00551
户主是干部	-0.0192***	-0.0190***	-0.0188***	-0.0192***	-0.0190***
	-0.00698	-0.00679	-0.00677	-0.00697	-0.00695
家庭人口数	-0.00356***	-0.00359***	-0.00351***	-0.00359***	-0.00351***
	-0.000559	-0.000559	-0.000563	-0.000559	-0.000562
家庭劳动力人数	-0.00468***	-0.00488***	-0.00546***	-0.00467***	-0.00522***
	-0.000753	-0.00075	-0.000752	-0.000753	-0.000755
样本量	6 599	6 633	6 643	6 599	6 609
R-squared	0.123	0.121	0.111	0.123	0.114

注：括号内为稳健性标准差；***p<0.01，**p<0.05，* p<0.1。另外，此处省略了省份和社区变量，以及家庭抚养率、家庭是否通电等控制变量。

六、结论和政策含义

本文通过将家庭的脆弱性进行分解，分别计算出家庭脆弱性的各组成部分，得出家庭在不同风险敏感程度情形下的贫困脆弱性。研究发现：家庭贫困脆弱性的主要部分就是家庭的不平等部分，即社区和村庄之间不平等和其之内不平等之和，占家庭脆弱性60%以上。因此，直观意义上解决家庭的不平等问题即是在降低家庭的贫困脆弱性。而且，如果资源能够无成本地重新分配时，家庭的效用至少能够提高26.6%。家庭对风险敏感程度越高时，这一增幅比例将增加。

为了发现能够影响家庭贫困脆弱性的直接途径，本文就家庭脆弱性以及其各组成部分对家庭特征和家庭借贷变量进行普通最小二乘回归，得到如下结论：(1)家庭从亲戚、朋友等非正规金融渠道借款，能够显著地降低家庭的贫困脆弱性，相比之下，家庭从正规金融机构借款则无法显著降低家庭的贫困脆弱性。(2)向正规金融机构借贷仅能够消除社区和村庄之间的不平等，但仍不如家庭从非正规金融渠道借款有效。(3)家庭从非正规金融机构渠道借款，能够同时有效地降低家庭的不平等的两个部分。(4)家庭通过借贷来降低自身贫困脆弱性的一个重要机制即是通过调整自身的生产性资产，这一机制在家庭不平等的两个部分中均得以体现。

根据上述结论，本文认为通过发展正规金融机构对普通家庭的借贷业务能够有效地改善我国的贫困问题。之所以家庭从正规金融机构借贷不能够显著地降低家庭的脆弱性，其原因在于能够从正规金融机构进行借贷的家庭往往具有担保物和良好的信用信息，但是，这类家庭也自然不存在未来可能陷入贫困的问题。所以，以政府为主导，鼓励以银行、信用社为主体的正规金融机构开展对普通家庭的借贷业务，能够通过降低家庭贫困脆弱性的不平等部分来降低家庭的整体的贫困脆弱性。

参考文献

Amin A. An Institutionalist Perspective on Regional Economic Development[J]. International Journal of Urban and Regional Research, 1999, 23(2): 365-378.

Bronfman J. Measuring Vulnerability in Chile Using the Panel National Socio Economic Characteristics Survey for 1996-2001-2006[C]. Working Paper School of Public Affairs, American University. Presented at LACEA 2011 annual meeting, 2011.

Chaudhuri S. Empirical Methods for Assessing Household Vulnerability to Poverty[J]. School of International and Public Affairs, Columbia University, New York, 2000.

Chen S, Ravallion M. China is Poorer than We Thought, But No Less Successful in the Fight Against Poverty[J]. World Bank Policy Research Working Paper Series, 2008.

Christiaensen L J, Subbarao K. Towards an Understanding of Household Vulnerability in Rural Kenya[J]. Journal of African Economies, 2005, 14(4): 520-558.

Dercon S, Krishnan P. Vulnerability, Seasonality and Poverty in Ethiopia[J]. The Journal of Development Studies, 2000, 36(6): 25-53.

Fafchamps M, Gubert F. The Formation of Risk Sharing Networks[J]. Journal of Development Economics, 2007, 83(2): 326-350.

Fafchamps M, Lund S. Risk-sharing Networks in Rural Philippines [J]. Journal of Development

Economics, 2003, 71(2): 261-287.

Foster J, Greer J, Thorbecke E. A Class of Decomposable Poverty Measures[J]. Econometrica: Journal of the Econometric Society, 1984: 761-766.

Glewwe P, Hall G. Poverty and Inequality During Unorthodox Adjustment: The Case of Peru 1985-90 [J]. 1992.

Günther I, Harttgen K. Households' Vulnerability to Covariate and Idiosyncratic Shocks[C]//Proceedings of the German Development Economics Conference, Berlin. 2006, 10.

Imai K S, Wang X, Kang W. Poverty and Vulnerability in Rural China: Effects of Taxation[J]. Journal of Chinese Economic and Business Studies, 2010, 8(4): 399-425.

Jalan J, Ravallion M. Behavioral Responses to Risk in Rural China[J]. Journal of Development Economics, 2001, 66(1): 23-49.

Jian T, Sachs J D, Warner A M. Trends in Regional Inequality in China[J]. China Economic Review, 1996, 7(1): 1-21.

Kamanou G, Morduch J. Measuring Vulnerability to Poverty[M]. WIDER Discussion Papers//World Institute for Development Economics (UNU-WIDER), 2002.

Knight J, Lina S, Gunatilaka R. Subjective Well-being and Its Determinants in Rural China[J]. China Economic Review, 2009, 20(4): 635-649.

Kühl J J. Disaggregating Household Vulnerability-analyzing Fluctuations in Consumption Using a Simulation Approach[J]. Copenhagen: Institute of Economics, University of Copenhagen. Unpublished manuscript, 2003.

Ligon E, Schechter L. Measuring Vulnerability[J]. The Economic Journal, 2003, 113(486): C95-C102.

McCulloch N, Calandrino M. Vulnerability and Chronic Poverty in Rural Sichuan[J]. World Development, 2003, 31(3): 611-628.

Rajadel T. Vulnerability and Participation to the Non-agricultural Sector in Rural Pakistan[R]. TEAM Working Paper, Paris: TEAM, Université Paris, 2002.

Tai X, Li S, Marcus F, et al. Households' Risk Management Strategies and Vulnerability to Poverty in Rural China[J]. *ISDA*, Montpellier, 2010: 1-29.

Zhang Y, Wan G. An Empirical Analysis of Household Vulnerability in Rural China[J]. Journal of the Asia Pacific Economy, 2006, 11(2): 196-212.

樊丽明, 解垩. 公共转移支付减少了贫困脆弱性吗? [J]. 经济研究, 2014, 8: 6.

李丽, 白雪梅. 我国城乡居民家庭贫困脆弱性的测度与分解——基于 CHNS 微观数据的实证研究[J]. 数量经济技术经济研究, 2010 ,8: 61—73.

马光荣, 杨恩艳. 社会网络, 非正规金融与创业[J]. 经济研究, 2011, 3: 83—94.

万广华, 章元. 我们能够在多大程度上准确预测贫困脆弱性? [J]. 数量经济技术经济研究, 2009 , 6: 138—148.

徐伟, 章元, 万广华. 社会网络与贫困脆弱性——基于中国农村数据的实证分析[J]. 学海, 2011 , 4: 122—128.

杨文, 孙蚌珠, 王学龙. 中国农村家庭脆弱性的测量与分解[J]. 经济研究, 2012, 4: 40—51.

章元, 万广华. 贫困脆弱性度量方法的比较研究[D]. 复旦大学中国社会主义市场经济研究中心工作论文, 2010.

即期汇率与远期汇率的协整回归关系研究

——基于英镑/美元的实证检验

李兴国

（西南财经大学经济学院）

［**摘要**］远期汇率定价是否合理直接影响着即期汇率的预期和走势。本文以即期汇率和远期汇率的关系作为主要研究对象有着一定的理论意义和实际价值。本文首先研究的是抛补利率平价理论在远期汇率定价模型中的应用，进而讨论了外汇市场上的远期汇率是否可以成为未来汇率的无偏估计，从而印证远期外汇市场的价格发现功能。本文通过单位根检验，确定汇率的价格序列具有一阶差分平稳性，在此基础上对外汇交易市场英镑/美元即期与远期汇率之间的协整关系进行实证分析，研究发现它们存在长期的稳定关系，继而探讨其短期变动特点。实证还发现即期汇率是远期汇率的 Granger 原因，这将有助于投资者制定决策并有效地规避风险。

［**关键词**］抛补利率平价理论，协整检验，向量误差修正模型

一、引　言

汇率是本国货币的国际价格，其变化反映了本币国际购买力的经济基本面的变化。随着全球化程度不断提高，各国对外经贸关系日益紧密，大量资本跨境流动，在外汇市场上表现为交易量的不断放大。汇率作为外汇市场的交易价格，必然会随供求关系上下波动，这使得居民和企业面临的汇率风险不断增加。规避汇率风险的常见办法是在远期市场上进行套期保值。因而了解远期汇率市场的定价机制，了解即期与远期汇率走势的相互关系，不仅便于投资者发现套利机会；便于套期保值者得到未来汇率走势的相关信息；便于监管者政策的研究与制定，还有利于推动我国外汇远期市场的发展和完善。

在远期汇率的定价机制方面，本文采用抛补利率平价理论并进行实证检验，利率平价理论是阐述国内外利率水平差异对一国货币远期汇率起决定作用的基本学说，汇率的远期升贴水率等于两国货币利率之差。因而凯恩斯认为，可以通过分析抛补套利所引起的外汇交易来说明远期汇率的决定机制。

在即期与远期汇率走势的相互关系方面，本文采用一阶单整序列的协整回归分析。浮动汇率制度成为许多国家的主导汇率制度后，汇率的变动越来越频繁，浮动幅度也愈来

愈大。在这一背景下,针对平稳时间序列的传统计量经济模型已然失效,出现所谓的“伪回归现象”。为了弥补其不足,协整分析成为一种广泛应用的技术方法。通过协整分析可以检验变量之间是否存在稳定的长期关系。实际上,如果存在长期稳定的关系,说明变量之间的关系可以用相应的经济理论来解释,因而本文的一个方面就是针对协整关系检验远期汇率的无偏性假设(FRUH)。

因而,本文研究对象为即期汇率 s_t,未来汇率 s_{t+k}和远期汇率 f_t(t 表示当期时间,k 表示远期合约期限,各变量均已进行对数化处理)。研究思路为从远期汇率的定价机制出发,并基于远期汇率的无偏性假设(FRUH),在研究未来汇率 s_{t+k}和远期汇率 f_t 之间协整关系的基础上,推导出即期汇率 s_t 和远期汇率 f_t 之间的协整关系模型,最终利用英镑/美元 1986—2011 年汇率数据予以实证检验和估计。本文通过对英镑/美元数据的实证检验后发现,即期与远期汇率组成系统的协整关系成立,这个系统存在长期的稳定关系,故进一步建立向量误差修正模型(VECM)进行即期与远期汇率短期变动关系的研究,从而为人们制定投资和套期保值决策提供有益的参考。最后,本文检验了即期与远期汇率间的 Granger 因果关系,进而对两者彼此间领先、落后或同步等关系进行探讨。

二、文献综述

利率平价思想,由来已久。第一个研究远期外汇理论的是德国经济学家沃尔塞·劳兹。1889 年,他在观察维也纳远期外汇市场的交易时考虑到用利率差来解释即期汇率和远期汇率之间的关系。到 1923 年,英国经济学家凯恩斯在其著作 *A Tract on Monetaty Reform*(《论货币改革》)中第一次系统地阐述了利率和汇率之间的关系,即利率平价理论。英国经济学家艾因齐格于 1937 年出版了 *The Theory of Forward Exchange*(《远期外汇理论》)一书,补充和完善了凯恩斯的利率平价理论,并将凯恩斯的静态理论发展为动态的利率平价理论。在凯恩斯和艾因齐格提出定性的利率平价理论之后,Aliber, Frenkel 和 Levich 运用现代数理分析进行演绎,归纳为现代利率平价公式。直到目前,都一直认为利率平价理论是远期汇率定价的重要依据。

有很多文献在检验远期汇率是否是未来汇率的无偏估计,早些的研究多基于未来汇率 s_{t+k}对远期汇率 f_t 的对数值回归,这些研究结果大致支持了远期汇率的无偏假设。但是由于汇率的单位根行为,Granger 证实这是伪回归现象。在之后的研究中,人们把注意力转向未来汇率对数变化值 Δs_{t+1}对远期溢价 f_t-s_t 的回归,但结果显示其违背了 FRUH。最近的研究中,人们主要关注协整和 FRUH 检验之间的关系,这些研究的结果不尽相同,而主要取决于协整模型的构建方式。

人们已经认可 FRUH 需要 s_{t+k}和 f_t 之间满足协整向量为(1,-1)的协整关系,最近的文献中都已经在使用 s_{t+k}和 f_t 之间的协整模型。同时可以求证的是,FRUH 需要 s_t 和 f_t 之间满足协整向量为(1,-1)的协整关系,但只有很少研究者做了基于 s_t 和 f_t 之间协整模型的分析。因此本篇论文的主要贡献即在于重点细致地研究 s_t 和 f_t 之间的协整模型,辅以 s_{t+k}和 f_t 之间的协整模型,以及这些关系对于 FRUH 检验的意义。

三、数据选取及平稳性检验

（一）变量及数据选取

本文的实证变量为经过对数化处理的即期汇率 s_t、未来汇率 s_{t+k} 和远期汇率 f_t（t 表示当期时间，k 表示远期合约期限）。

本文汇率数据是取自伦敦外汇市场的英镑/美元每日收盘价的历史时间序列，样本区间为 1986 年 1 月 1 日至 2011 年 12 月 1 日，总共 6 368 个交易日的收盘价，包括 1 个月、3 个月、6 个月等 3 个期限结构的远期汇率与即期汇率数据。

利率数据对应选取了伦敦银行间同业拆借市场（LIBOR）上的英镑利率和美元利率。数据来自英国银行协会官方网站。选用银行间拆借市场利率作为货币市场基准利率，是因为拆借利率变动频繁，能迅速、及时、准确地反映货币市场资金供求的变动情况，是货币市场上最敏感的利率，其市场化程度比其他各项利率都要高。因此最适用于利率平价模型的利率指标。

（二）随机漫步模型及单位根平稳检验

在进行时间序列分析时，传统上要求所用的时间序列必须是平稳的，即没有随机趋势或确定趋势，否则会产生“伪回归”问题。这是因为平稳时间序列在各个时间点上的随机性服从相同的概率分布。然而，对于一个非平稳时间序列而言，时间序列的数字特征是随着时间的变化而变化的，其在各个时间点上的随机规律是不同的，难以通过序列已知的信息去掌握时间序列整体上的随机性。

最近的一些时间序列文献表明，基于 s_{t+k} 对 f_t 的标准最小二乘回归估计是无效的，因为检验发现，主要工业化国家的即期汇率 s_t 和远期汇率 f_t 是非平稳的，存在一阶单位根过程。

在理性预期和风险中性假设下，可以推知：

$$s_{t+1}-s_t=C+u_{t+1} \tag{1}$$

其中 $C=i_t-i_t^*$，并假定两个名义汇率差恒为常数 C。（1）式说明即期汇率是含位移 C 的随机游走，即预期的即期汇率相当于现在的即期汇率加上一个可能存在的偏移项 u_{t+1}。当不存在偏移项的情况下，s_t 可直接表示为未来即期汇率的合理预期值。

为了检验理性预期下的随机漫步模型，可采用单位根检验（ADF），建立下列回归模型：

$$s_t=\alpha+\rho s_{t-1}+\sum_{i=1}^{p}\alpha_i\Delta s_{t-i}+\varepsilon_t \tag{2}$$

在（2）式中，滞后差分项 $\sum_{i=1}^{p}\alpha_i\Delta s_{t-i}$ 是为了消除序列 ε_t 的自相关性。如果随机漫步模型成立，则 $\rho=1$。由方程（2）计算的参数 t 统计量具有 ADF 分布，现在利用（2）式对英镑/美元即期汇率和远期汇率进行单位根检验。检验对 ADF 回归式遵循信息准则 AIC 或者 SBIC，经检验该模型的 AIC 和 SBIC 值在 $p=2$ 时达到最小，此时残差 ε_t 是白噪声过程。因此，单位根检验取滞后 2 阶。

此处我们不仅采用了传统上的 ADF 单位根检验，同时采用了最为有效的 DF-GLS 单位根检验方法以降低犯第二类错误的可能性。表 1 中的检验结果显示英镑/美元即期汇率以及各期限的远期汇率均无法在 5%的显著性水平上拒绝“存在单位根”的原假设。因而即期汇率和远期汇率均为非平稳序列，且为一阶单整序列，即 $I(1)$ 过程。这个实证检验的结果表明，在外汇市场上英镑/美元即期汇率和远期汇率均服从随机漫步模型。

表 1 英镑/美元即期汇率和远期汇率的单位根检验

ADF 检验	$\ln x$	$\Delta \ln x$
即期汇率 s_t	-2.851 (0.052)	-55.725 (0.000)
1 个月 s_{t+1}	-2.856 (0.051)	-56.154 (0.000)
3 个月 s_{t+3}	-2.822 (0.055)	-56.256 (0.000)
6 个月 s_{t+6}	-2.859 (0.050)	-56.784 (0.000)

注：括号内为检验的 p 值。

四、基于利率平价理论的远期汇率定价实证研究

（一）远期汇率决定的理论基础——抛补利率平价理论（CIP）

抛补利率平价反映的是远期汇率与国际利率差的关系，认为远期汇率是由即期汇率、本国利率和外汇利率这三者共同决定的，两个国家的利率差额等于远期货币兑换率与即期货币兑换率之间的差额。

1. 理论的假定

该理论假定金融市场上的大部分投资者可以在套利活动中通过套期保值性质的远期外汇交易来抵补未来的即期汇率波动以规避风险。该理论有如下假定条件：(1)套利活动中的交易成本为零。(2)存在发达、完善并且有效率的国际金融市场。(3)套利资金的供给弹性无穷大。(4)不同国家金融资产及不同类型的金融资产可以完全替代。

2. 理论的主要内容和观点

该理论认为，均衡汇率是通过国际抛补套利所引起的外汇交易形成的。在两国利率存在差异的情况下，资金将从低利率国流向高利率国以谋取利润。套利者往往将套利与掉期业务相结合，以避免汇率风险，保证无亏损之虞。大量掉期外汇交易的结果是，高利率国货币的即期汇率上浮，远期汇率下浮，由此高利率国货币会出现远期汇率贴水。随着抛补套利的不断进行，远期差价就会不断加大直至等于两国利差，利率平价成立。

3. 抛补利率平价理论的公式表达

套利理论告诉我们，当金融资产的收益率不同时，金融市场上就会存在套利机会，而套利行为会使金融资产的收益率趋于相同，此时外汇市场就有下式成立：

$$F_t = S_t \times [(1+R_t^*)/(1+R_t)] \tag{3}$$

其中，t 代表时间，R_t 代表国内名义利率，R_t^* 代表国外名义利率，F_t 为远期汇率，S_t 为

即期汇率。表示一单位本币兑换后投资于国外市场经过一段时间，再以事先在远期市场上确定的价格 f_t 售出的收益率应等于投资于国内市场的收益率。

通过分析此种抵补套利所引起的外汇交易后，可以说明远期汇率是如何决定的。由于资本的流动频繁且迅速，使得利率平价能够在实际中较好地成立，从而被广泛地应用于交易定价中。我们可以利用利率平价公式来计算远期汇率，即使用即期汇率得到一个理论上的远期汇率价格。

$$F_t = S_t e^{(r-r^*)T} \tag{4}$$

(4)式是远期汇率的定价模型。r_t 和 r_t^* 分别为国内和国外的连续无风险利率；T 表示远期合约到期时的时间间隔。

令 $T=1$，进而通常可以表示为对数形式，得：

$$f_t - s_t = r_t - r_t^* \tag{5}$$

公式(5)被称为抛补利率平价公式(CIP)。抛补利率平价理论(CIP)的含义是：汇率的远期升水(贴水)等于两国货币的利率差异。如果本国利率高于外国利率，则本币即期升值而远期贬值；如果本国利率低于外国利率，则本币在即期贬值而远期升值。

尽管抛补利率平价理论有诸多的缺陷，但它揭示了国内利率、国外利率、即期汇率和远期汇率的内在关系，提供了一种进行抵补套利决策的简明计算方法。更为远期外汇交易中的远期汇率定价问题提供了理论基础。

(二) 抛补利率平价对远期汇率预测功效的实证检验

根据前文所述，我们可以估计英镑/美元的远期汇率理论价格，并与实际值做差进行比较，此处选用英镑/美元的 1 个月远期汇率作为检验对象。首先根据远期汇率定价模型，即利用公式 $F_t = S_t e^{(r-r^*)T}$ 计算出每日的理论远期汇率，再与实际值做差求出相差点数。得到误差结果如图 1 所示：

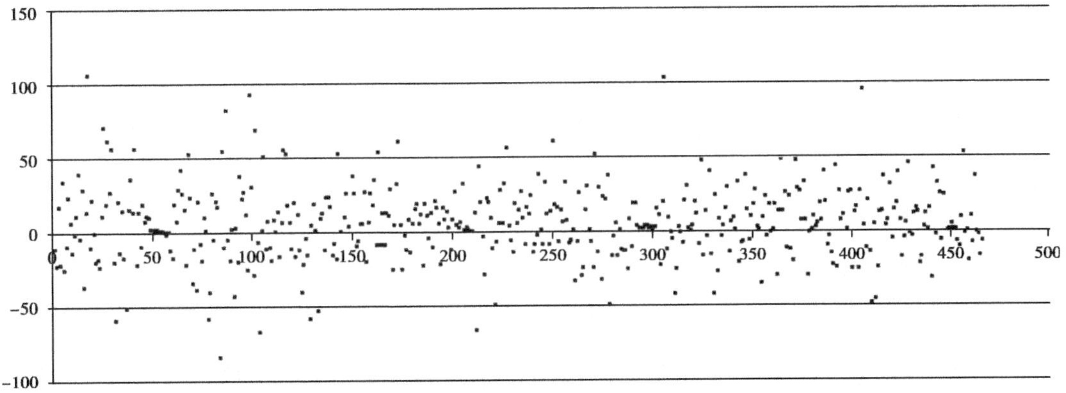

图 1　1 个月远期汇率理论值与实际值点差

从图 1 中可以看出，英镑/美元理论远期汇率与实际远期汇率一直存在偏差，但这个偏差表现为围绕水平轴值，在 50 个点差范围内进行波动，可见基本上符合对实际值的无偏估计。更精确的统计表明，有 46%的数据偏差小于 20 点，63%的数据偏差小于 30 点，84%的数据偏差小于 50 点。相较于英镑/美元平均 1.6581 的水平而言，偏差也只有 0.3%。因而利用抛补利率平价对远期汇率进行预测具有一定的功效。

同时我们也注意到大约有 74%的远期汇率理论值倾向于高估实际值，这也可能是由于美元在世界货币体系中的特殊地位造成的,此外诸如交易成本、突发事件等其他一些非利率因素等局限性也没有考虑。因而抛补利率平价仍有进一步发展和完善的可能。

五、基于线性回归模型的远期汇率无偏性检验

(一)远期汇率的无偏性假设(FRUH)

在 CIP 通常是被接受的情况下,它与投资人风险中性的假设相结合,套利行为确认了未来 $t+k$ 时刻的远期汇率应该等于预期的同样时刻的即期汇率,在协整与远期汇率无偏性假设之间关系的研究中,理性预期和风险中性条件下的远期汇率的无偏性假设即为:

$$E_t[s_{t+k}]=f_t \tag{6}$$

$E_t[\cdot]$定义了在时间 t 的信息集上的条件期望。FRUH 经常用以下形式表示:

$$s_{t+k}=f_t+\zeta_{t+k} \tag{7}$$

ζ_{t+k}是随机变量且 $E_t(\zeta_{t+k})=0$。

一般来说有两个不同的回归方程式可以用来检验 FRUH:

1. 第一种用来检验 FRUH 的水平回归式

$$s_{t+k}=\mu+\beta_f f_t+u_{t+k} \tag{8}$$

FRUH 成立的原假设是 $H_0:\mu=0,\beta_f=1$,且 $E_t(u_{t+k})=0$。大多数检验发现,β_f 十分接近于 1 而支持 FRUH。至于在不违背 FRUH 情况下检验 $E_t(u_{t+k})=0$,被认为是在理性预期和风险中性条件下远期市场效率的检验。假设s_t、f_t都服从单位根过程,即 s_t、$f_t\sim I(1)$,那么 FRUH 要求 s_{t+k}、f_t 具备与协整向量$(1,-1)$对应的协整关系,并且平稳的协整残差 u_{t+k} 满足 $E_t(u_{t+k})=0$。

由于 s_t、f_t 存在单位根过程,水平回归就不是有效的回归方程,因为存在伪回归的问题。但事实是,如果 s_{t+k}、f_t 存在与$(1,-1)$对应的协整关系,就能得到平稳时间变化的风险溢价,因此等式(8)中的 u_{t+k}是 $I(0)$过程,从回归式(8)中得到的 OLS 估计也会与 $\beta_f=1$ 高度一致,但是一般来说由于序列相关性的存在,估计参数并不有效且在小样本情况下会有偏于 1,关于参数 μ、β_f 的 t 检验和 F 检验可能会失效。

2. 第二种用来检验 FRUH 的差分回归式

$$\Delta s_{t+k}=\mu^*+\alpha_s(f_t-s_t)+u_{t+k}{}^* \tag{9}$$

FRUH 成立的原假设为 $H_0:\mu^*=0$, $\alpha_s=1$ 并且 $E_t(u_{t+k}{}^*)=0$。给定(9)式中的 s_t、$f_t\sim I(1)$时,f_t-s_t 一定是 $I(0)$过程。假设抛补利率平价成立,则远期升水 f_t-s_t 是各国的利息率之差,我们也能在经济意义上相信这样的差异并不包括单位根过程。因此,基于(9)式的 FRUH 的检验隐含着假设远期升水是 $I(0)$过程,这建立在 s_{t+k}、f_t 具备与协整向量$(1,-1)$对应的协整关系基础上。

3. 推导$(s_t,f_t)'$和$(s_{t+k},f_t)'$协整模型的关系

基于(8)式和(9)式的 FRUH 的检验包含了 s_{t+k}与 f_t 以及 s_t 和 f_t 的协整关系,在原假设成立的条件下可以推出:

$$s_{t+k}-f_t=\Delta s_{t+k}-(f_t-s_t) \tag{10}$$

可以容易地看出,由于 Δs_{t+k}是平稳的,故在 s_t、$f_{t+k}\sim I(1)$且协整向量为$(1,-1)$的假设

下，s_t 与 f_t 就一定也服从协整向量为（1，-1）的协整关系，反之亦然。因而 $(s_t, f_t)'$ 和 $(s_{t+k}, f_t)'$ 的协整模型都可以用来描述和检验 FRUH，但是使用的模型形式对于结果推论会有复杂的影响。结果表明，$(s_t, f_t)'$ 的向量误差修正模型很好地描述了汇率数据的协整关系并自然无法拒绝 FRUH，本文侧重研究 s_t 与 f_t 的协整关系，能够得到一些更有价值的实证结果。

（二）最小二乘回归模型（OLS）检验

虽然我们现在已经知道 s_{t+k} 与 f_t 的单位根过程会导致伪回归现象，但从历史研究发展上看，从最简单的 OLS 入手仍是有必要的，最小二乘回归模型检验基于以下形式：

$$s_{t+k} = \mu + \beta_f f_t + u_{t+k} \tag{11}$$

s_{t+k} 和 f_t 分别是未来汇率和远期汇率的自然对数值，如果原假设 FRUH 成立，则 $H_0: \mu = 0, \beta_f = 1$，且 u_{t+k} 序列无关，那就说明远期汇率是未来汇率的无偏估计。

（三）检验结果

使用样本数据，根据（11）式对英镑/美元的外汇远期市场的无偏性进行检验，结果如表 2 所示：

表 2　OLS 回归结果

远期合约	(1) s_{t+1}	(2) s_{t+3}	(3) s_{t+6}
1 个月	0.922***		
	(0.005)		
3 个月		0.751***	
		(0.008)	
6 个月			0.550***
			(0.011)
Constant	0.041***	0.130***	0.233***
	(0.002)	(0.004)	(0.005)
观测值	6 338	6 278	6 188
R-squared	0.855	0.568	0.306

注：括号内为标准差；*** $p<0.01$，** $p<0.05$，* $p<0.1$。

在 5%的显著性水平下，1 个月、3 个月、6 个月的英镑/美元远期汇率参数 β_f 的 t 统计量显示该参数估计都显著地不等于零，但 β_f 随着合约期限增加愈加偏离 1。同时远期汇率对未来汇率的拟合程度 R^2 较高，但随着合约期限的增长而逐渐减低。这说明即期汇率与远期汇率之间存在明显的线性关系，而这种线性关系的显著性随着合约期限的增长而减小。

除此以外，在进行序列相关性的 DW 检验中，发现合约回归的 DW 值都与 2 偏离较大，说明残差项 u_{t+k} 存在明显的序列相关性。残差的这种序列相关性会导致方程最小二乘回归的假定之一，即 $\mathrm{Cov}(u_i, u_j) = 0$ 被违背，虽然不影响回归方程估计参数的无偏性和线性，但是会使得参数估计值失去有效性，t 检验此时可能失效。

我们已经知道，两个相互独立的单位根变量可能出现样本值比较相关的情况，即存在

“伪回归”。而且上文对汇率数据的平稳性检验也验证了单位根过程的存在,为了避免此类问题,我们可以通过协整回归解决。

六、基于协整关系的远期汇率无偏性检验

消除非稳定问题的方法是使用协整方法来检验市场的有效性和远期汇率的偏差。协整理论把时间序列方法中对模型短期动态设定的优点和数量经济学中长期均衡关系确定的特点融为一体,为非平稳多变量时间序列分析提供了有力的理论和方法。根据上文对即期汇率和远期汇率的单位根检验可知,本文使用的即期汇率和远期汇率时间序列符合一阶单整 $I(1)$ 过程。

(一)协整理论简介

在经济领域,许多宏观经济变量都是非平稳的,其线性组合常常也是非平稳的。传统的计量经济学由于没有检验经济变量的非平稳性,因此建立的回归模型常常出现“伪回归”现象。

两个或多个非平稳时间序列的线性组合可能是平稳的。假如这样一种平稳的或 $I(0)$ 的线性组合存在,这些非平稳(有单位根)时间序列之间被认为是具有协整关系的。协整关系的定义为:

考虑 n 个随机过程,(1) $X_k—I(d)$;(2) 存在一个线性关系,即 $\beta_1x_1+\beta_2x_2+\cdots\beta_kx_k—I(d-b)$。

称 n 个随机过程存在协整关系,记为 $X_k—CI(d,b)$,β 是协整向量。

在实践中,许多金融变量都包含一个单位根,即 $I(1)$,所以最常见的协整关系为 $CI(1,1)$。如果一组变量的线性组合是平稳的,那么这个线性组合就被称为协整方程,用来解释变量之间的长期均衡关系。一些时间序列虽然是非平稳的,但随着时间的推移他们将一起移动,就是说在长期中这两个序列受到某种关系的约束。这主要是因为协整变量只是在短期内偏离它们的均衡关系,但从长期看它们会回复到原有的联系中去。

协整分析通过检验非平稳变量之间是否存在平稳的线性组合关系,从而发现变量之间的协整关系。只有当非平稳变量之间具有协整关系时,由这些变量建立的回归模型才有意义,所以协整检验也是区别真实回归和虚假回归的有效方法。协整理论从变量之间是否具有协整关系出发选择模型的变量,使得数据基础更加稳定,统计性质更为优良。

(二)未来汇率 s_{t+k} 和远期汇率 f_t 之间基于残差的 EG-ADF 两步法协整检验

使用协整方法检验外汇市场 FRUH 涉及未来汇率 s_{t+k} 和远期汇率 f_t 之间的协整关系。如果 s_{t+k} 和 f_t 是同阶单整的,且两者的线性组合:

$$u_t=s_{t+k}-\alpha-\beta_f f_t \tag{12}$$

是平稳的,则称序列 s_{t+k} 和 f_t 存在协整关系。

s_{t+k} 和 f_t 之间具有协整关系是有效市场假说的必要条件。因为有效市场假说要求 f_t 是 s_{t+k} 的无偏估计量,这意味着即期汇率和远期汇率有相同的走势。但两者之间仅仅存在协整关系还不能保证市场有效,市场有效还要求方程中的 $\alpha=0,\beta_f=1$。否则,即使两者的

运动轨迹相近，f_t 还是不能成为 s_{t+k} 无偏估计。因此市场有效性检验应该包含对协整关系的检验。

协整要求序列之间是同阶单整的，上面的单位根检验结果表明，英镑/美元即期汇率及各时期远期汇率都服从 1 阶单整。下面我们对其是否存在协整关系进行检验。

通常用来检验协整关系的方法有三种：一是 EG-ADF 两步法，也就是基于回归残差的 ADF 单位根检验；二是通过对自回归分布滞后 ADL 模型误差修正项系数的显著性分析进行的沃尔德检验；三是在 VAR 模型基础上进行的似然比检验。如果对特定的协整关系进行检验，前两种方法就比较简单实用。

利用 EG-ADF 两步法检验英镑/美元即期汇率和远期汇率之间的协整关系。先利用普通最小二乘法对模型(11)进行回归，再通过单位根检验来考察残差 u_t 的平稳性。协整检验的结果见表 3。

表 3 英镑/美元未来汇率对远期汇率回归残差的 EG-ADF 检验

远期汇率	EG-ADF 检验	u_t
1 个月	-10.222	平稳
	(0.000)	
3 个月	-5.208	平稳
	(0.000)	
6 个月	-3.757	平稳
	(0.003)	

注：括号内为检验的 p 值。

从表 3 可以看出，各期限远期汇率估计残差的单位根检验都在 5%的显著水平上拒绝了单位根零假设，其他期限合约也有同样的结论，这说明残差序列是平稳的。从而可以认为即期汇率和远期汇率之间存在长期稳定的均衡关系。

（三）即期汇率 s_t 和远期汇率 f_t 之间基于系数的 Johansen 协整检验

根据之前的推导，理性预期条件下 s_{t+k}、$f_t \sim I(1)$ 且协整向量为(1，-1)成立时，s_t 与 f_t 就一定也服从协整向量为(1，-1)的协整关系，建立 s_t 与 f_t 的协整模型能够得到更多有益结论。

1. 向量自回归模型(VAR)

向量自回归常用于预测相互联系的时间序列系统以及分析随机扰动对变量系统的动态影响。VAR 方法通过把系统中每一个内生变量作为系统中所有内生变量的滞后值的函数来构造模型，从而回避了结构化模型的需要。一个 VAR(p)模型的数学形式是：

$$y_t = A_1 y_{t-1} + \cdots A_p y_{t-p} + Bx_t + \varepsilon_t$$

这里 y_t 是一个 k 维的内生变量，x_t 是一个 d 维的外生变量。ε_t 是扰动向量，它们相互之间可以同期相关，但不与自己的滞后值相关，即不与等式右边的变量相关。

2. 向量误差修正模型(VECM)

向量误差修正模型是一个有约束的 VAR 模型，并在解释变量中含有协整约束，因此它适用于已知有协整关系的非平稳序列。当有一个大范围的短期动态波动时，VECM 表达式会限制内生变量的长期行为收敛于它们的协整关系。因为一系列的部分短期调整可以修正长期均衡的偏离,所以协整项被称为是误差修正项。

考虑自回归分步滞后 ADL(1,1)模型,即形如:

$$y_t=\beta_0+\beta_1 y_{t-1}+\gamma_0 x_t+\gamma_1 x_{t-1}\varepsilon_t$$

其中$|\beta_1|<1$,假设经济理论认为(y,x)之间存在长期均衡关系$y=\varphi+\theta x$,可以求得$\varphi=\frac{\beta_0}{1-\beta_1}$,$\theta=\frac{\gamma_0+\gamma_1}{1-\beta_1}$,进一步得出:

$$\Delta y_t=\gamma_0\Delta x_t+(\beta_1-1)(y_{t-1}-\varphi-\theta x_{t-1})+\varepsilon_t \tag{13}$$

其中,参数φ、θ称为长期参数,γ_0、β_1-1称为短期参数,这就是误差修正模型的形式。

3. Johansen 检验

协整检验的目的是决定一组非稳定序列是否是协整的。考虑阶数为 p 的 VAR 模型:

$$y_t=A_1 y_{t-1}+\cdots+A_p y_{t-p}+Bx_t+\varepsilon_t$$

其中,y_t 是一个含有非平稳的 $I(1)$ 变量的 k 维向量;x_t 是一个确定的 d 维的向量,ε_t 是扰动向量。我们可以把 VAR 重写为以下形式:

$$\Delta y_t=\Pi y_{t-1}+\sum_{i=1}^{p-1}\Gamma_i\Delta y_{t-1}+Bx_t+\varepsilon_t \tag{14}$$

其中 $\Pi=\sum_{i=1}^{p}A_i-I,\Gamma_i=-\sum_{j=i+1}^{p}A_j$。

Granger 定理指出,如果系数矩阵 Π 的秩 $r<k$,那么存在 $k\times r$ 阶矩阵 α 和 β,它们的秩都是 r,使得 $\Pi=\alpha\beta'$,并且 $\beta' y_t$ 是稳定的。其中,r 是协整关系的数量(协整秩),并且 β 的每列是协整向量。正如下面解释,α 中的元素是向量误差修正模型中的调整参数。Johansen 方法是在无约束 VAR 的形式下估计 Π 矩阵,然后求出 β,从而检验出协整秩(秩$(\Pi)=r<k$),得出协整向量。

4. 即期汇率和远期汇率的 Johansen 实证检验

首先建立即期汇率 s_t 和各合约期限的远期汇率 f_t 的向量自回归模型,对 VAR 模型选取最适滞后阶数。依据最小 AIC 准则,$p=2$ 时,向量自回归模型的 AIC 达到最小,可确定最适滞后阶数为 2。协整检验的阶数要比所建立的向量自回归模型的阶数低一阶,因此 Johansen 协整检验的最适滞后阶数定为 $p=1$。对英镑/美元即期汇率与远期汇率进行的迹检验结果见表 4。

表 4 英镑/美元即期汇率和远期汇率的 Johansen 协整秩检验

远期汇率	$H_0:\gamma\leq 1$	迹检验	结论	最大特征值	结论
1 个月	无	833.1310	拒绝 H_0	824.3675	拒绝 H_0
	$\gamma\leq 1$	8.7635	接受 H_0	8.7635	接受 H_0
3 个月	无	142.7793	拒绝 H_0	134.0288	拒绝 H_0
	$\gamma\leq 1$	8.7506	接受 H_0	8.7506	接受 H_0
6 个月	无	49.9341	拒绝 H_0	41.2881	拒绝 H_0
	$\gamma\leq 1$	8.6459	接受 H_0	8.6459	接受 H_0

注:γ 表示协整关系个数。

在协整秩迹统计量的输出中检验原假设是有 r 个协整关系$(r=0,1,\cdots k-1)$,其中 k 是内生变量的个数。对原假设是有 r 个协整关系的迹统计量是按如下的方法计算的:

$$LR_{tr}(r|k) = -T\sum_{i=r+1}^{k}\log(1-\lambda_i)$$

λ_i 是(14)式中 Π 矩阵的第 i 个最大特征值。

各期限合约在 5%的显著水平下拒绝原假设 $H_0:\gamma\leqslant 0$ 而接受 $H_0:\gamma\leqslant 1$,说明远期汇率与其相对应的即期汇率之间存在一个协整秩,这意味着即期汇率 s_t 与不同期限远期汇率之间存在协整关系,即它们有着某种长期均衡关系。接下来我们就可以求解它们的协整方程及其对应的误差修正模型。

(四) 建立即期汇率和远期汇率的协整方程和误差修正模型

我们已经知道即期汇率 s_t 与不同期限远期汇率 f_t 之间存在长期均衡关系,但这对说明远期汇率是否是即期汇率的无偏估计以及预测的意义不大,因此下文将依然针对不同期限远期汇率建立向量误差修正模型。

误差修正模型是协整分析的一个延伸。在确定了变量之间的长期关系之后,我们可以转而估计它们之间的误差修正过程。根据 Granger 定理,一组具有协整关系的变量一定具有误差修正模型的表达形式存在。协整反映的是变量间的长期均衡关系,如果由于某种原因短期出现了偏离长期均衡的现象,则必然会通过对误差的修正使变量重返均衡状态。一般地,用滞后一期的残差作为误差修正项建立误差修正模型。另外,被解释变量的短期波动除了受误差修正项的影响外,还有可能受到解释变量短期波动以及各变量滞后变化的影响。

首先,对即期汇率和不同期限远期汇率进行 Johansen 协整检验以确定协整关系个数,我们在即期汇率和远期汇率的 Johansen 检验部分已完成。依据最小 AIC 准则,向量自回归模型最适滞后阶数为 2,因此,Johansen 协整检验的最适滞后阶数定为 1。以此我们确立不同期限远期汇率和即期汇率的误差修正模型:

$$\Delta s_t = a_{1,0} + \sum_{i=1}^{p-1}(c_{11,i}\Delta s_{t-i}) + \sum_{i=1}^{p-1}(c_{12,i}\Delta f_{t-i}) + \lambda_1 \mathrm{ECM}_{i-1} + \varepsilon_{1t}$$

$$\Delta f_t = a_{2,0} + \sum_{i=1}^{p-1}(c_{21,i}\Delta f_{t-i}) + \sum_{i=1}^{p-1}(c_{22,i}\Delta s_{t-i}) + \lambda_2 \mathrm{ECM}_{i-1} + \varepsilon_{2t}$$

其中,p 为差分解释变量的最适滞后阶数,同样地由最小 AIC 准则可得:$p=2$;ECM_{t-1} 为误差修正项;e_{1t},e_{2t}为残差。利用本文数据对即期汇率与 1 个月远期汇率的协整方程与误差修正模型进行估计结果如表 5。

表 5 英镑/美元即期汇率与远期汇率的协整方程与误差修正模型估计

远期汇率		ECM_{t-1}	Ds_{t-1}	Df_{t-1}	C	R^2
1 个月	Ds_t	0.1032	−0.0075	0.0420	8.54e−06	0.0037
		(0.009)	(0.844)	(0.258)	(0.914)	
	Df_t	0.4494	0.3546	−0.2773	−1.96e−06	0.0893
		(0.000)	(0.000)	(0.000)	(0.979)	
3 个月	Ds_t	0.0267	0.0330	0.0053	6.84e−06	0.0035
		(0.094)	(0.319)	(0.871)	(0.931)	
	Df_t	0.0842	0.5443	−0.4499	−2.16e−06	0.0836
		(0.000)	(0.000)	(0.000)	(0.978)	

（续表）

远期汇率		ECM_{t-1}	Ds_{t-1}	Df_{t-1}	C	R^2
6个月	Ds_t	0.0127	0.0373	0.0021	4.30e-06	0.0038
		(0.126)	(0.246)	(0.948)	(0.957)	
	Df_t	0.0292	0.5555	-0.4605	-1.87e-06	0.0780
		(0.000)	(0.000)	(0.000)	(0.981)	

注：括号内为检验的 p 值。

将各个期限远期汇率的协整方程估计结果进行汇总，由于回归常数项普遍极小且不显著，故在误差纠正模型中予以忽略，以便使模型看上去更简洁。

（1）即期汇率与1个月远期汇率的协整方程与误差修正模型[①]

$$s_t = -0.00026 + 1.00367 f_t$$

$$\Delta s_t = 0.1032 \times ECM_{t-1} - 0.0075 \Delta s_{t-1} + 0.0420 \Delta f_{t-1}$$

$$\Delta f_t = 0.4494 \times ECM_{t-1} + 0.3546 \Delta s_{t-1} - 0.2773 \Delta f_{t-1}$$

（2）即期汇率与3个月远期汇率的协整方程与误差修正模型

$$s_t = -.00081 + 1.01090 f_t$$

$$\Delta s_t = 0.0267 \times ECM_{t-1} + 0.0330 \Delta s_{t-1} + 0.0053 \Delta f_{t-1}$$

$$\Delta f_t = 0.0842 \times ECM_{t-1} + 0.5443 \Delta s_{t-1} - 0.4499 \Delta f_{t-1}$$

（3）即期汇率与6个月远期汇率的协整方程与误差修正模型

$$s_t = -0.00456 + 1.02686 f_t$$

$$\Delta s_t = 0.0127 \times ECM_{t-1} + 0.0373 \Delta s_{t-1} + 0.0021 \Delta f_{t-1}$$

$$\Delta f_t = 0.0292 \times ECM_{t-1} + 0.5555 \Delta s_{t-1} - 0.4605 \Delta f_{t-1}$$

从协整方程长期均衡来看，我们发现，各期限协整方程斜率 β_f 均大于1，由于检验所采用的各变量经过对数化处理，因而斜率 β_f 具有弹性的含义，表明远期汇率的升值对即期汇率具有正向放大作用，引导即期汇率加速升值。另一方面，随着合约期限的增加，协整方程中系数 β_f 在递增，说明越长期的预期汇率对即期汇率的影响越大。

从误差修正模型短期变动来看，远期汇率的变动更多地受到上一期即期汇率及自身变动的影响，不仅 Δs_{t-1}、Δf_{t-1} 系数均十分显著，而且经济意义随着合约期限延长而递增。与之相对的是远期汇率变动受误差修正项 ECM_{t-1} 的影响在递减，说明人们对远期汇率预期具有的一定稳定性和一致性。另一方面，我们看到即期汇率的变动对于各项参数而言都不显著，一定程度上反映了即期汇率短期预测的不准确性和难度，尽管如此，注意到 ECM_{t-1} 系数相对可靠，因而 s_t、f_t 对长期均衡关系偏离的程度仍有参考价值。

进一步的，究竟即期汇率与远期汇率的先后引导关系如何，我们需要对即期汇率与远期汇率的因果关系进行检验。

（五）Granger 因果检验

为更好地分析即期汇率与远期汇率的关系，基于以上误差修正模型，即可对两者进行 Granger 因果检验。将 Granger 因果分析方法运用于 VECM 模型，就可检验长期因果关系

① 这里3个模型中的 s_t、f_t 均取对数值。

与短期因果关系。这种检验结果反映了不同市场汇率之间相互引导的关系,同时也表明了市场信息的流向。

Granger 因果性表示了时间序列之间的领先与滞后关系,只是时间上的一种动态关系,表明的是一个变量是否对另一个变量有"预测能力",即重在影响方向的确认,而非完全的因果关系。适用于平稳序列或具有协整关系的单位根过程。

Granger 因果检验的一个前提是被检验变量是平稳的,故根据 s_t、f_t 的一阶单整平稳性应检验 Δs_t、Δf_t 的 Granger 因果关系,检验结果见表 6。

表 6　英镑/美元即期汇率与远期汇率的 Granger 因果检验

远期汇率	H_0:不存在 Granger 因果关系	F 统计量	伴随概率
1 个月	$\Delta s \Rightarrow \Delta f$	676.59	0.000
	$\Delta f \Rightarrow \Delta s$	17.402	0.816
3 个月	$\Delta s \Rightarrow \Delta f$	642.32	0.000
	$\Delta f \Rightarrow \Delta s$	16.804	0.785
6 个月	$\Delta s \Rightarrow \Delta f$	566.13	0.000
	$\Delta f \Rightarrow \Delta s$	15.866	0.732

如表 6 所示,英镑/美元远期汇率与即期汇率的 Granger 因果检验结果表明,1 个月、3 个月、6 个月远期汇率模型中,在 1%的置信水平下,都应拒绝"即期汇率不是远期汇率的 Granger 原因"的原假设,即期汇率均显著为各期限远期汇率的原因。这在一定程度上说明了外汇市场即时信息的有效性。

另外我们发现,1 月期的远期汇率对即期汇率有较强的引导作用,存在相互引导的回馈互动关系。这在一定程度上体现出短期预期汇率因素变化反作用于即期汇率的客观影响,其对于我们预测汇率走势是极具参考意义的。

以上因果关系比照之前的误差修正模型,参照其估计系数的显著性,我们发现这与误差修正模型的估计结果比较吻合,二者可以进行相互印证。

七、结　论

本文讨论了抛补利率平价理论在远期汇率定价方面的应用,并重点研究了即期汇率和远期汇率的协整联动关系,通过建立误差修正模型,发现短期内出现与长期协整关系偏离时,不同远期汇率模型对误差的调整情况不尽相同。最后从 Granger 因果检验可知即期汇率变动是远期汇率变动的原因。

本文采用计量实证的分析方法,利用英镑/美元数据对即期汇率与远期汇率进行了较全面和较深入的研究,并通过以上的实证检验,得出以下一些主要结论:

(1) 使用抛补利率平价理论模型得到的远期汇率理论估计值尽管与实际值存在一定波动偏差,但从期望值来看基本符合实际值变动。

(2) 通过即期汇率和不同期限远期汇率数据的单位根检验和协整关系检验,表明远期汇率与即期汇率虽然在短期内会有一定的偏离,但在长期内存在稳定的均衡协整关系,FRUH 是能够成立的。

(3) 各合约期限的协整方程长期均衡表明,远期汇率估计参数绝对值均大于 1。这说明当远期汇率变动1个百分点时，即期汇率的变动将小于1%。也就是说，若远期汇率是未来即期汇率的合理预期，即期汇率变动幅度更大，表现为“汇率超调”。

（4）短期内出现与长期协整关系偏离时，不同远期汇率模型对误差的调整情况不尽相同。期限较短的远期汇率误差修正模型中，即期汇率和远期汇率变动对ECM的调整参数都很显著，调整速度较快。而对于期限较长的来说，只有远期汇率变动对ECM的调整参数比较显著，即期汇率的调整参数并不显著。

（5）从Granger因果检验可知，英镑/美元外汇市场上即期汇率是远期汇率的基础，而远期汇率对即期汇率的预期作用较弱，但随合约期限的延长影响增强。

这些研究对于我国健全外汇管理体制、优化汇率形成机制及远期外汇市场建设具有一定价值意义。

参考文献

Aliber R Z. The Interest Parity Theorem: A Reinterpretation[J]. Journal of Political Economy, 1973, 81: 1451-1459.

Einzig P. The Theory of Forward Exchange[M]. London, 1937.

Eric Z. Cointegration and Forward and Spot Exchange Rate Regressions[J]. Journal of International Money and Finance, 2000, 19: 785-812.

Frenkel J A, Levich R M. Covered Interest Arbitrage: Unexploited Profits? [J]. Journal of Political Economy, 1979, 87 :418-422.

Keynes J M. A Tract on Monetary Reform[M]. London, Macmillan, 1923.

Naka A, Whitney G. The Unbiased Forward Rate Hypothesis Re-examined[J]. Journal of International Money and Finance, 1995, 14: 857-867.

代幼渝，杨莹. 人民币境外NDF汇率、境内远期汇率与即期汇率的关系的实证研究[J]. 国际金融研究，2007, 10: 25—34.

黄学军，吴冲. 离岸人民币非交割远期与境内即期汇率价格的互动：改革前后[J]. 金融研究，2006, 11: 83—90.

王箭，王恕立. 外汇交易市场的汇率协整分析[J]. 财经论丛，2007, 5: 55—60.

杨玲玲，孙海霞. 境内外人民币远期外汇市场有效性及其价格发现力[J]. 当代经济科学，2011, 33(2): 18—26.

婚姻的健康回报

——性别差异、城乡差异及效应分解

赵文博

（西南财经大学经济学院）

［**摘要**］本文利用CFPS数据研究发现，婚姻对健康具有积极的影响，但是，这一影响在不同子样本中存在显著差异。本文从性别差异和城乡居民身份差异的双重维度对婚姻的健康效应进行检验，结果发现：如果以自评健康状况作为响应变量，则婚姻能够显著促进男性健康，使男性个体健康的概率增加10.1%；如果以是否患有慢性病作为响应变量，则婚姻能够显著促进女性健康，使女性个体罹患慢性病的概率降低3.83%；并且，婚姻对自评健康状况的影响和婚姻对罹患慢性疾病概率的影响还存在显著的城乡差异。与此同时，本文还创新性地采用了一种全新的方法对婚姻作用于健康的机制进行了检验，检验方法的数理推导证明，该方法具有普遍适用性。

［**关键词**］婚姻，健康，效应分解

一、引言与文献综述

健康是人类的永恒追求，也是经济发展的最终目标之一（胡琳琳和兰宗敏，2014）。随着对健康问题的深入研究，人们发现，除了生理卫生因素以外，社会经济因素也在显著地影响着人们的健康水平。因此，经济学家当前的研究领域已经不再局限于医药卫生体系和医疗保障系统内部，而是扩展到环境等社会经济变量和个人行为对健康的影响（徐程等，2012；Conti *et al.*，2010）。

在众多影响健康状况的社会经济因素和个人行为决策中，婚姻是最为重要的因素之一。婚姻从多个维度直接或间接地影响着个人健康：第一，婚姻使夫妻双方的行为模式由个人独立决策转变为家庭联合决策并产生角色分工，直接影响和改变个人的社会经济变量，进而影响健康；第二，婚姻中，夫妻双方生活方式的相互影响和行为习惯的互相监督可能会促进健康；第三，婚姻能够提升个人幸福感受，改善健康状况。已有研究普遍认为：婚姻对健康和长寿有着积极影响，有偶者的健康状况好于无偶者，且有偶者的死亡风险也低于无偶者（顾大男，2003）。Hu and Goldman（1990）发现，未婚男性的死亡率高于在婚男性，未婚女性的死亡率高于在婚女性，但是前者高出得更多。彭思耘（2013）研究发现，婚姻与死亡率的关系在高龄女性样本中并不显著,但是男性已婚高龄老人的死亡风险比其他男性高龄老人低出 20%。

然而,随着社会发展和经济转型的深入,传统认知中婚姻对健康的积极效应开始受到质疑:魏祥迁等(2012)通过随机抽取 266 名企业员工进行调查,发现家庭压力负向地影响员工整体健康,并且已婚员工的家庭压力显著大于未婚员工的家庭压力;顾华康(2009)通过对昆明铁路局 1 679 名女性职工进行测评,结果显示工作压力和家庭压力都是影响铁路女性职工心理健康和生殖健康的潜在危险因素,并且家庭压力较工作压力对生殖健康的影响更明显;刘汶蓉和徐安琪(2008)认为,中国在向市场经济体制转型的过程中,国家政策变化和结构性调整使当前家庭经历一种普遍而持续的经济压力。因此,婚姻对个人健康可能产生负向影响。

那么,在一系列新出现的社会经济变革的影响下,婚姻对健康的积极影响是否仍然存在?如果存在,婚姻又具体通过哪些途径对健康产生了怎样的影响?这些影响在不同群体之间是否存在差异?如果存在,这些差异又具体体现在哪些方面?对于上述问题,已有文献并未给出全面且准确答案。

目前国内研究主要存在三方面的不足。第一,已有文献均遗漏了城乡居民身份差异这一关键变量,城乡二元结构对婚姻模式和个体面临的社会经济变量的影响未得到充分考虑;第二,已有文献没有打开婚姻作用于健康机制的黑箱,研究还处于现象描述的阶段,缺乏对作用途径的深入研究;第三,现有研究尚且停留在对老年人群体的研究(顾大男,2003;刘向红,2006;彭思耘,2013),没有对婚姻的健康效应进行更加一般、更本系统的解释。本文的主要贡献在于通过翔实的微观数据,从性别差异和城乡差异两个维度深入考察婚姻对健康的影响,同时尝试通过一种全新的技术手段探寻婚姻对健康产生的作用机制。

二、数据来源以及变量选取

本文所使用的数据来自中国家庭追踪调查(China Family Panel Studies,CFPS)成人样本数据。CFPS 是由北京大学中国社会科学调查中心实施的具有全国代表性的大型微观入户调查,该调查每两年一轮,旨在通过跟踪搜集个体、家庭、社区三个层次的数据,反映中国社会、经济、人口、教育和健康的变迁,为学术研究和公共政策分析提供数据基础。CFPS 的调查样本涵盖了全国 25 个省 162 个县 635 个村庄(社区)的 14 798 个家庭,其分层次、多阶段的抽样设计使得样本能够代表约 95%的中国人口(Xie,2012)。

关于健康测度(health measurement)的选取,理论界并没有公认的方法,最主要的原因在于:一方面,人们很难对"健康"的标准达成一致性的认识;另一方面,健康的测度涉及方法论、道德伦理、政治考虑、主观判断等诸多因素(赵忠,2005;金成武,2007)。目前,学术界所采用的测度"健康"的指标可以分为基于被调查者本人回答的指标(通常称作"自答指标",self-reported indicators)与基于医疗设备检测的指标(通常称作"客观指标",objective indicators)(赵忠,2005)。相较于"客观指标","自答指标"的优点在于:它是受访者对自身健康状况的主观认识,是受访者行为决策的直接依据,与收入、消费等其他行为选择相联系,与微观经济学理论相适应。而"自答指标"的缺点则在于:首先,"自答指标"

缺乏人际可比性；其次，“自答指标”多为定序变量，其计算能力较差。“客观指标”的优点在于便于跨人际比较；而其缺点在于，通常一个特定的“客观指标”只能反映健康因素的某一个方面，综合性较“自答指标”来讲更差。“自答指标”和“客观指标”均有各自的优点和缺点，为了能够尽量全面地对健康进行测度，本文考虑同时使用“自答指标”和“客观指标”作为实证研究的相应变量。其中，选取自评健康状况为“自答指标”，选取是否患有慢性疾病作为“客观指标”，他们均以二值变量的形式出现在我们的实证分析中。而对于婚姻变量，本文将“在婚”标记为1，否则为0，构造虚拟变量。①

表1汇报了健康变量在不同子样本中的样本均值②以及健康变量对婚姻变量进行方差分析的结果。可以看到，无论对于男性样本、女性样本还是全体样本，无论是采用“自评健康状况”还是采用“是否患有慢性疾病”作为健康的测度，“在婚”状态受访者的健康水平均整体低于其他婚姻状态的受访者。造成这一结果的原因是忽略了年龄对健康的影响。一般而言，年龄越大，健康状况越差。由于在婚人群的平均年龄高于处于其他状态的人群，因此在直接比较在婚人群和非在婚人群时，婚姻对健康可能的积极影响被掩盖。

表1　健康变量的样本均值及方差分析

应变量	男性样本		女性样本		全体样本	
	在婚	非在婚	在婚	非在婚	在婚	非在婚
自评健康状况	0.4873	0.6129	0.4159	0.5160	0.4502	0.5642
	(171.88***)		(112.97***)		(286.12***)	
是否患有慢性病	0.1054	0.0605	0.1107	0.0704	0.1080	0.0647
	(16.18***)		(9.43***)		(26.00***)	

注：括号内为对应样本中健康变量对婚姻变量进行单因素方差分析的 F 统计量；*、**、***分别表示在1%、5%、10%水平上显著。

图1和图2中的图线验证了上述想法。我们将人群按照年龄分组，分别计算各组别中在婚人群和非在婚人群的健康变量的样本均值，其中，图1中的健康变量为“自评健康状况”，图2中的健康变量为“是否患有慢性疾病”。由于年龄相近，二者的差值能够在一定程度上排除年龄对健康的影响。如果婚姻对健康确实具有积极作用，那么我们预期在同一个年龄组内，在婚人群健康变量的样本均值与非在婚人群“自评健康状况”变量的样本均值的差值应该显著为正，而“是否患有慢性疾病”变量的样本均值的差值应该显著为负。从图1、图2可以看到，婚姻对健康的积极影响是十分明显的，但这一影响在不同性别样本中差异较大。这提示我们在进行参数估计时需要纳入年龄作为重要的控制变量，并同时注重性别差异。

---

① 这里，“在婚”指目前有配偶，包括有结婚证的配偶，也包括没有登记结婚但已经形成事实婚姻的配偶。除“在婚”以外，样本中的婚姻状态还包括：“未婚”指从未结过婚，目前也没有同居；“同居”指没有领取结婚证也没有形成事实婚姻，但居住在一起；“离婚”指曾经结婚但目前并未在婚；“丧偶”指配偶一方去世，另一方没有在婚。

② 由于健康变量为二值变量，因此，健康变量的样本均值即为对应样本中健康个体所占比重。

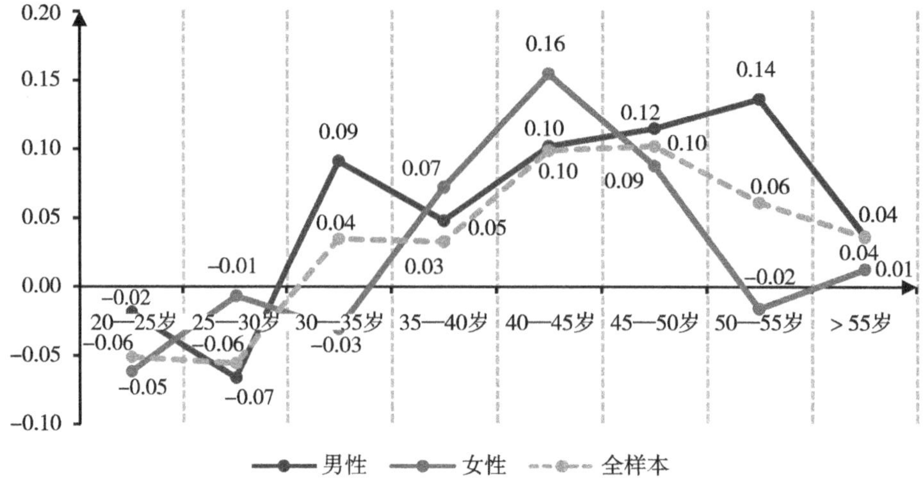

图 1　不同年龄组别中在婚人群健康比重的差异

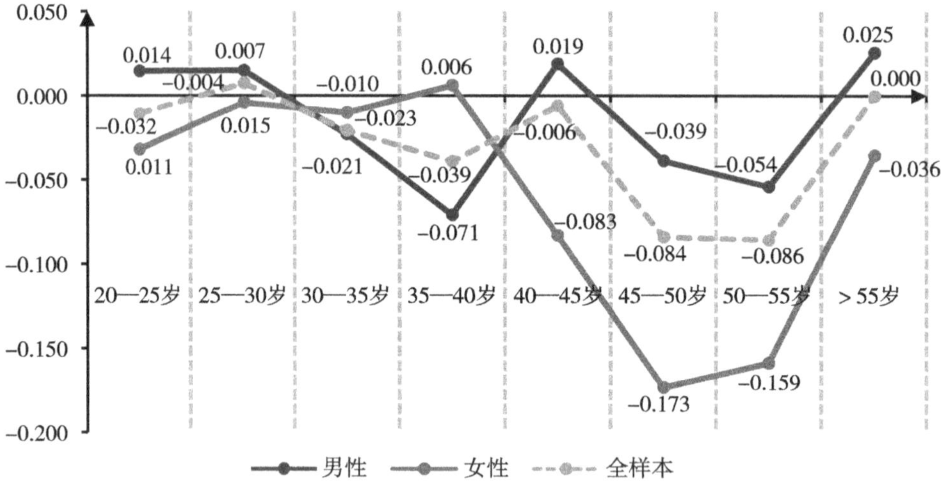

图 2　不同年龄组别中在婚人群健康比重的差异

三、研究方法及模型设定

（一）研究方法准备

在已有研究中，学者们针对“婚姻具体通过哪些途径影响健康”这一问题进行了广泛的探讨，并提出了许多假说。然而，现有文献均未通过数据对可能的影响途径进行检验。如果婚姻的确对健康存在显著的影响，那么它究竟通过哪些具体的途径影响健康？每一种途径的影响程度究竟有多大，是否统计可靠？为了回答婚姻对健康产生影响的作用机制，本文采用一种新的方法来估计婚姻通过不同途径对健康产生的影响。在本部分，我们将从一个一般性的角度简述新方法的思路和操作程序。

$$y=\beta_0+\beta_1 A+\beta_2 B+u \tag{1}$$

$$y=\beta_0+\beta_1 A+v,\ v=\beta_2 B+u \tag{2}$$

假定,我们想要评估政策 A 的效果,并且我们已经知道,政策 A 主要通过途径 B 影响应变量①。此时,传统的 OLS 估计方法会使我们在模型设定时陷入两难:我们如果将模型设定为(1)式形式,那么,尽管我们可以获得 β_1 的无偏估计,但这一估计没有实际意义,因为途径变量 B 被控制住了;我们如果将模型设定为(2)式形式,$Cov(A, v) \neq 0$,出现了遗漏变量的内生偏差。类似的问题,Wooldridge(2009)和 Gujarati and Porter(2013)均有提及,但他们均未给出解决办法。本文的解决思路是:先对(2)式进行 OLS 估计,记获得的 β_1 的估计值为 $\tilde{\beta}_1$;然后对(1)式进行回归,记获得的 β_1 的估计值为 $\hat{\beta}_1$。可以证明,$\tilde{\beta}_1-\hat{\beta}_1$ 即为政策 A 通过途径 B 对应变量产生影响的无偏估计。特别地,在(1)、(2)式的条件下,我们进一步假设,政策变量 A 与途径变量 B 之间的关系由(3)式给出。

$$B=\delta_0+\delta A+e \tag{3}$$

那么可以证明,$\tilde{\beta}_1-\hat{\beta}_1$ 满足

$$E(\tilde{\beta}_1-\hat{\beta}_1)=\delta\beta_2 \tag{4}$$

我们知道,变量 A 变动 1 个单位将会导致变量 B 变动 δ 个单位,这又将进一步对应变量产生 $\delta\beta_2$ 个单位的影响。因此,$\tilde{\beta}_1-\hat{\beta}_1$ 其实正是变量 A 通过变量 B 对应变量 y 产生的间接影响。因此,我们可以通过对方程进行两次估计,并将得到的估计量进行差分,即可得到间接效应的无偏估计量。

附录 1 给出了这一结论的数学证明。沿用同样的“两次估计并差分”的思路,附录 2 将这一结论推广到更加一般的多元线性回归模型中。附录 3 推导了多个途径变量联合间接效应的估计方法。附录 4 探讨了工具变量环境下这一方法的应用。附录 1 到附录 4 在“两次估计并差分”的思想下,较为完整地探讨了线性模型设定下间接途径效应的估计问题,能够方便地推广到其他类似问题的研究中。当然,本文提出的方法也有局限,它必须满足两个关键条件:(1)模型设定必须为参数的线性方程或其变体②;(2)估计方法本质上为最小二乘估计③。

(二)模型设定

根据前一部分的讨论,本文将计量模型设定为:

$$y=\beta_0+\beta_1 marry+X \cdot \gamma+v \tag{5}$$

$$y=\beta_0+\beta_1 marry+X\times\gamma+Z\times\lambda+u \tag{6}$$

其中,应变量为健康的二值变量,$marry$ 为是否在婚的虚拟变量。

Z 为本文所考察婚姻对健康产生影响的一组途径变量,具体包括:对数收入、吸烟史(按年份计量)、饮酒史(按年份计量)、周锻炼次数、幸福感虚拟变量、工作日睡眠时长。其中,加入对数收入是为了考察婚姻是否通过改变收入水平进而影响健康:通常而言,已婚人士在整个生命周期比单身者更加富裕;Becker(1981)认为婚姻能整合个人资源进行

---

① 在后文类似的情形中,为了便于表述,我们将 A 称为关注变量,将 B 称为途径变量。

② 例如,固定效应模型的一阶差分或组内去势。

③ 本文并未验证“两次估计并差分”的思想在极大似然估计等其他估计方法中的有效性,尚且不能判断该结论在其他估计方法下的有效性。

家庭联合决策并形成角色分工,进而能够获取更好的物质福利。加入吸烟史、饮酒史和周锻炼次数是为了考察婚姻是否通过影响夫妻双方生活方式进而影响健康。有学者认为:婚姻能够降低一些危及健康的行为的发生频率;婚姻可以通过配偶间的监督促进健康的生活方式。加入幸福感的虚拟变量是为了检验婚姻是否通过影响心理感受反哺健康。

X 为控制变量,具体包括:年龄及年龄平方、户籍状态(若为农村户口,标记为 1,否则标记为 0)、民族虚拟变量(若为汉族,标记为 1,否则标记为 0)、出生时体重、受教育程度、家庭垃圾处理方式和厕所类型。加入年龄的平方是因为样本个体中最小年龄者仅 16 岁,健康与年龄之间可能呈现非线性关系;加入户籍状态和民族虚拟变量是因为二者在婚姻匹配中发挥重要作用,并可能潜在地影响健康水平,但它们并不是本文研究的关注点。

(5)式没有控制任何我们想要研究的婚姻影响健康的途径,因此,能够估计出婚姻通过所有途径对健康产生的影响;而(6)式则控制了婚姻影响健康的途径。我们通过将(5)式和(6)式中 *marry* 变量的参数估计值进行差分计算,就能够估计出婚姻通过某一种具体的途径对健康产生了多大的影响。在后文中,为了方便表述,(5)式被称为总体估计方程,(6)式被称为途径估计方程。

(三)估计方法选取

在选取估计方法时,我们需要考虑以下三个方面的关键问题。

首先需要考虑概率模型的设定。在实证研究中,概率模型常见设定有线性概率模型 LPM、Logit 模型和 Probit 模型三种。从本质上来看,Logit 模型和 Probit 模型都是为了解决 LPM 模型可能出现的预测概率落在[0,1]以外情况以及 LPM 必然出现的异方差问题。但是,只要线性概率模型设定足够合理,LPM 发生预测概率超出[0,1]区间的情况基本不会发生,所以采用 LPM 模型并报告异方差稳健统计量也是经验研究的常用方法。更重要的是,由于 Probit 模型和 Logit 模型均为非线性设定,无法运用文本提出的方法对婚姻的作用机制进行深入研究。综合这两方面考虑,本文采取线性概率模型 LPM 的设定。

其次需要考虑的是遗漏变量偏误。从生活经验来看,健康的决定与个体异质关系十分紧密。如果个体异质和解释变量相关,那么,为了排除遗漏个体异质导致的估计偏误,应当采用面板数据的固定效应模型(FE,Fixed Effect)排除个体异质的影响;如果个体异质和解释变量不相关,那么,可以直接采用线性概率模型。本文认为,在控制变量中加入婴儿出生时体重后,个体异质已经很好地控制,因而可以直接采用线性概率模型。同时,需要指出的是,在本文的样本中使用 CFPS 两期面板数据、采取固定效应模型存在以下三方面的不妥:(1)健康二值变量在两期(仅间隔 2 年)变化不大,若采用固定效应模型,应变量变异程度会在组内去势或一阶差分时迅速下降;(2)吸烟史和饮酒史变量在一阶差分之后高度相关,存在多重共线;(3)健康变量①和锻炼次数变量②在两期统计口径存在巨

① 在 2010 年,受访者自评健康状况选项为"健康""一般""比较不健康""不健康"和"非常不健康";在 2012 年,选项变成了"非常健康""很健康""比较健康""一般"和"不健康"。

② 本文需要使用的、但在两期调查统计口径存在差异的变量还有幸福感受和锻炼次数。幸福感受在 2010 年调查中直接通过"您觉得自己有多幸福"报告为五级定序变量;而在 2012 年,这一问题被替代成了"您对自己生活的满意程度"和"您对自家生活的满意程度"两个问题。锻炼次数在 2010 年可以通过"最近一周您的锻炼次数"获得,为连续变量;而在 2012 年,CFPS 指调查了受访者月锻炼频率的范围,分为"几乎每天""每周两三次""每月两三次""每月一次"和"从不"五个选项,为非连续变量。

大差异。这里,健康变量在两期的报告值受到了框架效应影响(Framework Effect)。框架效应是指,人对同一问题的决策受决策环境的影响,由于在两期设问方式不同,受访者报告的自评健康状况的分布存在显著差异。从数据来看:自评健康状况的五个等级(由高到低)所占比重在两次调查中的差异(后一期减前一期)依次为-37.09%、-15.24%、27.08%、9.58%和15.67%;2010年自评健康状况变量的偏度系数为1.3134,明显正偏,而2012年自评健康状况变量的偏度系数为0.0019,十分对称。如果将自评健康状况生成二值变量,我们发现,2012年样本中报告为"健康"的个体占比比2010年增加16.76%。因此,如果在本文使用面板数据,那么健康在两期的变化还包括框架效应影响,使参数估计产生巨大偏误。

最后是互为因果导致的内生性问题,即更加健康的人本身就可能在婚姻市场具有竞争优势,更健康的人更容易选择婚姻。Hu and Goldman(1990)对婚姻匹配过程中这一选择性行为进行了研究,结果发现婚姻匹配过程中的选择性行为只能解释已婚群体和未婚群体健康差异的很小一部分。因此,本文认为,可以忽略反向因果的内生性问题。

综上所述,本文将计量模型设定为截面数据的线性概率模型。需要说明的是,本文在回归分析时,除了剔除变量观测缺失的样本个体,还将退休个体剔除在外。这主要是考虑到,如果婚姻能够提升个人工资收入,那么对于退休老人而言,婚姻对收入的影响应体现为其一生工资收入的增加;由于老人已经退休,我们无法从当期工资收入中观测到这一变化。

四、实证结果

表2—表4分别汇报了,当应变量为自评健康状况以及应变量为是否罹患慢性疾病时,总体估计方程和途径估计方程在男性子样本和女性子样本中的回归结果。无论从自评健康状况还是从慢性病发病率来看,婚姻的确对健康有着积极影响,但是这一影响存在明显的性别差异。

(一)应变量为自评健康状况

在总体估计方程(汇报在表2的第(1)列和第(2)列)中,由于没有加入途径变量,因此,"是否在婚"虚拟变量的斜率系数即为婚姻对健康的总体影响。就自评健康状况来看,对于男性而言,在控制年龄、教育、民族、户口的情况下,在婚男性处于健康状态的概率高出其他男性10.1%,这一结果无论是在经济意义还是统计意义上,都是十分显著的;尽管我们在女性样本中同样也发现了婚姻对健康的积极影响,但这一影响仅有4.1%,并且统计显著性相对较低。因此,婚姻对男性健康的促进作用比女性更加显著。本文这一发现与现有文献(Hu and Goldman,1990;顾大男,2003;彭思耘,2013)相关结果一致。控制变量中,我们发现,无论对于成年男性还是成年女性,教育对健康都存在显著的促进作用,并且这一促进作用随着受教育程度的提高而不断增长。和未接受过教育的男性相比,学历为小学、初中、高中、大学及以上的男性拥有健康的可能性分别高出了10.8%、12.1%、22.2%和29.3%;而在女性样本中,对应学历带来的健康概率增量更加显著,分别为13.2%、

21.4%、27.3%和39.4%。教育对健康的促进作用即使在加入了许多其他社会经济变量后依然稳健(见表2的第(3)列和第(4)列)。这一结论也与国内外现有研究一致(Conti *et al.*, 2010;胡安宁,2014)。另外,在总体估计方程中,尽管户口虚拟变量及民族虚拟变量系数符号符合经济直觉和生活观察,即农村居民比城镇居民健康水平更差,汉族公民比少数民族公民更加健康,但是,这些系数的统计显著性都较差。造成这一现象的原因可能是因为户籍差异和民族差异对健康产生影响,主要是通过影响受教育程度来实现的。为此,我们去掉了总体回归方程中的受教育程度变量,重新估计民族虚拟变量和户口虚拟变量的系数,并将结果汇报于表3。可以看到,户籍和民族对居民健康的影响是显著的,我们的猜想得到了验证。

在途径估计方程(汇报在表2的第(3)列和第(4)列)中,由于控制了途径变量,"是否在婚"虚拟变量发生变化,并且根据附录的结论,变化的部分即为婚姻通过对应途径变量对健康产生的影响。我们观察到,"是否在婚"虚拟变量的系数在男性和女性样本中均明显下降,因此,婚姻对健康的部分影响的确是通过本文所关注的途径发挥作用的。

在途径变量中,幸福感受变量对健康的影响最为显著:较为幸福和十分幸福的男性相比于较不幸福的男性,其健康的可能性分别高出5.95%和14.7%,而较为幸福的女性和十分幸福的女性健康的概率则比较不幸福的女性高出4.47%和11.9%。引起我们注意的是,收入对健康影响无论在数值上还是在统计显著性上都很低,这与经济直觉和已有文献不符。Lindahl(2005)利用彩票中奖对收入的外生冲击证实了收入对健康的促进作用。我们认为,导致这一结果的原因可能有:第一,在我国,尤其是农村地区,居民收入整体水平低、医疗卫生资源可及性差,即使收入水平相对较高,健康投资也十分匮乏(樊桦,2001),高收入难以通过健康投资转化为健康回报;第二,收入对健康的积极影响可能具有时滞,本文所使用的样本平均年龄仅为38.22岁,因此截面回归中可能很难捕捉到收入的健康效应。在后文中我们将看到前者的经验证据。在途径估计方程回归结果中,另外一个需要关注的系数在于男性样本中的年龄变量,该变量系数的统计显著性较差,不符合现有文献的发现和本文描述统计中所展现出的规律。导致这一现象的原因可能是,在途径估计方程中,年龄变量、年龄平方变量与吸烟史变量、饮酒史变量之间发生了多重共线。并且,由于男性样本中有更多的个体目前吸烟(饮酒)或曾经吸烟(饮酒)①,因而,多重共线问题在男性样本中更加明显。为此,我们计算了男性样本途径估计方程各系数的方差膨胀指数②(Variance Inflation Factor, VIF)。一般认为,VIF≥10就可以判定出现了多重共线(高辉,2003),而我们考察的年龄和年龄平方的系数的VIF指数分别高达47.69、44.11。对于周锻炼次数、饮酒史和吸烟史这两个变量而言,他们的系数基本符合经济直觉,但在不同性别群体中存在统计显著性差异。

---

① 男性样本中,目前吸烟或者曾经吸烟的个体占69.02%,目前饮酒或者曾经饮酒的个体占36.01%;女性样本中,目前吸烟或者曾经吸烟的个体占4.15%,目前饮酒或者曾经饮酒的个体占4.12%。

② 由于篇幅限制,本文没有统一汇报所有系数的VIF指数。其余系数的VIF指数最大仅为3.60,所有系数VIF指数备索。

表 2 初步回归结果(1)

	应变量=自评健康状况			
	总体估计方程		途径估计方程	
	(1)男性样本	(2)女性样本	(3)男性样本	(4)女性样本
是否在婚	0.106***	0.0410*	0.0824***	0.0323
	(0.0224)	(0.0247)	(0.0228)	(0.0247)
出生时体重	0.0152**	0.0133*	0.0124*	0.0107
	(0.00706)	(0.00776)	(0.00704)	(0.00772)
年龄	-0.00737*	-0.0126***	-0.00453	-0.0117***
	(0.00389)	(0.00417)	(0.00388)	(0.00414)
年龄平方	-1.73e-05	6.63e-05	-3.98e-05	5.41e-05
	(4.46e-05)	(4.92e-05)	(4.46e-05)	(4.88e-05)
是否为农村户口	-0.0235	0.00744	-0.0213	0.0142
	(0.0237)	(0.0247)	(0.0236)	(0.0247)
是否为汉族	0.0119	0.00449	0.0265	0.00675
	(0.0327)	(0.0293)	(0.0329)	(0.0295)
受教育程度				
小学	0.108***	0.132***	0.0987***	0.122***
	(0.0291)	(0.0269)	(0.0288)	(0.0268)
初中	0.121***	0.214***	0.101***	0.198***
	(0.0277)	(0.0265)	(0.0277)	(0.0266)
高中	0.222***	0.273***	0.198***	0.256***
	(0.0323)	(0.0332)	(0.0324)	(0.0334)
大学及以上	0.293***	0.394***	0.263***	0.379***
	(0.0359)	(0.0369)	(0.0364)	(0.0375)
对数收入			0.00264	-0.00131
			(0.00304)	(0.00226)
幸福的虚拟变量				
较为幸福			0.0595***	0.0447**
			(0.0192)	(0.0203)
十分幸福			0.147***	0.119***
			(0.0200)	(0.0205)
周锻炼次数			0.00384	0.00688*
			(0.00345)	(0.00377)
吸烟史(年)			-0.00141**	0.00137
			(0.000635)	(0.00151)
饮酒史(年)			0.000699	-2.02e-05
			(0.000584)	(0.00132)
垃圾处理方式	YES	YES	YES	YES
厕所类型	YES	YES	YES	YES
观测值	3 566	3 355	3 566	3 355
R-squared	0.125	0.154	0.141	0.164

注:(1)受教育程度的基准组为“未上过学”;幸福的虚拟变量的基准组为“较不幸福”;(2)括号内为异方差稳健标准误;*、**、***分别表示在1%、5%、10%水平上显著。

表 3　去掉受教育程度后的总体回归方程

应变量=自评健康状况	总体估计方程	
	(1)男性样本	(2)女性样本
是否在婚	0.111***	0.0112
	(0.0226)	(0.0250)
出生时体重	0.0213***	0.0301***
	(0.00706)	(0.00781)
年龄	-0.00729*	-0.0116***
	(0.00394)	(0.00429)
年龄平方	-3.88e-05	1.12e-05
	(4.50e-05)	(5.05e-05)
是否为农村户口	-0.128***	-0.150***
	(0.0166)	(0.0178)
是否为汉族	0.0745**	0.0753**
	(0.0328)	(0.0293)
常数项	0.715***	0.775***
	(0.0920)	(0.0966)
观测值	3 566	3 355
R-squared	0.094	0.107

注：括号内为异方差稳健标准误；*、**、***分别表示在1%、5%、10%水平上显著。

（二）应变量为是否患有慢性疾病

应变量为是否患有慢性疾病的回归结果汇报在表4中。

表 4　初步回归结果(2)

	应变量=是否患有慢性疾病			
	总体估计方程		途径估计方程	
	(1)男性样本	(2)女性样本	(3)男性样本	(4)女性样本
是否在婚	-0.00610	-0.0355**	0.000787	-0.0315**
	(0.0147)	(0.0151)	(0.0148)	(0.0148)
出生时体重	-0.00382	-0.00922*	-0.00398	-0.00889*
	(0.00470)	(0.00509)	(0.00465)	(0.00510)
年龄	-1.68e-05	0.0118***	-0.00152	0.0113***
	(0.00289)	(0.00270)	(0.00292)	(0.00269)
年龄平方	4.99e-05	-9.91e-05***	4.90e-05	-9.73e-05***
	(3.47e-05)	(3.35e-05)	(3.50e-05)	(3.36e-05)
是否为农村户口	-0.0196	-0.0413***	-0.0147	-0.0385***
	(0.0148)	(0.0148)	(0.0148)	(0.0148)
是否为汉族	0.0490***	0.0768***	0.0470***	0.0749***
	(0.0163)	(0.0169)	(0.0163)	(0.0168)
受教育程度				
小学	0.0258	-0.0244	0.0249	-0.0270
	(0.0195)	(0.0193)	(0.0194)	(0.0194)

（续表）

	应变量=是否患有慢性疾病			
	总体估计方程		途径估计方程	
	(1)男性样本	(2)女性样本	(3)男性样本	(4)女性样本
初中	0.0140	−0.0373**	0.0145	−0.0384**
	(0.0178)	(0.0182)	(0.0178)	(0.0183)
高中	−0.00707	−0.0226	−0.00339	−0.0224
	(0.0205)	(0.0220)	(0.0204)	(0.0221)
大学及以上	0.0208	−0.0402	0.0244	−0.0365
	(0.0239)	(0.0249)	(0.0241)	(0.0249)
对数收入			−0.000170	−0.00239
			(0.00188)	(0.00148)
幸福的虚拟变量				
较为幸福			−0.0159	−0.0285**
			(0.0121)	(0.0132)
十分幸福			−0.0333***	−0.0197
			(0.0124)	(0.0140)
周锻炼次数			0.00502**	0.00667**
			(0.00251)	(0.00274)
吸烟史(年)			0.00153***	0.00123
			(0.000498)	(0.00128)
饮酒史(年)			0.000525	0.000465
			(0.000490)	(0.00118)
垃圾处理方式	YES	YES	YES	YES
厕所类型	YES	YES	YES	YES
观测值	3 566	3 355	3 566	3 355
R-squared	0.043	0.052	0.052	0.057

注：(1)受教育程度的基准组为“未上过学”；幸福的虚拟变量的基准组为“较不幸福”；(2)括号内为异方差稳健标准误；*、**、***分别表示在1%、5%、10%水平上显著。

从总体估计方程（汇报在表4的第(1)列和第(2)列）我们可以看到，从总体上来说，在控制年龄、教育、民族、户口的情况下，在婚女性患慢性疾病的概率比其他女性低出了3.55个百分点，患病概率①下降了34.53%。并且，婚姻对女性患慢性疾病的保护作用即使在控制了众多社会经济途径后仍然十分显著（见表4第(4)列）。然而，我们并未在男性样本中发现类似的保护机制，无论是否控制社会经济变量，婚姻对男性罹患慢性疾病没有显著的保护作用。这一发现，恰好与我们在上一节的发现相反。

在控制变量中，本文有发现：第一，教育能够显著降低女性罹患慢性的概率，但不能显著降低男性罹患慢性疾病的概率；第二，无论对于男性样本还是女性样本，无论是否控制社会经济变量，汉族居民均比少数民族居民更加容易罹患慢性疾病。目前，本文尚且无法对这两个现象做出合理的解释，我们也未能检索到有发现相关现象或对相关现象做出解释的文献，其成因有待进一步讨论。

① 女性患有慢性疾病的全样本概率为0.1028。

从途径估计方程结果(汇报在表4第(3)列和第(4)列)来看,途径变量对慢性病患病概率均符合基本直觉:十分幸福的男性罹患慢性疾病的概率比较不幸福的男性低3.33个百分点,十分幸福的女性罹患慢性疾病的概率比较不幸福的女性低2.76个百分点;男性居民烟龄每增加一年,罹患慢性疾病的概率增加0.15个百分点。与我们在上一节发现的结果不同的是,在加入途径变量后,"是否在婚"二值变量的系数并无明显变化。出现这一现象可能的原因在于:婚姻对个体在慢性疾病上的保护作用的确并不通过本文所关注的途径发生;婚姻对个体在慢性疾病上的保护作用具有时滞效应(即婚姻通过改变当期个体社会经济变量影响下期慢性病患病概率),因而在横截面回归中无法识别。囿于前文提到的数据问题,本文无法对第二种猜想进行验证。

(三)途径检验

本文利用附录证明的结论对婚姻的健康效应的产生途径进行了检验①,并将结果汇报在表5中。根据前文的讨论,此处我们仅探讨应变量为自评健康状况的情形。

表5　途径检验结果

途径变量	(1)男性样本	(2)女性样本
对数收入	0.002394	0.0005603
	[2.25%]	[1.37%]
幸福感受	0.024109	0.0100949
	[22.65%]	[24.12%]
锻炼次数	-0.001662	-0.0008791
	[-1.56%]	[-2.14%]
吸烟史	-0.000370	-0.0014783
	[-0.35%]	[-3.60%]
饮酒史	0.000081	0.00000016
	[0.08%]	[0.00%]
所有途径联合检验	0.02405	0.0087101
	[22.69%]	[21.24%]
观测值	3 566	3 355

注:(1)由于幸福感受为一组虚拟变量,因此该途径的检验采用附录3的结论进行联合检验,其余均采用附录2的结论进行检验;(2)方括号内为该途径对总体效应的解释比例。

从表5我们可以看到,无论对于男性还是对于女性,婚姻的健康效应最主要的均是通过提升个体心理幸福感受实现的。已有文献提出的婚姻对生活方式(吸烟、饮酒、锻炼)的监督作用在本文的研究中并未找到经验证据。并且,根据我们的分析,婚姻可能对健康产生负面影响。例如,婚姻可能会使夫妻双方将更多的非工作时间用于生产家庭服务,挤压锻炼时间,从而观察到婚姻通过锻炼次数的途径对健康产生了负向的影响。从整体来看,我们可以发现:首先,无论对于男性还是女性,本文关注的所有途径变量只能解释婚姻健康效应的三分之一左右,这一结果与已有文献的结论一致,Hu and Goldman(1990)利用

① 尽管附录1到附录4均给出了检验途径效应的无偏统计量,但由于本文目前尚未能够给出统计量的标准误并基于此构造 t 统计量,因而暂时无法在这里进行统计显著性检验,这也是本文不足之处和未来深入研究的方向之一。

跨国数据研究婚姻对健康的影响时也发现,即使在控制了一系列社会经济变量后,婚姻对健康的积极影响仍然十分显著;其次,尽管婚姻的健康效应对于男性和女性而言在绝对数值上存在显著差异,但婚姻影响健康的模式是较为相似的,具体地表现为各途径能够解释的婚姻健康效应的比重在不同性别群体中不存在显著差异,这是本文独有的新发现。

五、进一步研究和讨论

(一)城乡居民婚姻健康效应差异

城乡二元结构是我国政治、经济、文化和社会保障等领域最重要的特征之一。在我国,城乡二元结构不仅仅是因为传统工业部门与现代农业部门发展差异而自然形成的,还有着深刻的制度因素、历史因素和政策因素。城市居民与农村居民在生产方式、消费方式、社会保险等方面存在巨大的差异,而这些差异都将深刻地影响个体行为决策,影响个体的婚姻选择、婚姻和家庭角色认知。李东山(2000)研究发现,由于生产方式的差异,城乡婚姻差别十分明显,城市居民的婚姻更趋向于个人婚姻,而农村居民的婚姻更倾向于家族婚姻。城乡二元结构的存在和深入影响意味着婚姻的健康效应及其影响途径对于农村居民和城镇而言存在系统差异。尽管我们在前文中通过户口变量在一定程度上控制了城乡差异,但这一做法仍然是将城镇居民和农村居民作为一个总体进行研究。为了更加严谨地考察婚姻的健康效应及其城乡差异,我们需要充分考虑各变量健康回报的差异。为此,我们将城乡居民视为不同总体,通过户口变量进一步将样本划分为城镇样本和农村样本,分别进行研究。

表 6 和表 7 汇报了将样本按户口和性别划分后,各子样本回归的结果。

表 6 城乡男性居民婚姻健康回报差异

应变量=自评健康状况	农村男性		城市男性	
	总体估计方程	途径估计方程	总体估计方程	途径估计方程
是否在婚	0.117***	0.104***	0.108***	0.0660*
	(0.0295)	(0.0301)	(0.0346)	(0.0354)
出生时体重	0.0231**	0.0187**	0.00289	0.00415
	(0.00902)	(0.00899)	(0.0115)	(0.0115)
年龄	-0.00472	-0.00207	-0.0209**	-0.0173**
	(0.00446)	(0.00448)	(0.00825)	(0.00840)
年龄平方	-5.07e-05	-7.55e-05	0.000147	0.000125
	(4.98e-05)	(5.01e-05)	(0.000100)	(0.000102)
民族	0.0324	0.0465	-0.0614	-0.0591
	(0.0390)	(0.0390)	(0.0590)	(0.0597)
受教育程度				
小学	0.0855***	0.0788***	0.354***	0.330***
	(0.0306)	(0.0301)	(0.0910)	(0.0899)
初中	0.104***	0.0888***	0.324***	0.291***
	(0.0299)	(0.0298)	(0.0778)	(0.0767)

（续表）

应变量=自评健康状况	农村男性		城市男性	
	总体估计方程	途径估计方程	总体估计方程	途径估计方程
高中	0.220***	0.198***	0.413***	0.371***
	(0.0388)	(0.0389)	(0.0782)	(0.0775)
大学及以上	0.226***	0.199***	0.498***	0.433***
	(0.0655)	(0.0656)	(0.0787)	(0.0794)
对数收入		-0.00224		0.0175***
		(0.00352)		(0.00601)
幸福的虚拟变量				
较为幸福		0.0341		0.0929***
		(0.0242)		(0.0316)
十分幸福		0.155***		0.129***
		(0.0257)		(0.0323)
周锻炼次数		0.00734		0.00350
		(0.00515)		(0.00477)
吸烟史		-0.00160**		-0.00118
		(0.000767)		(0.00112)
饮酒史		0.00166**		-0.00117
		(0.000713)		(0.001000)
垃圾处理方式	YES	YES	YES	YES
厕所类型	YES	YES	YES	YES
观测值	2 221	2 221	1 345	1 345
R-squared	0.114	0.135	0.113	0.134

注：(1)受教育程度的基准组为“未上过学”；幸福的虚拟变量的基准组为“较不幸福”；(2)括号内为异方差稳健标准误；*、**、***分别表示在1%、5%、10%水平上显著。

表 7　城乡女性居民婚姻健康回报差异

应变量=是否患有慢性疾病	农村女性		城市女性	
	总体估计方程	途径估计方程	总体估计方程	途径估计方程
是否在婚	-0.0284	-0.0235	-0.0433*	-0.0350
	(0.0178)	(0.0175)	(0.0257)	(0.0251)
出生时体重	-0.0148**	-0.0144**	0.000287	0.000147
	(0.00639)	(0.00647)	(0.00855)	(0.00844)
年龄	0.0109***	0.0103***	0.0161***	0.0161***
	(0.00304)	(0.00303)	(0.00566)	(0.00571)
年龄平方	-8.66e-05**	-8.23e-05**	-0.000166**	-0.000172**
	(3.77e-05)	(3.77e-05)	(6.96e-05)	(7.09e-05)
民族	0.0848***	0.0847***	0.0564**	0.0571**
	(0.0214)	(0.0213)	(0.0276)	(0.0286)
受教育程度				
小学	-0.0202	-0.0234	-0.0542	-0.0513
	(0.0202)	(0.0203)	(0.0777)	(0.0790)

（续表）

应变量=是否患有慢性疾病	农村女性		城市女性	
	总体估计方程	途径估计方程	总体估计方程	途径估计方程
初中	-0.0271	-0.0298	-0.0835	-0.0822
	(0.0198)	(0.0199)	(0.0663)	(0.0679)
高中	-0.0129	-0.0176	-0.0648	-0.0587
	(0.0247)	(0.0247)	(0.0672)	(0.0685)
大学及以上	-0.0152	-0.0212	-0.0922	-0.0762
	(0.0288)	(0.0286)	(0.0661)	(0.0678)
对数收入		-0.000439		-0.00628**
		(0.00169)		(0.00307)
幸福的虚拟变量				
较为幸福		-0.0293*		-0.0289
		(0.0156)		(0.0249)
十分幸福		-0.00865		-0.0415*
		(0.0172)		(0.0252)
周锻炼次数		0.00594		0.00782**
		(0.00415)		(0.00366)
吸烟史		0.00127		0.00123
		(0.00158)		(0.00229)
饮酒史		0.000956		-0.00125
		(0.00144)		(0.00164)
垃圾处理方式	YES	YES	YES	YES
厕所类型	YES	YES	YES	YES
观测值	2 212	2 212	1 143	1 143
R-squared	0.065	0.069	0.040	0.053

注：(1)受教育程度的基准组为"未上过学"；幸福的虚拟变量的基准组为"较不幸福"；(2)括号内为异方差稳健标准误；*、**、***分别表示在1%、5%、10%水平上显著。

通过表6和表7可以看到，健康的决定因素以及社会经济变量的健康回报在不同性别群体之间、在城镇居民和农村居民之间存在系统差异。年龄对健康的负向影响在城镇居民样本中表现得更为明显，并且，对于城镇男性居民而言，年龄与健康概率之间的关系表现为线性关系，而这一关系在女性样本中表现为非线性关系。教育的健康回报在各子样本中均显著为正，但随着显著的城乡差异，城镇居民通过教育获得的健康回报远远高于农村居民。另外一个值得关注的差异是收入的健康回报。对于城镇男性居民，收入每增加百分之一，健康的概率分别显著增加1.75%；而在农村居民中，收入的健康回报不仅缺乏统计显著性，甚至均表现出收入对健康的负向影响。这一结果验证了本文之前的猜想，即在我国，收入无法转化为健康回报的重要原因是健康投资途径的欠缺。在我国，农村地区生产方式单一，农村居民通常只能通过更长的农业劳动时间来换得更高的收入，然而增加的收入由于欠缺健康投资渠道因而无法最终转化为健康的收益。

通过表6还能看到，在男性样本中，婚姻对健康的影响也存在十分明显的城乡差异。尽管没有对途径变量加以控制之前，婚姻对健康的促进作用在城镇男性居民和农村男性居民中分别表现为10.8%和11.7%的健康概率增量。然而,在控制了可能的影响途径后,婚姻对城镇男性促进作用迅速下降至6.60%,而农村男性居民却仍然高达10.4%。根据前文的发现,婚姻主要通过影响一个人的幸福感受进而改善健康状况。受这一经验启发,我们继续采用附录3的结论来检验婚姻究竟通过心理感受途径对健康产生了多大的影响。计算显示,对于农村男性而言,幸福感受仅能够解释婚姻健康效应的23.34%;而对于城镇居民而言,幸福感受能够解释婚姻健康效应的53.71%,显著高于农村男性。这一发现间接地印证了李东山(2000)的发现:城镇居民的婚姻更多的是处于个人幸福的追求,而非传统模式中的家族婚姻。由于城镇男性的婚姻模式更接近于个人婚姻模式,因此,城镇男性在婚姻匹配过程中更看重个人偏好和主观感受,婚后幸福感受的提升更加明显,对健康的促进作用也更加明显。

我们用同样的方法在应变量为“是否患有慢性疾病”的情况下对可能存在的城乡差异进行了检验,见表7。我们仍然发现,婚姻对女性患慢性疾病的保护作用存在类似的城乡差异,即城镇强于农村。

(二)婚姻对健康的积累效应

在之前的研究中,我们一直假设婚姻的健康效应对不同婚姻史的人具有相同的作用。然而,我们注意到,婚姻的健康效应对于不同婚姻史的个体来说,可能存在以下两方面的差异:

第一,“一直未婚”“同居”“离婚且尚未结婚”和“丧偶且尚未结婚”可能并非完全同质。尤其是“丧偶且尚未结婚”的人群,婚姻关系的中断可能使他们的身体健康状况比“一直未婚”更加糟糕。顾大男(2003)研究发现,高龄老人近期丧偶对健康状况的下降有恶化作用。同时,如果婚姻的健康效应能够延伸到婚姻关系终止以后,那么“离婚且尚未结婚”的人群会拥有比处于“一直未婚”状态的个体拥有更好的健康状况。

第二,婚姻的健康回报水平可能依赖于婚姻关系存续的时长。我们猜想,婚姻关系存续的时间越长,其带来的健康回报会更加显著。

对于前一个问题,可以考虑在原有的分析框架下进一步分组研究。但是,在我们的样本中,“同居”“离婚且尚未结婚”和“丧偶且尚未结婚”的个体只有29人、136人和96人,分别只占总体样本的0.42%、1.97%和1.39%。由于数据量过少,本文目前无法对这些问题给出确切的答案。

对于后一个问题,我们拟将“一直未婚”的人群作为基准组,与婚姻关系存续不同时长的“初婚且在婚”人群进行比较。即将模型设定改为

$$y=\beta_0+\sum_{j=1}^{n}\beta_j\times \text{marry\_group}_j+X\times\gamma+v \tag{7}$$

$$y=\beta_0+\sum_{j=1}^{n}\beta_j\times \text{marry\_group}_j+X\times\gamma+Z\times\lambda+u \tag{8}$$

我们将“初婚且在婚”的人群根据婚姻关系存续的时长分成n组,并依次生成各组别二值变量,即得到(7)式和(8)式中的marry_group_j变量;由于基准组婚姻状态为“一直未婚”,因此,marry_group_j的斜率系数即度量对应组别婚姻的健康效应。在这里,我们在基准组中只包括“一直未婚”而不包括“离婚且尚未结婚”等群体是因为考虑婚姻的健康效应可能在婚姻关系结束后继续存在;在婚人群只选用其中“初婚”的部分是因为多次婚姻的个体其婚龄无法准确计算;在回归中纳入在婚人群按照婚姻关系存续时长的分组虚拟

变量,而不直接采用婚姻关系存续时长的连续变量是因为我们不确定婚姻关系存续时长与婚姻健康效应之间是否存在线性关系。表 8 汇报了详细的分组状况。

表 8　分组汇报

组别	基准组	1	2	3	4	5	6
婚姻关系存续时长(年)	0	1—7	8—12	13—17	18—23	24—29	≥30
频数	1 373	1 160	697	692	902	805	883
频率(%)	21.25	17.95	10.79	10.71	13.96	12.46	12.89

根据前文研究结果,我们主要关注婚姻对男性自评健康状况的影响以及婚姻对女性罹患慢性疾病的影响。相关结果汇报在表 9 中。结果显示,婚姻对男性自评健康状况的改善不依赖于婚姻关系存续的时长,但婚姻对女性罹患慢性疾病的概率的降低则随婚姻关系存续时间的增加而变强。

表 9　长久婚姻的健康回报

组别	应变量=自评健康状况		应变量=是否患慢性疾病	
	男性	男性	女性	女性
1	0.101***	0.0814***	-0.0166	-0.0123
	(0.0271)	(0.0273)	(0.0143)	(0.0145)
2	0.104***	0.0774**	-0.0179	-0.0142
	(0.0374)	(0.0374)	(0.0190)	(0.0191)
3	0.0909**	0.0699*	-0.0173	-0.0179
	(0.0417)	(0.0416)	(0.0164)	(0.0160)
4	0.0887**	0.0609	-0.0199	-0.0239
	(0.041)	(0.0440)	(0.0177)	(0.0235)
5	0.112**	0.0817*	-0.0290*	0.0285
	(0.0484)	(0.0483)	(0.0156)	(0.0256)
6	0.108*	0.0734	-0.0415**	-0.0409*
	(0.0569)	(0.0564)	(0.0181)	(0.0223)
控制变量	YES	YES	YES	YES
途径变量	NO	YES	NO	YES
观测值	3 341	3 341	3 121	3 121
R-squared	0.105	0.123	0.056	0.067

注:括号内为异方差稳健标准误;*、**、***分别表示在 1%、5%、10%水平上显著。

(三)稳健性检验

婚姻的选择性假说认为,只有健康的人才结婚,而不健康的人很少结婚。Hu and Goldman(1990)对婚姻匹配过程中这一选择性行为进行了研究,结果发现婚姻匹配过程中的选择性行为只能解释已婚群体和未婚群体健康差异的很小一部分。并且,本文证明了,婚姻对于女性罹患慢性疾病的保护作用存在积累性优势,这是婚姻选择性假说所不能解释的。

目前,由于国内学者对婚姻与健康关系的研究均采用老年人样本(顾大男,2003;彭思耘,2013;刘向红 2006),他们对可能存在内生性问题的看法是:即使婚姻匹配过程中存在健康选择,结婚的个体本身就比不结婚的个体更加健康,但是,这种在婚人群和单身人群之间健康状况的系统差异在多年后的影响已经微乎其微,因而对于老年人样本来说,互为因果的内生性问题可以忽略。但是,本文认为,如果婚姻的选择性假说的确成立,那么随着时间推移,一直处于单身状态的个体就意味着他们在婚姻匹配中一直被淘汰,因而他们的健康状况是所有人群中最差的。因此,如果婚姻的选择性假说成立,随着时间的推移,互为因果的内生性不但不会削弱,反而随着筛选过程而不断加强。因此,在没有有效解决内生性问题方法的情况下,老年样本的回归结论反而更加不可靠。

本文认为,婚姻与健康的内生性可以从以下两方面着手解决。

第一,寻找工具变量。第一个可行的工具变量是同一县区同年龄段人口性别的比例,这一变量与是否在婚相关但与个人的健康水平不直接相关①。本文曾经尝试用这一方法解决内生性问题,但是,在剔除缺失观测后由于样本量有限,各县区人口量较少,直接采用样本估计的县域内性别比例就已经十分粗糙,更无法根据年龄段进一步细分和估计同地区同年龄段人口的性别比例;而直接采用县域内性别比例作为 IV,IV 无法通过弱工具变量检验。

第二,构造健康的综合指标对健康排序的百分位数进行回归。首先,构造一个能够跨人际比较并且变异较为充分的综合健康指标;接着,根据综合健康指标的得分计算个体健康水平在样本中的百分位次;最后,以这一百分位次作为应变量进行回归。这一方法的原理是,如果婚姻的选择性假说成立,即最为健康的人最容易结婚,那么即使婚姻对健康有促进作用,最健康的人还是最健康,不会观测到健康位次的显著提升。但是,如果婚姻匹配过程中不存在健康选择,不那么健康的人也有机会获得婚姻,那么我们预期会观测到婚后健康位次的显著提升②。本文曾尝试通过综合 BMI、ADL、自评健康状况和疾病历史等变量,利用金成武(2007)提出的健康综合指标的构造方法,计算健康位次,但是计算结果仍然发现,数据缺乏变异。

以上两方面内容也是本文未来改进和努力的方向。

六、结　论

本文研究结果显示,婚姻的确能够改善个体的健康。但婚姻的健康效应存在显著的性别差异和城乡差异。如果以自评健康状况作为健康的测度,则婚姻能够显著改善男性个体的健康,该效应还同时存在城乡差异,并且该效应不依赖于婚姻关系存续的长短;如果以是否患有慢性疾病作为健康的测度,则婚姻能够显著改善女性个体的健康,但该效应并不存在明显的城乡差异,并且该效应会随着婚姻关系存续而不断变强。同时,本文还创新地采用一种全新的方法对婚姻作用于健康的途径进行了检验,并用数理推导证明了该

① 一种质疑是,一个地区的性别比例与该地的自然条件、社会条件和风俗习惯有关,这些因素又将潜在地与个人健康相关。因此,如果采用性别比例作为工具变量,应当同时在控制变量中加入县区固定效应对上述因素进行控制。加入县区固定效应后使用性别比例作为 IV 是可行的。

② 当然,如果选择性假说和婚姻对健康的促进作用同时存在,那么这一方法会低估婚姻对健康的促进作用,因而,仍然不失为一种较好的稳健性检验办法。

方法的普遍适用性。

附 录

附录 1

设真实回归方程为

$$y=\beta_0+\beta_1 x_1+\beta_2 x_2+u \tag{A-1}$$

设 x_1 对 x_2 回归的残差拟合值为$\hat{r_1}$,则对(A-1)式回归得到 β_1 的参数估计值为

$$\hat{\beta}_1=\frac{\sum_{i=1}^{n} y_i \times \hat{r}_{i1}}{\sum_{i=1}^{n} \hat{r}_{i1}^{\ 2}}=\frac{\sum_{i=1}^{n}(\beta_0+\beta_1 x_{i1}+\beta_2 x_{i2}+u_i)\times \hat{r}_{i1}}{\sum_{i=1}^{n} \hat{r}_{i1}^{\ 2}}=\beta_1+\frac{\sum_{i=1}^{n} u_i \times \hat{r}_{i1}}{\sum_{i=1}^{n} \hat{r}_{i1}^{\ 2}} \tag{A-2}$$

由于某些研究目的,我们需要首先遗漏变量 x_2,即将 x_2 包含在误差项中

$$y=\beta_0+\beta_1 x_1+v \tag{A-3}$$

(A-3)式的 OLS 估计量为

$$\begin{aligned}\tilde{\beta}_1&=\frac{\sum_{i=1}^{n} y_i \times (x_{i1}-\bar{x}_1)}{\sum_{i=1}^{n}(x_{i1}-\bar{x}_1)^2}=\frac{\sum_{i=1}^{n}(\beta_0+\beta_1 x_{i1}+\beta_2 x_{i2}+u_i)\times(x_{i1}-\bar{x}_1)}{\sum_{i=1}^{n}(x_{i1}-\bar{x}_1)^2}\\&=\beta_1+\beta_2\frac{\sum_{i=1}^{n}(x_{i1}-\bar{x}_1)x_{i2}}{\sum_{i=1}^{n}(x_{i1}-\bar{x}_1)^2}+\frac{\sum_{i=1}^{n} u_i \times (x_{i1}-\bar{x}_1)}{\sum_{i=1}^{n}(x_{i1}-\bar{x}_1)^2}\end{aligned} \tag{A-4}$$

(A-4)式中$\frac{\sum_{i=1}^{n}(x_{i1}-\bar{x}_1)x_{i2}}{\sum_{i=1}^{n}(x_{i1}-\bar{x}_1)^2}$正是 x_2 对 x_1 进行简单线形回归时斜率系数的 OLS 估计量,记:

$$x_2=\delta_0+\delta_1 x_1+e \tag{A-5}$$

将(A-5)式带入$\frac{\sum_{i=1}^{n}(x_{i1}-\bar{x}_1)x_{i2}}{\sum_{i=1}^{n}(x_{i1}-\bar{x}_1)^2}$,可以得到

$$\frac{\sum_{i=1}^{n}(x_{i1}-\bar{x}_1)x_{i2}}{\sum_{i=1}^{n}(x_{i1}-\bar{x}_1)^2}=\frac{\sum_{i=1}^{n}(x_{i1}-\bar{x}_1)(\delta_0+\delta_1 x_{i1}+e_i)}{\sum_{i=1}^{n}(x_{i1}-\bar{x}_1)^2}=\delta_1+\frac{\sum_{i=1}^{n}(x_{i1}-\bar{x}_1)e_i}{\sum_{i=1}^{n}(x_{i1}-\bar{x}_1)^2} \tag{A-6}$$

将(A-6)式带入(A-4),遗漏变量 x_2 时,x_1 系数的 OLS 估计量为

$$\tilde{\beta}_1=\beta_1+\beta_2\delta_1+\beta_2\frac{\sum_{i=1}^{n}(x_{i1}-\bar{x}_1)e_i}{\sum_{i=1}^{n}(x_{i1}-\bar{x}_1)^2}+\frac{\sum_{i=1}^{n} u_i \times (x_{i1}-\bar{x}_1)}{\sum_{i=1}^{n}(x_{i1}-\bar{x}_1)^2} \tag{A-7}$$

将(A-7)式和(A-2)式作差,并求期望,得到

$$E(\tilde{\beta}_1-\hat{\beta}_1)=\beta_2\delta_1 \tag{A-8}$$

(A-8)式告诉我们，如果要估计自变量 x_1 通过自变量 x_2 对应变量 y 的间接影响，$\tilde{\beta}_1-\hat{\beta}_1$ 是这间接效应的一个无偏估计。这是因为：δ_1 是 x_2 对 x_1 进行简单线形回归时斜率系数的 OLS 估计量，因此，x_1 每增加一个单位，x_2 增加 δ_1；由于 x_2 每增加一个单位引起的应变量的增量为 β_2，所以当 x_2 增加 δ_1 时，最终会引起应变量的增量为 $\beta_2\delta_1$。

附录 2

设真实回归方程为

$$y=\beta_0+\beta_1x_1+\cdots+\beta_kx_k+u \tag{A-9}$$

自变量 x_j 的斜率系数的 OLS 估计量为

$$\hat{\beta}_j=\frac{\sum_{i=1}^{n}y_i\times\hat{r}_{ij}}{\sum_{i=1}^{n}\hat{r}_{ij}^2}=\beta_j+\frac{\sum_{i=1}^{n}u_i\times\hat{r}_{ij}}{\sum_{i=1}^{n}\hat{r}_{ij}^2} \tag{A-10}$$

其中 $\hat{r}_{ij}$是 x_j 对$\{x_{-j}\}$回归的残差拟合值。假设现在处于某个特定的目的，我们必须首先遗漏变量 x_l，即对(A-11)式进行回归

$$y=\beta_0+\beta_1x_1+\cdots+\beta_{l-1}x_{l-1}+\beta_{l+1}x_{l+1}+\cdots+\beta_kx_k+v \tag{A-11}$$

得到的 x_l 的 OLS 估计量为

$$\begin{aligned}\tilde{\beta}_j&=\frac{\sum_{i=1}^{n}\hat{m}_{ij}\times y_i}{\sum_{i=1}^{n}\hat{m}_{ij}^2}=\frac{\sum_{i=1}^{n}\hat{m}_{ij}(\beta_0+\beta_1x_{i1}+\cdots+\beta_{ik}x_{ik}+u_i)}{\sum_{i=1}^{n}\hat{m}_{ij}^2}\\&=\beta_j+\beta_l\frac{\sum_{i=1}^{n}\hat{m}_{ij}\times x_{il}}{\sum_{i=1}^{n}\hat{m}_{ij}^2}+\frac{\sum_{i=1}^{n}\hat{m}_{ij}\times u_i}{\sum_{i=1}^{n}\hat{m}_{ij}^2}\end{aligned} \tag{A-12}$$

其中，$\hat{m}_{ij}$为 x_j 对除 x_j、x_l 之外所有自变量回归的残差拟合值。

注意到$\frac{\sum_{i=1}^{n}\hat{m}_{ij}\times x_{il}}{\sum_{i=1}^{n}\hat{m}_{ij}^2}$正是 x_l 对$\{x_{-l}\}$进行多元回归得到的 x_j 的斜率系数估计量，记这个回归为

$$x_l=\delta_0+\delta_1x_1+\cdots+\delta_{l-1}x_{l-1}+\delta_{l+1}x_{l+1}+\cdots+\delta_kx_k+e \tag{A-13}$$

将(A-13)式带入(A-12)式，化简可以得到

$$\hat{\beta}_j=\beta_j+\beta_l\delta_j+\beta_l\frac{\sum_{i=1}^{n}\hat{m}_{ij}\times e_i}{\sum_{i=1}^{n}\hat{m}_{ij}^2}+\frac{\sum_{i=1}^{n}\hat{m}_{ij}\times u_i}{\sum_{i=1}^{n}\hat{m}_{ij}^2} \tag{A-14}$$

因此，可以得到

$$E(\tilde{\beta}_j-\hat{\beta}_j)=\beta_l\delta_j \tag{A-15}$$

而 $\beta_l\delta_j$ 的含义正是自变量 x_j 通过自变量 x_l 最终对应变量产生的间接影响。

附录 3

设真实回归方程为

$$y=\beta_0+\beta_1 x_1+\cdots+\beta_k x_k+\beta_{k+1} x_{k+1}+\cdots+\beta_{k+l} x_{k+l}+u \quad (\text{A-16})$$

方程中,我们关注的变量为 x_1。斜率系数的 OLS 估计量为

$$\beta_1=\frac{\sum_{i=1}^{n} y_i \times \hat{r}_{i1}}{\sum_{i=1}^{n} \hat{r}_{i1}^2}=\beta_1+\frac{\sum_{i=1}^{n} u_i \times \hat{r}_{i1}}{\sum_{i=1}^{n} \hat{r}_{i1}^2} \quad (\text{A-17})$$

其中,$\hat{r}_{i1}$是 x_1 对$\{x_{-1}\}$回归的残差拟合值。我们想要知道自变量 x_1 通过一组自变量 x_{k+1}、x_{k+2}、……、x_{k+l}对应变量的间接影响究竟有多大,为此我们不得不进行将改组变量故意遗漏的回归

$$y=\beta_0+\beta_1 x_1+\cdots+\beta_k x_k+v \quad (\text{A-18})$$

(A-18)式得到的 OLS 估计量为

$$\hat{\beta}_1=\frac{\sum_{i=1}^{n} y_i \times \hat{m}_{i1}}{\sum_{i=1}^{n} \hat{m}_{i1}^2} \quad (\text{A-19})$$

其中,$\hat{m}_{i1}$为 x_1 对$\{x_2,x_3,\cdots,x_k\}$回归的残差的拟合值。将(A-16)带入(A-19),有

$$\begin{aligned}\tilde{\beta}_1&=\frac{\sum_{i=1}^{n}(\beta_0+\beta_1 x_{i1}+\cdots+\beta_k x_{ik}+\beta_{k+1} x_{i,k+1}+\cdots+\beta_{k+l} x_{i,k+l}+u_i)\times\hat{m}_{i1}}{\sum_{i=1}^{n}\hat{m}_{i1}^2}\\&=\beta_1+\beta_{k+1}\frac{\sum_{i=1}^{n}\hat{m}_{i1}x_{i,k+1}}{\sum_{i=1}^{n}\hat{m}_{i1}^2}+\cdots+\beta_{k+l}\frac{\sum_{i=1}^{n}\hat{m}_{i1}x_{i,k+l}}{\sum_{i=1}^{n}\hat{m}_{i1}^2}+\frac{\sum_{i=1}^{n}\hat{m}_{i1}u_i}{\sum_{i=1}^{n}\hat{m}_{i1}^2}\\&=\beta_1+\sum_{q=1}^{l}\beta_{k+q}\times\frac{\sum_{i=1}^{n}\hat{m}_{i1}x_{i,k+q}}{\sum_{i=1}^{n}\hat{m}_{i1}^2}+\frac{\sum_{i=1}^{n}\hat{m}_{i1}u_i}{\sum_{i=1}^{n}\hat{m}_{i1}^2}\end{aligned} \quad (\text{A-20})$$

注意到,$\frac{\sum_{i=1}^{n}\hat{m}_{i1}x_{i,k+q}}{\sum_{i=1}^{n}\hat{m}_{i1}^2}(q=1,2,\ldots,l)$ 实际上就是 x_{k+q}对自变量$\{x_1,x_2,\ldots,x_k\}$回归时 x_1 的斜率系数的 OLS 估计量。记这一组多元线性回归为

$$x_{k+q}=\delta_{q,0}+\delta_{q,1}x_1+\delta_{q,2}x_2+\cdots+\delta_{q,k}x_k+e_q \quad (q=1,2,\ldots,l)$$

因此,式(A-20)可以进一步化简为

$$\begin{aligned}\tilde{\beta}_1&=\beta_1+\sum_{q=1}^{l}\beta_{k+q}\times\frac{\sum_{i=1}^{n}\hat{m}_{i1}x_{i,k+q}}{\sum_{i=1}^{n}\hat{m}_{i1}^2}+\frac{\sum_{i=1}^{n}\hat{m}_{i1}u_i}{\sum_{i=1}^{n}\hat{m}_{i1}^2}\\&=\beta_1+\sum_{q=1}^{l}\beta_{k+q}\times\delta_{q,1}+\sum_{q=1}^{l}\beta_{k+q}\times\frac{\sum_{i=1}^{n}\hat{m}_{i1}e_q}{\sum_{i=1}^{n}\hat{m}_{i1}^2}+\frac{\sum_{i=1}^{n}\hat{m}_{i1}u_i}{\sum_{i=1}^{n}\hat{m}_{i1}^2}\end{aligned} \quad (\text{A-21})$$

类似的，通过将（A-21）式与（A-17）式作差，$\tilde{\beta}_1-\hat{\beta}_1$ 正是自变量 x_1 通过一组自变量 x_{k+1}、x_{k+2}、…、x_{k+l} 对应变量产生间接影响的一个无偏估计。

$$E(\tilde{\beta}_1-\hat{\beta}_1)=\sum_{q=1}^{l}\beta_{k+q}\times\delta_{q,1} \tag{A-22}$$

附录 4

以上三条结论的推导都是建立在真实回归方程不存在内生性问题的前提条件下。也就是说，采用上述结论检验某一变量的间接效应必须要求：在囊括所有变量的回归方程中，不存在内生变量。然而，这一假定在经验分析中难以满足。工具变量是解决内生性问题的常用方法，在这一部分，我们将间接效应的检验扩展到工具变量的环境下。

设回归方程为

$$y=\beta_0+\beta_1 y_1+\beta_2 x_1+\cdots\beta_{k+1}x_k+u \tag{A-23}$$

其中，y_1 是内生关注变量，$\{X\}$ 为外生控制变量。假定，y_1 具有有效工具变量 $\{Z\}$，可以通过两阶段最小二乘对参数 β_1 进行估计。第一阶段：做 y_1 对 $\{X,Z\}$ 的回归并获得 y_1 的拟合值 $\hat{y}_1$。记该回归方程为

$$y_1=\alpha_0+Z\times\alpha+X\times\gamma+v \tag{A-24}$$

第二阶段，用 $\hat{y}_1$ 替换内生变量 y_1，进行多元线性回归。得到 β_1 的估计量为

$$\hat{\beta}_1=\frac{\sum_{i=1}^{n}y_i\hat{r}_i}{\sum_{i=1}^{n}\hat{r}_i^2} \tag{A-25}$$

其中，$\hat{r}$ 为 $\hat{y}_1$ 对 $\{X\}$ 回归残差的拟合值。将方程（A-23）带入（A-25），可以得到

$$\begin{aligned}\hat{\beta}_1&=\frac{\sum_{i=1}^{n}y_i\hat{r}_i}{\sum_{i=1}^{n}\hat{r}_i^2}=\frac{\sum_{i=1}^{n}(\beta_0+\beta_1 y_{i1}+\beta_2 x_{i1}+\cdots\beta_{k+1}x_{ik}+u_i)\hat{r}_i}{\sum_{i=1}^{n}\hat{r}_i^2}\\&=\beta_1\frac{\sum_{i=1}^{n}y_{i1}\hat{r}_i}{\sum_{i=1}^{n}\hat{r}_i^2}+\frac{\sum_{i=1}^{n}u_i\hat{r}_i}{\sum_{i=1}^{n}\hat{r}_i^2}\\&=\beta_1\frac{\sum_{i=1}^{n}(\hat{y}_{i1}+\hat{v}_i)\hat{r}_i}{\sum_{i=1}^{n}\hat{r}_i^2}+\frac{\sum_{i=1}^{n}u_i\hat{r}_i}{\sum_{i=1}^{n}\hat{r}_i^2}\end{aligned}$$

其中，$\widehat{\hat{y}_{i1}}$ 是 $\hat{y}_1$ 对 $\{X\}$ 回归中 $\hat{y}_1$ 的拟合值。由于 $\hat{r}_i$ 是 $\hat{y}_1$、$\{X\}$ 的一个线性组合，因此由矩条件，可以判定 $\frac{\sum_{i=1}^{n}\hat{v}_i\hat{r}_i}{\sum_{i=1}^{n}\hat{r}_i^2}=0$。

然而，为了研究内生变量 y_1 通过变量 x_j 对应变量的影响，我们在回归时不得不先遗漏变量 x_j

$$y=\beta_0+\beta_1 y_1+\beta_2 x_1+\cdots+\beta_j x_{j-1}+\beta_{j+2}x_{j+1}+\cdots+\beta_{k+1}x_k+\tau \tag{A-26}$$

回归的第一阶段，做 y_1 对 $\{x_{-j},z\}$ 的回归，获得拟合值 $\tilde{y}_1$、$\tilde{\varepsilon}$，即 $y_1=\tilde{y}_1+\tilde{\varepsilon}$；第二阶段，

用 $\tilde{y}_1$ 替换变量 y_1 对式(A-26)进行回归,获得参数估计值 $\tilde{\beta}_1$。那么,有

$$\tilde{\beta}_1=\frac{\sum_{i=1}^{n}\hat{m}_i\times y_i}{\sum_{i=1}^{n}\hat{m}_i^2} \tag{A-27}$$

其中,$\hat{m}_i$ 为第二阶段回归中,$\tilde{y}_1$ 对 $\{x_{-j}\}$ 回归时残差的拟合值。记 $\tilde{y}_1$ 对 $\{x_{-j}\}$ 回归时 $\tilde{y}_1$ 的拟合值为 $\widehat{\tilde{y}}_1$,将(A-23)带入(A-27)进行整理,我们有

$$\begin{aligned}
\tilde{\beta}_1&=\frac{\sum_{i=1}^{n}\hat{m}_i\times y_i}{\sum_{i=1}^{n}\hat{m}_i^2}\\
&=\frac{\sum_{i=1}^{n}\hat{m}_i\times(\beta_0+\beta_1 y_{i1}+\beta_2 x_{i1}+\cdots\beta_{k+1}x_{i,k}+u_i)}{\sum_{i=1}^{n}\hat{m}_i^2}\\
&=\beta_1\frac{\sum_{i=1}^{n}\hat{m}_i\times y_{i1}}{\sum_{i=1}^{n}\hat{m}_i^2}+\beta_{j+1}\frac{\sum_{i=1}^{n}\hat{m}_i\times x_{ij}}{\sum_{i=1}^{n}\hat{m}_i^2}+\frac{\sum_{i=1}^{n}\hat{m}_i\times u_i}{\sum_{i=1}^{n}\hat{m}_i^2}\\
&=\beta_1\frac{\sum_{i=1}^{n}\hat{m}_i\times(\tilde{y}_{i1}+\tilde{\varepsilon}_i)}{\sum_{i=1}^{n}\hat{m}_i^2}+\beta_{j+1}\frac{\sum_{i=1}^{n}\hat{m}_i\times x_{ij}}{\sum_{i=1}^{n}\hat{m}_i^2}+\frac{\sum_{i=1}^{n}\hat{m}_i\times u_i}{\sum_{i=1}^{n}\hat{m}_i^2}\\
&=\beta_1\frac{\sum_{i=1}^{n}\hat{m}_i\times(\widehat{\tilde{y}}_{i1}+\hat{m}_i)}{\sum_{i=1}^{n}\hat{m}_i^2}+\beta_1\frac{\sum_{i=1}^{n}\hat{m}_i\times\tilde{\varepsilon}_i}{\sum_{i=1}^{n}\hat{m}_i^2}+\beta_{j+1}\frac{\sum_{i=1}^{n}\hat{m}_i\times x_{ij}}{\sum_{i=1}^{n}\hat{m}_i^2}+\frac{\sum_{i=1}^{n}\hat{m}_i\times u_i}{\sum_{i=1}^{n}\hat{m}_i^2}\\
&=\beta_1+\beta_{j+1}\frac{\sum_{i=1}^{n}\hat{m}_i\times x_{ij}}{\sum_{i=1}^{n}\hat{m}_i^2}+\frac{\sum_{i=1}^{n}\hat{m}_i\times u_i}{\sum_{i=1}^{n}\hat{m}_i^2}\\
&=\beta_1\frac{\sum_{i=1}^{n}\hat{y}_{i1}\hat{r}_i}{\sum_{i=1}^{n}\hat{r}_i^2}+\beta_1\frac{\sum_{i=1}^{n}\hat{v}_i\hat{r}_i}{\sum_{i=1}^{n}\hat{r}_i^2}+\frac{\sum_{i=1}^{n}u_i\hat{r}_i}{\sum_{i=1}^{n}\hat{r}_i^2}\\
&=\beta_1\frac{\sum_{i=1}^{n}(\widehat{y}_{i1}+\hat{r}_i)\hat{r}_i}{\sum_{i=1}^{n}\hat{r}_i^2}+\beta_1\frac{\sum_{i=1}^{n}\hat{v}_i\hat{r}_i}{\sum_{i=1}^{n}\hat{r}_i^2}+\frac{\sum_{i=1}^{n}u_i\hat{r}_i}{\sum_{i=1}^{n}\hat{r}_i^2}\\
&=\beta_1\frac{\sum_{i=1}^{n}\hat{r}_i^2}{\sum_{i=1}^{n}\hat{r}_i^2}+\frac{\sum_{i=1}^{n}u_i\hat{r}_i}{\sum_{i=1}^{n}\hat{r}_i^2}=\beta_1+\frac{\sum_{i=1}^{n}u_i\hat{r}_i}{\sum_{i=1}^{n}\hat{r}_i^2}
\end{aligned} \tag{A-28}$$

由于 $\hat{m}$ 是 $\tilde{y}_1$ 与 $\{x_{-j}\}$ 的一个线性组合,根据 y_1 对 $\{x_{-j},z\}$ 的回归的矩条件,可以判定 $\beta_1\frac{\sum_{i=1}^{n}\hat{m}_i\times\tilde{\varepsilon}_i}{\sum_{i=1}^{n}\hat{m}_i^2}=0$。注意到 $\hat{m}_i$ 为第二阶段回归中,$\tilde{y}_1$ 对 $\{x_{-j}\}$ 回归时残差的拟合值,因此

$\frac{\sum_{i=1}^{n}\hat{m}_i\times x_{ij}}{\sum_{i=1}^{n}\hat{m}_i^2}$其实正是 x_j 对$\{y_1,x_{-j}\}$回归时,y_1 同样采用$\{z\}$为工具变量的 IV 估计值。记

$$x_j=\delta_0+\delta_1 y_1+X_{-j}\delta+e \tag{A-29}$$

那么,

$$\frac{\sum_{i=1}^{n}\hat{m}_i\times x_{ij}}{\sum_{i=1}^{n}\hat{m}_i^2}=\delta_1+\frac{\sum_{i=1}^{n}\hat{m}_i e_i}{\sum_{i=1}^{n}\hat{m}_i^2} \tag{A-30}$$

将上式代回式(A-28),有

$$\begin{aligned}\tilde{\beta}_1&=\beta_1+\beta_{j+1}\frac{\sum_{i=1}^{n}\hat{m}_i\times x_{ij}}{\sum_{i=1}^{n}\hat{m}_i^2}+\frac{\sum_{i=1}^{n}\hat{m}_i\times u_i}{\sum_{i=1}^{n}\hat{m}_i^2}\\&=\beta_1+\beta_{j+1}\delta_1+\beta_{j+1}\frac{\sum_{i=1}^{n}\hat{m}_i\times e_i}{\sum_{i=1}^{n}\hat{m}_i^2}+\frac{\sum_{i=1}^{n}\hat{m}_i\times u_i}{\sum_{i=1}^{n}\hat{m}_i^2}\end{aligned} \tag{A-31}$$

我们可以看到

$$E(\tilde{\beta}_1-\hat{\beta}_1)=\beta_{j+1}\delta_1 \tag{A-32}$$

也就是说,在工具变量环境下,$\tilde{\beta}_1-\hat{\beta}_1$ 仍然是间接效应的无偏估计。因此,考察某一内生自变量在多大程度上通过某一其他自变量间接影响应变量,可以简单地通过两次 2SLS 参数估计之差给出。

参考文献

Becker G S. Altruism in the Family and Selfishness in the Market Place[J]. Economica. New Series, 1981, 48(189): 1-15.

Conti G, Heckman J, Urzua S. The Education-Health Gradient[J]. American Economic Review, 2010, 100(2): 234-238.

Gujarati D N, Porter D C. Basic Econometrics (Fifth Edition)[M].McGrau-Hiu Education, 2013.

Hu Y, Goldman N. Mortality Differentials by Marital Status: An International Comparison[J]. Demography, 1990, 27, 233-250.

Lindahl M. Estimating the Effect of Income on Health and Mortality Using Lottery Prizes as an Exogenous Source of Variation in Income[J]. The Journal of Human Resources, 2005, 40(1): 144-168.

Wooldridge J M. Introductory Econometrics A Modern Approach (Fourth Edition)[M]. South-Western Cengage Learning, 2009.

Xie, Y, The User's Guide of the China Family Panel Studies, Beijing: Institute of Social Science Survey, Peking University, 2012.

樊桦. 农村居民健康投资不足的经济学分析[J]. 中国农村观察,2001,6:37—43.

高辉. 多重共线性的诊断方法[J]. 统计与信息论坛,2003,1:73—76.

顾大男. 婚姻对中国高龄老人健康长寿影响的性别差异分析[J]. 中国人口科学,2003,3:36—44.

顾华康. 工作和家庭压力对铁路女工心理及生殖健康的影响[D].昆明医学院,2009.

胡安宁. 教育能否让我们更健康——基于2010年中国综合社会调查的城乡比较分析[J]. 中国社会科学,2014,5:116—130+206.

胡琳琳,兰宗敏. 发展健康经济:中国的战略选择[J]. 卫生经济研究,2014,10:55—59.

金成武. 综合健康指标的一种设计[J]. 中国劳动经济学,2007,1:133—146.

李东山. 城乡婚姻比较[J]. 社会科学研究,2000,3:103—108.

刘汶蓉,徐安琪. 城市家庭经济压力:一个社会脉动的视角[J]. 社会科学, 2008,2:81—90+190.

刘向红. 婚姻状况、居住方式对老年健康的影响研究[D].河北大学,2006.

彭思耘. 性别,健康,婚姻状况分析[D].西南财经大学,2013.

魏祥迁,马红宇,张明亮. 员工家庭压力与工作压力对健康的影响[J]. 心理研究,2012,4:41—45.

徐程,尹庆双,刘国恩. 健康经济学研究新进展[J]. 经济学动态,2012,9:120—127.

赵忠. 健康卫生需求的理论和经验分析方法[J]. 世界经济,2005,4:33—38.

技术进步的就业效应
——基于省际面板数据的分析

许 凌

（厦门大学经济学院）

［**摘要**］本文结合1979—2012年我国省际面板数据，运用DEA分析中的Malmquist指数方法测算了各省的全要素生产率的变化率，用以度量广义技术进步，并对技术进步的就业效应进行省际面板数据的实证分析。实证结果显示，改革开放以来的技术进步对我国就业增长产生了挤出作用，在我国东、中、西部均显著为负，且西部抑制作用更为明显。技术进步对下一期的就业增长具有扩张作用，在东、中部地区显著为正，但在西部地区作用不显著。分产业的实证结果显示，技术进步有利于产业结构优化升级。这取决于地区、行业特征。

［**关键词**］就业，DEA模型，技术进步

一、引言与文献综述

众所周知，就业是民生之本、安国之策，它不仅对人民生活水平的提高有着重要的影响，在很大层次上也关系着我国目前改革发展稳定的大局以及国家的长治久安，我国宏观经济调控所要实现的四大主要目标之一是减少失业。我国作为最大的发展中国家，在经济快速稳定增长的同时保持充分的就业对实现经济、社会稳定发展可谓举足轻重。然而，近年来失业率呈不断上升趋势，就业压力增大。统计数据显示，2001年登记失业率为3.16%，2003年全国城镇新增劳动力1 000万人，国有企业和集体企业下岗职工约600万人，登记失业人员近800万人，从2002年至2005年失业率均保持在4%以上。2012年城镇需就业的劳动力达2 500万人，比“十一五”时期的年均数多100万人，其中高校毕业生规模达到680万人，是21世纪初的6倍多。我国社会目前面临严重的就业问题，已成为阻碍构建和谐社会、实现经济又好又快发展的一大因素。

影响就业增长率的因素诸多，如资本存量增长率、实际工资增长率、国民产出结构、教育水平、城市化水平等，技术进步也是影响就业增长率的重要因素。技术进步与就业之间的关系错综复杂，技术进步会加速就业增长率增长还是抑制就业增长率增长？一方面技术进步加速了资本和技术密集型行业的扩张，资本和技术对劳动产生替代效应，产业结构依靠技术进步加速升级，劳动力需求改变，企业裁减冗员，就业增长率下降，技术进步下的经济波动增加了企业的竞争压力，企业压缩生产成本，使用其他要素替代劳动力。但同

时，技术进步下的生产效率提高会产生"资本化效应"，使得更多雇用劳动力来匹配资本。另外新产业的诞生，新产品带动新需求，企业也会倾向于扩大生产规模，带来更多的就业岗位。关于技术进步的就业效应这一研究中，国内外学者选取技术进步指标不同、研究方法上也有所差异，在结果上也具有分歧。

国内外学者对此问题的研究存在以下三种观点：促进论、抑制论、双重作用。促进论认为，技术进步有利于吸纳更多的就业，姚先国和周礼(2005)的实证研究显示，技术进步会引起对高技能劳动力需求的增加，同时外延式的规模扩张又会带来对低技能劳动力需求的不断增长；Chang and Hong(2005)根据对1958—1996年美国458家四位码制造业数据，运用VAR模型分析发现，技术进步明显使工作时间增多的行业数比工作时间减少的行业数多，即在总的制造业中技术进步导致工作时间增加。抑制论认为生产率的提高会降低对劳动力的需求。齐建国(2002)认为，广义技术进步使边际就业弹性下降，从而造成就业压力加大。姚战琪和夏杰长(2005)利用省级面板数据的回归分析得出的结论是，技术进步会对就业产生负面影响。叶仁荪等(2008)研究表明，虽然技术进步有助于三次产业间就业结构的调整与优化，但实证结果显示现阶段技术进步对我国就业增长产生了不利影响。Fève and Patrick(2004)利用Joneses效用模型分析发现，正的技术冲击将对就业产生一个持久的、显著的收缩效应。最后一种观点认为技术进步对就业起到双重作用，即认为技术进步一方面会造成机器排挤工人，另一方面技术进步扩大了生产规模，对劳动力的需求也相应增加了。Galí(1999)针对美国经济研究发现：在一个价格黏性的模型中，长期中技术进步对就业的效应是收缩性的，在短期却呈正相关关系。余源源(2008)利用我国1978—2005年的相关数据，运用向量自回归(VAR)模型就技术进步对就业的效应进行实证分析，研究发现，在短期技术进步对就业具有收缩效应，在长期技术进步对就业具有扩张效应，但技术进步对就业的影响作用较小，且随着时间推移这种影响作用的程度更是逐渐减弱。

纵观国内外研究，关于技术进步对就业进步的影响有长期效应和短期效应，有收缩效应和扩张效应不同的结论。笔者认为尚存在以下不足：一是大多数文献都采用"索洛余值"法来测算技术进步率，约束条件过强，因此估算可能有所偏差；二是大多数文献都采用静态分析或向量自回归(VAR)模型进行实证分析，且我们认为技术进步的就业效应需要分地区、分产业进行分析，而不能一概而论。

基于此，本文就技术进步对就业究竟产生何种效应展开了探究，就已有文献，本文做出了如下拓展：

对技术进步的测度，研究文献多采用"索洛余值"方法来测度，但此测度方法假设约束较强，也较为粗糙，存在一些明显缺陷(郭庆旺和夏俊雪，2005)，近些年来，学者采用数据包络分析(DEA)，后者直接利用线性优化给出边界生产函数与距离函数的估算(叶仁荪等，2008)，数据包络分析法无须对生产函数形式和分布做出假设，从而避免了较强的理论约束，相比较之，本文采用数据包络分析方法来测度技术进步。

就数据和研究方法上，现有文献以截面和时间序列分析为主，本文选用面板数据，时间为1978—2012年间且省际数据较为完整，利用固定效应模型，控制时间和地区效应，依此可以提供更多元的信息结构。就内容丰富性上，本文除研究全国就业总量增长和技术进步率的关系，还分析东中西部、三次产业中技术进步的就业效应，通过作用机制及地区、行业特征，为检验分组系数是否显著不同，本文使用了 t 检验，并对不同组的系数差别给出合理的经济学解释，并进一步阐述如何通过技术进步协调技术与就业之间的关系。

本文基于省际面板数据，首先应用永续盘存法估算各省资本存量，再利用资本、劳动力投入和实际国民生产总值计算 DEA-Malmquist 生产率指数以度量技术进步率，并用当期和上一期的技术进步率对当期就业增长率进行控制地区效应的面板回归。结果显示，改革开放以来的当期技术进步对就业增长率起到显著负向作用，而上一期的技术进步对就业增长率起到显著正向作用。本文将我国分成东中西三部分分别进行面板数据回归分析，探究技术对于东、中、西地域上的就业影响差异，结果显示，技术进步对东、中、西部就业增长率都具有显著的负向影响，且西部地区的抑制作用更为强烈，而东、中部地区上一期技术进步的影响则显著为正。为研究技术进步对产业就业的影响，本文分产业进行实证研究，实证结果显示，技术进步对第一、二产业就业起到显著负向作用，且第一产业负向作用更为强烈，第三产业的抑制作用不显著，产业结构的回归结果显示，技术进步有利于产业结构升级。这是由地区经济结构和产业特征来决定的。

二、技术进步影响就业的理论机制

技术进步对就业的影响机制，应从技术进步的抑制效应和扩张效应两个角度分析（见图 1、图 2）。技术进步的抑制效应从机械化替代、经济波动风险、产业结构三个方面进行传导。技术的飞跃创造出具有更高生产力的机器设备，解放了劳动生产力，降低了劳动强度，企业使用机器来替代劳动力，裁减了冗杂、效率低下的劳动者，就业增长率下降。技术的变革会导致经济的波动，企业面临空前的机遇和挑战，对新技术不适应会加大企业的经营压力，企业为了生存被迫解雇工人，失业大军增加。

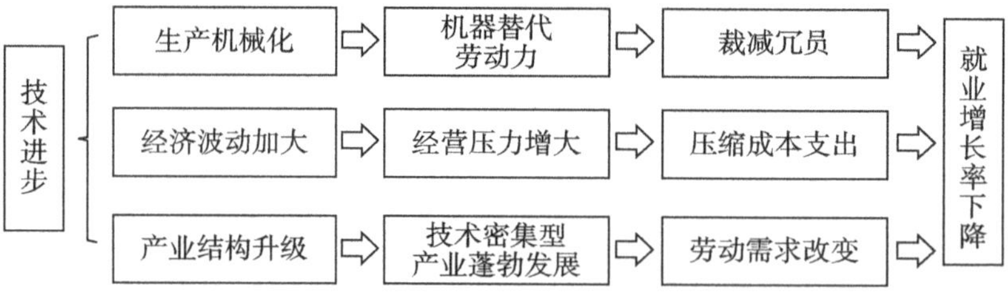

图 1 技术进步就业的抑制效应

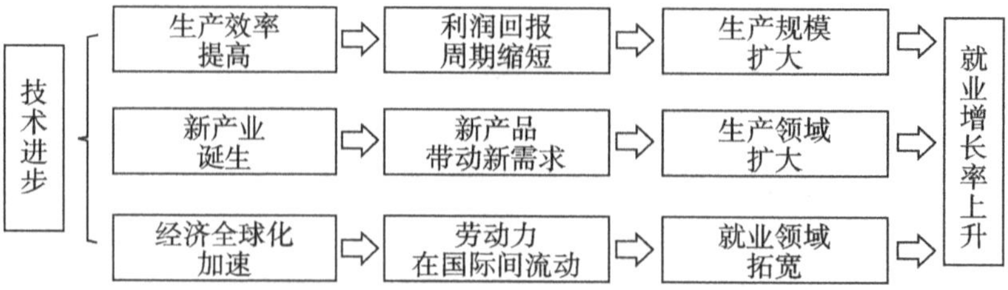

图 2 技术进步对就业的扩张效应

诚然，我们也需考虑技术进步对就业的扩张效应。技术进步有利于产业结构的优化升级，有利于新型技术产业蓬勃发展，但劳动力素质的缓慢调整无法适应技术的革新，高素质劳动力数量的增长与技术进步的不同步也会扩充失业率。技术进步扩张效应机制从收入效应、需求效应和就业流动三个方面来阐述。技术进步的机械化专业化生产提高了生产效率，企业的利润回报周期缩短，企业拥有更多财富扩大再生产规模，需要更多劳动力进入匹配资本。技术进步促生新产业兴起，生产决定了消费，产生了更多新的需求，消费对生产的反作用要求更多的劳动力进行产品生产。技术进步加速了经济全球化的速度，生产全球化和资本全球化加速了劳动力在国际间的流动，世界性的分工合作的加强拓宽了就业领域，就业增长率上升。

针对我国现状，本文就改革开放以来技术进步对就业究竟产生何种效应展开了探究，根据实证结果进行传导机制的理论解释。

三、实证分析

（一）技术进步的度量方法

已有的研究在测算全要素生产率（TFP）变化率方面主要使用的方法包括“索洛余值”法和 DEA-Malmquist 生产率指数法。“索洛余值”法假设所有生产单位都是有效率的，而且不区分生产单位的技术进步和技术效率提升，即没有考虑到劳动力和资本存量的效率提升。DEA 是一种用于分析多投入多产出的决策单元的全要素生产率及其相对效率的有效方法，较之“索洛余值”法，DEA 不要求投入和产出间任何形式的方程参数，也不要求无效的残差项，所以可以避免不同的参数和估计问题，但其无法识别无效率或有效率的关键指标，故本文选用数据包络分析（DEA）对我国改革开放以来的全要素生产率进行一个最新估计。DEA 模型也有其不足，DEA 不能计算出技术进步的绝对值，只能计算出相对值，这与本文所要求的技术进步率测度符合。DEA 要求将评价指标分为投入、产出两大类，不能出现中间型指标，且投入指标和产出指标都不宜过多，指标体系的丰富性受到制约。但本文引入面板数据，全面考虑空间与时间上效率的变化情况及原因，让 DEA 模型能反映出更多时空演化信息。

（二）技术进步的指标测算

为测算省际全要素生产率的变化，需要省际的资本存量、劳动就业量、实际 GDP 的相应数据作为投入要素和产出。《中国国内生产总值核算历史资料 1952—2002》和《中国统计年鉴》中可获取我国 1978 年各省名义 GDP 和 1978—2012 的 GDP 指数（上年＝100），对 GDP 指数进行环比连乘，计算出以 1978 年为基年的 GDP 指数，借此计算出以 1978 为基年 1978—2012 的省际实际 GDP 数据。就业人数指标可以从各省统计年鉴中获得。各省历年的资本存量则需要另行估算。对省际资本存量的估算采用永续盘存法，公式为

$$K_{it}=K_{it-1}(1-\delta_{it})+\frac{I_{it}}{P_{it}}$$

其中 K_i 指第 i 个省区第 t 年的资本存量，δ_{it}表示折旧率，$\frac{I_{it}}{p_{it}}$表示实际资本形成额。本文采用张军等（2004）估算的 1952—2000 的我国省际物质资本存量估算方法估算出 1978—2012 的省际资本存量（1978），再用 DEA-Malmquist 法测算出全要素生产率。表 1 为各省（重庆并入四川）代表年份的全要素生产率估计结果。由于西藏的 CPI 数据缺失，对后文实际工资的测算造成影响，故本文剔除了西藏的数据，特此说明。

表 1 各省(重庆并入四川)代表性年份的全要素生产率估计结果

	各省代表性年份技术进步率						
	1980	1985	1990	1995	2000	2005	2010
北京	1.095	1.217	1.114	1.176	1.063	1.05	1.044
天津	1.03	1.095	1.019	1.047	1.071	1.064	1.313
河北	1.035	1.034	1.029	1.095	1.083	1.092	1.084
山西	1.027	1.129	1.008	1.07	1.08	1.117	1.117
内蒙古	1.048	1.075	1.023	1.072	1.038	1.206	1.137
辽宁	0.959	1.05	1.068	1.054	1.023	1.14	1.093
吉林	1.014	1.096	1.033	1.057	1.043	1.194	1.151
黑龙江	1.051	1.114	1.003	1.016	1.061	1.063	1.078
上海	1.069	1.084	1.064	1.085	1.035	1.062	1.024
江苏	1.093	1.115	1	1.079	0.969	1.099	1.09
浙江	1.093	1.094	1.067	1.139	1.073	1.071	1.06
安徽	1.006	1.119	1.05	1.045	1.041	1.077	1.086
福建	1.046	1.024	0.996	1.12	1.071	1.069	1.077
江西	1.051	1.02	1.029	1.061	1.074	1.099	1.079
山东	1.022	1.097	1.04	0.99	1.087	1.172	1.094
河南	1.012	1.033	1.026	1.055	1.039	1.104	1.142
湖北	0.98	1.038	0.924	1.092	1.088	0.937	1.007
湖南	1.045	1.028	0.986	1.04	1.071	1.102	1.116
广东	1.008	1.034	1.053	1.121	1.031	1.075	1.078
广西	0.997	1.001	0.962	1.129	1.073	1.1	1.218
海南	1.001	1.182	1.078	1.105	1.012	1.03	1.083
四川(重庆)	1.002	0.877	0.968	1.064	1.078	1.094	1.074
贵州	1.008	1.072	1	1.028	1.075	1.058	1.256
云南	0.996	0.968	1	1.051	1.047	1.09	1.137
陕西	1.008	1.071	1.016	1.012	1.045	1.066	1.127
甘肃	0.913	1.012	1	1.017	1.078	1.187	1.094
青海	0.95	1.023	1.037	1.023	1.09	1.123	1.073
宁夏	0.97	1.009	0.997	1.004	1.064	1.108	1.156
新疆	1.064	1.049	1.043	1.073	1.07	1.062	1.06

注:通过 Deap 计算得出 Malmquist 指数,以此度量技术进步率。

(三)特征事实

横坐标代表全要素增长率衡量的技术进步率,纵坐标则是省际就业增长率。技术进步与就业间呈现显著的反向关系,我们初步判断技术进步对就业增长率起到负向作用。为进一步确认技术进步对就业增长的抑制作用并量化该弹性,我们控制地区固定效应并加入其他控制变量。

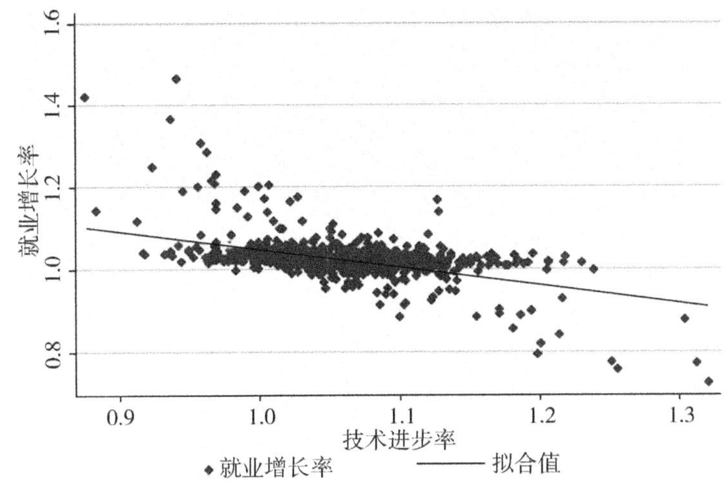

图 3　技术进步与就业间呈现显著的反向关系

（四）实证分析与变量

本文研究技术进步对就业增长的影响，其面板模型如下：

$$GRL_{it}=\beta_0+\beta_1 TFP_{it}+\beta_2 TFP_{it-1}+\beta_3 X_{it}+\varepsilon_{it}$$

其中，i 表示省份，t 表示年份，TFP 为度量技术进步的全要素生产率，GRL 为就业增长率，其他控制变量包括实际工资（1978）增长率、资本存量（1978）增长率、实际 GDP 增长率、城市大小的衡量（人口数的对数）、教育水平增长率（普通高等教育学校毕业生数）、城市化水平增长率（城镇人口除以总人口，早些年份城市人口数据缺失用非农业人口代替）。各省 1978—2012 年就业量、名义工资数据来源于《中国劳动统计年鉴》，名义 GDP、GDP 指数、消费者物价指数、普通高等学校毕业生数来自《中国国内生产总值核算历史资料 1952—2002》、各省统计年鉴，通过 GDP 指数与 1978 年的名义 GDP 计算出各省 1978—2012 年的实际产出，通过名义工资和消费者物价指数计算实际工资。

表 2　统计性描述

变量名	变量描述	样本量	平均值	标准差	最小值	最大值
GRL_{it}	就业增长率	1 013	1.022	0.047	0.723	1.465
TFP_{it}	当期技术进步率	1 012	1.058	0.053	0.877	1.322
TFP_{it-1}	上一期技术进步率	983	1.057	0.053	0.877	1.322
GRY_{it}	实际 GDP 增长率	1 015	1.106	0.045	0.909	1.415
GRK_{it}	资本存量增长率	1 015	1.125	0.058	0.986	1.351
GRW_{it}	实际工资增长率	1 015	1.074	0.079	0.703	1.676
$\ln p_{it}$	城市大小的衡量	1 015	8.032	0.836	5.875	9.579
$Gredu_{it}$	教育水平增长率	995	1.339	2.009	0.029	9.394
$Greurb_{it}$	城市化水平增长率	999	1.179	2.875	0.017	7.33

（五）实证结果

对面板数据进行固定效应与随机效应回归，Hausman 检验拒绝原假设，故选择固定效应模型，回归结果显示（见表 3），当期的技术进步对就业起到显著抑制作用，它反映了技术比上年每进步1%，会降低1.83%的就业率。而上一期的技术进步对就业率起到正向作用，反映在上一期技术每进步1%，会增加当期0.031%的就业率。当期的技术进步产生抑制效应，即技术进步可以替代更多当期劳动力，从而对就业增长率起到负向作用，而上一期的技术进步带来更多的资本化效应，即当期厂商利用上一期中依靠技术进步增加的资本化利润，扩大产业规模或深化产品结构，从而倾向于创造更多的岗位。

表3 技术进步率对就业增长率的面板数据回归

	固定效应模型	随机效应模型
技术进步率	-1.83***	-1.83***
	(0.016)	(0.016)
技术进步率的滞后期	0.031***	0.032***
	(0.010)	(0.010)
实际 GDP 增长率	-0.84***	-0.841***
	(0.015)	(0.014)
实际工资增长率	-0.06	-0.005
	(0.005)	(0.005)
资本存量增长率	1.68***	1.67***
	(0.02)	(0.02)
省的规模	0.002	0.0005
	(0.004)	(0.00062)
教育水平增长率	-0.00002	-0.0000078
	(0.0002)	(0.0002)
城市化水平增长率	0.003	0.003
	(0.004)	(0.0025)
常数项	1.96***	1.97***
	(0.032)	(0.016)
样本量	959	959
R^2	0.93	0.93
Hausman 检验	Prob>chi2=0.0029 固定效应模型	

注：Stata12.0 回归结果；***、**、*分别代表在1%、5%和10%的显著性水平下显著。

（六）固定效应模型的稳健性检验

加入时间、地区固定效应，计量模型如下：

$$GRL_{it}=\beta_0+\beta_1 TFP_{it}+\beta_2 TFP_{it-1}+\beta_3 X_{it}+\partial_i+\partial_t+\varepsilon_{it}$$

其中∂_i为不随时间变化的地区因素，如各省发展水平、地区文化等；∂_t为不随地区变化的时间因素。对解释变量进行固定效应模型的稳健性检验（见表4）。

表4 技术进步率对就业增长率的影响固定效应模型

技术进步率	-0.59***	-0.77***	-0.78***	-1.8***	-1.8***	-1.79***
	(0.028)	(0.027)	(0.027)	(0.017)	(0.017)	(0.017)
技术进步率的滞后期		0.46***	0.47***	0.042***	0.048***	0.033***
		(0.027)	(0.027)	(0.012)	(0.012)	(0.012)

（续表）

实际 GDP 增长率			−0.086**	−0.833***	−0.828***	−0.83***
			(0.035)	(0.017)	(0.017)	(0.017)
资本存量增长率				1.64***	1.64***	1.63***
				(0.022)	(0.022)	(0.022)
实际工资增长率				−0.015*	−0.014*	−0.012
				(0.008)	(0.008)	(0.008
省的规模					0.019***	0.01
					(0.0067)	(0.007)
教育水平增长率						−0.00006
						(0.0002)
城市化水平增长率						−0.000024
						(0.00014)
加入时间固定效应	是	是	是	是	是	是
加入地区固定效应	是	是	是	是	是	是
样本量	1 012	983	983	983	983	947
拟合优度	0.36	0.52	0.52	0.93	0.84	0.90

注：Stata12.0 回归结果；***、**、* 分别代表在 1%、5%和 10%的显著性水平下显著。

当期技术进步对劳动力起到替代作用，因此表现为技术进步率对就业增长率的显著负向作用，上一期技术进步增加了企业利润，使企业在这一期扩大生产雇用更多工人成为可能，即对就业率起到资本化的扩张作用。

实际工资增长率对就业增长率的负向作用体现在，面对支付更多工资的压力，企业倾向于雇用更少的劳动力进行生产，资本存量的增长率对就业增长率的正向影响体现在，更多的资本需要更多的劳动力进行匹配，实际 GDP 的增长率的负向作用体现在经济的增长促进了产业的升级，然而这可能增加第一产业的失业大军，而第二、三产业未能很好地匹配吸纳这部分失业人口，从而导致总体就业增长率的下降。在后文，我们就技术进步对分地区、分产业的就业增长率展开横向分析和比较，并得出在西部地区技术进步率对就业的抑制作用强于中、东部地区，第一、二产业就业率受技术进步率负向作用显著，且第一产业更加强烈的结论；在就业结构上得出技术进步有助于优化产业结构升级的结论。

四、分地区、分产业分析

（一）技术进步对我国分地区就业增长影响分析

本文将全国分成东、中、西三个部分，其中东部包括北京、天津、河北、辽宁、上海、江苏、浙江、福建、山东、广东、广西、海南，中部包括山西、内蒙古、吉林、黑龙江、安徽、江西、河南、湖北、湖南，西部剔除西藏（数据缺失）后，包括四川（重庆）、贵州、云南、陕西、甘肃、宁夏、青海、新疆，同样进行 1978—2012 年的面板数据回归，Hausman 检验显示东、中、西部均选择固定效应。同理加入时间、地区哑变量，建立固定效应模型。实证结果如表 5 所示：

表 5 技术进步率对就业增长率的影响固定效应模型(分地区)

	东部	中部	西部
技术进步率	-1.83***	-1.66***	-1.96***
	(0.025)	(0.037)	(0.029)
技术进步率的滞后期	0.047***	0.073***	0.0045
	(0.017)	(0.027)	(0.019)
实际 GDP 增长率	-0.815***	-0.771***	-0.95***
	(0.025)	(0.038)	(0.025)
资本存量增长率	1.64***	1.49***	1.84***
	(0.031)	(0.050)	(0.036)
实际工资增长率	-0.015	-0.033	-0.01
	(0.010)	(0.019)	(0.015)
省的规模	0.002	0.0056	-0.0046
	(0.009)	(0.046)	(0.009)
教育水平增长率	-0.000017	0.001	-0.00008
	(0.00026)	(0.0018)	(0.00028)
城市化水平增长率	-0.0012	-0.000014	0.0009
	(0.0014)	(000018)	(0.0027)
是否加入时间固定效应	是	是	是
是否加入地区固定效应	是	是	是
样本量	395	283	269
拟合优度	0.94	0.92	0.95

注:Stata12.0 回归结果;***、**、* 分别代表在 1%、5%和 10%的显著性水平下显著。

东、中、西部地区的当期技术进步对就业增长率负向影响在 1%的显著性水平下通过检验,东、中部技术进步滞后期对就业的正向影响也是在 1%的显著性水平下显著,西部技术滞后期对就业影响不显著。东、西部地区当期技术进步对就业增长率的抑制效应相当,中部稍弱,东、中部具有显著的资本化效应。为进一步获知分组系数是否显著不同,本文对当期技术进步率的分组系数进行了 t 检验,结果显示,东、中、西部的技术进步率系数显著不同。西部地区的抑制作用最为强烈,这可能是由于西部地区畜牧业、工业发达,技术进步挤出大量第一、二产业的就业人口。为了进一步验证我们的假说,后文进行了技术进步对就业增长影响的分产业分析。

(二) 技术进步对我国分产业就业增长影响分析

为探究各产业就业增长率是否受到技术进步的影响,我们进行了分产业的固定效应面板数据回归,回归方程如下:

$$GRL1_{it}=\rho_0+\rho_1 TFP_{it}+\rho_2 X_{it}+\rho_i+\rho_t+\rho_{it}$$

$$GRL2_{it}=\partial_0+\partial_1 TFP_{it}+\partial_2 X_{it}+\partial_i+\partial_t+\varepsilon_{it}$$

$$GRL3_{it}=\lambda_0+\lambda_1 TFP_{it}+\lambda_2 X_{it}+\delta_i+\delta_t+e_{it}$$

被解释变量分别为第一、二、三产业就业增长率,主要解释变量为技术进步率,X_{it} 为其他控制变量。

表 6 技术进步率对就业增长率的影响固定效应模型(产业就业增长率)

	第一产业	第二产业	第三产业
技术进步率	-0.39***	-0.26***	-0.096
	(0.058)	(0.097)	(0.129)
实际 GDP 增长率	-0.201***	-0.035	0.062***
	(0.055)	(0.093)	(0.0123)
资本存量增长率	0.036***	0.305***	0.004
	(0.065)	(0.11)	(0.146)
实际工资增长率	-0.0015	-0.126***	-0.051
	(0.027)	(0.046)	(0.061)
省的规模	0.042*	0.059	0.08*
	(0.022)	(0.037)	(0.048)
教育水平增长率	-0.00036	0.0000024	-0.00023
	(0.0009)	(0.0015)	(0.0020)
城市化水平增长率	-0.000032	0.00032	-0.00019
	(0.00047)	(0.0008)	(0.049)
是否加入时间固定效应	是	是	是
是否加入地区固定效应	是	是	是

注:Stata12.0 回归结果;***、**、* 分别代表在 1%、5%、10%的显著性水平下显著。

当期技术进步对第一、二产业就业增长率起显著负向作用,对第三产业就业增长率作用为负但不显著。我们对产业分组的当期技术进步率系数进行 t 检验,结果显示有显著差异,即第一产业的抑制作用显著强于第二产业。这是由行业的特征决定的,第一产业由农林牧副渔业组成,技术的进步使用先进机器进行生产,促使产业升级,造成大量务农失业大军。一部分农民转移到第二产业成为被雇用工人主力军,而第二产业主要为劳动力密集型的行业如制造业,技术进步带来的机械化生产一方面会带来替代劳动力生产的效应,而另一方面,技术进步也会带来生产力的提高和规模扩大,需要更多工人来匹配扩大的生产。而第二产业也未能吸纳诸多失业人口,一方面是由于劳动力市场供需不匹配所致,即产业升级下挤出的务农人口尚未拥有工业生产所需的技能,另一方面可能由于技术进步条件下促使产业继续升级,在升级为第三产业过程中挤出的劳动力人口。

(三)技术进步优化我国产业就业结构

技术进步对第一、二产业产生显著的抑制作用,影响产业就业人数的绝对量,为进一步验证技术进步优化产业结构的猜想,使用产业就业人数比重作为因变量进行面板数据的回归,回归方程如下:

$$W1_{it}=\delta_0+\delta_1\mathrm{TFP}_{it}+\delta_2X_{it}+\delta_i+\delta_t+\delta_{it}$$
$$W2_{it}=\gamma_0+\gamma_1\mathrm{TFP}_{it}+\gamma_2X_{it}+\gamma_i+\gamma_t+\gamma_{it}$$
$$W3_{it}=\zeta_0+\zeta_1\mathrm{TFP}_{it}+\zeta_2X_{it}+\zeta_i+\zeta_t+\zeta_{it}$$

被解释变量分别为第一、二、三产业就业人数比重,主要解释变量为技术进步率,X_{it} 为其他控制变量。

表7 技术进步率对就业增长率的影响固定效应模型(分产业结构)

	第一产业	第二产业	第三产业
技术进步率	-0.131	0.233***	0.422***
	(0.090)	(0.067)	(0.055)
实际GDP增长率	0.177**	-0.0028	0.198***
	(0.075)	(0.056)	(0.046)
资本存量增长率	-0.632***	0.089	-0.17***
	(0.098)	(0.074)	(0.061)
实际工资增长率	-0.014	-0.077***	0.097***
	(0.029)	(0.022)	(0.018)
省的规模	-0.501***	0.027**	0.463***
	(0.018)	(0.014)	(0.011)
教育水平增长率	0.0016	-0.0009	-0.000149
	(0.0013)	(0.00094)	(0.000778)
城市化水平增长率	-0.001	0.00046	0.00075*
	(0.00074)	(0.00056)	(0.000457)
是否加入时间固定效应	是	是	是
是否加入地区固定效应	是	是	是

注:Stata12.0回归结果;***、**、*分别代表在1%、5%、10%的显著性水平下显著。

技术进步对第二、三产业就业比重增长起到正向作用,表明随着技术进步,劳动要素正在向第二、三产业流动,且第三产业比重提高更大,说明技术进步有利于三次产业间就业结构的调整和优化,这是我国城市化、工业化的结果。这种结构调整的趋势和工业化演进的路线总体上是相吻合的,在工业化和现代化进程中,劳动力转移的总趋势是由第一产业向第二、三产业转移,由第一产业劳动力占主体向第三产业占主体转变。实证结果表明,技术进步的就业结构效应有助于推动劳动力从农业向非农产业的转移,这对于加快我国各地区工业化和现代化进程,对各级政府致力于发展第三产业的政策选择具有重要意义。

五、结论与政策建议

本文运用DEA方法计算Malmquist指数,用计算得出的全要素生产率来度量技术进步率,分析了改革开放以来,技术进步对我国就业总量增长率及分地区、分产业的就业增长率的影响。实证结果表明,当期的技术进步对就业增长率的影响在我国表现为挤出效应,而滞后期的技术进步对就业增长的影响为扩张效应,传导机制为上一期技术进步引发生产力的提升带来的资本化影响,使企业扩大生产规模成为可能,对当期就业起到正向扩张作用,而在当期则体现为技术替代劳动力进行生产。由于技术进步的挤出效应大于其扩张效应,故总的来说对就业增长率起到抑制作用。

在分地区的实证分析中,东、中、西地区的当期技术进步对就业增长率产生显著负向影响,且 t 检验显著,表明西部的负向影响更为强烈,这可能是由于西部地区的经济结构以第一、二产业为主。

在分产业的实证分析中,技术进步对第一、二产业就业增长率起显著负向作用,且分

组系数 t 检验显著,表明第一产业的负向效应更为强烈,且体现出优化就业结构效应。这是由行业的特征和产业升级决定的。

这些并不意味着各省政府鼓励科技创新、促进技术进步就必须以牺牲就业增长为代价,从长远来说,通过员工素质提升、产业优化升级吸纳更多就业,政策导向使东西区域协调发展,是最终提高技术进步水平、促进生产力发展和实现就业可持续增长的有力举措。

各级政府可以通过教育型导向,鼓励职工培训和教育事业的发展,提升员工人力资本,使员工素质技能可以更好地匹配不断进步的科学技术,追求员工质上的飞跃,进而弥补技术进步对就业增长在量上的不利影响。

技术进步有利于我国三次产业间就业结构的调整和优化,有利于政府制定相关产业政策,充分利用技术对第二产业的资本化效应,吸纳更多就业人口,同时需提高人才的数量和质量,为第三产业的发展奠定基础。

参考文献

Chang Y, Hong J H. Do Technological Improvements in the Manufacturing Sector Raise or Lower Employment? [J]. American Economic Review, 2005, 96(1): 352-368.

Fève P. Technology Shock and Employment Under Catching Up with the Joneses[J]. Economics Bulletin, 2004, 5(3): 1-8.

Galí J. Technology, Employment, and the Business Cycle: Do Technology Shocks Explain Aggregate Fluctuations? [J]American Economic Review, 1996, 89(1): 249-265.

傅勇,白龙.中国改革开放以来的全要素生产率变动及其分解[J].金融研究, 2009,7:38—51.

郭庆旺,贾俊雪.中国全要素生产率的估算:1979—2004[J].经济研究, 2005,6:51—60.

齐建国.中国总量就业与科技进步的关系研究[J].数量经济技术经济研究 2002,19(12):24—29.

姚先国,周礼,来君.技术进步、技能需求与就业结构——基于制造业微观数据的技能偏态假说检验[J].中国人口科学, 2005,5:47—53.

姚战琪,夏杰长.资本深化、技术进步对中国就业效应的经验分析[J].世界经济, 2005,1:58—67.

叶仁荪,王光栋,王雷.技术进步的就业效应与技术进步路线的选择[J].数量经济技术经济研究, 2008,25(3):137—147.

余源源.中国技术进步的就业效应:基于 VAR 模型的实证分析[J].软科学, 2008, 22(6):11—15.

张军,吴桂英,张吉鹏.中国省际物质资本存量估算 1952—2000[J].经济研究, 2004,10:35—44.

探讨环境规制对区域技术创新的作用
——基于福建省九个地级市的面板数据分析

朱怡婷
(厦门大学经济学院)

[**摘要**] 以福建省2005—2012年9个地级市的面板数据实证分析了环境规制对区域技术创新能力的影响。结果表明,环境规制对技术创新能力存在正向影响,适当的环境规制水平将更好地促进技术创新能力提高。本文详细分析了环境规制影响的原因和渠道,并就如何增进环境规制对区域技术创新能力的促进作用提出相应的对策建议。

[**关键词**] 环境规制,区域技术创新,福建省

一、引 言

环境规制,也称环境管制,通常包括污染控制和自然资源管理,本文主要指污染控制。环境规制的定义为:政府以保护环境为目的,依据边际成本与边际收益的大小关系,以个人和组织为研究对象,通过某种政策或措施使环境污染问题带来的外部损失降到最低或最适水平,达到合理配置资源、促进产业升级、实现社会可持续发展的目的。

我国在未来一定时期内要实现工业化、城市化和现代化,但经济增长导致的"三废"排放和处理利用问题不容忽视,生态环境压力持续增大,环境保护工作遭遇更大的挑战。

随着环境污染问题的日益严重和人们环境保护意识的加强,环境规制越来越成为政府规制的重要组成部分。环境保护与经济发展,二者息息相关,如何确保环境规制的实施不会对经济增长产生负面影响,并且实现对区域经济增长的促进和推动作用,成为政府制定环境规制政策时务必考虑的关键问题。技术创新是区域长期经济发展中重要的决定因素,现代经济发展理论将技术创新视为增长的内生动力。政府实施环境规制政策,一定程度上推动了环境污染问题的解决,也对技术创新产生影响。如果能将环境规制政策与技术创新进行更适当的匹配,将大大有利于区域的经济发展和社会发展。

因此,关于环境规制政策的制定和实施过程中对技术创新的影响作用,长期为人们所关注。

二、文献综述

关于环境规制对技术创新的影响,学者从多角度、多方面进行了研究,笔者在对目前国内外相关文献进行梳理的基础上,将对文献的不足之处进行简要评述。

关于环境规制与技术创新的研究主要分为三大类：第一类是环境规制不利于技术创新；第二类是以“波特假说”为代表的研究，表明恰当的环境规制将大大促进企业的技术创新；第三类认为环境规制和企业生产技术创新之间的关系并不是恒定不变的，取决于具体的政策类别和行业状况。

部分学者从传统的新古典经济学的角度出发，认为环境规制政策与企业发展相违背，政策产生的社会成本和企业个人成本难以权衡，由此带来的税收、费用负担等会增加企业的生产成本，从而减少企业创新资金，不利于企业的技术创新。Jaffe *et al.*(1995)指出，环境规制对技术创新的影响很小，可忽略不计。企业合规成本仅占产品成本很小的一部分，在大多数行业，环境规制都不是技术创新的主要影响因素。

而以“波特假说”为代表的研究表明，适当的环境规制将对企业的技术创新产生积极的正面影响。Porter and Linde(1995)从动态分析的角度出发，认为在适当标准的制定和严格的执行条件下，政府的环境规制压力会激励企业进行技术创新，由此产生的“创新补偿”会降低环境规制的成本，增强企业的竞争力，实现环境规制与企业竞争力的“双赢”。环境规制通过影响企业竞争力，最终实现促进经济增长。Brunnermeier and Cohen(2003)对1983—1992年美国146个制造业的面板数据进行研究后发现，污染治理支出的增加有助于环境专利数量的增加，污染治理支出每增加100万美元，环境专利数量增加0.04%。通过在Robert模型中引入技术系数，黄德春和刘志彪(2006)发现，环境规制可以同时减少污染和提高生产效率，在发展中国家效果尤其显著，而海尔通过自主技术创新成功进入欧美市场的实例也有力地支持了波特假说。李强和聂锐(2009)和马海良等(2012)则分别从省级面板数据检验的SCP角度出发，实证研究发现，环境规制对我国省际技术创新产生了显著的正向影响，适当提高环境规制强度有利于提高核心创新能力。

第三类认为环境规制和企业生产技术创新之间的关系难以用正面或反面来直接判断，是动态地随具体政策类别和行业状况而变。Majumdar and Marcus(1999)基于对美国电力行业企业级数据的实证分析，得出的结论是：相对而言，地方规制政策更倾向于促进企业生产效率的提高，而国家层面的政策则会对企业生产率产生负面效应。不同类型的规制政策会产生不同效果，即便环境规制政策被设定为最有利于生产的情况，也不能保证在任何情况下环境规制对生产率的作用都是一致的。同样的，许士春(2007)认为，“波特假说”不具有一般性，环境规制对企业竞争力的影响主要是在企业的生产成本、产品的差异化、企业对环境规制的态度等方面，环境规制政策的制定要建立在具体分析我国目前企业的具体现状的基础上。解垩(2008)指出，环境规制对技术创新并无显著影响，江珂和卢现祥(2011)更强调环境规制必须要与一定的人力资本相结合才对技术创新有一定的推动作用。还有的学者对环境规制影响技术创新的路径有不同看法，张成等(2011)发现，环境规制和企业技术创新在强度维度上存在一种“U”形关系，即较弱的环境规制强度会降低企业的生产技术进步率，而适度较高的环境规制强度则能提高企业的生产技术进步率。而李婧(2013)研究发现，环境规制与企业技术创新效率之间呈现显著的倒U形关系，目前加强环境规制水平将有助于企业技术创新效率的提升。

上述国内外研究从理论和实证角度对环境规制对技术创新的影响进行了深入分析，但存在以下不足：

第一，环境规制指标的衡量存在争议，投入型和产出型指标达到的效果各不相同，以及用于解释技术创新的解释变量选择参差不一，因此，研究结论的不同很大程度上是由于变量选择和数据来源的不同导致。未来的相关研究应着力于探讨以上指标和变量的选择标准,以实现经验研究结果更准确客观的目标。

第二,目前国内文献对环境规制对技术创新的检验多从全国的角度笼统分析,而较少结合具体的地区特征。

结合对文献综述的分析,本文的创新点在于结合福建省的具体实际情况来分析环境规制对区域技术创新能力的影响,使用2005—2012年福建9个地级市的面板数据进行分析,结合地区特征对此进行定量分析,得出的结论将更具参考价值,也更具针对性。

三、福建省技术创新水平和环境规制现状研究

下面,笔者将从技术创新水平和环境规制水平两个方面来说明福建省的发展现状。

(一)福建省技术创新水平现状

技术创新水平的衡量主要从创新成果来衡量,本文选取了专利申请数量作为衡量指标,可以较为准确地看出近几年技术创新能力的变化和发展趋势。总体上来看(见表1、图1),福建省的技术创新水平在2005—2012年始终保持较快的发展速度,全省的年平均增长率达到31%。但区域间则存在较大差异,福州、厦门、泉州、漳州的技术创新水平远远高于其他地区,这和地方的经济发展水平、各级政府对技术创新的政策扶持和环境规制强度上存在很大关系。

表1 福建省9个地级市2005—2012年专利申请均值和年平均增长率

地区	福州	宁德	莆田	泉州	厦门	漳州	龙岩	南平	三明	福建省
均值	3 851	295	456	2 964	4 647	1 024	490	264	263	14 258
年平均增长率(%)	28	80	45	50	23	37	51	50	43	31

资料来源:SooPAT专利数据搜索。

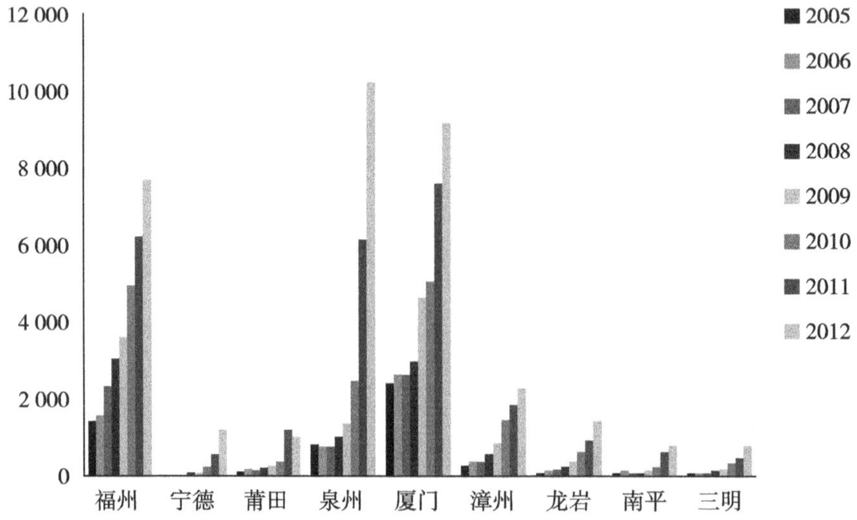

图1 福建省9个地级市2005—2012年专利申请数量

资料来源:SooPAT专利数据搜索。

表 1 和图 1 显示福建省 9 个地级市 2005—2012 年的专利申请数量情况，福州、泉州和厦门三地的技术创新发展情况较好。其中，福州和厦门的起步点高，在 2005 年就分别有 1 417 件和 2 423 件专利申请，并一直保持较为平稳的增速不断发展。泉州的专利申请量在 2005 年时仅排名全省第三，但近几年发展势头迅猛，已在 2012 年领先于全省其他地级市排名第一。宁德、南平和三明三市的技术创新水平在 2009 年以前都一直较弱，但在 2009—2012 年间宁德和南平实现了较高的年平均增长率，南平在 2010 年实现了 111% 的增长，宁德 2012 年的专利申请量比 2011 年翻了一番。

尽管整体呈现出良好的发展态势，但几个技术创新能力较弱的地区仍值得注意。

（二）福建省环境规制水平现状

环境规制水平的衡量划分为投入型和产出型指标，因为产出型指标如排污量等存在监管能力有限、监测困难等问题，故选取产出型指标即工业污染治理投资额来衡量环境规制的强度。如表 2、图 2 和图 3 所示，总体来看，福建省 9 个地级市的工业污染治理投资额存在不同程度的波动变化，宁德、泉州、龙岩和三明 4 个地级市有较为明显的波动上升趋势，这也体现了在环境规制问题上，地方政府之间的不同态度。

表 2　福建省 9 个地级市 2005—2012 年工业污染治理投资额

单位：万元

地区	福州	宁德	莆田	泉州	厦门	漳州	龙岩	南平	三明	福建省
均值	27 540	3 124	5 074	91 498	20 431	25 519	4 719	7 475	16 171	203 558

资料来源：《福建统计年鉴 2014》，其中 2009 年莆田和 2010 年宁德的数据缺失，采用前后项相加取均值的方法进行处理。

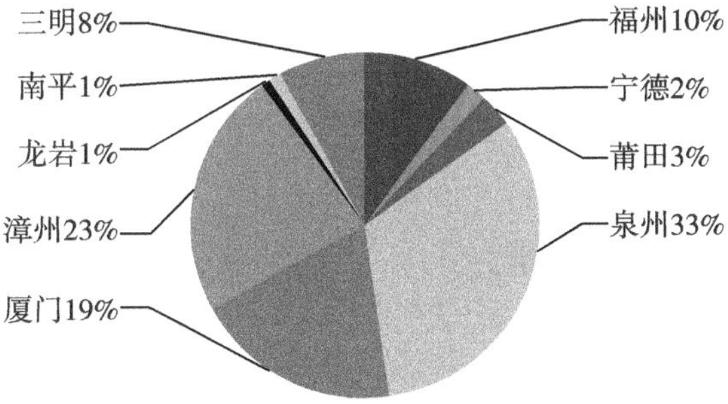

图 2　福建省 9 个地级市 2005 年工业污染治理投资额占全省比重

资料来源：《福建统计年鉴 2014》。

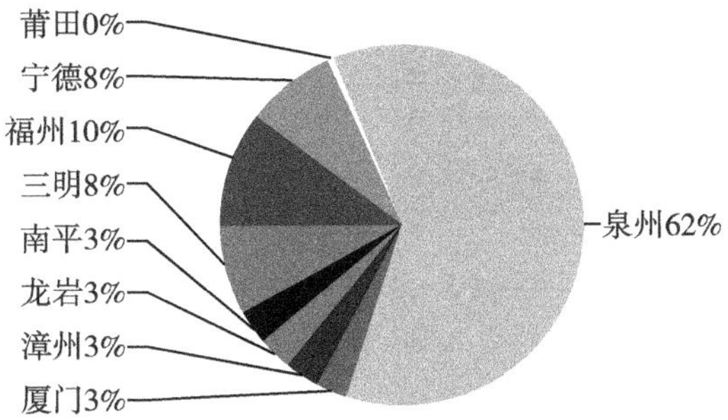

图 3　福建省 9 个地级市 2012 年工业污染治理投资额占全省比重

资料来源：《福建统计年鉴 2014》。

表2、图2、图3显示福建省9个地级市2005—2012年的工业污染治理投资额呈现波动起伏的变化趋势。福建省全省的工业污染治理投资额在2005年达到峰值，在经历了连续4年的下降后，波动回升至244 582万元。

从9个地级市来看，有5个市（宁德、莆田、厦门、泉州、龙岩）在2009年后经历了工业污染治理投资额的下降，之后都有所波动上升。在2005年，全省工业污染治理投资额中，厦门、漳州和泉州分别占据了19%、23%和33%，其余6市共占比25%。而到了2012年，全省62%的工业污染治理投资额投放在泉州市，厦门和漳州的污染治理投资占比大幅度锐减，龙岩、南平和宁德有小幅上升。

整体上来看，福建省的技术创新水平和环境规制水平都在提高，但各地区间仍存在较大差异。

四、模型构建、指标设定和数据来源说明与变量说明

下面，本文将构建计量模型，从实证分析的角度具体论证环境规制和技术创新之间的关系。

（一）模型构建

为比较环境规制对各区域技术创新能力的影响，本文对专利进行回归分析，得方程：

$$P_{it}=\alpha K_{it}+\beta L_{it}+\gamma \mathrm{PGDP}_{it}+\delta \mathrm{ER}_{it}+\eta_i+\varepsilon_{it}$$

其中P_{it}表示创新产出，为第i市第t年的专利申请量；K_{it}表示科研资本投入，为第i市第t年财政支出中的科技支出；L_{it}表示科研人员投入，为第i市第t年规模以上工业企业R&D人员数量；PGDP_{it}表示地区经济发展水平，为第i市第t年的人均GDP；ER_{it}表示环境规制水平，为第i市第t年的工业污染治理投资总额。η_i表示常数项；α、β、γ和δ为相应的系数，α，β分别表示资本和劳动的产出弹性；ε_{it}为随机扰动项，i为市，t为2005—2013年。

（二）样本选择与数据描述

本文样本选择框架如图4所示。

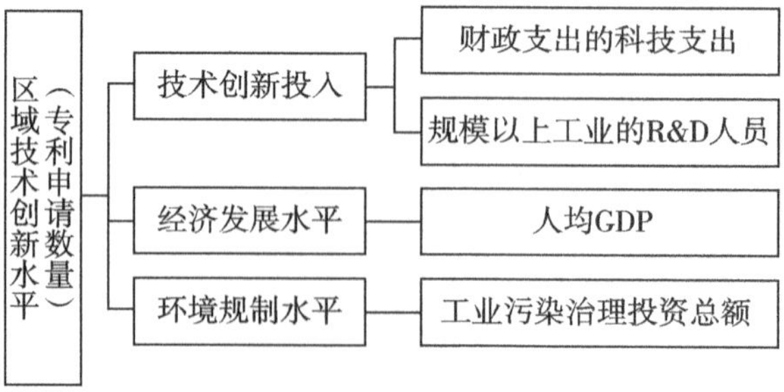

图4 数据选择框架

1. 专利申请数量(P)

专利申请数量是技术创新产出的重要衡量指标，可以从一个侧面反映技术创新能力和水平。专利申请包括发明专利（Inv）、实用新型专利（New）和外观设计专利（Des）三种

类型,本文对不同类型专利申请分别进行回归。数据来源为SooPAT专利数据搜索。

2. 科技资本投入(*K*)

由于各地级市的规模以上企业R&D内部经费支出数据有缺失,且存在不同年鉴之间有数据差误和矛盾,故使用各地市财政支出中的科技支出来衡量地区科技资本投入,数据来源于CEIC中国经济数据库。

3. R&D人员数量(*L*)

本文选取规模以上工业企业的R&D人员数量,数据来自各地市的地方年鉴、《福建省经济与社会统计年鉴》和各地市统计信息网公布的统计公报等。

4. 地区经济发展水平(PGDP)

本文选择人均GDP这一指标来反映地区发展的经济水平。数据来源为《福建统计年鉴》和《中国区域经济统计年鉴》。

5. 环境规制水平(ER)

对环境规制严格程度的度量方法较多,可分为投入型和产出型,本文采用工业污染治理投资总额来衡量环境规制严格程度。其中,投入型指标如污染减排标准等存在监测不准确等现象,而工业污染治理投资额可以直接反映出环境规制力度。治污投资额增加,环境规制水平上升,这将推动社会对环境技术创新的需求,从而激发技术创新能力。数据来自《福建统计年鉴2014》。

(三)各变量描述性统计

对于实证检验各变量的描述性统计结果,见表3。

表3 主要变量的描述性统计

变量	变量说明	单位	观测值	均值	标准差	最小值	最大值
P	专利申请数量	个	72	1 583.847	2 275.808	45	10 234
Inv	发明专利申请数量	个	72	357.500	595.577	1	2 734
New	实用新型申请数量	个	72	751.542	1 149.914	11	5 361
Des	外观设计申请数量	个	72	474.806	649.015	5	3 854
K	科研资金投入	万元	72	224.593	288.138	11	1 381
L	科研人员投入	人	72	6 626.799	7 189.335	420	35 262
PGDP	人均GDP	万元	72	3.261	1.615	1	8
ER	工业污染治理投资总额	万元	72	22 394.400	31 174.890	15	149 950

(四)计量检验、结果及分析

1. 计量方法

面板数据模型是以面板数据(对同一组个体连续追踪多个时期所得到的数据)为基础构建的经济计量模型,其综合了时间序列数据和横截面数据的优点。本文采用的静态面板数据模型包括固定效应和随机效应两类模型,使用Hausman检验判别所需采用的模型形式。根据 Hausman 检验结果,*P* 值为0.0179,在 5%的置信水平下接受原假设,选择固定效应模型。

2. 回归结果

根据表 4 和表 5 的估计结果,可以得出下述结论:

表 4 模型对专利申请总量、发明专利、实用新型专利和外观设计专利分别回归的结果

解释变量	即期的参数估计值			
	P（专利申请总量）	**Inv**（发明专利）	**New**（实用新型专利）	**Des**（外观设计专利）
K	2.4855**	0.3261	1.5301**	0.8373*
	(1.0971)	(0.2596)	(0.5848)	(0.4465)
L	0.1999***	0.0615***	0.1062***	0.0369*
	(0.0471)	(0.0111)	(0.0251)	(0.0198)
PGDP	177.8891	11.1511	95.7236	-0.0000
	(115.2725)	(27.2753)	(61.4495)	(0.0000)
ER	0.0239***	0.0004	0.0129***	0.0107***
	(0.0057)	(0.0013)	(0.0030)	(0.0024)
_cons	-1414.8200***	-168.8064**	-897.7385***	-189.9850*
	(331.0240)	(78.3256)	(176.4625)	(96.5400)
组内 R^2	0.8067	0.7986	0.8205	0.5401
F 统计量	0.0000	0.0000	0.0000	0.0000
模型设定	固定	固定	固定	固定

注:括号内为标准误;***、**、* 表示在 1%、5%、10%的置信水平上显著。

表 5 模型在滞后一期下对专利申请总量、发明专利、实用新型专利和外观设计专利分别回归的结果

解释变量	滞后一期的参数估计值			
	P（专利申请总量）	**Inv**（发明专利）	**New**（实用新型专利）	**Des**（外观设计专利）
K	4.3314***	0.6868**	2.3518***	1.2928**
	(1.4860)	(0.3018)	(0.7849)	(0.6043)
L	0.1640**	0.0600***	0.1004**	0.0035
	(0.0785)	(0.0160)	(0.0415)	(0.0319)
PGDP	333.1825*	31.6879	175.9591*	125.5355*
	(180.9336)	(36.7434)	(95.5650)	(73.5802)
ER	0.0153*	0.0008	0.0079*	0.0065*
	(0.0088)	(0.0018)	(0.0046)	(0.0036)
_cons	-1386.7540	-196.8767*	-903.7333***	-286.1443
	(530.6196)	(107.7565)	(280.2613)	(215.7870)
组内 R^2	0.7095	0.7546	0.7371	0.4069
F 统计量	0.0000	0.0000	0.0000	0.0000
模型设定	固定	固定	固定	固定

注:括号内为标准误;***、**、* 表示在 1%、5%、10%的置信水平上显著。

(1) 模型整体拟合度较高,除对外观设计专利的回归,组内 R^2 在即期和滞后一期的回归检验中都在 0.7 以上,模型的整体解释力较强,变量间存在较强的线性关系。因为使用固定效应的面板数据模型进行估计,一些可能对专利申请数量有影响的因素能在固定效应截距中得到体现。

(2) 环境规制对专利申请总量、实用新型专利和外观设计专利的影响显著,这在即期和滞后一期的检验结果中都得到了体现,而且对即期的效果要优于对滞后一期的效果。在即期中,工业污染治理投资总额每提高 1 个单位,专利申请总量就会增加 0.0239 个单位,实用新型专利的数量就会增加 0.129 个单位,外观设计专利增加 0.0107 个单位。在滞后一期中,工业污染治理投资总额每提高 1 个单位,专利申请总量就会增加 0.0153 个单位,实用新型专利的数量就会增加 0.0079 个单位,外观设计专利增加 0.0065 个单位。回归结果充分说明了环境规制水平的提高有助于区域技术创新水平的提升,一定强度的环境规制将激励企业自主提升创新能力,这符合"波特假说"中认为环境规制对技术创新有正向作用的观点,但并没有体现出中长期效果优于短期效果一说。尽管实证结果表明,环境规制对于技术创新都具有显著正影响,但比较各变量的参数估计值大小可知,环境规制的作用力较小,还有待提高。实践中,环境规制力度不强是导致这一问题的主要原因。上文中也提到,福建省全省的工业污染治理投资额在 2005 年达到峰值,而后就经历了连续 4 年的下降,环境规制强度低,对技术创新的促进力也就相对较低。

(3) 在即期和滞后一期中,科技活动人员和科研资金投入对专利申请总量和实用新型专利的影响都为正且在 5%的置信水平上显著。即期中,科技活动人员和科研资金投入每增加 1 个单位,专利申请总量分别增加 0.1999 个单位和 2.4855 个单位,增加的效果最为明显。政府对科研事业经费的投入力度加大,企业中从事 R&D 活动人员数量的增加和质量的提高,区域技术创新水平也会随投入的增加而增加。

(4) 地区经济发展水平只在滞后一期结果中对专利申请总量、实用新型专利和外观设计专利影响显著且都为正。这是因为地区经济发展水平的稳步提升会给该区域的企业营造出良好的生存经营环境,PGDP 的参数估计值远大于其他变量,表明各地的经济发展水平仍然是研发活动最主要的影响因素,地区经济发展水平越好,技术创新能力越强。同时,经济发展水平对技术创新具有一定的滞后性,这表明二者之间的促进关系会是一个良性循环,经济发展水平提高,将激励下一期的技术创新能力提升。

接下来,比较福建省沿海和内陆城市模型回归结果的差异(见表 6)。

表 6 比较即期模型在福建省沿海和内陆下分别对专利申请总量回归的结果

解释变量	*P*(专利申请总量)	
	沿海城市	内陆城市
K	1.5940	0.6802
	(1.2374)	(1.5455)
L	0.1824***	0.0873
	(0.0523)	(0.0572)
PGDP	606.5355***	101.7561
	(180.4126)	(94.4792)
ER	0.0257***	0.0118*
	(0.0062)	(0.0066)

（续表）

解释变量	P(专利申请总量)	
	沿海城市	内陆城市
_cons	-2664.0740***	-371.636***
	(525.3051)	(114.6354)
组内 R^2	0.8504	0.8777
F 统计量	0.0000	0.0000
模型设定	固定	固定

注：括号内为标准误；(1) ***、**、* 表示在1%、5%、10%的置信水平上显著；(2)表格中的沿海城市指宁德、福州、莆田、泉州和漳州，内陆城市指南平、三明和龙岩。

从表6的比较可以看出，环境规制对技术创新的影响都是显著的，对沿海城市的检验结果在1%水平上显著，对内陆城市的检验结果在10%水平上显著。将福建省9个地级市分为沿海和内陆分别检验，出于以下考虑：从地区的整体发展水平上来看，沿海城市普遍比内陆城市发展情况较好，两者在经济发展水平、工业发展上均存在较明显差异，分别检验能够更好地比较出环境规制对技术创新作用的区域性差异。但应该注意，由于本文收集的观测值数量有限，且内陆城市仅占9个地级市的3/5，导致了内陆城市的观测值远远少于沿海城市，故可能导致计量检验存在误差，但环境规制对技术创新影响还是通过了显著性检验。

综上，实证分析显示的结果符合福建省经济发展的现状，客观描述了2005—2012年福建省9个地级市环境规制水平和技术创新发展的情况，回归结果具有实际参考意义。

五、基于计量结果的政策建议

根据上述研究结论，本文提出以下政策建议。

（一）适当提高环境规制强度来加强技术创新能力

不论是即期还是滞后一期，沿海还是内陆，环境规制对技术创新能力有显著的正向作用，虽然系数表述的促进作用不是很大，但作为推动技术创新能力的重要组成因素，政府必须重新审视环境规制对地区经济发展和经济增长的重要作用，而不是仅仅把它当作环境保护的工作，而忽略了政策本身可能带来的经济效益。重视环境规制政策，有利于政府在政策目标上实现经济效益和环境效益的“双赢”。

（二）加大科技投入，鼓励企业提高科研人员的比例

实证研究表明，科研投入对技术创新能力的影响力大。政府除了直接增加在政治支出中的科技投入比例，还可以通过加强宏观调控，发布财税优惠政策、放松企业银行借贷门槛等途径鼓励高新技术产业的发展。在科研人员投入方面，一方面积极引进科技人才，优化人才资源配置；另一方面，为企业和高校培养科技人才营造良好环境，给予科技人才适当的激励，在留住人才的基础上保持一定的流动性和竞争性。

（三）加快地区经济发展

从实证研究的结果我们也可以看出，地区经济发展水平是影响技术创新能力的重要因素。政府应当把推动地区经济发展当作重要目标，但也不应盲目追求 GDP 数值的增加。加快国民经济又好又快发展，转变经济发展结构，提高自主创新能力，关注经济发展和环境保护之间的协调发展。

六、结论与不足

（一）主要研究成果和论点

本文通过实证研究发现，环境规制对福建省技术创新产生了显著的正向影响。工业环境污染治理投资总额即期和滞后一期中对专利申请总量、实用新型专利和外观设计专利都影响显著，在即期中，工业污染治理投资总额每提高 1 个单位，专利申请总量就会增加 0.0239 个单位，实用新型专利的数量就会增加 0.129 个单位，外观设计专利增加 0.0107 个单位。在滞后一期中，工业污染治理投资总额每提高 1 个单位，专利申请总量就会增加 0.0153 个单位，实用新型专利的数量就会增加 0.0079 个单位，外观设计专利增加 0.0065 个单位。

因此，政府应当提高对环境保护的重视，不仅是因为它对生态环境的重要作用，也因为政府的环境规制对技术创新的积极正向作用，将大大推动地区的经济发展和增长。

（二）不足之处

由于数据缺失等问题，本文仅对 2005—2012 年的面板数据进行分析，数据观测量有限，在计量检验中可能不能够完整地表现出环境规制对技术创新的影响。这也需要以后的研究者通过更为详尽的数据加以研究、分析和说明。

自"一带一路"战略和自贸区的提出之后，福建面临着更大的发展机遇，明确环境规制对技术创新的积极作用，将有助于政府部署实施有力的政策来拉动地方经济持续发展。因为本文选取的数据仅截止于 2012 年，主要是对 2005—2012 年的数据检验分析，未将这一重大的政策转变纳入模型考量范围，模型的预测性不足，这点需要待数据补充完整后才能做进一步的预测和分析。

参考文献

Brunnermeier S B, Cohen M A. Determinants of Environmental Innovation in US Manufacturing Industries [J]. Journal of Environmental Economics and Management, 2003, 2: 278—293.

Jaffe A B, Peterson S R, Portney P R, Environmental Regulations and the Competitiveness of U.S. Manufacturing: What Does the Evidence Tell Us [J], Journal of Economics Literature, 1995, 132-163.

Majumdar S K, Marcus A A. Do Environmental Regulations Retard Productivity? Evidence from U.S. Electric Utilities [N]. SSRN Working Paper Series. 1999.

Porter M E, Linde C. Toward a New Conception of the Environment Competitiveness Relationship [J]. Journal of Economic Perspectives, 1995, 9(4): 97-118.

黄德春，刘志彪.环境规制与企业自主创新——基于波特假设的企业竞争优势构建[J].中国工业经济,2006,3:100—106.

江珂,卢现祥.环境规制与技术创新——基于中国1997—2007年省际面板数据分析[J].科研管理,2011,7:60—66.

解垩.环境规制与中国工业生产率增长[J].产业经济研究,2008,1:19—25+69.

李婧.环境规制与企业技术创新效率研究[J].中国经济问题,2013,4:38—44.

李强,聂锐.环境规制与区域技术创新——基于中国省际面板数据的实证分析[J].中南财经政法大学学报,2009,4:18—23+143.

李拓晨,丁莹莹.环境规制对我国高新技术产业绩效影响研究[J].科技进步与对策,2013,1:69—73.

马海良,黄德春,姚惠泽.技术创新、产业绩效与环境规制——基于长三角的实证分析[J].软科学,2012,1:1—5.

许士春.环境规制与企业竞争力——基于"波特假说"的质疑[J].国际贸易问题,2007,5:78—83.

张成,陆旸,郭路,于同申.环境规制强度和生产技术进步[J].经济研究,2011,2:113—124.